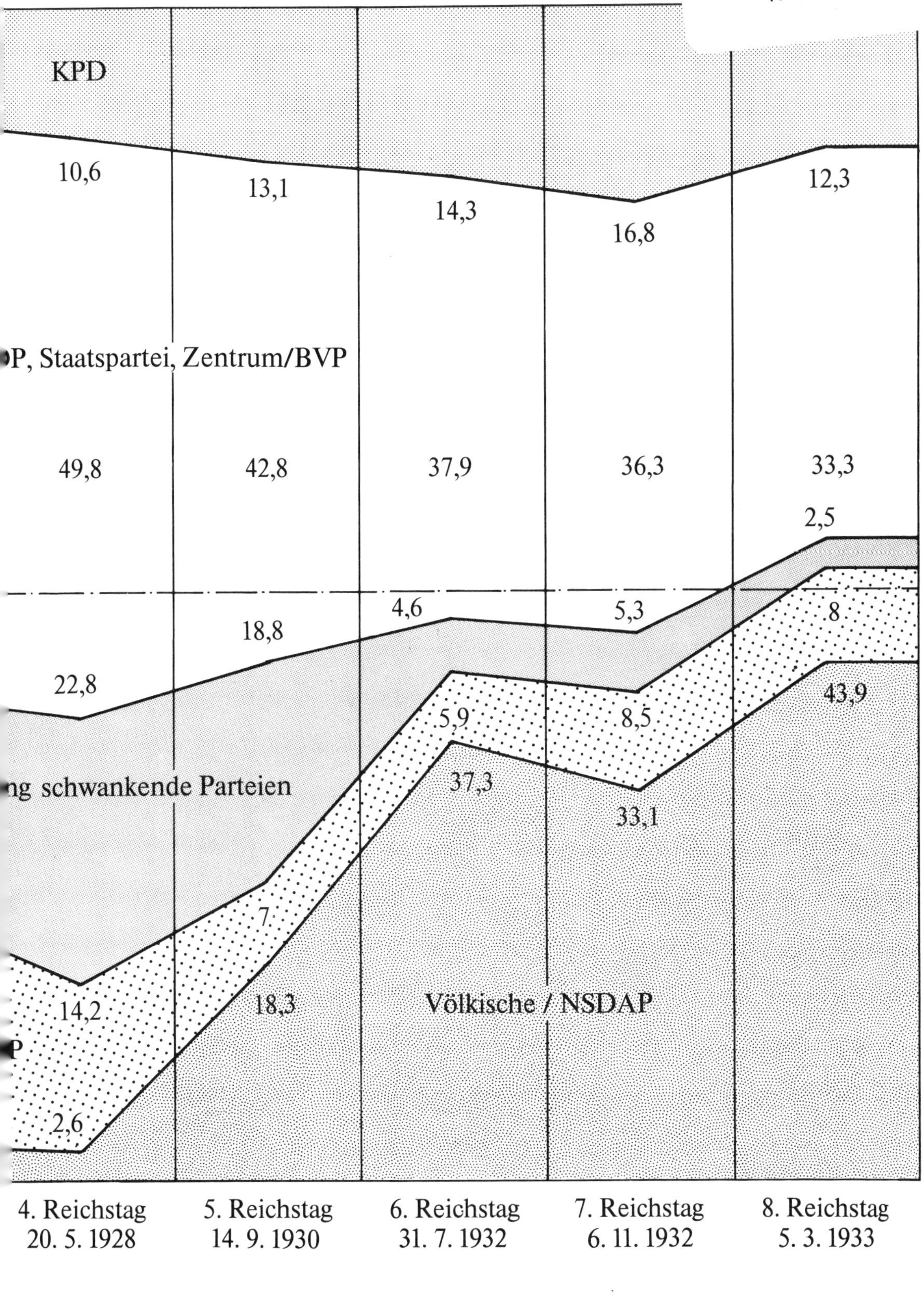

KPD
10,6
13,1
14,3
16,8
12,3
P, Staatspartei, Zentrum/BVP
49,8
42,8
37,9
36,3
33,3
2,5
4,6
5,3
18,8
8
22,8
43,9
5,9
8,5
ng schwankende Parteien
37,3
33,1
7
14,2
18,3
Völkische / NSDAP
P
2,6
4. Reichstag 20. 5. 1928
5. Reichstag 14. 9. 1930
6. Reichstag 31. 7. 1932
7. Reichstag 6. 11. 1932
8. Reichstag 5. 3. 1933

Die Deutschen und ihre Nation

Hagen Schulze

Weimar

Deutschland 1917–1933

Siedler Deutsche Geschichte

Das Reich und die Deutschen

Herwig Wolfram · Das Reich und die Germanen

Hans K. Schulze · Vom Reich der Franken
zum Land der Deutschen
Merowinger und Karolinger

Hans K. Schulze · Hegemoniales Kaisertum
Ottonen und Salier

Hartmut Boockmann · Stauferzeit und spätes Mittelalter
Deutschland 1125 – 1517

Heinz Schilling · Aufbruch und Krise
Deutschland 1517 – 1648

Heinz Schilling · Höfe und Allianzen
Deutschland 1648 – 1763

Die Deutschen und ihre Nation

Horst Möller · Fürstenstaat oder Bürgernation
Deutschland 1763 – 1815

Heinrich Lutz · Zwischen Habsburg und Preußen
Deutschland 1815 – 1866

Michael Stürmer · Das ruhelose Reich
Deutschland 1866 – 1918

Hagen Schulze · Weimar
Deutschland 1917 – 1933

Hans-Ulrich Thamer · Verführung und Gewalt
Deutschland 1933 – 1945

Adolf M. Birke · Nation ohne Haus
Deutschland 1945 – 1961

Siedler Verlag

Die Deutschen und ihre Nation

Hagen Schulze

Weimar

Deutschland 1917–1933

Siedler Verlag

Für Hendrik und Thies

Inhaltsverzeichnis

Vorwort

Jede Epoche hat ihre eigene Geschichte, in der sie sich wiedererkennt. Ihre Gegenwart ist stets ungewiß, am Rande einer dunklen Zukunft, und erfüllt vom Chaos der Erscheinungen und Begebenheiten, das erst im nachhinein den Anschein von Ordnung und Struktur erhält. Das Licht, das den Dschungel des Gegenwärtigen ausleuchtet, das Wegmarkierungen erkennen läßt und Ortsbestimmung erlaubt, kommt aus der Vergangenheit, denn dort wurzeln die Erfahrungen, die heutiges Handeln möglich machen. Deshalb muß die Geschichte immer wieder geschrieben werden: die Fragen an die Gegenwart lauten ständig neu, und ohne das Echo aus der Geschichte bleiben die Antworten beliebig. Mancher Leser wird daher in diesem Buch Themen und Thesen vermissen, die ihm von andersher vertraut sind.

Ohnehin ist dies kein Lehrbuch im akademischen Sinne; wer zuverlässig alles und jedes abhaken möchte, dem ist mit Gebhardts »Handbuch der deutschen Geschichte« besser gedient. Die ganze Wirklichkeit des Vergangenen ist ohnedies nicht zwischen zwei Buchdeckel zu pressen – das wäre ein Unternehmen wie jene vollkommene Landkarte eines Reiches, von der Jorge Luis Borges erzählt, die schließlich das ganze Reich bedeckte. Deshalb gibt es keine Geschichtsschreibung ohne Auswahl, und die ist unvermeidlich subjektiv, desgleichen das Urteil: Meine Sympathie gilt denen, die unter ungewöhnlich schweren Umständen und mit unzulänglichen Mitteln versucht haben, nach dem Ersten Weltkrieg in Deutschland eine dezente, liberale, anständige Demokratie zu errichten, und die dabei gescheitert sind. Die Tragödie, von der ich berichte, ist die Tragödie dieser Menschen: denn gerade an ihnen scheiterte die Republik.

Geschichte ist, was geschieht; Weimar ist, ob wir wollen oder nicht, immer noch die Schrift an der Wand, das Menetekel der zweiten deutschen Republik. Nichts wiederholt sich ganz, aber es gibt Figuren und Konstellationen, die erkennbare Ähnlichkeit mit Vergangenem besitzen. Bonn ist nicht Weimar. Aber ohne Weimar kein Bonn.

Hagen Schulze — Berlin, im Mai 1982

I. Die Bühne

Deutschland und Europa

In der Geschichte geschehen Wunder, die niemand bemerkt. Wie sonst wäre es möglich, daß die Deutschen wie ein Mann hinter dem Reichsministerpräsidenten Scheidemann stehen, als dieser nach Bekanntwerden der alliierten Friedensbedingungen am 12. Mai 1919 vor der Nationalversammlung ausruft: »Dieser Vertrag ist so unannehmbar, daß ich heute noch nicht zu glauben vermag, die Erde könne solch ein Buch ertragen ...«[1] Und niemand sieht, worin das eigentlich Erstaunliche dieses Friedens liegt: Daß nämlich das Deutsche Reich, von einigen Grenzänderungen abgesehen, den Weltkrieg überhaupt als Ganzes überdauert hat.

Nichts ist weniger selbstverständlich als das, denn der deutsche Nationalstaat besteht seit kaum einem halben Jahrhundert, wenig mehr als eine Fußnote der europäischen Geschichte, und ihn beiseite zu fegen, fiele den alliierten Siegern leicht, wären sie dazu entschlossen. Das französische Außenministerium hat in einer Denkschrift vom 25. Oktober 1918 dafür plädiert: »Um Europa einen dauerhaften Frieden zu sichern, muß das Werk Bismarcks zerstört werden, der methodisch und skrupellos ein militarisiertes und bürokratisiertes Deutschland geschaffen hat, eine ausgezeichnete Kriegsmaschine in der Fortsetzung jenes Preußen, das man als eine Armee, die eine Nation besitzt, definiert hat.«[2] Und die französischen Unterhändler verhandeln auf der Pariser Friedenskonferenz auf der Linie, die der Historiker Gabriel Hanotaux in einem Memorandum am Tag des Waffenstillstands, dem 11. November 1918, vorgezeichnet hat: Ein »Anti-Bismarck-Friede« müsse »mit allen Völkern Deutschlands«, nicht mit einer deutschen Zentralregierung geschlossen werden, nachdem das linke Rheinufer definitiv Frankreich zugeschlagen worden sei; weite Gebiete des Reichs seien auf Jahre hinaus von alliierten Truppen zu besetzen, die Lebensmittelversorgung Deutschlands nach politischen Gesichtspunkten zu dirigieren, die einheitliche deutsche Staatsbürgerschaft abzuschaffen, und die »deutschen Libertäten«, die völkerrechtliche Souveränität der deutschen Länder, müßten wieder belebt werden.[3]

Aber die französischen Unterhändler scheitern mit ihren Forderungen an den Interessen der Vereinigten Staaten und Großbritanniens; der amerikanische Präsident ist dem von ihm verkündeten Selbstbestimmungsrecht der Nationen verpflichtet, und zudem bietet nur ein geeintes deutsches Territorium Garantien für ausreichende Reparationszahlungen und später für ein ausreichend großes wirtschaftliches Absatzgebiet. Vor allem aber steht jenseits Deutschlands das Rußland der bolschewistischen Revolution, eine schwer abzuschätzende, unheimliche Drohung; ein intaktes Deutsches Reich mag da eher einen massiven Prellbock gegen Osten darstellen als ein Sammelsurium mitteleuropäischer Kleinstaaten. So hilft den französischen Unterhändlern in Versailles keine noch so geschickte Taktik; Präsident Wilson und der britische Premierminister Lloyd George beharren darauf, mit dem ganzen Deutschland Frieden zu schließen, und der französische Staatspräsident kann am 2. Mai 1919, als ihm der Text der alliierten Friedensvorschläge vorgelegt wird, nur murren: »Na schön, wir selbst sind es, die die deutsche Einheit herstellen.«[4]

Die staatliche Einheit der Deutschen war nichts natürlich Gegebenes, sie war stets ein Problem, und das nicht allein für Frankreich, sondern für ganz Europa. Die große Konstante der deutschen Geschichte ist die Mittellage in Europa; Deutschlands Schicksal ist die Geographie. Seit dem Beginn der frühen Neuzeit, seit Reformation und Gegenreformation, seit der Entdeckung Amerikas und des Buchdrucks mit beweglichen Lettern, seit der Revolution der Naturwissenschaften und der Überwindung des geozentrischen Weltbilds hat sich die Staatenwelt ausgebildet, die das europäische Konzert über die Jahrhunderte hinweg bestimmen soll: England, Spanien, Frankreich, Türkei, Rußland, Schweden, dazu dann die Vereinigten Niederlande und Dänemark – allesamt an der Peripherie Europas angeordnet, mit mehr oder minder natürlichen Grenzen und einem gleichermaßen geographischen, politischen und wirtschaftlichen Zentrum begabt. Dazwischen liegt europäisches Niemandsland, eine Fülle von »Deutschländern« – les Allemagnes, wie man in Frankreich sagt –, eine Menge größerer und kleinerer Territorialstaaten zwischen Maas und Memel, Etsch und Belt, in denen man zwar in aller Regel deutsch spricht, im übrigen aber dem jeweiligen Landesherrn und dessen Konfession anhängt und Kaiser und Reich allenfalls wie eine bunte Fata Morgana wahrnimmt, anrührend, aber weit entfernt und wesenlos.

Daß sich in diesem Raum nicht zur gleichen Zeit wie im übrigen Europa eine moderne Großmacht entwickelt, hat eine Reihe von

Gründen: kein natürlicher Mittelpunkt, keine natürlichen Grenzen, ungünstige Verkehrsgeographie; dazu die Verfassung des Heiligen Römischen Reichs, eines Gebildes ohne eigene Staatlichkeit, Organisation und Macht, was alles auf die Territorien und Reichsstädte übergegangen war. Deren »Libertäten« sind zudem seit dem Ausgang des Dreißigjährigen Kriegs durch einen internationalen Vertrag, den Westfälischen Frieden von 1648, garantiert - seitdem galt die Verfassung des Reichs als Bestandteil des internationalen europäischen Rechts. Das kann auch gar nicht anders sein, denn nur der amorphe Zustand Mitteleuropas hält den Kontinent in seiner Balance; jeder Blick auf eine Karte zeigt, weshalb: Wer dieses Gebiet besitzt, sei es eine der europäischen Großmächte oder eine Macht, die im europäischen Zentrum selbst entstand, würde Herr Europas sein. Jede Machtballung in Deutschland wirkt deshalb als Aufkündigung des europäischen Gleichgewichts; die notwendige Folge ist die Bildung feindlicher Koalitionen, ihr Erfolg ist um so wahrscheinlicher, als sich eine mitteleuropäische Hegemonialmacht nach mehreren Seiten zugleich zu behaupten hat und dabei über verteidigungsfähige natürliche Grenzen nicht verfügt.

Aus diesem Grund gelten den europäischen Nachbarn die deutschen Libertäten als Garantie der europäischen Freiheit, des Gleichgewichts der Staaten und ihres Überlebens: »Deutschland, formlos von Natur«, schreibt der Historiker Ludwig Dehio, »lag auf dem Schnittpunkt der Drucklinien der großen festländischen Politik, und seine Desorganisation war seit drei Jahrhunderten mit der Organisation des Staatensystems eng verknüpft.«[5] Und aus demselben Grund garantieren die Staaten Europas insgesamt das Überleben und die Unabhängigkeit der deutschen Duodez-Fürstentümer und der Reichsstädte, jeder Übergriff einer Großmacht ruft die Konkurrenz auf den Plan.

Schon Preußens Aufstieg im Laufe des achtzehnten Jahrhunderts stört deshalb die europäische Balance empfindlich. Was hier entsteht, das ist ein durch den Herrschaftswillen der Hohenzollern und dank ihrem Organisationstalent überdauerndes, ganz künstliches territoriales Gebilde, in weit voneinander liegende Provinzen zerrissen, durch Flüsse ost-westlich zerschnitten, ohne sichere Grenzen. Ein unlösbares, durch die geographischen Gegebenheiten diktiertes Paradoxon: die Mittellage Preußens verlangt eine Politik, durch die kein Nachbar sich bedroht fühlt; zugleich aber steht Preußen solange am Rande seiner Existenz, wie seine Grenzen offen und jedem Druck ausgesetzt sind. Aus dieser Situation führen zwei Auswege: Preußen muß sich entweder, wie Deutschland im ganzen, den politischen Einwirkungen seiner Nachbarn öffnen und es ihnen gestatten, seine Politik zumindest teilweise zu kontrollieren. Das ist der Weg, den der andere große Staat der europäischen Mitte, Polen, betritt; die Folgen für den polnischen Staat sind Aushöhlung seiner Souveränität, innenpolitische Anarchie und schließlich die Aufteilung zwischen den Nachbarn. Oder aber Preußen organisiert sich und rüstet soweit auf, daß es imstande ist, jeden Krieg an den weit auseinanderliegenden Grenzen auch gegen eine gegnerische Koalition zu führen und zu gewinnen. Und auf das Gewinnen kommt es

»Das europäische Konzert«

Holzschnitt nach einer Zeichnung von Albert Robida

an, denn in jedem Konflikt geht es für Preußen um Sein oder Nichtsein – daher jenes Übergewicht des militärischen Sektors, deshalb die bürokratische Durchorganisation aller Lebensbereiche, um auch die letzten Kräfte dieses bettelarmen Staatswesens mobilisieren zu können, daher jener Zug von Angestrengtheit, Ernst und dieser Mangel an Urbanität und Lebensfreude, der das preußische Wesen bei den europäischen Nachbarn so unbeliebt macht.

Auf der anderen Seite liegt in Preußens Geographie auch die Chance seines Überlebens, denn sein Dasein verhindert, daß Ost und West unvermittelt aufeinanderstoßen; es kann als militärischer Puffer wie als politischer Vermittler wirken. Das rettet Preußen über die napoleonischen Kriege hinweg, denn Frankreich braucht jenseits seiner Grenzen ein strategisches Glacis, das ihm zugleich Rußland vom Hals hält und als Aufmarschraum dienen kann. Wäre diese nützliche Funktion nicht, der Name Preußens wäre heute nur noch ein Begriff für Historiker, und die Weltgeschichte wäre anders verlaufen.

Das sind die Grundfigurationen preußischer Existenz: Mittellage, unsichere Grenzen, die Furcht vor den feindlichen Koalitionen und dem Mehr-Fronten-Krieg, Trennung wie Ausgleich zwischen Ost und West und eine innere Verfassung, die der äußeren Lage entspricht. Alles das kehrt im Laufe der Jahrhunderte in wechselnden Konstellationen wieder und wird um so bestimmender, je größer die deutsche Machtballung wird. Neben dem preußischen Staat taucht seit Beginn des neunzehnten Jahrhunderts zudem ein weiteres Element im mitteleuropäischen Raum auf, das das System Europa bedroht: Der wachsende deutsche Nationalismus, zunächst Sache einiger kleiner intellektueller Zirkel, von den Freiheitskriegen 1813/15 bis zur Rheinkrise 1840 jedoch wie absinkendes Kulturgut sich nach unten ausbreitend, bis der Ruf nach dem Nationalstaat aller Deutschen, mit Marx gesprochen, die Massen ergreift und zur materiellen Gewalt wird. Die europäische Öffentlichkeit notiert das zunächst durchaus wohlwollend, denn wie überall in Europa ist auch der deutsche Nationalismus einstweilen die Kehrseite des politischen Liberalismus, mithin eins mit den Tendenzen der Epoche. Aber kaum zeichnet sich der deutsche Nationalstaat auch nur am Horizont als mögliche Wirklichkeit ab, da verfliegt alle internationale Sympathie. Der deutsche Nationalismus droht in der Revolution von 1848/49 das Wiener System von 1815 zu sprengen; der britische Botschafter Sir Stratford Canning predigt der preußischen Regierung, sie müsse ihre Politik »an dem System des internationalen Rechts ausrichten, der besten Garantie des Friedens, das die Enthusiasten der deutschen Einigung so eifrig zu überwinden suchen, und das die Apostel der Unordnung mit so großem Erfolg der Verachtung und Vergessenheit zu überantworten streben ...«[6] Sir Stratfords Unruhestifter sind die liberalen Vorkämpfer des deutschen Nationalstaats, die Unordnung ist für ihn die Einigung Deutschlands. Den Kabinetten in London, Paris und Petersburg scheint das friedliche Treiben der Paulskirchen-Abgeordneten der schiere Aufruhr wider die geheiligten Prinzipien des europäischen Gleichgewichts. Französische Gesandte fordern Garantien für den Fortbestand der souveränen deutschen Territorialstaaten, britische Kriegsschiffe demonstrieren in der Nordsee, russische Truppen marschieren an der preußischen Ostgrenze auf, und nicht zuletzt an der Gefahr einer Dreimächte-Intervention scheitert die deutsche Revolution von 1848/49, der Versuch, ein liberal verfaßtes Großdeutschland auf der Grundlage von Volkssouveränität und Menschenrechten zu begründen.

Kommt es unter einen Hut? Ich glaube, es kommt eher unter eine Pickelhaube!

Der nächste Anlauf zur Reichseinigung, diesmal gestützt auf die preußischen Waffen und ein Bündnis der deutschen Fürsten, gelingt dagegen 1871. Man mag es als Tragik der deutschen Geschichte ansehen, daß der deutsche Nationalstaat auf diese Weise kein liberal-volksstaatliches, sondern ein preußisch-obrigkeitsstaatliches Gewand erhält – aber hätte Europa eine andere Fundierung der deutschen Einheit überhaupt ertragen? Ohnehin gelingt der Bismarcksche Coup nur, weil sich Europa im »Wellental« (Ludwig Dehio) der Krise nach dem Krim-Krieg befindet; das europäische Konzert ist gestört, England und Rußland sind weit auseinandergerückt, Frankreich wird durch die preußischen Waffen niedergehalten: eine einmalige Konstellation. Aber auch jetzt ist der Argwohn in den europäischen Hauptstädten unüberhörbar, in Worte gefaßt von dem britischen Oppositionsführer Benjamin Disraeli, der am 9. Februar 1871 vor dem Unterhaus erklärt, die Gründung des Deutschen Reichs sei nicht weniger als »die deutsche Revolution, ein größeres politisches Ereignis als die französische Revolution des vergangenen Jahrhunderts ... Es gibt keine einzige diplomatische Tradition«, fährt Disraeli fort, »die nicht hinweggefegt worden ist. Wir haben eine neue Welt, neue Einflüsse am Werk, neue und unbekannte Größen und Gefahren, mit denen wir fertigwerden müssen, und die zur Zeit, wie alles Neue, noch undurchschaubar sind ...«[7]

Daß die Reichseinigung eine Revolution Europas bedeutet, hat zur Folge, daß das neue Deutsche Reich sich äußerstes Wohlverhalten auferlegen muß, wenn es auf die Dauer inmitten Europas überleben will. Dazu genügt nicht die Versicherung Bismarcks, das Reich sei saturiert; dazu gehört vor allem die glaubwürdige Fähigkeit des neuen preußisch-deutschen Staatswesens, die unruhigen Kräfte seines Innern zu bändigen, ihren Expansionsdrang über die Reichsgrenzen hinaus zu dämpfen und zu beherrschen. Das gilt besonders für den gärenden deutschen Nationalismus, dem das kleindeutsche Reich nur eine Abschlagszahlung auf die Verwirklichung der Utopie vom Nationalstaat aller Deutschen ist, und deshalb ist ein deutsches Reich unter preußischer Herrschaft den übrigen Großmächten zwar wenig sympathisch, aber immer noch erträglicher als ein Volksstaat, hinter dem die europäischen Kabinette und Höfe germanisches Jakobinertum gewittert hätten. Zu bändigen sind aber auch die wirtschaftlichen Kräfte, die mächtig über das Gebiet des einstigen Zollvereins nach draußen dringen und nach Kolonien und Einflußzonen rufen, und nicht zuletzt der zum Bewußtsein seiner selbst gelangende vierte Stand und dessen immer lauter werdende Drohung der sozialen Revolution - nicht umsonst gilt die deutsche Sozialdemokratie als Vorreiterin der sozialistischen Internationale.

Das ist die Dialektik von Außen- und Innenpolitik, die Deutschland notwendigerweise beherrscht: Eine schnelle und durchgreifende Liberalisierung und Demokratisierung des Reichs, die Freisetzung der politischen und gesellschaftlichen Triebkräfte stößt an die Grenzen der deutschen Daseinsfähigkeit im Mächtegleichgewicht Europas; selten paßte die Sentenz John Robert Seeleys, wonach das Maß innerer Freiheit eines Staats im umgekehrten Verhältnis zum äußeren Druck auf seinen Grenzen stehe, so präzise wie auf den Fall der deutschen Mittellage. Es ist deshalb auch nicht etwa ein Widerspruch, daß Bismarck nach innen eine Politik sozialer und polizeilicher Repression, nach außen dagegen eine des Ausgleichs und der Kriegsverhütung betreibt. Tatsächlich ist das eine ohne das andere gar nicht möglich: Deutschland wird von seinen Nachbarn solange und gerade eben noch ertragen, wie der Deckel fest auf seinem brodelnden Inneren sitzt. Aus diesem Grund wird der Weltkrieg früher oder später auch unvermeidlich, als Bismarcks Nachfolger dessen Politik der strikten Beschränkung in beiderlei Wortsinn aufgeben und die Macht der alten preußischen Oberschicht, die mit ihrer Stellung in Deutschland sehr zufrieden ist und darüber hinaus nicht die geringsten Ambitionen besitzt, zunehmend unterhöhlt wird. Das Aufkommen organisierter Verbandsinteressen, nationalistischer und imperialistischer Massenorganisationen, der allmähliche Parlamentarisierungsprozeß und der schleichende Machtverlust des preußischen Staatsministeriums, »Drang zur Sonne« und Schlachtflottenbau - alles das hängt miteinander zusammen und zerstört unaufhaltsam die Begrenzungen, die das europäische System der Existenz des deutschen Nationalstaats setzt. Der Konflikt ist unter diesen Umständen so absehbar wie die deutsche Niederlage, und wahrscheinlich ist auch die anschließende Auflösung des Deutschen Reichs.

»Doctor Bismarck.«

Karikatur aus dem englischen »Punch«

Ein Wunder also, daß dies 1919 nicht geschieht, und der Grund dafür ist der gleiche, der bereits 1807 Preußen überleben und 1871 das Reich entstehen ließ: Ein Auseinanderrücken West- und Osteuropas, das westeuropäische Bedürfnis nach einer strategischen Barriere gegen Rußland. In Whitehall, in Washington geht die Angstvorstellung um, in Deutschland könne eine bolschewistische Regierung die Oberhand gewinnen, die dann gemeinsam mit Sowjetrußland Europa unterwerfen werde. Das ist das einzige Argument, mit dem sich noch deutsche Politik machen läßt; die Oberste Heeresleitung legt der deutschen Revolutionsregierung, dem »Rat der Volksbeauftragten«, nahe, »Präsident Wilson und ganz Amerika mit Schrecken vor Umsichgreifen des Bolschewismus in Deutschland zu erfüllen«[8]. Das ist gar nicht nötig; Wilson geht dankbar auf eine Anregung Friedrich Eberts, des Vorsitzenden des Rats der Volksbeauftragten, ein und erklärt am 12. November 1918, die Vereinigten Staaten seien bereit, Lebensmittel an das halbverhungerte Deutschland zu liefern, vorausgesetzt, eine nicht-kommunistische Regierung behalte dort die Macht. Wilsons Angebot kommt gerade rechtzeitig; am selben Tag trifft in Berlin ein Funkspruch aus Moskau ein, wonach Sowjetrußland einer deutschen »Arbeiterregierung« leninistischer Observanz Brot zu liefern bereit sei, und der Hinweis auf die amerikanischen Getreideschiffe hilft jetzt der deutschen Revolutionsregierung, den Machtanspruch linkssozialistischer und kommunistischer Kräfte zurückzuweisen und zwischen Deutschland und Sowjetrußland einen scharfen Trennstrich zu ziehen. Zudem trifft in Berlin ein Strom von Telegrammen aus den verbliebenen deutschen Auslandsmissionen ein, die allesamt zu berichten wissen, nur eine demokratisch gewählte, mithin nicht-kommunistische deutsche Reichsregierung werde einen erträglichen Frieden bekommen, anderenfalls die Alliierten im Reich einmarschieren würden. Das ist ein stark wirkendes innenpolitisches Argument für die Einberufung einer verfassunggebenden deutschen Nationalversammlung und gegen jede Form von Räteverfassung und kommunistischem Minderheitsregime. Die Logik der Geographie, die Furcht des Westens vor einem Bündnis Sowjetrußlands mit der europäischen Mitte, hilft bei der Entstehung der Demokratie von Weimar; die Lage Deutschlands bleibt ein entscheidendes Argument für seine innere Verfassung.

Verglichen mit dem Europa der Vorkriegszeit haben sich im System der Mächte bedeutende Veränderungen eingestellt, aber so sehr sich die europäische Konstellation wandelt, so sehr bleibt sie sich gleich. Da ist Frankreich, mehr denn je vom furor teutonicus gebannt und daher auf nichts so bedacht wie auf die Sicherheit seiner Ostgrenzen. Die Denkfiguren der französischen Deutschlandpolitik sind traditionell, eine Mischung von Richelieus und Mazarins Hegemonialstreben, dem System des Westfälischen Friedens von 1648, und von Ludwigs XIV. Reunions-Politik zur Gewinnung der Rheingrenze mit strategischen Einfallpforten nach Deutschland. Nachdem sich schon im Vorfeld des Versailler Friedensvertrags die französische Hoffnung auf ein Zurück zu 1648 oder wenigstens zum Gleichgewichtssystem des Wiener Kongresses von 1815 durch den Einspruch der angelsächsischen Mächte zerschlagen hat, konzentriert man sich ganz auf das zweite Ziel, die Rheingrenze, und für einen flüchtigen Augenblick scheint es im Jahr 1923, mit der Besetzung des Ruhrgebiets und der Errichtung separatistischer Rheinlandrepubliken, erreicht. Aber wieder intervenieren England und Amerika, drohen mit wirtschaftlichen und finanziellen Sanktionen, und da Frankreich zwar militärisch zu den Siegern, wirtschaftlich aber zu den Verlierern des Weltkriegs gehört, muß es klein beigeben.

Aus französischer Sicht sind die zwanziger Jahre eine Zeit der außenpolitischen Niederlagen und Katastrophen, denn die angelsächsische Finanzschraube zwingt es nicht nur zur Aufgabe seiner territorialen Faustpfänder, sondern sogar zu ständigem Nachgeben in der Frage der wirtschaftlichen und finanziellen Verpflichtungen Deutschlands aus dem Versailler Vertrag, mit deren Hilfe man gehofft hatte, das Deutsche Reich zumindest wirtschaftlich kontrollieren und zugleich den eigenen wirtschaftlichen Rückstand aufholen zu können. So bleibt nur eine einzige Alternative, den unheimlichen deutschen Nachbarn zu bändigen und berechenbar zu machen: man sucht ihn in umfassende Abkommen einzubinden, 1925 mit den Locarno-Verträgen in ein ganzes Geflecht von Grenzgarantien, ein Jahr darauf in den Völkerbund mit seinem internationalen Rechtssystem, 1926 mit dem Internationalen Eisenkartell und 1927 mit dem deutsch-französischen Handelsabkommen in wirtschaftliche Absprachen.

Das ist der einzige Weg, der Europa auf die Dauer vor der Kriegsangst befreien kann, aber die Gespenster der Vergangenheit bleiben am Leben, die Geographie verändert sich nicht, und als 1931 eine deutsch-österreichische Zollunion, mit der Option auf einen späteren politischen Zusammenschluß in Mitteleuropa, am Horizont erscheint, reagiert Frankreich fast panisch, wie auf eine Kriegserklärung. Das Reich in seinen derzeitigen Grenzen ist das Äußerste, das man zu dulden bereit ist, und so nimmt die französische Regierung, indem sie die französischen Einlagen von den österreichischen Ban-

Poincaré
So schwankt die edle Kraftnatur:
Locarno - Ruhr - Locarno - Ruhr!

ken abzieht, sogar eine ungeheure Verschärfung der Weltwirtschaftskrise mit schweren Rückwirkungen für das eigene Land in Kauf, um die Zollunion zu verhindern. Aber das bleibt der einzige strategische Triumph Frankreichs in dieser Epoche; schon bei den Genfer Abrüstungsverhandlungen 1932/33 muß es wieder dem amerikanisch-britischen Druck nachgeben und Deutschlands Recht auf militärische Gleichberechtigung zustimmen, obgleich dadurch die eigenen Sicherheitsinteressen auf das empfindlichste verletzt werden. Was bleibt, ist das System von Locarno, die wechselseitige Garantie der Grenzen von 1919 und die Bündnisse Frankreichs mit der Tschechoslowakei und Polen, um Deutschland militärisch einzukreisen und jeden Versuch, die Landkarte Mitteleuropas zu ändern, zu einem unkalkulierbaren Risiko zu machen. Allerdings hätte man auch bereit sein müssen, diese Drohung jederzeit glaubhaft aufrechtzuerhalten, aber die Konfrontation mit der friedlichen Republik von Weimar in der ersten Hälfte der zwanziger Jahre hat die französische Bereitschaft zu militärischen Machtdemonstrationen erlahmen lassen. Gegen den Diktator Hitler operiert man später hilflos und rückzugsbereit, und mit den deutschen Angriffen auf die Tschechoslowa-

Zeichnung von F. Dolbin

Aristide Briand, langjähriger französischer Ministerpräsident und Außenminister, verkörpert im Gegensatz zu seinem innenpolitischen Gegenspieler Raymond Poincaré die Idee des friedlichen Ausgleichs zwischen Frankreich und Deutschland und der Überwindung der nationalen Antagonismen in einem geeinten Europa.

kei im Jahr 1938 und dann auf Polen 1939 bekommt man die Quittung dafür, daß man die Logik der europäischen Machtbalance schließlich doch aus dem Auge verloren hat.

Durchaus traditionell verhält sich in dieser Epoche auch England, und daß die Vereinigten Staaten seit 1917 im europäischen Konzert mitspielen, ändert insofern nicht viel an den Grundgegebenheiten, als die USA hauptsächlich den Part des geschwächten Großbritanniens übernehmen. Dieser Part trägt die Überschrift »Balance of Europe« und stammt bereits aus dem Frieden von Utrecht (1713), in dem mit maßgeblicher britischer Beteiligung dem französischen Hegemonialstreben in Europa eine Grenze gesetzt wurde. Es handelt sich eigentlich um nichts anderes als um das britische Verfassungsprinzip der »checks und balances«, ins Außenpolitische gewendet: Wie eine gute Regierung im Gleichgewicht unabhängiger, sich gegenseitig kontrollierender Institutionen und Interessen besteht, so besteht eine gute internationale Ordnung im Gleichgewicht unabhängiger, sich mit Hilfe völkerrechtlicher Verträge gegenseitig kontrollierender Staaten. Daß damit die besten Voraussetzungen für einen blühenden britischen Außenhandel geschaffen sind, der auf möglichst große europäische Absatzgebiete angewiesen ist, versteht sich am Rande von selbst, und der zwingende Zusammenhang zwischen europäischer Balance und britischen Wirtschaftsinteressen wird in dem Versuch Napoleons sichtbar, als Herr Europas mit Hilfe der Kontinentalsperre, also des totalen Einfuhrverbots für englische Waren, England wirtschaftlich zu ruinieren. Und wie die Siege über Ludwig XIV., Ludwig XV. und über Napoleon letzten Endes nicht von dem Prinzen Eugen, nicht von Friedrich dem Großen und nicht von Marschall Blücher, sondern auf den Weltmeeren von der englischen Flotte erfochten wurden, so siegen im Ersten Weltkrieg nicht die französischen Generäle, sondern die englischen Admiräle; die glänzende militärische Macht des Deutschen Reichs zerbricht in erster Linie am Hunger, an der Seeblokkade.

Aber auch England gewinnt nur den Krieg, nicht den Frieden. Die »Pax Britannica« beginnt schon bald nach dem Waffenstillstand zu bröckeln, wirtschaftliche und soziale Krisen erschüttern England im Innern, und man muß alle Anstrengungen daran wenden, den beginnenden Zerfall des kolonialen Weltreichs aufzuhalten. Englands Interessen liegen in der Zwischenkriegszeit vor allem zwischen Kap und Kairo, im Mittleren Osten, in Indien und Hinterindien und Europa ist ein Problem, das möglichst ruhig gehalten werden muß. Die französischen Versuche, die Nachkriegssituation zu politischen und militärischen Geländegewinnen in Mitteleuropa zu nutzen, stören, denn sie lenken die britische Politik von ihren eigentlichen überseeischen Interessen ab, und zudem vergeht sich Frankreich gegen den geheiligten Grundsatz der europäischen Balance. Die freundschaftlichen Gefühle, die die britische Führungsschicht seit 1871 dem »underdog« Frankreich entgegenbrachte, und die im Laufe des Weltkriegs stark zunahmen, verblassen mit dem Einmarsch französischer Divisionen im Ruhrrevier schlagartig, und wenn auch die antideutschen Klischees der Kriegspropaganda in der Öffentlichkeit weiterhin wirken, so beginnt sich doch die englische Politik auf die Unterstützung der politischen und wirtschaftlichen Stabilität

Deutschlands umzuorientieren, nicht zuletzt im Interesse der eigenen Exportwirtschaft. »Ich glaube«, schreibt Premierminister Lloyd George 1922 an einen Kabinettskollegen, »wir haben der französischen Politik schon viel zu sehr nachgegeben. Ich fürchte, ihre Reparationsforderungen werden Deutschland in eine Katastrophe führen, die einen erneuten Rückschlag für den europäischen Handel mit sich bringen und Deutschland vermutlich in den Bolschewismus oder den Imperialismus treiben wird.«[9]

Eben das ist auch die Leitlinie der amerikanischen Deutschlandpolitik. Daß das Reich sich nach der Kriegsniederlage republikanisch-parlamentarisch organisiert hat, daß die Hohenzollern-Monarchie gestürzt ist, die deutschen Kolonien verloren sind und Deutschland aus der maritimen Konkurrenz ausschied, alles das hat in den Vereinigten Staaten ein recht freundliches Meinungsklima gegenüber den Deutschen hervorgerufen, während man den Völkerbund weithin als Instrument ungehemmter französischer Machtpolitik betrachtet – aus diesem Grund ist die USA dem Versailler Frieden nicht beigetreten und hat sich politisch zunächst aus Europa zurückgezogen. Aber wirtschaftlich bleibt Amerika in Europa engagiert, und es zeigt sich bald, daß die deutschen Versuche, die handelspolitischen Beschränkungen durch den Versailler Vertrag zu überwinden, mit der amerikanischen Politik parallel laufen, ein liberales Welthandelssystem ohne Diskriminierungen aufzubauen. Zudem hat Wallstreet großes Interesse daran, seine Kriegsanleihen, die nach Frankreich, Großbritannien und Belgien geflossen sind, zurückzubekommen, und das kann nur gelingen, wenn die Deutschen imstande bleiben, an diese Länder Reparationen zu zahlen, die dann als Zinsentilgung weiter in die USA fließen. Deutschland muß also wirtschaftlich wieder auf die Beine kommen, und das kann es nur, wenn der ständige französische Druck nachläßt, und wenn die Reparationsfrage vernünftig geregelt wird.

Also bieten sich die USA als Vermittler in den europäischen Konflikten an, und bald zeigt sich, daß die so erzielten wirtschaftlichen, finanziellen und politischen Verhandlungsergebnisse gleichermaßen den deutschen wie den amerikanischen Interessen dienen und den britischen jedenfalls nicht widersprechen, während Frankreich bei seinem ständigen Versuch, seine Machtstellung gegenüber Deutschland zu bewahren, geradezu brutal von den amerikanischen Bankiers, bei denen es Schulden hat, in die Zange genommen und zu Zugeständnissen gezwungen wird. Die Stabilisierung Deutschlands in den »Goldenen Zwanzigern«, zwischen 1924 und 1929, ist also das Ergebnis britischer und amerikanischer Einwirkung: Deutschland soll ein stabiler Ordnungsfaktor in Mitteleuropa sein, widerstandsfähig genug, um als Bollwerk gegen die Sowjetunion dienen zu können, innenpolitisch so ruhig, daß antidemokratische Strömungen keine Chance besitzen, eine zuverlässige und berechenbare Macht ohne Ambitionen, die das europäische System destabilisieren könnten. Das geht solange gut, wie die deutschen politischen und wirtschaftspolitischen Ideen denen der amerikanischen Regierung gleichen. Das System bricht aber in den Krisen der beginnenden dreißiger Jahre zusammen; wo schon die letzten deutschen Präsidialkabinette den Grundsatz des friedlichen Ausgleichs in Europa aufzugeben beginnen, wo Aufrüstung und deutsche Hegemonialstellung

Wettlauf zum Frieden
Briand: »Teufel nochmal, dieser Engländer legt ja ein geradezu höllisches Tempo vor!«

Zeichnung von Herzberg

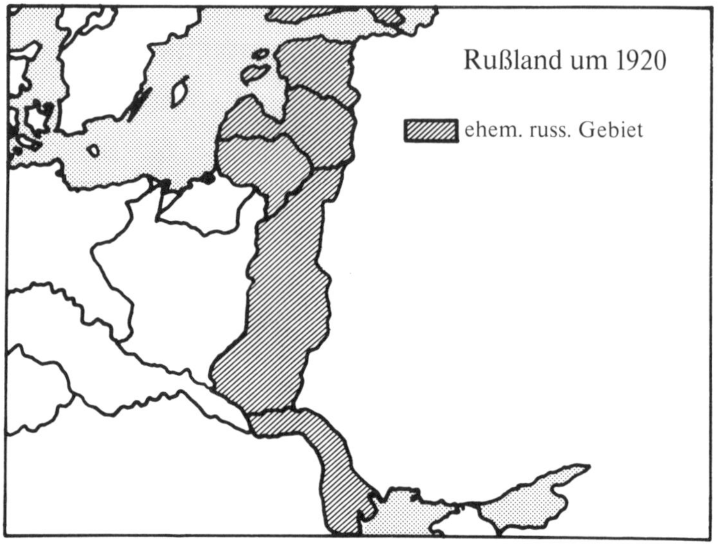

angestrebt werden, und wo der Ruf nach Planwirtschaft und Autarkie immer lauter wird, dort ist für ein deutsch-amerikanisch-britisches Zusammenspiel kaum noch Raum. Der Konflikt mit den angelsächsischen Staaten, die Ausweitung der Hitlerschen Ostexpansion zu einem den atlantischen Raum miterfassenden Weltkrieg, ist hier bereits angelegt.

Das Bild des großen östlichen Mitspielers im europäischen Konzert, Rußlands, ist seit den Tagen Peters des Großen das einer expandierenden Großmacht mit traditionellen Interessenschwerpunkten, die zwar im Laufe der Jahrhunderte gelegentlich zurücktreten, um anderen Platz zu machen, aber doch stets wiederkehren. Da ist Polen, da ist der Balkan, da ist die Türkei, da sind Afghanistan und Indien, da sind Sibirien und der Ferne Osten. Und dazu tritt die Neigung, imperiale Ziele ideologisch einzukleiden, so die russische Vormachtstellung nach den napoleonischen Kriegen durch die Prinzipien der »Heiligen Allianz«, gegründet auf die gottgegebene Legitimität der Kronen Europas, oder die Expansion in den Balkanraum zwischen 1870 und 1914 mit der slawophilen Theorie des russischen Patronats über alle Völker orthodoxen Glaubens, flankiert durch den Panslawismus, der Moskau zum Mittelpunkt der slawischen Nationen erklärt. Seit dem japanisch-russischen Krieg von 1905 tritt noch ein weiteres Motiv hinzu, das der Furcht vor der strategischen Einkreisung, genährt durch die alliierte Intervention von 1917 bis 1919, als britische, französische und amerikanische Truppen im Verein mit weißrussischen Armeen versuchen, der bolschewistischen Revolution den Garaus zu machen.

Das traditionelle russische Hegemonialstreben in Europa spielt allerdings in den zwanziger Jahren keine Rolle; Sowjetrußland ist neben Deutschland der zweite große Verlierer des Weltkriegs, die russischen Grenzen sind im Vergleich zu ihrer imperialistischen Ausweitung vor dem Krieg weit zurückgedrängt. Zwischen Mitteleuropa und Sowjetrußland liegt jetzt ein Randstaaten-Gürtel, hauptsächlich aus ehemals russischen Provinzen, die nun zu selbständigen

Staaten geworden sind, von Finnland über Estland, Lettland und Litauen, weiterhin Polen bis schließlich nach Rumänien, das sich auf russische Kosten kräftig vergrößert hat. Dieser »cordon sanitaire« ist eher ein Mittel der Westmächte, Deutschland einzukreisen, nachdem Rußland als Verbündeter ausgeschieden ist, wird aber von Moskau argwöhnisch betrachtet, denn die neuen Nachbarstaaten sind mit England und Frankreich verbündet. Als Aufmarschgebiet gegen die Sowjetunion wären sie geeignet. Im übrigen denken die Führer des bolschwistischen Rußland nicht daran, die Abtrennung ehemals russischer Territorien im Namen des Selbstbestimmungsrechts der Völker zu respektieren; die Rote Armee stößt bereits frühzeitig in das Baltikum vor, wo sie von deutschen Truppen zurückgeschlagen wird, die auch nach dem Waffenstillstand in dieser Region wie in der Ukraine stehen und erst bis Ende 1919 abziehen. Mitte 1920 beantwortet eine sowjetische Reiterarmee einen polnischen Angriff auf Kiew mit einer Offensive, steht in kürzester Zeit vor Warschau, und nur das mit französischer militärischer Unterstützung bewerkstelligte »Wunder an der Weichsel«, eine überraschende Niederlage der Roten Armee am 16. August 1920, rettet Polen davor, überrannt und als russische Unionsrepublik annektiert zu werden.

So ist es vor allem anderen die polnische Frage, die die sowjetische Deutschlandpolitik fortan bestimmt. Es ist das Unglück des polnischen Staats, daß er auf den Wogen der Sympathie, die seinen Staatsmännern auf der Pariser Friedenskonferenz entgegenschlagen, allzu leicht zur Deckung mit der einstigen Utopie polnischer Nationalisten gelangt. Das Polen von 1919 reicht fast so weit, wie in Europa polnisch gesprochen wird – angesichts der sprachlichen Gemengelage Ostmitteleuropas eine tödliche Überdehnung des Nationalitätenprinzips, denn so besitzt Polen im Osten eine starke weißruthenische und ukrainische Bevölkerungsminderheit, im Westen eine deutsche, und die unnachsichtige Unterdrückungspolitik gegen diese Bevölkerungsgruppen schürt alle alten Spannungen zwischen den Polen und ihren Nachbarn. Überdies bleibt die polnische Politik weiterhin nach Westen wie nach Osten expansiv, und da Polen eine starke und gut ausgebildete Armee besitzt, gibt es hinreichenden Grund für Deutschland wie für Sowjetrußland, sich durch Polen bedroht zu fühlen. Andererseits sind weder Deutschland noch die Sowjetunion geneigt, sich mit dem Verlust ihrer einstigen, nun zu Polen geschlagenen Provinzen auf die Dauer abzufinden. So ist es der gemeinsame Gegner Polen, der die beiden so ungleichen Partner zusammenführt, und zugleich das gemeinsame Schicksal als Parias der Völkerfamilie. Schon im Frühjahr 1920 erklärt General v. Seeckt, erst wenige Wochen Chef der Heeresleitung der deutschen Reichswehr, man müsse sich mit Rußland »zu gemeinsamer Arbeit« zusammentun. »Überlegungen: a) Rußland ist die einzige Großmacht, mit der wir keinerlei Schwierigkeiten besitzen. b) Uns verbindet die gemeinsame Feindschaft mit Polen. c) Die Mächte, die gegen Rußland ankämpfen, kämpfen auch gegen Deutschland an. d) Rußland ist für Deutschland in der Zukunft der entscheidende Faktor. e) Wir sollten zwischen Westen und Osten die Brücke bilden. f) Hindernd im Wege steht III. Internationale ...«[10]

Dieses letztere Problem erledigt sich bald. Mit dem revolutionären deutschen Kommunismus erlebt Moskau nur Enttäuschungen;

Zeichnung von Heinrich Major

In der Amtszeit des sowjetischen Volkskommissars des Äußeren Georgij Wassiljewitsch Tschitscherin (1918–1930) kehrt die Sowjetunion in Europa in traditionelle diplomatische Bahnen zurück. »Ein ganz großer Komödiant«, schreibt Harry Graf Kessler angesichts des überlegenen russischen Taktierens in Genua und Rapallo 1922.

nicht allein, daß die KPD in ihren Anfangsjahren dazu neigt, gegen den russischen Führungsanspruch aufzumucken, auf ihre eigenen Traditionen im Geiste August Bebels und Rosa Luxemburgs zu verweisen und Rechts- und Linksabweichungen in Fülle zu produzieren – sie zeigt sich auch unfähig, im Lande von Marx und Engels die Diktatur des Proletariats zu errichten; Lenins böses Wort von den Deutschen, die keinen Bahnhof stürmen, ohne zuvor Bahnsteigkarten gelöst zu haben, ist auf die KPD gemünzt. Nach dem Scheitern des »Deutschen Oktober« im Herbst 1923 verzichtet die Sowjetunion vorerst darauf, Lenins Traum von der Überwindung des kapitalistischen Staatensystems durch die sozialistische Völkergemeinschaft unter einer Art deutsch-russischen Kondominiums zu verwirklichen. Statt dessen konzentriert sie ihre revolutionären Aktivitäten ganz auf Asien und betreibt in Europa fortan nüchtern-rationale Politik mit den klassischen Mitteln. Diese Politik heißt: Schutz des »Sozialismus in einem Lande«, also Status quo in Europa.

Der wichtigste Verbündete hierbei ist Deutschland, das als neutrale Macht Rußland vor den aggressiven, konterrevolutionären Gelüsten Frankreichs und der angelsächsischen Mächte abschirmt. Mit Deutschland schließt man frühzeitig handelspolitische Verträge, die der deutschen Wirtschaft helfen, man arbeitet eng mit der deutschen Rüstungsindustrie zusammen und läßt die Reichswehr, zu beiderseitigem Nutzen, nicht nur in Rußland Manöver abhalten, sondern auch alles das installieren, was in Deutschland unter dem Versailler Vertrag verboten ist: Eine Panzerwaffenschule, eine Flugzeugführerschule, eine Gasfabrik, eine Munitionsfabrik. Daß die Reichswehr im Fall des Bürgerkriegs mit in Rußland gefertigter Munition auf deutsche Kommunisten schießt, nimmt die sowjetische Führung billigend in Kauf. Das hat durchaus klassische Züge kontinentaler Machtpolitik, aber dahinter steht doch mehr. Auf der Plenartagung des Zentralkomitees der KPdSU im Jahr 1925 legt Stalin die eigentlichen, die strategischen Absichten Sowjetrußlands dar: Es gilt zunächst zu verhindern, daß sich die imperialistischen Mächte zum gemeinsamen Vorgehen gegen Rußland zusammenfinden. Die Spannungen zwischen ihnen – und die Förderung der deutschen Rüstung ist ein wichtiges Element der Spannung – werden sich unweigerlich früher oder später in einem Krieg zwischen den kapitalistischen Staaten entladen, und in diesem Falle »werden wir nicht untätig zusehen können, wir werden auftreten müssen, aber wir werden als letzte auftreten, um das entscheidende Gewicht in die Waagschale zu werfen, ein Gewicht, das ausschlaggebend sein dürfte ...«[11]

So ist also Europa auseinandergerückt wie einst nach dem Krimkrieg, und Deutschland sitzt als Weltkind in der Mitten; das bleibt Chance und Verführung der deutschen Politik. »Einseitiger Abschluß mit dem Westen zum Kampf gegen Rußland, wie auch Anschluß an den Osten zur Abwehr eines Gewaltfriedens würde Fortsetzung des Krieges bedeuten«, erklärt Reichsaußenminister Graf Brockdorff-Rantzau im Frühjahr 1919 vor dem Reichskabinett. »Deutschland habe die Wahl, zwischen Westen und Osten zu vermitteln oder zu dem Kampf das Schlachtfeld herzugeben.«[12] Die Idee, zwischen Ost und West vermitteln zu können, ist ein alter deutscher Traum, aber er läßt sich nur dann verwirklichen, wenn zwischen den beiden Lagern zumindest eine grundsätzliche Interessengleichheit besteht. Das war 1878 der Fall, als Bismarck auf dem Berliner Kongreß als »ehrlicher Makler« auftrat; wenn aber, wie jetzt nach dem Weltkrieg, Ost und West zwei feindliche Heerlager bilden, gerät die Mitte bei dem Versuch, zu vermitteln, allzu leicht zwischen die Mühlsteine oder wird - und das ist jetzt der Fall - als quantité négligeable behandelt. Deutschland ist außenpolitisch vorerst ein Nichts, bei internationalen Begegnungen darf es allenfalls als bußfertiger Sünder erscheinen, und die Sowjetunion befindet sich noch in ihrer revolutionären Phase und ist am herkömmlichen diplomatischen Ausgleich uninteressiert.

Aber die besondere Lage des Reichs zwischen Ost und West ist nach dem Ersten Weltkrieg nicht nur geographischer Natur; sie ergibt sich auch daraus, daß Deutschland sich zwar eine Verfassungsordnung nach westlichem Muster gegeben hat, von den Westmächten aber zur Annahme des »Diktats« von Versailles gezwungen worden ist. Das bedeutet Anziehung und Abstoßung gegen den Westen zugleich, denn alle Außenpolitik des Reichs geschieht künftig unter dem obersten Grundsatz: Kampf gegen Versailles. Und solange Deutschland im Kreis der Westmächte persona non grata ist, ist das deutsche Interesse an guten Beziehungen zu Rußland zwangsläufig, denn es gilt, »unsere Position der Entente gegenüber durch gradweises Ausspielen unserer Beziehungen zu Rußland« zu stärken[13]. So entwickelt sich die heimliche Zusammenarbeit von Reichswehr und Roter Armee, und eine Serie von Verträgen über den Austausch von Gefangenen, über Handelsbeziehungen, über die gegenseitige Errichtung diplomatischer Missionen wird am 16. April 1922 mit der Unterzeichnung des Vertrags von Rapallo gekrönt, eines eigentlich harmlosen, hauptsächlich handelspolitischen deutsch-sowjetischen Abkommens, das aber Deutschland wieder außenpolitisches Profil verleiht und ein unmißverständliches Signal an Paris und Warschau darstellt: Das deutsch-russische Bündnis gegen die Mächte von Versailles bleibt möglich.

Der Umschwung bereitet sich schon 1923, unter der Reichskanzlerschaft Gustav Stresemanns, vor, und er bestimmt die deutsche Außenpolitik bis zu dessen Tod im Jahr 1929: Vermeidung von allzu engen Bindungen und Allianzen mit Ost und West; wirtschaftliche und gesellschaftliche Bindung an den Westen mit politischen Ausgleichsabkommen mit Sowjetrußland, um in der Balance zwischen Ost und West Bewegungsspielraum für eine friedliche Beseitigung des Versailler Vertrags zu bekommen. Die nächsten Jahre sind die Zeit der großen Erfolge in der Westpolitik: Dawes-Plan 1924, Locarno 1925, Aufnahme in den Völkerbund 1926, bis hin zum Young-Plan, einer abermaligen Revision der deutschen Reparationsverpflichtungen, im Jahr 1930. Mit der Sowjetunion schließt Stresemann 1926 den »Berliner Vertrag« ab, der die gegenseitige Neutralität sicherstellt und Moskau von dem Alpdruck erlöst, ein mit den Westmächten verbundenes Deutschland könnte sein Territorium zum anglo-französischen Aufmarsch gegen Rußland bereitstellen. Daneben bestehen für den Fall eines polnischen Angriffs auf Ostpreußen oder die Ukraine geheime Beistandsabkommen zwischen Reichswehr und Roter Armee, wobei nicht recht klar ist, wie

Plakat der DVP zu den Reichstagswahlen 1924
Entwurf: Alexander M. Cay

Stresemanns außenpolitisches Konzept knüpft bewußt und programmatisch an das Vorbild Bismarcks an. Nicht nationale Mythen geben dabei den Ausschlag, sondern die im Vergleich zur Reichsgründungszeit unveränderte geopolitische Situation Deutschlands im Schnittpunkt der europäischen Macht- und Kraftlinien.

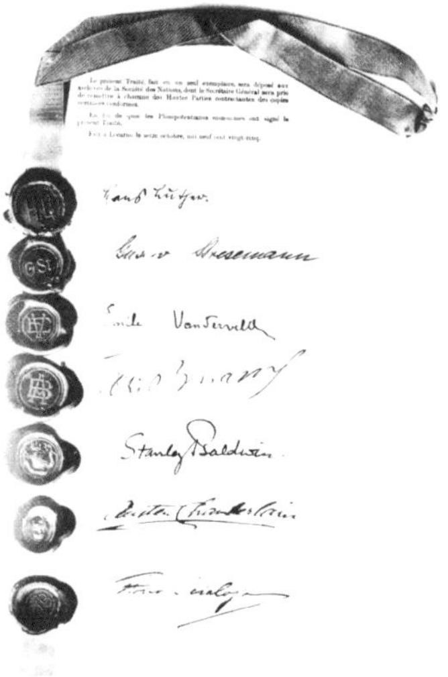

Die Unterschriften unter dem Locarno-Vertrag vom 1. Dezember 1925

Mit Locarno scheint ein neues europäisches Konzert zu beginnen, doch die Zeit rationaler Kabinettspolitik ist vorbei. Über der Landkarte Europas herrscht der Geist des Massennationalismus, der friedliche Ausgleich zwischen den Nationen bleibt ein Wunsch.

weit die deutsche politische Führung davon unterrichtet wird – insgesamt jedenfalls eine Situation, nicht unähnlich dem Bismarckschen Spiel mit den fünf Kugeln.

Ein Kunststück ist der Balanceakt zwischen Ost und West allemal, und wenn auch die Logik der politischen Situation ebenso wie diplomatische Tradition für diese Politik sprechen, so gibt es doch Beobachter, denen dabei unheimlich wird. Da ist der Oberbürgermeister von Köln, Konrad Adenauer; er ist zwar Präsident des Preußischen Staatsrats, aber die Überlieferungen der klassischen preußischen Kontinentalpolitik sind ihm fremd. Er weist bereits frühzeitig darauf hin, daß der Frieden Europas auf die Dauer von dem Verhältnis zwischen Deutschland und Frankreich abhängt. Das weiß auch Stresemann, aber der sucht die Gemeinsamkeiten zwischen den beiden klar voneinander abgegrenzten, mit unterschiedlichen Interessen begabten Nationalstaaten herzustellen, während der Rheinländer Adenauer ganz auf die französische Karte setzt und reale politische und wirtschaftliche Verflechtungen zwischen beiden Staaten fordert, um die nationalen Interessen miteinander zu verklammern. Auch für Adenauers Pläne wird die Zeit kommen, aber in den zwanziger Jahren stoßen sie sich noch mit den hergebrachten Grundsätzen deutscher »Realpolitik«, jenem »Unsteten und Schaukelnden«, das der Kölner Oberbürgermeister an Stresemanns Politik bemängelt[14].

Mit Stresemanns Tod 1929 und der sich verschärfenden Weltwirtschaftskrise löst sich das europäische System, das in den Jahren der Stabilisierung seit 1924 zu entstehen begonnen hat, wieder langsam auf. In allen Ländern Europas gewinnt der Nationalismus an Boden, jeder Staat sucht sich auf Kosten der übrigen so gut wie eben möglich durch die Krise zu bringen, die nationalen Egoismen blühen und die Unwägbarkeiten der deutschen Innenpolitik verunsichern die politischen Partner des Reichs. Das gilt nicht nur für Frankreich und England, die jetzt wieder enger zusammenrücken, sondern auch für die Sowjetunion, die ihren Sonderbeziehungen zu Deutschland um so weniger traut, je mehr Hitlers NSDAP in das Rampenlicht der deutschen Innenpolitik tritt. Und da zudem der Vertrag von Versailles, einst ein starkes deutsch-sowjetisches Bindemittel, an Bedeutung verliert und zunehmend durchlöchert wird, wandelt sich auch das Tableau der Bündnisse. Ein französisch-russischer Nichtangriffspakt wird 1932 unterzeichnet, Abkommen zwischen Moskau und Warschau folgen. Am Ende ihrer Existenz ist die Republik von Weimar zwar noch durch vielfältige Verträge nach Ost wie nach West hin gesichert, aber der Wandel zu einer neuen, nicht minder klassischen Figur des europäischen Mächtesystems, dem Bündnis der europäischen Randstaaten und der Einkreisung der Mitte, bahnt sich erneut an. Die europäische Politik der dreißiger Jahre könnte in dieser Konstellation durchaus die Revisionspolitik Hitlers, das Luftholen des Dritten Reichs für den großen Expansionskrieg, verhindern, aber die Sowjetunion betreibt eine Schaukelpolitik, mit der sie die europäischen Mächte gegeneinander auszuspielen sucht. Auf diese Weise verschafft sie aber schließlich Hitler die Ellenbogenfreiheit, die er zur Verwirklichung seiner aberwitzigen Kriegspläne benötigt.

Konjunkturen und Finanzen

In der ersten Hälfte des zwanzigsten Jahrhunderts dreht sich die gesamte Weltwirtschaft um die vier klassischen Industriemächte USA, England, Frankreich und Deutschland. Die Vereinigten Staaten allerdings sind ihren europäischen Partnern und Konkurrenten schon seit langem davongezogen; bereits 1913 beginnen sie, die großen drei Europäer insgesamt zu überflügeln. Europa dagegen wird auch in den zwanziger Jahren vollständig von den drei großen Volkswirtschaften beherrscht; England, Frankreich und Deutschland zusammen stellen zwar weniger als die Hälfte aller Bewohner Europas, sie produzieren aber gemeinsam etwa drei Viertel sämtlicher europäischer Industriegüter, und Deutschland steht darin seit dem Beginn des Jahrhunderts an der Spitze, von einigen Nachkriegsjahren abgesehen.

Das war nicht immer so; als in den letzten Jahrzehnten des achtzehnten Jahrhunderts in England die Industrialisierung einsetzt, gibt es in Deutschland nicht den leisesten Hauch einer vergleichbaren Entwicklung, und auch Frankreich, wiewohl zu der Zeit das Land mit der größten Bevölkerung und dem höchsten Bruttosozialprodukt Europas, mit vergleichsweise modernen Verwaltungsstrukturen und einem blühenden Überseehandel, hält nicht entfernt mit Großbritannien Schritt. Viel kommt dort zusammen, um die industrielle Revolution zu ermöglichen: Günstige Lage der Kohlen- und Eisengruben, eine dichte Verkehrsinfrastruktur, keine Binnenzölle, die den Handel behindern. Hinzu tritt ein hochentwickeltes Handels-, Bank- und Kreditsystem, zudem, anders als auf dem Kontinent, die Bereitschaft von Gewerbe und Adel, ihr Vermögen in gewinnträchtigen, wenn auch riskanten industriellen Investitionsobjekten anzulegen, und eine liberale Wirtschaftspolitik, die den freien Fluß von Kapital und Arbeit begünstigt. Alles das und noch manches andere mehr führt zu einem sprunghaften Wirtschaftswachstum, das sich, wenn auch gelegentlich durch Krisen unterbrochen, weiterhin selbständig fortsetzt. In Frankreich dagegen ist es, neben einer völlig anderen Wirtschaftsgesinnung der Besitzenden, paradoxerweise die große Revolution von 1789 bis 1815, die die Industrialisierung hemmt, denn die durch Assignatenausgabe verursachte Inflation und die Revolutionskriege ruinieren die französische Wirtschaft. Sie erholt sich erst seit etwa der Jahrhundertmitte von diesem Rückschlag, aber von einem steilen Aufschwung kann keine Rede sein.

In Deutschland setzt die industrielle Revolution, verglichen mit England, aber auch mit Belgien und der Schweiz, erst spät ein; zwar ist der zähe Widerstand der Zünfte gegen jede wirtschaftliche Modernisierung bereits seit Beginn des neunzehnten Jahrhunderts, seit der Einführung der Gewerbefreiheit in Preußen und in den Rheinbundstaaten, weitgehend gebrochen, doch die Kleinstaaterei mit ihren vielen Zoll- und Währungsgrenzen wird nur schrittweise beseitigt. Zudem fehlt es an Kanälen und schiffbaren Flüssen für den Massentransport, der Ausbau der Chausseen hinkt weit hinter dem westeuropäischen Standard her; vor allem aber fehlen Kapital, Nachfrage und günstige Anlagemöglichkeiten. Erst um die Jahrhun-

dertmitte bessert sich das industrielle Klima; die politische Atmosphäre beruhigt sich, Banken und Sparkassen vermehren sich, Aktiengesellschaften entstehen und damit die Möglichkeit, große Kapitalmengen für Investitionen bereitzustellen. Vor allem wächst das Eisenbahnnetz, dessen Bau nicht nur die Transportmöglichkeiten revolutioniert, sondern auch die Initialzündung für Kapitalansammlungen und Industriegründungen bietet. Jetzt explodiert das wirtschaftliche Wachstum förmlich, als sei ein Stau durchbrochen; das deutsche Nettosozialprodukt, das von 1800 bis 1850 pro Kopf der Bevölkerung lediglich von 250 auf 265 Mark gestiegen ist, schnellt im Verlauf der nächsten fünfzig Jahre von 265 auf 593 Mark empor. Seit 1867 übertrifft die deutsche industrielle Ausfuhr die Einfuhr; Deutschland beginnt Großbritannien auf den Weltmärkten Konkurrenz zu machen, und am Vorabend des Weltkriegs hat man England in der industriellen Produktion bereits überholt. »Das arme Deutschland, das 1870 auf der ökonomischen Landkarte kaum mehr als ein weißer Fleck war, ist in wenig mehr als 40 Jahren zu einer der großen Weltmächte aufgestiegen«, konstatiert ein französischer Beobachter. »Es ist ihm gelungen ..., nach dem Sieg auf dem Schlachtfeld, im industriellen Bereich zu kämpfen und zu siegen. Das ist ein Phänomen, das die eingehende Beachtung durch führende Persönlichkeiten aus Industrie und Handel herausfordert ...«[15]

Unser Beobachter weiß auch, wem die Deutschen ihren jähen Aufschwung zu verdanken haben: Das ist die Bürokratie, die – im Vergleich zur französischen – »in einer breiten und weitsichtigen Weise vorausblickt«[16]. Und damit spricht er ein Thema an, das für die deutsche Geschichte schicksalhaft sein wird: Das Verhältnis von Staat und Wirtschaft.

Nach der klassischen liberalen Wirtschaftsdoktrin, der England nicht zuletzt seinen frühen Aufschwung verdankt, hat der Staat in der Wirtschaft nichts zu suchen; »in England«, schreibt der britische Philosoph Jeremy Bentham, »wird viel nützliches von Individuen geleistet, das in anderen Ländern vom Staat oder überhaupt nicht unternommen wird«[17]. Vom Staat oder überhaupt nicht: Das ist das preußische Problem. Bereits seit dem siebzehnten und achtzehnten Jahrhundert hat der preußische Staat tief und regulierend in die wirtschaftliche Verfassung eingegriffen; das war auch kaum anders möglich, denn angesichts der Armut Preußens an natürlichen Ressourcen brauchte es die überlegene staatliche Organisationskraft, um die Wirtschaft aufrechtzuerhalten und zu beleben. So entsteht die gesicherte Regelkompetenz der preußischen Verwaltung im wirtschaftlichen wie im sozialen Bereich; was der Staat nicht inauguriert, das geschieht nicht, und keine wirtschaftliche Veränderung, ja nicht einmal Preußens Eintritt in das Industriezeitalter kann ohne den Eingriff von oben vor sich gehen. Die preußische Bürokratie ist es, die seit 1807 durch Städteordnung, Bauernbefreiung und Gewerbeordnung den unternehmerischen Geist freisetzt und mit einer modernen Zoll- und Steuergesetzgebung einen einheitlichen Wirtschaftsraum schafft wie auch Gewerbe, Handel und Industrie begünstigt. Mit einer eigentümlichen Mischung von liberalem Laissez-faire und bürokratischer Wegemarkierung wird das deutsche Industriezeitalter eröffnet: 1834 entsteht dank der Initiative der preußischen Politik der Deutsche Zollverein, der sich im Laufe der Zeit auf fast das gesamte Territorium des späteren Bismarck-Reichs ausdehnt und in seinem Bereich sämtliche Handelsbeschränkungen beseitigt. Der Staat errichtet Fachschulen, vermittelt technisches Wissen aus dem Ausland, er engagiert sich im Eisenbahnbau und nimmt weite Bereiche des Kommunikationswesens unter sein Monopol. Und vor allem: Preußen schafft den deutschen Nationalstaat, eine entscheidende Voraussetzung für das weitere wirtschaftliche Wachstum.

Gewiß, es gibt Zeiten, in denen selbst die preußische Bürokratie dem liberalen Geist der Epoche erliegt und sich aus Handel und Wandel zurückzieht. Aber als mit dem Sommer 1873 die Zeit des leichten Geldes und der raschen Gewinne vorbei ist, als ein tiefer Konjunktureinbruch die Gründerjahre beendet, da steht der Verwaltungsapparat wieder in seiner ganzen Machtfülle bereit und erhört die Wünsche, die aus dem Gewirr der organisierten Interessen an ihn gerichtet werden: Schutzzolltarif, Kartellgesetzgebung, Subventionswesen, Sozialversicherung – der moderne Interventionsstaat entsteht, zuständig für alles und jedes, die gesellschaftlichen wie wirtschaftlichen Probleme und Gegensätze in sich aufnehmend und ausgleichend. Gesprächspartner des Staats sind die agrarischen und industriellen, später auch die gewerkschaftlichen Interessenverbände: komplexe, hochorganisierte, zu Branchen- und Dachverbänden zusammengeschlossene Gebilde. Daneben organisiert sich ein dichtes Netz der Verbandswirtschaft mit einer Fülle von Produktions-, Absatz- und Preiskartellen, die durch Zölle geschützt und 1897 vom Reichsgericht legalisiert werden; es gibt Branchen, in denen am Vorabend des Ersten Weltkriegs mehr als 90 Prozent der Mitglieder durch Kartellabsprachen zusammengeschlossen sind.

Allerdings ist der Staat autonom genug, sich keineswegs ohne weiteres zum Erfüllungsgehilfen der organisierten Interessen machen zu lassen; seine Rolle besteht darin, als Ausgleich für die ungeheuren Verwerfungen, die die Industrialisierung in Gesellschaft und Wirtschaft angerichtet hat, für eine möglichst gerechte Verteilung von Gütern, Werten und Lebenschancen zu sorgen, also gewissermaßen in allen Lebensbereichen als Ausfallbürge dazustehen, und das kann durchaus auch gegen die Partikularinteressen der wirtschaftlich Mächtigen geschehen. So erwirbt Preußen seit dem Ende des neunzehnten Jahrhunderts planmäßig Grubenfelder und Schachtanlagen im Ruhrrevier, um der zunehmenden Konzentrationsbewegung in der Kohlenindustrie mit ihren weitreichenden wirtschaftlichen und sozialen Folgen entgegenzutreten, die Marktpreise mitzubestimmen und die private Wirtschaftsmacht einzuschränken. Auf der anderen Seite ist der Einfluß von Verbandsinteressen auf staatliche Gesetzesvorlagen oft mit Händen zu greifen; es gibt da bedenkliche Verflechtungen zwischen der Verbandsbürokratie und staatlicher Verwaltung. »Alle Teile des Volkes«, klagt der liberale Politiker und Publizist Friedrich Naumann, »treten mit Forderungen an den Staat heran. Der Staat und die Verbände werden Wirtschaftsfaktoren, an deren Notwendigkeit man glaubt. So wirkt das Wachsen der Masse ... Das heißt aber mit andern Worten: Die Wirtschaftsleitung wird den Produzenten aus der Hand genommen und geht teils in die Verbände, teils an den Staat über ... Es verbreitet sich ein Geist der Gebundenheit an ein dunkles Ganzes, das uns alle umfängt.

Anzeige aus dem »Simplizissimus«

Nicht als ob sich nicht besondere Talente der Bindung entziehen könnten, aber für den Durchschnittsmenschen sind die Existenzbedingungen festgelegt.«[18]

Der Verlust der Freiheit des wirtschaftenden Einzelnen nimmt jedoch im Verlauf des Ersten Weltkriegs noch ganz andere Formen an. Die Knappheit der Rohstoffe und der agrarischen Erzeugnisse zwingt zur Abkehr von den marktwirtschaftlichen Mechanismen; schrittweise werden sämtliche Wirtschaftszweige bis hin zum zivilen Arbeitseinsatz bürokratisch kontrolliert und zentralisiert. Die organisatorische Leistung der deutschen Kriegswirtschaft ist enorm, Mussolini wie Lenin werden sie als vorbildlich preisen, doch für die Deutschen heißt Kriegswirtschaft Lebensmittelkarte, Hunger, schwarzer Markt. Künftig werden alle staatlichen Versuche, Wirtschaft zu planen und zu lenken, bei der Bevölkerung die Erinnerung an Kohlrübenwinter und Ersatzkaffee hervorrufen, an eine Zeit, in der alles knapp und schäbig war. Nach der Novemberrevolution von 1918 besitzt der Sozialismus deswegen auch nicht die Anziehungskraft auf die Massen, die zu seiner Durchsetzung notwendig wäre, denn er ist gründlich diskreditiert; nichts fördert das Wiedererstehen der alten Wirtschaftsordnung in der Republik von Weimar so sehr wie der Kriegssozialismus der Generäle und Bürokraten.

Aber noch in anderer Hinsicht sind die wirtschaftlichen und finanziellen Folgen des Krieges verheerend. Seit alters her hat es zwei Methoden gegeben, einen Krieg zu finanzieren: Man holte das Geld entweder von der eigenen Bevölkerung, oder man beutete den Besiegten aus. Die Reichsregierung traut sich nicht, den einzigen soliden Weg zu gehen, den der drastischen Steuererhöhung, denn das könnte den innenpolitischen »Burgfrieden« gefährden, und zudem sind die Steuern Länder-, nicht Reichssache. So finanziert sie statt dessen den Krieg durch Ausgabe von fünfprozentigen Kriegsanleihen und Schatzanweisungen an die Bevölkerung; für die Deckung soll später der besiegte Feind sorgen. Einstweilen sichert man die ausgegebenen Anleihen einfach durch zusätzlich in Umlauf gebrachtes Geld ab; so erhöht sich die umlaufende Geldmenge während des Krieges um das Fünffache der Menge von 1914. Der tatsächliche Wertverlust der Währung bleibt zwar einstweilen verborgen, denn unter den Bedingungen der Kriegswirtschaft sind die Preise amtlich festgesetzt, aber die Preisexplosion auf den Schwarzmärkten zeigt bereits an, was tatsächlich vor sich geht.

Aus dem Siegfrieden wird nichts; das besiegte Reich ist im Inneren mit 154 Milliarden Mark astronomisch hoch verschuldet und muß zudem das Finanzdefizit der Siegermächte durch Reparationszahlungen ausgleichen. Hinzu kommen auch noch die Kriegsfolgelasten, die Versorgung der Invaliden und Hinterbliebenen, die Bezahlung der Kriegsschäden, die Einordnung der heimkehrenden Soldaten in die Wirtschaft. Das alles kommt zu den normalen Staatsausgaben hinzu, ohne daß zusätzliche Einnahmen in Aussicht stehen – im Gegenteil, die Reichseinnahmen gehen erheblich zurück. Im April 1919, zu einem Zeitpunkt also, an dem die deutsche Regierung noch von verhältnismäßig niedrigen alliierten Forderungen ausgeht und zudem der Währungsverfall noch nicht spürbar eingesetzt hat, rechnet der Reichsfinanzminister mit einem Deckungsloch im Reichshaushalt in Höhe von etwa 5 Milliarden Mark – das ist fast die Höhe des gesamten Reichshaushalts von 1913. Zwar sorgt die große Reichsfinanzreform, die Matthias Erzberger als Finanzminister 1919 in Gang setzt, für einen beachtlichen Anstieg der direkten Steuereinnahmen; gleichzeitig sinken aber die Zolleinnahmen fast auf Null, vor allem, weil das Reich im vom Entente-Truppen besetzten Rheinland keine Zollhoheit mehr besitzt, und da fast der gesamte deutsche Außenhandel durch das »Loch im Westen« geht, gehen die Einnahmen aus Steuern und Zöllen, die normalerweise einen Staatshaushalt etwa zur Hälfte zu decken pflegen, auf ein Deckungsvolumen von etwa 20 Prozent zurück.

Was ist dagegen zu tun? Im Grundsatz bieten sich drei Wege an, um die schweren Lasten aus der Kriegszeit abzuwerfen. Man kann die Steuern dramatisch erhöhen und auf diese Weise private Kaufkraft in die Hände des Staats zwingen, der damit seine Schulden und Anleihen tilgen kann. Aber das hätte man bereits während des Krieges tun müssen; jetzt ist es dazu zu spät, denn die notwendigen Summen sind so gewaltig, daß die sozialen und politischen Folgen unabsehbar sind. Auch der Versuch, privates Kapital in öffentliche Hände zu überführen, indem man erneut Anleihen ausgibt, scheitert kläglich; das Publikum hat kein Vertrauen mehr in die Kreditwürdigkeit des Staats. Eine zweite Möglichkeit wäre der blanke Staatsbankrott, also die Streichung sämtlicher Staatsschulden. In wessen Händen befindet sich aber der Großteil der inneren Staatsschuld? »Das Gros der Kriegsanleihen«, resümiert Reichsfinanzminister Bernhard Dernburg am 26. April 1919 vor dem Reichskabinett, »steckt in den Händen des Erwerbsstandes, der seine ausgeplünderten Läden ersetzt hat durch Anleihe, der sie gekauft hat zur Abtragung der Kriegsabgaben, der, weil er Kriegsaufträge von öffentlichen Behörden, den Kriegsministerien u.a. bekommen hat, dazu angehalten worden ist und der sie als Reserve betrachtet hat, um seinen Betrieb wieder anzukurbeln... Auf der anderen Seite liegt sie bei unzähligen kleinen Leuten, ist sie hineingepumpt in die Sparkassen, in die Alters- und Invaliditätsanstalten, in die Lebensversicherungen, und z.B. die Zahlung der Alters- und Invalidenrenten, der Unfallrenten, der Krankenkassen usw. hängt davon ab, daß diese Kriegsanleihen Zinsen bringen.«[19] Die Folge eines Staatsbankrotts liegt also auf der Hand: Das Wirtschaftsleben würde zum Stillstand kommen, die Millionen von Guthabenbesitzern wären mit einem Schlag enteignet – daß dies politischer Selbstmord wäre, daß die wacklige, vertrauensarme junge deutsche Demokratie das nicht überleben könnte, ist so offensichtlich, daß niemand im Ernst daran denkt, diesen Weg zu beschreiten.

Bleibt die dritte Alternative: Weitermachen wie bisher. Man füllt das gewaltige, ständig weiter klaffende Loch zwischen Staatseinnahmen und -ausgaben durch Darlehen der Reichsbank, die ihrerseits durch die dauernde Neuausgabe von Banknoten finanziert werden. Diese Politik wird von der Reichsregierung und von der Reichsbank keineswegs aus Unfähigkeit verfolgt, sondern in der klaren Erkenntnis, daß sich das Reich mangels realistischer Alternativen in einer Notwehr-Situation befindet. Man nimmt das zunehmende Chaos der Zahlungsbilanz, das nicht mehr aufzuhaltende Abrutschen bis

Die Sintflut
»Rettet die Notenpresse!«

Zeichnung von Wilhelm Schulz

zur absehbaren Funktionsunfähigkeit des gesamten Währungssystems bewußt in Kauf, gewinnt dabei jedoch in dreierlei Hinsicht: Zum einen ist zwar das Endergebnis der Inflation dasselbe wie bei einem Staatsbankrott, aber die politischen Folgen sind weitaus weniger dramatisch, denn man kann die Schuld auf die Gegner, die Reparationsgläubiger schieben, deren Forderungen den Wertverlust der deutschen Währung angeblich in erster Linie verursachen. Zum zweiten ist die Inflation ein probates Mittel, in aller Öffentlichkeit die Unerfüllbarkeit der Reparationsforderungen zu beweisen, und drittens löst sich das Problem der inneren Kriegsverschuldung wie von selbst: Am 15. November 1923 haben die gesamten inneren Kriegsschulden des Deutschen Reichs in Höhe von 154 Milliarden Mark nur noch den Wert von 15,4 Pfennig des Jahres 1914! Fiskalisch gesehen ist der Erste Weltkrieg der billigste Krieg, der je geführt wurde.

Und so rattern Tag und Nacht die Notenpressen, am Ende des Jahres 1923 nicht weniger als 1783 in 133 Druckereien, und der Staat kommt jedesmal in die schwerste Bedrängnis, wenn die Druckereiarbeiter streiken. Schon im Sommer 1922 erlebt der britische Botschafter in Berlin »tragikomische Episoden«, so anläßlich des Besuchs der alliierten Reparationskommission, der »die deutsche Regierung die Eisenbahnausgaben, wie auch die Kosten für das ihr sechs Wochen lang zur Verfügung stehende Auto, erstattete. Man zahlte das Geld in Zwanzigmark-Noten aus, und sieben Bankdiener waren notwendig, um diese Summe in riesigen Papierkörben von der Bank bis zum Bahnhof zu verfrachten«[20].

Die Inflation
1923

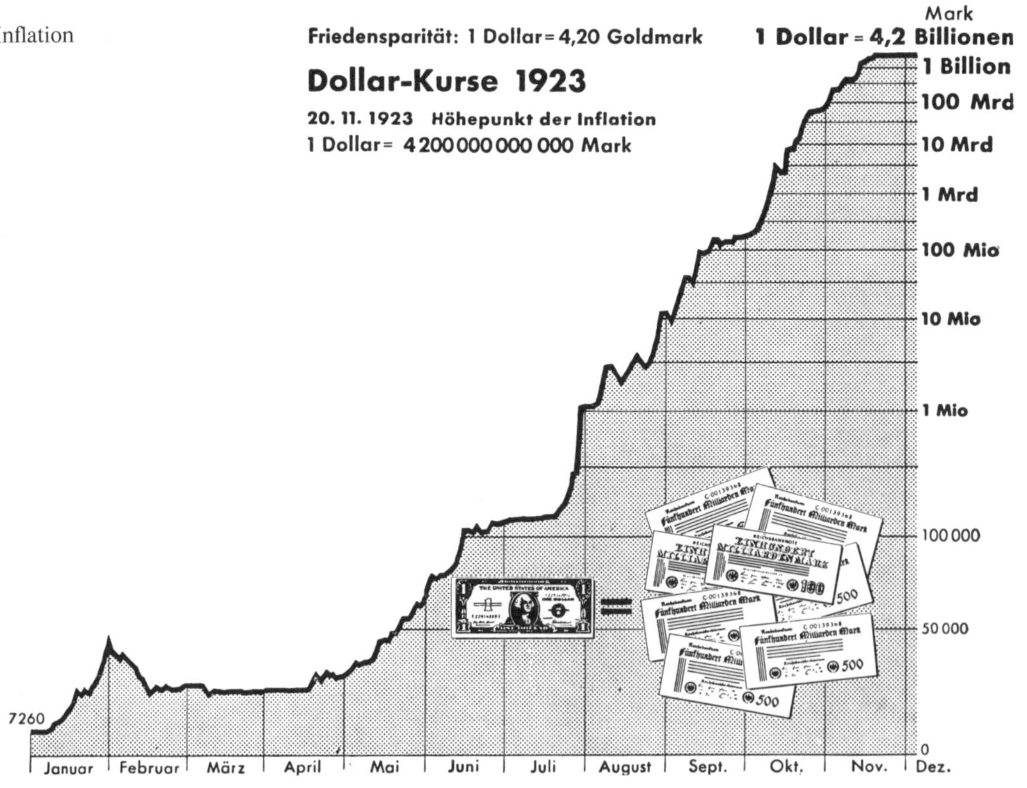

Zu den Gewinnern der Inflation gehört nicht allein der Staat. Man kann in Inflationsperioden sogar zu riesigen Vermögen kommen, wenn man geschickt ist und über die nötigen Bankverbindungen verfügt, um sich reichlich Kredite zu verschaffen. Die Kredite legt man so schnell wie möglich in Sachwerten an, die bestehen bleiben, während die Schulden sich in kürzester Zeit von selbst erledigen. Der Typ des Inflationsgewinnlers entsteht in der Nachfolge des durch Schwarzmarktspekulation reich gewordenen Kriegsgewinnlers. Da ist beispielsweise der Ruhrindustrielle Hugo Stinnes; mit hohen Entschädigungssummen, die er für seine Verluste in Elsaß-Lothringen erhalten hat, und dann mit Bankkrediten kauft er sich zusammen, was er bekommen kann: Banken, Hotels, Fabriken, Zeitungen. Er wird zur Symbolfigur eines krankhaften, aus der Not seinen Vorteil saugenden Kapitalismus, aber auch zu der des Self-Made-Man aus dem Bilderbuch des Manchester-Liberalismus; Graf Kessler schildert ihn so: »Ein Klingsor, für den allein auf dem steinigen Boden deutscher Wirtschaftstrümmer Zaubergärten wachsen, ein Cagliostro, ein Alchemist, der aus Papier für sich Gold macht - halb gerissener Geschäftsmann, halb Prophet - undurchsichtig für Freund und Feind, und daher unheimlich - wie ein Fremdling unter seinen Kollegen vom Kohlenhandel - eine Kreuzung zwischen Patriarch, Commis voyageur und Fliegendem Holländer.«[21] Stinnes ist einer der wenigen deutschen Industriellen, die sich nicht scheuen, sich in die Niederungen der Politik zu begeben; er wird Wortführer des rechten Flügels der Deutschen Volkspartei, Reichstagsabgeordneter und einflußreich durch die »Deutsche Allgemeine Zeitung«, die er gekauft hat. Er stirbt bereits 1924; den schnellen Verfall seines aus fast fünftausend Betrieben aufgebauten babylonischen Turms erlebt er nicht mehr.

Hugo Stinnes

Stinnes verdient unmäßig an der Inflation, aber er kann auch darauf verweisen, daß die Inflation eine Reihe positiver wirtschaftlicher Auswirkungen besitzt: Die Investitionsbereitschaft der Unternehmer erreicht ein paar Monate lang nie dagewesene Ausmaße, der Kursverlust der deutschen Mark erleichtert den Absatz deutscher Waren auf dem Weltmarkt, so daß Industrie, Handel und Landwirtschaft florieren und es trotz einer weltweiten Wirtschaftskrise und der schwierigen Umstellung von der Kriegs- zur Friedenswirtschaft zunächst nur wenige Arbeitslose gibt. Aber während auf der einen Seite riesige Vermögen angehäuft werden, werden andere Vermögen vernichtet; paradoxerweise ist die Vermögensverteilung nach der Inflation gleichmäßiger als 1913. Vor allem aber verarmt eine ganze soziale Klasse: kleine Unternehmer, Handwerker, Händler, Angehörige freier Berufe, Beamte, Angestellte, kurz, ein wesentlicher Teil des Mittelstands. Alle in festen Geldbeträgen angelegten Vermögenswerte verfallen, und damit ist diese Schicht wirtschaftlich ruiniert. »Der Geschichtsforscher«, erklärt Gustav Stresemann 1927 in Oslo in seiner Nobelpreis-Rede, »sieht heute noch den Ausgang des Krieges für Deutschland vielfach nur in verlorenen Gebietsteilen, verlorener praktischer Kolonialbetätigung, verlorenem Staats- und Volksvermögen. Er übersieht vielfach den schwersten Verlust, den Deutschland miterlitten hat. Dieser schwerste Verlust bestand meiner Auffassung nach darin, daß jene geistige und gewerbliche Mittelschicht, die traditionsgemäß Trägerin des Staatsgedankens

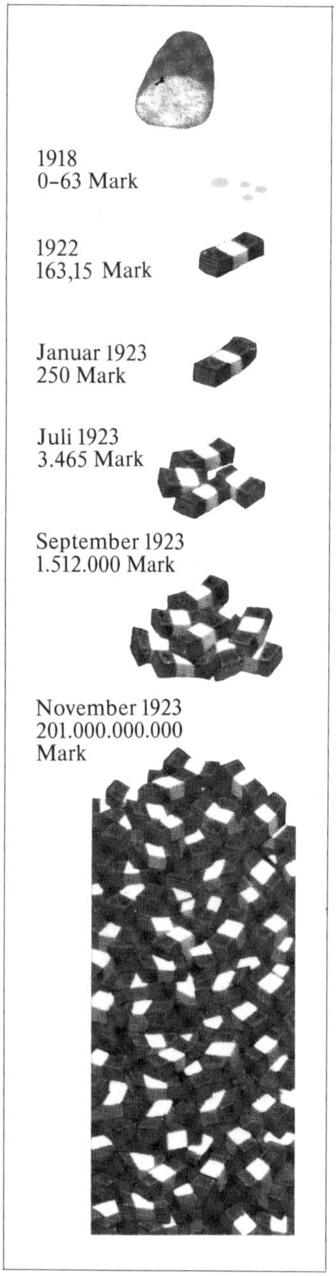

Brotpreis in Berlin in den Jahren 1918–1923

war, ihre völlige Hingabe an den Staat im Kriege mit der völligen Aufgabe ihres Vermögens bezahlte und proletarisiert wurde.«[22] Es ist in der Tat das bürgerliche Rückgrat des deutschen Nationalstaats, das durch die Inflation gebrochen wird. Diese Menschen wollen fortan mit der demokratischen Republik, von der sie sich betrogen und bestohlen fühlen, nichts mehr zu tun haben. Sie werden demjenigen folgen, der ihnen ihre Selbstachtung und ihre Ziele zurückgibt und ihnen verspricht, ihren Abstieg in das Proletariat zu verhindern, und zu ihrem Unglück und zum Unglück Deutschlands wird dieser Mann Adolf Hitler heißen.

Die Endphase der Inflation im Sommer und Herbst 1923 führt zu unendlich grotesken Erscheinungen. Anfang Oktober 1923 kostet ein Liter Milch 5,4 Millionen Mark; das Briefporto beträgt 2 Millionen Mark. Ende November kostet der Liter Milch bereits 360 Milliarden Mark, und wer einen Kilometer mit der Kraftpost zurücklegen will, zahlt 40 Milliarden. Löhne und Gehälter werden wöchentlich ausgezahlt; am Zahltag erscheinen die Menschen mit Waschkörben vor den Zahlstellen und eilen dann mit den gefüllten Körben so schnell wie möglich in die nächsten Geschäfte, um das Papiergeld in wertbeständige Nahrung und Kleidung umzusetzen, bevor der nächste Preisschub kommt und der Lohn wertlos geworden ist. Schließlich nimmt die Geldentwertung ein solches Tempo an, daß jedermann versucht, ohne Bargeld auszukommen und Güter nur noch gegen Güter tauscht. Damit ist das deutsche Währungssystem endgültig zusammengebrochen; man schätzt zu diesem Zeitpunkt den Bargeldumlauf auf

400 338 326 350 700 000 000 Mark.

Der Sieg über die Notenpresse hat, folgt man den Memoiren jener Zeit, zahlreiche Väter – kaum ein namhafter Politiker, der nicht die Überwindung der Inflation seinen Eingebungen zuschriebe. Tatsächlich kondensieren sich die Maßnahmen aus einer Vielzahl fast gleichzeitig vorgelegter Pläne; ihre Genialität liegt in ihrer Einfachheit. Am 15. Oktober 1923 wird die Rentenbank gegründet, die mit der Ausgabe der Rentenmark beauftragt wird. Der Wert der Rentenmark wird auf eine Billion Papiermark bei einer Parität von 4,20 Mark zum Dollar festgelegt. Die Rentenmark ist nicht durch Gold gedeckt, sondern in Rentenbriefen einlösbar, deren Deckung in Hypotheken auf dem agrarisch genutzten Boden sowie dem industriellen Vermögen besteht. Das ist natürlich fiktiv, denn diese Werte sind kaum realisierbar. Aber es sind Werte, hinter denen Industrie und Landwirtschaft stehen: Das überzeugt das Publikum, das die neuen Scheine annimmt, ohne sie gleich wieder einzuwechseln. Das Vertrauen der Bevölkerung in die Rentenmark führt zum Erfolg der Währungssanierung; hinzu kommt ein von allen Parteien des Reichstags angenommenes Gesetz, mit dem der Staat sich selbst untersagt, neue Geldmengen auf den Markt zu werfen. Die Notenpresse, die seit Jahren ununterbrochen Papiergeld-Fluten hervorgebracht hat, steht mit einem Mal still. Diese zwei einfachen Maßnahmen genügen, um das »Wunder der Rentenmark« zu bewirken. Anfang 1924 liegt die Inflation wie ein böser Fiebertraum zurück, aber die Erinnerung daran wird in Deutschland die Generationen überdauern.

Die deutsche Industrie übersteht die Inflation relativ gut, vor allem, soweit sie die Chance der Geldentwertung für Investitionen genutzt hat; überdies hat der Kursverlust der Währung die Rückkehr der deutschen Industrie auf den Weltmarkt ermöglicht. Hinzu tritt jetzt der Dawes-Plan, ein Abkommen, das die Modalitäten der Reparationen ändert. Denn die Entente-Mächte haben erkannt, daß nur eine prosperierende deutsche Wirtschaft die Reparationszahlungen garantiert. Zu diesem Zweck gewährt ein Wallstreet-Konsortium dem Reich im Mai 1924 eine Anleihe über 100 Millionen Dollar, der ein Strom weiteren ausländischen Kapitals nach Deutschland folgt; der große Kapitalmangel der deutschen Banken und Sparkassen seit der Währungsreform sorgt für ein hohes Zinsniveau, und so ist nichts leichter, als ausländische Kredite zu beschaffen. Damit kommt ein Kreislauf in Gang, der für einige Jahre die transatlantische Wirtschaft in Schwung hält: Deutschland ist jetzt imstande, seine Reparationsschulden an die Entente-Mächte zu zahlen; diese zahlen daraufhin ihre Kriegsschulden an die USA, und von dort kehrt das Geld in Form von Krediten nach Deutschland zurück. Dieses wundervolle System belebt die Wirtschaft des Reichs ungewöhnlich schnell; zwischen 1924 und 1929 erweitert sich das deutsche Produktionsvolumen um 50 Prozent, und auf vielen Gebieten gelingt es, die einstige Vorrangstellung im Welthandel zurückzugewinnen. Zwar haben sich seit dem Kriegsbeginn für klassische deutsche Ausfuhrprodukte, namentlich für Stahl und Halbfabrikate, andere Lieferanten eta-

Plakat, um 1924
Entwurf: Lucian Bernhard

Internationaler Finanzkreislauf 1924–1931/32

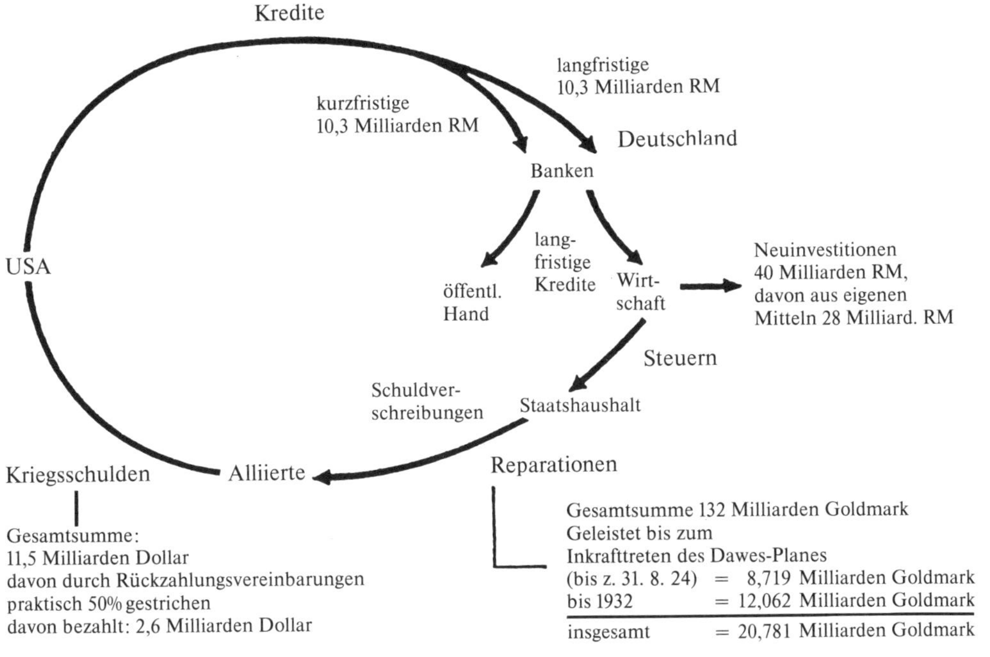

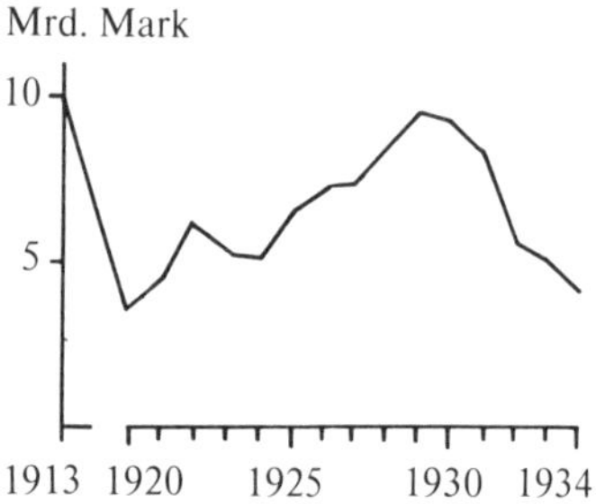

Entwicklung der Ausfuhr (ohne Reparationssachleistungen) von 1920–1934 in Preisen von 1913

Die wirtschaftliche Erholung Deutschlands in den zwanziger Jahren zeigt sich hauptsächlich in den exportorientierten Wirtschaftszweigen, aber selbst hier bleibt der Erfolg bescheiden. Abgesehen von den Krisenjahren 1930–1932 ist die Leistungsbilanz negativ, und die Exportquote liegt selbst beim Höhepunkt von 1928 unter der des Jahres 1913.

bliert, aber die Chancen der deutschen Industrie liegen jetzt bei den Maschinen und Apparaten, der Chemie, der Feinmechanik, der Optik und der Elektroindustrie. So ist die deutsche Industrie zu einer weitgehenden Umstrukturierung gezwungen, um ihre Weltmarktchancen wahrzunehmen, und die Schwerindustrie verliert ihre Schlüsselstellung, die sie früher, vor allem wegen ihrer Bedeutung für die Rüstung, besessen hat.

Die deutsche Industrie ist äußerst exportabhängig, und die Lohnkosten steigen sehr viel schneller als in den Konkurrenzländern. Um so billig wie möglich produzieren und sich auf dem Weltmarkt behaupten zu können, werden moderne, durchrationalisierte Fertigungstechniken eingeführt. Die zwanziger Jahre sind die Zeit des Taylorismus, der Fließband- und Taktarbeit; dadurch wird die Arbeit der in rationalisierten Betrieben Beschäftigten leichter, aber auch eintöniger, und zudem werden zunehmend Arbeitskräfte freigesetzt, die selbst zu Zeiten der steigenden Konjunktur kaum noch im Wirtschaftsprozeß untergebracht werden können. Auf höherer Ebene wird die deutsche Wirtschaft durch Bildung von Konzernen und Kartellen rationalisiert, eine Entwicklung, die bereits lange vor dem Weltkrieg eingesetzt hat, die aber jetzt zu neuen Dimensionen wirtschaftlicher Verflechtung fortschreitet. Der massenhafte Zusammenbruch kleiner und mittlerer Unternehmen in der Inflationszeit führt zu einem Konzentrationsschub, dem in den Jahren der Prosperität seit 1924 ein zweiter folgt. Banken, Kohle- und Stahl-Unternehmen, seit Mitte der zwanziger Jahre auch Elektro- und Chemiebetriebe formieren sich zu Konzernen, von denen manche am Ende der Weimarer Zeit ihren Industriezweig völlig beherrschen: so die Vereinigte Stahlwerke A.G. mit einem Anteil von zwei Fünfteln der gesamten deutschen Kohle-, Eisen- und Stahlerzeugung, oder gar die IG-Farben-A.G., in der ungefähr neun Zehntel aller chemischen Unternehmen fusionieren – das größte europäische Industrieunternehmen überhaupt. Hinzu kommt die weitgehende Kartellisierung, also Preisabsprachen der Unternehmer, die oft ganze Industriezweige umfaßt und nur unzureichend durch staatliche Maßnahmen behindert wird. Dieses ganze hochkonzentrierte Industriesystem wirkt in den Augen des Auslands geradezu furchterregend effektiv und erfolgreich, aber es besitzt eine Achilles-Ferse: Es ist außerordentlich schwerfällig; in Zeiten wirtschaftlicher Einbrüche dauert es lange, bis die Konzerne und Kartelle auf die veränderte Absatzlage reagieren. Bis dahin bleiben die Kartellpreise auf einem zu hohen Niveau, und Absatz wie Nachfrage werden zusätzlich gedrosselt. Abschwungtendenzen der Konjunktur werden auf diese Weise verstärkt und automatisiert.

Konzerne gibt es zunehmend auch im Handel: Die zwanziger Jahre sind die Jahre der großen Warenhausketten, Tietz, Wertheim, Karstadt. Zunächst gelingt ihnen der Einbruch in den Einzelhandel kaum; dort herrscht allerdings Unzufriedenheit, denn die Branche ist überbesetzt, die Konkurrenz hält die Gewinnspannen niedrig, und man macht dafür fälschlicherweise die großen Warenhäuser mit ihren neuartigen und ungewohnten Verkaufs- und Werbemethoden verantwortlich. Auch im Handwerk bleiben die Gewinnspannen niedrig; hier verstärken abgewanderte Industriearbeiter und demobilisierte Soldaten die Konkurrenz, und wie im Handel wuchert auch im Handwerk die Unzufriedenheit mit der wirtschaftlichen Lage, wofür der industriellen Modernisierung die Schuld gegeben wird. In beiden Bereichen, im Handel wie im Handwerk, finden daher in Zeiten der Krise radikale, antimodernistische und antikapitalistische Parteien reichlich Gefolgschaft.

Schließlich ist als wichtiger Wirtschaftszweig noch die Landwirtschaft zu nennen. Sie hat von der Inflation profitiert; die ausländische Konkurrenz ist von den Märkten verschwunden, und die Inflation brachte für kurze Zeit Schulden- und Steuertilgung. Die so erzeugte künstliche Agrarkonjunktur schlägt jedoch 1924 jäh um. Jetzt strömen billige landwirtschaftliche Produkte aus den USA, Südamerika und Australien herein und drücken die Preise auf den europäischen Absatzmärkten. Außerdem ist die deutsche Landwirtschaft rasch wieder verschuldet; das liegt zum Teil an den ungünstigen Produktionsbedingungen der ostdeutschen Überschußgebiete, denn Klima, unfruchtbare Böden und lange Transportwege verschlechtern die Rentabilität; überdies sind die Bodenpreise außerordentlich hoch, und jeder Besitzwechsel führt wegen der damit verbundenen Finanzierung zu erneuter Schuldenbelastung. Schon 1926 erklärt der preußische Landwirtschaftsminister, in Preußen würden 90 Prozent der Neuverschuldung nicht für Investitionen, sondern zum Ausgleich von Betriebsdefiziten und zur Bezahlung von Steuern und Schuldzinsen verwendet. Da Kredite, die nicht produktiv investiert werden, auch nicht zurückgezahlt werden können, werden immer mehr Landwirte von der Bereitschaft ihrer Banken und der staatlichen Finanzierungsinstitute abhängig, gewährte Kredite zu verlängern und umzuschulden; gerät der Kapitalmarkt einmal in Schwierigkeiten, sind massenhafte Betriebszusammenbrüche vorauszusehen. Auch hier also Unruhe, und diejenige Partei kann im landwirtschaftlichen Bereich mit Zulauf rechnen, die die Gläubiger, also die Banken, angreift, und die obendrein eine bessere - noch bessere - staatliche Fürsorge und Bestandsgarantie für den Grundbesitz verspricht.

Unzufriedenheit ist also der Nenner, der alle wirtschaftlichen Bereiche miteinander verbindet, und tatsächlich steht selbst die scheinbare Hochkonjunktur der »Goldenen Zwanziger« auf wackligen Grundlagen. Die Erholung der Wirtschaft erreicht keineswegs alle Bereiche, nur die Exportindustrie erlebt einen steilen Aufschwung, während die Binnenmarktkonjunktur bescheiden bleibt. Es dauert bis 1927, bis das Bruttosozialprodukt die Höhe von 1913 auch nur erreicht, und kurz darauf fällt die Kurve bereits wieder ab. Kennzeichnend für die Scheinblüte jener Jahre ist die mangelnde Investitionsbereitschaft oder -fähigkeit der Unternehmer, die weit hinter der der Vorkriegszeit zurückbleibt, und auch die Daten der deutschen Arbeitsproduktivität, also der durchschnittlich je Erwerbstätigem im Jahr erzeugten Gütermenge, stagnieren und erreichen nicht einmal das Vorkriegsniveau - das ist die Kehrseite der größten sozialpolitischen Errungenschaft der Weimarer Zeit, der Arbeitszeitverkürzung auf acht Stunden pro Arbeitstag. Tiefe Einbrüche der Beschäftigtenzahlen, wie im Winter 1925/26, machen die Labilität der wirtschaftlichen Verhältnisse jedermann sichtbar, und wer sich an die Vorkriegszeit erinnert, der stellt fest, daß die Arbeitslosenzahlen selbst im besten Jahr der Konjunktur, 1927, deutlich über den Vergleichszahlen des schlechtesten Vorkriegsjahres liegen.

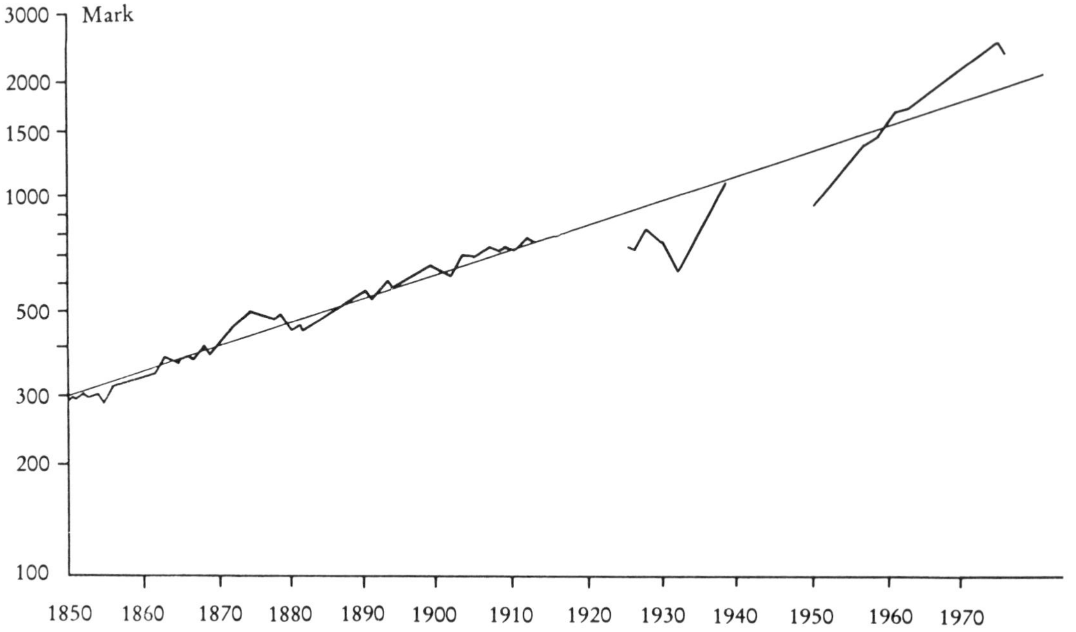

Nettosozialprodukt pro Einwohner des Deutschen Reichs und der Bundesrepublik Deutschland in den jeweiligen Grenzen 1850–1975, in Preisen von 1913. Für 1914–1923 und 1939–1949 existiert kein brauchbares Datenmaterial, die Lücken in der Kurve sind daher unvermeidlich. Um den durchschnittlichen Verlauf des wirtschaftlichen Wachstums zwischen 1850 und 1975 zu kennzeichnen, wurde in das Auf und Ab der Kurve eine logarithmisch-linear konstruierte Trend-Kurve gelegt. So wird der Unterschied zwischen der deutschen Wirtschaftsentwicklung im Kaiserreich, in der Weimarer Zeit und in der Bundesrepublik Deutschland sichtbar: Das Wirtschaftswachstum ist zwischen 1850 und 1913 kontinuierlich; nach 1949 setzt ein relativ langanhaltendes hohes Wachstum ein. Für den Zeitraum 1924–1939 fällt dagegen auf den ersten Blick die Anomalie der Wachstumskurve auf. Der Absturz in die Weltwirtschaftskrise 1929–1932 ist offensichtlich, desgleichen, daß der langfristige

Die Wirtschaft ist unnormal, ja krank – das liegt zum Teil an der Kartellisierung, die elastisches Verhalten der Unternehmer bestraft, es liegt auch daran, daß Subventionen und Kredite hauptsächlich in die Schwerindustrie und die Landwirtschaft fließen, volkswirtschaftlich verfehlt, da diese Bereiche immer geringere gesamtwirtschaftliche Bedeutung besitzen. Und die Wirtschaft krankt nicht zuletzt daran, daß die Lohnquote weit überhöht ist. Der durchschnittliche Arbeitslohn ist so hoch, daß die Produktionskosten entweder auf die Preise abgewälzt werden müssen, was sich jedoch im Hinblick auf die ausländische Konkurrenz verbietet, oder die Unternehmereinkünfte und -vermögen geschmälert werden – die üblichen Folgen, die auch lehrbuchgerecht eintreten, sind geringe Investitionsbereitschaft und hohe Arbeitslosigkeit.

Das kann nicht lange gutgehen. Der alliierte Reparationsagent Parker Gilbert, der in der Ära des Dawes-Planes das Haushaltsgebaren von Reich, Ländern und Gemeinden kontrolliert, überreicht bereits am 20. Oktober 1927 der Reichsregierung ein Memorandum, in dem er auf den Zusammenhang von staatlicher Finanzpolitik und Wirtschaftsentwicklung hinweist und vor den Gefahren der allzu leichten staatlichen Kreditbeschaffung warnt: »Das steigende Niveau der öffentlichen Ausgaben gibt dem Wirtschaftsleben bereits jetzt einen künstlichen Antrieb und droht, die wesentliche Stabilität des öffentlichen Finanzwesens zu untergraben. Wenn man die derzeitigen Tendenzen ungehemmt fortwähren läßt, so ist es so gut wie sicher, daß die Folgen in ernsthaftem wirtschaftlichem Rückschlag und Depression und einer heftigen Erschütterung des deutschen Kredits im In- und Ausland bestehen werden.«[23] Tatsächlich verschulden sich in diesen Jahren die öffentlichen Hände, allen voran die Gemeinden, in ungeheurem Ausmaße – nicht etwa, wie der Reparationsagent mißbilligend bemerkt, um die deutschen Reparationsschulden zu bezahlen, sondern um den sozialen und wirtschaftlichen Verpflichtungen nachzukommen, die der Staat eingegangen ist.

Die traditionelle Allzuständigkeit des deutschen Gemeinwesens hat sich seit der Novemberrevolution noch stärker ausgeweitet, denn zum einen sind jetzt die einstigen »Reichsfeinde« Sozialdemokratie und Zentrums-Partei Regierungsteilhaber geworden, zwei traditionell antikapitalistische Parteien, die dem Marktmechanismus grundsätzlich mißtrauen und dem Staat vermehrte Regelkompetenz zuschreiben. Und zum anderen ist dieser Weimarer Staat ein schwacher, weil ungeliebter Staat, und er sucht sich die Zuneigung des Wählervolks zu erkaufen, indem er weithin zum Subventions- und Umverteilungsstaat wird. In einem Ausmaß, das weit über das der Vorkriegszeit hinausgeht, werden nach allen Seiten hin Wünsche befriedigt, die von den organisierten Interessen an den Staat herangetragen werden. Dabei ist das Hauptproblem gar nicht das ins Kraut schießende Subventionswesen, das hauptsächlich der Landwirtschaft und der Schwerindustrie zugute kommt – vor allem ist es der Sozialstaat, der sich formiert, der das Sozialversicherungswesen stützt, die Wohnungswirtschaft kontrolliert und reglementiert, eine höchst aktive Lohn- und Arbeitszeitpolitik betreibt und sogar selbst als Unternehmer auftritt, um Arbeit zu beschaffen, die Konjunktur zu stützen und die Preispolitik zu beeinflussen. Das ist nur ein kleiner Teil jener zunehmenden Verflechtung von Staat und Wirtschaft, die den sozialdemokratischen Parteitheoretiker Rudolf Hilferding die optimistische Theorie des »Organisierten Kapitalismus« erdenken läßt: Der Staat, so erklärt er seinen Genossen auf dem Kieler SPD-Parteitag 1927, reguliere bereits die Wirtschaft so weitgehend, daß es nicht mehr darauf ankomme, das Wirtschaftssystem zu ändern; im Staat handle die Gesellschaft bewußt, und deshalb bedeute Klassenkampf in der Gegenwartsdemokratie den Kampf der Parteien um die Staatslenkung. Die Sozialdemokratie brauche daher nicht mehr Revolution zu machen, sondern sie müsse sich an den Regierungen beteiligen – dann sei sie auch Herrin der wirtschaftlichen Kräfte.

Die Wirklichkeit sieht anders aus: In erster Linie verschafft sich der Staat die Loyalität der gesellschaftlichen und wirtschaftlichen Gruppen durch Stützungs- und Hilfszusagen, und im Krisenfall werden ihm aus sämtlichen Richtungen die Rechnungen überreicht. Und die Krise kommt. Parker Gilbert ist einer der wenigen, die sie voraussagen. Weithin herrscht heilloser Optimismus; Bernhard Harms, der bedeutende Kieler Wirtschaftswissenschaftler, erklärt 1928 in einer Vorlesung, das System der Weltwirtschaft habe eine weitgehende und berechenbare Stabilität erreicht, die schwere Krisen für die Zukunft ausschließe, und fügt hinzu: »Können wir die Sterne nicht herunterholen, so wollen wir wenigstens nach ihnen greifen.«[24]

Am 25. Oktober ereignet sich, was nur Außenseiter und Schwarzseher für möglich gehalten haben: Die New Yorker Börse erlebt an diesem »schwarzen Freitag« einen nie dagewesenen Kurssturz. Dem geht eine enorme Wertpapier-Hausse voraus, bis die Kurse zu hoch

Trend erst bei Ausbruch des Zweiten Weltkriegs wieder erreicht ist. Sichtbar ist aber auch, daß der Krise keine nennenswerte Wachstumsbewegung vorausgeht – die Kurve der »Goldenen Zwanziger« bleibt flach, und das Sozialprodukt pro Kopf erreicht das Niveau von 1913 erst wieder im Jahr 1928, also immerhin zehn Jahre nach dem Krieg.

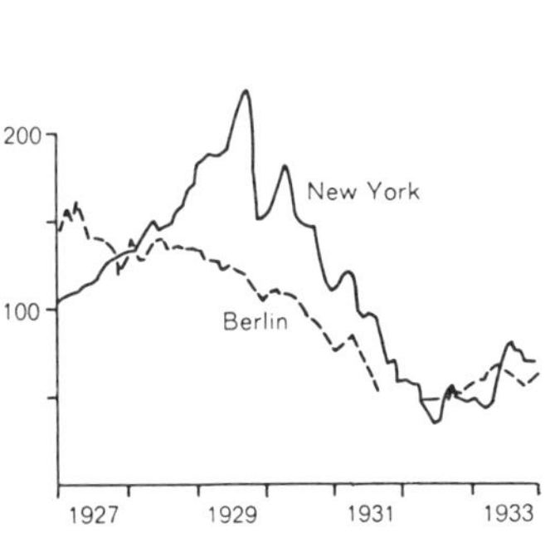

Aktienkurse an den Börsen von New York und Berlin 1927–1933 in Monatsdurchschnitten

Das dramatische Geschehen an der New Yorker Börse am 25. Oktober 1929 wird in der Kurve ebenso sichtbar wie das zu dieser Zeit bereits langandauernde Abbröckeln der deutschen Börsenkurse, das den krisenhaften Trend der deutschen Wirtschaft seit den Mitt-Zwanzigern anzeigt.

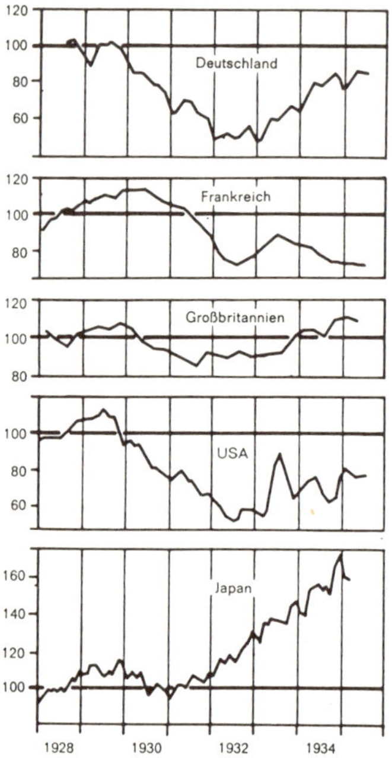

Entwicklung der industriellen Produktion in fünf Ländern mit zusammen etwa 50% der Welteinfuhr und -ausfuhr von 1928–1935 (1928 = 100)

sind; sie sind durch hektische Spekulation und die Möglichkeit, Aktien auf Kredit zu kaufen, auf einem Niveau angelangt, das in keinem realistischen Verhältnis zur wirtschaftlichen Lage steht. So genügt ein kleiner Anstoß – ein Steigen der britischen Zinssätze und der dadurch verursachte Abzug englischer Gelder aus Wallstreet –, um eine Panik ausbrechen zu lassen, in deren Verlauf sich der durchschnittliche Börsenkurs schlagartig halbiert.

Der Zusammenbruch der New Yorker Börse ist nicht der eigentliche Grund der großen Weltwirtschaftskrise, aber ein einschneidendes Ereignis, ein Signal, das längst bestehende Entwicklungen plötzlich bewußt macht. Das ist bei allen großen Markierungsdaten der Fall; der Sturm auf die Bastille am 14. Juli 1789 hat ebensowenig die Französische Revolution ausgelöst wie der Thesenanschlag Luthers 1517 die Reformation. Aber das Gedächtnis der Menschen braucht dramatische Ereignisse, die die Erinnerung befestigen und strukturieren. So verhält es sich auch mit dem 25. Oktober 1929. In Wirklichkeit trifft das Geschehen auf längst wirksame depressive Tendenzen. Da ist nicht nur die Krankheit der deutschen Wirtschaft; da ist auch eine weltweite Agrarkrise, ein durch Überproduktion ausgelöster Preisverfall: Während zwischen 1925 und 1929 die landwirtschaftlichen Lagerbestände um durchschnittlich 75 Prozent zunehmen, fällt der Agrarpreis-Index um 35 Prozent. So steigt die Verschuldung der Landwirtschaft, ganz besonders der deutschen, während wegen der zunehmenden Geldknappheit die Zinsen immer teurer werden. »Wir haben heute auf der Welt Weizenstocks – über 570 Bushel, also 15 Millionen Tonnen –, wie sie die Geschichte noch nie sah«, schreibt die »Deutsche Bergwerks-Zeitung« am 15. März 1930. »Wir haben trotz Kunstseide und abnehmendem Verbrauch an Baumwollwaren mehr Spindeln, als nötig wären, um in einem Jahr den Weltverbrauch von zwei Jahren zu spinnen. Wir haben Kautschukvorräte, die keine Sensationsproduktion an Automobilen in den nächsten zwei Jahren verbrauchen kann, und wir haben mehr Automobile verkaufsfertig, als die Kaufkraft in den meisten Ländern, einschließlich der USA, in diesem Jahr absorbieren kann...«[25]

Die Frage nach den Gründen für die Weltwirtschaftskrise gehört zu den großen gelehrten Streitfragen, die nie ganz zur Ruhe kommen; die weltweite Überproduktionskrise ist nur eine von vielen Ursachen, die sich summieren und erst in ihrer gegenseitigen Aufgipfelung zum Verhängnis werden. Sie reichen vom Nachlassen des Bevölkerungswachstums in den Industriestaaten bei zunehmendem Anteil der erwerbstätigen Bevölkerung, was einen weltweiten Druck auf die Arbeitsmärkte zur Folge hat, über das Ausbleiben von Innovationsschüben bis zu zahlreichen Ungleichgewichten, Verzerrungen und Fehlanpassungen in der Weltwirtschaft der Zwischenkriegszeit. Die Krise ist zwar weltweit, sie erfaßt aber die verschiedenen Volkswirtschaften zu unterschiedlichen Zeiten und wirkt sich unterschiedlich aus. Neben den USA ist Deutschland am stärksten betroffen. Manches kommt hier zusammen: Die Krankheit der deutschen Wirtschaft, das bereits vor Krisenbeginn hohe Niveau der Arbeitslosigkeit, die Verschuldung von Staat, Industrie und Landwirtschaft, die Folgen der Inflation und die psychologischen wie politischen Folgen der Reparationen.

Zunächst scheint es, als erlebe man nur einen vorübergehenden

Einbruch wie 1925/26; das Hauptproblem ist das wachsende Haushaltsdefizit, verursacht vor allem durch die hohen Zuschüsse zur Arbeitslosenversorgung. Zudem fehlt jetzt das ausländische, namentlich das amerikanische Kapital, das bisher so reichlich hereingeströmt war und Wirtschaft und Staat in Gang gehalten hatte. Das Ergebnis der Reichstagswahlen vom 14. September 1930, bei denen die Nationalsozialisten einen sensationellen Erfolg verbuchen, erschüttert das Vertrauen ausländischer Geldanleger in die politische Stabilität Deutschlands, und der Abfluß des Kapitals verstärkt sich. Gleichzeitig führen ähnliche Kreditkrisen auch in den übrigen Ländern zu wachsenden Schwierigkeiten und damit zu steigenden Zollbarrieren, mit denen die Regierungen versuchen, ihre nationalen Wirtschaften zu schützen. Der deutschen Wirtschaft fehlen jetzt also nicht nur Kredite, auf die sie mangels eigenen Kapitals lebensnotwendig angewiesen ist, sondern auch Gewinne aus der Ausfuhr, und das hat bei der außerordentlich hohen Exportabhängigkeit der deutschen Industrie katastrophale Folgen für die Produktion wie für die Beschäftigung. Zudem sind die großen Kartelle nicht imstande, ihre Preispolitik der sinkenden Nachfrage anzupassen; statt dessen halten sie an hohen Preisen fest und schränken die Produktion ein, um das Warenangebot knapp zu halten. Innerhalb eines Jahres schnellt die Arbeitslosenzahl von 9 auf 16 Prozent empor.

Das ist aber erst die Anfangsstufe der großen Krise. Mitte 1931 kommt es zu den ersten Bankzusammenbrüchen mangels Liquidität, und mit ihnen werden ganze Konzerne in den Strudel hinabgezogen. Aus der Wirtschafts- wird eine Währungs- und Kreditkrise; der transatlantische Kreislauf, der das Weltwirtschaftssystem in Gang gehalten hat, bricht zusammen. Um dem Schlimmsten vorzubeugen, tritt wieder einmal der Staat in die Bresche und leistet mit seinen Geld- und Kreditreserven Bürgschaft für die deutschen Banken und Sparkassen, die aber nur noch die Mittel für Löhne, Sozialleistungen und Steuern auszahlen dürfen. Im Jahr 1932 ist die industrielle Produktion Deutschlands auf die Hälfte des Stands von 1928 zurückgegangen, der Index der Aktienkurse im gleichen Zeitraum sogar auf ein Drittel, während sich die Zahl der Arbeitslosen mehr als vervierfacht hat, von 7 Prozent 1928 auf 30,8 Prozent 1932.

Wie soll die Krise bewältigt werden? Im nachhinein herrscht in dieser Frage allseits »rückwärtsgewandter Problemlösungs-Optimismus« (Knut Borchardt). Die Deflationspolitik der deutschen Regierung, also die scharfe Einschränkung der Staatsausgaben bei gleichzeitiger Lohn- und Preissenkung, besitzt heute kaum Fürsprecher; dadurch sei die Wirtschaft erst recht in die Katastrophe getrieben worden, heißt es, und die enorme Arbeitslosigkeit sei eine direkte Folge jener verfehlten Konjunkturpolitik gewesen. Antizyklische Konjunktursteuerung hätte man betreiben sollen, Belebung der Wirtschaft durch Ausweitung der staatlichen Ausgaben, durch verstärkte staatliche Investitionsförderung und Staatsverschuldung. Allerdings gibt es in dieser Angelegenheit auch andere Stimmen; nach neuerlichen Erfahrungen mit Konjunkturtiefs scheint Skepsis angebracht, was die staatliche Steuerungsfähigkeit komplizierter Wirtschaftsprozesse angeht.

Außerdem stellt sich die Frage, ob in der gegebenen Situation eine deutsche Regierung eine andere Politik überhaupt hat betreiben

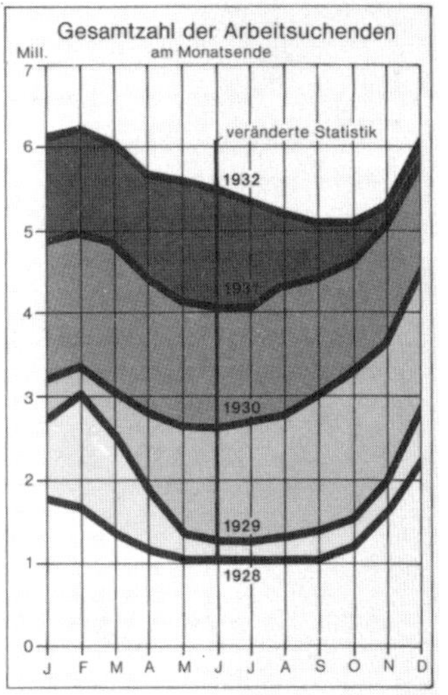

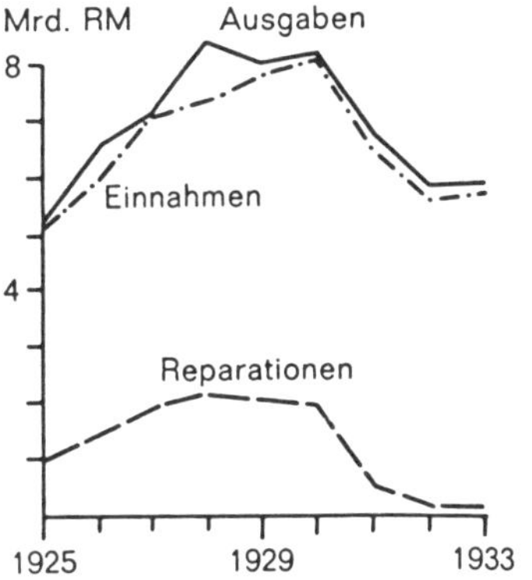

Ausgaben, Einnahmen und Reparationsleistungen des Deutschen Reiches von 1925–1933 in Mrd RM

Der Reichshaushalt bleibt trotz der wirtschaftlichen Erholung seit 1925, mit der Ausnahme von 1927, chronisch defizitär und beeinflußt damit das langsame Hineingleiten der deutschen Wirtschaft in die Krise seit 1929. Seit 1930 ist der Haushalt infolge der Brüningschen Deflationspolitik ausgeglichen; dabei kompensiert der Rückgang der Reparationszahlungen den Einnahmerückgang.

können. Einiges spricht für die Annahme, daß der Spielraum hier äußerst gering war; erst sehr spät, etwa Mitte 1931, merkt man überhaupt, daß man es mit einem anderen Typ von Krise zu tun hat als in den vergangenen Jahren, und auch weiterhin wird der kommende Verlauf der Krise von sämtlichen Ökonomen dauernd unterschätzt. Das Bild, das die Verantwortlichen von den wirtschaftlichen Zusammenhängen haben, stimmt also nicht mit der Wirklichkeit überein – wie sollen da wirksame Bekämpfungsmaßnahmen entwickelt und in Gang gesetzt werden? Nun ist es keineswegs so, daß antizyklische Maßnahmen unbekannt wären; in kleinerem Umfang hat man sich in vergangenen Krisenzeiten ihrer durchaus bedient, aber jetzt fehlt das Kapital zu ihrer Finanzierung, abgesehen davon, daß damit sofort das Gespenst Inflation auftaucht, und davor hat jedermann in Deutschland eine traumatische Angst. Gewiß kommen seit dem Herbst 1931 immer mehr Vorschläge und Pläne auf, die Wirtschaftslage durch staatliche Arbeitsbeschaffung, durch Industriesubventionen und steuerliche Anreize zu entspannen, aber das in Aussicht genommene finanzielle Volumen würde nach allem, was heute über die Erfolgsaussichten solcher Maßnahmen bekannt ist, kaum geholfen haben. Nimmt man die außen- und reparationspolitischen Verstrickungen der Reichsregierung hinzu, so kommt man zu dem Ergebnis: Erfolgversprechende Alternativen, die eine Kritik an der Deflationspolitik begründen könnten, gibt es nicht.

Erst auf der Konferenz von Lausanne im Juli 1932 wird eins der bestimmenden Elemente der großen Krise, die Reparationsregelung aus dem Versailler Vertrag, beseitigt. Damit ist nicht nur eine entscheidende Fessel für die deutsche Wirtschaftspolitik gefallen, sondern auch ein depressionsfördernder Faktor der Weltwirtschaft, denn die deutschen Reparationsexporte haben die Wiederbelebung der anderen Volkswirtschaften behindert. Die Weltwirtschaftskrise hat ihren Tiefpunkt erreicht; gedämpfter Optimismus kommt auf, die Produktivität der Unternehmen in Deutschland wie in den übrigen westlichen Industriestaaten steigt bereits in einigen Branchen wieder an, und eine veränderte Wirtschaftspolitik der Investitions- und Beschäftigungsförderung belebt in Deutschland zusätzlich das Klima. Unheilvollerweise hinken jedoch die Arbeitslosenzahlen dieser Entwicklung nach; die Krisenstimmung der Massen ändert sich einstweilen nicht, und das ist die Chance des Nationalsozialismus, dessen radikale Parolen weiterhin Erfolg haben, und der mit der »Machtergreifung« am 30. Januar 1933 in den Aufschwung der Konjunktur hineinstartet.

Gesellschaft und Interessen

Plakat, gegen 1933
Entwurf: Lois Gaigg

Das Deutschland der Weimarer Zeit ist eine industrielle Weltmacht. Während das Reich aus der wirtschaftlichen in die politische Krise treibt und Millionen von Arbeitslosen auf den Straßen stehen, erobert die »Bremen«, ein Schnelldampfer des Norddeutschen Lloyd, auf ihrer Jungfernfahrt nach New York das Blaue Band für die schnellste Atlantik-Überquerung, wird aber wenig später von ihrem Schwesterschiff »Europa« geschlagen. Das Luftschiff »Graf Zeppelin« fährt um die Welt, Fritz v. Opel stellt den ersten Raketenwagen vor; die Junkers G 38, das größte Landflugzeug der Welt, macht ihren Probeflug, kurz darauf die Dornier X, das größte Flugboot der Welt, um wenig später den ersten regelmäßigen Transatlantik-Flugdienst aufzunehmen. In Berlin wird der erste Fernsehsender der Welt in Betrieb genommen, zwischen Köln und Bonn eröffnet man die erste kreuzungsfreie Autobahn Europas, und der Krukenbergsche Schienen-Zeppelin fährt die 288 Kilometer lange Eisenbahnstrecke zwischen Berlin und Hamburg in 141 Minuten.

Das sind technische Hochleistungen, die den Deutschen ein wenig von dem Stolz zurückgeben, den ihnen die Kriegsniederlage und Versailles genommen haben. Die Siege an der industriellen Front schreibt man gerne dem nationalen Genie zugute, aber die gesellschaftlichen Kosten in Kauf zu nehmen würde jedermann absurd erscheinen. Daß die industrielle Gesellschaft irgend etwas mit den technologischen Triumphen der Gegenwart zu tun hat, das wissen Ökonomen und Soziologen, aber der Mann auf der Straße sieht den Zusammenhang nicht; für ihn ist die moderne Gesellschaft ein unverständliches und ungestaltetes Gewirr von Meinungen und Interessen, ohne Ziel und Zweck, zerrissen und richtungslos. Das Werk eines spanischen Philosophen, das 1930 in deutscher Übersetzung erscheint, macht sogleich Furore und wird zum Verkaufsschlager, weil es das Leiden der industriellen Gesellschaft an sich selbst auf den Begriff bringt: »Es gibt eine Tatsache, die das öffentliche Leben Europas in der gegenwärtigen Stunde – sei es zum Guten, sei es zum Bösen – entscheidend bestimmt: Das Heraufkommen der Massen zur vollen sozialen Macht. Da die Massen ihrem Wesen nach ihr eigenes Dasein nicht lenken können noch dürfen und noch weniger imstande sind, die Gemeinschaft zu regieren, ist damit gesagt, daß Europa heute in einer der schwersten Krisen steht, die über Völker, Nationen, Kulturen kommen kann.«[26]

Der »Aufstand der Massen«, den Ortega y Gasset beschreibt, ist genau das, was die Zeitgenossen zu erleben glauben. Nicht jeder sieht in der Massenhaftigkeit, die das industrielle Zeitalter mit sich bringt, nur das Böse; der schwache Einzelne kann sich auch in der Masse als Teil eines starken Ganzen fühlen – so fordert die KPD die »Heranführung der breitesten Massen an die Positionen des Kampfes um die Macht.«[27] Die an sich dumme Masse ist auch erziehbar; Sozialdemokraten singen die Arbeiter-Marseillaise: »Der Feind, den wir am meisten hassen, das ist der Unverstand der Massen.« Der Sozialpsychologe Erich Fromm befragt in den beginnenden dreißiger Jahren eine große Anzahl Arbeiter und Angestellte über ihre Einstellung zur Gegenwart. Die Hälfte der Befragten glaubt, schick-

Plakat der NSDAP zu den Reichstagswahlen 1932

Die graue Masse als Objekt des Stimmenfangs: Im politischen Kampf gewinnt, wer die Hoffnungen der größtmöglichen Zahl von Individuen auf sich zu bündeln versteht.

salhaft abhängig zu sein, während 28 Prozent meinen, für sich selbst allein die Verantwortung zu tragen. »Diese Ergebnisse«, meint Fromm, »zeigen deutlich, daß der liberalistische Glaube an die individuelle Fähigkeit zur Selbstverwirklichung mehr und mehr schwindet, wobei es interessant zu wissen wäre, ob eine ähnliche Tendenz auch in jenen Ländern zu beobachten ist, die nicht die bittere Erfahrung finanzieller Katastrophen und hoher Arbeitslosigkeit machen mußten.«[28]

Das Massenhafte, auch das macht Fromms Untersuchung deutlich, wird mit Unterschicht, Proletariat und Elend verbunden; wer nicht dazugehört, für den ist die Masse ein Alptraum. Die Mehrheit der befragten Angestellten, aber auch viele Facharbeiter sind der Meinung, für sich selbst verantwortlich zu sein; sie sind stolz auf ihre Arbeit, rechnen sich dem bürgerlichen Mittelstand zu und wählen in der Mehrzahl »bürgerlich«, seit 1930 zunehmend auch nationalsozialistisch. Aber sie leiden fast schon traditionell unter der kollektiven Zwangsvorstellung, in das Proletariat zurückgedrückt zu werden, dem sie oder ihre Väter häufig erst entkommen sind, und die Einkommens- und Vermögensverluste dieser Schicht zwischen »Arbeiteraristokratie« und kleinen Büroangestellten sind seit der Inflation so einschneidend, daß rein ökonomisch gesehen zwischen ihnen und durchschnittlich verdienenden Fabrikarbeitern kaum noch ein Unterschied besteht. Um so fester klammert man sich an bürgerliche Werte und Verhaltensnormen und fürchtet die Masse.

Und was das Bildungs- und Besitzbürgertum angeht, so herrscht hier der archetypische Schrecken vor den revolutionären Arbeitermassen, die aus der rußigen, lärmenden Fabrikwelt geradewegs in die Salons einbrechen und die heiligen Güter bürgerlicher Kultur bedrohen. Der Ruf »Friede den Hütten, Krieg den Palästen«, der bereits den aufstrebenden Mittelstand des vergangenen Jahrhunderts das Fürchten gelehrt hat, hat in den blutigen Umwälzungen der russischen Revolution, aber auch in den Bürgerkriegskämpfen der deutschen Nachkriegszeit an Anschauung und Wirklichkeit gewonnen. Der gesellschaftliche Zustand der Gegenwart wird als Verlust empfunden; Ortega y Gasset formuliert dieses Empfinden recht präzise: »Dem Massenmenschen geht Sittlichkeit schlechtweg ab; denn Sittlichkeit ist wesentlich ein Erlebnis der Unterordnung, Dienst- und Pflichtauffassung.«[29] Das sind alte ständische Wertvorstellungen, der Traum von einer Welt, in der jedermann wußte, wohin er gehörte, wo Über- und Unterordnung als ebenso natur- oder gottgegeben empfunden wurden wie Reichtum und Armut. Die industrielle Gesellschaft der Weimarer Zeit ist mit sich unglücklich, weil die wirtschaftliche und soziale Wirklichkeit die Idee des Wirklichen weit überholt hat.

Tatsächlich gehören die Menschenmassen zu den großen Erfahrungen, die Europa, nicht nur Deutschland, in der Epoche der industriellen Revolution gemacht hat. Nach jahrhundertelangem Gleichgewicht, brutal ausbalanciert durch Krieg, Seuchen und Hungersnöte, beginnt die Bevölkerung des Kontinents seit der Mitte des achtzehnten Jahrhunderts sprunghaft anzuwachsen. 1750 zählt Europa etwa 130 Millionen Einwohner. 1800 sind es bereits 180 Millionen, fünfzig Jahre darauf 266 Millionen. Um 1900 leben 401 Millionen Menschen in Europa, am Vorabend des Ersten Weltkriegs

468 Millionen. Es steigt also nicht nur die Bevölkerungszahl, sondern auch deren Wachstumsrate ständig, und das, obgleich Europa bereits um 1800 der dichtest bevölkerte Teil der Welt ist. Viel kommt zusammen, um diese Bevölkerungswoge in Gang zu setzen, vom steilen Anstieg der landwirtschaftlichen Produktivität durch neue Anbaumethoden über den Fortschritt von Medizin und Hygiene, die veränderte Einstellung der Menschen zu Familie und Geburtenkontrolle bis hin zur Industrialisierung, die viel mehr Menschen als jemals zuvor Brot und Arbeit verschafft.

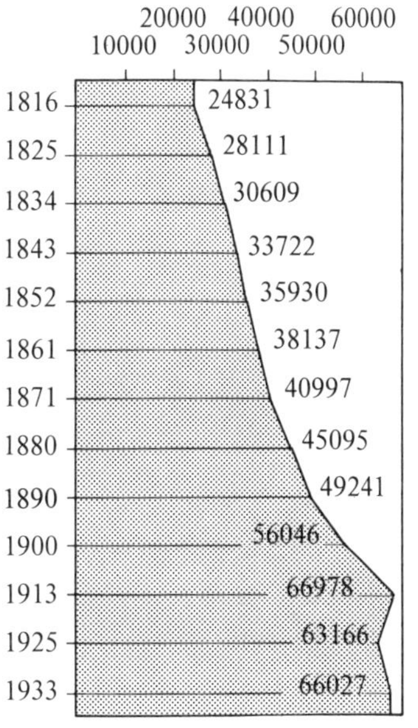

Bevölkerung (in 1000) innerhalb der Grenzen des Deutschen Reichs von 1919

Auch in Deutschland vermehrt sich die Bevölkerung ungeheuer, aber die Industrialisierung läßt auf sich warten. Vor allem in den östlichen Regionen Preußens wächst die Bevölkerungszahl rapide – neben anderem spielt da die Beseitigung der Heiratsbeschränkungen für die unterbäuerlichen Schichten durch die preußischen Agrarreformen seit 1808 eine Rolle. Um die Jahrhundertwende steht Ostelbien am Rande einer Übervölkerungskatastrophe, mehr als die Hälfte der Menschen hungert ständig. Erst jetzt setzt die Industrialisierung in Deutschland ein, zunächst hauptsächlich an Rhein und Ruhr, in Teilen Frankens, Württembergs, Mitteldeutschlands und um Berlin. Nicht nur Verspätung, sondern auch eine ungeheure Beschleunigung macht das Besondere des deutschen Wegs ins Industriezeitalter aus: Zwischen 1850 und 1913 nimmt der Index der industriellen Produktion Großbritanniens um das Dreieinhalbfache, der Frankreichs um das Dreifache zu. Der deutsche Produktionsindex dagegen verzehnfacht sich im gleichen Zeitraum – nur Rußland hat ein ähnliches Wachstumstempo, doch hier versickert die industrielle Produktion in der unendlichen Weite eines primitiv bewirtschafteten Agrarlandes, während Deutschland in diesen Jahren den großen Sprung vom vorindustriellen Agrarstaat zu einem der höchstindustrialisierten Länder der Welt macht.

Die Nachricht von sicheren Arbeitsplätzen und – aus dem Blickwinkel des ländlichen Elends – guten Verdienstchancen in den neuen Fabrikgebieten Deutschlands setzt die größte Massenwanderung der deutschen Geschichte in Gang. Ein Strom Arbeitssuchender ergießt sich von West- und Ostpreußen, aus Pommern, Posen und Schlesien zunächst nach Berlin; in den siebziger Jahren schwappt die Bevölkerungswelle nach Mitteldeutschland über, um schließlich seit etwa 1880, ständig ansteigend, das rheinisch-westfälische Industriegebiet zu überschwemmen.

Im Laufe einer Generation kehrt sich das Verhältnis von Land- und Stadtbevölkerung um: Während 1871 noch zwei Drittel der preußischen Untertanen in ländlichen Gebieten wohnen, macht kurz vor dem Ersten Weltkrieg die städtische Bevölkerung gut zwei Drittel der Gesamtbevölkerung aus. Ostelbien entvölkert sich langsam; seit den achtziger Jahren des achtzehnten Jahrhunderts kann auf den großen Gütern die Ernte nur noch mit Hilfe polnischer und litauischer Wanderarbeiter eingebracht werden, deutsche Landarbeiter sind rar geworden. Gleichzeitig aber wachsen die Industriestädte in einem nie erlebten Tempo: Das Berlin der Revolution von 1848 zählt noch 432 000 Einwohner; 1875 hat sich die Einwohnerzahl mit 967 000 mehr als verdoppelt, um bis 1910 auf 2 071 000 hinauf-

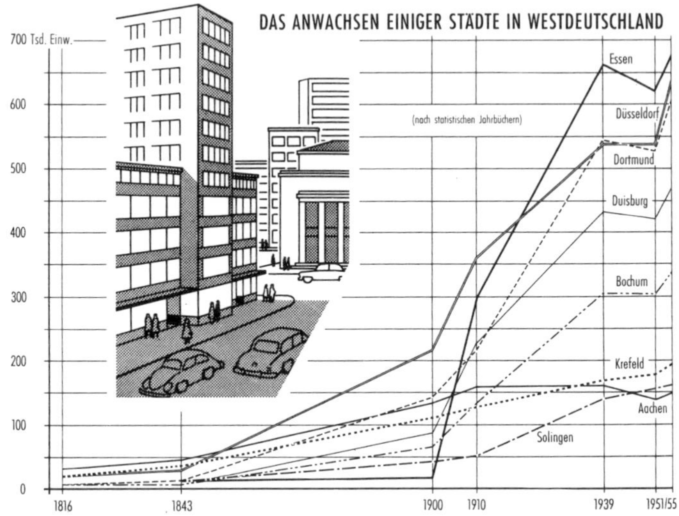

zuschnellen. Aber das ist noch wenig, gemessen an den Zuwachsraten anderer Ballungsgebiete, an ihrer Spitze das Ruhr-Revier: Essen beispielsweise, um 1850 noch ein beschauliches Städtchen mit 9000 Einwohnern, besitzt 1910 deren 295000, ist also innerhalb zweier Generationen um ein Dreiunddreißigfaches angewachsen.

Die Lebensumstände in diesen explosionsartig entstandenen Industriestädten spotten der Beschreibung – die Romane eines Charles Dickens, eines Eugène Sue haben im Deutschen kein Gegenstück; statt dessen haben fleißige Statistiker Daten gesammelt, die ungeheuerliche Lebensverhältnisse ahnen lassen: »In Wohnungen mit nur einem Zimmer wohnten von je 100 Bewohnern in Barmen 55, Königsberg 54, Rixdorf 54, Magdeburg 46, Posen 45, Berlin 44, Halle a.S. 43, Breslau 41. Die Überfüllung dieser einzimmerigen Wohnungen erhellt aus der erschütternden Tatsache, daß von diesen *mehr als sechs Personen* beherbergten in Königsberg 26 Prozent, Posen 24, Barmen 22, Halle a.S. 20, Hannover 18, Magdeburg 17, Altona 15 ...«[30] Drückende Wohnungsnot bei rasant steigenden Mietpreisen, kaum beherrschbare Umweltprobleme, hygienische und moralische Mißstände, die zum Himmel schreien – das alles kennzeichnet die neuen Großstädte des ausgehenden neunzehnten Jahrhunderts. Am schwersten zu bewältigen ist aber das Erlebnis der wimmelnden, armseligen Menschenmassen auf kleinstem Raum, das verbreitete Gefühl des Ausgeliefertseins an die anonymen Kräfte des kapitalistischen Marktes, der beliebigen Auswechselbarkeit, der sozialen Atomisierung, der menschlichen Entwürdigung und Hoffnungslosigkeit.

Und wer nicht zum Proletariat gehört, nicht in der Mietskaserne, sondern in der Vorstadt lebt, für den hat die neue Zeit ihre eigenen Schrecken. »Ja, ›mein‹ altes Berlin war noch recht kleinstädtisch und harmlos!« schreibt die Schauspielerin Karoline Bauer. »Aber ich glaube: dabei unendlich viel liebenswürdiger und glücklicher als die heutige ›Weltstadt‹ Berlin mit ihrer blendenden Gashelligkeit in den Straßen und Theatern und politischen und sozialen Köpfen, – mit dem brausenden, verschlingenden Dampfleben, – der Gründerfäulnis, – der fieberhaften Jagd nach ›Glück‹, Reichtum, Genuß, Orden und Titeln, – mit ihrem philosophischen Nihilismus und Pessimismus... Liebenswürdig und glücklich war mein altes Berlin in seiner warmen Herzigkeit, gemütvollen Gemütlichkeit, sonnigen Lebenslust...«[31] Das ist im Laufe der achtziger Jahre des neunzehnten Jahrhunderts geschrieben, könnte aber ebenso ein halbes Jahrhundert später formuliert worden sein. Die Menschen erleben ihre Gegenwart als rasant beschleunigt, schwindelerregend und unsicher, sie sind betäubt vom Andrang des Neuen und Unerhörten, das scharf gegen die goldenen Erinnerungen an »jene halkyonischen Jahre«, wie Leopold v. Ranke wehmütig meint, an eine Zeit der Ruhe im eingehegten und überschaubaren Bereich des Altgewohnten absticht. Mit der Wirklichkeit hat dieses Vergangenheitsbild wenig zu tun – selbst Friedrich Engels malt in seinem Werk »Die Lage der arbeitenden Klasse in England« eine bukolische Idylle vorindustrieller Zufriedenheit der kleinen Landleute aus, obwohl das Landleben um die Wende vom achtzehnten zum neunzehnten Jahrhundert in England wie in Deutschland ein schreckliches Elend für die unterbäuerlichen Schichten bedeutete.

Daß Deutschland den Weg von der Krise Alteuropas zur Reife der technisch-industriellen Massenzivilisation innerhalb eines einzigen Menschenalters durchläuft, hat zur Folge, daß die Deutschen mit dieser neuen Zivilisation nicht fertigwerden. Die neu entstehende gesellschaftliche Ordnung wird nicht akzeptiert, ja nicht einmal zutreffend erkannt. Das Bild von der großen, einförmigen Masse und den wenigen, die darüberstehen und von dem gestaltlosen Ungeheuer verschlungen zu werden drohen, ist nicht nur die Angstvision gehobener Stände, sondern auch das Modell, das Karl Marx vor Augen steht, als er darangeht, die Übergangsperiode in guter deutscher idealistischer Tradition als sinnvolles Walten des Weltgeistes verständlich zu machen. »Die ganze Gesellschaft«, verkündet das »Kommunistische Manifest«, »spaltet sich mehr und mehr in zwei große feindliche Lager, in zwei große, einander direkt gegenüberstehende Klassen: Bourgeoisie und Proletariat.«[32] Das ist aber Ideologie, falsches Bewußtsein: Das gesellschaftliche Sein ist anders, und es entwickelt sich auch anders.

Gewiß, es gibt im gesellschaftlichen Gefüge der Weimarer Zeit sehr deutlich auszumachende Unter- und Oberschichten. Unten in der gesellschaftlichen Rangskala befinden sich diejenigen, die geringes Einkommen, wenig Besitz und keine persönliche Macht haben: Industrie- und Landarbeiter, Handwerksgesellen, Knechte und Mägde, Hausangestellte, Arbeitslose, Rentner und Invalide. Die Aufzählung zeigt aber bereits, daß von einem homogenen Proletariat keine Rede sein kann; da ist vor allen Dingen das Handwerk, das sich entgegen der Marxschen Prophezeiung behaupten kann, und Handwerkslehrlinge und -gesellen bleiben in ihren Zunfttraditionen verwurzelt und lehnen eine Verschmelzung mit dem Fabrikproletariat ab, wählen zu einem überwiegenden Teil nicht sozialdemokratisch oder kommunistisch, sondern deutschnational oder nationalsozialistisch. Die Landarbeiterschaft Ostelbiens ist ebenfalls noch im starken Maße in ihren alten Rollenvorstellungen verhaftet; die patriarchalische Bindung an den Gutsherrn aus vorindustrieller Zeit ist zwar vielfach fadenscheinig geworden, aber sie hält noch

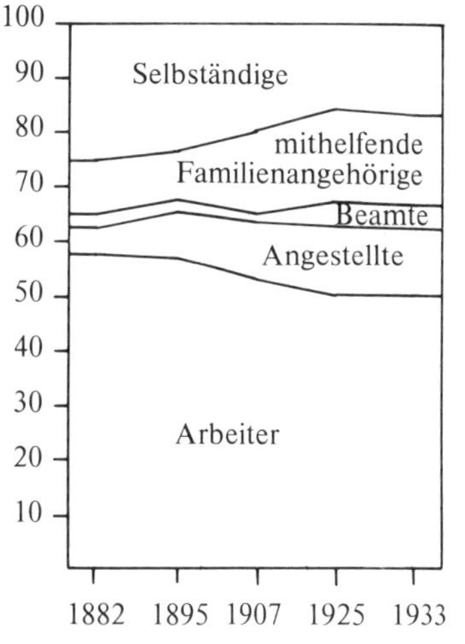

Erwerbstätige nach der Stellung im Beruf (in Prozent)

weitgehend; sozialdemokratische und kommunistische Propaganda ist hier ziemlich erfolglos. Das Wahlverhalten der Landarbeiter ist im wesentlichen das ihrer Herrschaft, und das heißt: überwiegend konservativ, in Schlesien und Westfalen auch zentrumsfreundlich.

Nur die Industrie-Arbeiterschaft, die allerdings mit etwa 62 Prozent die Masse dieser Schicht ausmacht, hat sich von den Verhaltensweisen früherer Zeiten gelöst. Sie hat aus der gemeinsamen Erfahrung der Schutz- und Heimatlosigkeit des Fabrikmilieus eine neue Solidarität entwickelt, um in der Zugehörigkeit zur Arbeiterklasse und zu deren Organisationen einen Ersatz für fehlende gesellschaftliche Geltung und eine Bestätigung ihres Selbstbewußtseins zu finden. Aber auch die Einheit des proletarischen Klassenbewußtseins ist hauptsächlich eine Formel für intellektuelle Literaten und sozialistische Festreden; die bereits erwähnte Untersuchung des Sozialpsychologen Erich Fromm über die Einstellungen der Arbeiter und Angestellten in den beginnenden dreißiger Jahren kommt zu dem bemerkenswerten, den Untersuchenden tief deprimierenden Ergebnis, daß nur etwa 15 Prozent derjenigen Arbeiter, die sich zu einer sozialistischen Partei bekennen, auch über ein »konsistentes« Klassenbewußtsein verfügen[33]. Das kann auch kaum verwundern, denn die »Arbeiterklasse« ist ein Mythos; mit fortschreitender Technisierung und Arbeitsteilung entsteht zwischen dem ungelernten Handarbeiter und dem hochqualifizierten Facharbeiter eine weite Stufenpalette höchst unterschiedlicher Ausbildungs-, Tätigkeits- und Einkommensstufen, und am oberen Ende dieser Palette bildet sich zudem ein fließendes Übergangsfeld zwischen Unter- und Mittelschicht, vom Wochenlohn erhaltenden Arbeiter zum Monatsgehalt beziehenden Angestellten, vom »Blaukragen«- zum »Weißkragen«-Arbeiter.

Auch der begriffliche Gegenpol, die Oberschicht, unterscheidet sich bedeutend von der »Bourgeoisie«, die Marx einst gedacht hat, und die als sozial einheitliche Klasse mit der Verfügungsgewalt über die Produktionsmittel auch die Herrschaft über die staatlichen Machtinstrumente besitzt. Da ist nach wie vor ein bedeutender Rest der alten, vorindustriellen Eliten, des – oft grundbesitzenden – Adels und des städtischen Honoratiorentums. Diese Schicht bleibt über Industrialisierung, Revolution und Inflation hinweg im großen und ganzen im Genuß ihres Einkommens und Besitzes; die politische Umwälzung von 1918 hat ihr dagegen den privilegierten Zugang zur politischen Macht genommen, was allerdings nicht heißt, daß sie diesen Zugang verloren hätte – die höhere Beamtenschaft der Republik rekrutiert sich nach wie vor in erster Linie aus großbürgerlichen und adligen Familien, und in noch stärkerem Ausmaß gilt dies für den auswärtigen Dienst wie für das Offizierskorps der Reichswehr. Allerdings ist der adlige Offizier nicht mehr, wie zu Kaisers Zeiten, Bezugspunkt der offiziellen gesellschaftlichen Rangskala und Maßstab bürgerlicher Denkgewohnheiten und Verhaltensweisen. Aber was diese Schicht an politischer und bürokratischer Breitenwirkung verloren hat, das gewinnt sie in dem Moment zurück, in dem die politischen Entscheidungen nicht mehr im breiten, öffentlich kontrollierten Bereich stattfinden, sondern im kleinen Kreis um den Reichspräsidenten, der selbst dieser Schicht entstammt, und der nur ihrem Urteil wirklich traut. Max Weber hat einst vom ostpreußischen Adel gesagt: »Es führen für ihn manche Wege zum Ohr des Monarchen, welche nicht jedem Staatsbürger sich öffnen.«[34] Eben das trifft in den beginnenden dreißiger Jahren auf die Kamarilla um den Reichspräsidenten v. Hindenburg zu und wird sich als das Leichengift erweisen, dem die Republik schließlich erliegt.

Daneben hat sich im Laufe des neunzehnten Jahrhunderts eine wirtschaftliche Oberschicht gebildet, die am ehesten den Gegenpol zur großen Masse der Industriearbeiter abgibt. Diese industrielle Bourgeoisie unterscheidet sich allerdings insofern bedeutend vom Bild des Reichtum anhäufenden Kapitalisten aus dem »Kommunistischen Manifest«, als bereits seit dem Ausgang des neunzehnten Jahrhunderts der Besitzer einer großen Fabrik nur noch in den seltensten Fällen seinen Betrieb auch leitet. Nicht mehr er »verfügt« über die Produktionsmittel, sondern ein neuer Typ von Unternehmern, der leitende Angestellte, meist aus gesellschaftlich niedrigeren Schichten aufgestiegen und nun Direktor, Kartell-Leiter, Vorsitzender oder Syndikus von Interessenverbänden. Für diese neue Gruppe der wirtschaftlich Mächtigen bürgert sich bald der amerikanische Begriff des Managers ein, eine Stellung, für die nicht privater Besitz, sondern Leistung, Ausbildung und Erfahrung ausschlaggebend sind, und die nicht vererbt wird. Diese Schicht übt, anders als in Amerika oder auch Frankreich, in Deutschland kaum politische Macht aus und besitzt keinen ausgeprägten politischen Gestaltungswillen – bezeichnenderweise werden industrielle Unterstützungsgelder für politische Parteien, die von dieser Gruppe aus Gründen der Selbsterhaltung gezahlt und verwaltet werden, nie einer einzigen Partei zugewandt, sondern in aller Regel nach einem festen Schlüssel an sämtliche nicht-sozialistischen Parteien verteilt.

Das wirklich Neue an der Spitze der gesellschaftlichen Rangskala seit 1918 ist eine neue politische Oberschicht. Reichs- und Länderregierungen, Reichstag und Landesparlamente rekrutieren sich nicht mehr, wie zu Zeiten der ständischen Gesellschaft und großenteils noch im Wilhelminischen Deutschland, aus Adel und Großbürgertum. Mit dem Sieg des demokratischen Parlamentarismus treten jetzt Parteipolitiker in die Führungsämter ein, die ein getreueres Abbild der Gesellschaft bieten, als dies je der Fall gewesen ist. Wenn man das Prominentenlexikon »Wer ist's« von 1921 nach der Herkunft der darin erfaßten 801 Politiker befragt, so kommen 21 Prozent dieser neuen Elite aus dem Kleingewerbe in Handwerk und Handel, 20 Prozent aus bäuerlichem Milieu und weitere 20 Prozent aus der Arbeiterschicht. Aus den Oberklassen, aus höheren Beamten-, Offiziers-, Adels-, Industriellen-, Besitzbürger-Familien stammen dagegen insgesamt nur 23 Prozent der politischen Führungsschicht.[35] Gewiß gibt es hier erhebliche Unter- und Überrepräsentationen – die Arbeiterschaft besitzt lediglich in den Linksparteien, in gewissem Grade auch bei der katholischen Zentrums-Partei eine feste Stellung, und andererseits haben die Deutschnationalen, die Nationalliberalen und die Linksliberalen wenig getan, um ihre Funktionärskader sozial zu öffnen.

Aber die Veränderung in der politischen Repräsentation des deut-

Niveau
»Wenn Sie sich in der Berliner Gesellschaft durchfuttern wollen, brauchen Sie nur jede Woche einen neuen Witz über Frau Ebert zu erfinden.«

Zeichnung von Olaf Gulbransson

schen Volkes gegenüber früheren Zeiten ist doch umwälzend, umwälzend allerdings auch die neue Einstellung zur Politik. Denn die neue politische Oberschicht kann nicht, wie frühere politische Führungsschichten, auf eigenes Vermögen zurückgreifen, ist also darauf angewiesen, Politik als Beruf zu betreiben, um materiell gesichert zu sein. Man lebt nicht mehr »für« die Politik, sondern »von« der Politik, und der Verlust eines Amts oder eines Mandats kann nicht mehr wie einst achselzuckend mit dem Rückzug auf die Klitsche oder mit dem Rückgriff auf das ererbte Privatvermögen quittiert werden. Das führt zu neuen Abhängigkeiten und zum Aufstieg einer Parteibürokratie, die mit der Aufstellung und dem Ersatz von politischen Kandidaten über deren Zukunftschancen entscheidet. Die großen politischen und parlamentarischen Führungspersönlichkeiten werden seltener, und jenes graue Mittelmaß an politischen Begabungen, das den Anblick der Parteien und Parlamente von Weimar so trostlos macht und die Suche nach farbenprächtigeren, phantasieanregenderen politischen Alternativen beflügelt, liegt nicht zuletzt an der ökonomischen Abhängigkeit der neuen politischen Elite. Daß zwischen der neuen und der alten politischen Führungsschicht scharfe Differenzen bestehen, liegt auf der Hand; die Propaganda der Rechtsparteien gegen den Parteienstaat, den Drang zur Futterkrippe und das Bonzentum hat vor allem in dieser Umwälzung ihren Grund.

Die Zweiteilung der Gesellschaft in Elite und Masse entspricht nicht nur einer verbreiteten Stimmung, sondern auch der Prophezeiung des »Kommunistischen Manifests«: »Die bisherigen kleinen Mittelstände, die kleinen Industriellen, Kaufleute und Rentiers, die Handwerker und Bauern, alle diese Klassen fallen ins Proletariat hinab...«[36] In der Tat gibt es diese Tendenz; namentlich in der Frühzeit der Industrialisierung sinken viele kleine Handwerksbetriebe in die Knie, die Meister und Gesellen finden in aller Regel als Facharbeiter in der Fabrik ihr Auskommen. Diese Entwicklung wird aber durch die Erfindung der »Kraftmaschine des kleinen Mannes« gestoppt: des Elektromotors. Die Einführung dieser einfachen, billigen und vielseitigen Energiequelle ermöglicht es dem Handwerker, sich den Bedingungen des industriellen Zeitalters als Zulieferer, Spezialist oder Installateur anzupassen. So weitet sich das Handwerk sogar wieder aus, denn die neue Zeit benötigt eine große Zahl neuer Formen von Dienstleistungen. Der »Mittelstand« verproletarisiert nicht nur nicht, er blüht erneut auf, und mit ihm die übrigen wirtschaftlich selbständigen Berufe mit einem gewissen Besitz, wobei das Merkmal der Selbständigkeit auch durch Bildung ersetzt werden kann. Kleine Unternehmer, Handwerker, Händler, Bauern, Ärzte, Anwälte, Apotheker – eine bunte Palette mittlerer Berufe reicht aus der alten Agrar- in die moderne Industriegesellschaft hinein und behauptet sich gegen den Assimilierungsdruck der neuen Produktionsbedingungen. Dieser »alte Mittelstand« ergänzt sich zudem durch einen »neuen Mittelstand«, eine ständig sich verbreiternde Schicht von Angestellten und Beamten, die aus der universalen, die Industrialisierung begleitenden Tendenz der Bürokratisierung aller wirtschaftlichen, politischen und gesellschaftlichen Bereiche erwächst.

Beide Gruppen, der alte wie der neue Mittelstand, leben aller-

Die Juden

sollen an Allem schuld sein,

so tönt es heute aus hinterhältig verbreiteten Flugblättern,
so reden es verhetzte Leute auf der Straße nach.
Wir Juden sollen schuld sein, daß der **Krieg** kam, aber in der Regierung und Diplomatie, in der Rüstungsindustrie und im Generalstab saßen

keine Juden.

Wir sollen **auch** schuld sein, daß der Krieg vorzeitig abgebrochen wurde.
Wir sollen schuld sein an allen Uebeln des Kapitalismus und **zugleich** an den Leiden der Revolution, die diese Uebel beseitigen will.
Was ein paar Führer jüdischer Herkunft gewirkt haben zum Guten und zum Bösen, haben sie selbst zu verantworten,

nicht die jüdische Gesamtheit.

Wir lehnen es ab, die **Sündenböcke** abzugeben für alle Schlechtigkeit der Welt.

Wir fordern unser Recht, wie bisher friedlich weiter zu arbeiten in unserem deutschen Vaterland, mit dessen Gedeihen in Zeiten der Macht wie der Niederlage auch unser Wohl unauflöslich verbunden ist.

Die Ortsgruppe München
des Centralvereins deutscher Staatsbürger jüdischen Glaubens.

Flugblatt, 1919

Der Judenhaß hat eine lange und böse gesamteuropäische Tradition als gesellschaftliches Ventil in politischen und wirtschaftlichen Krisen. Wo, wie im Deutschland der Weimarer Zeit, breite soziale Schichten sich in ihrer Identität bedroht fühlen, dort steht die Judenschaft als großer, leicht identifizierbarer Außenseiter ohne weiteres als kollektiver Sündenbock fest.

dings in einem latenten Krisengefühl. Obwohl sie insgesamt zunehmen und erstarken, fühlen sie sich dennoch bedroht, denn die überlieferten Werte und Verhaltensweisen der ständischen Gesellschaft sind in dieser Schicht noch lebendig und reiben sich mit der neuen Wirklichkeit; hinzu kommt, daß der Einkommenszuwachs fast aller Mitglieder des Mittelstands hinter dem allgemeinen Anstieg der Löhne und Gewinne zurückbleibt. Dieses Krisengefühl hat sehr einschneidende Folgen, denn der Mittelstand, der neue wie der alte, ist traditionell der eigentliche Träger des deutschen Nationalstaatsgedankens und leidet unter der Kriegsniederlage und unter dem Versailler Vertrag auch ideell am stärksten. Er ist es auch, der in der Inflation in vielfach katastrophaler Weise alle Vermögenswerte verliert – nur die Landwirte und die Hausbesitzer machen da eine Ausnahme, denn ihr Besitz liegt in Sachwerten fest und wird nicht entwertet. Zwischen der Verarmung durch Einkommensrückstand und Inflation, der in dieser Schicht besonders lebhaften Gegnerschaft gegen den Versailler Vertrag und der Feindschaft gegen die Republik von Weimar besteht ein direkter Zusammenhang, der für den Mittelstand insgesamt bedeutend ist und seine tendenzielle

Anfälligkeit für nationalistische Ideologien erklärt. Nicht die Prophezeiung einer klassenlosen Gesellschaft kann hier auf Gefolgschaft rechnen, denn für den durchschnittlichen Mittelständler ist das gleichbedeutend mit Verelendung und gesellschaftlichem Abstieg. Erfolg hat hier diejenige Partei, die ihren sozialen und politischen Protest mit der Verheißung einer Gemeinschaft ohne innere Spannungen, die gleichwohl Rangunterschiede beibehält, verbindet. Die Opfer romantisch-reaktionärer oder völkisch-nationalistischer Appelle sind vor allem hier zu suchen.

Die Bilder, die die Deutschen von ihrer Gesellschaft haben, stimmen also nicht; nicht massenhaftes Zusammenschmelzen, sondern im Gegenteil weites Auseinanderfächern von Schichten, Berufen und Funktionen kennzeichnet die deutsche Sozialstruktur der zwanziger Jahre. Dem entspricht ein buntes Gewirr unterschiedlicher, oft gegensätzlicher Interessen, die sich in Politik und Gesellschaft zu Wort melden und durchzusetzen suchen. In Deutschland hat die Vielzahl der organisierten Interessen traditionell keine gute Presse; »Pluralismus« ist ein Schimpfwort: »Dieses System«, lehrt der Staatsrechtler Carl Schmitt, »entwickelt sich in einer typischen Weise für ein bestimmtes Stadium der bürgerlichen Gesellschaft, in einer Zeit, in der eine Mehrzahl von Gewerkschaften, Kartellen, Religionsgesellschaften und anderer sozialer und kultureller Verbände und Organisationen, jede auf ihrem Gebiet, auf der formalrechtlichen Grundlage der liberalen Freiheiten, aus der Sphäre des Sozialen und des Privaten heraus, das öffentliche Leben beherrscht und die politische Einheit zum Abfallprodukt ihrer täglichen Kompromisse macht.«[37] Auch in dieser Hinsicht ist also die entfaltete Industriegesellschaft des Teufels; die Suche nach der verlorenen Einheit von oben und unten, von Staat und Gesellschaft, von Krone und Volk, von Land und Stadt ist allgemein und versperrt den nüchternen Blick auf gegenwärtige Wirklichkeiten.

Tatsächlich geht das neue Verbandswesen auch auf die alte Ständegesellschaft zurück; namentlich im Handwerk gibt es nicht nur Bräuche, sondern auch Organisationen, die sich erkennbar aus dem Zunftwesen ableiten, und der Deutsche Städtetag, der Spitzenverband der kommunalen Interessen, leitet sich unmittelbar von der Vereinigung der Städte, also des dritten Standes, in den preußischen Provinziallandtagen der vorkonstitutionellen Ära her. Aber wie überall in Europa bilden sich auch in Deutschland im Laufe der industriellen Revolution freie Vereinigungen, in denen sich, ganz entsprechend den frei entstehenden wirtschaftlichen Organisationen, die gesellschaftlichen Partikularinteressen verbinden. Da sind zuerst die agrarischen Verbände, hervorgegangen aus den »Provinzial- und Zentralvereinen« der preußischen Landwirtschaft, die sich 1872 im »Deutschen Landwirtschaftsrat« eine Spitze geben. Der »Zentralverband der Bauernvereine« gesellt sich im Jahr 1900 hinzu; in ihm sind hauptsächlich die kleinen und mittleren bäuerlichen Interessen, überwiegend mit katholischem Einschlag, organisiert. Dem steht seit 1893 der »Bund der Landwirte« gegenüber, in dem sich hauptsächlich ostelbische Agrarinteressen unter der Führung des Großgrundbesitzes zusammenschließen. Nach dem Krieg mit weiteren Agrarverbänden zum »Reichslandbund« fusioniert, entwickelt dieser Verband in engem Zusammenspiel mit der konservativen Deutschnationalen Volkspartei und dem landwirtschaftlichen Flügel der nationalliberalen Deutschen Volkspartei eine politische Durchschlagskraft, die ihresgleichen sucht. Dabei kommt ihm zugute, daß er es versteht, seine materiellen Interessen mit einer Weltanschauung, der »Landbundidee«, zu überhöhen und ihnen solchermaßen die Weihen eines allgemeinen Interesses zu verleihen. »Der Landbundgedanke«, so die Verbandszeitung 1927, »hat zum wesentlichen Inhalt den Zusammenschluß aller Angehörigen des Landvolks, die als Bearbeiter der deutschen Scholle eine unlösbare Lebens-, Arbeits- und Schicksalsgemeinschaft bilden und auf Gedeih und Verderb miteinander verbunden sind.«[38] Der Blut-und-Boden-Mythos, der besonders auf Städter Eindruck zu machen pflegt, steht hier bereits in voller Blüte und ermöglicht später den nahtlosen Übergang vom republikanischen Reichslandbund zum nationalsozialistischen Reichsnährstand.

Der Hintergrund dieser Ideologie liegt in der patriarchalischen Gutsherrschaft vergangener Jahrhunderte, als die Landarbeiter noch Insten oder Deputanten und am Ertrag des Gutes direkt beteiligt waren. Damals gab es eine unmittelbare wirtschaftliche Interessengemeinschaft zwischen ländlichen Arbeitgebern und -nehmern, doch die ländliche Arbeitsverfassung hat sich im Laufe des neunzehnten Jahrhunderts auch auf den Gütern Ostelbiens gewandelt. Aus Deputanten sind lohnabhängige Arbeiter geworden, und die sozialen Konflikte des Industriezeitalters haben auf das Land übergegriffen. Die »Landbundidee« ist unter diesen Umständen nichts anderes als eine Abwehrideologie gegen das Sozial- und Tarifrecht, das mit der Novemberrevolution auch für die ländliche Arbeit verbindlich geworden ist. Die Behörden der Republik zwingen jetzt die ländlichen Arbeitgeber dazu, Tarifverträge mit den Landarbeitern abzuschließen, und da der ostelbische Grundbesitz zudem das

Plakat, 1919
Entwurf: Willi Jaeckel

Das Idealbild des pflügenden Bauern, 1919 schon zur Ausnahme in der technisch modernisierten Landwirtschaft geworden, dient auf besonders wirksame Weise der Interessendurchsetzung des »Reichslandbunds«, indem es die agrarromantische Vorstellungswelt der städtischen Bevölkerung beflügelt.

gesellschaftliche und politische Fundament der preußischen Monarchie gewesen ist, ist die Ablehnung der neuen Demokratie in den Reihen des »Reichslandbundes« allgemein und radikal. »Gerade in diesen Tagen«, liest man während der stabilsten Periode Weimars in einer agrarischen Verbandszeitschrift, »dürfte die Überzeugung allgemein sein, daß das gegenwärtige parlamentarische System unfähig ist, uns zu beständigen Verhältnissen im Sinne einer zielbewußten nationalen Wirtschaft zu führen.«[39] Daher betreibt der »Reichslandbund« nicht nur eine sehr erfolgreiche Interessenvertretung, die sich in vielfältigen Steuer- und Zollpräferenzen und umfassenden Subventionsunternehmen bis hin zur »Osthilfe« ausmünzt, sondern er nutzt nicht weniger erfolgreich seine Verbindungen zu Parteien, zur Reichswehr und zum Reichspräsidenten v. Hindenburg, um die Demokratie der Republik in ihrer schwersten Krise zu unterminieren und zu zerstören.

Das enorme Durchsetzungsvermögen der landwirtschaftlichen Interessen steht in scharfem Kontrast zur ständig abnehmenden volkswirtschaftlichen Bedeutung dieses Wirtschaftszweigs; betrug im Jahr 1890 der Anteil der Landwirtschaft an der gesamten volkswirtschaftlichen Wertschöpfung 32 Prozent, so liegt der Prozentsatz 1928 bei nur noch 15,5, während Industrie und Handwerk zusammen im gleichen Zeitraum ihren Anteil von 36 auf 50 Prozent steigern. Dementsprechend steigt auch das Gewicht der industriellen Interessen, obgleich deren Durchsetzungsfähigkeit die der Landwirtschaft nie erreicht. Nach einer langen Ära unverbunden nebeneinander bestehender Fabrikantenvereine kommt es seit der Gründerkrise um 1873 zu großen Zusammenschlüssen. 1874 konstituiert sich der »Verein deutscher Eisen- und Stahlindustrieller«, der sich zwei Jahre später mit dem mächtigen »Verein zur Wahrung der gemeinsamen wirtschaftlichen Interessen im Rheinland und Westfalen« zum »Centralverband deutscher Industrieller« zusammenschließt. Er vertritt in erster Linie die Eisen- und Kohle-, also die Schwerindustrie und versteht es, in der späten Bismarck-Ära und danach die schutzzöllnerischen Forderungen dieser Branche durchzusetzen. Aber der »Centralverband« schafft es nicht, sämtliche industriellen Interessen unter einen Hut zu bringen. Daß die hier dominierende Schwerindustrie auf hohen Einfuhrzöllen beharrt, schädigt die chemische und die Konsumgüterindustrie, der an billigen ausländischen Rohstoffen gelegen ist. So spaltet sich 1895 der »Bund der Industriellen« ab, der in der Folgezeit dem »Centralverband« ernste Konkurrenz macht, um so mehr, als ihm 1909 der »Hansa-Bund« zur Seite tritt. Hier sind in erster Linie exportorientierte Industriezweige, Handel, Banken und Versicherungen sowie Handwerksverbände zusammengefaßt, und man treibt eine liberale, gegen die Zusammenarbeit des »Centralverbands« mit Junkern und Konservativen gerichtete Politik.

Bereits der Krieg und die Zwänge der Kriegswirtschaft lassen die großen Spitzenverbände wieder zusammenrücken, und nach Kriegsende schließen sich »Centralverband« und »Bund der Industriellen« zum »Reichsverband der deutschen Industrie« zusammen. Die Interessengegensätze, die einst zur Konkurrenz zweier Spitzenverbände geführt haben, bestehen allerdings nach wie vor und lähmen die Durchschlagskraft des RdI; während der schwerindustrielle Flügel in alter Tradition das unternehmerische Risiko über Kartelle und Syndikate auf die Konsumenten und durch Forderung nach staatlicher Subventionierung auf den Steuerzahler abzuwälzen sucht, propagiert der Flügel der »Wachstumsindustrien« - Elektro-, Chemo- und Maschinenbau-Industrie - das freie Kräftespiel des Marktes, die Öffnung zum Weltmarkt und den inneren sozialpolitischen Ausgleich. So gelingt es zwar den industriellen Interessen, bedeutenden Einfluß auf die Außenhandels-Politik der Reichsregierungen und auch auf sozialpolitische Entscheidungen zu nehmen, aber in großen politischen Streitfragen, wie im Kampf um den Young-Plan, der vom RdI vehement abgelehnt wird, reicht die Durchsetzungsfähigkeit des Verbandes trotz der Regierungsbeteiligung der ihm nahestehenden Deutschen Volkspartei nicht aus, die Politik der Reichsspitze zu konterkarieren.

»Reichslandbund« und »Reichsverband der deutschen Industrie« sind die großen, alles überragenden wirtschaftlichen Spitzenverbände; ihre zentralen und regionalen Geschäftsstellen beschäftigen eine Bürokratie, die an Zahl wie fachlicher Kompetenz der staatlichen Beamtenschaft gleichkommt. Die großen Interessenverbände sind organisiert wie Staaten im Staat; weiter bestehen die Verbände des Groß- und Überseehandels, der Banken und Versicherungen, des Handwerks, des Einzelhandels. Ihr arbeitsrechtliches Gegenstück ist die »Vereinigung deutscher Arbeitgeberverbände«, denen die Spitzenverbände der Gewerkschaften und sonstiger Arbeitnehmerorganisationen gegenüberstehen.

Da sind vor allem die sozialdemokratischen »Freien Gewerkschaften«, erwachsen aus alten Handwerker- und Gesellenvereinen zur freiwilligen gegenseitigen Unterstützung und zur Bildung von Kranken- und Sterbekassen. Bereits in den beginnenden siebziger Jahren, in der Zeit des Gründerfiebers und des Gründerkrachs, bilden sich Fach- und Regionalverbände, aber erst nach dem Fall des Sozialistengesetzes gelingt die Gründung der »Generalkommission der Gewerkschaften Deutschlands« mit maßgeblicher Unterstützung der Sozialdemokratischen Partei. Die »Generalkommission« residiert allerdings nicht in Berlin, sondern im gewerkschaftlich weiterentwickelten Hamburg, und der räumlichen Trennung entspricht eine gewisse programmatische und praktisch-politische Entfernung zur Mutterpartei. Während die SPD in den neunziger Jahren in doktrinärer Erstarrung lebt und den demnächst stattfindenden »großen Kladderadatsch«, die Revolution, erwartet, widmen sich die Gewerkschaften dem pragmatischen Geschäft, die Lebens- und Existenzbedingungen der Arbeiter zu verbessern. Da werden große Streiks organisiert, aber man entsendet auch Gewerkschaftler als Beisitzer in die Gewerbegerichte und in die Verwaltung der Orts- und Knappschafts-Krankenkassen, und im Verlauf des Weltkriegs werden die Gewerkschaften zu tragenden Säulen der Kriegswirtschaft. Das zahlt sich aus; die Generalkommission wird bei der Vorbereitung des Hilfsdienstgesetzes von 1916 konsultiert, ihre Verbesserungsvorschläge werden übernommen; die Koalitionsfreiheit wird erobert, die Gleichberechtigung mit den Arbeitgeberverbänden bahnt sich an, der Staat akzeptiert die Gewerkschaften als Vertreter der Arbeiterschaft, und im Kabinett des Prinzen Max von Baden sitzen im Oktober 1918 drei Gewerkschaftler. Die Mitglied-

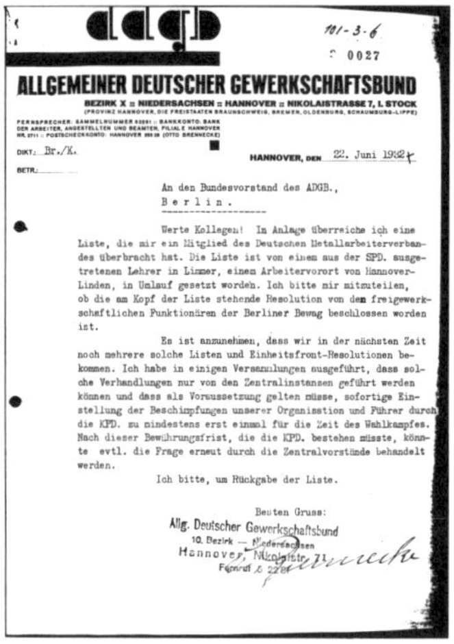
101-3-6
0027

ALLGEMEINER DEUTSCHER GEWERKSCHAFTSBUND

BEZIRK X :: NIEDERSACHSEN :: HANNOVER :: NIKOLAISTRASSE 7, I. STOCK
(PROVINZ HANNOVER, DIE FREISTAATEN BRAUNSCHWEIG, BREMEN, OLDENBURG, SCHAUMBURG-LIPPE)

DIKT.: Br./K.
BETR.:

HANNOVER, DEN 22. Juni 1932

An den Bundesvorstand des ADGB.,
Berlin.

Werte Kollegen! In Anlage überreiche ich eine Liste, die mir ein Mitglied des Deutschen Metallarbeiterverbandes überbracht hat. Die Liste ist von einem aus der SPD. ausgetretenen Lehrer in Limmer, einem Arbeitervorort von Hannover-Linden, in Umlauf gesetzt worden. Ich bitte mir mitzuteilen, ob die am Kopf der Liste stehende Resolution von den freigewerkschaftlichen Funktionären der Berliner Bewag beschlossen worden ist.

Es ist anzunehmen, dass wir in der nächsten Zeit noch mehrere solche Listen und Einheitsfront-Resolutionen bekommen. Ich habe in einigen Versammlungen ausgeführt, dass solche Verhandlungen nur von den Zentralinstanzen geführt werden können und dass als Voraussetzung gelten müsse, sofortige Einstellung der Beschimpfungen unserer Organisation und Führer durch die KPD. zu mindestens erst einmal für die Zeit des Wahlkampfes. Nach dieser Bewährungsfrist, die die KPD. bestehen müsste, könnte evtl. die Frage erneut durch die Zentralvorstände behandelt werden.

Ich bitte, um Rückgabe der Liste.

Besten Gruss:

Allg. Deutscher Gewerkschaftsbund
10. Bezirk — Niedersachsen
Hannover, Nikolaistr. 7I
Fernruf 2 2281

schaft steigt steil an; 1919 beträgt sie 5,5 Millionen, erhöht sich bis 1922 auf 7,9 Millionen, um dann bis 1929 auf 4,9 Millionen abzufallen.

Die sozialdemokratische Arbeiterschaft wird innerhalb der Freien Gewerkschaften vom Allgemeinen Deutschen Gewerkschaftsbund, dem ADGB, vertreten; daneben steht die Organisation sozialdemokratischer Beamter, der wenig einflußreiche, weil mitgliederschwache Allgemeine deutsche Beamtenbund (AdB). Das steile Ansteigen der Angestelltenzahlen macht die Errichtung einer dritten Organisationssäule notwendig, des Allgemeinen freien Angestellten-Bundes oder AfA-Bundes, der innerhalb des Gewerkschaftsspektrums als besonders linksgerichtet gilt. Neben den Freien Gewerkschaften stehen die Christlichen Gewerkschaften, die sich zur katholischen Zentrumspartei bekennen und in der allgemeinen Gewerkschaftskonjunktur von 1922 immerhin die Grenze von einer Million Mitglieder überschreiten. Besonders einflußreich ist hier der Christliche Bergarbeiter-Verein, weil im Ruhrgebiet wie in Oberschlesien, wo der Großteil der deutschen Kohleförderung konzentriert ist, das Zentrum eine starke Stellung in der Arbeiterschaft besitzt. Die Hirsch-Dunckerschen Gewerkvereine sind zwar die ältesten deutschen Gewerkschaften - sie wurden bereits 1869 begründet - aber als liberale Vereinigung spielen sie in der Arbeiterschaft nur eine Nebenrolle; sie umfassen nie mehr als 230 000 Mitglieder und sind hauptsächlich in Handwerkerkreisen beheimatet.

Die organisierten wirtschaftlichen und gesellschaftlichen Interessen entwickeln sich in Deutschland kaum anders als in den übrigen Industriestaaten, aber in zweierlei Hinsicht gibt es bemerkenswerte Eigenheiten. Da ist zum einen die durchgehende Tendenz zur Ausbildung zentralisierter Strukturen und umfassender Großorganisationen; der Weg von der Vielfalt landwirtschaftlicher und industrieller Interessenverbände zu den Mammutorganisationen des »Reichslandbundes« und des »Reichsverbands der deutschen Industrie« findet weder in Frankreich noch in England seine Entsprechung, und auch die Zentralisierung der Gewerkschaften, die schließlich nach dem Zweiten Weltkrieg in die allumfassende Einheitsgewerkschaft führt, hat nirgendwo ihresgleichen. Diese straffe Organisation, die in nicht-deutschen Kritikern leicht die Assoziation mit preußischer Armee und Staatsverwaltung hervorruft, hat gewiß den Nachteil, daß Minderheitsinteressen es schwer haben, sich zu Wort zu melden. Dafür funktioniert aber normalerweise das soziale System insgesamt besser als beispielsweise in England, wo die zahllosen, nur locker miteinander verbundenen exklusiven Facharbeiter-Gewerkschaften und die Vielzahl der Arbeitgebervereinigungen große Schwierigkeiten bei der Regelung der Arbeitsbeziehungen haben; Aufsplitterung und damit Ungleichmäßigkeit der Tarifabschlüsse sind dort die Regel und damit ein ständig gereiztes Klima der industriellen Beziehungen.

Sehr viel folgenreicher ist aber die Rolle, die der Staat in Deutschland bei der Regelung der sozialen Konflikte spielt. Auch das hat mit Tradition zu tun; während in England nicht nur die Industrialisierung, sondern auch die Regelung der sozialen Verhältnisse fast völlig im staats- und sogar rechtsfreien Raum vor sich geht, weil Staat und Recht als Instrumente der Gängelung und der Unterdrückung begriffen werden, ist in Preußen-Deutschland der Staat von Anfang an Partner, wenn nicht sogar Urheber der industriellen Beziehungen. Das wird schon darin deutlich, daß in Deutschland ein freies Vereinswesen erst spät entstehen kann; die Vertretung wirtschaftlicher und gesellschaftlicher Interessen ist auch am Beginn der Industrialisierungsphase staatlich inauguriert: Da sind die Industrie- und Handelskammern, denen die einzelnen Unternehmer zwangsweise angehören, und die vom Staat anerkannt und mit Aufgaben versehen sind. Die freien Interessenorganisationen kommen erst Jahrzehnte später auf, als sich die Kammern der zunehmenden Differenzierung der wirtschaftlichen Interessen nicht gewachsen zeigen, und auch diese Verbände finden sich sogleich in einem dichten Netz vereinsrechtlicher Festlegungen eingeordnet.

Auf der anderen Seite ist es auch seit jeher Sache des preußischen Staates gewesen, soziale Fürsorge als Teil seiner Polizeigewalt zu betrachten. Der Staat ist in gewisser Hinsicht ein vergrößerter Gutshof, der König der oberste Gutsherr, und die patriarchalische Sorge um das Wohl der Untertanen gehört zu den Christen- und Ordnungspflichten der Herrschaft. Und während der »Geist der Rechenhaftigkeit« das Wirtschaftsleben durchdringt und die Beziehungen zwischen Arbeitgeber und Arbeitnehmer auf ein rein marktwirtschaftliches Tauschverhältnis reduziert, bleibt die konservative Führungsspitze Preußens und des Reichs dem Geist der ostelbischen Gutsherrschaft so sehr verbunden, daß sie dem aufflammenden sozialen Protest mit den klassischen patriarchalischen Herrschafts- und Erziehungsinstrumenten zu Leibe rückt: Auf der einen Seite wird die Sozialdemokratie verboten und polizeilich schikaniert, auf der anderen Seite übernimmt der Staat die sozialen Kosten der Industrialisierung durch ein breit gefächertes Programm der Sozialgesetzgebung. Während in England und den USA das Elend des Fabrikproletariats in sozialdarwinistischer Manier als Ergebnis einer natürlichen Auslese betrachtet wird, das zu korrigieren moralisch falsch und politisch gefährlich wäre, formuliert der unbekannte Bürokrat, der im Reichsamt des Inneren die Begründung für das Gesetz über die Unfallversicherung ausarbeitet, die Motive staatlicher Sozialpolitik auf paradigmatische Weise so:

»Daß der Staat sich in höherem Maße als bisher seiner hülfsbedürftigen Mitglieder annehme, ist nicht blos eine Pflicht der Humanität und des Christenthums, von welchem die staatlichen Einrichtungen durchdrungen sein sollen, sondern auch eine Aufgabe staatserhaltender Politik, welche das Ziel zu verfolgen hat, auch in den besitzlosen Klassen der Bevölkerung, welche zugleich die am zahlreichsten und die am wenigsten unterrichteten sind, die Anschauungen zu pflegen, daß der Staat nicht blos eine nothwendige, sondern auch eine wohlthätige Einrichtung sei...«[40]

Die Idee, aus besitzlosen Sozialisten mit staatlicher Nachhilfe konservative Rentiers zu machen, ist erfolglos; sie ist zu sehr aus dem Geist des ostelbischen Paternalismus, zu wenig aus den Zwängen der sich entwickelnden Industriegesellschaft heraus gedacht. Aber auf längere Sicht bleibt sie nicht ohne Auswirkungen auf das gesellschaftliche Klima in Deutschland, denn der sozialversicherte Arbeiter hat, entgegen der Prophezeiung von Marx und Engels, doch mehr zu verlieren als nur seine Ketten, und zudem wird die Gewerkschaftsbewegung, indem sie an der Selbstverwaltung der Sozialversicherungsträger beteiligt wird, mit tausend Fäden an den Gegenwartsstaat gebunden. Trotz Streikbewegungen, trotz Wahlrechtskampf, trotz Massenstreikdebatte in den Reihen der Sozialdemokratie: Deutschland bleibt ein sozial beruhigtes Land, viel mehr, als dies in Amerika, England, Frankreich und Belgien der Fall ist.

Der Weltkrieg bringt, wie in allen Bereichen, ein überbordendes Mehr an Staat, aber er bringt auch ein Element, das bisher in Deutschland gefehlt hat: Den Versuch des sozialen Ausgleichs zwischen den großen Lagern der Arbeitgeber und -nehmer, wie er in Gestalt der am 15. November 1918 offiziell gegründeten »Zentralarbeitsgemeinschaft« seinen Ausdruck findet. Das ist ein Stück politischer Kultur, das in der deutschen Geschichte Seltenheitswert besitzt: Hier schließen die freien gesellschaftlichen Kräfte ohne staatlichen Zwang einen aus Einsicht und Notwendigkeit geborenen Kompromiß, der die Sozialverfassung der jungen Demokratie bilden soll. Der Vertrag zwischen den gesellschaftlichen Gruppen, so führt das »Correspondenzblatt« der Generalkommission der Gewerkschaften aus, »beruht auf einer Ordnung der Arbeitsverhältnisse, die die kühnsten Erwartungen der organisierten Arbeiterschaft erfüllt. Anerkennung des Koalitionsrechts und der Gewerkschaften, Beseitigung der gelben Organisationen, Einführung von Tarifverträgen in allen Berufen, Einsetzung von Arbeiterausschüssen und Schlichtungsinstanzen, paritätische Regelung des Arbeitsnachweises, Einführung des Acht-Stunden-Tages, Anerkennung des Rechtes auf Arbeit für alle Kriegsteilnehmer, - alle diese Forderungen, für die seit Jahren, teilweise seit Jahrzehnten gekämpft wurde, sind schon vor der Revolution auf der ganzen Linie durchgesetzt und vertragsmäßig festgelegt worden...«[41]

Aber der nicht zuletzt durch persönliche Bindungen zustandegekommene Pakt zwischen Carl Legien, dem Vorsitzenden der gewerkschaftlichen Zentralkommission, und dem Ruhrindustriellen Hugo Stinnes, ein Bündnis, das entscheidend zur Stabilisierung der Republik beiträgt, wird bald durch die wenig wirkungsvolle Organisation des vorläufigen Reichswirtschaftsrats verwässert. Diese Einrichtung, die am 4. Mai 1920 nach den Vorschriften des Artikels 165 der Weimarer Reichsverfassung gegründet wird, soll die Vorstufe zu einem Arbeitsparlament bilden, in dem Arbeitgeber und Arbeitnehmer paritätisch vertreten sind, um alle wirtschafts- und sozialgesetzlichen Materien zu beraten und sie in Gesetzesform dem Reichstag vorzulegen. Aber die Vermittlung zwischen dem Reichswirtschaftsrat und den Betriebsräten fehlt völlig, der Gedanke der gesamtwirtschaftlichen und -gesellschaftlichen Mitbestimmung der Arbeiterschaft bleibt in Ansätzen stecken, und der Pakt der Arbeitsgemeinschaft bröckelt im Verlauf der Inflation auseinander. Anfang 1924 weicht diese hoffnungsvolle Episode eines sozialen Ausgleichs zwischen Kapital und Arbeit endgültig den traditionellen Kampfstellungen, während der Reichswirtschaftsrat über ein selten tagendes Diskussionsforum nie hinauswächst.

Es ist bereits frühzeitig offensichtlich, daß die Zusammenarbeit mit den Gewerkschaften von der Mehrzahl der Industriellen nur unter dem Druck der Revolution gebilligt worden ist. Die Politik des »Reichsverbands der deutschen Industrie« zielt von nun an in erster Linie darauf, die Zusagen und Kompromisse von 1918 möglichst weitgehend rückgängig zu machen. Dabei kommt ihm zugute, daß die eigentliche Partei der industiellen Unternehmerschaft, die Deutsche Volkspartei, mit Ausnahme der beiden Regierungen Wirth zwischen Mai 1921 und Oktober 1922 in jedem Reichskabinett seit 1920 vertreten ist. Das taktische Übergewicht industrieller Interessen äußert sich etwa anläßlich des französisch-belgischen Ruhreinbruchs von 1923, als die DVP Reichssubventionen an die westdeutsche Schwerindustrie mit der Neuregelung des Normalarbeitstags, der danach in gewissen Fällen acht Stunden übersteigen kann, durchsetzt. Das ist keineswegs Ausfluß unternehmerischer Willkür, denn die Belastung von Besitz und Industrie ist erheblich, und insbesondere die Lohnkosten laufen der Produktivität davon. Aber der

Zeichnung von Th. Th. Heine

Der neue Kurs
»Wat sagste nu, Leibfuchs: Jroßindustrie für Republik?« - »Glänzender Einfall - billigster Ersatz für Lohnerhöhung!«

Zeichnung von George Grosz

Achtstundentag ist in den Augen der Arbeiterschaft die wichtigste soziale Errungenschaft der Novemberrevolution, und an ihm zu rütteln heißt, die Sozialverfassung der Republik in Frage zu stellen.

Allerdings kämpft der »Reichsverband der deutschen Industrie« nicht in geschlossener Front. Da gibt es einen Unternehmerflügel, der durch Namen wie Rathenau, v. Raumer und auch Stresemann (er war zweiter Vorsitzender des »Bundes der Industriellen«, bevor er 1916 Vorsitzender der nationalliberalen Reichstagsfraktion wurde) bezeichnet wird. Dieser Flügel umfaßt hauptsächlich Chemie-, Elektro-, Fertigwareninteressen, ist liberal und freihändlerisch orientiert und mißt dem sozialpolitischen Ausgleich im Inneren eine wichtige Aufgabe zu. Vertreter eines sozialpolitisch aufgeklärten Unternehmertums ist auch der zweite Vorsitzende des »Reichsverbands der deutschen Industrie«, Paul Silverberg, der auf der Dresdener Mitgliederversammlung des RdI 1926 kategorisch die Rückkehr zur Politik der Arbeitsgemeinschaft fordert und erklärt, es könne »nicht ohne die Arbeiterschaft regiert« werden[42]. »Herzlich willkommen«, schreibt daraufhin Theodor Wolff in einem Leitartikel des »Berliner Tageblatts«, »die feinen Leute kommen zur Republik.«[43] Aber der Beifall für diese Stimme der Vernunft ist spärlich; der sozialdemokratische »Vorwärts« sieht in der Silverberg-Rede den Zusammenbruch des »Herrscherwillens des Industriekapitals« und fordert gerade deshalb zum verstärkten Klassenkampf auf[44], und August Thyssen antwortet Silverberg im Namen der Schwerindustrie, erst einmal solle die organisierte Arbeiterschaft die Verquickung wirtschaftlicher und politischer Vertretung bleibenlassen; im übrigen sei die Seele des deutschen Arbeiters weder sozialistisch noch kapitalistisch, sondern - deutsch.

Mit dem Beginn der Weltwirtschaftskrise wächst das Gewicht des intransigenten schwerindustriellen Flügels im RdI, der jetzt neue Einbrüche in die sozialpolitische Verfassung startet. Es geht vor allem um die Beseitigung der Allgemeinverbindlichkeits-Erklärung und Unabdingbarkeit der Tarifverträge und besonders um den Abbau der Leistungen der Arbeitslosenversicherung, deren Höhe die Lohnkosten der Betriebe belastet. Solange Reichskanzler Brüning auf die Tolerierung durch die Sozialdemokratie angewiesen ist, bleiben dergleichen Forderungen folgenlos, und erst Franz v. Papens Wirtschaftsnotverordnung vom 4. September 1932 erfüllt großenteils die Wünsche der Schwerindustrie.

Was hier vor sich geht, hat große Ähnlichkeit mit dem Scheitern der politischen Verfassung von Weimar. Der sozialpolitische Kompromiß, angebahnt durch das Abkommen der »Zentral-Arbeitsgemeinschaft« vom 15. November 1918, ist die Sozialverfassung der Republik. Und wie die politische Verfassung nur so lange lebt, wie die Flügelparteien der »Großen Koalition«, die Arbeiterpartei SPD und die Industriepartei DVP, über alle Gegensätze hinweg die Zusammenarbeit suchen, steht und fällt die Sozialverfassung Weimars mit den Prinzipien der »Zentral-Arbeitsgemeinschaft«. Das langsame Sterben der Republik, das mit dem Zusammenbruch der Großen Koalition im März 1930 sichtbar wird, beginnt bereits mit dem früheren Scheitern des sozialen Kompromisses.

Und wie Staat und Bürokratie die Aufgaben der regierungsunfähigen Parteien übernehmen, so treten sie auch im sozialpolitischen

Plakat der KPD zu den Reichstagswahlen vom 20. Mai 1928
Entwurf: A. Malsov

Die staatliche Zwangsschlichtung bei Tarifstreitigkeiten, ein Stützpfeiler der deutschen Sozialpolitik in der Weimarer Zeit, führt in wirtschaftlichen Krisenzeiten dazu, daß der Staat selbst in die gesellschaftlichen Konflikte einbezogen wird, da der Verteilungsspielraum zur Befriedigung der gegensätzlichen Interessen nicht mehr ausreicht. So stellt sich die Zwangsschlichtung aus kommunistischer Sicht dar: Der Arbeitgeber vertraut auf den Schlichter in Gestalt des sozialdemokratischen Reichswirtschaftsministers Wissell, der dem Proletarier den Strick um den Hals legt.

Bereich in die Bresche und sorgen für den Ausgleich. Arbeitszeitregelungen, Tarifvertragswesen, Schlichtungsausschüsse, Wirtschaftsräte, Betriebsräte, Arbeitslosenversicherung – alles das sind Bereiche, die von Staats wegen gesetzlich geregelt werden, wobei der Staat, vor allem in der Versicherung, als Ausfallsbürge einzutreten hat, wenn die Regelung nicht funktioniert. Das alles ist durchaus nicht selbstverständlich – in den angelsächsischen Ländern beispielsweise werden alle diese Fragen im staatfernen Raum des »free collective bargaining« geregelt, aber in Deutschland will es das Herkommen, daß der Staat als neutrale Schieds- und Ausgleichsinstitution funktioniert, und der Staat von Weimar tritt in diese Aufgabe um so eher ein, als seine Grundlagen schwach sind und er die Gelegenheit erhält, durch eine aktive Sozial- und Umverteilungspolitik die Loyalität der Bürger zu erkaufen. Nicht zuletzt diese Rolle des Staats trägt die Schuld daran, daß der sozialpolitische Kompromiß der »Arbeitsgemeinschaft« zerbricht, denn im Fall von Interessengegensätzen läßt sich die Verantwortung für den Ausgleich allzu leicht auf den Staat überwälzen. Besonders deutlich wird dies, als 1924 die staatliche Zwangsschlichtung bei Tarifstreitigkeiten eingeführt wird. Das beruhigt zwar einstweilen das soziale Klima, entwöhnt aber die Tarifvertragsparteien der autonomen Einigungspflicht.

Das hat zur Folge, daß es für die wirtschaftlichen und gesellschaftlichen Gruppen wichtig wird, direkten Einfluß auf die Besetzung politischer Spitzenstellungen zu nehmen, um auf diese Weise die staatliche Wirtschafts- und Sozialpolitik im Interesse partikularer Gruppen lenken zu können; das gilt für Gewerkschaften wie für Arbeitgeber. So wird die zunehmende Aushöhlung des Parlamentarismus durch die unkontrollierbaren Einflüsse außerparlamentarischer *pressure-groups* geradezu herbeigezwungen, einer der Gründe dafür, daß die parlamentarische Demokratie in der Weltwirtschaftskrise unterliegt.

Staatsausgaben[a] nach Aufgabenbereichen je Einwohner
(in Preisen von 1900; 1913=100)

Aufgabenbereiche	1913 Mark	Index	1925 RM	Index	1929 RM	Index	1932 RM	Index
Krieg und Kriegsfolgen	25,1	100	21,9	87	27,7	110	14,2	57
Wirtschaftsförderung	17,0	100	15,8	93	22,1	130	18,2	107
Sozialer Bereich	20,5	100	64,7	316	101,6	496	106,3	519
davon:								
Sozialversicherung	12,2	100	23,2	190	49,2	403	50,0	410
Gesundheitswesen u. Sozialhilfe	7,9	100	31,4	388	39,2	496	51,8	656
Öff. Wohnungsbau	0,4	100	10,1	2525	13,2	3300	4,5	1125
Erziehung	17,5	100	20,5	117	27,8	159	24,4	139
Öffentliche Sicherheit	7,7	100	12,1	157	13,7	178	14,6	190
Dienstleistungen	9,6	100	13,7	143	14,9	155	15,5	162
Schuldendienst	5,8	100	0,9	16	4,1	71	6,7	116
Zusammen	103,2	100	150,2	146	211,9	205	199,9	194

a Staatsausgaben aller Ebenen (Reich/Bund, Länder, Gemeinden).

Staatsausgaben, also Ausgaben von Reich, Ländern und Gemeinden zusammen, nach Aufgabenbereichen je Einwohner (in Preisen von 1900; 1913 = 100)

Gegen Ende der Weimarer Republik beträgt der öffentliche Anteil am Sozialprodukt etwa das Doppelte der Staatsquote von 1913, und das bei geringerer wirtschaftlicher Gesamtleistung. Dabei fällt die staatliche Expansion in den sozialen Bereich besonders ins Auge; hier steigen die realen Ausgaben je Einwohner zwischen 1913 und 1932 um das Fünffache.

Und noch in zweiter Hinsicht schlägt der Sozial- und Interventionsstaat sich selbst: Indem er die sozialen Kosten übernimmt und die gesellschaftlichen und wirtschaftlichen Gegensätze auszugleichen verspricht, gerät er in eine unhaltbare Situation, wenn in der Wirtschaftskrise sämtliche Probleme, für die er sich zuständig erklärt hat, miteinander aufgipfeln und in geballter Form gelöst werden wollen. Es gibt eine Grenze, jenseits derer der Problemlösungsdruck die Institution Staat einfach überfordert. Der Vergleich zwischen England und Deutschland, die im großen und ganzen in der Weltwirtschaftskrise seit 1929 die gleichen wirtschaftlichen und sozialen Schwierigkeiten haben, macht dies sehr deutlich: In England ist die Zuständigkeit für die Lösung der Probleme auf viele gesellschaftliche und administrative Schultern verteilt. Hier überlebt die Staatsverfassung unversehrt. In Deutschland dagegen bricht der Staat unter dem gebündelten Erwartungsdruck der gesellschaftlichen Gruppen in die Knie.

Parlament und Parteien

»Parteien müssen sein«, erklärt 1920 der liberale Essayist und Theologieprofessor Ernst Troeltsch seinen Lesern. »Sie sind das einzige Mittel der Regierungsbildung, ob sie einem gefallen oder nicht. Wer früher über Militär- oder Beamtenhochmut sich ärgerte, kann sich heute über die Parteizwistigkeit und Parteiselbstsucht ärgern. Ohne Dinge, über die man sich ärgert oder an denen man leidet, gibt es überhaupt keine Regierung. Regierung-schaffen und Regierung-ertragen ist leider immerdar ein schwieriges und unangenehmes Geschäft gewesen und wird es in jeder Form bleiben.«[45]

DieParteien – eine ärgerliche Sache. Das Deutsche Reich hat sich im Jahr 1919 die Form einer parlamentarischen Demokratie gegeben, und dafür sind Parteien wesensnotwendig; aber der Text der Weimarer Reichsverfassung erwähnt sie nur an einer Stelle und dort in betont negativem Sinn: »Die Beamten«, heißt es in Artikel 130, »sind Diener der Gesamtheit, nicht einer Partei.« Hier die Gesamtheit, dort die Partei – das ist der von den Verfassungsvätern mitgedachte Dualismus, und von dort ist es nur ein Schritt zum Schlagwort vom »Parteienstaat« als einem unfunktionellen, heterogenen Gewirr eigensüchtiger Interessen, das es zugunsten einer »überparteilichen« Staatsautorität zu überwinden gilt. Daß der »überparteiliche« Standpunkt seinerseits Partei ist, beobachtet der liberale Journalist Rudolf Olden: »›Die Parteien‹, das sind immer die linken Parteien, ›überparteilich‹, ›über den Parteien stehend‹, das ist immer rechts, so wie ›Politik‹ schlechthin links ist, ›politisch‹, parlamentarisch, republikanisch, verfassungstreu. Nur, daß die Hörer schon abgestumpft sind, jeder Friseur, der Nationalisten und Monarchisten rasiert, nennt sich ›überparteilich‹. In diesem Staat, der von lauter Parteileuten regiert wird, ist Partei unter allgemeiner Duldung ein Schmähwort geworden.«[46] Tatsächlich kontrastiert das allgemein negative Urteil über den »Parteienstaat« im Deutschland der Weimarer Zeit aufs sonderbarste mit der elementaren staatstragenden Aufgabe, die die Parteien zu erfüllen haben; Theodor Heuss hat ganz zutreffend das verbreitete Streben nach überparteilichen politischen Vereinigungen mit der Suche nach Rauchclubs für nikotinfreie Zigarren verglichen[47].

Germania
Nichts zum Anziehen, aber ständig in Sorge um die neueste Hutmode.

Zeichnung von Karl Arnold

Ein Parteienstaat, der keiner sein will – wie kommt der zustande? Die Primitivsten unter seinen Verächtern haben die klarsten Antworten; ein »Deutsches Manifest«, von einigen nationalbolschewistischen Gruppierungen 1920 verfaßt, erklärt: »Die Parteien, diese Brutstätten gewerbsmäßiger Streitsucht, die die französische Propaganda uns geschenkt hat, müssen zerschlagen werden«[48], und ein völkischer Autor weiß zu berichten: »Das Parteiwesen und der daraus entstandene Parlamentarismus sind durch und durch undeutsch und widervölkisch, weil sie nicht naturgesetzlich von unten heraufgewachsen sind, sondern gewaltsam nach fremden Vorbildern geschaffen wurden.«[49] Das ist ebenso wirr wie falsch; nichts ist deutscher als das deutsche Parteiwesen.

Die Parteien sind überall in Europa Kinder des großen Übergangs vom ständisch-agrarischen Alteuropa hin zu den entfalteten Industriestaaten des zwanzigsten Jahrhunderts. Bevölkerungsexplosion,

Industrialisierung, Wanderungen - wir haben das bereits beschrieben. Der ungeheure Mobilisierungsschub, der die Menschen seit den vierziger, fünfziger Jahren des neunzehnten Jahrhunderts ergreift, trifft nicht nur die Armen, die in die Fabrikmetropolen strömen, sondern auch breite bürgerliche Mittelschichten. Die Freisetzung von Kapital und Arbeit durch die preußischen und rheinbündischen Gewerbereformen hat ehemals ländliches Handwerk in die Städte, städtische Unternehmer in die aufstrebenden Industriezentren mit ihren vergrößerten Umsatzchancen gelockt. Zudem entwickelt der staatliche Verwaltungsapparat, der im gleichen Zeitraum gewaltig expandiert, die Versetzung administrativen Personals in möglichst weit vom jeweiligen Herkunftsort entfernte Gebiete förmlich zum Prinzip. Um die Wende vom neunzehnten zum zwanzigsten Jahrhundert lebt jeder zweite Deutsche an einem anderen Ort als dem seiner Geburt. Das hat es noch nie zuvor gegeben; bisher war die Existenz der Menschen über Generationen hinweg an einen Ort, an eine Landschaft gebunden gewesen, sie hatte sich in einem dichten Netz näherer und weiterer Verwandtschaftsbeziehungen und innerhalb eines vertrauten Milieus entwickelt. Umgebung, Familie, Konfession, Stand, Herrschaft, Mundart, Beruf, alles das hatte ein enggeknüpftes Gewebe gesicherter Zugehörigkeiten gebildet, und wer, beispielsweise als Handwerksgeselle, auf Wanderschaft ging, der kehrte in aller Regel zurück an seinen Heimatort.

Das ist jetzt aufgegeben. Das vorherrschende Gefühl der Epoche ist das der Heimatlosigkeit, der Entwurzelung - Familienbande sind zerrissen, religiöse Bindungen gelockert, herkömmliche Treue- und Abhängigkeitsverhältnisse aufgegeben. Das führt zu tiefen Unsicherheiten; der Fabrikproletarier geht sonntags nicht mehr in die Kirche, sondern in die Kneipe, und der Kampf gegen den Alkoholismus wird eine der wichtigsten Aufgaben der organisierten Arbeiterbewegung. Der seinem Milieu entfremdete Bürger reagiert, indem er sich rigiden Verhaltensweisen unterwirft, die ihn jederzeit seines Standes vergewissern - daher jenes mangelnde bürgerliche Selbstbewußtsein, jene heute lächerlich wirkende Sucht nach militärischem Dekor und Benimm, jener mittelständische Gesinnungs-Militarismus, der den Gardeleutnant zum Maßstab sozialen Ansehens werden läßt. Mit einem Satz: Es herrschen tiefe gesellschaftliche Orientierungsnot, Normenverlust und Identitätsungewißheit.

Der Ruf des Jahrhunderts nach einer Umwertung aller Werte wird aus vielen Richtungen beantwortet. Wo Religion und feste gesellschaftliche Bindungen nicht mehr tragen, dort treten die Mythen und Sinngebungen der neuen Epoche ein, miteinander konkurrierend, sich auf das heftigste befehdend und einander kategorisch ausschließend: Da ist der liberale Anspruch auf Freiheit und Glückseligkeit des einzelnen, da ist der Anruf von Volk und Nation, da ist die Klasse als identitätsstiftendes Prinzip. Die alte Welt mobilisiert Abwehrkräfte, die ihrerseits massenwirksame Ideologien ausbilden - der alte Konservativismus verliert seinen elitären Charakter als Abwehrfront traditioneller Führungsschichten gegen den Aufstand des »Pöbels« und erhält gelegentlich, in Verbindung mit antisemitischem Bodensatz, einen entschiedenen Zug ins Pöbelhafte. Der politische Katholizismus stellt die Reaktion einer von gesellschaftlichem Normverlust weniger erfaßten Bevölkerungsminderheit auf den Herrschaftsanspruch von Liberalismus und aggressiv protestantischem Junkertum dar.

Aus den ganz unterschiedlichen Antworten auf die Orientierungskrise des Jahrhunderts erwachsen »Associationen«, »Factionen«, »Partheyen« - vorerst ist die Begriffsbestimmung unklar, die Funktion unscharf umrissen; diese existieren vorwiegend als Gesinnungsgemeinschaften, zusammengehalten durch Zeitungen, Lesegesellschaften, Vereine, denn die Bildung organisierter politischer Interessenvertretungen ist durch Bundesgesetz vom 5. Juli 1832 verboten, und erst die Revolution von 1848, das Paulskirchenparlament und dann die nachrevolutionären Parlamente der deutschen Staaten kennen lockere, nach und nach sich verfestigende Parteistrukturen.

Was da im Laufe des Vormärz sich regt, artikuliert und in das öffentliche Bewußtsein drängt, hat bei aller Heterogenität der Zielvorstellungen eins gemeinsam: Jede Partei hält sich selbst für den Sachwalter des Ganzen, erhebt einen ans Religiöse streifenden Anspruch auf Alleingültigkeit und verspricht ihrer Anhängerschaft, eher Kirche als Interessenvertretung zu sein. Die Gesinnung, die Philosophie, das Programm - das ist es, das die Menschen zu Parteigängern macht, nicht der Appell an wirtschaftliche oder gesellschaftliche Interessen. »Partei, Partei, wer sollte sie nicht nehmen, die doch die Mutter aller Siege war«, singt Georg Herwegh, und Gottlieb Christian Abt schreibt in Rotteck/Welckers Staats-Lexikon über die Frage, welche Partei die Berechtigung zur Herrschaft habe: »Nicht darauf kommt es an, ob sie liberal oder conservativ, radical oder vermittelnd sich nennt, ob sie die Minorität oder die Majorität für sich hat, sondern es kommt allein darauf an, ob sie Privilegien oder allgemein menschliche Interessen, ob sie die Vortheile einzelner Classen oder das Wohl des Ganzen, ob sie Rechte Einzelner oder das Recht aller Einzelnen verficht.«[50] Und weil jede Partei glaubt, »das Wohl des Ganzen« und »das Recht aller Einzelnen« zu verfechten, kann sie nicht einsehen, weshalb andere Parteien neben ihr ein Existenzrecht haben sollten. Das deutsche Parteiensystem, das sich im Laufe der zweiten Jahrhunderthälfte ausformt und verfestigt, jenes Hexagon von Konservativismus, völkischem Nationalismus, Nationalliberalismus, Linksliberalismus, politischem Katholizismus und Sozialdemokratie, ist nur ein ineinandergreifendes System, was die damit verbundenen abstrakten Kategorien angeht: In Wirklichkeit ist es ein Gewirr unversöhnlicher Feindschaften und Gegensätze, von Schützengräben und Igelstellungen. Zwischen den Parteien herrscht, um eine moderne Wortbildung zu bemühen, Sprachlosigkeit, also eine tiefverwurzelte Unfähigkeit zu sozialem, zu wirtschaftlichem, zu politischem Ausgleich; wo common sense oder der Bezug auf gemeinsame, übergeordnete Werte gefordert ist, dort herrscht der ideologisch aufgeladene Kampf aller gegen alle.

Das hat einstweilen keine Folgen. Die preußische und deutsche Verfassungsform des konstitutionellen Monarchismus verhindert, daß die Parlamente und damit die Parteien bestimmenden Einfluß auf die politischen Verhältnisse erlangen. Und solange die Parteien lediglich als unvermeidliche Übel anerkannt, grundsätzlich jedoch nicht mit Regierungsbildung und Exekutive befaßt sind, besteht auch für sie kein Grund, sich in der schmerzhaften Tugend des

Kompromisses und des Interessenausgleichs zu üben. Aber der Konstitutionalismus des Deutschen Reichs ist von Anfang an nicht der unerschütterliche Felsen, als der er seinen Anhängern gilt; schon Bismarck verliert mehrmals den parlamentarischen Kampf, so bei der Auseinandersetzung über die Reichs-Militärgesetze, die mit der siebenjährigen, später sogar nur noch fünfjährigen Bewilligung durch den Reichstag auf einen Kompromiß zwischen Parlament und Krone hinauslaufen. Der Kanzler sucht den Reichstag mit Staatsstreichdrohung und der Mobilisierung außerparlamentarischer Massenstimmungen unter Druck zu setzen, aber nach seinem Fortgang 1890 zeigt sich, daß dieses Parlament an der Macht gar nicht besonders interessiert ist. Schon sein Nachfolger Caprivi sucht die Abstimmung mit den Parteien, und Reichskanzler Bülow stützt sich ausdrücklich auf einen Block von »Regierungsparteien«. Viel braucht es nicht, nur die entschlossene Drohung einer Mehrheit, den Etat nur um den Preis der Regierungsbeteiligung zu bewilligen, um den Sprung zum Parlamentarismus zu schaffen, und Reichskanzler Bethmann Hollweg meint nervös, »eigentlich müsse das parlamentarische System bei uns doch kommen«[51].

Aber der fällige Griff nach der Macht, die selbstbewußte Handhabung des Haushaltsbewilligungsrechts und der Rechtfertigungspflicht der Regierung vor dem Parlament unterbleibt. Den entscheidenden letzten Schritt tun die Parteien des Reichstags nicht, obwohl schon ein halbes Jahrhundert zuvor der konservative Parteiführer Ernst von Heydebrand den Liberalen zugerufen hat: »Die Zukunft gehört Ihnen ja doch; die Masse wird sich geltend machen und uns, den Aristokraten, den Einfluß nehmen. Diese Strömung kann nur von einem starken Staatsmann für eine Weile aufgehalten werden. Freiwillig wollen wir jedenfalls unsere Position nicht opfern. Zwingen Sie uns doch, dann haben Sie, was Sie wollen!«[52]

Aber der Drang der Parteien zur staatspolitischen Verantwortung ist gering; die Voraussetzung wäre die Bereitschaft zur dauerhaften Mehrheitsbildung, und wenn die Reichstagsfraktionen auch gelegentlich Mehrheiten ad hoc zusammenbringen, für das strategische Ziel der Parlamentarisierung reicht es nicht. »Hätten wir einen Reichstag mit Zwei-Parteien-System«, klagt Friedrich Naumann, »so würde der Reichstag dem Kaiser politisch gleichwertig gegenüberstehen können, dann würde er eigene gesetzgeberische Initiativen besitzen und durch die Geschlossenheit seines Auftretens eine ihm genehme Regierung erzwingen können.«[53]

Das ist der eigentliche Krebsschaden, der die organische Umwandlung des monarchisch-konstitutionellen in ein parlamentarisch-demokratisches System verhindert: Die selbstzerstörerische Eigenart der deutschen Parteien, die ihren eigentlichen Daseinszweck nicht in der parlamentarischen Mehrheits- und Regierungsbildung, sondern in Sinnstiftung und Wahrheitsverkündung sehen, so daß jede Politik, die sich mit der eigenen nicht deckt, ohne weiteres feindlich ist. Jede Mehrheitsbildung, jeder Griff nach der Macht läuft auf pragmatische Verschmutzung hoher Prinzipien hinaus, und da mit den Worten des »Rembrandt-Deutschen« Wilhelm Julius Langbehn Deutschsein heißt, eine Sache um ihrer selbst willen zu tun, schielt man nicht nach der Macht, denn die korrumpiert, sondern man befaßt sich mit den ewigen Wahrheiten. Das äußerste an Machtausübung, dem die Parteien sich widmen, ist das mediokre Geschäft der Ämterpatronage. Konservative, aber auch Nationalliberale und seit Beginn des zwanzigsten Jahrhunderts zunehmend das Zentrum suchen Stellenbesetzungen in der staatlichen Bürokratie zu beeinflussen; die Linksliberalen als »Communal-Freisinn« tun ein Gleiches in den Gemeinden, und selbst die Sozialdemokratie findet ihre bescheidenen Pfründen in der Krankenkassen-Verwaltung. Aber von der eigentlichen Macht, von der Regierung ist und bleibt man weit entfernt, wozu freilich Artikel 9 der Bismarckschen Reichsverfassung das seine tut, in dem es heißt: »Niemand kann gleichzeitig Mitglied des Bundesrats und des Reichstags sein«; da aber ein preußischer Minister oder Reichsstaatssekretär in aller Regel zugleich zum Bundesrat bevollmächtigt ist, muß ein Parlamentarier, wird er in die Reichsspitze berufen, aus seiner Fraktion ausscheiden. Daß auf diese Weise politische Talente vom Engagement für parlamentarische Führungsaufgaben geradezu abgeschreckt werden, liegt auf der Hand, und so wird das Parlament der Deutschen zunehmend eine Versammlung von redegewandten Mittelmäßigkeiten, denen ihr Abgeordnetendasein zum Selbstzweck gereicht. Vom Parlament als Pflanzstätte politischer Führung, wie man es in England, Frankreich und den USA kennt, kann unter solchen Umständen keine Rede sein.

So konstituiert sich erst unter dem Druck der Kriegslage und mehrerer Hungerwinter im Juli 1917 eine Reichstagsmehrheit, die dauerhaft genug ist, um die Reichsleitung zu Zugeständnissen zu bewegen. Aber selbst in dieser äußersten Notlage sind die Parteien der Mehrheit nicht imstande, aus ihrer Mitte heraus Persönlichkeiten zur Regierungsbildung vorzuschlagen. Es muß erst der Zusammenbruch kommen, die Einsicht der Obersten Heeresleitung, daß der Krieg verloren und der Friede mit den westlichen Demokratien nur um den Preis der Demokratisierung Deutschlands zu haben ist, um dem monarchischen Konstitutionalismus den letzten Stoß zu versetzen, und selbst jetzt müssen die Mehrheitsparteien von General Ludendorff zur Machtübernahme förmlich befohlen werden.

Das ist die Lage der Dinge, als am 6. Februar 1919 nach revolutionärem Intermezzo die verfassunggebende Nationalversammlung, das erste Parlament der deutschen Republik, zusammentritt; Friedrich Ebert begrüßt sie namens der revolutionären Reichsregierung als »den höchsten und einzigen Souverän in Deutschland«[54]. Die Parteien müssen jetzt auf Gedeih und Verderb zu stabilen Bündnissen finden, soll die Demokratie Bestand haben. Und in der Tat findet sich eine Mehrheit: die »Weimarer Koalition«, das Bündnis von Sozialdemokratie, Zentrum und linksliberaler Deutscher Demokratischer Partei. Alles spricht für diese Regierungskoalition: Es sind die einzigen Parteien, die ohne Wenn und Aber die Einberufung der Nationalversammlung betrieben haben; mit insgesamt 76 Prozent der Stimmen haben sie ein überwältigend klares Mandat von den Wählern erhalten; sie sind es auch, die sich in der Julikrise von 1917 zu einem Interfraktionellen Ausschuß zusammengefunden haben, die gemeinsam hinter der Friedensresolution des Reichstags standen und damit den Parlamentarisierungsprozeß des Reichs eingeleitet haben; und zu alledem sind die Sozialdemokraten, die Zentrums-Katholiken und die Linksliberalen die von Bismarck als »Reichsfeinde« stigmatisierten Gegner des monarchischen Obrigkeitsstaats gewesen, besitzen also nicht nur eine demokratische, sondern auch die revolutionäre und historische Legitimation für die Führungsrolle in der jungen Republik.

Die Weimarer Koalition wird nicht lange halten; schon nach den nächsten Parlamentswahlen vom 6. Juni 1920 wird sie, durch einen erdrutschartigen Wechsel der Wählergunst geschwächt, auseinanderfallen; sie findet sich noch einmal unter Reichskanzler Wirth vom Mai 1921 bis Oktober 1922 zusammen und übersteht, um die nationalliberale Deutsche Volkspartei zur »Großen Koalition« erweitert, die hundert Tage Stresemanns vom August bis November 1923 und schließlich, wenn auch nur noch unter größten Schwierigkeiten, die Zeit der Reichskanzlerschaft Hermann Müllers 1928 bis 1930. Von den vierzehn Lebensjahren der Weimarer Republik regieren die schwarz-rot-goldenen Parteien einschließlich der etwas schwarz-weiß-rot eingefärbten Deutschen Volkspartei ganze viereinhalb Jahre; die übrige Zeit behilft man sich mit schwächlichen Minderheitsregierungen, mit Koalitionen, in denen mehr oder weniger republikfeindliche Parteien vertreten sind, oder mit Beamtenkabinetten von Gnaden des Reichspräsidenten.

Wer will regieren?
»Ich würde Ihnen gerne helfen, aber ich kann doch meinen Standpunkt nicht verlassen.«

Zeichnung von E. Schilling

Unter rechnerischen Gesichtspunkten ist die »Große Koalition« der republiktragenden Parteien bis 1930 durchweg mehrheitsfähig; rechnet man nach den Septemberwahlen von 1930, die die Mehrheitsverhältnisse im Reichstag durch den massenhaften Einzug nationalsozialistischer Abgeordneter umstülpen, die Mandate der verfassungstreuen konservativen Gegner Hugenbergs und Hitlers hinzu, so bleibt die Mehrheit sogar bis Mitte 1932 erhalten. Aber die

Parteien der Republik halten es miteinander nie lange aus; sie bestätigen im nachhinein die Skepsis der Verfassungsväter von Weimar, von denen manche, wie Max Weber, bezweifelt haben, daß die Parteien »zur Übernahme der verantwortlichen Leitung der Staatsgeschäfte überhaupt bereit« seien[55].

Besonders große Schwierigkeiten hat die SPD. Ohne sie wäre der Staat von Weimar nicht entstanden, und bis Mitte 1932 bleibt sie die stärkste Partei im Reichstag: »Die eigentliche Staatspartei der Republik«, wie 1924 der Chefredakteur des sozialdemokratischen Zentralorgans »Vorwärts«, Friedrich Stampfer, schreibt.[56] Wenn es ihr auch nie ganz gelingt, ihren Anspruch zu verwirklichen, *die* Vertreterin der deutschen Arbeiter zu sein, so ist sie es doch, die einen Großteil der organisierten Arbeiterschaft dem neuen Staatswesen zuführt und damit die Kritik der äußersten Linken entkräftet, es handle sich um einen »bürgerlichen« Staat. Die Mitglieder- und Wählerschaft der SPD ist freilich heterogener, als ihr Selbstverständnis vermuten läßt; 1930 zählen nur 60 Prozent ihrer Mitglieder zur Arbeiterschaft, darunter hauptsächlich gelernte Arbeiter und Facharbeiter in der Großindustrie. Hinzu kommen zunehmend Angestellte und Beamte aus unteren Kategorien; 1930 machen sie mit 17 Prozent bereits die nächststarke Mitgliedergruppe aus, was die offensichtliche Verbürgerlichung der Partei, der allerdings die Arbeiterschaft als Ganzes ebenfalls unterliegt, nur betont. Bei Reichstagswahlen erringt die Sozialdemokratie zudem einen überproportionalen Anteil bürgerlicher Stimmen – nach einigen schwer kontrollierbaren Statistiken sollen 1930 rund 40 Prozent der Gesamtwählerschaft aus dem bürgerlichen Lager gekommen sein, hauptsächlich wohl Sympathiewähler, die nicht in erster Linie von den theoretischen Aussagen des Parteiprogramms angezogen werden, sondern die Sozialdemokratie als die konsequenteste der republikanisch-demokratischen Parteien wählen.

Dennoch: die SPD ist eine Arbeiterpartei. Vor allem ihre enge Verbindung mit den Freien Gewerkschaften bürgt dafür, was auch darin zum Ausdruck kommt, daß mehr als ein Drittel der sozialdemokratischen Reichstagsfraktion aus Gewerkschaftlern besteht, darunter fast alle Vorsitzenden und stellvertretenden Vorsitzenden der gewerkschaftlichen Zentralverbände. Daß es dennoch der SPD, sieht man von ihrem einmaligen Wahlerfolg von 1919 ab, nie gelingt, bei Reichstagswahlen die Dreißig-Prozent-Hürde zu überwinden, liegt an zwei traditionellen Handikaps. Die katholische Arbeiterschaft bleibt in ihrer Mehrheit der Zentrumspartei treu, und das seit Generationen: gerade in schwerindustriellen Ballungsgebieten wie dem katholischen Oberschlesien und dem Ruhrgebiet bleibt der »Zentrums-Turm« ein Hindernis für die Sozialdemokraten. Und darüber hinaus ist es der Partei nie gelungen, Einfluß auf die Landarbeiterschaft zu nehmen – hier spielen die traditionellen Bindungen der Landarbeiter an die konservative Gutsherrschaft ebenso eine Rolle wie der ideologisch motivierte Verzicht der SPD auf die Landagitation vor dem Ersten Weltkrieg. Eine Arbeiterpartei also, freilich nicht nur das; vor allen Dingen aber die Partei, auf deren Schultern die Hauptlast der Weimarer Republik liegt.

Plakat der SPD zu den Reichstagswahlen 1928

So sieht die SPD sich selbst: Die starke Arbeiterpartei, die über das reaktionäre Militär, das kulturelle Muckertum und über die altpreußische Junkerkaste triumphiert. In ihrem Schatten verkümmert die kommunistische Konkurrenz.

Beitragsmarken

Keine deutsche Partei ist so sehr durch Traditionen geprägt und gebunden wie die SPD.

Daß sie sich damit so schwertut, kommt wie manches andere in ihrem Charakter aus der Parteitradition. Um die Republik wirkungsvoll und dauerhaft zu stützen und ihre Verfassungsprinzipien zu verwirklichen, müßten die Sozialdemokraten nach Möglichkeit ständig in der Regierungsverantwortung bleiben und die wesentlichen Ressorts, das Innen-, das Reichswehr-, das Justizministerium am kurzen Zügel führen. Daß dies möglich ist, beweist die preußische SPD, die bis 1932 mit einer kurzen Unterbrechung im Jahr 1921 durchweg in der Regierung verharrt. Dieser Konstanz ist es zu verdanken, daß Verwaltung und Polizei des größten deutschen Landes im großen und ganzen demokratisch zuverlässig funktionieren. Im Reich dagegen ist die SPD ständig zwischen Koalitions- und Oppositionsrolle hin- und hergerissen, und sie erliegt zu oft der Versuchung, die unbequeme Regierungsverantwortung mit der verantwortungslosen und im Sinne der Partei-Integration bekömmlicheren Opposition zu vertauschen.

Das rührt daher, daß die Regierung für die Partei ein völlig ungewohntes Geschäft ist und um so schwieriger wird, als sie nie auch nur annähernd die absolute Mehrheit besitzt und deshalb dauernd zu Kompromissen mit bürgerlichen Koalitionspartnern gezwungen ist. In der Vorkriegszeit hatte sie sich in der grundsätzlichen Opposition gegen den bestehenden Staat eingerichtet, eine Gegnerschaft, die nicht nur durch die gesellschaftlichen und politischen Verhältnisse des Kaiserreichs gerechtfertigt, sondern auch theoretisch in jeder Hinsicht begründet und abgesichert war. Selbst wenn man die sozialdemokratische Politik während des Weltkriegs aus der Ausnahmesituation heraus begreift: Was mutet die Parteiführung ihrer Anhängerschaft seit der Novemberrevolution nicht alles zu – den bürgerlich-liberalen Verfassungsstaat, den Verzicht auf große Prinzipien wie die Sozialisierung der Schlüsselindustrien und die Enteignung der Großbanken und des Großgrundbesitzes, die Beibehaltung der überkommenen Gesellschaftsordnung, der Reichswehr, Verwaltung und Justiz, die Koalition mit dem Zentrum, der Deutschen Demokratischen Partei und später sogar mit der Partei der Großindustrie, der Deutschen Volkspartei: eine endlose Kette unerfreulicher Kompromisse. Wer sich da etwa an die schweren Auseinandersetzungen in der Vorkriegs-SPD erinnert, ob man mit den Linksliberalen wenigstens bei Stichwahlen Abkommen schließen dürfe, der muß sich wundern, daß nicht viel mehr Wähler und Mitglieder zur radikaleren Konkurrenz, zu den Unabhängigen Sozialdemokraten oder zur Kommunistischen Partei, abwandern. Zwar hat sich im Laufe des Weltkriegs die zur kompromißlosen Fortsetzung der alten Oppositions- und Klassenkampfpolitik entschlossene Minderheit der Partei abgesprengt, aber die Sozialdemokratie hält nach wie vor an den überkommenen Traditionen, Denkmustern und Ideen fest und betreibt die Staatspraxis nur mit schlechtem Gewissen. Psychologische Belastungen spielen da eine Rolle – das Trauma des 4. August 1914, als die sozialdemokratische Reichstagsfraktion die Kriegskredite bewilligte, hat in der Partei eine tiefsitzende Unsicherheit zurückgelassen, ebenso die Zwangslage der Jahre 1918 und 1919, in denen sie im direkten Bündnis mit konterrevolutionären Militärs gegen eigene Klassenbrüder vorgehen mußte.

Dazu kommt schließlich ein ideologisch begründetes Scheinproblem: Ist der Weimarer Staat, wie die liberale Zielvorstellung lautet, ein »demokratischer Volksstaat«, oder ist er lediglich »formal demokratisch« verfaßt, tatsächlich ausschließlich bürgerlichen und kapitalistischen Interessen verpflichtet? Das ist eine Frage, die die sozialdemokratischen Parteitage beherrscht, und die Verteidiger des Gegenwartsstaats befinden sich in dieser Diskussion mangels einer tragfähigen, mit den marxistischen Kirchenvätern zu vereinbarenden Staatstheorie meist in der Defensive. Der mangelnde Glaube an die eigene Tätigkeit, die Faszination durch Schlagworte aus der Vergangenheit, die jetzt bei der KPD besser aufgehoben sind, der fehlende Mut, sich programmatisch für die Vollendung der liberalen Demokratie in Deutschland einzusetzen – alles das hängt der SPD wie ein Mühlstein am Hals und hindert sie daran, konsequent fortzuführen, was sie mit dem Interfraktionellen Ausschuß 1917 und mit der Einberufung der Nationalversammlung 1919 mutig begonnen hat. Die Führung der sozialdemokratischen Reichstagsfraktion ist zudem schwach und selten imstande, in der Fraktion eine einhellige Meinungsbildung, durchzusetzen. So ist die SPD, die stärkste und im demokratischen Sinne zuverlässigste Partei der Weimarer Zeit, in nur acht von insgesamt sechzehn parlamentarisch gebildeten Reichskabinetten vertreten, und fünf der acht stürzen, weil die sozialdemokratische Reichstagsfraktion ihre Minister aus der Regierung zurückzieht.

Der zweite Eckpfeiler der Weimarer Koalition, das Zentrum, leidet nicht im geringsten unter Komplexen. Auf den ersten Blick überrascht das Bündnis zwischen Sozialdemokraten und Zentrums-Katholiken: Eine konfessionell gebundene Partei mit einer religiös orientierten Werteordnung, mit vorwiegend kulturpolitischen Forderungen und Interessen, die aus einem spezifisch katholischen Milieu stammen, und die grundsätzlich areligiösen, aufklärerisch geprägten Sozialdemokraten – man denke nur an das Problem der Bekenntnisschule oder der moralisch begründeten Zensur; zudem konkurrieren beide Parteien innerhalb der Industriearbeiterschaft miteinander. Das Bindende ist jedoch stärker als das Trennende: Beide Parteien vertreten große Volksteile, die bisher in Deutschland diskriminiert wurden, nämlich Arbeiterschaft und Katholiken, und beide Parteien waren im Bismarck-Reich Opfer staatlicher Unterdrückung, das Zentrum zu Zeiten des Kulturkampfs, die SPD unter dem Sozialistengesetz. Diese gemeinsame Vergangenheit als Parias des Kaiserreichs wirkt als starker Kitt und hilft über manche Differenzen hinweg.

Auch das Zentrum hat seine Probleme, aber die stehen mit der Staatsordnung von Weimar in keiner Verbindung. Die Frage der Staatsform ist für das Zentrum ein Randproblem. Die Verfassungsordnung ist für diese Partei nur insoweit von Bedeutung, als sie den politischen Katholizismus nicht benachteiligt und seinen Zielen dienstbar gemacht werden kann: Sicherung der Bekenntnisschule und christlicher Grundsätze in der Erziehung wie im öffentlichen Leben sowie die Verhinderung gegenläufiger Tendenzen, wie der Sozialisierung, des Einheitsstaats, der Gottlosenbewegung, der

Die politisch-programmatische Vorurteilslosigkeit der Zentrumspartei erleichtert ihr das Bündnis mit fast sämtlichen Parteien und festigt so über längere Zeiträume hinweg den Bestand der Republik. Mit dem Versuch, die NSDAP durch Koalitionen zu domestizieren, übernimmt sich jedoch das Zentrum; ein Bündnis mit den »Prälaten« kommt für Hitler nicht in Frage.

weiteren Liberalisierung in Kultur und Politik. Und vor allem ist die staatliche Macht ein wichtiges Mittel der Personalpolitik – keine andere Partei arbeitet so bewußt und gezielt darauf hin, ihren historisch zu erklärenden Nachholbedarf an Parität in der Verwaltung durchzusetzen, wie das Zentrum. Das hat zur Folge, daß das Zentrum imstande ist, mit jeder Partei zusammenzuarbeiten, die ihren kultur- und personalpolitischen Interessen entgegenkommt. Der Partei ist es in erster Linie wichtig, nie wieder wie vor 1917 zu erleben, daß sie von der staatlichen Verantwortung und vom öffentlichen Leben ausgeschaltet ist. Daraus erklärt sich hauptsächlich der offenkundige Opportunismus, mit dem sie nicht nur im Rahmen der Weimarer Koalition, sondern auch jedes anderen Bündnisses zu arbeiten bereit ist; es gibt nicht eine Reichsregierung bis zum Sturz Brünings Ende Mai 1932, in der das Zentrum nicht vertreten wäre, und auch die verzweifelten Versuche, sich im letzten Moment mit der Nationalsozialistischen Partei zu arrangieren, müssen unter diesem Gesichtspunkt gesehen werden. So gibt es nicht viele führende Zentrumspolitiker, die den Staat von Weimar in den ganzen vierzehn Jahren seines Bestehens mit Überzeugung verteidigen; zu ihnen gehören ein paar christliche Gewerkschaftsführer wie Heinrich Imbusch und Josef Joos sowie der Reichskanzler Joseph Wirth, der in seiner Partei kaum Anhang besitzt und »der rote Joseph« genannt wird.

Die politische Wendigkeit des Zentrums liegt aber auch darin, daß das Verbindende in der Partei lediglich kulturpolitischer Natur ist; unter dieser gemeinsamen Decke verbergen sich sehr unterschiedliche und teilweise gegensätzliche politische Anschauungen – Republikaner, Liberale, Konservative, Monarchisten und Christlich-Soziale finden sich –, und es gibt Vertreter sämtlicher sozialer Interessen, von den Arbeitern über Handwerker und Kleingewerbetreibende bis hin zu agrarischen und industriellen Gruppierungen, die denen der Rechtsparteien an Rigorosität in nichts nachstehen. Dennoch sorgt das Gemeinsame, der Katholizismus, für eine Stabilität, die keine andere Partei auch nur annähernd erreicht – rechnet man die bayerische Schwesterpartei, die BVP, ein, so pendelt der Wähleranteil des Zentrums zwischen 1920 und 1933 beständig mit nur geringen Abweichungen um 16 Prozent: *die* katholische Volkspartei. Daß auch gegen die Lockungen des Nationalsozialismus der Wählerstamm des Zentrums nach 1930 fast konstant bleibt, ist um so bemerkenswerter, als zu ihm viele Angehörige des alten Mittelstands und der Bauernschaft zählen, die sonst in der Regel eine hohe Affinität zur NSDAP zeigen.

Plakat des Zentrums, um 1920
Entwurf: Hans Herkendell

Der soziale Querschnitt der Zentrumspartei umfaßt das gesamte gesellschaftliche Spektrum der deutschen Bevölkerung; sieht man von seiner konfessionellen Bindung ab, ist das Zentrum die einzige der alten deutschen Parteien, die das Etikett einer Volkspartei zu Recht trägt.

Der Juniorpartner im republikanischen Bündnis ist die Deutsche Demokratische Partei. Sie ist die älteste deutsche Partei überhaupt; ihre Wurzeln reichen bis in den Liberalismus des Vormärz zurück, die Vorgänger der DDP haben im Paulskirchenparlament der Achtundvierziger-Revolution, in mehrere Fraktionen aufgesplittert, den Großteil der Abgeordneten gestellt und im preußischen Landtag der Konfliktszeit 1862 bis 1866 für die Parlamentarisierung Preußens gestritten. Nach der Abspaltung der Nationalliberalen, die ihren Frieden mit dem kleindeutschen Bismarck-Staat machten, ging der parlamentarische Einfluß des linken, vor allem freihändlerisch-demokratischen Flügels der Liberalen ständig zurück; als Gegner Bismarcks blieb der »Freisinn« von der staatlichen Öffentlichkeit nicht minder ausgeschlossen als Sozialdemokratie und Zentrum, machte dies aber durch seine starke Stellung in der Gemeindeselbstverwaltung, in den Hirsch-Dunckerschen Gewerkvereinen und im Hansa-Bund, dem Zusammenschluß exportwirtschaftlicher, handwerklicher und Banken-Interessen, wett. Seine Abseitsstellung im Kaiserreich macht den linken Liberalismus zum gegebenen Bündnispartner für Zentrum und SPD; seine Wähler-Clientèle läßt sich nur ungenau mit »liberales Bürgertum« umschreiben.

Das große Verdienst der Deutschen Demokratischen Partei ist die staatstheoretische und staatsrechtliche Fundierung der Weimarer Reichsverfassung; die Ausarbeitung von Verfassungen ist in Deutschland seit je Sache der Gelehrten gewesen, und in keiner Partei ist so viel professoraler Sachverstand vertreten wie in dieser. Zu den Verdiensten der DDP zählt auch ihre Bereitschaft, gemein-

Wahlplakat der DDP zu den Reichstagswahlen 1924. Entwurf: Hans Rieckhoff

Die DDP empfiehlt sich als Sachwalter der durch Krieg und Inflation enteigneten bürgerlichen Mittelschichten, doch ihr Appell findet kein Gehör – den Liberalen fehlt der radikale und emotional wirksame Ton, der dem Geist der Zeit entspricht, und überdies gehören sie zu den Stützen des ungeliebten Weimarer »Systems«.

sam mit der Sozialdemokratie den Weimarer Staat zu tragen; aber damit sind auch ihre Taten aufgezählt. Das liegt neben anderem daran, daß mit der Verfassungsformulierung fast alle wirklichen Ziele des Linksliberalismus erreicht sind, bis auf das eine: Die Zerschlagung Preußens und die Neugliederung des Reichs als dezentralisierter Einheitsstaat, in dem alle staatlichen Hoheitsaufgaben von der Reichsspitze ausgeübt werden, während die Länder auf die Stufe von Selbstverwaltungsorganen, ähnlich den Gemeinden, zurücksinken. Die so verstandene Reichsreform bleibt das einzige große programmatische Ziel der DDP, und abgesehen davon, daß SPD und Zentrum jeweils ganz andere Vorstellungen von diesem Gegenstand besitzen, ist das keine Forderung, mit der sich Wählermassen begeistern ließen.

Dazu kommt die alte Schwäche des politischen Liberalismus, der vor lauter Hochachtung vor den Rechten und Meinungen des einzelnen unfähig ist, eine zentral geführte, durchsetzungsfähige Parteiorganisation aufzubauen. Neben dem programmatischen Defizit und dem allgemeinen nach rechts gewandten Stimmungsumschwung des Bürgertums nach 1919 führt dies dazu, daß die Anhängerschaft der DDP rapide sinkt: Von 18 Prozent in der Nationalversammlung, hier drittstärkste Partei hinter SPD und Zentrum, geht der Prozentsatz der Wählerstimmen 1920 auf 8, 1924 auf 6, 1928 auf 5, 1930 auf 3 Prozent zurück, und die folgenden Wahlergebnisse zeigen nur noch Stellen hinter dem Komma an. Auch der spätere Versuch der Partei, sich dem Zeitgeist anzupassen, indem sie sich 1929 nach rechts öffnet, ein Bündnis mit dem Jungdeutschen Orden eingeht und sich fortan Staatspartei nennt, zeitigt keine Erfolge, sondern diskreditiert die Partei lediglich in den Augen ihrer bisherigen Wähler. Offenbar ist der große Erfolg bei den Wahlen zur Nationalversammlung lediglich Ausdruck einer vorübergehenden bürgerlichen Euphorie im »Traumland der Waffenstillstandsperiode«[57]; im großen und ganzen bleibt die DDP ein Honoratiorenverein altliberalen Stils, gestützt allein auf die Namen großer geistiger Persönlichkeiten, von Hugo Preuß und Max Weber zu Anfang der Weimarer Zeit bis zu Theodor Wolff und Theodor Heuss an ihrem Ende. Für das weitere Schicksal Deutschlands ist diese Partei unerheblich.

Wo sind die Wähler der Deutschen Demokraten geblieben? Ein bedeutender Teil ist in das Lager der nationalliberalen Konkurrenz abgewandert, in das der Deutschen Volkspartei. Diese Partei ist ein eigenartig zwiespältiges Gebilde; im Namen ihrer Vorgängerin, der Nationalliberalen Partei, wird der Zwiespalt offensichtlich: auf der einen Seite war sie im Bismarck-Reich »national« gesonnen – das Wort nationalistisch trifft wohl noch eher, im Sinne eines übersteigerten, intoleranten Nationalbewußtseins, das die nationalen Eigeninteressen über alle anderen Werte erhebt. Auf der anderen Seite war sie aber insofern auch liberal, als sie die Forderung nach einem parlamentarischen Verfassungsstaat vertrat. In diesem Sinne hat sie den linken Flügel der staatstragenden Parteien des Kaiserreichs gebildet, andererseits aber auch eine, wenn auch kurze, Gastrolle im Interfraktionellen Ausschuß, dem Generalstab der Mehrheitsparteien seit der Junikrise von 1917, gegeben.

Der deutsche Zusammenbruch und die Revolution ist für die Nationalliberalen eine Katastrophe. Ihr Versuch, sich mit den Linksliberalen zu einer bürgerlichen Sammelpartei zusammenzuschließen, wird von der DDP zurückgewiesen – mit Annexionisten und politischen Wetterfahnen, heißt es dort, wolle man sich in der Geburtsstunde der Republik nicht belasten. Unter dem Vorsitz des Fraktionsvorsitzenden Gustav Stresemann formiert sich nun die Deutsche Volkspartei unter dem schwarz-weiß-roten Banner, lehnt Republik und Reichsverfassung ab und fordert ein »Volkskaisertum«. Allerdings erklärt Stresemann bereits im Februar 1919, »daß die Partei wohl an dem monarchischen Gedanken festhält, und zwar in dem Sinne, daß sie die monarchische Staatsform theoretisch als die beste Staatsform betrachtet…, daß sie sich aber praktisch auf den Boden der gegebenen Tatsachen stellt«[58].

Plakat der DVP zu den Reichstagswahlen 1930
Entwurf: Lehmann - Steglitz

Gegen das Ende der Weimarer Zeit ist die DVP ohne die charismatische Figur ihres Vorsitzenden Gustav Stresemann kaum noch denkbar; mit seinem Tod 1929 setzt auch der schnelle Verfall der Partei ein.

Das nennt man »Vernunftrepublikanismus«, eine Haltung, die in einem Großteil des Bürgertums verbreitet ist, vor allem, nachdem mit dem Friedensvertrag von Versailles die Illusionen zerflossen sind und der große Katzenjammer einsetzt. Die DVP, die 1919 mit nur neunzehn Abgeordneten in die Nationalversammlung eingezogen war, besitzt nach den Reichstagswahlen vom 6. Juni 1920 fünfundsechzig Mandate, hat also von 4 auf 14 Prozent der Wählerstimmen zugenommen. Die Angst des Bürgertums vor Sozialismus und Unruhen hat dabei geholfen: »Von roten Ketten macht Dich frei - Allein die Deutsche Volkspartei« heißt der Wahlslogan, mit dem die DVP ihren Erfolg erringt. Aber bald zeigt sich, daß sie, wie alle übrigen Parteien, mit Ausnahme des Zentrums, nur in der Opposition erstarken kann. Stresemanns Konzept, die Volkspartei in die Regierungsverantwortung zu bringen, um das national eingestellte Bürgertum mit den »Tatsachen« zu versöhnen, den Einfluß der Sozialdemokratie auszubalancieren und die radikale Agitation der Deutschnationalen und später der Nationalsozialisten im bürgerlichen Lager zu konterkarieren, dieses Konzept zahlt sich wohl für die Überlebenschancen der Republik aus, aber für die Partei ist diese Politik mörderisch. Ihre Wahlerfolge, das belegen die Statistiken mit aller Deutlichkeit, waren nur aufgrund der antirepublikanischen Emotionen im Bürgertum möglich. Jetzt rutschen die Stimmanteile der DVP kontinuierlich ab: 1920 sind es 14 Prozent, 1924 noch 10, 1928 nur 8, 1930 lediglich 5 und 1932 1 Prozent. Die Partei Stresemanns - 1928 heißt ihr Wahlspruch: »Was gehen Dich die andern an - Du wählst wie Gustav Stresemann« - verliert nach rechts, an die Deutschnationalen und an die Nationalsozialisten, und daran hindert auch nicht, daß sie als die eigentliche Interessenpartei der Großindustrie die mit Abstand bestfinanzierte Partei der Republik ist.

Siegerin im Kampf um die bürgerlichen Stimmen ist also vorerst die Deutschnationale Volkspartei, die konsequenter als die DVP ihre Gegnerschaft zum Weimarer »System« vertritt. Die DNVP ist eine Sammelpartei aller nicht-liberalen rechtsstehenden Kräfte - in ihr haben sich Ende November 1918 zusammengefunden: die ehemaligen Deutsch-Konservativen, die Freikonservativen, die Christlich-Sozialen, zudem evangelisch-nationale Gewerkschaftler, Vertreter des Alldeutschen Verbands, rechtsstehende Nationalliberale und Antisemiten. Der neue Parteiname ist zugleich Programm: War einst die deutsch-konservative Partei ganz auf den monarchischen, und zwar den preußischen Legitimismus eingeschworen, so tritt jetzt an dessen Stelle der Nationalismus als Bindemittel für dieses heterogene Parteiengemisch, wobei deutsch-völkischer Antisemitismus und antidemokratischer Extremismus zusätzlich mitschwingen. So bekennen sich zahlreiche ehemalige Konservative nur zögernd zu dieser neuen Partei, denn der radikale Populismus, der mit dem wachsenden Einfluß des Alldeutschen Verbands in der DNVP an Boden gewinnt, widerspricht dem aristokratischen und etatistischen, auch betont religiösen Selbstverständnis des traditionellen Konservativismus.

Allerdings gelingt es der Partei im Vergleich zur alten Deutschkonservativen Partei auch, ihren alten Schwerpunkt, der hauptsächlich bei dem landbesitzenden Adel und dem Großbürgertum Ost-

Plakat der DNVP
Entwurf: Franz Müller - Münster

»Raus aus dem Dreck! Das Ziel der deutschnationalen Volkspartei.« DNVP-Wahlplakat zu den Reichstagswahlen vom 4. 5. 1924, bei denen die Deutschnationalen den größten Erfolg ihrer Geschichte erzielen.

elbiens gelegen hat, zu verbreitern. Mit den Freikonservativen stoßen Industrielle und Beamte, mit den Antisemiten Kleinbürger und Handwerker, mit den Christlich-Sozialen auch Gewerkschaftler und Arbeiter hinzu. Diese breite Wählerbasis, gemeinsam mit dem kompromißlosen Kampf der DNVP gegen den neuen Staat und dessen Staatsform, zahlt sich in steigenden Wahlerfolgen aus: 1919 erhält sie noch 10 Prozent der Wählerstimmen, 1920 sind es bereits 15, bei den Frühjahrswahlen 1924 schon 18 und bei den Wahlen vom Dezember 1924 gar 20 Prozent; damit ist die Partei zur zweitstärksten Reichstagsfraktion geworden.

Ihre Stärke verleitet sie dazu, die gleiche Bewegung zu vollziehen, die die DVP ihr seit drei Jahren vorexerziert: Unter der Führung des gemäßigten konservativen Vorsitzenden Oskar Hergt öffnet sie sich vorsichtig der Republik und beweist mit der teilweisen Zustimmung ihrer Reichstagsfraktion zum Dawes-Plan, daß in ihr Kräfte bereit sind, die Republik mitzutragen. 1925 tritt die DNVP in die Reichsregierung ein, im vierten Kabinett Marx (1927/28) stellt sie sogar vier Reichsminister. Aber die DNVP macht die gleiche Erfahrung wie die DVP: Eine Partei, die sich, mit welchen Vorbehalten auch immer, in das politische System von Weimar integrieren läßt, ist für eine wachsende Zahl bürgerlicher Wähler nicht mehr akzeptabel. Die Quittung für ihre realistische Politik erhält die Parteiführung 1928: Nur noch 14 Prozent der Wähler stimmen für sie. Daraufhin übernimmt der kompromißlos antirepublikanische, weitgehend unter dem Einfluß alldeutscher Kräfte stehende Flügel der Partei unter dem Industriellen und Zeitungszaren Alfred Hugenberg die Führung, während die meisten gemäßigten Konservativen im Laufe der Zeit die Partei verlassen und verschiedene verfassungskonforme Parteien gründen - den Christlich-Sozialen Volksdienst, die Christlich-Nationale Bauern- und Landvolkpartei, die Konservative Volkspartei, die aber allesamt bei den Reichstagswahlen unter der Ein-Prozent-Marke bleiben. Der Sieg des national-chauvinistischen Flügels nützt der DNVP allerdings nichts, denn den Radikalismus eines

Hitlers kann auch Hugenberg nicht erreichen. Die Deutschnationale Volkspartei endet mit einem konstanten Wähleranteil von etwa 8 Prozent als konservativer Bundesgenosse der NSDAP und als Steigbügelhalter Hitlers.

Vom Aufstieg des Nationalsozialismus und von den Gründen seines Erfolgs ist an anderer Stelle die Rede; doch fehlt im Tableau der wichtigsten Weimarer Parteien noch die äußerste Linke. Da ist als erste die Unabhängige Sozialdemokratische Partei Deutschlands, die USPD, ein Sammelbecken aller jener sozialdemokratischen Kräfte, die im Ersten Weltkrieg den Wechsel der Sozialdemokratie von der absoluten Opposition zur Unterstützung des Verteidigungskriegs und des inneren Burgfriedens nicht mitmachen konnten oder wollten. Da fand sich die radikale Parteilinke unter der Führung Rosa Luxemburgs und Karl Liebknechts mit Stützen des Parteizentrums, wie dem SPD-Vorsitzenden Hugo Haase und dem Parteidogmatiker Karl Kautsky, zusammen, denen der neue Kurs als Verrat an den Prinzipien des Sozialismus erschien, und die aus Gründen des Internationalismus die Verbindung mit den anderen sozialistischen Parteien nicht abreißen lassen wollten; und selbst der Vater des Revisionismus, Eduard Bernstein, stellte sich mit einigem Anhang hier ein. Da zu den sozialdemokratischen Dissidenten, die sich im April 1917 zur neuen Partei zusammenschlossen, zahlreiche Zeitungsredakteure gehörten, geriet auch ein Großteil der sozialdemokratischen Parteipresse in die Hände der Unabhängigen, und das trug entscheidend dazu bei, daß sich die USPD, ganz anders als alle anderen sozialdemokratischen Absplitterungen, als eigenständige Kraft behaupten konnte.

Aber kaum ist der Krieg beendet und damit der eigentliche Grund für die Parteispaltung erledigt, da fällt die USPD in unaufhörlichen inneren Querelen auseinander: Für Rätedemokratie oder Nationalversammlung, für das Bündnis mit Sowjetrußland oder für Westorientierung, für den Wiederanschluß an die Sozialdemokraten oder an die Kommunisten oder keins von beidem – alles ist umstritten, und so fällt die Partei als gestaltende Kraft in der Frühphase der Republik aus. Sie erlebt bei den Reichstagswahlen von 1920 eine kurze Blüte, als die von der Politik der Mehrheits-Sozialisten enttäuschten Sozialdemokraten den USPD-Stimmenanteil von 7 auf 18 Prozent emporschnellen lassen, aber schon bei den preußischen Landtagswahlen ein halbes Jahr darauf wird deutlich, daß die Partei lediglich die Funktion eines Durchlauferhitzers linksoppositioneller Kräfte hinüber zur radikaleren und geschlosseneren KPD besitzt; ihr Stimmenanteil sackt wieder auf 6 Prozent ab. Diesen Schlag überlebt die USPD nicht lange; 1922 löst sie sich weitgehend auf: eine Minderheit ihrer Funktionäre und die große Masse ihrer Anhänger schwenkt endgültig in das kommunistische Fahrwasser ein, während die meisten Führer und Reichstagsabgeordneten der Unabhängigen zur SPD zurückkehren und zur Undeutlichkeit ihres politischen Profils entscheidend beitragen.

Daß die Kommunistische Partei Deutschlands erst in dieser Zeit ihren Aufstieg beginnt, liegt daran, daß sie entgegen dem Rat Rosa Luxemburgs in den Anfangsjahren der Republik versuchte, mit revolutionären und putschistischen Methoden den längst verspielten Sieg der Diktatur des Proletariats in Deutschland herbeizuzwingen. Bürgerkrieg und politische Streikaktionen, das zeigt sich aber schon frühzeitig, führen nur zur Isolierung der Kommunisten, denn die arbeitende Bevölkerung in ihrer großen Mehrheit will keinen Aufguß der russischen Novemberrevolution, sondern Ruhe und Wiederaufbau. Bis 1923 schwankt die KPD zudem zwischen Kader- und Massenorganisation, zwischen der ideologisch gefestigten Sekte und der modernen, große Mitgliederzahlen umfassenden Kampfpartei; Kursänderung folgt auf Kursänderung, Fraktionskämpfe und Abspaltungen häufen sich. Auf diese revolutionäre Periode folgt mit den Stabilisierungsjahren der Republik für diese Partei eine Zeit der Beruhigung; ihre durch Zuzug zahlreicher USPD-Mitglieder vorübergehend angestiegene Mitgliederstärke, die 1922 rund 280 000 beträgt, nimmt zwar erheblich ab und sinkt bis 1928 auf etwa 130 000, aber gleichzeitig konsolidiert sich die Parteiorganisation.

Wahlplakat der KPD zu den Reichstagswahlen 1924
Entwurf: Rudolf Schlichter

Die große Masse der deutschen Arbeiterschaft will mit der Flamme der Revolution nichts zu tun haben; nur 8,9 Prozent der Wähler entscheiden sich bei der Reichstagswahl vom 7. 12. 1924 für die KPD.

Die Kommunistische Partei wird jetzt zunehmend zum Werkzeug sowjetischer Politik, vor allem seit der Einsetzung Ernst Thälmanns als Parteivorsitzenden im November 1925; die Reste der Traditionen aus der Vorkriegs-SPD und des »Luxemburgismus« werden in der Ära Thälmann vollständig durch praktizierten Leninismus verdrängt, und der Aufstieg Stalins in der Kommunistischen Partei der Sowjetunion spiegelt sich unmittelbar in der Zunahme innerparteilicher Repression.

Als radikale Oppositionspartei übt die KPD auf die deutsche Politik zwar keinerlei unmittelbaren Einfluß aus, aber in vielfacher Hinsicht ist sie dennoch sehr wirkungsvoll: Zum einen ist da ihre wütende Aggressivität gegen die Sozialdemokratie. Für die SPD gibt es viele Gründe, über die Politik der Kommunisten erbittert zu sein; da ist das Schicksal der russischen Sozialdemokraten, der Menschewiki, die in der Sowjetunion gnadenlos gejagt und ausgerottet werden; da ist die kommunistische Agitation gegen die demokratische Republik und ihre Verfassungsordnung; und am tiefsten fühlen sich Sozialdemokraten durch die Behauptung der Kommunisten verletzt, die SPD sei »sozialfaschistisch«, da sie durch ihre reformistische Politik die Arbeiterschaft ihrer revolutionären Aufgabe entfremde und dem Faschismus den Weg bereite. Dennoch ist die Sozialdemokratie vielfältig auf die KPD fixiert; hier spielen sentimentale, längst von der Wirklichkeit überholte Träume von der Einheit der Arbeiterklasse eine Rolle. Überdies bewirkt die direkte Konkurrenz von Sozialdemokraten und Kommunisten in der Arbeiterschaft, daß erstere aus Rücksicht auf den linken Saum ihrer Wählerschaft leicht in eine systemwidrige Oppositionsrolle zurückfallen und daher als Stabilisator der Republik gefährdet sind.

Und zudem führt die totale Opposition der Kommunisten dazu, daß sie sich in ihrer Feindschaft gegen die Weimarer Republik mit den rechtsextremen Oppositionsparteien, namentlich den Nationalsozialisten und auch den Deutschnationalen, treffen und mit ihnen gemeinsam negative Mehrheiten bilden, die zwar nicht zur Übernahme der Regierungsgewalt, wohl aber zur parlamentarischen

Wahlplakat der KPD zu den Reichstagswahlen 1928
Entwurf: A. Malsov

Die Illustration der Sozialfaschismus-These im kommunistischen Wahlkampf: Der linke Flügelmann des SPD-Parteivorstands, Arthur Crispien, als Pappkulisse, mit der sich Militarismus, Kapitalismus und Reaktion tarnen.

Verhinderung von Regierungsmaßnahmen und zur Destabilisierung von Reichskabinetten führen können. Und schließlich erleichtert die KPD auch durch ihre intransigente Politik den Parteien von rechtsaußen die Montage eines wirkungsvollen Bürgerschrecks, mit dem sich die eigenen umstürzlerischen Zielsetzungen legitimieren lassen. Ohne den linken Extremismus der Kommunisten wäre die Republik durch rechte Extremisten viel weniger gefährdet – insofern hat die KPD entscheidenden Anteil an der Auflösung der ersten deutschen Demokratie.

Damit ist der Reigen der Parteien Weimars keineswegs beendet; da gibt es mittlere Gruppierungen, die zeitweilig sogar eine gewisse parlamentarische Bedeutung erlangen, wie die »Deutsch-Völkische Freiheitspartei«, eine völkische Absplitterung der DNVP, die 1922 und 1923 eine sehr erfolgreiche Propaganda gegen die Regierungen Cuno und Stresemann entfesselt und später in der NSDAP aufgeht, oder die »Reichspartei des deutschen Mittelstandes«, auch Wirtschaftspartei genannt, die ausschließlich die Interessen der Haus- und Grundeigentümer, des Handwerks und des Einzelhandels vertritt, zur parlamentarischen Demokratie eine recht schwankende Beziehung unterhält und im ersten Kabinett Brüning 1930/31 sogar durch einen Minister vertreten ist.

Und dann ist da ein kurioses Mischmasch kleiner und kleinster Gruppierungen, denn das reine Verhältniswahlrecht Weimar-Deutschlands führt dazu, daß jedes Partikularinteresse die Chance besitzt, parlamentarisch vertreten zu sein, und deshalb eine Partei gründet. So kommt es zu den seltsamsten Kandidaturen: Es gibt eine Partei für krisenfreie Volkswirtschaft, einen Kampfbund für die Wiedereinführung der Goldmark, eine Freigeld-Bewegung, eine Einheitsbewegung aller Schaffenden, eine Schicksalsgemeinschaft des deutschen Kleinhandels. Andere Parteien sind eigentlich nicht mehr als Stammtischrunden, die sich um irgendeinen Führer im Kleinformat geschart haben, etwa die Großdeutsche Bewegung Schmalix, eine Gerechtigkeitsbewegung Meißner, eine Radikale Partei Grünbaum; diese Liste ließe sich beträchtlich verlängern. Aber das ist eher Strandgut des Parteiensystems, oder vielmehr Sand im Getriebe des Parlamentarismus, denn die Masse der Parteien verhindert die Konzentration von Stimmen und Mandaten auf einige wenige regierungsfähige Parteien.

Das Parteiensystem von Weimar und damit der eigentliche Grundpfeiler der parlamentarischen Demokratie ist morsch, wir sagten es bereits. Jede einzelne der Parteien hat mit der politischen Wirklichkeit Weimar-Deutschlands ihre eigenen Schwierigkeiten, die sich für Regierungsparteien noch um ein Vielfaches vermehren; so kommt es zur Dauerkrise der Republik, denn durchschnittlich alle achteinhalb Monate fällt ein Kabinett, muß in zähen, mühsamen, alle Welt anödenden und endlos langen Verhandlungen um die Bildung einer neuen Regierung gerungen werden. Aber sind die Gründe für die Auflösung, die jedesmal von den Parteisprechern reichlich vorgebracht werden, wirklich ausreichend? Gewiß, jede Partei muß auf ihre Wähler Rücksicht nehmen, und jede vertritt Interessen und Programme, die sich schwer mit denen der übrigen

Die Lösung der Krise
Angesichts der steigenden Gefahr besinnen sich die Parlamentarier auf das Wichtigste: dem Volk ihren Parteistandpunkt zu verkünden.

Zeichnung von Olaf Gulbransson

Parteien vereinbaren lassen, um so schwerer, je weiter sich die politische und wirtschaftliche Lage zuspitzt, je mehr das wirtschaftliche Wachstum stagniert und je weniger an die Klienten der Parteien zu verteilen ist. Vor allem aber endet jeder Versuch, sich mit einer anderen Partei zu einigen, in kürzester Zeit im Austausch von Glaubenssätzen. Die deutschen Parteien schaffen es auch in der Weimarer Zeit nicht, ihre Eierschalen als »Weltanschauungsparteien« loszuwerden; nach wie vor sind Konsequenz, Programmtreue, Gesinnungsfestigkeit hochgelobte Tugenden, während der Ausgleich nicht nur zwischen entgegengesetzten, sondern auch zwischen benachbarten Interessen ohne weiteres als Verrat an geheiligten Grundsätzen denunziert werden kann. Wo der pragmatische Kompromiß stets als faul gilt, dort fehlen elementare Voraussetzungen für ein gesittetes Nebeneinander der Gruppen und Interessen und damit für die parlamentarische Demokratie überhaupt.

Viel spricht dafür, daß die erste deutsche Republik schon sehr viel früher eines unwürdigen Todes gestorben wäre, hätten nicht die Verfassungsväter in ihrem begründeten Mißtrauen gegen die Regierungsfähigkeit der deutschen Parteien ein wirkungsvolles Korrektiv eingebaut, mit dem der Konstitutionalismus des neunzehnten Jahrhunderts gewissermaßen konserviert und im Moment der Krise wiedererweckt werden kann.

Verfassung und Notstand

Die deutsche Demokratie, ruft Reichsinnenminister Eduard David am 22. Juni 1919 in der Nationalversammlung aus, werde im Zeichen der neuen Reichsverfassung die demokratischste der Welt sein. Die Verfassungsschöpfer von Weimar geben sich große Mühe, alle Welt davon zu überzeugen, daß die Deutschen mit ihrer Vergangenheit gründlich und für immer gebrochen haben. »Das deutsche Volk zur sich selbst bestimmenden Nation zu bilden«, so führt Davids Amtsvorgänger Hugo Preuß bei der Vorlage seines Verfassungsentwurfs am 24. Februar 1919 mit professoralem Pathos aus, »zum ersten Mal in der deutschen Geschichte den Grundsatz zu verwirklichen: Die Staatsgewalt liegt beim Volke, – das ist der Leitgedanke der freistaatlichen deutschen Verfassung von Weimar.«[59]

Die Weimarer Reichsverfassung ist nicht allein die Erfüllung liberaler Freiheitsträume seit dem Scheitern des Paulskirchenparlaments 1849, sondern auch Frucht der Kriegsniederlage; die Regierung der Vereinigten Staaten von Amerika, so hat Präsident Wilson bereits am 23. Oktober 1918 die deutsche Reichsleitung wissen lassen, werde nur eine solche deutsche Regierung als Verhandlungspartner akzeptieren, »welche bessere Sicherheiten für eine wahre verfassungsmäßige Haltung biete als die bisherigen Beherrscher Deutschlands«[60]. Die deutschen Verfassungsverhältnisse haben schon immer das Stirnrunzeln angelsächsischer Politiker erregt; bereits aus Anlaß der Reichsgründung 1871 sah sich die britische Zeitschrift »Fortnightly Review« veranlaßt, den deutschen Historiker und Abgeordneten im Norddeutschen Reichstag, Heinrich v. Sybel, um Aufklärung des englischen Publikums über die Fragen zu bitten: »Wie stehe es mit dem entscheidenden Punkte, der politischen Freiheit der Nation, oder, nach dem französischen Ausdrucke, mit dem gouvernement du pays par le pays? Sei und bleibe nicht die Regierung des Königs oder des Kaisers, wenngleich einsichtig, gemäßigt und erfolgreich, trotz allem ein gouvernement personel?«[61]

Sybel macht sich seine Aufgabe nicht leicht; er verweist darauf, daß die Deutschen seit neuestem sogar zwei Parlamente hätten, ein deutsches und ein preußisches – bezeichnenderweise nennt er beide in einem Atem, während er die Parlamente der übrigen Bundesstaaten nicht für erwähnenswert hält –, und er hebt hervor, daß für beide Parlamente das allgemeine, für das deutsche zudem auch das gleiche, geheime und direkte Stimmrecht bestehe; weiter, daß die Regierung »nur einen verschwindend kleinen Einfluß auf die Wahlen« ausübe, daß sie an die vom Parlament gebilligten Steuer- und Haushaltsgesetze gebunden sei, ja überhaupt keine Gesetze ohne parlamentarische Zustimmung erlasse. Aber als guter Historiker verschweigt er auch nicht die Schattenseiten: Das neue Reich besitze kein parlamentarisch verantwortliches Ministerium, und auch mit dem Einfluß der Volksvertretung auf Armee und Verwaltung stehe es schlecht. »Diese Tatsache«, meint Sybel bekümmert, »ist vorhanden; sie dient unserer Sache bei den liberalen Parteien des Auslandes durchaus nicht zur Empfehlung, und im Inlande wurmt sie unser Volk, und manchen unserer Deputierten nicht wenig.«[62]

Noch wenige Monate zuvor hat der britische Außenminister Lord Clarendon seiner Überzeugung Ausdruck verliehen, die preußischen und deutschen Verhältnisse würden sich wie die der gesamten zivilisierten Menschheit auf vernünftige und liberale, also auf britische Zustände hin entwickeln; daß die Verfassung des Deutschen Reichs in einem entscheidenden Punkt, im Verhältnis von Krone und Parlament, ganz anders konstruiert ist als das englische Beispiel, verdrießt in der Folgezeit viele angelsächsischen Betrachter, und so bereitet sich jenes Bild eines absolutistischen, preußisch dominierten Militärstaats vor, das dem amerikanischen Präsidenten Wilson vorschwebt, wenn er demokratische Verhältnisse in Deutschland als Voraussetzung eines Friedensschlusses fordert.

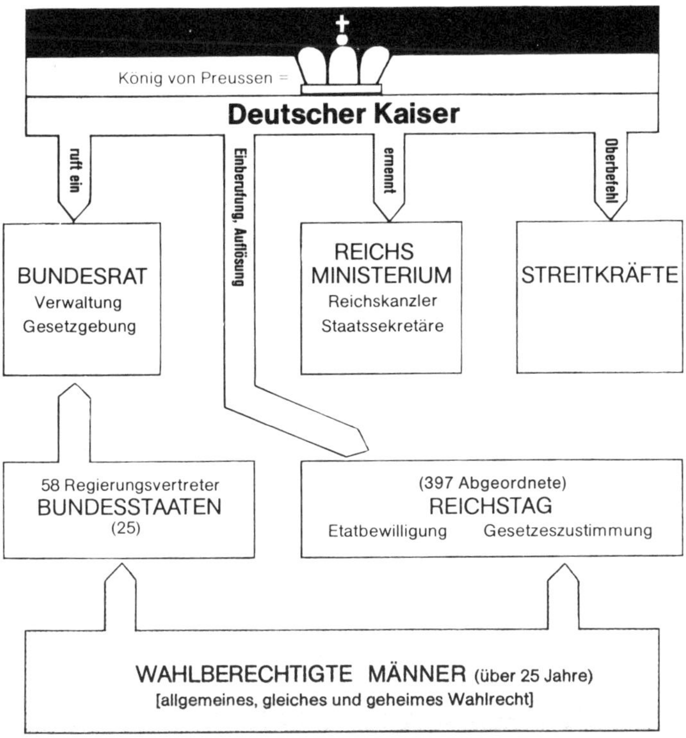

Die Verfassung des Deutschen Reiches von 1871

Die Verfassung des Deutschen Reichs, die in ihren Hauptzügen bereits 1867 für den Norddeutschen Bund in Kraft getreten ist und ihre Konstruktion weitgehend dem Reichskanzler Bismarck verdankt, ist alles andere als demokratisch, aber sie beschreibt auch keine Willkürherrschaft. Sie stellt vielmehr eine Mischung demokratischer und monarchischer Elemente dar, die als »Monarchischer Konstitutionalismus« in die Lehrbücher des Staatsrechts eingegangen ist. Es handelt sich um einen eigentümlichen Schwebezustand zwischen der Macht der Volksvertretung und der Macht der Krone, wobei letztere insofern die Oberhand besitzt, als sie die alleinige Verfügung über Militär und Verwaltung innehat und ohne Zustimmung des Parlaments die Minister, im Falle des Reichs den einen Minister, den Reichskanzler, ernennt und entläßt. Aber ganz ohnmächtig ist auch der Reichstag nicht; er übt die gesetzgebende Gewalt gemeinsam mit dem Souverän, der Krone, aus, und die Zustimmung zum jährlichen Haushaltsgesetz ist sein althergebrachtes, unveräußerliches Recht.

Reichskanzler Bismarck fürchtet die Macht, die das Parlament kraft seines Budgetbewilligungs-Rechts ausüben kann - über vier Jahre lang hat er mit dem preußischen Abgeordnetenhaus im Konflikt gelegen, als dieses sich weigerte, den Heeresetat zu bewilligen, und so die zentrale königliche Prärogative der obersten Kommandogewalt bedrohte. Um den Reichstag in Schach zu halten und die Wiederholung des Verfassungskonflikts zu verhindern, hat Bismarck ein Element in die Verfassung eingebaut, mit dessen Hilfe ein Machtanspruch des Parlaments zu konterkarieren war. Da sind die verbündeten Fürsten, insgesamt der Souverän des Reichs - »Das Deutsche Reich ist nicht eine juristische Person von 40 Millionen Mitgliedern, sondern von 25 Mitgliedern«, sagt der maßgebliche Verfassungskommentar[63] - und dieser vielköpfige Souverän wird dem Reichstag in Gestalt eines Bundesrats gleichberechtigt gegenübergestellt. Der Bundesrat ist schlechthin unverantwortlich und daher parlamentarisch unangreifbar, denn das Prinzip des monarchischen Konstitutionalismus gilt auch in sämtlichen Einzelstaaten. Indem so der Föderalismus zur Säule deutscher Verfassungsverhältnisse wird, schlägt Bismarck zwei Fliegen mit einer Klappe: die möglichen, jedenfalls befürchteten Ambitionen des Reichstags auf Parlamentarisierung, sprich Einfluß auf Ministerernennungen und Reichspolitik, werden durch ein völlig unabhängiges, zuverlässig konservatives und zustimmungsberechtigtes Element ausbalanciert, und die alte deutsche Klein- und Vielstaaterei kann sich weiter betätigen, partikularistischen Bestrebungen ist damit die Spitze abgebrochen.

Dennoch, die Bismarck-Verfassung beruht auf einem Machtkompromiß; ohne oder gar gegen den Reichstag kann nur im Staatsstreich regiert werden, und sooft Bismarck auch damit droht, er bleibt doch nach den bitteren Erfahrungen des preußischen Verfassungskonflikts im Rahmen seiner verfassungsmäßigen Rechte. Und die Balance verschiebt sich, denn im Laufe der Zeit geht der Einfluß des Bundesrats zurück, der der Reichsspitze wächst, und damit erhält der Reichstag auch seinen eigentlichen Gegenpart, denn mit Reichstagsmehrheiten zu regieren wird zur Notwendigkeit deutscher Staatsführung, und nur die Scheu der Parteien vor dem Griff nach der Macht, vor der Anwendung der Budgetwaffe, verhindert einstweilen, daß Bismarcks Alptraum, die Parlamentarisierung des Reichs, Wirklichkeit wird.

Das also ist die Erfahrung, mit der sich die Abgeordneten der Weimarer Nationalversammlung daranmachen, eine Verfassung für die neue Republik zu schaffen. Die schwarz-rot-goldene Revolution, die seit dem Juli 1917 in zögernden Schüben stattgefunden hat, muß zu ihrem Ende kommen, der Sieg des Parlaments über den monarchischen Obrigkeitsstaat, des liberaldemokratischen Mehrheitswillens über rätedemokratische und kommunistische Minderheiten muß befestigt werden. Diesmal ist es nicht das Bündnis souveräner Fürsten, sondern die souveräne Nation, die sich durch ihr frei gewähltes Parlament ihre Verfassung gibt.

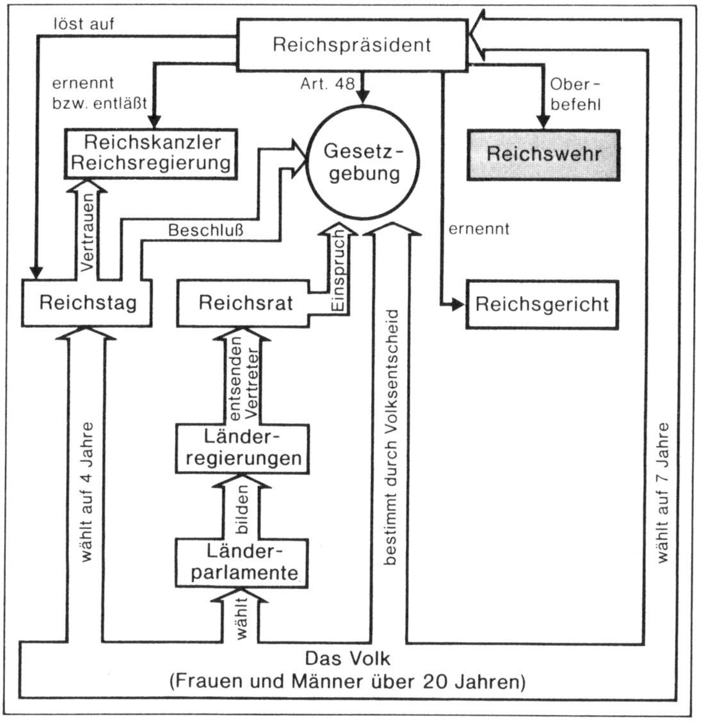

Die Verfassung der Weimarer Republik

Seit den Tagen der kurzlebigen Jakobinerrepublik von Mainz 1792/93 und des Frankfurter Paulskirchenparlaments von 1848/49 liegt die Zuständigkeit für deutsche Verfassungsentwürfe bei liberal gesinnten Professoren. Demokratische Verfassungen pflegen deshalb traditionsgemäß Bekundungen hochherziger Grundsätze und edle Deklamationen zu enthalten; daß eine geschriebene Verfassung ein Stück wirklicher Macht darstellt, war zwar Bismarck bewußt, nicht aber den Demokraten von 1919. In der deutschen Sozialdemokratie war Ferdinand Lassalle der letzte, der sich Gedanken über die Verfassung eines Volksstaats gemacht hatte, und er ist seit einem halben Jahrhundert tot. Die Sozialdemokratie hat seitdem unablässig über die Gesellschaft, nie über den Staat nachgedacht, und jetzt, da ihr zu ihrem eigenen Erstaunen die Macht im Staat mit einem Mal zugefallen ist, besitzt sie nicht die Spur eines Konzepts für dessen Gestaltung. In den Reihen der Partei wird das nicht einmal als Mangel empfunden; Verfassungsfragen gelten im Grunde als Formalienkram, und außerdem hat man einen Verbündeten, der bislang wenig geleistet hat und jetzt seine politische Daseinsberechtigung nachweisen soll: die Deutsche Demokratische Partei, Nachfolgerin der Fortschrittlichen Volkspartei des Kaiserreichs, das Sammelbecken liberaler Intelligenz und professoraler Kompetenz.

In der Republik liberaler Geister hat bereits geraume Zeit vor Kriegsende eine ausgedehnte Verfassungsdiskussion stattgefunden, ausgelöst durch das Dilemma Deutschlands, das im Wilhelminischen Zeitalter zwar über eine hochmoderne Wirtschaft und ein sehr effizientes Verwaltungssystem verfügte, dabei aber eine politische Struktur besaß, die quer zum Zeitgeist stand und im Vergleich mit westeuropäischen Entwicklungen hoffnungslos veraltet wirkte. Die Anpassung des politischen an den wirtschaftlichen und technischen Fortschritt, dieser alte liberale Impetus, hat viele hervorragende Geister beflügelt, glänzende Namen wie Max Weber, Hugo Preuß, Walter Jellinek, Robert v. Piloty, Robert Redslob und Friedrich Meinecke, um nur einige zu nennen. Fast alle finden sich jetzt im Umkreis der Weimarer Verfassungsberatungen wieder, teils als Abgeordnete, teils als Sachverständige, an ihrer Spitze Hugo Preuß.

Preuß, ein liberaler jüdischer Jurist, ist einer der brillantesten Staatsrechtslehrer Deutschlands, hat es aber bislang nicht zum Ordinarius an einer angesehenen Universität, sondern nur zum Professor an der Berliner Handelshochschule gebracht - nicht, weil er Jude, sondern weil er Liberaler ist. 1915 hat er in seiner Schrift »Das deutsche Volk und die Politik« die Antithese von Volksstaat und Obrigkeitsstaat geprägt, die historischen Gründe für die bislang ausgebliebene Demokratisierung des deutschen Staatswesens dargelegt und einen »innerlichen Erziehungsprozeß« der Deutschen gefordert. Im Juli 1917 formulierte er in einer Denkschrift, die der Reichsregierung und den Mehrheitsparteien des Reichstags zuging, die Grundideen einer demokratischen Neuorientierung und fügte einen Verfassungsentwurf bei. Das war ein mutiger Schritt, der dem Professor ein Disziplinarverfahren an den Hals zog. Diesen Mann beruft Ebert im November 1918 als Staatssekretär des Inneren mit der vorrangigen Aufgabe, eine neue Reichsverfassung zu erarbeiten, und dieser Aufgabe widmet Preuß sich auch weiterhin als Reichsminister des Inneren im Kabinett Scheidemann.

Die Entstehungsgeschichte der Weimarer Reichsverfassung durch zahlreiche Stadien und Entwürfe hindurch bis zu dem endgültigen Text, der der Nationalversammlung am 31. Juli 1919 zur Abstimmung vorliegt, ist langwierig und kompliziert, eine Fundgrube für Verfassungshistoriker. Von beträchtlicher Bedeutung ist insbesondere die Diskrepanz zwischen dem ersten Entwurf, den Preuß am 20. Januar 1919 im Reichsanzeiger veröffentlicht, und dem zweiten, den er zwei Monate später der Nationalversammlung zuleitet. Der erste Entwurf, den Preuß nach eingehenden Beratungen mit Vertretern der deutschen Länder, darunter auch der österreichische Gesandte, und mit prominenten Staatsrechtlern dem Reichskabinett vorlegt, gliedert sich in die Abschnitte »Das Reich und die deutschen Freistaaten«, »Die Grundrechte des Deutschen Volkes«, »Der Reichstag« sowie »Der Reichspräsident und die Reichsregierung«. Bemerkenswert ist hier die Abfolge: Seit alters her pflegen demokratisch-liberale Verfassungen mit den Grund- und Menschenrechten eingeleitet zu werden, bevor sie auf die Staatskonstruktion zu sprechen kommen; Preuß dagegen leitet seinen Entwurf mit der Neufestlegung des Verhältnisses von Reich und Ländern ein. Man könnte dies ohne Kenntnis der Hintergründe für eine auffallende Einschränkung der Liberalität des Entwurfs halten, aber das wäre ein Irrtum. Vielmehr spielt hier ein altes deutsches Problem eine Rolle, das Preuß sogleich auf Anhieb lösen will: die Stellung Preußens in Deutschland.

Bismarck, meint Preuß, habe mit Virtuosität den herkömmlichen deutschen Föderalismus benutzt, um in seiner Reichsverfassung die preußische Vorherrschaft fest zu verankern. Daraus habe sich die hilflose Abhängigkeit der übrigen deutschen Staaten von Preußen ergeben, und für die Reichspolitik eine kaum verhüllte Abhängigkeit von der preußischen Regierung. Die preußische Hegemonie habe entscheidend zur Unfruchtbarkeit der inneren und zum Unglück der auswärtigen Politik beigetragen. Mit dem Sturz des Kaisers, der zugleich, wenn nicht in erster Linie König von Preußen war, sei auch die Herrschaft des antisozialen und antiliberalen Preußen in Deutschland gefallen und dürfe unter keinen Umständen wieder aufgerichtet werden. Dieser Herd der Reaktion müsse radikal beseitigt werden, und da helfe nur eins: die völlige Neugliederung des Reichsgebiets bei weitgehender Zerschlagung des preußischen Staats, wobei die günstige Gelegenheit genutzt werden müsse, mit dem Elend der Kleinstaaterei Schluß zu machen. Fortan sei das Reich in eine Anzahl mittelgroßer Freistaaten zu gliedern, darunter acht Einzelstaaten aus den preußischen Trümmern, während die Kleinstaaten Mitteldeutschlands in großen Verbänden zusammengefaßt werden sollen. Unversehrt lassen will Preuß lediglich das rechtsrheinische Bayern, Württemberg mit Einschluß des ehemals preußischen Regierungsbezirks Sigmaringen, Baden sowie die drei miteinander verbundenen Hansestädte. Alles das ist älteste liberale Tradition, jenes »Preußen muß sterben, damit Deutschland leben kann«, das schon in der Paulskirche die Fronten aufgerissen hat, und dazu gehört auch, daß Deutsch-Österreich und das Sudetengebiet ganz selbstverständlich als deutsche Länder auf der Preußschen Landkarte auftauchen – Großdeutschland, das alte Ziel deutscher Demokraten, scheint zum Greifen nahe.

Doch vor der Verwirklichung dieses revolutionären Reißbrettentwurfs ist nicht nur der Oberste Alliierte Rat in Paris, der alle deutsch-österreichischen Anschlußgelüste barsch unterbindet, sondern davor sind auch die betroffenen Länder: Aus ihnen dringt ein einziger Schrei des Entsetzens nach Berlin. Namentlich die süddeutschen Länder, allen voran Bayern, protestieren mit Vehemenz; auf der Staatenkonferenz am 25. Januar 1919 erklären die Ministerpräsidenten der Länder, an ihrer Spitze der linkssozialistische bayerische Ministerpräsident Kurt Eisner, das Reich besitze nicht das Recht, über seine föderalistische Struktur zu befinden, denn es sei erst vor wenigen Jahrzehnten und nur infolge einer Willenserklärung der deutschen Gliedstaaten ins Leben getreten. Der Verteidigung des Partikularismus, des reaktionärsten und rückständigsten Elements im Reich, durch die revolutionären Länderchefs hat die Reichsregierung nicht zu entgegnen; Preuß wird angewiesen, einen neuen Verfassungsentwurf zu erarbeiten, in dem dann nicht nur das Lebensrecht der Länder erneut bestätigt, sondern auch der alte Bundesrat, wenngleich mit verminderten Zuständigkeiten, als Reichsrat wieder zum Leben erweckt wird. Und so überlebt auch

Das Deutsche Reich
nach der Reichsgründung
1871

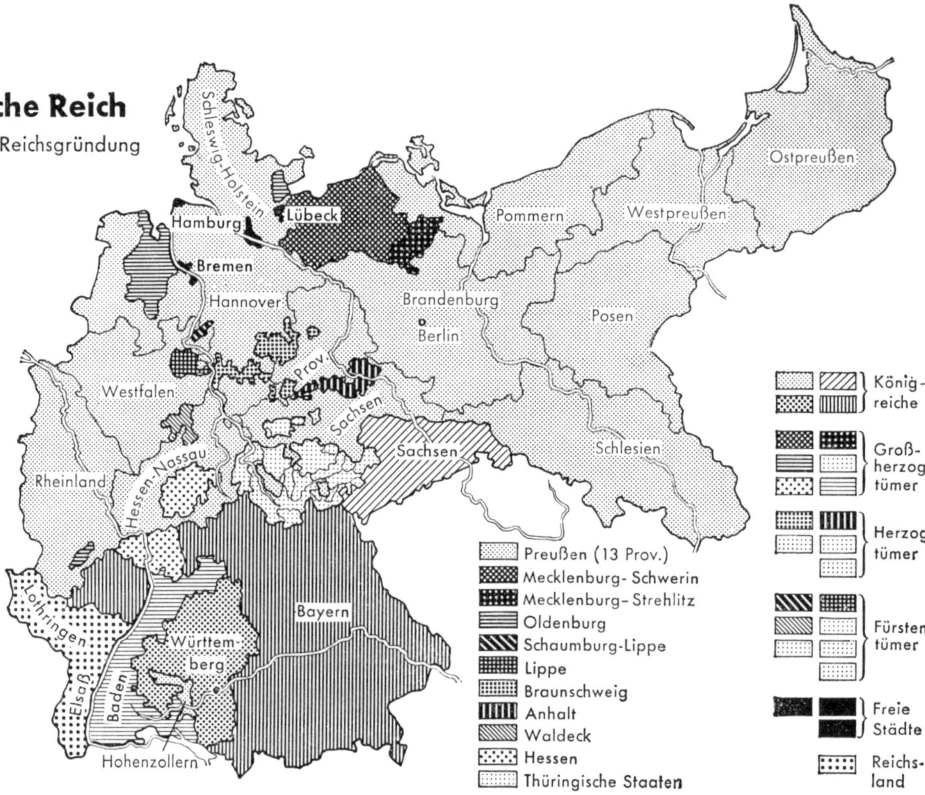

Preußen dank des bayerischen Protestes; daß es einst zur stärksten innenpolitischen Stütze der Republik werden soll, kann jetzt noch niemand wissen, und Preuß erklärt elegisch in der Nationalversammlung, die Idee der nationalen Einheit sei nur »mit Abbiegungen, Ausnahmen, in gebrochener Linienführung« zu verwirklichen[64].

Der endgültige Verfassungsentwurf, der von der Nationalversammlung gebilligt und am 11. August 1919 von Reichspräsident Ebert unterschrieben wird, ist insgesamt ein ehrwürdiges, aus dem liberalen Geiste erwachsenes Dokument. Die einleitenden Kapitel bezeichnen das Deutsche Reich als Republik in Form eines Bundesstaats mit den Reichsfarben Schwarz-Rot-Gold, den Farben der Revolution von 1848. In diesem Punkt wenigstens sucht Preuß und suchen die Parteien der Weimarer Koalition den Trennungsstrich sichtbar zu machen, der von nun an unter die Vergangenheit gezogen sein soll. Aber auch das gelingt nicht; die Parteien auf der Rechten, sogar einige Parlamentarier der Koalition lehnen die Revolutionsfarben derart vehement ab, daß der Verfassungsausschuß schließlich um des lieben Friedens willen den Zusatz aufnimmt: Die deutsche Handelsflagge bleibe schwarz-weiß-rot mit einer schwarz-rot-goldenen Gösch in der oberen linken Ecke. Indem die Farben der Vergangenheit neben den neuen bestehen bleiben, schafft man eine unheilvolle Symbolik – die Gleichberechtigung beider Farben wird in Zukunft als Gleichberechtigung der dahinterstehenden po-

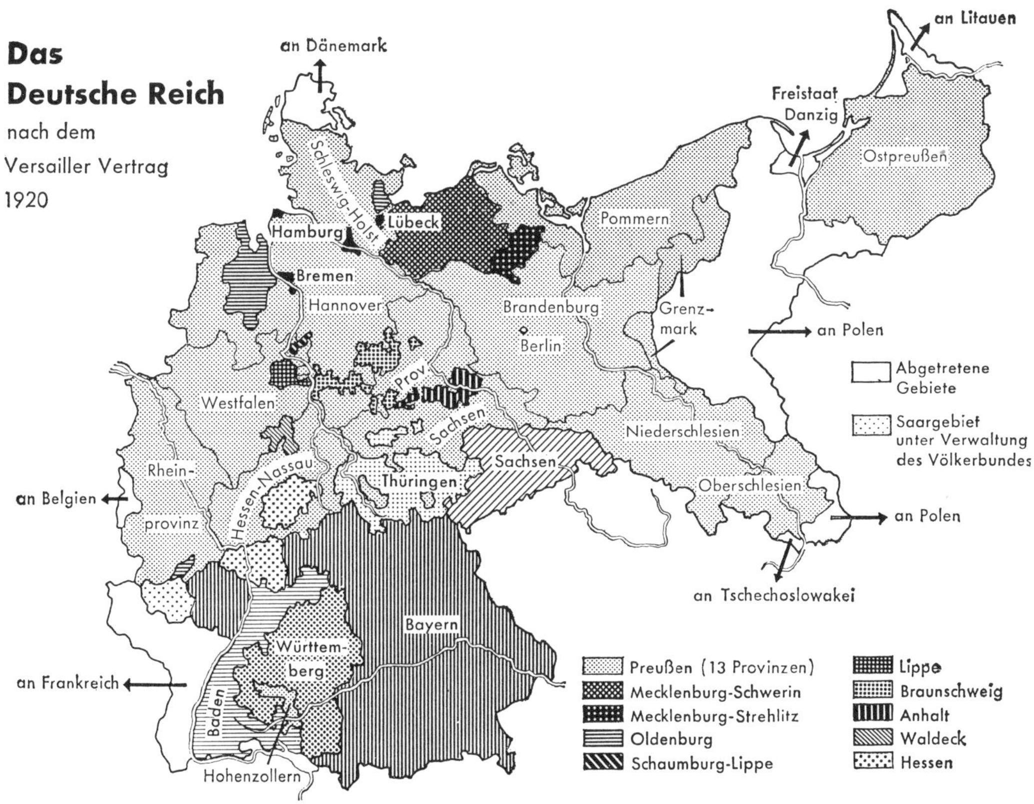

litischen Grundvorstellungen angesehen werden. Zu nationalen Anlässen entfaltet sich landauf, landab ein buntes Durcheinander von Landesfahnen, alten und neuen Reichsfarben, je nach Geschmack und politischer Einstellung. Vor allem in Ostelbien pflegen die Gemeindeverwaltungen fast ausschließlich Schwarz-Weiß-Rot zu flaggen, und als die preußische Regierung die Magistrate anweist, sich der Nationalflagge zu bedienen, hebt das Oberverwaltungsgericht diese Anordnung am 20. Mai 1927 auf: von einer gesetzlichen Pflicht, Schwarz-Rot-Gold zu flaggen, stehe nichts in der Verfassung. Die preußische Regierung gibt sich damit nicht zufrieden, und bis ans Ende der Republik wird es ein ständiges Gezerre zwischen Staat und Gerichten geben. Nicht nur die neuen Reichsfarben leiden unter dem Gezänk, sondern auch das Ansehen der Staatsordnung, für die diese Farben stehen. In der Nationalversammlung allerdings verweist der Sprecher des Reichsinnenministeriums darauf, Schwarz-Weiß-Rot sei auf See besser zu sehen.

Die folgenden Artikel der Weimarer Reichsverfassung beschäftigen sich mit den Beziehungen zwischen dem Reich und den Ländern; die jeweiligen Gesetzgebungskompetenzen werden geregelt sowie der Grundsatz, daß Reichsrecht Landesrecht breche. Dieses Feld bleibt, da der Gegensatz zwischen dem unitarischen Reichsinnenminister und den partikularistischen Interessen der Länder nie ganz

Erste und letzte Seite der Verfassungsurkunde vom 11. August 1919

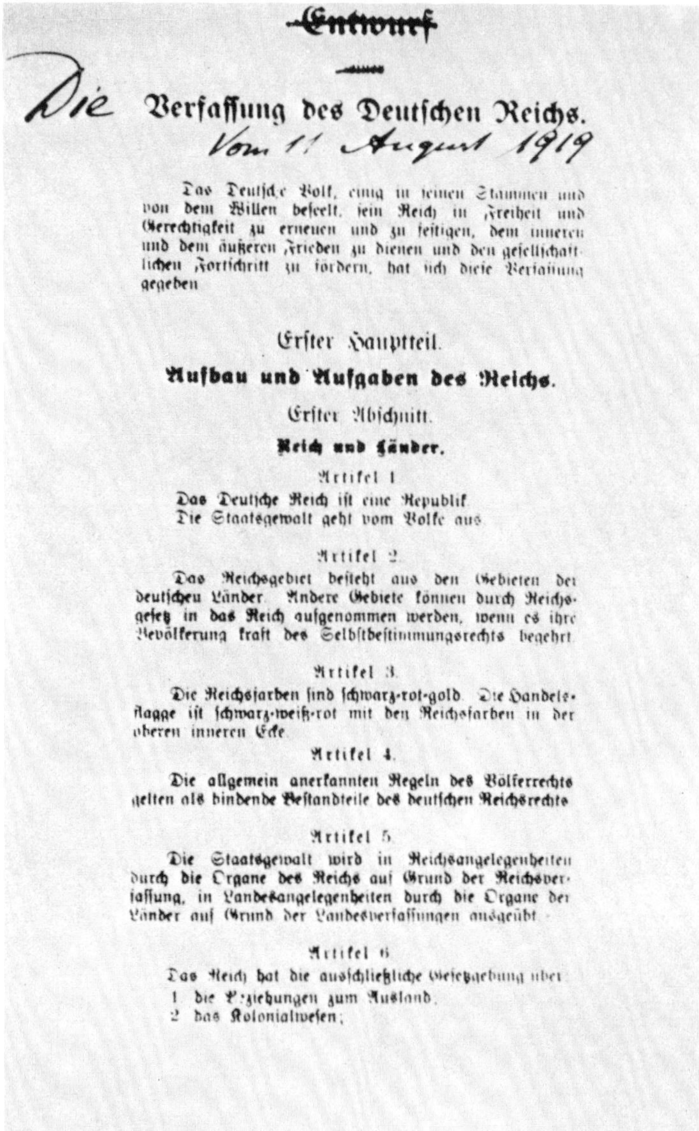

Entwurf

Die Verfassung des Deutschen Reichs.
Vom 11 August 1919

Das Deutsche Volk, einig in seinen Stämmen und von dem Willen beseelt, sein Reich in Freiheit und Gerechtigkeit zu erneuen und zu festigen, dem inneren und dem äußeren Frieden zu dienen und den gesellschaftlichen Fortschritt zu fördern, hat sich diese Verfassung gegeben.

Erster Hauptteil.

Aufbau und Aufgaben des Reichs.

Erster Abschnitt.

Reich und Länder.

Artikel 1.

Das Deutsche Reich ist eine Republik.
Die Staatsgewalt geht vom Volke aus.

Artikel 2.

Das Reichsgebiet besteht aus den Gebieten der deutschen Länder. Andere Gebiete können durch Reichsgesetz in das Reich aufgenommen werden, wenn es ihre Bevölkerung kraft des Selbstbestimmungsrechts begehrt.

Artikel 3.

Die Reichsfarben sind schwarz-rot-gold. Die Handelsflagge ist schwarz-weiß-rot mit den Reichsfarben in der oberen inneren Ecke.

Artikel 4.

Die allgemein anerkannten Regeln des Völkerrechts gelten als bindende Bestandteile des deutschen Reichsrechts.

Artikel 5.

Die Staatsgewalt wird in Reichsangelegenheiten durch die Organe des Reichs auf Grund der Reichsverfassung, in Landesangelegenheiten durch die Organe der Länder auf Grund der Landesverfassungen ausgeübt.

Artikel 6.

Das Reich hat die ausschließliche Gesetzgebung über:

1. die Beziehungen zum Ausland;
2. das Kolonialwesen;

gelöst wird, zwiespältig und konfliktschwanger. Vor allem bleibt die lebenswichtige Frage nach der Verteilung der Steuereinnahmen auf Reich und Länder unbeantwortet, und dem Eingriffsrecht der Länder in die Reichspolitik über das Mitstimmrecht des Reichsrats steht die Befugnis des Reichspräsidenten gemäß Artikel 48 Absatz 1 entgegen, in den Ländern mit allen Mitteln, einschließlich des militärischen, einzugreifen, wenn sie ihre Pflichten gegen das Reichsganze verletzen. Wie an so vielen anderen historisch festgewurzelten Realitäten scheitert der liberale Theoretiker Hugo Preuß auch in dem Versuch, eins der großen Themen der deutschen Geschichte, das der Reichsreform, mit einem Federstrich zu bewältigen. Die Reichsreform durch Recht und Verfassung wird die gesamte Wei-

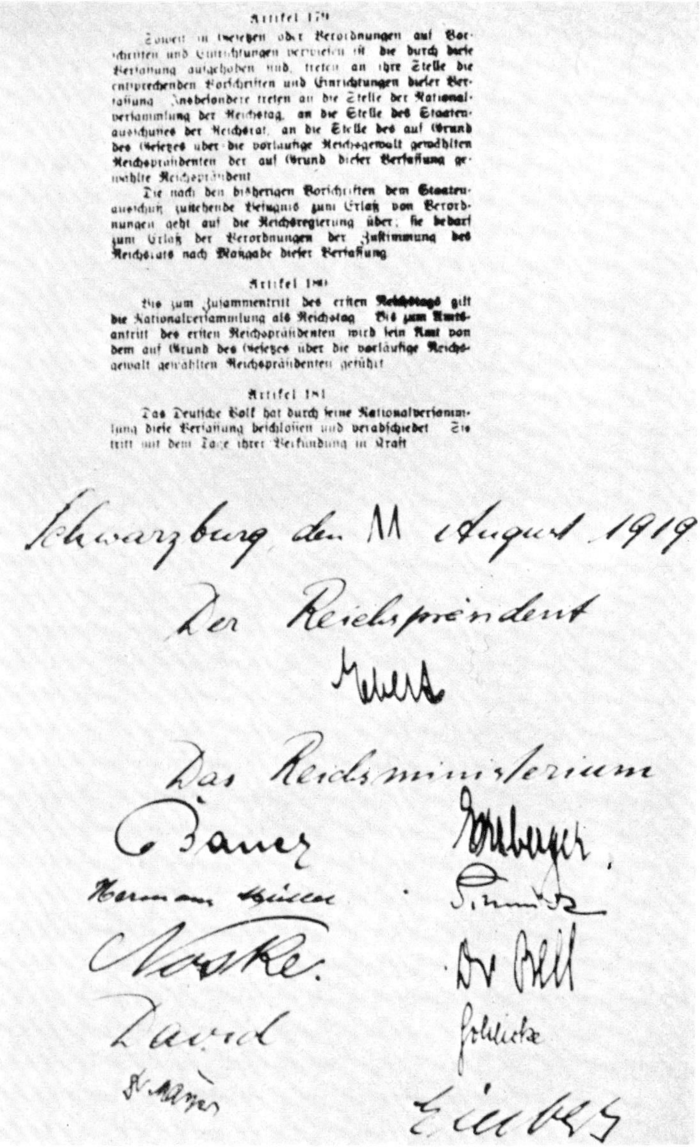

Artikel 179

Soweit in Gesetzen oder Verordnungen auf Vorschriften und Einrichtungen verwiesen ist, die durch diese Verfassung aufgehoben sind, treten an ihre Stelle die entsprechenden Vorschriften und Einrichtungen dieser Verfassung. Insbesondere treten an die Stelle der Nationalversammlung der Reichstag, an die Stelle des Staatenausschusses der Reichsrat, an die Stelle des auf Grund des Gesetzes über die vorläufige Reichsgewalt gewählten Reichspräsidenten der auf Grund dieser Verfassung gewählte Reichspräsident.

Die nach den bisherigen Vorschriften dem Staatenausschuß zustehende Befugnis zum Erlaß von Verordnungen geht auf die Reichsregierung über; sie bedarf zum Erlaß der Verordnungen der Zustimmung des Reichsrats nach Maßgabe dieser Verfassung.

Artikel 180

Bis zum Zusammentritt des ersten Reichstags gilt die Nationalversammlung als Reichstag. Bis zum Amtsantritt des ersten Reichspräsidenten wird sein Amt von dem auf Grund des Gesetzes über die vorläufige Reichsgewalt gewählten Reichspräsidenten geführt.

Artikel 181

Das Deutsche Volk hat durch seine Nationalversammlung diese Verfassung beschlossen und verabschiedet. Sie tritt mit dem Tage ihrer Verkündung in Kraft.

Schwarzburg, den 11 August 1919

Der Reichspräsident

Ebert

Das Reichsministerium

Bauer Erzberger

Hermann Müller Schmidt

Noske Dr Bell

David Schlicke

Dr Mayer Giesberts

marer Zeit über Politiker und Staatsrechtler beschäftigen, aber erst die Diktatoren werden diesen gordischen Knoten, und zwar mit Gewalt, lösen.

Der Grundrechtskatalog, der in den Entwürfen noch an zweiter Stelle stand, ist jetzt als zweiter Hauptteil an das Ende des Verfassungstextes gerückt und enthält ein buntes Gemengsel alter und neuer Formulierungen; neben klassischen Freiheitsrechten wie der Gleichheit vor dem Gesetz, der Gewissensfreiheit, der freien Meinungsäußerung oder der Versammlungs- und Pressefreiheit finden sich neuere Ideen wie der Schutz der Mutterschaft und der Jugend, Schutz von Denkmälern und Kunstwerken, Vergesellschaftung der für Gemeinwirtschaft geeigneten Betriebe oder Schutz der Arbeits-

Plakat der DNVP, um 1924

Spekulation auf mangelhafte Geschichtskenntnisse in der deutschnationalen Agitation: Die »Internationale« soll durch die am Boden liegenden Farben der alten großdeutschen und liberalen Reichseinigungsbewegung, Schwarz-Rot-Gold, verkörpert werden, während die Farben des jüngeren kleindeutsch-preußischen Kaiserreichs aufgezogen werden.

kraft – ein Gewimmel heterogener Bestandteile, da in der Nationalversammlung zwischen den Parteien der Linken und der Rechten ein Wettlauf stattfindet, die von den Parteien jeweils hochgehaltenen Forderungen mit Verfassungsgarantie zu umgeben. So wird die Chance vertan, in kurzen, klaren Sätzen die geistigen Grundlagen des neuen Verfassungszustands anschaulich und pädagogisch eindringlich zu formulieren, wie Friedrich Naumann es vergeblich fordert.

An das Reichs-Länder-Kapitel schließen sich statt dessen die Organisation und die Rechte der obersten Verfassungsorgane an, des Reichstags, des Reichspräsidenten, der Reichsregierung und des Reichsrats. Was die Bestimmungen über die Wahl zur Volksvertretung, den Reichstag, angeht, so sind sie von einem derart lupenreinen Liberalismus, daß man sich im nachhinein fragt, auf welch idealistischen Wolkenfeldern die verfassunggebenden Professoren wohl geschwebt haben mögen. Die Verfassung von Weimar enthält den liberalsten denkbaren Wahlmodus, ein hochkompliziertes Verfahren, das sicherstellt, daß annähernd jede politische Meinung in der gleichen Relation in das Parlament gelangt, in der sie in der Bevölkerung vertreten ist. Es besteht der verbreitete Glaube, daß das Verhältniswahlrecht das gerechteste und somit demokratischste Wahlverfahren darstelle, und daß ein mehrheitsbildendes Wahlrecht, das die Vertretung einiger großer Parteien auf Kosten kleiner Gruppen im Parlament vergrößert, ungerecht und ein Rückschritt sei. In der Verfassung des Kaiserreichs waren die Reichstagswahlkreise, die jeweils einen mit absoluter Mehrheit oder nach Stichwahl gewählten Abgeordneten in das Parlament entsandten, zwar ursprünglich auf ungefähr gleichgroße Einwohnerzahlen zugeschnitten gewesen. Die enormen Bevölkerungsverschiebungen hatten aber dazu geführt, daß am Vorabend des Ersten Weltkriegs sehr viel mehr Menschen in den industriellen Ballungsgebieten lebten, wo in erster Linie Sozialdemokraten oder Zentrumsleute gewählt wurden, als in den ländlichen Wahlkreisen, die hauptsächlich konservative Abgeordnete entsandten. Daher besaßen die Parteien der späteren Weimarer Koalition im kaiserlichen Reichstag weniger Mandate, als ihnen aufgrund der Wählerzahlen zugestanden hätten, während die Konservativen überrepräsentiert waren, und das glaubt man nun mit einer Radikalkur reparieren zu müssen. Dabei wird übersehen, daß nicht nur die politischen Meinungen ein Recht auf proportionale Vertretung in den gesetzgebenden Körperschaften haben, sondern daß auch die Bevölkerung ein Recht darauf besitzt, gut regiert zu werden, und daß beide Rechte in einem Widerspruch zueinander stehen, der nur kompromißförmig zu lösen ist – denn je mehr Gruppen im Reichstag vertreten sind, desto schwerer wird die Bildung regierungsfähiger Mehrheiten.

Dieses Mißverständnis vom Wesen der demokratischen Repräsentation hat böse Folgen. In einem Land mit langer parlamentarischer Tradition, mit wenigen großen politischen Strömungen, zwischen denen der Wert der parlamentarischen Demokratie nicht umstritten ist, kann ein reines Verhältniswahlrecht durchaus funktionieren. In Deutschland dagegen ist dies anders. Hier konkurriert eine große Zahl von Parteien miteinander, die einem demokratischen Grundkonsens keine erhebliche Bedeutung zumessen, und die zudem jeweils von ihrer alleinseligmachenden Sendung überzeugt sind. Im Reichstag, in dem mehr als ein Dutzend Parteien vertreten sind, ist es kaum möglich, große Gruppen einigermaßen dauerhaft in Regierungskoalition und Opposition zusammenzuschließen, und der Bürger, der die Chance besitzt, einen Vertreter seiner ganz persönlichen politischen Meinung in das Parlament zu wählen, wird nie den demokratisch-pädagogischen Zwang zur Entscheidung zwischen wenigen Alternativen und damit zur pragmatischen Abwägung zwischen größeren und geringeren politischen Nachteilen empfinden. So verstärkt das Wahlrecht der Weimarer Zeit die zerstörerische Neigung der Deutschen zu Weltanschauungs- und Programmparteien ohne politische Bewegungs- und Kompromißfähigkeit.

Allerdings sind die Verfassungsväter bei der Ausgestaltung dieses entscheidenden Verfassungskapitels doch nicht so naiv, wie es nach den späteren Erfahrungen den Anschein haben kann. Einige, wie Max Weber, mißtrauen der Regierungsfähigkeit der Parteien, andere, konservativer gestimmte Geister stehen noch ganz im Banne der Verfassungskonflikte des vergangenen Jahrhunderts und fürchten das Gespenst eines »Parlamentsabsolutismus«, wiederum andere suchen in den westlichen Demokratien nach funktionierenden Beispielen. Das alles läuft zusammen in der Lehre des Gleichgewichts zwischen gesetzgebender und ausführender Gewalt, wie sie vor allem von Robert Redslob formuliert wird. Aus solchen Überlegungen heraus wird die Position des Reichspräsidenten konzipiert, formal etwa entsprechend der Stellung, die der amerikanische oder der französische Präsident innehaben. Tatsächlich ist hier aber wohl das Vorbild des Kaisers psychologisch wirksam, gereinigt vom Autokratismus der Wilhelminischen Ära und gesalbt mit dem Öl des Volkswillens, wie die Liberalen der Achtundvierziger-Revolution sich einst den Volkskaiser wünschten. Im Bonner Grundgesetz wird später das Staatsoberhaupt als machtloser Repräsentant des Gesamtstaats an oberster Spitze entworfen werden; in der Weimarer

Reichstagswahl
Wahlkreis 3 – Potsdam II –

1	Nationalsozialistische Deutsche Arbeiter-Partei (Hitlerbewegung) Dr. Goebbels – Graf zu Reventlow – Schuhmann – Dr. Fabricius	1	○
2	Sozialdemokratische Partei Deutschlands Künstler – Dr. Löwenstein – Heinig – Frau Kunert	2	○
3	Kommunistische Partei Deutschlands Thälmann – Ulbricht – Dahlem – Herm	3	○
4	Deutsche Zentrumspartei Dr. Brüning – Dr. Krone – Schmitt – Bernoth	4	○
5	Deutschnationale Volkspartei Steinhoff – Frau Lehmann – Timm – Brunk	5	○
5a	Radikaler Mittelstand Mylius – Dr. Wörbelauer	5a	○
7	Deutsche Volkspartei Ritter von Haack – Frau Dr. Matz – Lüdecke – Markewitz	7	○
8	Deutsche Staatspartei Dr. Schreiber – Colosser – Dr. Goepel – Frau Beerensson	8	○
9	Christlich-sozialer Volksdienst (Evangelische Bewegung) Weinitschke – Fräulein Wolff – Pietz – Dahms	9	○
9a	Schicksalsgemeinschaft deutscher Erwerbslosen, Kleinhandel und Gewerbe (Erwerbslosenfront) Nowotni – Kraul	9a	○
9b	Deutsch-Hannoversche Partei Meyer – Prelle – Meier – Salker	9b	○
10	Reichspartei des deutschen Mittelstandes Prof. D. Dr. Dr. Bredt – Spindler – Bender – Höhme	10	○
13	Deutsches Landvolk Dr. Ponfick – Baecker	13	○
14	Volksrecht-Partei Dr. Graf von Posadowsky-Wehner – Brink – Bauser – Mende	14	○
15	Gerechtigkeits-Bewegung-Meißner Meißner – Frau Brandt	15	○
17	Sozial-Republikanische Partei Deutschlands (Hörsing-Bewegung für Arbeitsbeschaffung) Hörsing – Hauff – Dr. Hamburger – Krystek	17	○
18	Sozialistische Arbeiterpartei Deutschlands Ledebour – Dr. Rosenfeld – Walcher – Köhler	18	○
19	Polenliste Kwietniewski – Labecki – Sierakowski – Staniecki	19	○
21	Freiwirtschaftliche Partei Deutschlands (Partei für krisenfreie Volkswirtschaft) Grasle – Dr. Großheide – Frau Zerbe – Miz	21	○
25	Kampfgemeinschaft der Arbeiter und Bauern Kondziałka – Adamczak – Schreck – Baumgart	25	○
26	Partei der Erwerbslosen für Arbeit und Brot – Grünbaum –	26	○
27	Kleinrentner, Inflationsgeschädigte und Vorkriegsgeldbesitzer Beer – Sielmann – Huhn – Bangert	27	○
28	Kampfbund der Lohn- und Gehaltsabgebauten – Leder –	28	○
29	Radikaldemokratische Partei Encke – Frau Brinckmann – Dr. Danielewicz – Frau Strasser	29	○
30	Haus- und Landwirte-Partei (Bund für Wirtschaftsreform) Staegemann – Schulz – Meinen – Sakulowski	30	○
31	Für Hindenburg und Papen (Nationalistische Kampfbewegung) Preukschat – Fr. Tangermann – Buja	31	○
32	Deutsch-Sozialistische Kampfbewegung von Mucke – Oldenburg – Fischer – Schild	32	○
33	Unitaristen Union Deutschlands (Einheitsbewegung aller Schaffenden) Kindt – Burlin – Siebert – Willhain	33	○

Reichsverfassung dagegen steht er, vom Volk direkt gewählt, dem Reichstag mit gleicher Legitimität und mit umfangreichen Machtbefugnissen unmittelbar gegenüber.

Das Gleichgewicht zwischen Reichstag und Reichspräsident ist wohl erdacht: Der Reichspräsident ernennt und entläßt den Reichskanzler und auf dessen Vorschlag die Reichsminister, die zu ihrer Amtsführung jedoch des Vertrauens des Reichstags bedürfen. Der Reichstag kann mit Zweidrittelmehrheit an das Volk appellieren, den Reichspräsidenten mittels Volksentscheid abzusetzen; der Reichspräsident dagegen kann den Reichstags auflösen, wenn auch nicht mehrfach mit der gleichen Begründung. Der Reichstag beschließt die Gesetze, doch der Reichspräsident kann jedes Gesetz einem Volksentscheid unterbreiten. Der Reichspräsident besitzt für den Notfall außerordentliche Vollmachten nach Artikel 48, aber seine Maßnahmen müssen aufgehoben werden, wenn der Reichstag es verlangt.

Plakat der DNVP zu den Reichstagswahlen 1932
Entwurf: Herbert Rothgängel

Art. 54 der Weimarer Verfassung: »Der Reichskanzler und die Reichsminister bedürfen zu ihrer Amtsführung des Vertrauens des Reichstags. Jeder von ihnen muß zurücktreten, wenn ihm der Reichstag durch ausdrücklichen Beschluß sein Vertrauen entzieht.«

Dieses System gegenseitiger Kontrollen von Exekutive und Legislative funktioniert in politischen Schönwetterzeiten ausgezeichnet; aber was geschieht, wenn der Reichstag nicht bereit oder imstande ist, seine Aufgaben in diesem System zu erfüllen? Wenn bis zu diesem Punkt immer wieder Kritik an den Ideen der Verfassungsväter zu üben war, so ist es jetzt an der Zeit, ihre, wenn auch zweifellos unbewußte, Weisheit zu bewundern. Hinter der Fassade der wohlbalancierten Schönwetterverfassung verbirgt sich nämlich eine Reserveverfassung für schlechte Zeiten, und dazu führt zweierlei: die Volkswahl des Reichspräsidenten und dessen Befugnisse nach Artikel 48.

Daß der Reichspräsident wie der Reichstag direkt gewählt werden, stellt zwischen den beiden Institutionen nur scheinbar ein Gleichgewicht her; tatsächlich erhält das Staatsoberhaupt auf diese Weise einen Vorsprung. Den Grund dafür hat bereits Karl Marx erkannt, als er am Beispiel Napoleons III. ausführte: »Während die Stimmen Frankreichs sich auf die 750 Mitglieder der Nationalversammlung zersplittern, konzentrieren sie sich dagegen hier auf *ein* Individuum... Die erwählte Nationalversammlung steht in einem metaphysischen, aber der erwählte Präsident in einem persönlichen Verhältnis zur Nation. Die Nationalversammlung stellt wohl in ihren einzelnen Repräsentanten die mannigfaltigen Seiten des Nationalgeistes dar, aber in dem Präsidenten inkarniert er sich. Er besitzt ihr gegenüber eine Art von göttlichem Recht, er ist von Volkes Gnaden.«[65] Wo Parlamentarismus und Parteienstaat gegen Ende der zwanziger Jahre rapide an Glaubwürdigkeit und Anhang verlieren, da strahlt das Amt des Reichspräsidenten weiterhin in ungetrübtem Glanz – ihn umgibt ein Hauch cäsaristischer Akklamation, und auf ihn richten sich die Hoffnungen auf Besserung. Und das Mittel dafür gibt ihm der Artikel 48 in die Hand.

Der ominöse Artikel 48 hat im nachhinein von den Historikern keine guten Noten erhalten: er habe den Machtmißbrauch ermöglicht, heißt es, seine Anwendung habe die schleichende Aushöhlung der Republik bewirkt und Hitlers Weg geebnet. Das alles ist nicht ganz falsch, aber auch nicht ganz richtig. Mit Hilfe dieses Verfassungsartikels kann der Reichspräsident, wenn ein Land die ihm nach der Verfassung oder den Gesetzen obliegenden Pflichten verletzt, dieses mit Hilfe der bewaffneten Macht zur Pflichterfüllung »anhalten«. Weiterhin kann der Reichspräsident bei erheblicher Störung von Sicherheit und Ordnung im Reich zu deren Wiederherstellung »die nötigen Maßnahmen« treffen, erforderlichenfalls auch mit Hilfe der Reichswehr; zu diesem Zweck kann er auch vorübergehend eine Reihe von Grundrechten außer Kraft setzen. Und unter die Rubrik »nötige Maßnahmen« fällt auch die Vollmacht des Reichspräsidenten, ohne Mitwirkung des Reichstags gesetzliche Maßnahmen mit Hilfe sogenannter Notverordnungen zu treffen.

Dergleichen Notstandsbestimmungen sind an sich nichts Ungewöhnliches, man kann sie in den meisten demokratischen Verfassungen der Welt finden, und der Artikel 48 ist die notwendige Antwort auf die Gefährdungen, denen die junge Demokratie seit Beginn ihres Bestehens ausgesetzt ist. »Erhebliche Störungen von Sicherheit und Ordnung«: das heißt im Jahr 1919 Maschinengeweh-

Plakat des »Reichsausschusses für das deutsche Volksbegehren« zum Volksentscheid gegen den Young-Plan, 1929

Der Volksentscheid, wie er in Art. 73 der Weimarer Verfassung niedergelegt ist, stellt ein Element direkter Demokratie im Weimarer Staat dar. Die Hoffnung der Verfassungsväter auf vernünftige Mitsprache des mündigen Wahlvolks bei der Gesetzesarbeit erfüllt sich jedoch nicht; statt dessen dient der Art. 73, wie hier beim Volksbegehren gegen den Young-Plan 1929, durchweg als Hebel der Agitation gegen die Weimarer Verfassungsordnung und ihre Vertreter.

re in den Straßen Berlins, das heißt Aufstände in Mitteldeutschland und im Ruhrgebiet, das heißt Putsche von links und rechts; bis 1923 lebt die Republik fast ununterbrochen im Ausnahmezustand, ob er nun formell verkündet ist oder nicht. Der neue Staat hat sich seiner Haut zu wehren, und zu diesem Zweck ist der Artikel 48 da.

Aber es gibt auch andere Formen des Notstands. Reichspräsident Friedrich Ebert, dem gewiß niemand Diktaturgelüste nachsagen kann, erläßt im Laufe seiner Präsidentschaft bis Januar 1925 insgesamt hundertfünfunddreißig Verordnungen nach Artikel 48, darunter vierundvierzig Verordnungen zur Behebung wirtschaftlicher Notstände – daran dachten die Mitglieder des Weimarer Verfassungsausschusses gewiß nicht, aber es widerspricht auch nicht dem Buchstaben der Verfassung. Und zum polizeilichen und wirtschaftlichen Notstand kommt 1930 der Verfassungsnotstand, als nämlich der Reichstag einem von der Reichsregierung eingebrachten lebensnotwendigen Haushaltsgesetz die Zustimmung verweigert, ohne

Der junge Parlamentarismus
Kaum erblüht - schon naht der vernichtende § 48!

Zeichnung von Karl Arnold

imstande zu sein, die Mehrheit für eine alternative Gesetzesvorlage zustande zu bringen. Erneut tritt der Reichspräsident als Ersatzgesetzgeber in die Bresche; die Exekutive, die Bürokratie, arbeitet immer umfangreichere und kompliziertere Gesetzespakete aus, die der Reichspräsident dann als Notverordnungen »zur Sicherung von Wirtschaft und Finanzen«, »zur Behebung wirtschaftlicher, finanzieller und sozialer Notstände« in Kraft treten läßt: 1930 sind es fünf, 1931 vierundvierzig und 1932 sechzig Diktaturverordnungen. Und der Reichstag? »Der Reichstag aber hat«, so bemerkt der Verfassungsrechtler Fritz Poetzsch-Heffter, »trotzdem sich die radikalen Oppositionsparteien in den folgenden Neuwahlen vervielfachen konnten, von seinem politischen Kontrollrecht nicht wieder Gebrauch gemacht, da die Sozialdemokratie eher geneigt war, im Interesse der parlamentarischen Demokratie der konservativen Staatsführung Dr. Brünings als dem kleineren Übel zu folgen, als sich mit dem Risiko einer Rechtsregierung zu belasten.«[66]

Das Reichsparlament, das sich schon zwischen 1919 und 1924 des öfteren durch Ermächtigungsgesetze seiner legislativen Verantwortung zugunsten der Regierung entzogen hat, dankt seit 1930 praktisch ab - und das, obgleich die extremistischen Parteien noch keineswegs die Mehrheit besitzen. Ob er will oder nicht - der alte Obrigkeitsstaat wird erneut herbeigezwungen; der Reichspräsident vereinigt jetzt die gesetzgebende mit der ausführenden Gewalt, ernennt und entläßt Reichskanzler und Minister, macht Gesetze, hält alle Funktionen des Staatswesens aufrecht - und nimmt man noch hinzu, daß die Person des Reichspräsidenten v. Hindenburg von der Aura des Ersatzkaisers umgeben ist, daß selbst die Staatsrechtslehre ihn zunehmend als »obersten Leiter der deutschen Politik«[67], ja sogar als »Hüter der Verfassung«[68] begreift, dann zeigt sich, daß die Weimarer Reichsverfassung, ohne daß ihrem Buchstaben Gewalt angetan wird, auf den Ernstfall ihrer Bewährung gestellt eine bekannte Figur enthüllt: den monarchischen Konstitutionalismus Bismarckscher Provenienz.

Man kann diese ironische Volte als undemokratisch beklagen, man kann in ihr auch das finessenreiche Walten des Weltgeistes bewundern, gewiß ist jedenfalls, daß die »Reserveverfassung« das Land vor dem offenen Bürgerkrieg bewahrt, der in den Jahren seit 1930 bereits die Wirklichkeit ist, die hinter aller inneren Politik steht, und der in den Straßenkrawallen, Saalschlachten, Kampfappellen, Demonstrationsmärschen und politischen Morden jener Zeit bereits hinreichende Evidenz besitzt. Im übrigen zeigt sich hier wieder, daß Verfassungen lediglich Instrumente der Machtausübung bereitstellen; ob diese Instrumente zum Guten oder Schlechten angewandt werden, liegt an den Menschen, die sich ihrer bedienen. Und daß der Reichspräsident v. Hindenburg als vollziehender Inhaber der Reichsgewalt, mit den besten und verfassungstreuesten Absichten, aber unter den Einflüssen unverantwortlicher und unkontrollierbarer Berater stehend, seine Macht schließlich schlecht gebraucht, indem er sie dem Revolutionär aus Braunau ausliefert, ist kein unabwendbares Schicksal - die Verfassung gibt den Parteien, dem Parlament jederzeit die Möglichkeit, dem Reichspräsidenten in den Arm zu fallen. Aber das geschieht nicht.

Eine Verfassung ist keine Prozeßordnung. Die Weimarer Reichsverfassung enthält, nach mehreren Entwürfen, Abänderungen und Zusätzen, die bei den Beratungen der Nationalversammlung und deren Verfassungsausschuß zustandekamen, ein buntes Gemisch von Normen und Werten, für jedermann etwas. Das kann auch gar nicht anders sein, denn alle Parteien der Nationalversammlung, von den Unabhängigen Sozialdemokraten bis hinüber zu den Deutschnationalen, haben ihre legitime Chance genutzt, die ihnen teuren Werte in der Verfassung zu verankern. Man hat später die Verfassung einigermaßen verächtlich als »dilatorischen Formelkompromiß« bezeichnet - ein törichtes Verdikt, denn was kann eine demokratische Verfassung anderes sein als ein Vertrag zwischen allen gesellschaftlichen und politischen Interessen, die an ihrer Formulierung beteiligt sind? »Wer der Weimarer Reichsverfassung ihren Kompromißcharakter ankreidet,« so der Verfassungsrechtler Ernst Friesenhahn, »negiert bereits das demokratische Prinzip au fond.«[69] So finden sich hier bürgerlich-kapitalistische Prinzipien wie die Eigentumsgarantie friedlich vereint mit sozialistischen (»Das Reich kann ... private wirtschaftliche Unternehmungen in Gemeineigentum überführen«, Art. 156), Gemeinschafts- wie Bekenntnisschule sind nebeneinander zugelassen, Verhältniswahlrecht und Volksentscheid stehen neben Diktaturbefugnissen für die Reichsspitze, Reich und Bundesstaaten besitzen nebeneinander Hoheitsrechte, so daß beim Heiligen Stuhl ein Botschafter des Reichs in Personalunion mit dem preußischen Gesandten amtiert, während der Vatikan nicht nur in Berlin, sondern auch in München eine Nuntiatur unterhält - so ist im Rahmen dieser Verfassung vieles möglich, darunter die Herrschaft der Parteien, aber auch die Diktatur des Reichspräsidenten.

Dieses friedliche Nebeneinander der Ideen und Werte, die sich sonst erbittert befehden, hat seine großen Verdienste - wenn sie nur wollen, können sich alle demokratischen Parteien in dieser Verfassung wiedererkennen, und überdies bleibt das Staatsgrundgesetz anpassungsfähig für politischen Wandel. Aber wie offen darf eine Verfassung sein? »Mit der Verfassung«, sagt der Präsident der Nationalversammlung, der Zentrumsabgeordnete Constantin Fehrenbach, hoffe man die »Grundlage für die freieste Betätigung aller im Volke schlummernden Kräfte im politischen und wirtschaftlichen Leben« geschaffen zu haben. Die Deutschen sollen das »freieste Volk der Erde« sein.[70]

Was aber, wenn diese Freiheit mißbraucht wird? Welche Garantie gibt es dafür, daß nicht einzelne oder Gruppen im Schutz der Verfassung daran arbeiten, die Verfassung selbst zu beseitigen, daß sie sich nicht die Freiheit nehmen, die Freiheit abzuschaffen? In dieser Hinsicht herrscht im Verfassungsausschuß der Nationalversammlung heilloser Optimismus. Die Verfassung, erklärt der sozialdemokratische Reichsinnenminister David den Rechtsparteien, »gibt Ihnen die Möglichkeit, auf legalem Wege die Umgestaltung in Ihrem Sinne zu erreichen, vorausgesetzt, daß Sie die erforderliche Mehrheit des Volkes für Ihre Anschauungen gewinnen. Damit entfällt jede Notwendigkeit politischer Gewaltmethoden ... Die Bahn ist frei für jede gesetzliche friedliche Entwicklung. Das ist der Hauptwert einer echten Demokratie.«[71] Davids edle Gesinnung kommt nicht

Die Koalitionsfrage gelöst
Gut, eine Monarchie. Aber auf kommunistischer Grundlage. Jeder Deutsche muß seine Krone bekommen.

Zeichnung von Karl Arnold

von ungefähr; den Abgeordneten schwebt noch der alte Obrigkeitsstaat des Kaiserreichs vor, dessen politisches und soziales Machtsystem sich nicht rückte und rührte, weil der Staat sich über den Parteien stehend glaubte. Das soll jetzt ganz anders werden; die Verfassung ruht auf dem Kompromiß der Werte, und Werte sind relativ: »Der Relativismus«, sagt der sozialdemokratische Staatsrechtslehrer Hans Kelsen, sei »die Weltanschauung, die der demokratische Gedanke voraussetzt.«[72] Die einschlägigen Debatten in der Nationalversammlung sind wie philosophische Oberseminare: Man beweist sich gegenseitig, ganz im Geiste des herrschenden Positivismus und Neokantianismus, daß kein Wert und keine politische Position einschließlich der Demokratie selbst beweisbar sei, und leitet daraus den zwingenden Schluß ab, daß Demokratie ausschließlich Mehrheitsentscheidung bedeuten könne, in welcher Richtung auch immer.

Man vermeidet deshalb ganz bewußt, der Verfassung selbst irgendwelche normativen Korsettstangen einzuziehen. Trotz aller Feierlichkeit und Bekenntnisfreude der Verfassungsväter soll die Weimarer Reichsverfassung nichts anderes sein als eine Spielregel für den Kampf der verschiedenen Kräfte um die Macht. Sanktionen gegen Parteien, die sich den Spielregeln nicht beugen, oder die sie nutzen, um sie abzuschaffen, sind deshalb ausgeschlossen. Die einzige Aufgabe des Verfassungsschutzes besteht darin, die Freiheit der öffentlichen Diskussion zu gewährleisten, nicht aber Teilnehmer von dieser Diskussion auszuschließen oder gar die Verfassungsprinzipien als unantastbar von Staats wegen offensiv gegen ihre Gegner zu verteidigen.

Der Weimarer Staat ist nach herrschender Rechtslehre innenpolitisch neutral; er hat die Einhaltung der Gesetze zu schützen, und das Bürgerliche Gesetzbuch bestraft Gewaltsamkeit in jeder Form, soweit sie nicht vom Staat ausgeht. Das genügt den verfassunggebenden Liberalen von Weimar vollauf; wenn die Gewalt aus der Innenpolitik verbannt wird, bleibt der Kampf der Ideen, und was ist eines demokratischen Gemeinwesens würdiger? Man glaubt an die Vernunft und das Gute in den Menschen; Instinkte und Emotionen, die Verführbarkeit der Massen, die Sehnsucht nach dem gänzlich anderen, der Rausch massenhafter Selbstentmündigung – alles das ist weit entfernt vom Umkleideraum des Weimarer Staatstheaters, in dem würdige, freiheitlich gestimmte Männer im Geiste Kants und Goethes ein Staatsgrundgesetz erdenken.

In einem Staatswesen, dessen demokratische Verfassung tief in der politischen Kultur verankert wäre, hätte das keine erheblichen Folgen. In Frankreich, England, Amerika sind die Verfassungsgrundlagen unbefragter Teil des nationalen Selbstverständnisses, sie sind in die Mythen eingegangen, die über die Parteien hinweg die Einheit der Nation begründen. Anders in Deutschland; gewiß ist

Zeichnung von Olaf Gulbransson

auch hier die Nation Fluchtpunkt und Gemeinschaftsstiftung, aber sie ist gestaltlos und nur Idee, ein spätes Konstrukt des beginnenden neunzehnten Jahrhunderts und ohne Anschauung, sieht man von ein paar gewonnenen Schlachten und der Figur des Eisernen Kanzlers ab. Viel dringender als ihre westlichen Nachbarn bedarf die deutsche Nation einer Verfassung, die ihr Umriß und Inhalt gibt und letztes, unwiderlegliches und gemeinsames Argument im Streit der Parteien ist. Vor dieser gemeinschaftsstiftenden Aufgabe versagt Weimar kläglich; so wie die letzten Versuche einer einheitlichen Lösung der deutschen Frage auf der Londoner Konferenz von 1947 scheitern werden, weil, mit den Worten des amerikanischen Außenministers, »wir uns nicht einigen konnten, was Deutschland sei«, so scheitert die innere Einheit der Deutschen bereits im Verfassungsausschuß der Weimarer Nationalversammlung, weil man sich nicht einigen kann, was Deutschland sein *soll*.

Wo keine letzte Loyalität zu einem klar umrissenen Ordnungsprinzip gefordert ist, da kann es die graue, niederdrückende Gegenwart nicht mit der Unzahl grandioser Zukunftsprojektionen aufnehmen; der Staat von Weimar wird »jedermanns Vorbehaltsrepublik« (Karl Dietrich Bracher), ein »Transitorium« (Theodor Heuss), ein politisches Niemandsland, das den Durchmarsch der Weltanschauungsparteien in irgendwelche, jedenfalls ganz andere Gemeinschaftsformen freigibt. Die politische Utopie scheint wirklicher als die Wirklichkeit, der für das deutsche politische Denken so kennzeichnende Realitätshaß und Realitätsverlust wird prämiiert, und die Bindungen an das Gemeinwesen von Weimar verkümmern zu beliebig interpretierbaren Teil-Loyalitäten: Ist es die Republik, die zu verteidigen ist, ist es die Verfassung, die Demokratie, der Staat, das Volk, das Vaterland, die Nation? Jeder dieser Begriffe steht im politischen Denken Weimar-Deutschlands für das Ganze, und jeder ist eine Hohlform, beliebig mit Inhalten zu füllen.

Auf den Ernstfall ihrer Existenz gestellt, wendet sich die Verfassung ohne normative Verankerung gegen sich selbst. So kann es dazu kommen, daß am 30. Januar 1933 Reichspräsident v. Hindenburg den Führer der Nationalsozialisten zum Reichskanzler ernennt; niemand hält sich strikter an den Buchstaben der Verfassung als der greise Reichspräsident, und an dieser Ernennung ist tatsächlich nichts Verfassungswidriges, Adolf Hitlers Weg zur Macht ist legal.

Drei Jahre zuvor war dies Gegenstand eines Verfahrens vor dem Reichsgericht gewesen; drei Reichswehrleutnants waren angeklagt, weil sie für die Nationalsozialisten agitiert hatten, und Hitler wurde unter Eid befragt, wie er es mit Gesetz und Verfassung halte. Hitler beteuert, er habe Gewalt auf dem Weg zur Macht nicht nötig, da genügten zwei, drei Wahlen. Damit ist für das Gericht das Legalitätsproblem erledigt, aber das Reichsinnenministerium legt reichlich Beweise dafür vor, daß Hitler beabsichtigt, die Verfassung zu beseitigen. Hitler hat dafür nur ein Achselzucken. »Die nationalsozialistische Bewegung«, erklärt er, »wird in diesem Staat mit den verfassungsmäßigen Mitteln das Ziel zu erreichen suchen. Die Verfassung schreibt uns nur die Methoden vor, nicht aber das Ziel. Wir werden auf diesem verfassungsmäßigen Wege die ausschlaggebenden Mehrheiten in den gesetzgebenden Körperschaften zu erlangen versuchen, um in dem Augenblick, wo uns das gelingt, den Staat in die Form zu gießen, die unseren Gedanken entspricht.«[73]

Die offene Ankündigung, den Staat und dessen Verfassungsordnung im Moment der Machtergreifung völlig umzustülpen, stört die Richter des höchsten deutschen Gerichtes keineswegs, denn nichts daran ist verfassungswidrig; ihnen war es nur darum gegangen, die Legalität des nationalsozialistischen Wegs zur Macht zu prüfen, und Hitler hat die Prüfung glänzend bestanden. Joseph Goebbels sagt hinterher lachend zu einem der angeklagten Leutnants: »Was wollen die Brüder danach noch gegen uns machen? Sie haben doch nur darauf gewartet, zupacken zu können. Nun sind wir streng legal, egal legal.«[74]

Die Weimarer Reichsverfassung in ihrer bodenlosen Liberalität hilft ihren eigenen Verderbern. Es kommt, wie Hitler vor Gericht gesagt hat, und die Verfassung stört dabei nicht im geringsten; die Machthaber des »Dritten Reichs« bekunden ihr ihre tiefe Verachtung, indem sie sie nicht einmal außer Kraft setzen. Die Weimarer Reichsverfassung gilt, formal gesehen, bis zum 8. Mai 1945.

Bürokraten und Soldaten

»Verdrängung der übernommenen Organe des absolutistischen militärischen Polizeistaates von der Verwaltung, Justiz und Armee« fordert Rosa Luxemburg in der »Roten Fahne« vom 21. November 1918 als eine der nächsten Aufgaben der Revolution. Aber davon kann nicht die Rede sein; das Bündnis mit der alten Armee ist für die revolutionäre Reichsregierung eine Frage des Überlebens, und was den alten Beamtenapparat angeht, so urteilt auch ein liberalbürgerlicher Betrachter kritisch: »Aber da zeigt sich ein großer Mangel der neuen Lage. Die Beamtenwelt ist so gut wie ohne alle Personalveränderungen geblieben. Die Beamten, auch die konservativsten, stellen sich auf den ›Boden der neuen Tatsachen‹ und bleiben im Amt, regieren, sprechen und benehmen sich ganz im alten Stil. Das erzeugt immer neues Mißtrauen und neue Reibungen ...«[75]

Das Mißtrauen der republikanischen Kräfte, namentlich in der Arbeiterschaft, gegen die Beamten des alten Obrigkeitsstaats sitzt tief. Auf dem Weimarer Parteitag der Sozialdemokratischen Partei von 1919 macht sich Otto Wels zum Sprecher der Kritik, als er erklärt, es sei unmöglich, »daß eine Regierung, die in der Mehrheit aus Sozialdemokraten besteht, sozialdemokratische Politik treiben kann, wenn die alten Reaktionäre draußen im Lande noch die Verwaltung in der Hand haben, wenn nicht der Sturm die Landratsstuben aufreißt und die dumpfe, muffige Luft hinausfegt«[76]. Der sozialdemokratische preußische Innenminister Wolfgang Heine, verantwortlich für jeden zweiten deutschen Beamten, verweist dagegen auf die Loyalität der alten Amtsinhaber und auf die Schwierigkeiten, fachlich geeigneten Ersatz zu beschaffen. Nach dem Kapp-Putsch, als eine Reihe ostelbischer Landräte, Regierungs- und Oberpräsidenten ihre Loyalität der rechtmäßigen Regierung gegenüber

Artikel 130
»...Die Beamten sind Diener der Gesamtheit, nicht einer Partei...«

Zeichnung von Olaf Gulbransson

Die parteipolitische Ämterpatronage blüht namentlich in den Ländern und wird zum bevorzugten Angriffsziel extremistischer Propaganda: »Drang zur Futterkrippe«. Tatsächlich ist im Staatsdienst wenig zu verdienen, und ein republiktreuer Beamter ist am leichtesten an seiner Parteizugehörigkeit zu erkennen.

vergessen, stürzt Heine über seine Beamtenpolitik, ohne daß sich in der Folgezeit Entscheidendes änderte.

Heine hat ganz recht: bis 1914 war kein Sozialdemokrat im unmittelbaren Staatsdienst eingestellt gewesen, und nur einige wenige SPD-Mitglieder wurden während des Ersten Weltkrieges in Kommunalämter bestätigt. Abgesehen von einigen Rechtsanwälten gibt es jetzt keinen Sozialdemokraten, der die notwendigen verwaltungsjuristischen Kenntnisse für höhere Verwaltungstätigkeit besitzt. Zentrum und Deutsche Demokratische Partei stehen in dieser Hinsicht zwar besser da, aber auch ihr Personalreservoir ist begrenzt, und überdies wacht die SPD eifersüchtig über dem Ämteranteil, der ihr nach dem Parteienproporz zusteht.

Der Streit um die Bürokratie geht aber um mehr als um die Frage, wie zuverlässig die Beamtenschaft der neuen Verfassungsordnung dient. Für alle Beteiligten, für Revolutionäre wie für die Kräfte des Alten, gilt das Axiom der Identität von Beamtenschaft und Staat. Dahinter steht die jahrhundertealte Erfahrung preußischer Geschichte, einer Identität, die durch kein natürliches Territorium, keine einheitliche Bevölkerung, keine spezifische Sozial- oder Wirtschaftsverfassung, bis weit in das neunzehnte Jahrhundert hinein nicht einmal durch eine einheitliche Rechtsordnung geschaffen wird. Was Preußen zusammenhält, ist die preußische Verwaltung, »neben dem Offizierskorps die einzige Körperschaft, die Einheit und Kontinuität des Staates verbürgte«[77]. Und Verwaltung ist in Preußen und in direkter preußischer Tradition auch im deutschen Kaiserreich nicht nur exekutives Instrument der Regierung, sondern die Regierung selbst: auch verantwortliche Minister, auch der Reichskanzler, sind preußische Beamte; und nimmt man hinzu, daß seit den Tagen Friedrich Wilhelms III. alle großen politischen Initiativen aus der hohen Beamtenschaft kommen, dann leuchtet das Urteil des vormärzlichen konservativen Publizisten Ernst v. Bülow-Cummerow ein, der die Verwaltung den eigentlichen Souverän Preußens nennt – selbst der König sei lediglich »Souveränitätsrepräsentant«[78]. Deshalb ist die Übernahme des Verwaltungsapparats durch die neuen Gewalten 1918 nicht nur ein praktisches Problem, sondern vor allen Dingen ein Akt staatlicher Symbolik.

Die gespannten Beziehungen zwischen Republikanern und Bürokraten beruhen auf Gegenseitigkeit. Gewiß, es bewahrheitet sich, was Max Weber im Dezember 1918 schreibt: »Daß die bürokratische Maschinerie nach der Natur ihrer ideellen und materiellen Triebkräfte und angesichts der Natur des heutigen Wirtschaftslebens, welches durch sein Versagen ja zur Katastrophe geführt würde, gegebenenfalls bereit ist, unbesehen jedem zu dienen, der sich im physischen Besitz der nötigen Machtmittel befindet und den Beamten den Fortbesitz ihrer Ämter gewährt.«[79] Aber die Beamtenschaft in ihrer großen Mehrzahl bildet eine sozial wie politisch homogene und geschlossene Körperschaft, in der Monarchismus und konservative Staatsauffassung selbstverständliche Kennzeichen des Standes sind. Allerdings spielt die Amtsübergabe vom letzten kaiserlichen Reichskanzler Max von Baden auf Friedrich Ebert eine große Rolle, denn damit ist der Schein der Legalität gewahrt, und in der höheren Beamtenschaft wird fortan nie von dem »Volksbeauftragten«, sondern stets von dem »Reichskanzler« Ebert gesprochen. Gewiß gibt es hier gelegentlich auch opportunistische Erwägungen, und die materiellen Probleme der Beamten kommen hinzu, denn in den seltensten Fällen ist da im Hintergrund ein Gutshof oder eine Rente, den Austritt aus dem Staatsdienst zu erleichtern. Immerhin quittiert aber im Laufe der nächsten Monate ein gutes Zehntel der höheren Beamten in der preußischen inneren Verwaltung wegen »Umgestaltung des Staatswesens« den Dienst; wer bleibt, beißt die Zähne zusammen und tut unter dem ungeliebten neuen Regime seine Pflicht.

Von offenem Widerstand der Bürokratie gegen die neue Staatsführung kann keine Rede sein. Der Landrat Magnus Freiherr v. Braun berichtet, ihm als »altem Monarchisten« sei es »bitter sauer« geworden, »Seite an Seite mit Menschen zu arbeiten, die bisher auf der anderen Seite des Grabens gestanden hatten«. Er habe sich aber in dem Bewußtsein überwunden, »daß über der Staatsreform etwas Höheres steht: der Staat selbst.«[80] Innenminister Heine ernennt v. Braun zum Personalreferenten des preußischen Innenministeriums und macht damit den Bock zum Gärtner, denn v. Braun nutzt seine Stellung, um »eine Reihe von Bremsen einzubauen«, wie er selbst in schöner Offenheit zugibt[81]; an ihn gelangen auch gelegentlich Vorschläge, man könne doch die Revolution sabotieren, indem sämtliche höheren Beamten gleichzeitig ihre Posten verließen, aber v. Braun lehnt kategorisch ab: »Und wenn schon die oberen Beamten weggehen, die unteren würden bleiben, und die oberen Stellen würden mit irgendwelchen Nichtskönnern besetzt werden. Will man das Chaos und glaubt man, am Ende würde die alte Führerschicht wieder ans Ruder kommen? Ich habe dies für ausgeschlossen gehalten.«[82]

Pflichtbewußtsein, Legalität, Verhütung von »Schlimmerem«, wirtschaftliche Erwägungen und die altpreußische Ideologie vom Staat als einer unveränderlichen Wesenheit, die über den Parteien, über den Interessen und über der »Staatsform« stehe – das alles hilft den Beamten in die neue Zeit hinein. Allerdings kommt es in den Ministerien und Ämtern zu einem stillen, von außen kaum wahrnehmbaren Machtkampf, wenn ein Politiker republikanischer Couleur an ihre Spitze tritt; das bekommt beispielsweise der Sozialdemokrat Otto Braun zu spüren, der am 12. November 1918 die Geschäfte des preußischen Landwirtschaftsministers übernimmt. »Haß, Ablehnung und mißtrauische Neugier« findet Braun bei der Beamtenschaft des Landwirtschaftsministeriums vor, »bei keinem eine Spur freudiger Genugtuung, die etwas Sympathie für das neue Regime und seine Exponenten ... verraten hätte.«[83] Der verdeckte Widerstand der Beamten gegen den neuen Chef arbeitet mit allen bürokratischen Tricks; man deckt den Minister mit Akten und Vorgängen ein, um ihm die Übersicht zu nehmen und ihn im Kleinkram zu ersticken. Braun aber arbeitet sich in kürzester Zeit in die preußische Agrarverwaltung ein, feuert Widerstrebende, lernt Aktenpläne auswendig, legt eine eigene Registratur an, lernt sachgemäß anzuordnen und Verantwortung zu delegieren und beherrscht in wenigen Tagen den Amtsapparat: »Das störrischste Pferd«, philosophiert er, »wird meist folgsam und treu, sobald es merkt, daß der

Plakat, um 1930
Entwurf: Adolf Graeser

Das Werben der Parteien um die wachsende Zahl der Beamten ist wenig erfolgreich, die althergebrachte Vorstellung vom Beamten als überparteilichem Interessenwahrer des Ganzen überlebt die Revolution ungebrochen. Lediglich in einigen Bereichen, in der preußischen Schutzpolizei und in Stadtverwaltungen und städtischen Betrieben, kann die SPD einige Erfolge verbuchen.

Der Militarismus ist tot, es lebe der Bürokratismus!
Bis jetzt trifft auf fünfzehn Deutsche ein Beamter. Wir werden erst glücklich sein, wenn auf fünfzehn Beamte ein Deutscher trifft.

Zeichnung von Th. Th. Heine

Reiter die Zügel fest in der Hand hat.«[84] Anderen Ministern geht es anders; sie sind entweder nicht fähig, den rationalen, aber komplizierten bürokratischen Entscheidungsweg zu durchschauen, oder sie erliegen ihren gesellschaftlichen Minderwertigkeitskomplexen gegenüber den großbourgeoisen Ministerialräten und bleiben, mit den Worten eines ironischen Beobachters, »Puppen in der Hand des stoffbeherrschenden Geheimrats«[85].

Hier zeigt sich das Problem der Bürokratie in seinem eigentlichen Ausmaß: Sie ist beherrschbar, wenn ein fester und zielgerichteter politischer Herrschaftswille da ist. Die Beamtenschaft ist stets loyal, wenn der Machtanspruch der Herrschenden legal begründet und unmißverständlich vertreten wird. Das zeigt sich im März 1920, als Kapp und Lüttwitz gegen die Republik putschen und dabei mit großer Selbstverständlichkeit von der Unterstützung ihres Unternehmens durch die Berliner Ministerialbürokratie ausgehen, deren monarchistische Sympathien auf der Hand liegen. Kapp erlebt die größte Enttäuschung seines Lebens: Die Beamten weigern sich, seinen Anordnungen zu folgen, und üben in den Ministerien passive Resistenz. Die Regierung des Reichskanzlers Gustav Bauer ist für sie die einzige rechtmäßige Regierung, und daran ändern die politischen Sympathien nichts. An dieser Haltung der Beamtenschaft, und nicht etwa am oft genannten Streik der Arbeiter, scheitert Kapps Unternehmen. Ganz anders am 20. Juli 1932, als Reichskanzler v. Papen die preußische Regierung mittels einer von Hindenburg erlassenen Notverordnung ihrer Ämter enthebt und sich selbst zum Reichskommisar für Preußen ernennt: Die preußische Verwaltung arbeitet reibungslos unter dem Reichskommissariat weiter, denn die formale Rechtslage scheint für Papen zu sprechen – erst Monate später wird teilweise die Verfassungswidrigkeit des »Preußen-Schlags« gerichtsnotorisch –, und überdies hat die Regierung Braun-Severing längst resigniert, da sie nur noch geschäftsführend amtiert und sich nicht mehr demokratisch legitimiert fühlt. Und Hitler wird auf die Loyalität der Beamtenschaft, ungeachtet ihrer politischen Präferenzen, ebenso setzen können wie einst Ebert, und zwar aus den gleichen Gründen.

Eine nennenswerte Demokratisierung des Beamtenwesens findet in den vierzehn Jahren der Weimarer Republik nicht statt. Dazu braucht es ein Konzept und langen Atem, und wie soll so etwas zustande kommen, wenn die Reichsregierungen alle achteinhalb Monate wechseln? Etwas günstiger sieht es in Preußen aus, wo die schwarz-rot-goldene Regierungskoalition fast die gesamte republikanische Ära überdauert; hier werden im Laufe der Zeit immerhin fast alle Spitzenpositionen durch demokratisch zuverlässige Männer besetzt. Erst Franz v. Papen wird sie nach dem 20. Juli 1932 mit einem Federstrich allesamt aus ihren Ämtern entfernen und die preußische Verwaltung »sozialistenrein« machen, so daß hier das nationalsozialistische Regime auf keinerlei Schwierigkeiten stoßen wird. Besorgniserregend ist aber, was in den unteren und mittleren Rängen geschieht; selbst die als republikanisch zuverlässig geltende preußische Schutzpolizei ist da nicht gefeit, 1932 wählen einige Polizeireviere fast geschlossen nationalsozialistisch, während das Polizei-Offizierskorps in NS-Publikationen als »links« eingestuft wird. Immerhin wird die preußische Regierung ihrem Programm, »Bollwerk der Republik« zu sein, gerecht, indem sie mit einem Erlaß vom 25. Juni 1930 KPD und NSDAP als Organisationen bezeichnet, »deren Ziel der gewaltsame Umsturz der bestehenden Staatsordnung ist«, und die Teilnahme der preußischen Beamten an diesen Organisationen verbietet; ein preußisches Ersuchen an die Reichsregierung, ähnlich gegen extremistisch eingestellte Beamte der Reichsbehörden vorzugehen, wird nicht einmal beantwortet, obwohl hier reichlich Anlaß zur Überprüfung der bürokratischen Verfassungsloyalität besteht. Im April 1932 beklagt Reichspostminister Schätzel die Unterwanderung der Postbeamten durch die Nationalsozialisten, vor deren Terror bereits »die verfassungstreuen Beamten« geschützt werden müßten; Reichsfinanzminister Dietrich ergänzt, die Behördenchefs der Zollverwaltung stünden den etwa 90 Prozent nationalsozialistisch eingestellten Zollbeamten »wehrlos« gegenüber[86].

Das sind allerdings Ausnahmen; in ihrer großen Masse verhält sich die Beamtenschaft parteipolitisch neutral, wenn auch keineswegs »unpolitisch«, denn sie tendiert insgesamt, wenn auch nicht präzis und erklärtermaßen, zu einem autoritär-etatistischen Staatsbild; die Regierung Brüning kommt diesem Ideal recht nahe. Und weshalb sollte es anders sein? Niemand kann von der Bürokratie erwarten, daß sie sich politisch völlig anders verhält als die Bevölkerungsmehrheit, die sich zunehmend von der Republik abwendet. Und überdies verzichtet ja die Verfassung darauf, feste Normen zu setzen, an die sich die Staatsdienerschaft zu halten hat. Wenn die Verfassung sich selbst zur Disposition beliebiger parlamentarischer Mehrheiten begibt, ihre eigene Abschaffung oder Umwandlung in etwas vollkommen anderes anheimstellt, dann sieht die Beamtenschaft keinen Anlaß, die Demokratie in ihrer gegenwärtigen Gestalt als den Grundstein der Staatsordnung zu betrachten. Die Beamtenschaft hat nicht, wie gelegentlich zu hören ist, die Fundamente der Verfassung untergraben – zu untergraben war da nichts. Aber es hat sich auch kaum ein Finger gerührt, sie zu stützen und zu retten.

Zurückhaltend und unscheinbar wirkt auch die Armee. Das Hunderttausend-Mann-Heer, das der Versailler Vertrag der Republik neben einer winzigen Marine von 15 000 Mann belassen hat, erscheint ganz anders als das alte preußische Heer, das die meisten Deutschen in verklärter Erinnerung halten. Nichts mehr von »schimmernder Wehr«, von farbenprächtigen Monturen im Straßenbild, von sporenklirrenden Leutnants, vor denen Zivilisten beiseite treten und die Hüte ziehen, nichts mehr vom Übermaß der Uniformen im öffentlichen Leben und von der »Armee, die einen Staat hat«, wie gegen Ende des achtzehnten Jahrhunderts der französische Gesandte aus Berlin berichtet. Die Reichswehr ist kaum sichtbar, ihre Garnisonen liegen vorwiegend auf dem Land und in kleinen Städten, denn die Großstädte gelten als gefährlich für die politische und sonstige Moral der Soldaten. Der Offizier trägt jetzt unscheinbares Feldgrau, und die Zeit, in der er Vorbild und Wunschtraum bürgerlicher Selbstbestätigung war, ist längst vorbei. Vorbei ist auch der »Nachkrieg«, die revolutionäre Episode zwischen dem November 1918 und dem März 1920, zwischen November-

Plakat, 1919
Entwurf: Alexander M. Cay

revolution und Kapp-Putsch, als die Armee im Bündnis mit der sozialdemokratischen Reichsleitung die Ostgrenzen gegen polnische Gebietsansprüche und die Reichseinheit gegen linkssozialistische Machtansprüche zu schützen hatte, die Zeit der Freikorps, die großenteils ohne Mittun der Armeeführung allenthalben aus dem Boden schossen: Soldaten, die sich um irgendwelche militärische Führer scharten, um auf eigene Rechnung und Gefahr die Revolution zu bekämpfen, Söldnertrupps, die, nicht unähnlich den Landsknechtshaufen des Dreißigjährigen Kriegs, von Schlachtfeld zu Schlachtfeld zogen, undiszipliniert und nur mühsam und von Fall zu Fall einem militärischen Oberkommando unterzuordnen, Spezialisten des Bürgerkriegs, die kämpften und dachten wie ihre Bürgerkriegsgegner, und die deshalb nach dem Abflauen des Bürgerkriegs nicht nur überflüssig, sondern auch gefährlich für die Republik wurden. Die Armeeführung hat sich ihrer rigoros entledigt, gemäß dem Diktum des letzten Generalquartiermeisters der Obersten Heeresleitung, dem Generalleutnant Wilhelm Groener, der am 9. Juli 1919 anläßlich der Auflösung der OHL in sein Tagebuch notiert: »Die Offiziere müssen wieder gehorchen lernen und von der verflixten Politik die Finger lassen; Politik dürfen nur wenige treiben, und diese zäh und verschwiegen...«[87]

So sehr die Zeiten sich ändern, so sehr bleibt in Wirklichkeit die Armee sich gleich. Anfechtungen und Existenzgefährdungen sind für sie nichts Neues; schon einmal, im Jahr 1848, hat sie erlebt, daß der Monarch, auf den sie vereidigt war, alle Staatsgrundsätze aufgab und es dem Militär überließ, eine Revolution niederzuschlagen. Im März 1848 verbot Friedrich Wilhelm IV. den Kommandeuren der um Berlin liegenden Truppen, gegen die demonstrierenden Massen vorzugehen, und gestattete sogar den periodischen Zusammentritt des Vereinigten Landtags, was bei den führenden Militärs den Verdacht erregte, der König könne weniger entschlossen sein, das absolutistische Regime zu verteidigen als die Armee selbst. Der Verdacht wurde zur Gewißheit, als nach den Barrikadenkämpfen vom 18. und 19. März 1848 der König den Aufruf »An meine lieben Berliner« erließ, die Regimenter von Berlin abzog, barhäuptig das Leichenbegängnis der gefallenen Barrikadenkämpfer abnahm und, begleitet von neuernannten liberalen Ministern, mit der schwarz-rot-goldenen Kokarde geschmückt einen Umritt durch die Stadt unternahm. Es war die Armee, die schließlich im November 1848 in staatsstreichartigem Vorgehen und ohne königlichen Befehl die Revolution in Preußen beendete, indem sie in Berlin einrückte und die preußische Nationalversammlung auseinanderjagte. Von nun an war es nicht mehr die Person des Königs, der die preußische Armeeführung sich verpflichtet fühlte, sondern das monarchische Prinzip, das unangreifbar und krisenfest über den politischen und gesellschaftlichen Wirren der Zeit schwebte, und das in die Idee des Staats mündete, der nur und ausschließlich auf den Schultern der Armee ruhte; das konnte es jederzeit auch erfordern, königlicher als der König und staatstreuer als die Staatsregierung zu handeln. Und in diese Ära fällt auch der Rückzug der Armee aus der Gesellschaft; sie igelte sich ein, um ihren Standpunkt »über den Parteien«, der doch ganz und gar selbst parteilich war, gegen das Eindringen der neuen politischen Ideen der Zeit zu verteidigen, und ein damals noch unberühmter

Gardemajor namens Albrecht v. Roon fand die Worte: »Ja! ich sage es unumwunden, das Heer, das ist jetzt unser Vaterland, denn hier allein sind die unreinen, gärenden Elemente, die alles in Frage stellen, noch nicht eingedrungen.«[88]

Manches erinnert nach dem Ersten Weltkrieg an diese Zeit, nur sind die Wirkungen drastischer, einschneidender. Der König – und für die preußische Armee bleibt Wilhelm II. bis zum letzten Tag der König – hat sich nicht nur den Revolutionären gebeugt, er ist ganz einfach desertiert. Mit Wilhelm II. ist das Offizierskorps fertig; das monarchische Prinzip wird weiterhin hochgehalten, hier und da schwirren auch Träume von Reichsverweser- und Regentschaft für Hohenzollernenkel durch die Köpfe, aber ein wichtiges Thema ist das nicht, so tief auch jeder einzelne Offizier vom Untergang der Monarchie und vom Bruch des persönlichen Treueverhältnisses zwischen ihm und dem König getroffen ist. Jetzt geht es um die Zukunft, und da kann es für die Armeeführung nur eins geben: Rückzug aus der Politik, soweit es um die Liquidation des Krieges geht. »Die Heeresleitung«, schreibt Groener später für seine Memoiren, streicht dann aber diese Sätze, »stellte sich bewußt auf den Standpunkt, die Verantwortung für den Waffenstillstand und alle späteren Schritte von sich zu weisen. Sie tat dies, streng juristisch gesehen, nur mit bedingtem Recht, aber es kam mir und meinen Mitarbeitern darauf an, die Waffe blank und den Generalstab für die Zukunft unbelastet zu erhalten.«[89]

Das klingt wie der Ausdruck des zynischsten Partikularegoismus einer kleinen Elite, die das Volk ins Unglück geritten hat und jetzt nichts Eiligeres zu tun weiß, als sich der Folgen zu entledigen. Aber so ist es nicht gemeint; Groener geht vielmehr von dem alten Armeedogma aus, daß der Staat ohne das Heer verloren sei. Nur wenn die Armee über Niederlage und Revolution hinaus erhalten bleibt und ihre Handlungsfreiheit auch in Zukunft nicht verliert, so ist Groeners Überlegung, nur dann ist der Fortbestand des Staats gesichert; wird die Armee in die Verantwortung für Waffenstillstand und Friedensvertrag genommen, dann wird sie mitverantwortlich für die künftige Friedensordnung sein und damit in die absehbaren Parteikämpfe verwickelt werden – und das darf nicht sein, denn die Armee würde dann zerreißen, und damit wäre der Staat verloren. Die Maxime des Offizierskorps für die kommenden Jahre lautet: »Das Heer dient dem Staat, nur dem Staat; denn es ist der Staat.«[90]

Man kann das auch umdrehen, obwohl jeder Soldat den Schluß entrüstet und mit ehrlicher Überzeugung zurückweisen würde: Was gut für die Reichswehr ist, muß auch gut für den Staat sein; darin unterscheidet sich die Armee wenig von den Parteien und Interessenverbänden, die jeweils das Wohl des Ganzen mit ihren Partikularinteressen in eins zu setzen pflegen. Nur sind Parteien und Verbände zahlreich, sie balancieren ihre Einflüsse gegenseitig aus und unterliegen zudem vielfältigen gesellschaftlichen und politischen Kontrollen. Anders die Reichswehr; hier sind es die wenigen in der Armeeführung, von denen Groener sprach, die deren Politik machen, und dies still und verschwiegen – und kein Gegengewicht, kein Verfassungsorgan, das diese Politik kontrollierte und beeinflußte. Schon das vielberedete Bündnis Groener–Ebert vom 10. November 1918 hat hier die Weichen gestellt, jene Abmachung, mit der die

Zeichnung von Rudolf Großmann

Oberste Heeresleitung und die revolutionäre Reichsregierung sich gegenseitige Unterstützung zusicherten, indem sie sich wie souveräne Staaten gegenseitig anerkannten und ihre Beziehungen zueinander regelten. Der sozialdemokratische Reichswehrminister Gustav Noske, der verfassungsgemäß als militärischer Vorgesetzter zwischen dem Reichspräsidenten als Oberbefehlshaber und der Armee steht, versucht den Brückenschlag zwischen beiden Mächten und scheitert, wie der Kapp-Putsch vom 13. März 1920 erweist. Das liegt daran, daß Noske sich zwischen die Stühle setzt; fraglos herrscht zwischen ihm und dem Großteil des Offizierskorps ein loyales Verhältnis, aber er glaubt, das Vertrauen aller Offiziere zu besitzen, und geht deshalb auch dann nicht gegen den Putschistengeneral v. Lüttwitz vor, als mehrere Tage vor dem Putsch bereits handfestes Beweismaterial vorliegt. Auf der anderen Seite ist das Mißtrauen der breiten sozialdemokratischen Anhängerschaft und Funktionärskader gegen die Militärs nach dem Putsch glänzend bestätigt, obwohl nur ein kleiner Teil der Armee auf der Seite des Generals v. Lüttwitz gestanden hat, während die Reichswehrführung den Putschisten die kalte Schulter gezeigt und damit deren Scheitern mitverursacht hat. Aber Noske muß gehen, und nachdem mehrere andere sozialdemokratische Parteiführer sich geweigert haben, den unheimlichen Sitz des Reichswehrministers zu besteigen, gibt man diese politische Schlüsselstellung preis und überläßt sie dem Koalitionspartner DDP, der sie mit dem Nürnberger Oberbürgermeister Otto Geßler besetzt, der Wachs in den Händen des Chefs der Heeresleitung ist.

Chef der Heeresleitung und damit oberster militärischer Dienstvorgesetzter des Reichsheeres wird nach dem Kapp-Putsch Generalmajor Hans v. Seeckt. Seeckt, Sohn eines preußischen Offiziers, hatte schon vor dem Krieg ungewöhnlich rasch, teilweise außerplanmäßig, avanciert; bei Kriegsausbruch war er Oberstleutnant und Chef des Generalstabs im 3. Armeekorps. Eine breitere Öffentlichkeit lernte seinen Namen aus den Zeitungen kennen, als er als Stabschef der Heeresgruppe v. Mackensen im Mai 1915 die große Durchbruchsschlacht von Tarnow-Gorlice leitete und damit den Zusammenbruch der russischen Südwestfront herbeiführte. Auffallenderweise hatte Seeckt den ganzen Krieg über ausschließlich Stellungen als Generalstabschef inne, bei der 7. und 12. k. u. k.-Armee, der Heeresgruppe Erzherzog Karl, der Heresfront Erzherzog Josef, schließlich als Chef des Generalstabs der türkischen Armee. Nicht der Oberbefehl war seine Sache, sondern die operative und strategische Planung, und seine Erfolge in dieser Funktion waren ungewöhnlich. Nach dem Zusammenbruch der Türkei trifft Seeckt am 13. November 1918 im revolutionären Berlin ein; er stellt sich, wie es so heißt, »der neuen Regierung zur Verfügung«, ist aber vorerst ohne Verwendung.

Am 20. Dezember 1918 findet im Gebäude des Großen Generalstabs eine Offiziersversammlung statt. Das Wort führt ein untersetzter, kahlköpfiger Major im Namen der Obersten Heeresleitung – sein Name ist Kurt v. Schleicher: Erst, wenn wieder Ordnung herrsche, werde auch die Wirtschaft wieder gesunden. Erst dann, »nach langen, mühevollen Jahren« könne »an die Wiedererrichtung der äußeren Macht herangegangen werden«. Hauptmann v. Rabenau, dem wir den Bericht über diese Konferenz verdanken, fährt fort: »Als Schleicher endete, erhob sich, wohl zum Erstaunen der Mehrzahl der Anwesenden, ein bleicher, schlanker, nicht mehr junger Herr in Zivil. Es gab sicher eine ganze Anzahl, die ihn gar nicht kannten. Als mein Nebenmann mich fragte: Wer ist das? flüsterte ich ihm zu: Seeckt.« Seeckt widerspricht Schleicher mit knappen Worten. Die Wiederherstellung der Regierungsgewalt und der Ordnung im Inneren sei eine Selbstverständlichkeit; aber die Wirtschaft sei nicht wiederaufzurichten, solange das Land politisch ohnmächtig bleibe. »Für ein Land, das im Augenblick Machtmittel nicht zur Verfügung habe, um sich durchzukämpfen, ergebe sich die Pflicht, die belassene Wehrmacht wenigstens so zu gestalten, daß man ein begehrenswerter Bundesgenosse für andere würde. Mit ein klein wenig erhobener Stimme setzte er die Worte: Deutschland müsse so schnell als möglich wieder bündnisfähig sein.« Der Hauptmann v. Rabenau ist tief beeindruckt: in Schleichers Idee, daß die Wirtschaft vor der auswärtigen Politik komme, hat er etwas Neues, fast Revolutionäres gespürt. Seeckt dagegen erklärt die politische Macht des Reichs für das Wichtigste, und politische Macht heißt: militärische Bündnisfähigkeit, also Ausbau des Heeres. »Was sich eben in Seeckts Worten wieder zu regen begann, war der Geist der Armee.«[91]

Der Geist der Armee zieht im März 1920 mit der Ernennung Seeckts zum Chef der Heeresleitung wieder in die Reichswehrspitze ein, nachdem der Versuch Noskes und Seeckts Vorgängers, des Generalmajors Walter Reinhardt, gescheitert ist, Heer und Republik miteinander zu versöhnen. Von jetzt an leben Reichswehr und Republik nur noch nebeneinander. General v. Seeckt, der »Sieger von Gorlice«, die »Sphinx mit dem Monokel«, richtet einstweilen alle Energie darauf, das Heer und vor allem das Offizierskorps aus der tiefen Verunsicherung nach Niederlage und Revolution herauszuführen und der Armee ihre traditionelle Geschlossenheit und Selbstsicherheit zurückzugeben. Das bedeutet zum einen strikte Abschottung gegen alle Versuche, von außerhalb Einfluß auf die Reichswehr zu nehmen; ein Mitarbeiter Seeckts schreibt in seinen Erinnerungen, Seeckt habe die Reichswehr allen innenpolitischen Einwirkungen entzogen »durch seine eisige Ablehnung jeglicher Verhandlungen mit Parlamentariern und durch Errichtung einer chinesischen Mauer auch gegenüber Regierungsmitgliedern«[92]. Das gelingt ihm vorzüglich; er selbst verkörpert den Rückzug der Armee aus dem innenpolitischen Getriebe der Republik, den »Staat im Staate« in eigener Person: »Außenstehenden gegenüber, dem Reichspräsidenten Ebert, dem Wehrminister Dr. Geßler, Politikern und auswärtigen Diplomaten war er in seiner äußeren Zurückhaltung und Wortkargheit meist unheimlich. Sie wußten nie, was er eigentlich denke, mißtrauten ihm oft, achteten aber doch seine Persönlichkeit. Er trat sein Amt mit der klaren Absicht an, getreu der Verfassung eine Armee aufzustellen, die in der Idee der preußischen Tradition gut diszipliniert und ihm ergeben war.«[93]

Im übrigen nutzt Seeckt die Gelegenheit, die ihm die notwendige Verringerung der Heereszahl von etwa 400 000 auf 100 000 gibt, das

Mit der Einführung der neuen Nationalhymne, die an die großdeutschen Freiheitsträume der Achtundvierziger-Revolution erinnert, ergeben sich bei der Reichswehr ähnliche Schwierigkeiten wie beim Anlegen der schwarz-rot-goldenen Kokarde. Die Akten sind voller Beschwerden über das Abspielen der Kaiserhymne durch Reichswehr-Kapellen; auch das Lied »Ich bin ein Preuße, kennst du meine Farben« ist bei der Reichswehr beliebt, stößt jedoch auf bayerische Proteste.

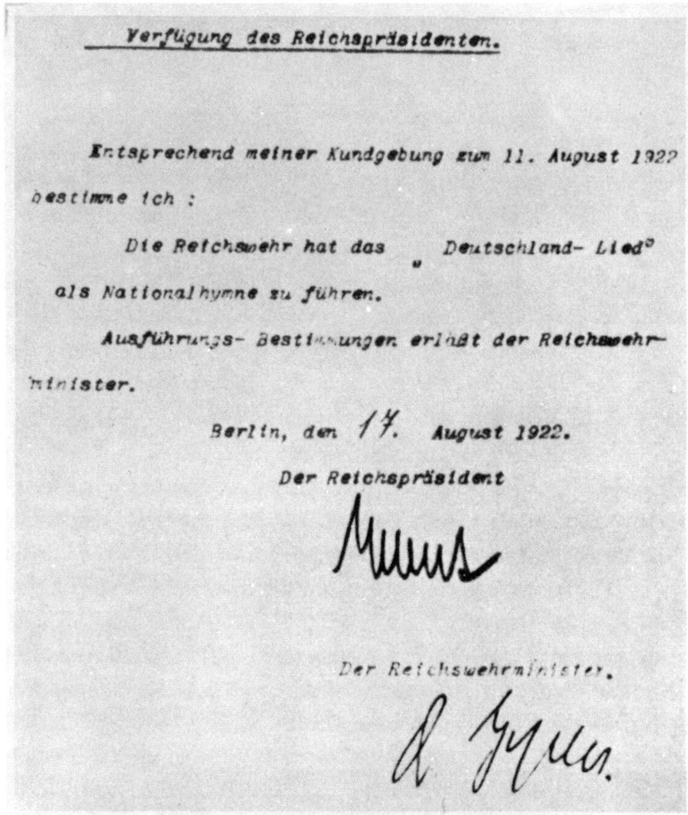

Verfügung des Reichspräsidenten.

Entsprechend meiner Kundgebung zum 11. August 1922 bestimme ich:

Die Reichswehr hat das „Deutschland-Lied" als Nationalhymne zu führen.

Ausführungs-Bestimmungen erläßt der Reichswehrminister.

Berlin, den 17. August 1922.

Der Reichspräsident

Der Reichswehrminister.

Offizierskorps in seiner alten Homogenität wiedererstehen zu lassen. Von 24 000 Offizieren des Kriegsheeres müssen 20 000 entlassen werden. Die Auswahl, die er bereits 1919 als Chef des Truppenamts eingeleitet hat, ist ganz auf seinesgleichen abgestellt, auf Generalstäbler, Berufsoffiziere, die aus der alten preußischen Vorkriegsarmee hervorgegangen sind. Entlassen werden die Kriegsfreiwilligen, die Masse der Frontoffiziere, der Grabenkämpfer, der Freikorpssoldaten. Ihm ist alles verdächtig, was nach Politik, nach »Fronterlebnis«, nach nationalistischer Begeisterung und soldatischem Aktivismus riecht. Alles das gefährdet die überparteiliche Stellung der Armee, wie sie die Reichswehrführung wünscht. »Wenn ein Zivilist zum Deutschbund gehört«, sagt während des Kapp-Putschs angesichts der Freikorps-Soldaten der Brigade Ehrhardt ein angewiderter ehemaliger Stabsoffizier, »mag er das Hakenkreuz anlegen. Beim Kommiß ist das grober Unfug. Läßt man bei den einen das Hakenkreuz zu, so darf man den anderen die rote Nelke nicht verwehren. Da habt Ihr auf einmal Parteiungen. Politik gehört nicht ins Heer. Im Heer ist man vorschriftsmäßig angezogen, tut seinen Dienst und gehorcht seinen Vorgesetzten, das ist alles.«[94] So kommt es zu zahlreichen persönlichen Tragödien und Ungerechtigkeiten, und die Entlassenen wenden sich dorthin, wo ihre verschwommenen und romantischen Vorstellungen vom »politischen Soldatentum« besseren Anklang finden: zu den Freikorps und deren

Neue Richtung
Die Generale Seeckt und Schacht
haben uns stabil gemacht.
Zu Parade treten an
Reichswehr und der Börsenmann.

Zeichnung von E. Schilling

Neben Reichsbankpräsident Schacht, dem hier das Verdienst an der Inflations-Beendigung zugeschrieben wird, sorgt General v. Seeckt als Inhaber der vollziehenden Gewalt im Herbst 1923 für die Beruhigung der innenpolitischen Lage. Zum Diktator fühlt sich Seeckt jedoch nicht berufen, obgleich er mit dem Gedanken spielt; mit der direkten politischen Verantwortung fühlt sich die Reichswehr überfordert.

völkisch-nationalistischen Nachfolgeverbänden, und bald darauf zur nationalsozialistischen SA.

Die restaurative Roßkur gelingt. Was bleibt, ist ein weit überproportionierter Anteil an Generalstäblern. Bemerkenswert auch, daß der Anteil des Adels am Offizierskorps, der im Verlauf des Weltkriegs auf 9 Prozent zurückging, 1925 wieder fast 24 Prozent beträgt und weiter zunimmt. Während 1913 noch 24 Prozent der Offiziere aus Offiziersfamilien stammten, sind es jetzt 48 Prozent, also doppelt so viele – die soziale Einförmigkeit des Reichswehr-Offizierskorps übersteigt die der preußischen Friedensarmee noch beträchtlich.

Ist Seeckts Reichswehr eine Gefahr für die Republik? Das Mißtrauen der Republikaner ist groß, und auf sozialdemokratischen Parteitagen häufen sich die Anträge, die parlamentarische Kontrolle der Armee zu verstärken und Einfluß auf den Personalersatz zu nehmen – daß man leichtfertig das Reichswehrministerium aus der Hand gegeben hat, wird allerdings selten erwähnt. In der Tat ist die Republik von der Reichswehr ungeliebt; noch 1922 tragen einzelne Einheiten demonstrativ die schwarz-weiß-rote Kokarde an der Mütze, in dienstlichen Meldungen ist von den neuen Farben als »Schwarz-rot-gelb« die Rede, und der neue Reichsadler gilt allgemein in der Truppe als der »Pleitegeier«. Seeckt selbst besitzt keine Bindung an die Republik, und die Verfassung ist für ihn »kein noli me tangere«, kein Rührmichnichtan. Aber als der Chef der Heeresleitung in der größten Not im Herbst 1923 die vollziehende Gewalt im Reich übernimmt und praktisch Diktator ist, legt er seine Macht zur großen Enttäuschung nationalistischer Kreise Ende Februar 1924 wieder in die Hände der verfassungsmäßigen Gewalten zurück - eine Militärdiktatur ist für die Reichswehr undenkbar, denn damit würde sie unmittelbare politische Verantwortung übernehmen, die sie scheut wie Feuer das Wasser, und außerdem ist Deutschland kein südamerikanischer Bananenstaat.

Seeckts Ziel ist ein anderes; er will, wie er auf jener Offizierskonferenz vom 20. Dezember 1918 schon erklärt hat, aus Deutschland wieder eine militärische Macht machen. Davor steht der Versailler Vertrag, und den gilt es entweder zu überwinden oder zu umgehen. Für den Fall der Beseitung der militärischen Friedensbestimmungen ist die Reichswehr von vornherein als Kaderheer geplant; das ist einer der Gründe dafür, daß Seeckt bei der Personalauswahl für das Offizierskorps Generalstabsoffiziere bevorzugt. Die bestehenden Kommandobehörden werden so ausgelegt, daß die ihnen unterstehenden Truppen ohne weiteres verdreifacht werden können. Bataillone werden deshalb von Oberstleutnants geführt, ihr Stab entspricht dem eines Regiments; Divisionen besitzen Stäbe, deren Umfang und Ränge früheren Generalkommandos entsprechen, und dieses System reicht bis hinab zu den kleinsten Einheiten.

Aber vorerst ist der Versailler Vertrag in Kraft, und die Reichswehrführung hat nicht die geringsten Bedenken, ihn mit allen möglichen Mitteln zu umgehen. Das ist an sich nichts Tadelnswertes; es gibt in Deutschland keine Partei, die nicht, wenn auch in verschiedener Abstufung, die Beseitigung des Vertrags forderte, und zudem ist die deutsche Unterschrift mit der Kriegsdrohung erpreßt worden. Der Friedensvertrag ist zwar geltendes Reichsrecht, aber seine Verletzung gilt weit über die Armee hinaus als moralisch gerechtfertigt und legitim. So entsteht eine graue Zone zweifelhafter Rechtlichkeit, in der mit augenzwinkerndem Einverständnis von Reichs- und Landesregierungen dunkle Dinge vor sich gehen.

Da sind zum Beispiel die sogenannten »Arbeitskommandos« auf grenznahen Gütern der preußischen Ostprovinzen Ostpreußen, Grenzmark Posen-Westpreußen, Pommern, Brandenburg und Schlesien. Jeder Besucher sieht sie mit nützlichen Tätigkeiten befaßt, mit landwirtschaftlichen Arbeiten, Ernteeinsätzen, Moorkultivierung und Gewässerbegradigung, aber sie haben auch noch andere Aufgaben: aktiven Generalstabsoffizieren in Zivil, den »mobilen Kreiskommissaren«, unterstellt, bewachen sie die polnische Grenze, denn dazu ist die Reichswehr nicht stark genug, und sie bewachen auch geheime Waffenlager der Reichswehr. Trotz der intensiven Recherchen der Interalliierten Militär-Kontrollmission sind sie dabei recht erfolgreich; nach einem Bericht, der 1927 dem Reichskabinett vorliegt, besitzt die Reichswehr fünfmal soviele Gewehre, siebenmal soviele Minenwerfer und sechsmal soviele Geschütze, wie der Versailler Vertrag gestattet, ganz zu schweigen von in Heuhaufen verborgenen schweren Haubitzen und in Scheunen sorgfältig gepflegten Jagdflugzeugen, die gänzlich verboten sind.

Diese Organisation heißt »Schwarze Reichswehr«, und sie ist für die Republik äußerst gefährlich, denn in ihr herrscht nicht der elitär-arrogante Geist der Reichswehr, sondern der nationalistisch-völkische Geist der Freikorps. Die preußische Regierung hält sie unter mißtrauischer Aufsicht, die sich als gerechtfertigt erweist. Auf dem Höhepunkt der Herbstkrise von 1923, als die Franzosen im Ruhrgebiet stehen, die Inflation ihren Höhepunkt erreicht, Bayern, Thüringen und Sachsen dem Reich den Gehorsam aufsagen und der Zerfall Deutschlands bevorzustehen scheint, putscht die »Schwarze Reichswehr«. Am 1. Oktober 1923 versuchen Trupps unter dem Kommando eines Majors Buchrucker, die Regierungsgebäude in Berlin zu besetzen, und als das mißlingt, verschanzen sie sich in den Festungen Küstrin, Spandau und Hahnenberg und müssen von regulären Reichswehrtruppen blutig niedergekämpft werden. Ein Arbeitskommando-Bataillon unter Führung des späteren SA-Führers Hauptmann Stennes, das sich im Fort Hahnenberg bei Spandau verschanzt hat, kapituliert erst, als der Reichswehr-Oberstleutnant Frhr. v. Bock allen Straffreiheit verspricht. Die Freikorpsoffiziere lehnen es aber ab, seinen Eid als Reichswehroffizier anzunehmen, und verlangen statt dessen seinen Eid als königlich-preußischer Offizier, den v. Bock auch ohne weiteres leistet.

Zeichnung von Holler

Die Arbeitskommandos werden in der Folgezeit aufgelöst, aber sie feiern in immer neuen Formen Auferstehung. Zudem verstärkt die Reichswehr ihre Anstrengungen, in den Ostprovinzen aus ortsansässiger Bevölkerung Kadereinheiten für den »Grenz- und Landesschutz« zu schaffen, und auch hier dringen wieder Gruppierungen ein, die der alten Freikorps-Szene entstammen und jetzt bereits in der Nationalsozialistischen Partei ihren neuen Orientierungspunkt sehen. Die illegale Grenz- und Landesschutz-Organisation der Reichswehr, so stellt 1927 der preußische Innenminister Albert Grzesinski fest, befindet sich mit Kenntnis der zuständigen Wehrkreisbefehlshaber ganz in den Händen der nationalsozialistischen SA, des deutschnationalen Stahlhelms und nationalistischer Bünde wie dem Jungdeutschen Orden und dem Wehrwolf.

So verwischen sich im innenpolitischen Raum die Grenzen zwischen dem Verfassungsinstrument Reichswehr und rechtsradikalen Verfassungsfeinden, während zugleich außenpolitische Komplikationen auftauchen, die der Reichsregierung das Leben schwermachen. Die Flugzeug- und U-Boot-Produktion deutscher Firmen in Spanien, Schweden und den Niederlanden kann noch zur Not als Auftragsfabrikation der dortigen Regierungen kaschiert werden, obwohl es deswegen alliierte Proteste hagelt; sehr viel problematischer ist die Zusammenarbeit der Reichswehr mit der Roten Armee bis hin zur Produktion verbotener Waffen in Rußland und gemeinsamer Generalstabsausbildung. Nicht nur das deutsch-französische Verhältnis wird dadurch belastet, denn auf die Dauer sickern zahlreiche Nachrichten über das seltsame Bündnis nach draußen – auch das innenpolitische Klima kühlt empfindlich ab, als der vormalige Reichsministerpräsident und jetzige SPD-Abgeordnete Philipp Scheidemann 1926 vor dem Reichstag sensationelle Enthüllungen macht, die für Reichsregierung, Reichswehr und KPD gleichermaßen peinlich sind.

Im Jahr 1926 muß Seeckt gehen; selbst Reichswehrminister Geßler ist der Eigenmächtigkeit des Generals müde geworden und über sein arrogantes Auftreten verärgert. Er könnte Seeckt im Einvernehmen mit Reichspräsident v. Hindenburg, der mit dem General seit dem Weltkrieg intim verfeindet ist, ohne weiteres in den Ruhestand schicken, aber es beleuchtet die Schwäche der republikanischen Regierung gegenüber der Reichswehr, daß man es für nötig hält, einen fadenscheinigen Anlaß an den Haaren herbeizuzerren: Der älteste Sohn des Kronprinzen hat an der Übung eines Infanterie-Regiments teilgenommen; das wird von Geßler gezielt in die Berliner Hauptstadtpresse lanciert, dort mächtig aufgebauscht, und nun erst kann der Reichswehrminister unter Hinweis auf die Volksstimmung, die solches angeblich nicht verträgt, dem General den Stuhl vor die Tür setzen. In der Person des Nachfolgers, des Generals Wilhelm Heye, hat Geßler unter Übergehung mehrerer anderer zur Beförderung anstehender Generäle einen als schwach bekannten Mann gefunden. Aber das hat lediglich zur Folge, daß »Papa Heye«, wie ihn die Soldaten nennen, durch seine eigenen Untergebenen von allen wesentlichen Entscheidungen abgeschnitten wird. Der wirkliche Nachfolger Seeckts, der die Fäden der Reichswehrpolitik längst in den Händen hält, steht in Gestalt des Obersten v. Schleicher im Hintergrund bereit.

Kurt v. Schleicher ist eine seltsame, für die Reichswehr eigentlich wenig typische Erscheinung. Er ist wohl der einzige Offizier in der Geschichte der preußischen Armee, dem es gelingt, bis in die höchsten Stellungen aufzusteigen, ohne auch nur ein einziges Front- oder Truppenkommando innegehabt zu haben. Zeit seiner Laufbahn hat er an einem Schreibtisch gesessen, und Bürooffiziere gelten in der Armee eigentlich als minderwertig. Was er aber den meisten seiner Kameraden voraushat, ist, daß sein Gesichtskreis nicht durch die traditionellen Vorurteile des Offiziers gegen Zivilisten im allgemeinen und gegen die politischen und sozialen Verhältnisse der Gegenwart im besonderen verstellt ist. Schon im Ersten Weltkrieg hat die Oberste Heeresleitung jedesmal den Hauptmann v. Schleicher entsandt, wenn es galt, aus irgendwelchen Gründen Kontakte zu linken Parteien und Gewerkschaften aufzunehmen, denn wenn er deren Sprache auch nicht spricht, so versteht er sie doch. Nach dem Novemberumsturz bleibt er zwar unbedingter Anhänger der Monarchie und ihrer Normen, aber er hat den Blick für die politische Wirklichkeit des Weimarer Staatswesens und hält sich undoktrinär offen für neue Gedanken, für die Republik und ihre Regierungspraxis. Das fördert seinen Aufstieg, denn seine Fähigkeit, sich auf dem für Militärs unbehaglichen Parkett des parlamentarischen Systems zu bewegen und die Vorstellungen der Reichswehr vor dem Kabinett und vor Reichstagsausschüssen zu vertreten, macht ihn unentbehrlich. Eigens auf seine Person ist die Wehrmachtsabteilung im Reichswehrministerium zugeschnitten, an deren Spitze er steht, und die dem Reichswehrminister unmittelbar zugeordnet ist; Schleicher ist damit den politischen Entscheidungen näher als selbst der Chef der Heeresleitung. Als 1928 Reichswehrminister Geßler durch Wilhelm Groener ersetzt wird, Schleichers altem Chef im Großen Hauptquartier, beginnt für den Oberst ein kometenhafter Aufstieg. Er wird mehrfach vorzeitig befördert und 1929 als Generalmajor einem wiederum für ihn neu eingerichteten Amt vorangestellt, dem Ministeramt, als dessen Chef er praktisch Staatssekretär des Reichswehrministers und bei dessen Abwesenheit sein Stellvertreter ist.

So wird Schleicher zu Groeners »Cardinal in politicis«; Groener verläßt sich ebenso wie Reichspräsident v. Hindenburg blind auf Schleichers politisches Urteil. Seit 1929 besitzt Schleicher einen politischen Einfluß in Deutschland wie kein anderer.

Mit Schleichers Aufstieg gewinnt die Beziehung von Republik und Reichswehr eine neue Qualität. Vor Truppenkommandeuren macht der Oberst im Dezember 1926 »grundsätzliche Ausführungen über die Stellung der Reichswehr zur politischen Lage«, bei denen wohl mancher der Anwesenden seinen Ohren nicht traut: »Nicht Republik oder Monarchie ist jetzt die Frage, sondern, wie soll diese Republik aussehen? Und da liegt es doch wirklich auf der Hand, daß sie nur nach unseren Wünschen ausgebaut werden kann, wenn wir freudig und unermüdlich an diesem Bau mitarbeiten. Haben wir uns erst zu diesem Gedanken durchgerungen, dann werden wir uns auch nicht mehr so ängstlich um das Wort ›Republik‹ herumdrücken oder uns scheu umsehen, ob's auch niemand gehört hat. Unsere Einstellung zum Staat wird dadurch freier, positiver und ehrlicher. Mit diesem ehrlichen Bekenntnis zum Staat ist aber als Nebenwirkung verknüpft, daß wir den sogenannten Patentrepublikanern den Wind aus den Segeln nehmen.«[95]

Wilhelm Groener

Zeichnung von F. Dolbin

Das ist der neue Kurs der Reichswehr, der sich in dem Maße durchsetzt, in dem Schleicher die Fäden des Reichswehrministeriums in die Hand bekommt: Nicht mehr eine heimliche Politik im Rücken der Republik, die den Interessen der Armee auf die Dauer eher schadet als nützt, sondern gezielte Beeinflussung der innenpolitischen Verhältnisse; nicht mehr angestrengtes Einigeln, sondern Öffnung zur politischen Wirklichkeit des neuen Staats. Nicht, daß Schleicher einer »linken« Politik das Wort reden möchte: »Derartige Bekundungen würden das Gegenteil vom Beabsichtigten bewirken. Und noch weniger dürfen derartige Dinge unter Druck geschehen. Dann verlieren sie ihren Wert. Am besten, wenn der Regierungskurs nach rechts geht, nach dem alten guten Grundsatz, daß man im Gewinn am ehesten abgeben kann. Wie ich überhaupt auch [als] die beste Reichswehrpolitik ansehe, daß bei zu starkem Ausschlagen des Regierungspendels nach rechts oder links ganz unmerklich die entgegengesetzte Schulter belastet werden muß.«[96]

Das Ziel ist dasselbe geblieben wie in der Ära Seeckt: Beseitigung oder Umgehung des Friedensvertrags, Rüstungsgleichberechtigung mit Frankreich, Aufrüstung, »Wehrhaftmachung«. Aber der Weg ändert sich. Die Reichswehr betreibt jetzt aktive Innenpolitik, sie sucht im Rahmen der bestehenden Verfassungsordnung die gegensätzlichen Kräfte auszubalancieren, um die schwache Republik zu stabilisieren und um eine Reichsregierung zu unterstützen, die der Armee freiwillig das gibt, was bisher unter antirepublikanischer Heimlichtuerei verborgen war.

Nicht jedermann in der Reichswehr folgt diesem Kurs. Vor allem jüngere Offiziere sehen darin schlimme Anzeichen der Auflösung und allzugroßer Nachgiebigkeit gegen »links«. Im Offizierskorps formiert sich eine Fronde um den Chef des Truppenamts, den General v. Blomberg – eine einflußreiche Figur, unter der Bezeichnung Truppenamt verbirgt sich der durch den Versailler Vertrag verbotene Generalstab. Aber Reichswehrminister Groener löst Blomberg 1929 ab und schickt ihn als Wehrkreisbefehlshaber nach Ostpreußen, wo der General unauffällig und aufmerksam auf die Chance wartet, Schleicher und seinen Kurs zu Fall zu bringen.

Schleicher ist nicht nur der Mann, eine neue Strategie zu erdenken, sondern er besitzt auch die nötigen Mittel, sie zu verwirklichen. Das liegt vor allem daran, daß Schleichers Aufstieg mit dem Niedergang des parlamentarischen Systems zusammenfällt. Es wird immer mühsamer, Regierungen durch Vereinbarungen zwischen den Reichstagsfraktionen zu bilden, das Recht des Reichspräsidenten zur Ernennung von Reichskanzlern und Reichsministern gewinnt daher zunehmende Bedeutung, und damit nimmt auch die Macht derer zu, auf deren Rat sich der Reichspräsident verläßt. Gewiß sucht Hindenburg nicht nur bei Schleicher politischen Ratschlag, aber von allen Figuren im Dunstkreis des Reichspräsidialamtes, von den alten Bekannten, Verwandten und Freunden Hindenburgs, ist Schleicher der einzige, der eine klare politische Konzeption anstelle allgemeiner Ressentiments besitzt. Seit der Ernennung des vierten Kabinetts Marx am 29. Januar 1927 gibt es keine Kabinettsumbildung mehr, die nicht vom Leiter der Reichswehrabteilung und dann des Ministeramts im Reichswehrministerium vorgeschlagen oder gebilligt wird; Schleicher wird sich später brüsten, die Reichskanzler seit Brüning »erfunden« zu haben. Und Schleichers Politik ist stets die gleiche: Es geht ihm um eine stabile Regierung, die im Inneren die Ordnung garantiert und den Wünschen des Reichswehrministeriums ein williges Ohr leiht, wobei keine wichtige politische Kraft mit Ausnahme der Kommunisten außer acht gelassen wird. Das gilt auch für die Sozialdemokratie, deren führende Regierungsbeteiligung nach den Reichstagswahlen von 1928 Schleicher lebhaft befürwortet, gemäß seiner Maxime, beide Schultern gleichmäßig zu belasten.

Aber die SPD versagt sich dem spröden Werben der Armee. Der Konflikt um den Bau des Panzerkreuzers A im Sommer 1928 und der Verlauf des Magdeburger Parteitags 1929 zeigen, daß die Partei zu einer klaren und eindeutigen Wehrpolitik nicht imstande ist; die traditionellen Ressentiments der Parteibasis und des linken Parteiflügels sitzen zu tief, und außerdem hat die Reichswehr in der Ära Seeckt alles unternommen, um das Mißtrauen der Linken gegen die Armee zu schüren. Vergebens versuchen die »Jungtürken« der Partei, Julius Leber, Kurt Schumacher, Theodor Haubach, die Parteiführung davon zu überzeugen, daß die Reichswehr nur dann »republikanisiert« werden könne, wenn wenigstens ihre Existenzberechtigung grundsätzlich anerkannt werde, und wenn die Sozialdemokratie bereit sei, ein eigenes Verteidigungs- und Wehrprogramm aufzustellen. »Die Spannung zwischen der Wehrmacht der Republik auf der einen, der Arbeiterschaft auf der anderen Seite«, ruft Leber auf dem Magdeburger Parteitag aus, »ist ein gewaltiger Passivposten der Republik, sie ist aber auch ein Passivsaldo der deutschen Sozialdemokratischen Partei.«[97] Aber diese verharrt unbewegt in ihrem Traditions-Antimilitarismus, und so verlagert Schleicher in der Regierungskrise, die seit Ende 1929 permanent wird, die Gewichte nach rechts.

Seit der Ernennung Brünings zum Reichskanzler am 30. März 1930 ist der Einfluß der Reichswehr auf die Politik der Reichsregierung fast vollkommen; das »Kabinett der Frontsoldaten« macht die

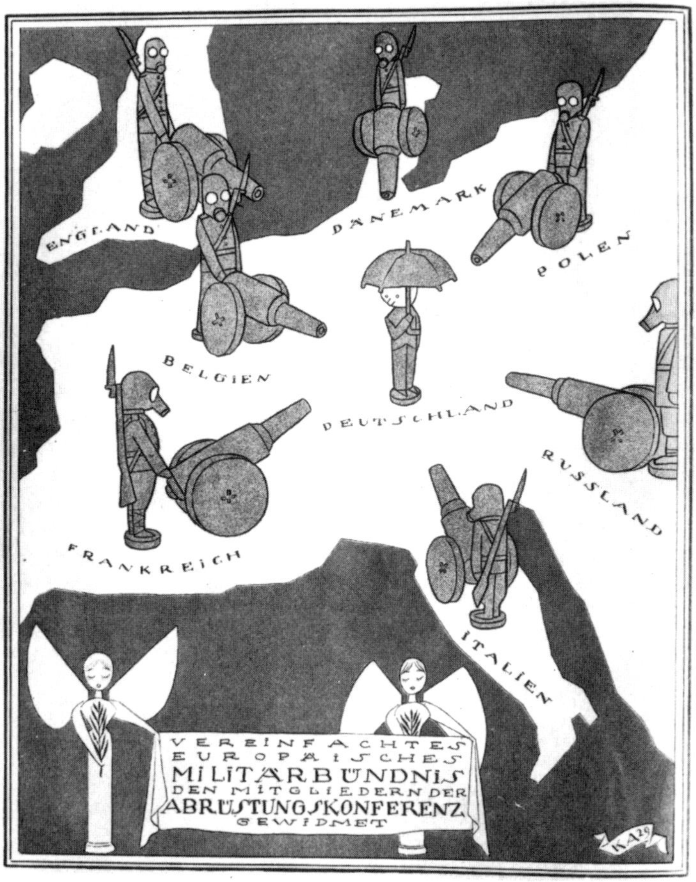

Zeichnung von Karl Arnold

Interessen der Armee zu den eigenen, und so wird die Forderung nach rüstungspolitischer Gleichberechtigung zum offiziellen Bestandteil deutscher Außenpolitik. Daneben wird die geheime Rüstung der Reichswehr mit Billigung des Reichskanzlers nicht nur fortgeführt, sondern beträchtlich intensiviert; das 1. Rüstungsprogramm, das bis 1933 verwirklicht werden soll, sieht die Ausstattung eines Sechzehn-Divisionen-Heeres vor, das imstande sein soll, notfalls einen Krieg gegen Polen zu führen. Die grundsätzliche Planung geht aber bereits darüber hinaus; das 2. Rüstungsprogramm, das Ende 1930 entworfen wird, geht von einer Verdreifachung des derzeitigen Sieben-Divisionen-Heeres aus und berücksichtigt auch den Aufbau von Marine und Luftwaffe. Daneben werden die wehrwirtschaftlichen Kapazitäten des Reichs systematisch durch »Wirtschaftsoffiziere«, deren Organisation getarnt bleibt, erfaßt. Das alles findet durchaus unter defensiven Gesichtspunkten statt, und Reichskanzler Brüning setzt mehrfach durch, daß die Programme mit Rücksicht auf die Haushaltslage gestreckt werden, aber offensichtlich fühlt sich die Reichswehr ihrem alten Ziel der »Wiederbewaffnung« jetzt sehr nah. Das hat viel zu tun mit dem Scheitern der Friedensordnung von Locarno, mit der erneuten Vereinsamung des Deutschen Reichs und der zunehmenden Furcht vor einem neuen Zwei- oder Dreifrontenkrieg.

Am 30. Mai 1932 wird Brüning entlassen, tatsächlich durch Schleicher gestürzt; daß Brüning die SA hat verbieten lassen und sich in scharfen Gegensatz zu den Nationalsozialisten gebracht hat, führt in erster Linie dazu. Schleicher ist kein Freund der Nationalsozialisten, aber seit Hitler am 5. September 1930 vor dem Reichsgericht seinen Legalitätseid geschworen hat, glaubt die Reichswehrführung die befürchtete Gefahr einer nationalsozialistischen Unterwanderung der Armee gebannt. Jetzt wirft sie begehrliche Blicke auf die SA, denn zu ihren Rüstungsplänen gehört auch die Aufstellung einer Miliz, und da glaubt man auf das »prächtige Menschenmaterial« der SA nicht verzichten zu können. Außerdem hält Schleicher es für gefährlich, eine explosive politische Macht wie die NSDAP in politische Randzonen zu bannen; sie muß vielmehr an die Regierung herangeführt und unmerklich mit Verantwortung belastet werden, und so meint Schleicher sie domestizieren und normalisieren zu können. Aber damit unterschätzt er den Machthunger Hitlers und seiner »braunen Bataillone«. Erst nach den Reichstagswahlen vom 31. Juli 1932, die einen triumphalen Erfolg der Nationalsozialisten mit sich bringen, erkennt Schleicher, daß er diesen Tiger nicht reiten kann; die letzten Monate der Republik sucht er nach Möglichkeiten, wie die Macht, die er gerufen hat, wieder unschädlich zu machen sei. Das Duell zwischen Schleicher, der seit dem 2. Dezember 1932 Reichskanzler ist und damit auch nach außen die Stellung besitzt, die er schon lange hatte, und Hitler, der Schleicher ablösen will, wird dadurch entschieden, daß Hindenburg seinem »lieben jungen Freund« nicht mehr traut.

Andere Ratgeber drängen in den Vordergrund, darunter jener General v. Blomberg, der seit Jahren der Ära Seeckt nachtrauert und die Reichswehr zurück in »unpolitische« Regionen führen will. Die Verantwortung, die die Reichswehr durch Schleichers politischen Tatendrang in Staat und Gesellschaft übernommen hat, soll wieder den dafür zuständigen Kräften übergeben werden, und Blombergs Vertraute im Königsberger Exil, sein Stabschef v. Reichenau und der Wehrkreispfarrer Ludwig Müller, machen ihm klar, daß nur die NSDAP die Stärke besitze, den Staat mit fester Hand zu lenken und die Reichswehr von dem unsympathischen Geschäft der Innenpolitik zu befreien. Das gibt Blomberg an Hindenburg weiter, und sein Rat ist einer der entscheidenden Einflüsse, die den schwankenden alten Herrn schließlich zur Ernennung Hitlers zum Reichskanzler bewegen.

Im Kabinett Hitler, das am 30. Januar 1933 ins Leben tritt, ist Blomberg Reichswehrminister; Schleicher wird aus dem aktiven Dienst entlassen, aber er scheint den neuen Machthabern so gefährlich, daß sie ihn anläßlich der Röhm-Affäre am 30. Juni 1934 gemeinsam mit seiner Frau und seinem engsten Mitarbeiter, dem General v. Bredow, durch SS-Kommandos umbringen lassen. Reichswehrminister v. Blomberg verteidigt den Mord an den beiden Generälen und behauptet wider besseres Wissen, Schleicher habe landesverräterische Beziehungen unterhalten. Die Reichswehr steht nicht mehr über den Parteien; die Partei steht jetzt über der Reichswehr, und sie, die zu republikanischen Zeiten die schüchternen Versuche einer verfassungsgemäßen Kontrolle erfolgreich zurückgewiesen hat, läßt sich nun durch das nationalsozialistische Regime korrumpieren und wird mitschuldig an dessen Verbrechen.

Dichter und Denker

Am 15. November 1922 feiert Gerhart Hauptmann seinen sechzigsten Geburtstag. Hauptmann ist so etwas wie der poeta laureatus der Republik; der bedeutendste Dichter des deutschen Naturalismus, dessen sozialkritische Dramen wie »Vor Sonnenaufgang« (1889) und »Die Weber« (1894) im wilhelminischen Deutschland Skandal in der bürgerlichen Gesellschaft machten und vorwiegend an den sozialdemokratischen »Freien Volksbühnen« aufgeführt wurden, ist längst zum Klassiker geworden. 1912 hat er den Literatur-Nobelpreis erhalten, seit Jahrzehnten ist er der meistgespielte Dramatiker, das geistige Deutschland sieht in ihm einen zweiten Goethe, und er selbst stilisiert sich in eine geradezu wiedergängerhafte Ähnlichkeit mit dem großen Weimaraner hinein. Er hat sich früh zur Republik bekannt, sein Grußwort fehlt bei keiner öffentlichen Festveranstaltung, und seine Trauerrede auf den ermordeten Walther Rathenau ist einer der wenigen großen rethorischen Würfe, in denen die ausdrucksarme Republik sich wiedererkennt. Gerhart Hauptmann verkörpert in jeder Hinsicht jenen Geist von Weimar, den Friedrich Ebert bei der Eröffnung der Nationalversammlung zu beschwören gesucht hat.

Zeichnung seines Sohnes Ivo Hauptmann

Der große Festakt in der neuen Aula der Berliner Universität läuft im üblichen Stil republikanischer Feierstunden ab: schwunglos, verlegen, langweilig. Hauptmann sitzt in der ersten Reihe zwischen Reichspräsident Ebert und Reichstagspräsident Löbe; der Germanist Julius Petersen hält eine professorale, farblose Festansprache, mehrere andere Professoren schließen sich an, nur die Worte Löbes und eines Studenten bringen ein wenig Frische in die muffige Zeremonie. »Das Denkwürdigste an der Feier«, berichtet der liberale Diplomat und Pazifist Harry Graf Kessler, »ist das grotesk bornierte Verhalten der Studenten und Professoren gewesen. Die Berliner Studentenschaft hat mit einer Mehrheit von, ich glaube, vier zu zwei feierlich beschlossen, an der Hauptmann-Feier nicht teilzunehmen, weil Gerhart Hauptmann, nachdem er sich als Republikaner bekannt hat, nicht mehr als charakterfester Deutscher zu betrachten sei! Und von Sam Fischer höre ich, daß der genannte Petersen, der die Festrede hielt, vor zwei Tagen bei ihm war, um ihn zu bitten, Ebert wieder auszuladen, da es der Universität nicht angenehm sein werde, wenn das republikanische Reichsoberhaupt bei ihr erscheine. Und als Fischer das ablehnte, hat ihn Petersen gebeten, dann doch wenigstens Löbe auszuladen, denn zwei Sozialdemokraten auf einem Mal sei doch etwas viel!«[98]

Eine Szene peinlicher Spießbürgerlichkeit also, und das in einem Land, in dem die »Goldenen Zwanziger« wie »ein neues perikleisches Zeitalter«[99] heraufziehen. Es ist eine Zeit ungeheurer seelischer Spannungen und künstlerischer Schöpferkraft, voll von funkelnden intellektuellen Würfen und kühnen Ausgriffen nach dem Neuen: Walter Gropius' Bauhaus, Thomas Manns »Zauberberg«, Bertolt Brechts »Dreigroschenoper«, Paul Hindemiths »Cardillac«, Werner Heisenbergs Unschärferelation, Oswald Spenglers »Untergang des Abendlandes«, Martin Heideggers »Sein und Zeit«, George Grosz' »Gesicht der herrschenden Klasse«, Hermann Hesses

Der Dadaismus ist der revolutionärste künstlerische Ausdruck des Normen- und Formenzerfalls der beginnenden zwanziger Jahre, nach Richard Huelsenbeck die »Proklamation einer bis zum äußersten getriebenen, abgehetzten und ausgesogenen Gesellschaft« (En avant dada, Hannover/Leipzig 1920, S. 26)

»Steppenwolf«, Erwin Piscators politisches Theater, Josef v. Sternbergs »Blauer Engel«, Erwin Schrödingers Wellenmechanik, Arnold Schönbergs Zwölfton-Musik, Erich Maria Remarques »Im Westen nichts Neues«, Ernst Jüngers »Arbeiter«, die Stuttgarter Weißenhofsiedlung, Erich Kästners »Emil und die Detektive«. Expressionismus und Nach-Expressionismus, Neue Sachlichkeit, Metaphysischer Realismus, Dadaismus, Futurismus, Kubismus, Primitivismus, Merz-Kunst, Verismus, Suprematismus, Progressivismus, Funktionalismus, Neo-Klassizismus – alles das purzelt innerhalb eines Jahrzehnts durcheinander, schafft Schulen und Jünger, die sich einander giftig befehden, gilt jeweils als absolut neu, einzig- und andersartig, ein flimmerndes Kaleidoskop unerhörter Formen und Farben.

Dennoch, die »Kultur von Weimar« ist ein Mythos, geboren nach der Flucht und Ausbürgerung der vielen Intellektuellen, die den Zwanzigern Form und Farbe gegeben haben, in den Prager und Pariser Cafés, in der New Yorker »University in Exile«, den Flüchtlingskolonien an der Côte d'Azur und der Westküste Amerikas. Was aus dieser Perspektive als leuchtende, exotische Blume der Republik erscheint, die 1933 von SA-Stiefeln zertrampelt wird, das blüht in Wahrheit schon viel länger; seine Wurzeln liegen im wilhelminischen Deutschland. Der eigentliche Kern fast sämtlicher Ismen Weimar-Deutschlands, die sich für revolutionär und einzig auf der Welt ansehen und aus einiger Entfernung doch schwer auseinanderzuhalten sind, ist der Expressionismus, entstanden aus der gärenden bürgerlichen Unruhe um die Jahrhundertwende. Die Grellheit der Farbe, die Entstellung der Form, das Bizarre des Inhalts, dieser geballte Angriff auf das glatte akademische Kunstideal des Wilhelminismus geht bereits von der 1905 in Dresden gegründeten Künstlergemeinschaft der »Brücke« aus, zu der sich 1911 die Gruppe des »Blauen Reiter« in München gesellt. Kirchner, Heckel, Schmidt-Rottluff, Nolde, Marc, Macke, Beckmann, Kokoschka, Lehmbruck, Barlach – alle sind längst vor dem Weltkrieg da, wie auch die Großen des literarischen Expressionismus: Gottfried Benn, Albert Ehrenstein, Walter Hasenclever, Georg Heym, Jakob van Hoddis, Else Lasker-Schüler, Alfred Lichtenstein, René Schickele, Georg Trakl, Franz Werfel. Und ähnlich ist es mit der übrigen Avantgarde: Arnold Schönbergs freiatonale »Harmonielehre« erscheint 1911, Max Reinhardts impressionistisch-magisches Theater blüht seit 1905, und Walter Gropius, dessen Bauhausstil die Weimarer Renaissance geradezu verkörpert, findet in der Industriekultur des beginnenden zwanzigsten Jahrhunderts, in Peter Behrens' Turbinenhalle und der Nauener Telefunkenstation von Hermann Muthesius bereits fertige Vorbilder. Das Kabarett, Brennpunkt der Weimarer Intellektuellenkultur, erlebt seine ersten Höhepunkte mit Texten von Walter Mehring, Frank Wedekind und Ernst v. Wolzogen im kaiserlichen Deutschland, und die Werke, die Thomas und Heinrich Mann, Gerhart Hauptmann, Hermann Hesse, Hugo v. Hofmannsthal, Ricarda Huch, Stefan George, Rainer Maria Rilke, Jakob Wassermann oder Georg Kaiser bekannt gemacht haben, sind lange vor der Novemberrevolution geschrieben. Es ist richtig, was sich in einer Debatte zwischen Künstlern und Mäzenen inmitten des revolutionären Berlins Anfang 1919 als allgemeine Meinung herausstellt: »Daß in der deutschen Kunst eine Wandlung vom Bürgerlichen (dem Impressionismus) zum Volkstümlichen (dem Expressionismus) bereits der Revolution vorausgegangen sei«, wie Graf Kessler notiert.[100] Auch hier, wie überall sonst, ist Weimar nichts ohne die Vergangenheit.

Volkstümlich freilich ist die neue Kunst keineswegs. Von den vierunddreißig deutschen Buchtiteln, die zwischen 1918 und 1933 über eine halbe Million Mal verkauft werden, sind nur drei in gewissem Sinne »Weimaranern« zuzurechnen: Erich Kästners »Emil und die Detektive«, Erich Maria Remarques »Im Westen nichts Neues« und Thomas Manns bereits 1901 erschienenes Werk »Die Buddenbrooks«. Das Publikum liest Hermann Löns, Walter Flex, Hans Carossa, vor allem aber Felix Graf Luckners »Seeteufel«, Gustav Frenssens »Jörn Uhl«, Werner Beumelburgs »Gruppe Bosemüller«, Gorch Focks »Seefahrt tut not«, Hans Grimms »Volk ohne Raum« oder Clara Viebigs »Wacht am Rhein« – eine Mischung aus gemütvoller Innerlichkeit und nationalpathetischem Kriegserlebnis, stilistisch epigonal bis belanglos. Die größten Auflagenerfolge haben noch immer die Abenteuerromane von Karl May, und Hedwig Courths-Mahler hat nie so viele Leser gefunden wie in dem Jahrzehnt zwischen 1918 und 1928. Der Versuch der Kommunisten, die neuen Kunstrichtungen sozialistisch-realistisch zu proletarisieren, hat außerhalb ihres Parteighettos keinen Erfolg; die 1931 gestartete Buchreihe »Der Rote 1 Mark-Roman« mit Hans Marchwitzas Bürgerkriegsberichten nimmt die Öffentlichkeit nur dann zur Kenntnis, wenn einmal ein Titel verboten wird.

Der künstlerische Aufschwung der Weimarer Zeit ist also ein Eliten-Phänomen, eine Intellektuellen-Kultur, nicht anders als alle früheren kulturgeschichtlichen Höhepunkte. Alles spielt sich in einer Schicht von Literaten, Malern, Musikern, Denkern, von Mäzenen, gehobenen Kulturkonsumenten und Publizisten ab, zwischen Bildungsbürgertum und Bohème. Es ist eine zutiefst bürgerliche Kultur und zugleich tief antibürgerlich affiziert. Es ist eine Generation, die im Fin de siècle geboren und aufgewachsen ist, die die »belle époque« als das Zeitalter der spießigen Übersättigung, der geistlosen Großmannssucht, der bourgeoisen Verkitschtheit, der stilistischen Impotenz erlebt hat, die von nichts so überzeugt war wie von der Hohlheit, der Verlogenheit und Unfruchtbarkeit der Friedenszeit. Was in dieser Generation vor sich geht, läßt sich abstrakt als Reaktion auf die ungeheuren gesellschaftlichen, wirtschaftlichen, technischen Umwälzungen des Industrialisierungs-Zeitalters beschreiben. Der kulturelle Schock kommt später, zu einer Zeit, als die große Transformation hin zur technischen Massenzivilation bereits fast beendet ist, und die Reaktion ist Panik, Entfremdung, »Verlust der Mitte« – die Erosion, das Zerreißen der alten sozialen, ökonomischen und psychologischen Bindungen wird im Bereich von Kunst und Philosophie nachgeholt.

Die junge Generation vor dem Krieg empfindet ihre gesellschaftliche und politische Wirklichkeit als radikal falsch und dem Untergang geweiht; die Suche nach dem gänzlich anderen, nach einer »Sinngebung des Sinnlosen« (Theodor Lessing), einer »Umwertung aller Werte« (Friedrich Nietzsche) führt die ästhetische Avantgarde zur Formulierung neuer Sprachen und Inhalte im künstlerischen Schaffen, so wie gleichzeitig Ludwig Wittgenstein in der Philosophie,

Neue Kunst
»Ja, Mensch, wo willst Du denn mit den vielen Besen hin?« – »Besen? Erlaub' mal, das sind Pinsel. Ich habe einen sehr lohnenden Porträtauftrag.«

Zeichnung von F. Heubner

Die Kluft, die sich bereits im neunzehnten Jahrhundert zwischen der künstlerischen Avantgarde und der Volks-Ästhetik auftut, ist in den »Goldenen Zwanzigern« kaum noch überbrückbar. Darauf gründet der Erfolg einer Agitation, die »gesundes Volksempfinden« gegen »artfremde Kunst« auszuspielen weiß.

Sigmund Freud in der Psychologie, Max Weber in der Soziologie und Albert Einstein in der Physik neue Sprachen und neue Inhalte schaffen. Man setzt sich mit aller Macht von den kulturellen Werten der Elterngeneration ab; Liberalität, Mäßigung, gesellschaftliche Formen, der Glaube an die Vernunft und die Gutwilligkeit der Menschen, die Maßstäbe bürgerlicher Zivilisation verfallen radikaler Fundamentalkritik. Die Jugend liest Nietzsche, den bürgerlichen Propheten einer nachbürgerlichen Sehnsucht: »Wir sind ohne Bildung, noch mehr, wir sind zum Leben, zum richtigen und einfachen Sehen und Hören, zum glücklichen Ergreifen des Nächsten und Natürlichen verdorben und haben bis jetzt noch nicht einmal das Fundament einer Kultur, weil wir selbst nicht davon überzeugt sind, ein wahrhaftiges Leben in uns zu haben. Zerbröckelt und auseinandergefallen, im ganzen in ein Inneres und ein Äußeres halb mechanisch zerlegt, mit Begriffen wie mit Drachenzähnen übersät, Begriffsdrachen erzeugend, dazu an der Krankheit der Worte leidend und ohne Vertrauen zu jeder eigenen Empfindung, die noch nicht mit Worten abgestempelt ist...«[101] Die politischen Richtungen der Älteren bekommen aus dieser Generation wenig Zulauf; man ist radikaler Nationalist, Sozialist, Syndikalist, Nihilist, oder man schließt sich der Jugendbewegung an und bekundet damit seine restlose Verachtung aller Politik mitsamt der dazugehörigen Kultur.

Das ist der Humus, auf dem die Weimarer Kultur wächst, und das Wachstum wird kräftig gefördert durch das Erlebnis des Ersten Weltkriegs. Der Krieg ist die Katastrophe, die den teils dumpf gefürchteten, teils herbeigesehnten Untergang des alten Europas nahebringt und die Gräben aufreißt, die später die Kulturlandschaft Weimar-Deutschlands in zwei Bezirke trennen werden. Die »Linken« lernen, daß alles Töten, alles Militärische, jede Gewalt und jede Uniform sinnlos und böse sind, daß hinter aller Macht in Deutschland, sofern sie sich nicht radikal verändert hat, der Ungeist des Kasernenhofs und des preußischen Kadavergehorsams steht:

»Nicht alle Feuer, die tiefrot glommen
unter der Asche, gehen aus.
Achtung! Es ist Zündstoff im Haus!
Wir wollen nicht diese Nationalisten,
diese Ordnungsbolschewisten,
all das Gesindel, das uns geknutet,
unter dem Rosa Luxemburg geblutet.
Nennt ihr es auch Freiwilligenverbände:
es sind die alten schmutzigen Hände.
Wir kennen die Firma, kennen den Geist,
wir wissen, was ein Korpsbefehl heißt ...
Fort damit –!
Reißt ihre Achselstücke
in Fetzen – die Kultur kriegt keine Lücke,
wenn einmal im Lande der verschwindet,
dessen Druck kein Freier verwindet.
Es gibt zwei Deutschland –: eins ist frei,
das andre knechtisch, wer es auch sei.
Laß endlich schweigen, o Republik,
Militärmusik! Militärmusik –!«[102]

Nicht jeder Pazifist ist so militant gestimmt wie Kurt Tucholsky, aber die Stimmung des Nie-wieder, die Erschütterung durch die Knochenmühle des Stellungskriegs verbindet sich fast durchweg mit einer großen Utopie. Der Staat, der vorzeitig mit dem Krieg ein Ende macht, dessen Arbeiter und Soldaten die Waffen nach innen richten, in dem die alte Gesellschaft und ihre Kultur völlig zerschlagen werden und aus dessen Trümmern die Verheißung einer höheren, friedlichen Menschheitskultur aufsteigt, heißt Sowjetrußland.

»O Tag der Wonne, Tag der Freiheit, heiliges Rußland«,
dichtet Karl Otten.
»Nie sah Europa schöneren Tag, nie unsere Jugend herrlicheres Ziel! ...
Da riß ein Orkan geheimster Jubelfanfaren
Alle Herzen alle armen Lippen, sträubte Haar und Hände
Freude Begeisterung!
Ganz Europa zuckte auf, wahres Ideal berührte die Haut geschundener Männer.
Sie spien die Lüge aus, die Verhetzung, sie warfen die Mordklingen zu Hauf,
Eine Sekunde durchtoste Freiheit, Gemeinschaft, Ziel, Nähe alle Herzen ...«[103]

Da wuchern die Illusionen, da glaubt man bereits den neuen Menschen am Werk, und in der Tat ist in den ersten Jahren der Sowjetunion die Verwandtschaft zwischen der deutschen und der russischen Avantgarde mit den Händen zu greifen, ob es sich um Tatlins Konstruktivismus, um Mejercholds Theater oder um Majakowskis Lyrik handelt. Das bolschewistische Rußland verheißt die Wiederkehr des Messias, die Erlösung von allem Übel. »Gleich mir«, schreibt viel später, enttäuscht und verbittert, der Dichter Karl Otten, »hofften viele damals dem ewigen Frieden im Geiste Dostojewskis und Tolstois das letzte große und grausige Opfer gebracht zu haben...«[104] Da übersieht man leicht, daß auch die Revolution Krieg ist, daß in Rußland Ströme von Blut fließen, daß nach und nach die Opposition, ja eine ganze Klasse ausgerottet wird, und daß auch die deutschen Spartakisten und Kommunisten, denen die ganze Sympathie eines Kurt Tucholsky, eines George Grosz, eines Lion Feuchtwanger oder eines Erwin Piscator gehört, mit Maschinengewehren und Granatwerfern Krieg gegen die Republik führen, das stört nicht oder wird auf Konto unvermeidlicher Übergangserscheinungen verbucht.

Auch für das andere Lager der literarischen Moderne ist das Kriegserlebnis Brennpunkt der gegenwärtigen Wirklichkeit, aber im umgekehrten Sinn. Nicht der Ort des Grauens und der Unmenschlichkeit wird hier gedacht, sondern das Stahlgewitter, in dem der neue Mensch aus Blut und Eisen geschmiedet wird. »Dem Elementaren aber, das uns im Höllenrachen des Krieges seit langen Zeiten zum ersten Male wieder sichtbar wurde, treiben wir zu«, schreibt Ernst Jünger, den die liberale Zeitschrift »Tage-Buch« ihren Lesern als »den unbestrittenen geistigen Führer des neuen Nationalismus«

Erich Maria Remarques Roman »Im Westen nichts Neues« erscheint im Februar 1929; drei Monate später sind bereits 640000 Exemplare verkauft. Das Buch wird allgemein als gelungene realistische Reportage von der Westfront gelesen und rezensiert; erst der nach diesem Buch gedrehte Film, der Mitte 1930 in die deutschen Kinos kommt, besitzt jenes aufrüttelnde pazifistische Pathos, das Remarque zur Zielscheibe nationalistischer Agitation werden läßt.

In Stahlgewittern

Aus dem Tagebuch eines Stoßtruppführers

von

Ernst Jünger

Kriegsfreiwilliger, dann Leutnant und Kompanie-Führer im Füs.-Regt. Prinz Albrecht v. Preußen (Hannov. Nr. 73).

Mit 5 Abbildungen und dem Bilde des Verfassers.

Hannover

~~Selbst~~verlag ~~des Verfassers~~

1920.

vorstellt[105]. »Wir werden nirgends stehen, wo nicht die Stichflamme uns Bahn geschlagen, wo nicht der Flammenwerfer die große Säuberung durch das Nichts vollzogen hat. Weil wir die echten, wahren und unerbittlichen Feinde des Bürgers sind, macht uns seine Verwesung Spaß. Wir aber sind keine Bürger. Wir sind Söhne von Kriegen und Bürgerkriegen, und erst wenn dies alles, dieses Schauspiel der im Leeren kreisenden Kreise, hinweggefegt ist, wird sich das entfalten können, was noch an Natur, an Elementarem, an echter Wildheit, an Fähigkeit zu wirklicher Zeugung mit Blut und Samen in uns steckt. Dann erst wird die Möglichkeit neuer Formen gegeben sein.«[106]

Für die Jung-Nationalisten, die Brüder Jünger, Franz Schauwekker, Werner Beumelburg, Friedrich Wilhelm Heinz, Friedrich Hielscher, ist der Krieg die Bestätigung aller antibürgerlichen Affekte der Vorkriegszeit: »Der Weltkrieg war der Dämon, der die Pathetik kurz und klein schlug«, schreibt Ernst v. Salomon, ein ehemaliger Freikorpskämpfer und Beteiligter am Rathenau-Mord. »Der Krieg hatte keinen Anfang und kein Ende mehr, der graue Infanterist steht irgendwo inmitten der unübersehbaren Schlamm-Massen in einem schmutzigen Loch auf dem Sprunge; er ist ein Nichts im grauen und trostlosen Einerlei, das immer so gewesen ist und immer so sein wird ... Die Begriffe haben sich ihm verwirrt – die alten Begriffe ... Mit oder ohne Verdienst, er ist hier übriggeblieben – das (sogenannte) Innere ist nach außen gekehrt, umgekrempelt, und das Äußere wird total...«[107] Fort aus der bürgerlichen Sekurität, aber wohin? Anders als bei der Linken der Weimarer Kulturszene fehlt die fest umrissene Utopie, fehlen die präzise besetzten Begriffe, es fehlt, um im soldatischen Jargon zu bleiben, die Zielansprache. »Unsere Fahne ist nicht rot, nicht schwarz-rot-gold und nicht schwarz-weiß-rot, sie ist die Fahne eines neuen größeren Reiches, das in unserem Herzen begründet und aus ihm heraus gestaltet werden soll«, meint Ernst Jünger[108], aber das bleibt sehr im ungefähren, wie auch die sozialistischen Träume, die in diesen Kreisen allgegenwärtig sind. Will man die Einstellung des »soldatischen Nationalismus« auf den Begriff bringen, so bleibt eigentlich nur der Nihilismus: »Jawohl, unser Tun hieß Zerstörung«, erklärt der frühere Frontoffizier Kurt Hotzel. »Aber da seit 1918, oder wenn wir es genau sagen wollen, seit 1914 in allem sichtbaren Geschehen nichts anderes erfolgte als die reine und ununterbrochene Zerstörung, so wurde auch die Form dieser Zerstörung zu einer Sache der Haltung ... Alle unsere Taten geschahen aus Protest gegen eine Zeit, die ohne diese Taten eine unauslöschliche Schmach bedeuten würde.«[109] Die Folge dieser schreienden Diskrepanz zwischen den Gefühlen und den Zielen ist das widerstandslose Abgleiten der weitaus meisten Rechts-Literaten in das Fahrwasser Hitlers, der jedenfalls genau weiß, was unter national und was unter Sozialismus verstanden werden soll; nur wenige, wie Ernst Jünger, bleiben Einzelgänger.

Das sind die extremen Positionen, zwischen denen zahllose Varianten, Richtungen, Ideen existieren. Die zwanziger Jahre sind von einer nie dagewesenen intellektuellen Fruchtbarkeit, genährt von dem nervösen, neurotischen Gefühl der Unsicherheit und Unbehaustheit, das nach dem Krieg das geistige wie das politische Leben durchzieht und die Menschen rastlos nach archimedischen Punkten suchen läßt, von denen aus die gesamte Gegenwart aus ihren Angeln zu heben ist. Die Suche nach dem Absoluten, dem zeitlos Gültigen, der großen Einheit, nach dem vollkommen Neuen und der neuen Vollkommenheit eint die Richtungen über alle weltanschaulichen Abgründe hinweg, und das ist der wichtigste Grund dafür, daß die Beziehungen zwischen dem Weimarer Staat und der Weimarer Kultur tief gestört sind.

Eigentlich ist das überraschend. Nie zuvor in der deutschen Geschichte sind Künste und Wissenschaften so frei gewesen wie jetzt. Der Geist des Akademismus, der die offizielle Kulturpolitik im kaiserlichen Deutschland bestimmt und die Kräfte des Neuen in fruchtlose Opposition gedrängt hat, ist wie vom Erdboden verschluckt; die Moderne beherrscht die Öffentlichkeit, und der neue Staat eröffnet ihr jedes denkbare Wirkungsfeld. Und die Republik gibt sich auch Mühe mit den Dichtern und Denkern, soweit es ihr die selbstauferlegte Nüchternheit erlaubt. Das republikanische Preußen gründet 1926 eine Sektion der Dichtkunst bei der Preußischen Akademie der Künste, ein Unterfangen, an dem das königliche Preußen mehr als ein Jahrhundert lang immer wieder gescheitert ist, weil man sich nie hat einigen können, was alles zur Literatur gehöre und was deren Aufgaben seien. Die Mitgliederliste liest sich wie ein Gotha der klassischen Moderne - Gerhart Hauptmann, Thomas und Heinrich Mann, Arno Holz, Georg Kaiser, Ricarda Huch, René Schickele, Arthur Schnitzler, Jakob Wassermann, Franz Werfel, Ina Seidel, und daneben auch einige namhafte Vertreter der Avantgarde wie Gottfried Benn, Alfred Döblin oder Leonhard Frank. Dieses würdige Gremium sucht die deutsche Literatur zu repräsentieren, wirkt gutachtlich, wenn kulturwirksame Gesetze in Frage stehen, protestiert gegen Übergriffe einer republik- und wirklichkeitsfernen politischen Justiz auf die literarische Meinungsfreiheit und verteilt Förderpreise und Arbeitszuschüsse für junge Talente. Wenn es überhaupt eine Bastion des demokratischen Gegenwartsstaats im kulturellen Raum gibt, dann ist es die preußische Dichterakademie, denn zumindest die Brüder Mann, Hauptmann, Arno Holz, Alfred Döblin und Jakob Wassermann finden nichts dabei, die Republik zu verteidigen.

Die große Überraschung in dieser Runde ist Thomas Mann. Sein republikanisches Bekenntnis ist jüngeren Datums; die Zeitgenossen kennen den Dichter der »Buddenbrooks« als flammenden Antidemokraten. Sein 1917 erschienener Essay »Betrachtungen eines Unpolitischen«, ein wortgewaltiges, auf höchster Ebene argumentierendes Pamphlet für die »deutsche« bürgerliche Humanität und gegen die »westliche« Zivilisation gipfelt in dem Ausruf: »Ich hasse die Politik und die Demokratie, welche die Verpestung des gesamten nationalen Lebens mit Politik bewirkt.«[110] Alle Welt horcht deshalb auf, als Thomas Mann, neben Gerhart Hauptmann der zweite lebende Klassiker der Gegenwart, 1922 vor Studenten der Universität Breslau erklärt: »Es ist ... absurd und nichts weiter, Tatsachen zu leugnen und sich im Wirklichen nicht ausprägen lassen zu wollen, die es für jedermann innerlich sind, auch für die Leugner und Opponenten. Studentenschaft! Bürgertum, eingesprenkelt in die Reihen

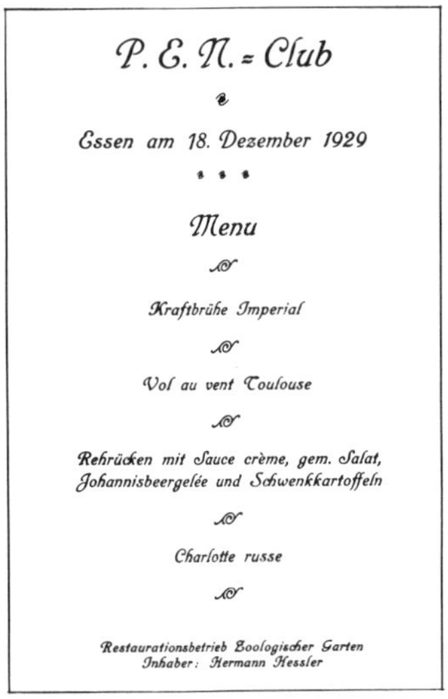

P. E. N. = Club

Essen am 18. Dezember 1929

Menu

Kraftbrühe Imperial

Vol au vent Toulouse

Rehrücken mit Sauce crème, gem. Salat,
Johannisbeergelée und Schwenkkartoffeln

Charlotte russe

Restaurationsbetrieb Zoologischer Garten
Inhaber: Hermann Hessler

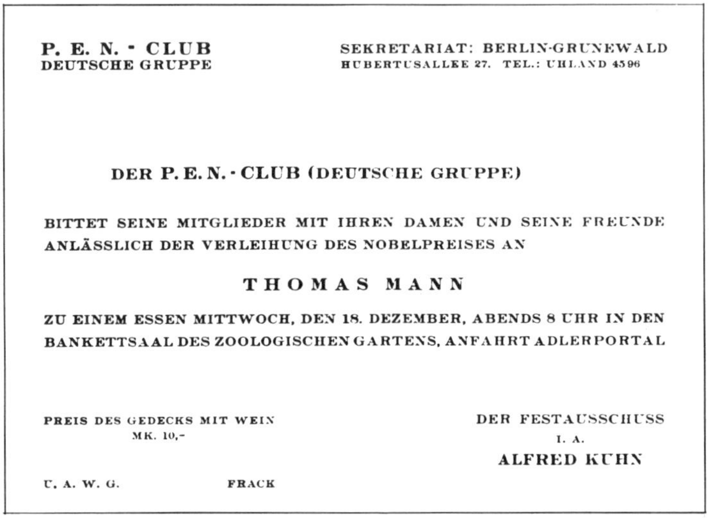

P. E. N. - CLUB
DEUTSCHE GRUPPE

SEKRETARIAT: BERLIN-GRUNEWALD
HUBERTUSALLEE 27. TEL.: UHLAND 4596

DER P. E. N. - CLUB (DEUTSCHE GRUPPE)

BITTET SEINE MITGLIEDER MIT IHREN DAMEN UND SEINE FREUNDE
ANLÄSSLICH DER VERLEIHUNG DES NOBELPREISES AN

THOMAS MANN

ZU EINEM ESSEN MITTWOCH, DEN 18. DEZEMBER, ABENDS 8 UHR IN DEN
BANKETTSAAL DES ZOOLOGISCHEN GARTENS, ANFAHRT ADLERPORTAL

PREIS DES GEDECKS MIT WEIN
MK. 10,-

DER FESTAUSSCHUSS
I. A.
ALFRED KUHN

U. A. W. G.

FRACK

der akademischen Jugend! Die Republik, die Demokratie sind heute solche inneren Tatsachen, sind es für uns alle, jeden einzelnen, und sie leugnen heißt lügen.«[111] Für eine humane Gesinnung, erklärt Mann der akademischen Jugend, gebe es in der derzeitigen Lage Deutschlands keine denkbare Alternative. Über Nacht wird aus dem Hasser westlicher Zivilisation der Sänger des demokratischen Gegenwartsstaats, der fortan und oft mit beträchtlichem Mut für die Unvollkommenheit des Bestehenden gegen den Überschwang der Utopien eintritt – ein wahrhaft bürgerlicher Konservativer, der eben deshalb zehn Jahre später, als bereits die Schatten fallen, öffentlich sein Bekenntnis zur sozialen Republik und zur Sozialdemokratie ablegt.

Thomas Manns Bekenntnis kommt aus der Reflexion, nicht aus dem Gefühl – er ist »Vernunft-Republikaner«, wie der Historiker Friedrich Meinecke sagt, der sich selbst zu dieser Einstellung bekennt, wie auch der Soziologe Max Weber, der Religionsphilosoph Ernst Troeltsch, der Maler Max Liebermann und einige andere. Wenn es irgendeinen geistigen Boden der Republik gibt, dann den der vernunftgemäßen Einwilligung in einen politischen Zustand, der niemanden begeistert, der aber dem Geist mehr Freiheit läßt als jede Alternative. Und das kann auch gar nicht anders sein, denn eine geschlossene, systematische, allgemein-philosophische Begründung dafür, daß die Menschen darauf angelegt seien, in parlamentarisch-demokratisch verfaßten Republiken zu leben, gibt es nicht. Und so ist das letzte Wort des Vernunft-Republikaners, mit Max Weber zu sprechen, »daß es mit dem Sehnen und Harren allein nicht getan ist«, und daß es auf das andere ankomme: »An unsere Arbeit gehen und der ›Forderung des Tages‹ gerecht werden.«[112]

Aber in der geistigen Landschaft Weimar-Deutschlands finden solche Stimmen kein Echo. Wo der Ruf nach Vernunft, nach Selbstbeschränkung und Liberalität überhaupt in öffentlichen Debatten ertönt, dort verhallt er ungehört. Es gibt solche Debatten, beispielsweise das Davoser Gespräch zwischen den Philosophen Ernst Cassirer und Martin Heidegger, und die gelehrt-konventionellen Argumente des großbürgerlichen und vornehmen Cassirer verblassen vollkommen gegen die sensationelle denkerische Kraftmeierei seines Gegners. Heidegger denkt Nietzsche, den Abgott der Jugend, zu Ende. Das Seiende ist ihm nichtig, die Geschichte ist der Raum schicksalhafter Irre, sie hängt im Abgrund. Nicht Vernunft ist das wahre Wesen des Geschehenden, sondern die Werke der Kunst, der Dichtung, des Denkens, der Politik, die gerade, weil sich in ihnen das Unwahre und Irrende manifestiert, das Wahre der Geschichte sind. Deshalb kommt es darauf an, möglichst groß, möglichst gewalttätig zu irren, um die Wahrheit geschehen zu lassen. Dieser entschlossen nihilistische Existenzialismus begeistert die Studenten, die Heidegger massenweise, zunehmend braun uniformiert, zu Füßen sitzen. 1933 wird Heidegger als Rektor dem gewalttätigsten Irrenden die Universität Freiburg zu Füßen legen, während Ernst Cassirer nach Amerika emigriert.

Nicht ganz so folgenreich, wenn auch in der Grundfiguration ähnlich verläuft einer der anderen großen Dispute der Zeit, das Marburger Religionsgespräch zwischen den Theologen Rudolf Bultmann und Karl Barth. Bultmann ist der Mann der Aufklärung, der Vernunft; er sucht die Botschaft des Neuen Testaments aus der Mythologie herauszulösen, während Barths »Theologie der Krise« allen liberalen und humanistischen Bemühungen um das christliche

Sein und Zeit

von

Martin Heidegger (Marburg a. L.).

... *δῆλον γὰρ ὡς ὑμεῖς μὲν ταῦτα (τί ποτε βούλεσθε σημαίνειν ὁπόταν ὂν φθέγγησθε) πάλαι γιγνώσκετε, ἡμεῖς δὲ πρὸ τοῦ μὲν ᾠόμεθα, νῦν δ᾽ ἠπορήκαμεν* ... »Denn offenbar ſeid ihr doch ſchon lange mit dem vertraut, was ihr eigentlich meint, wenn ihr den Ausdruck ‚ſeiend' gebraucht, wir jedoch glaubten es einſt zwar zu verſtehen, jetzt aber ſind wir in Verlegenheit gekommen.«[1] Haben wir heute eine Antwort auf die Frage nach dem, was wir mit dem Wort »ſeiend« eigentlich meinen? Keineswegs. Und ſo gilt es denn, die Frage nach dem Sinn von Sein erneut zu ſtellen. Sind wir denn heute auch nur in der Verlegenheit, den Ausdruck »Sein« nicht zu verſtehen? Keineswegs. Und ſo gilt es denn vordem, allererſt wieder ein Verſtändnis für den Sinn dieſer Frage zu wecken. Die konkrete Ausarbeitung der Frage nach dem Sinn von »Sein« iſt die Abſicht der folgenden Abhandlung. Die Interpretation der Zeit als des möglichen Horizontes eines jeden Seinsverſtändniſſes überhaupt iſt ihr vorläufiges Ziel.

Das Abſehen auf ein ſolches Ziel, die in ſolchem Vorhaben beſchloſſenen und von ihm geforderten Unterſuchungen und der Weg zu dieſem Ziel bedürfen einer einleitenden Erläuterung.

1) Plato, Sophiſtes 244 a.

Weltbild ein hartes Nein entgegensetzt. Gott ist der ganz andere, der Entsetzenerregende, der Unbegreifliche, der in Zorn und Gnade blitzartig auf den Menschen trifft, dem der Mensch völlig anheimgegeben ist. Barths donnernder Bannfluch trifft die bestehende Kultur, den liberalen Geist, das säkularisierte Denken, und damit auch die Demokratie, denn für ihn ist jedes Bemühen um das Zusammenleben der Menschen überheblich und widergöttlich. Es liegt auf der Hand, daß Barth fasziniert, während Bultmann langweilt. Es ist immer dasselbe: Wo im geistigen Klima der Weimarer Zeit »Vernunft« und »Glaube« aufeinanderstoßen, dort gewinnt der Glaube die Partie. Die Exaltation gibt den Ton an.

Herr Stresemann und das Stück Schwarzbrot.

Kreidezeichnung von Karl Hubbuch, um 1923

Kein Wunder also, daß die Republik im großen und ganzen von den Intellektuellen und Künstlern der Epoche nicht als Heimat angenommen wird. Sie steht in allem quer zum Zeitgeist; sie ist liberal, unfertig, rational, wo das Ganze, das Überschwengliche, das Begeisternde gesucht wird; sie ist in vielem kleinkariert, langweilig, unheroisch, wo das Große, das Ekstatische, das Heldenhafte gefordert ist; sie ist mit tausend Strängen der Vergangenheit verbunden, wo das ganz Neue, das überwältigend andere, das rein Zukünftige erwartet wird. Die Republik ist grauer, oft niederdrückender Alltag, während der Geist der Weimarer Ära bei allen politischen Richtungskämpfen in ein goldenes Nirwana taucht. So tritt Hermann Hesse aus der Sektion für Dichtkunst der Preußischen Akademie der Künste aus und begründet dies: »Also: der letzte Grund meines Unvermögens zur Einordnung in eine offizielle deutsche Korporation ist mein tiefes Mißtrauen gegen die deutsche Republik. Dieser haltlose und geistlose Staat ist entstanden aus dem Vakuum, aus der Erschöpfung nach dem Kriege. Die paar guten Geister der ›Revolution‹, die keine war, sind totgeschlagen, unter Billigung von 99 Prozent des Volkes. Die Gerichte sind ungerecht, die Beamten gleichgültig, das Volk vollkommen infantil…«[113] 1931 beginnt Hesse mit der Niederschrift seines großen Romans »Das Glasperlenspiel«: die Utopie einer geistigen Ordens-Elite, die weit über den Weltdingen steht und diese mit sicherer Hand aus tiefer, mystischer Einsicht lenkt. Die Weimarer Kulturszene ist das Glasperlenspiel, die Republik das irdische Gewimmel, dem es in so bedauerlichem Maße an Perfektion mangelt.

Aus der Unvollkommenheit des Weimarer Staatswesens ergibt sich sein Kompromißcharakter. Keine Republik, keine Demokratie ohne Kompromisse: Wie sollen die Interessen der gesellschaftlichen und wirtschaftlichen Gruppen, wie die der Parteien ausbalanciert werden, wenn nicht kompromißförmig? Karl Dietrich Erdmann hat das Grundgesetz des Parlamentarismus geradezu definiert als den »kategorischen Imperativ des Ausgleichs, und zwar nicht zwischen benachbarten, sondern zwischen entgegengesetzten Interessen und Überzeugungen«[114]. Nichts wirkt aus dem Blickwinkel des Geistigen aufreizender; Kurt Tucholsky singt

»Das Lied vom Kompromiß

Manche tanzen manchmal wohl ein Tänzchen
immer um den heißen Brei herum,
kleine Schweine mit dem Ringelschwänzchen,
Bullen mit erschrecklichem Gebrumm.
    Freundlich schaun die Schwarzen und die Roten,
    die sich früher feindlich oft bedrohten.
    Jeder wartet, wer zuerst sich wagt,
    bis der eine zu dem andern sagt:
        (Volles Orchester)
        ›Schließen wir nen kleinen Kompromiß!
        Davon hat man keine Kümmernis.
        Einerseits – und andrerseits –
        so ein Ding hat manchen Reiz …
        Sein Erfolg in Deutschland ist gewiß:
        Schließen wir nen kleinen Kompromiß!‹
…
Seit November tanzt man Menuettchen,
wo man schlagen, brennen, stürzen sollt.
Heiter liegt der Bürger in dem Bettchen,
die Regierung säuselt gar zu hold.
    Sind die alten Herrn auch rot bebändert,
    deshalb hat sich nichts bei uns geändert.
    Kommts, daß Ebert hin nach Holland geht,
    spricht er dort zu einer Majestät:
        ›Schließen wir nen kleinen Kompromiß:
        Davon hat man keine Kümmernis.
        Einerseits – und andrerseits –
        so ein Ding hat manchen Reiz …‹

Und durch Deutschland geht ein tiefer Riß.
Dafür gibt es keinen Kompromiß!«[115]

Kompromisse sind grundsätzlich faul, und deshalb ist auch die Republik faul. Darin herrscht Einigkeit von links bis rechts, und das hat seine Wirkung; der Verfasser einer Studie über die geistige Haltung der deutschen Jugend im Jahr 1932 kommt zu dem Fazit: »Diese jungen Menschen haben nur unsagbare Verachtung für die ›liberale Welt‹ übrig, die geistige Unbedingtheit geringschätzig Weltfremdheit nennt; sie wissen, daß Kompromisse im Geistigen aller Laster und Lügen Anfang sind.«[116]

Laster und Lügen: Das moralische Argument gegen den parlamentarischen Parteienstaat erfreut sich großer Beliebtheit; Max Webers Warnung vor der »Benutzung der ›Ethik‹ als Mittel des ›Rechthabens‹«[117] verhallt ungehört. Das hat viel mit deutschen Denktraditionen zu tun, mit einer politischen Kultur, die entscheidend vom Idealismus geprägt ist, während der Geist des Pragmatismus spurlos an ihr vorübergegangen ist. Das politisch Richtige muß auch das moralisch Gute sein, und was das Gute ist, darüber urteilt der »Geist«, der sich nach einer weiteren deutschen Überlieferung in einer dauernden Wächterrolle über die »Macht« befindet. Nach Hegel sind die Intellektuellen der »allgemeine Stand«, der die »allgemeinen Interessen des gesellschaftlichen Zustandes zu seinem Geschäfte« hat[118], eine Vorstellung, die bis auf Platon zurückgeht, dessen »Staat« jeder Gymnasiast gelesen hat.

Daher in Deutschland die große Seltenheit eines Schriftstellers oder Künstlers als Politiker oder Staatsdiener, wie dies in England und Frankreich so oft der Fall ist, und daher die Neigung deutscher Geistesgrößen, private Moral zum ausschlaggebenden Maßstab öffentlichen Handelns zu machen. Und der Staat von Weimar bietet da reichlich Anlaß; es gibt immer wieder große Bestechungsskandale, in die auch Politiker der republikanischen Parteien verwickelt sind, und zudem stehen die von den Parteien betriebene Patronagepolitik als »Pfründenwirtschaft«, das ständige Tauziehen um Koalitionsbildungen als »Kuhhandel« von vornherein unter dem sittlichen Minderwertigkeitsverdikt. »Die Art und Weise, wie bisher bei uns der Parlamentarismus die Aufgabe der Regierungsbildung besorgt hat«, meint selbst der Vernunftrepublikaner Friedrich Meinecke, »bietet der Kritik die ärgsten Blößen. Da Hökern und Feilschen zwischen den Parteien um die Ministerportefeuilles, die mechanische und äußerliche Art ihrer Verteilung hat ... die neue Staatsform diskreditiert. Was soll aus der Liebe zum Staat werden, wenn dieser Zustand fortdauert?«[119] Der große Erfolg der »Dreigroschenoper« Bertolt Brechts geht neben dem Reiz der Weillschen Musik und der zündenden Texte darauf zurück, daß das Publikum nicht die geringsten Schwierigkeiten hat, die politische Gegenwart als Gangstermilieu zu verstehen, und von rechts tönt es ganz ähnlich: »Ministerpensionen blühten zu Hunderten in der Maiensonne des republikanischen Deutschland auf, und hinter dem Ministertanz erblickte man die öffentlichen Mäuler und gierigen Augen von tausend Partei- und Gewerkschaftssekretären, Parteijournalisten, Vettern, Geschäftsfreunden, die noch nicht drangekommen waren«, schreibt 1924 der Kulturphilosoph Oswald Spengler, und befindet: »Eine fünfjährige Orgie von Unfähigkeit, Feigheit und Gemeinheit.«[120]

Und zu alledem kommt noch, daß die Republik häßlich ist. Die

Welt des Geistes und der Kunst urteilt mit Vorliebe ästhetisch, und da kann Weimar-Deutschland nur verlieren. Selbst Harry Graf Kessler, der linke Pazifist und Mäzen, der die Republik bei jeder Gelegenheit verteidigt und Mitglied des »Reichsbanners Schwarz-Rot-Gold« ist, entsetzt sich anläßlich eines Staatsbanketts, das die republikanische preußische Regierung gibt: »Der Eindruck auf mich schauerlich. Wo früher ein farbenprächtiges Bild, schöne oder in ihrer Aufmachung schön erscheinende Menschen die Säle festlich füllten, eine einförmige, formlose graue Masse, wie Läuse, die sich wie ein trüber Alltag durch die alte Barockpracht hindurchschob.«[121] Maler wie Otto Dix und George Grosz entlarven mitleidlos die Vulgarität der neuen politischen Klasse, und Kurt Tucholsky veröffentlicht in seinem 1931 erscheinenden Essay-Band »Deutschland, Deutschland über alles« eine Photomontage, auf der häßliche alte Männer in Polizei- und Reichswehruniformen zu sehen sind – Überschrift: »Tiere sehen dich an«. Konsequenterweise hält man umgekehrt Ästhetik für Politik – Erwin Piscator und Leopold Jessner inszenieren die Revolution auf der Bühne, die »O Mensch«-Lyrik und der Dadaismus sind »die Fanfare einer jungen, radikalen, künstlerischen Intelligenz, die die bürgerliche Gesellschaft hinwegfegen wollte«[122]. Die erste Münchener Räterepublik schließlich ist die Freilichtaufführung des Stücks »Revolution«, inszeniert von Schriftstellern wie Erich Mühsam, Ernst Toller, Gustav Landauer und Ret Marut alias Bruno Traven, und an dem Mißverständnis der Beziehungen von Politik und Literatur scheitert das Experiment.

Wie tief die moralisch-ästhetische Irritation über die Republik geht, zeigt das Beispiel der »Weltbühne«, einer für das geistige Klima Weimars besonders charakteristischen politisch-literarischen Wochenzeitschrift, obwohl ihre Auflagenhöhe nie über 15 000 hinausreicht. Sie ist Nachfolgerin der »Schaubühne«, vor dem Ersten Weltkrieg von Siegfried Jacobsohn als Theater- und Kulturforum gegründet, und nimmt seit der Revolution von 1918 unter Hellmuth v. Gerlach und Carl v. Ossietzky kämpferisch-politischen Charakter an. Von Anfang an versteht sich die »Weltbühne« als republikanisches Blatt, und ihre Feldzüge gegen eine sozialblinde, rechtslastige politische Justiz, gegen die heimlichen Verbindungen der Reichswehr zu rechtsradikalen Kampfbünden, gegen jede Form monarchistischer Restauration sind große publizistische Leistungen. Die moralische Haltung ihrer Redakteure und Mitarbeiter ist unbestechlich, man druckt, was man für wahr hält, und nimmt dafür auch, wie Ossietzky 1932, eine Gefängnisstrafe wegen Geheimnis- und Landesverrats in Kauf. Das ist unbequem für Politiker und Generäle, aber in einer Demokratie ist es nicht Aufgabe der Publizistik, Staatstragendes zu produzieren.

Aber es zeigt sich schon bald nach der Novemberrevolution, daß die »Weltbühne« keineswegs nur daran denkt, Auswüchse zu beschneiden und Machtmißbrauch zu kritisieren. Die Republik, die ein Tucholsky, ein Ossietzky, ein Kurt Hiller, ein Heinz Pol verteidigen, ist ein ganz anderes Gebilde als die Republik von Weimar. »Es wird uns Mitarbeitern der Weltbühne der Vorwurf gemacht, wir sagten zu allem Nein und seien nicht positiv genug«, schreibt Tucholsky 1919. »Wir lehnten ab und kritisierten nur und beschmutzten nur das eigene deutsche Nest ... Aber einen Augiasstall kann man nicht

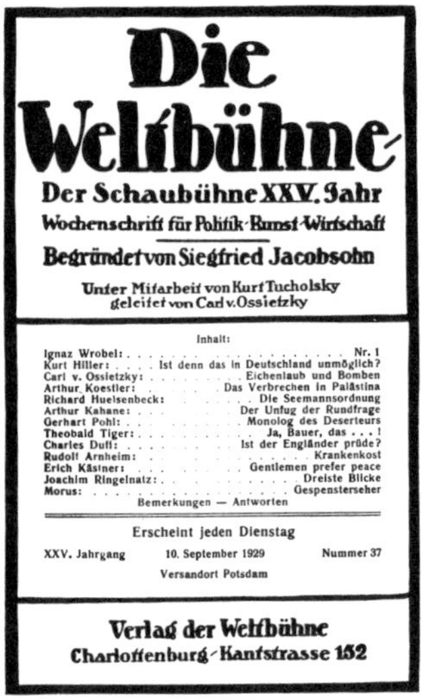

Die Weltbühne

Der Schaubühne XXV. Jahr

Wochenschrift für Politik · Kunst · Wirtschaft

Begründet von Siegfried Jacobsohn

Unter Mitarbeit von Kurt Tucholsky
geleitet von Carl v. Ossietzky

Inhalt:

Ignaz Wrobel:	Nr. 1
Kurt Hiller:	Ist denn das in Deutschland unmöglich?
Carl v. Ossietzky:	Eichenlaub und Bomben
Arthur Koestler:	Das Verbrechen in Palästina
Richard Huelsenbeck:	Die Seemannsordnung
Arthur Kahane:	Der Unfug der Rundfrage
Gerhart Pohl:	Monolog des Deserteurs
Theobald Tiger:	Ja, Bauer, das . . . !
Charles Duff:	Ist der Engländer prüde?
Rudolf Arnheim:	Krankenkost
Erich Kästner:	Gentlemen prefer peace
Joachim Ringelnatz:	Dreiste Blicke
Morus:	Gespensterseher

Bemerkungen — Antworten

Erscheint jeden Dienstag

XXV. Jahrgang 10. September 1929 Nummer 37

Versandort Potsdam

Verlag der Weltbühne
Charlottenburg · Kantstrasse 152

beschmutzen, und es ist widersinnig, sich auf das zerfallene Dach einer alten Scheune zu stellen und da oben die Nationalhymne ertönen zu lassen.« Was für Tucholsky diesen Staat so unerträglich macht, ist, daß in ihm »kurzstirnige Tölpel«, »eisenharte Bauernknechte«, »Fleischergesellen« herrschen, und eine Politik der Reformen ist ihm ein Greuel, denn damit wird nichts geändert. »Wir glauben, daß das Wesentliche in der Welt hinter den Dingen sitzt, und daß eine anständige Gesinnung mit jeder, auch mit der schlechtesten, Vorschrift fertig wird und sie gut handhabt. Ohne sie aber ist nichts getan. Was wir brauchen, ist diese anständige Gesinnung.«[123]

Anständige Gesinnung, das schält sich im Verlauf der kommenden Jahre immer deutlicher heraus, hat etwas mit Anti-Militarismus, Anti-Preußentum und Anti-Spießertum zu tun und mit radikalem und konsequentem Handeln. Und da es mit alledem in der Republik nicht besonders gut bestellt ist, bekommt sie ununterbrochen schlechte Noten. Gute Noten erhält die Sowjetunion, wenn sich auch seit Stalins Aufstieg öfter kritische Töne vernehmen lassen, denn Stalin beendet das intellektuelle Abenteuer des Kriegskommunismus endgültig, und der Traum vom neuen Menschen im fernen Sowjetreich zerrinnt. Gute Noten erhält gelegentlich auch die Dritte Republik Frankreichs, denn dort gibt es keinen preußischen Militarismus, und gute Noten gibt es für die Kommunistische Partei Deutschlands, wenn auch die zunehmende Bürokratisierung und Intellektuellenfeindlichkeit dieser Partei seit der Mitte der zwanziger Jahre öfter mahnende Kommentare hervorrufen. Aber Thälmann »sagt sogar manchmal Dinge über innerpolitische deutsche Situationen, die von jedem Standpunkt aus vernünftig sind und aufhorchen lassen«, meint Heinz Pol 1928. »Er schildert vollkommen richtig die Entwicklung der deutschen Sozialdemokratie. Diese Entwicklung führe zum ›Social-Fascismus‹. Und er hat ganz recht, wenn er in diesem Zusammenhang vom Leben und Treiben unseres Reichsbanners spricht, das er die Schutz- und Wehrorganisation der nationalen, imperialistischen Republik nennt.«[124] Deshalb ruft Kurt Hiller vor den Reichstagswahlen von 1928 zur kommunistischen Stimmabgabe auf, und Ossietzky rät vor der Reichspräsidentenwahl 1932, Thälmann zu wählen, da Hitler und Hindenburg gleichgroße Übel seien.

Dabei ist die »Weltbühne« aber keineswegs ein kommunistisches Blatt, keiner ihrer Redakteure gehört der KPD an, aber an dieser Partei imponiert das radikale Eintreten für Forderungen, die aus der Distanz des »Romanischen Cafés« zum Reichstag als Inbegriff republikanisch-demokratischer Politik gelten. Entscheidend ist aber der geniale Impetus, das radikale Pathos, die große Geste, nicht so sehr der politische Inhalt; 1926 preist Kurt Hiller aus vollem Mund Benito Mussolini, der »die lebende Widerlegung des Demokratismus« sei. Er ist »ein Kraftkerl«, und es fehlt ihm eins: »Die Heuchelei. Er ist so ehrlich wie brutal. Und hat Schwung, Eleganz, Vitalität.« Und was hauptsächlich für den italienischen Diktator einnimmt: »Er hat Kultur. Er sieht aus wie jemand, der Kraft hat, aber etwas von Kunst versteht und Philosophen gelesen hat. Die Reichskanzler der Republik Deutschland, zum Beispiel, mögen sie dem Zentrum oder der Sozialdemokratie angehört haben, sahen durch die Bank nicht so aus.«[125] In der gleichen Nummer nimmt sich Kurt Tucholsky des jüngst verstorbenen Reichspräsidenten Friedrich Ebert an und läßt kein gutes Haar an ihm: ein »Verräter« von »bodenloser Charakterlosigkeit«, ohne Einschränkung.[126] Ebert sieht eben nicht aus wie ein Philosophen lesender Kraftkerl.

Die erste deutsche Republik ist von den meisten Geistesgrößen ungeliebt, nicht, weil sie Republik, sondern weil sie langweilig ist und den seelischen Aufschwüngen im Wege steht, nach denen der Geist der Zeit dürstet. Darin ist sich die linke mit der rechten Intelligenz vollkommen einig, denn rechts und links trennt nicht die Stellung zur Gegenwart - die ist durch die Bank verpönt und hat a priori verspielt -, sondern die Gestaltung von Zukunftsvisionen. Und die Kluft zwischen der politischen Existenz der Deutschen und ihren Dichtern und Denkern reicht noch tiefer: der jahrhundertealten Grundkonstellation der europäischen Mittellage Deutschlands, seiner Stellung zwischen Ost und West entspricht die innere Mittellage der deutschen Kultur. Auch sie steht zwischen Ost und West, und ein Staatswesen, das sich nach verlorenem Krieg abrupt den politischen Normen des Westens, der Idee der liberalen Demokratie und des parlamentarischen Verfassungsstaats öffnet, kann nicht mit Beifall aus seiner geistigen Sphäre rechnen. Daß aus dem Lager der nationalistischen oder konservativen Rechten, ob »völkisch«, »jungkonservativ«, »nationalrevolutionär« oder »bündisch«, der Ruf nach der Ächtung westlicher Einflüsse in der deutschen Politik erschallt, kann nicht wundernehmen. Westen ist Liberalismus, ist Demokratie, ist Parlamentarismus und - was allerdings in den Programmschriften der neuen Rechten nicht ausgeführt wird - Weltkriegssieger. Die Ablehnung des Westens ist allgemein, und diese Gegnerschaft wird als durchaus revolutionär begriffen: »Den stärksten Widerwillen« meint Max Hildebert Boehm, Herausgeber der Zeitschrift »Die Grenzboten«, »empfindet die Jugend gegen die Reaktion von heute, gegen die westlerische, liberale Weltreaktion, der der Präsident Wilson die Fahne vorangetragen hat, die uns niedergeworfen und vergewaltigt hat und deren Henkersknechte, die Erzberger und Scheidemänner, die Formaldemokraten aus allen Lagern sind.«[127] Welcher entschlossene Linke hätte dem widersprochen? Und in der Tat ist selbst in der sich westlich-zivilisatorisch gebenden »Weltbühne« der antiwestliche Affekt spürbar - hier ist es der seelenlose »Amerikanismus«, der nach Ansicht Carl v. Ossietzkys die deutsche Kultur bedroht, und die Locarno-Verträge wie der Kellogg-Pakt verfallen unnachsichtiger Ablehnung.

Zeichnung von Karl Arnold

Französische »Zivilisation« gegen deutsche »Kultur«: nirgendwo wird der deutsche Drang zur Abkapselung vom Geist Europas so sichtbar wie in dieser klassischen Antithese, die durch den Weltkrieg und die darauffolgende Besetzung des Rheinlands durch teilweise farbige Truppen, die »schwarze Schmach«, ihre aktuelle Schärfe erhält.

Uneins ist sich die Kritik der deutschen Westanlehnung im intellektuellen Lager lediglich in der Frage der Alternativen. Oswald Spengler, dessen massige geschichtsphilosophische Spekulation vom »Untergang des Abendlandes« enorme Auflagenziffern erlebt und den intellektuellen Diskurs der zwanziger Jahre prägt wie kein anderes Werk, setzt auf die Sowjetunion als künftigen Partner Deutschlands - nicht aus Sympathie für den Kommunismus, sondern weil eines Tages aus Asien die »heilige Revolution« kommen wird, die die Welt überrollen und Deutschland befreien soll[128]. Die Faszination durch die bolschewistische Revolution eint die Linke mit der Rechten - das »ex oriente lux« durchzieht die »Weltbühne«

nicht minder als Rudolf Pechels konservative »Deutsche Rundschau«.

Die andere Option setzt auf die unabhängige Mitte, auf den dritten Weg Deutschlands zwischen Ost und West. Moeller van den Bruck, neben Spengler der einflußreichste Denker im rechten Lager, konzipiert das »Dritte Reich« der Zukunft als das Reich der Mitte, »weil nur von ihr aus Europa sich im Gleichgewicht halten läßt – und von hier aus, nicht vom Westen aus..., und nicht vom Osten aus, dem Spengler vorgreifend die Erbschaft gibt. Es will das Deutschtum erhalten, nicht um es aufzugeben, wie es die Schwächlinge von der zwischenstaatlichen Partei empfehlen, die Entartungserscheinungen am Rande der Rasse sind, sondern um der Nation das Bewußtsein zu geben, daß sie ... noch eine Aufgabe hat, die ihr kein anderes Volk abnehmen kann.« Diese Aufgabe sieht Moeller in der Befreiung des deutschen Volks von seiner Neigung, »der Denkweise anderer Völker zu verfallen, ausländische Meinungen der eigenen vorzuziehen und dorthin überzulaufen, wo eine fremde Weltanschauungsfahne aufgezogen wird.« Unnötig zu betonen, daß die »fremde Weltanschauungsfahne« die Farben Schwarz-Rot-Gold trägt.[129]

So treffen sich im Reich des Geistes die Gegensätze im Rücken der deutschen Republik; die »linken Leute von Rechts«, die Nationalisten, die den Sozialismus für die beste Waffe gegen den westlichen Individualismus halten, die Sozialisten, die im Nationalismus die systemsprengende Kraft erkennen, einigen sich ohne Schwierigkeiten auf Kosten der glanzlosen politischen Wirklichkeit. Nie war Deutschland so geistreich wie in der tiefsten Krise der Politik, nie war der Diskurs der Intellektuellen so frei wie jetzt, aber, wie dem Herausgeber der jung-konservativen »Tat«, Hans Zehrer, auffällt: »Nationalsozialisten waren niemals dabei! Anfangs dachte jedermann, auch diese werden einmal kommen und es sich in angeregten Diskussionen wohl sein lassen, noch haben sie keine Intellektuellen – aber sie kamen nicht, sie kamen niemals, bis auf den heutigen Tag nicht, und während die Diskussionen zwischen Fisch und Braten, bei Tee und Whisky munter dahinplätscherten und sich erhitzten, marschierte draußen die SA mit ruhigfestem Schritt.«[130]

II. Das Drama

Revolution vor der Revolution

Deutschland im Frühjahr 1917, am Ende des dritten Kriegsjahres: die Materialschlacht des Stellungskriegs im Westen erreicht ihren Höhepunkt. Seit dem 2. April 1917 befinden sich die Vereinigten Staaten von Amerika mit dem Reich im Kriegszustand; zwar soll es noch fast ein Jahr dauern, bis amerikanische Truppen in nennenswerter Zahl auf dem europäischen Kriegsschauplatz auftauchen, aber allein die Aussicht auf den gewaltigen personellen und materiellen Zuwachs ermutigt die alliierten Befehlshaber, ihre Truppen in schweren und blutigen Durchbruchsversuchen gegen die deutsche Frontlinie in Flandern, im Artois und in der Champagne einzusetzen. Die deutschen Linien halten stand; Wilhelm II. drahtet an die Kaiserin: »Gottes Hilfe verlieh unseren unvergleichlichen Truppen die übermenschlichen Kräfte, um die herrlichen Taten auszuführen und die gewaltigsten Kämpfe erfolgreich zu bestehen, die je die Kriegsgeschichte gesehen hat! Dem Herrn sei Lob und Preis für seinen Beistand und Dank für solch ein herrlich Volk in Waffen!«[131] An der Front teilt man den Überschwang des kaiserlichen Panegyrikers keineswegs; der Stabschef eines Gruppenkommandos in Flandern notiert: »Ganze Divisionen brennen in Stunden zu Schlacken aus und man schreit nach neuen, die nicht kommen. Wollte Gott, daß dies die letzte große Menschenschlächterei des großen Krieges sein möge; heute früh haben wieder Tausende sterben müssen...«[132] Die Front blutet aus, menschlich wie materiell, ohne daß nennenswerte Reserven in Erwartung stünden; nicht nur, daß die Heimat keinen hinreichenden Nachschub schaffen kann – die Fronttruppen müssen sogar ihre Lebensmittelreserven halbieren, um die heimische Ernährungsbasis strecken zu helfen.

Der Begeisterungstaumel, der »Geist von 1914«, war nach drei »Kohlrübenwintern« einer tiefgehenden Kriegsmüdigkeit der Bevölkerung gewichen. Nirgendwo reichte die Lebensmitteldecke, trotz immer schärferer Rationierung, trotz der Versuche, wenigstens Grundnahrungsmittel zu bewirtschaften, trotz der Einrichtung eines zentralen Kriegsernährungsamts: »Ernährungswirtschaftlich«, so ein Kritiker, »war der Krieg bereits zu Beginn des dritten Kriegsjahres verloren.«[133] Im April 1917 legten das erste Mal Berliner und Leipziger Rüstungsarbeiter aus Protest gegen den Hunger die Arbeit nieder; neben sozialen Forderungen wurde auch der Ruf nach einem baldigen Friedensschluß laut. Auch in Armee und Marine wuchsen die Spannungen: »Hochgradige Erregung, hervorgerufen durch gänzlichen Mangel an Vertrauen zu den Vorgesetzten«, notierte ein Matrose auf einem vor Kiel liegenden Schlachtschiff. »Zustände der fixen Idee, daß der Krieg nur im Interesse der Offiziere geführt und verlängert wird, und heftige Zornesausbrüche infolge des Umstandes, daß die Mannschaft hungert und darbt, während die Offiziere schlemmen und im Gelde schwimmen.«[134] Eine fixe Idee, gewiß, denn Marineoffiziere schlemmten weder, noch schwammen sie im Geld; doch Psychosen dieser Art kamen nicht von ungefähr – sie signalisierten das erneute und verstärkte Aufbrechen von Klassenkonflikten, die bei Kriegsbeginn vergessen schienen.

Der Burgfrieden, der seit August 1914 die politischen und sozialen

Die Spaltung der deutschen Sozialdemokratie in eine Mehrheit, die den Krieg als Verteidigungskrieg verstand und die Regierung insofern unterstützte, und eine pazifistische Minderheit machte die Mehrheits-SPD zwar parlamentarisch bündnisfähig, hinterließ aber ein tiefes Trauma in der Partei.

Spannungen zunehmend mühsam verdeckt hatte, begann an Wirkung zu verlieren. Im Juli 1917 sollte der Reichstag wiederum Kriegskredite bewilligen. Bislang hatte es keine Partei gegeben, die darin nicht ihre vaterländische Pflicht gesehen hätte; auch die Sozialdemokratie hatte bisher, allen früheren Beschlüssen zum Trotz, den Krediten zugestimmt in der Überzeugung, von deutscher Seite werde ein reiner Verteidigungskampf geführt, und in der Erwartung, für ihre Haltung mit innen- und sozialpolitischen Reformen belohnt zu werden. Über dieser Frage vor allem war die Partei in einen Mehrheitsflügel und eine Unabhängige Sozialdemokratische Partei, die die Kriegskredite ablehnte, zerbrochen. Aber die wachsenden inneren Spannungen, die wenig hoffnungsvolle Kriegslage, die zunehmende Debatte um die Kriegsziele, die ein bedeutendes annexionistisches Lager auf seiten der Reichs- und der Obersten Heeresleitung aufgezeigt hatte, die russische Februar-Revolution, mit der das spezifisch sozialdemokratische Kriegsziel, die Abwehr des Zarismus, erreicht schien – alles das war für die Führung der Mehrheits-Sozialisten Grund genug, der Reichsregierung die bedingungslose Unterstützung aufzusagen. Die SPD werde, so erklärte ihr Vorsitzender Friedrich Ebert, ihre Zustimmung zu den Kriegskrediten diesmal davon abhängig machen, ob die Reichsleitung sich zur Demokratisierung und Parlamentarisierung des Reichs und Preußens noch während des Krieges entschließen werde und zudem die Friedensformel des Petersburger Arbeiter- und Soldatenrats akzeptiere: »Friede ohne Annexionen und Kontributionen.«[135]

Auch die Führungen anderer Parteien begannen unter dem Eindruck der gewandelten Kriegslage umzudenken. Namentlich der Zentrums-Abgeordnete Matthias Erzberger, ursprünglich ein scharfer Annexionist, als Leiter des Deutschen Nachrichtenbüros über die wirkliche Lage besser informiert als andere Parlamentarier, bot seinen ganzen Einfluß auf, um auch seine Fraktion auf die Formel eines baldigen Verständigungsfriedens festzulegen. Nicht zuletzt seiner eindringlichen Beredsamkeit war es zu verdanken, daß im Verlauf der Hauptausschußsitzung des Reichstags am 3. und 4. Juli 1917 auch die Fraktionsvorsitzenden der linksliberalen Fortschrittlichen Volkspartei und selbst der Vorsitzende der nationalliberalen Reichstagsfraktion, der bislang als Fürsprecher eines annexionistischen Siegfriedens aufgetretene Gustav Stresemann, sich den Forderungen von MSPD und Zentrum anschlossen. Am 6. Juli 1917 formierten die vier Reichstagsfraktionen von Mehrheits-Sozialdemokratie, Zentrum, Freisinniger Volkspartei und den Nationalliberalen einen Interfraktionellen Ausschuß, ein Koordinierungsgremium der neuen Reichstagsmehrheit mit der Aufgabe, die gemeinsamen Ziele Verständigungsfrieden und Verfassungsreformen zu formulieren und das gemeinsame Vorgehen im Parlament vorzubereiten.

Eine organisierte Reichstagsmehrheit, die ihr Budgetrecht zu nutzen beabsichtigte, um die Erfüllung weitreichender innen- und außenpolitischer Forderungen zu erzwingen: das war mehr als nur eine Neuheit, das war revolutionär, nicht weniger als der Zusammentritt der Nationalversammlung in Versailles am 17. Juni 1789. Nur in einer ausgesprochenen Krisenlage wie der des Jahres 1917 konnte es eine Reichstagsmehrheit wagen, Druck auf die Reichsregierung und deren Politik auszuüben – übrigens ein tragischer Zug der deutschen Geschichte, daß entscheidende demokratische und parlamentarische Verfassungsideen nahezu immer nur in Notsituationen verwirklicht werden konnten. Vor 1917 hätte die Reichsleitung den organisierten Druck einer ihr widerstrebenden Reichstagsmehrheit mit einem offenen Verfassungskonflikt beantwortet, also den Reichstag nach Hause geschickt und ohne ihn weiterregiert, wie andere Regierungen dies mehrfach vorexerziert hatten, vom Grafen Brandenburg 1848 bis zu Bismarck, der die Staatsstreichsdrohung zur ultima ratio gemacht hatte. Die Konstituierung des Interfraktionellen Ausschusses geschah jedoch in einer Situation, die bereits revolutionäre Züge trug. Den Parlamentariern war das kaum bewußt, wenn auch das Gefühl des Außerordentlichen in den Wandelgängen des Wallot-Baus vorherrschte: »Der Druck der politischen Atmosphäre«, notierte der FVP-Abgeordnete Conrad Haußmann, einer der Väter des Interfraktionellen Ausschusses, »ist im Reichstag so stark wie nie zuvor, vermehrt durch die stark gedrückte Bevölkerung Berlins und die ziellose Heftigkeit der Preßorgane...«[136] Von außen sah man klarer, was da vorging; ein vertraulicher Bericht der Leitung des französischen Propagandawesens hatte bereits im Februar 1917 die Bildung jener parlamentarischen Fronde vorausgesagt und daran die Überlegung geknüpft: »Eine im Kriege gegen die Regierung gerichtete Fronde im Innern bringt in jedem Lande große innere Schwierigkeiten mit sich... In Ländern, in denen in Friedenszeiten ein demokratisches und liberales System herrscht, liegt die eigentliche Macht bei den gesetzgebenden Körperschaften. Die in diesen Ländern gegen die Regierung gerichtete Kritik ist gewöhnlich ziemlich frei und hat nur bedingte Bedeutung und Folgen. In Deutschland und Preußen haben wir es mit ganz anderen Dingen zu tun. Wir stehen dem Zusammenbruch eines ganzen Systems gegenüber, dem Ende eines jahrhundertealten Prinzips, das die Grundlage des Staates bildete und ihn zu dem gemacht hat, was er heute ist. Es handelt sich hier nicht einfach um eine politische Opposition ...«[137]

Die Überwindung des verfassungsgemäßen Dualismus zwischen der von der direkten politischen Machtausübung abgeschnittenen Volksvertretung auf der einen und der ausschließlich dem Kaiser und in zweiter Linie dessen Reichskanzler verantwortlichen Beamtenregierung auf der anderen Seite – das war das Ziel der neuen Reichstagsmehrheit; die Geburtsstunde der Weimarer Republik, der ersten parlamentarisch verfaßten Demokratie der deutschen Geschichte, schlug also am 6. Juli 1917, und dies nicht allein deshalb, weil hier parlamentarische Kräfte den Mut zur eigenen Verantwortung und die Kraft zum organisierten Handeln fanden, sondern auch, weil sich hier diejenige Parteienkonstellation formierte, die später die Republik tragen sollte: das Bündnis zwischen Sozialdemokraten, Zentrumskatholiken und Linksliberalen, zeitweise auch der Nationalliberalen.

Der Erfolg des Bündnisses war allerdings vorerst begrenzt. Gewiß, der Nachfolger des am 13. Juli 1917 gestürzten Reichskanzlers Bethmann Hollweg, der bisherige Staatskommissar für Volksernährung Georg Michaelis, ernannte mehrere Abgeordnete der Mehrheitsparteien zu Staats- und Unterstaatssekretären; der Mehrheits-Sozialdemokrat August Müller, von seinen Parteigenossen darob

Resolution

zur

zweiten Beratung des Entwurfs eines Gesetzes, betreffend die Feststellung eines Nachtrags zum Reichshaushaltsetat für das Rechnungsjahr 1917 — Nr. 889 der Drucksachen —.

Dr. David. Ebert. Erzberger. Fehrenbach. Fischbeck. Gothein. Hauß. Haußmann. Dr. Mayer (Kaufbeuren). Molkenbuhr. Müller (Fulda). Dr. Müller (Meiningen). v. Payer. Scheidemann. Dr. Südekum. Der Reichstag wolle beschließen:

Der Reichstag erklärt:

Wie am 4. August 1914 gilt für das deutsche Volk auch an der Schwelle des vierten Kriegsjahres das Wort der Thronrede: „Uns treibt nicht Eroberungssucht". Zur Verteidigung seiner Freiheit und Selbständigkeit, für die Unversehrtheit seines territorialen Besitzstandes hat Deutschland die Waffen ergriffen.

Der Reichstag erstrebt einen Frieden der Verständigung und der dauernden Versöhnung der Völker. Mit einem solchen Frieden sind erzwungene Gebietserwerbungen und politische, wirtschaftliche oder finanzielle Vergewaltigungen unvereinbar.

Der Reichstag weist auch alle Pläne ab, die auf eine wirtschaftliche Absperrung und Verfeindung der Völker nach dem Kriege ausgehen. Die Freiheit der Meere muß sichergestellt werden. Nur der Wirtschaftsfriede wird einem freundschaftlichen Zusammenleben der Völker den Boden bereiten.

Der Reichstag wird die Schaffung internationaler Rechtsorganisationen tatkräftig fördern.

Solange jedoch die feindlichen Regierungen auf einen solchen Frieden nicht eingehen, solange sie Deutschland und seine Verbündeten mit Eroberung und Vergewaltigung bedrohen, wird das deutsche Volk wie ein Mann zusammenstehen, unerschütterlich ausharren und kämpfen, bis sein und seiner Verbündeten Recht auf Leben und Entwicklung gesichert ist.

In seiner Einigkeit ist das deutsche Volk unüberwindlich. Der Reichstag weiß sich darin eins mit den Männern, die in heldenhaftem Kampf das Vaterland schützen. Der unvergängliche Dank des ganzen Volks ist ihnen sicher.

Berlin, den 17. Juli 1917.

»Konzessions-Müller« genannt, wurde Unterstaatssekretär im Kriegsernährungsamt und damit die erste sozialistische Exzellenz in Deutschland. Kurz nach dem Kanzlerwechsel, am 19. Juli 1917, nahm überdies der Reichstag mit den Stimmen der Mehrheits-Sozialdemokraten, der Freisinnigen Volkspartei und des Zentrums die Friedensresolution an: der deutsche Parlamentarismus hatte sich unübersehbar konstituiert und zu Wort gemeldet. Aber dabei blieb es einstweilen; »ohne Änderung des Systems in Deutschland kommen wir nicht durch«, hatte Erzberger bereits bei der Gründungssitzung des Interfraktionellen Ausschusses erklärt[138], aber das System rückte und rührte sich nicht. Reichskanzler Michaelis hatte sich vor dem Parlament volltönend zur Mehrheitsresolution bekannt, allerdings mit der vielsagenden Einschränkung: »Wie ich sie auffasse« – an den Kronprinzen schrieb er: »Die berüchtigte Resolution ist mit 212 gegen 126 Stimmen bei 17 Stimmenthaltungen angenommen. Durch meine Interpretation derselben habe ich ihr die größte Gefährlichkeit geraubt. Man kann schließlich mit der Resolution jeden Frieden machen, den man will.«[139] Und was die wichtigsten innenpolitischen Forderungen anging, so konnte von der parlamentarischen Verantwortlichkeit des Reichskanzlers keine Rede sein – der Kaiser hatte ihn den Deutschen, wie der MSPD-Abgeordnete David sich ausdrückte, »wie den Kindern zu Weihnachten als neuen Engel an den Tannenbaum gebunden«[140], und dabei blieb es. Auch an der Beseitigung des preußischen Drei-Klassen-Wahlrechts änderte sich nichts, davor waren schon die konservativen Mehrheiten in beiden Häusern des preußischen Landtags. Die Revolution sank gewissermaßen aus ihrer akuten Phase in den Zustand einstweiliger Latenz zurück – es herrschte ein innenpolitisches Patt, konserviert durch die Fortdauer des Kriegs, die radikale Lösungen aus vaterländischen Rücksichten verbot: das galt für das aufsässige Parlament nicht anders als für das eigentliche Machtzentrum des Reichs, die 3. Oberste Heeresleitung unter der Führung des Generalfeldmarschalls Paul v. Hindenburg als Chef des Generalstabs des Feldheeres und seines Ersten Generalquartiermeisters Erich Ludendorff.

Daß die wachsende Labilität der innenpolitischen Lage des Reichs nicht bereits frühzeitig zu Revolte und Umsturz führte, lag daran, daß keiner der gutbürgerlichen Parlamentarier des Interfraktionellen Ausschusses, einschließlich seiner sozialdemokratischen Mitglieder, das Zeug zum Catilina besaß, der in der schwersten Krise des Reichs seit dessen Bestehen den Aufstand gepredigt hätte. Gewiß, da waren die linkssozialistischen Kräfte um Karl Liebknecht und Rosa Luxemburg, die dem »Feind im eigenen Land« den Kampf angesagt hatten, aber deren Agitation war nur vereinzelt erfolgreich. Die Hoffnung der Nation richtete sich vielmehr nach wie vor auf das Feldherren-Paar Hindenburg und Ludendorff. Kein General, erst recht kein Politiker war auch nur annähernd so populär wie diese strategischen Zwillinge. Der Grund dafür lag in dem Sieg Hindenburgs und seines Stabschefs Ludendorff über die russische Armee des Generals Samsonow in Ostpreußen am 30. August 1914. Das war die einzige große klassische Kesselschlacht des Weltkrieges, ganz nach dem Muster von Cannae und insofern ein leicht faßbarer Triumph, während später im Osten Siege durch weiträumige Operationen und Durchbrüche, im Westen gar nicht errungen wurden. Vor allem aber war es ein entscheidender Sieg über die tief eingedrungenen russischen Truppen gewesen, über deren Grausamkeiten in Deutschland schauerliche Berichte umliefen, so daß der deutsche Sieger dastand wie St. Georg nach der Tötung des Drachens. In kürzester Zeit kursierte die Legende Hindenburgs, des Helden von Tannenberg, und seines getreuen Gehilfen Ludendorff in der Bevölkerung und wurde von der regierungsamtlichen Propaganda aufgenommen und weidlich ausgeschlachtet. Straßen und Plätze wurden nach Hindenburg benannt, sein Bild stand im Schaufenster jedes patriotischen Krämerladens, es gab Hindenburg-Wein und Brotsuppe nach Hindenburg Art, ein Schlachtschiff wurde nach ihm getauft, und für das Volk war er allgegenwärtig und viel beliebter als der Kaiser. Die Berufung des mythischen Zweigespanns Hindenburg und Ludendorff an die Spitze der Obersten Heeresleitung am 29. August 1916 war nicht weniger als ein spektakuläres Entgegenkommen gegenüber der Volksstimmung gewesen, ein antizipiertes Plebiszit, das der militärischen Spitze eine Legitimation verlieh, wie sie der bereits 1912 gewählte Reichstag kaum noch besaß.

Werbung für die 7. Kriegsanleihe, 1917. Entwurf: Bruno Paul

Generalfeldmarschall v. Hindenburg als verkörperte Garantie für den Sieg und die Einlösung der Kriegsanleihen.

Damit war die Stunde Ludendorffs gekommen. Erich Ludendorff war ein neuer Typ von Militär. Er war der erste General in der preußisch-deutschen Militärgeschichte, der eine derart hohe Position erreichte, obwohl er aus bürgerlichem Hause stammte. Ihm fehlte der Standeshochmut seiner adligen Kameraden und damit auch deren spezifisches Kastenbewußtsein, das bislang dazu geführt hatte, daß Generäle gesellschaftliche und politische Probleme gar nicht oder nur gefiltert zur Kenntnis genommen hatten. Bereits vor dem Weltkrieg, als Ludendorff Chef der Operationsabteilung im Großen Generalstab gewesen war, hatte er sich mit dem Alldeutschen Verband eingelassen, um mit dessen Agitation politischen Druck auf Reichsleitung und Reichstag auszuüben und eine Heeresverstärkung zu erzwingen. In den Augen der Generäle grenzte das schon bedenklich an ein Bündnis mit »der Straße«, und Ludendorff scheiterte hauptsächlich an der Indignation seiner Kameraden. Jetzt, als Hindenburgs rechte Hand und strategischer Planer des Großen Hauptquartiers, sah er, daß die OHL ihre außerordentliche Machtstellung bisher lediglich unter weitgehend militärtechnischen Aspekten ausgenutzt hatte. Der moderne Krieg jedoch reichte weit über die herkömmlichen militärischen Grenzen hinaus. Politik, schrieb Ludendorff später, indem er Clausewitz auf den Kopf stellte, war Krieg, Friede eine Illusion schwächlicher Zivilisten, und daraus ergab sich, daß politische und militärische Führung eins sein mußten. Der militärische Führer allein war in der Lage, die Nation so zu organisieren, daß sie den Krieg total zu führen imstande war, und dazu bedurfte es der totalen Mobilmachung.

Damit trat ein Element in die militärisch-politische Landschaft ein, das herkömmlichem politischen wie militärischen Denken in Preußen-Deutschland bisher fremd gewesen war. Die Zusammenfassung aller Kräfte der Nation in einer Hand war ein Gedanke, der zuerst in der völkisch-nationalistischen Phase der Freiheitskriege aufgetaucht, und der in der Reaktionsepoche seit 1815 von Staatsführung und Militär als »demagogisch«, »demokratisch« und jedenfalls unberechenbar abgelehnt worden war. Was der Bürger-General

Ludendorff seit Ende 1916 aus der Theorie in die Praxis umzusetzen begann, waren lang unterdrückte Gedanken von der Nachtseite des bürgerlichen Geistes, die Entfesselung des Krieges aus den herkömmlichen Bindungen, jenes »Du bist nichts, Dein Volk ist alles«, das die Voraussetzung der höchstmöglichen Organisation des Staatswesens bildet und direkt in die totalitäre Diktatur führt. Nicht umsonst hielten Hitler wie Lenin Ludendorffs kriegswirtschaftliche Organisation Deutschlands in den letzten Kriegsjahren für vorbildlich.

Daß die Diktatur der Obersten Heeresleitung antiparlamentarisch war, liegt nach alledem auf der Hand. Allerdings glaubte Ludendorff vorerst, die oppositionellen Kräfte im Reichstag nutzen zu können, um die politische Reichsleitung zu schwächen; schon der Sturz Bethmann Hollwegs war durch ein hintergründiges Zusammenspiel von Interfraktionellem Ausschuß und OHL zustandegekommen, wobei beide Seiten sehr unterschiedliche Absichten gehegt hatten, und auch Reichskanzler Michaelis saß jetzt zwischen beiden Stühlen. Der OHL vertrat er nicht scharf genug die strategisch motivierten Annexionsinteressen des Generalstabs, die Reichstagsmehrheit wünschte mehr Initiative in der Friedensfrage. Es wäre schon im Spätsommer 1917 ein leichtes gewesen, einen Führer der Mehrheitsparteien an die Stelle des Reichskanzlers zu setzen, denn selbst Ludendorff hoffte darauf, um die zunehmenden inneren Unruhen zu beschwichtigen und den Reichstag zu domestizieren. Aber die Parteiführer waren unfähig, sich auf einen Kandidaten zu einigen; statt dessen versanken sie in endlosen Geschäftsordnungsdebatten, zweitrangigen taktischen Differenzen und Streitereien um den Vorsitz im Interfraktionellen Ausschuß. Als ein besonders böser öffentlicher Ausrutscher des Reichskanzlers die Ablösung unvermeidlich machte – er hatte vor dem Reichstag USPD-Abgeordnete mit den Matrosenrevolten in Kiel und Wilhelmshaven in Verbindung gebracht, was ihm die Abgeordneten bis in das bürgerliche Lager hinein verübelten –, da bekannte der Interfraktionelle Ausschuß in aller Form, einen Nachfolger nicht benennen zu können. So bestimmte der Kaiser im Einvernehmen mit der Obersten Heeresleitung am 2. November 1917 den bayerischen Ministerpräsidenten Graf Hertling zum Reichskanzler, einen vierundsiebzigjährigen Philosophieprofessor, halbblind und der Lage kaum gewachsen. Ein solcher Mann war weder imstande, die OHL zu zügeln, noch die Politik der Friedensresolution durchzuführen: das innenpolitische Patt gewissermaßen in Person.

Es sollte noch ein Jahr dauern, bis sich die Mehrheitsparteien zum Handeln aufrafften, und als sie es taten, geschah es nicht aus eigenem Entschluß. Der entscheidende Anstoß zur Übernahme politischer Verantwortung durch die Reichstagsmehrheit wurde im September 1918 in einem klassischen Beispiel geschichtlicher Ironie durch den erbittertsten Feind parlamentarischer Reformen und eines Verständigungsfriedens gegeben, durch den General Ludendorff. Aber bis das geschehen konnte, hatte sich die Lage in dramatischer Weise verschlechtern müssen. Vorangegangen war eine weitere Verschärfung der sozialen und innenpolitischen Lage; die russische Oktoberrevolution hatte die aus der Ernährungsmisere erwachsenen Protestbewegungen mit den politischen Begriffen zusammengebracht, die die Voraussetzungen dafür bildeten, daß bei der allgemeinen Unzufriedenheit in der Marine, einzelnen Etappengarnisonen und vor allem bei den politisch und gewerkschaftlich hochorganisierten Rüstungsarbeitern die Grundlage für eine revolutionäre Stimmung gelegt wurde. Die Januarstreiks der Berliner Metallarbeiter von 1918, organisiert von den Revolutionären Obleuten der Betriebe, hatten gezeigt, daß die Arbeiterschaft nicht mehr mit dem letzten Büchmann-Zitat des Kaisers zu beschwichtigen war, der zu Kriegsbeginn keine Parteien mehr hatte kennen wollen, sondern nur noch Deutsche; auch das Charisma Hindenburgs wurde schal. Die Revolution Lenins und Trotzkis hatte aber auch indirekt die weitere Entwicklung angestoßen; die im Osten freigewordenen deutschen Divisionen wurden an die Westfront geworfen, und Ludendorff glaubte jetzt, mit einer letzten Gewaltanstrengung die alliierte Front sprengen und die Angloamerikaner auf die Kanalküste zurückwerfen zu können. Die große März-Offensive erwies sich als eine blutige Fehlrechnung; sie blieb nach einigen Geländegewinnen stecken. Die deutschen Angriffstruppen waren völlig ausgeblutet, materieller und personeller Ersatz waren nicht mehr möglich, während auf alliierter Seite amerikanische Divisionen mit modernstem Gerät in schneller Folge eintrafen. Eine alliierte Gegenoffensive im August 1918 erzielte tiefe Einbrüche in die deutschen Linien; die Verbündeten, Österreich-Ungarn und die Türkei, streckten Friedensfühler aus, und am 28. September 1918 kapitulierte der bulgarische Bündnispartner.

Bis zum Frühjahr 1918 hatte die Chance eines Verständigungsfriedens, wie ihn die Reichstagsmehrheit anstrebte, von der militärischen Lage her gesehen noch bestanden; nach dem Fehlschlag der Märzoffensive dagegen war die Widerstandskraft der deutschen Truppen gebrochen: im nachhinein wissen wir, daß von diesem Zeitpunkt an der Krieg endgültig verloren war und jede weitere militärische Operation nur noch das Unausweichliche auf Kosten der Substanz aufschob. Aber wer wußte das damals? Nach aller bisherigen Kriegserfahrung war ein Krieg dann verloren, wenn es dem Feind gelungen war, große Teile des eigenen Territoriums zu besetzen und die eigene politische und militärische Führung handlungsunfähig zu machen. Von einer Besetzung deutschen Territoriums konnte aber keine Rede sein, abgesehen von den deutschen Kolonien und einigen Quadratkilometern im Südelsaß, während die deutschen Truppen weit, oft Hunderte von Kilometern im feindlichen Land standen. Daß ein Volk durch Lebensmittelblockade zur Kapitulation gezwungen werden konnte, davon hatte man noch nie gehört; der Versuch Englands, das napoleonische Europa zu blokkieren, war hundert Jahre zuvor gescheitert, und außerdem richteten sich große Hoffnungen auf die von deutschen Truppen besetzte Ukraine, die Kornkammer Europas; daß die Ukraine durch den Krieg verheert war und teilweise selbst von außen ernährt werden mußte, verschwieg die deutsche Propaganda. So erklärt sich die Verblüffung der Parlamentarier, als Ludendorff am 29. September 1918 einen Nervenzusammenbruch erlitt und, weil er einen erneuten Durchbruch der Alliierten an der Westfront befürchtete, einen sofortigen Waffenstillstand forderte.

Der Hasardeur
Klio: »Na, Erich, du hast das Spiel verloren! Was wirst du nun zu Hause sagen?« - »Meinen Leuten erzähle ich schon etwas!«

Zeichnung von Willibald Krain

Ludendorffs Ansinnen war an sich nur vernünftig, und vernünftig war auch, daß er vor der Abgabe des deutschen Waffenstillstandsgesuchs die Neubildung der Reichsregierung unter maßgeblicher Beteiligung der Mehrheitsparteien forderte, da nur eine auf der Grundlage der parlamentarischen Mehrheit gebildete Reichsleitung in der Lage sei, bei den Alliierten Kredit für einen künftigen erträglichen Friedensschluß zu erlangen. Man wird Ludendorff zugute halten müssen, daß er, wenn auch sehr spät, doch immerhin zur Einsicht gelangte; im Vergleich zur deutschen Führung im Zweiten Weltkrieg, die sich erst geschlagen gab, als Deutschland total zerstampft war, war Ludendorff doch ein Funken politischer Vernunft geblieben. Dennoch war sein Entschluß zu diesem Zeitpunkt und mit diesen Folgen verhängnisvoll: er war es zum einen, weil so die erste deutsche Demokratie nicht durch eine Erhebung der Parteien und des Parlaments geboren wurde. Nicht aus eigener Legitimation entstand die Republik, sondern als letzter Ausweg eines ratlosen Generalstabs. Und die Weimarer Demokratie entstand im schlechtestmöglichen Moment, in dem der Niederlage, mit der ihr Entstehen und ihre raison d'être für immer verknüpft bleiben sollte.

Verhängnisvoll war diese Entwicklung auch aus einem anderen Grund: die Oberste Heeresleitung trug die volle Verantwortung dafür, daß die deutsche Öffentlichkeit, ja selbst die Reichsleitung und das Parlament auf diesen Schlag nicht im mindesten vorbereitet waren, da man bis zuletzt die Hoffnung auf einen Siegfrieden genährt hatte. Angesichts des verlorenen Krieges wäre es jetzt nicht nur logisch, sondern auch politisch richtig gewesen, die Waffenstillstandsverhandlungen und später die Friedensvertragsverhandlungen von der OHL, und zwar von Hindenburg und Ludendorff persönlich führen zu lassen. Durch die Koppelung der Forderung nach einem Waffenstillstand mit dem Verlangen nach Parlamentarisierung hatte Ludendorff jedoch ganz bewußt die Verantwortung auf einen bequemen Sündenbock abgeladen; vor den Offizieren der OHL erklärte er am 1. Oktober 1918 klipp und klar: »Ich habe aber S.M. gebeten, jetzt auch diejenigen Kreise an die Regierung zu bringen, denen wir es in der Hauptsache zu danken haben, daß wir so weit gekommen sind. Wir werden also diese Herren jetzt in die Ministerien einziehen sehen. Die sollen nun den Frieden schließen, der jetzt geschlossen werden muß. Sie sollen die Suppe jetzt essen, die sie uns eingebrockt haben!«[141] Unnötig anzumerken, daß eine Verantwortung der Mehrheitsparteien für die militärische Lage Deutschlands nur in Ludendorffs Phantasie bestand. Gewiß hatte die Friedensresolution die tiefen Gräben aufgezeigt, die sich mitten im Krieg durch das politische Deutschland zogen und so im Feind die Hoffnung auf den inneren Zerfall des Reichs genährt. Aber zum einen war die militärische Leistungsfähigkeit Deutschlands davon nicht berührt, und zum anderen lag die ganze Schuld für die gesellschaftliche und politische Zerrissenheit im Inneren bei den herrschenden politischen und militärischen Kräften, die nicht einsehen wollten, daß ein Volkskrieg nur von einem politisch mündigen Volk geführt werden kann. Nicht nur die Versuchung, dem schärfsten innenpolitischen Gegner die Verantwortung für die Misere zuzuschanzen, war hier Mutter des Gedankens, sondern darüber hinaus ein in die Zukunft weisendes Kalkül – mit den Worten General Groeners, des Nachfolgers von Ludendorff: »Mir konnte es nur lieb sein, wenn bei diesen unglückseligen Verhandlungen, von denen nichts Gutes zu erwarten war, das Heer und die Heeresleitung so unbelastet wie möglich blieb ... Es kam mir und meinen Mitarbeitern darauf an, die Waffe blank und den Generalstab für die Zukunft unbelastet zu erhalten.«[142]

Die solchermaßen vom Ersten Generalquartiermeister zur Machtübernahme befohlenen Parteien waren, wie schon beim Sturz des Kanzlers Michaelis ein Jahr zuvor, wiederum nicht in der Lage, einen Reichskanzler zu präsentieren. Zwar war schon vor Ludendorffs Nervenzusammenbruch der Rücktritt Hertlings im Interfraktionellen Ausschuß offen diskutiert worden, denn der Kanzler hatte sich trotz seiner Zustimmung zur Friedensresolution als willfähriges Werkzeug der OHL erwiesen. Die Mehrheitsparteien verfügten auch über ein Programm, das von der vollen Anerkennung der Friedensresolution über Garantien für die Wiederherstellung Belgiens, die Befürwortung eines Völkerbundes, die Schaffung eines Bundesstaats Elsaß-Lothringen (das bislang als »Reichsland« von Berlin aus direkt verwaltet worden war), die rasche Durchführung der preußischen Wahlrechtsreform bis hin zur Berufung von Abgeordneten in Ministerämter und »Beseitigung aller Überreste des Absolutismus« reichte[143]. Das war ein vorzügliches Programm, aber wo war der Staatsmann, es durchzusetzen? Die Verlegenheit im Interfraktionellen Ausschuß war groß; schließlich schlug der Ausschuß-Vorsitzende Conrad Haußmann den badischen Thronfolger, Prinz Max von Baden, als einen liberal gesonnenen Mann vor und begründete seinen Vorschlag zusätzlich mit der Hoffnung, der Prinz werde die Beziehungen der neuen Reichsregierung zum Kaiser und zur OHL erleichtern - nichts konnte das mangelnde Selbstvertrauen des deutschen Parlamentarismus deutlicher entlarven. Da ein Alternativkandidat nicht in Sicht war, ernannte der Kaiser den Prinzen am 2. Oktober 1918 zum ersten parlamentarischen Reichskanzler der deutschen Geschichte: ein regierender Großherzog in spe, preußischer General der Kavallerie, Anhänger der konstitutionellen Monarchie und einer »Solidarität der Fürsten«, zwar als nachdenklich, gebildet, liberal bekannt, nach dem Urteil Philipp Scheidemanns »ein prachtvoller Mensch, aber von Politik soll er nichts verstehen.«[144]

Nach der Reichsverfassung gab es kein eigentliches Regierungskollegium, kein Kabinett - der Reichskanzler war einziger Minister, die Staatssekretäre als Ressortchefs seinen Weisungen unterworfen. Die neuen Staatssekretäre wurden überstürzt ernannt; als Vertreter der Mehrheitsparteien wurde der bisherige Vizekanzler v. Payer von der Fortschrittspartei bestätigt, hinzu traten der Gewerkschaftsführer Gustav Bauer als Leiter des neugebildeten Reichsarbeitsamts und der Zentrumsabgeordnete Karl Trimborn als Staatssekretär des Innern. Wichtiger waren die Staatssekretäre ohne Geschäftsbereich, die ein Ersatzorgan für das verfassungsmäßig nicht existente Reichskabinett, das »Kriegskabinett«, bildeten: die Zentrumsabgeordneten Matthias Erzberger und Adolf Groeber, der Fortschrittsparteiler Conrad Haußmann und der sozialdemokratische Fraktionsvorsitzende Philipp Scheidemann, letzterer vom Abendessen in einem Restaurant fort in eine Sitzung und damit in den Kreis der Staats-

Zeichnung von Olaf Gulbransson

Die neuen Männer: Die Oktoberregierung des Prinzen Max von Baden ist als erstes Kabinett der deutschen Geschichte in der Mehrheit der Volksvertretung verwurzelt.

sekretäre berufen. »Die Herren waren alle in schwarzen Gehröcken erschienen, so daß ich mich in meinem grauen Arbeitsanzug recht proletarisch ausgenommen habe.«[145] Aber die Assimilation fiel ihm nicht schwer; wenige Tage später erblickte der MSPD-Abgeordnete Hanssen seinen Fraktionsvorsitzenden: »In seinem schwarzen Gehrock wirkte er würdevoll und etwas zu feierlich.«[146]

Die Eile, mit der die neue Regierung gebildet wurde, war geboten; wie sehr, das machte Major von dem Bussche als Beauftragter der OHL deutlich, als er am 3. Oktober den neugebackenen Staatssekretären das erste Mal schonungslos die militärische Lage darstellte: »Zusammenbruch mazedonischer Front. Schwächung Westfront. Feind frische Reserven, Lage verschärft sich täglich ... Jeder versäumte Tag kostet tausenden Soldaten das Leben«[147], so in lakonischer Kürze das Protokoll des Vortrags. Ein Journalist schildert die Reaktion der Abgeordneten: »Ich höre die halberstickten Aufschreie, ich bemerke hervorquellende Tränen. Erwachen aus der Narkose, Zorn, Wut, Scham, Anklage: Wir sind jahrelang von den Militärs belogen worden, und wir haben vier Jahre daran geglaubt wie an ein Evangelium! Die ganze Nation, von der ein winziger Ausschnitt hier eng beisammenhockte, machte einen Nervenzusammenbruch durch...«[148] Tags darauf ging das deutsche Waffenstillstandsangebot hinaus.

Thomas Woodrow Wilson

Der Glaube an das Kriegsglück der Obersten Heeresleitung war krachend zusammengebrochen, er wurde aber sogleich durch eine neue Illusion ersetzt: die Hoffnung auf den amerikanischen Präsidenten Wilson. Daß von den französischen und britischen Staatsmännern ein Vernichtungsfriede geplant war, wußte man; Wilson dagegen, dessen idealistische Vorstellungen über einen künftigen Frieden bis jetzt bei der deutschen Führung bestenfalls Heiterkeit hervorgerufen hatte, erschien mit einem Mal als Retter in der Not. In seiner Kongreßbotschaft vom 8. Januar 1918 hatte er sein Friedensprogramm in vierzehn Punkten bekanntgegeben, darunter Forderungen, denen die deutsche Regierung jetzt nur zu gerne zuzustimmen bereit war: Neuregelung der Kolonialfrage, Räumung Rußlands, Räumung und Wiederherstellung Belgiens und der besetzten Gebiete Frankreichs, Errichtung eines Völkerbundes. Zwei weitere Forderungen bereiteten der deutschen Seite Kopfzerbrechen, aber man glaubte, über sie verhandeln zu können: die Rückgabe Elsaß-Lothringens an Frankreich - hier war man einstweilen allenfalls bereit, einem Plebiszit der betroffenen Bevölkerung zuzustimmen -, und die Gründung eines unabhängigen polnischen Staates mit freiem Zugang zum Meer - ein polnischer Staat war bereits mit deutscher Unterstützung 1916 ins Leben gerufen worden, aber dessen »freier Zugang zum Meer« mußte auf Kosten überwiegend deutsch bewohnter Gebiete gehen. Doch das waren vergleichsweise geringfügige Probleme. Da Wilsons Hauptbedingung für einen Friedensschluß, die Einsetzung einer parlamentarisch legitimierten Reichsregierung, erfüllt worden war, herrschte Zuversicht: bei äußerster politischer Tugendhaftigkeit im Sinne der demokratisch-republikanischen Ideale des amerikanischen Präsidenten würde man vielleicht doch noch einen erträglichen Frieden bekommen.

Die Antwort Wilsons verzögerte sich, es kam zu einem wochenlangen Notenwechsel, bis schließlich am 23. Oktober der amerikanische Staatssekretär Lansing definitiv forderte, ein Waffenstillstand müsse »eine Wiederaufnahme der Feindseligkeiten seitens Deutschland unmöglich machen«, mit anderen Worten: der Frieden war nur um den Preis der totalen militärischen Selbstaufgabe zu bekommen. Die Empörung über das »unritterliche« Ansinnen war in Deutschland groß, besonders bei der Obersten Heeresleitung; Ludendorff vollzog eine Kehrtwendung um hundertachtzig Grad und erließ am 24. Oktober einen Aufruf an das Heer zum »Kampf bis zum Äußersten«. Jetzt erst wurde in aller Öffentlichkeit deutlich, daß Anfang Oktober unter dem Schlagwort »Parlamentarisierung des Reichs« mehr geschehen war als ein Regierungswechsel: der Kaiser, der in früheren Fällen stets unter dem Druck der Generäle unliebsame Reichskanzler entlassen hatte, entließ am 25. Oktober nicht den Prinzen Max von Baden, sondern seinen »treuesten Paladin«, den General Ludendorff. Dessen Nachfolger wurde Generalleutnant Wilhelm Groener, auch das ein Signal: »Sauber von Charakter und Anschauungen«, beurteilte ein preußischer Offizier der OHL den neuen Ersten Generalquartiermeister, »aber ziemlich stark liberal und Demokrat, wie die meisten Württemberger (er ist typisch ein solcher). Mir ist er immer mehr wie ein tüchtiger, erfahrener Beamter vorgekommen, denn als Offizier, wovon er nach meinen Begriffen nicht sehr viel hat.«[149] Nicht Volkshelden waren jetzt gefragt, sondern zuverlässige Konkursverwalter.

Und wie um den Zusammenbruch der preußischen Autokratie auch nach außen jedermann (und natürlich vor allem dem Präsidenten Wilson) vor Augen zu führen, wurden die neuen Regierungsverhältnisse im nachhinein in Gesetzesform gegossen. Was sich am 28. Oktober unter der trockenen Bezeichnung »Gesetz zur Abänderung der Reichsverfassung und des Gesetzes betr. die Stellvertretung des Reichskanzlers vom 17. März 1878« in den Morgenzeitungen fand, war bei Lichte besehen eine revolutionäre Verfassungsänderung. Aus der trockenen Paragraphensprache übersetzt besagte das Gesetz: Der Reichskanzler, der fortan des Vertrauens des Reichstags bedurfte, trug die Verantwortung für alle Handlungen von politischer Bedeutung, die der Kaiser in Ausübung seiner verfassungsmäßigen Rechte vornahm. Die kaiserliche Kommandogewalt wurde entscheidend eingeschränkt, indem Ernennungen und Entlassungen sowie Beförderungen der Offiziere der Gegenzeichnung des Reichskanzlers oder, in dessen Auftrag, des preußischen Kriegsministers bedurften. Für Kriegserklärungen und Friedensschlüsse war schließlich die Zustimmung von Reichstag und Bundesrat (dem Verfassungsorgan der deutschen Bundesstaaten) erforderlich. Das hieß: Innen-und Außenpolitik waren nicht mehr, wie bisher, in letzter Instanz von den einsamen Entschlüssen des souveränen Monarchen abhängig, sondern Sache einer Reichsregierung, die der Kontrolle des Parlaments als Vertreter des souveränen Volks unterstand – einschließlich aller militärischen Angelegenheiten, die bislang vollständig der kaiserlichen Kommandogewalt anheimgestellt gewesen waren. Mit der »Oktoberverfassung« hatte sich Deutschland vom halbabsolutistischen Obrigkeitsstaat in eine parlamentarische Demokratie verwandelt: zwar eine Revolution von oben, wie alle Umwälzungen der preußisch-deutschen Geschichte nicht vom Volke erkämpft, sondern von der Staatsspitze verordnet, und dazu unter dem Druck der Niederlage erzwungen, aber jedenfalls eine Revolution.

Es ist fraglich, ob die deutsche Öffentlichkeit die Tragweite dieses Ereignisses überhaupt spürte. Was den Mann auf der Straße bewegte, das war jetzt nicht ein Gesetzestext, sondern der Weg zum Frieden. Die Mehrheit des Volkes hätte vermutlich eine günstige Beendigung des Krieges ohne Demokratisierung jeder demokratischen Reform in Verbindung mit einer Niederlage vorgezogen. Die einzige Möglichkeit, den Parlamentarismus im Denken der Deutschen zu verankern, bestand jetzt in einem von einer parlamentarischen Reichsregierung herbeigeführten erträglichen Frieden auf der

Grundlage der alten Forderung des Interfraktionellen Ausschusses: »Ohne Annexionen und Kontributionen.« Wenn das gelang, dann, und nur dann bestand eine Chance, der ersten deutschen Demokratie die Herzen des Volkes zuzuführen.

Ein Hindernis schien allerdings noch vor dem Friedensschluß zu stehen: der Kaiser. Nach der neuen Verfassung war er zwar kaum mehr als ein, wenn auch erblicher, so doch machtloser Repräsentant des Staates mit weitaus weniger Befugnissen, als sie später der Reichspräsident nach der Weimarer Verfassung besitzen sollte, aber eben doch ein Repräsentant. Zwar war im deutsch-amerikanischen Notenwechsel nirgendwo vom Rücktritt des Kaisers als Voraussetzung des Waffenstillstands die Rede gewesen, aber in den letzten Oktobertagen nahmen die Nachrichten deutscher Auslandsmissionen zu, nach denen Wilson unter starkem Druck der Befürworter eines deutschen Vernichtungsfriedens stünde; nur die Abdankung Wilhelms II. werde die Bereitschaft der Deutschen zum demokratischen Sinneswandel vor aller Welt offenbaren und die Stellung des amerikanischen Präsidenten festigen. Der Staatssekretär des Äußeren, Wilhelm Solf, legte diese Meldungen Wilhelm II. vor und besaß den Mut, ihm zu sagen, was seine Umgebung nicht zu sagen wagte: »Nach der letzten Note Wilsons hat das Volk das Gefühl, daß wir ohne den Kaiser einen besseren Frieden bekommen. Das ist die Meinung, die auch in Berlin verbreitet ist.«[150] Der Kaiser flüchtete aus Berlin; im Großen Hauptquartier im belgischen Spa fühlte er sich sicherer.

Der zunehmenden Stimmung in der Bevölkerung für einen Rücktritt des Kaisers konnte sich die Reichsregierung nicht lange widersetzen; nach einem Ultimatum der Sozialdemokraten wurde der Staatssekretär des Inneren, Bill Drews, nach Spa geschickt, wo er am 1. November mit Tränen in den Augen Wilhelm darlegte, daß nach Meinung des Kabinetts sein Rücktritt unumgänglich sei. Die Antwort gab Hindenburg: nur die Autorität des Kaisers verhindere jetzt noch den Zerfall der Armee; der Kaiser müsse bleiben. So tat sich mitten in der schwersten Krise zusätzlich ein tiefer Graben zwischen den beiden Entscheidungszentren des Reichs auf, Spa mit der OHL und dem Kaiser auf der einen, Berlin mit der Reichsregierung und dem Reichstag auf der anderen Seite. Dieser Zwiespalt lähmte die Reichsspitze, und während die Macht im Staate erstarrte, lief die Kunde, der Kaiser stehe dem Frieden im Wege und weigere sich zurückzutreten, in der Öffentlichkeit um und schürte die Unzufriedenheit der Bevölkerung.

In Spa grübelte derweil Wilhelm, ein zweiter Hamlet, über der Frage, ob er abdanken oder den Tod auf dem Schlachtfeld suchen sollte; aber selbst für einen romantischen Untergang besaß er nicht die nötige Entschlußkraft. Schließlich, am 9. November, als die Nachrichten vom Umsturz in Berlin eintrafen, rang sich Wilhelm II. dazu durch, mit seiner militärischen Umgebung die Lage zu besprechen und eine Entscheidung zu suchen. Der Stabschef der Kronprinzen-Armee, General Graf Schulenburg, empfahl, der Kaiser solle als Kaiser abdanken, nicht jedoch als König von Preußen und als solcher beim Heer bleiben und die Aufstandsbewegung in der Heimat niederschlagen. In dieser Situation wuchs Groener mit der eiskalten Erklärung zu geschichtlicher Größe empor: »Das Heer wird unter seinen Führern und kommandierenden Generälen in Ruhe und Ordnung in die Heimat zurückmarschieren, aber nicht unter dem Befehl Eurer Majestät, denn es steht nicht mehr hinter Eurer Majestät!«[151] Das war, wie eine Umfrage bei den Truppenbefehlshabern bestätigte, die schlichte Wahrheit. So kam das ruhmlose Ende der Monarchie; am frühen Morgen des 10. November setzte sich der kaiserliche Hofzug in Richtung niederländische Grenze in Bewegung. In Holland erhielt Wilhelm II. Asyl.

Das sang- und klanglose Verschwinden Wilhelms II. in den trüben Novembernebeln des Jahres 1918 gehört zu den seltsamsten Geschehnissen der deutschen Geschichte. Nicht so sehr, weil der Deutsche Kaiser seine Krone niederlegte – das Kaisertum war noch kaum ein halbes Jahrhundert alt, stand im Kreis der alten Kronen Europas im Geruch des Parvenus und ermangelte der althergebrachten Legitimität. Das Unglaubliche, das sich ereignete, war die Auflösung der preußischen Monarchie. Sie ging einfach unter, ohne Gegenwehr, ohne Kampf, ohne Blutvergießen und große Gesten. Ohne die Hohenzollern war Preußen bis dahin gar nicht denkbar gewesen – noch 1915 hatte der Historiker Otto Hintze seiner großen preußischen Geschichte den lapidaren Titel »Die Hohenzollern und ihr Werk« gegeben. Die preußischen Garderegimenter lösten sich binnen weniger Tage auf. Das preußische Offizierskorps, das den Eid auf den König geschworen hatte, paßte sich schweren Herzens, aber entschlossen den veränderten Gegebenheiten an und stellte sich den neuen Machthabern in Berlin zur Verfügung. Kein Aufschrei, keine spontane Gegenrevolution: Man war einfach mit Wichtigerem beschäftigt. Die Katastrophe der Kriegsniederlage, die Furcht vor einer Reprise der russischen Revolution überlagerte alles andere. Der Fall der Monarchie war kaum noch eine Schlagzeile wert.

Vieles hatte die Monarchie in ihrer Unfähigkeit verschuldet, die Zeichen der Zeit zu erkennen und sie zu akzeptieren. Anders als die Fürsten westlicher Staaten hatten es die deutschen versäumt, rechtzeitig das Bündnis mit den Volksvertretungen zu suchen. Zu lange waren in Deutschland monarchische Staatsform und demokratische Verfassung als einander ausschließende Gegensätze begriffen worden, und für ein Volkskaisertum, wie es die Liberalen 1848 gefordert hatten, war es jetzt zu spät. Und hinzu kam die innere Hohlheit der wilhelminischen Monarchie, ihre Oberflächlichkeit und pathetische Leere, die schon in Friedenszeiten hervorgetreten waren. Nicht ohne Grund war Wilhelm II. seit Kriegsbeginn dem Volk aus den

Rep. 240

Nr. 575. 47. Jahrgang — Abend-Ausgabe — Sonnabend, 9 Nov. 1918

Berliner Tageblatt

und Handels-Zeitung

Chefredakteur Theodor Wolff in Berlin. Druck und Verlag von Rudolf Mosse in Berlin.

Abdankung des Kaisers

Ebert voraussichtlich Reichskanzler. — Vor der Einführung einer Regentschaft.

Ausschreibung der Wahlen für die Nationalversammlung.

Arbeiter- und Soldatenräte in Berlin.

Augen gekommen - von energischer politischer und militärischer Führung durch den Kaiser konnte keine Rede sein. Am 9. November 1918 vollendete sich, was schon Jahrzehnte zuvor begonnen hatte: der Zusammenbruch einer morsch gewordenen Regierungsform. Theodor Wolff rief dem Kaiser in der Abendausgabe des »Berliner Tageblatts« nach: »Wilhelm II. war nicht der alleinige Urheber, aber der Repräsentant einer aberwitzig kurzsichtigen, alle Kräfte und Ideen ... falsch schätzenden Politik, und er war das Symbol einer Zeit und eines Geistes, der, in Machtbegehren und Selbstüberhebung, die Katastrophe herbeigeführt hat. Er mußte abdanken, auch wenn die Aufstandsbewegung im ganzen Land nicht so brausend und unbezwingbar angeschwollen wäre, wie es niemand erwartet hat ...«[152]

Zwei Tage später, am 11. November 1918, unterschrieb Matthias Erzberger im Namen einer nicht mehr existenten kaiserlichen Reichsregierung im Wald von Compiègne den Waffenstillstand. An der Front schwiegen nach vierjährigem mörderischen Krieg die Waffen - im Reich dagegen wurde gekämpft.

Das Ende
»Wir weinen ihm keine Träne nach, er hat uns keine zu weinen übrig gelassen.«

Zeichnung von Th. Th. Heine

Deutscher November

Die deutsche Demokratie hatte, wenn auch als Tochter der Niederlage und mit Geburtshilfe ihres alten Gegners, der Armee, im Oktober 1918 das Licht der Welt erblickt; was dagegen in die Geschichte als »Novemberrevolution« eingehen sollte, war eigentlich das Resultat eines Mißverständnisses. Es konnte dazu kommen, weil die Regierungspropaganda versagte: daß eine wenige Zeilen umfassende Verfassungsänderung eine friedliche Revolution bedeutete, wurde der Bevölkerung nicht bewußt. Hier wäre Aufklärungsarbeit am Platze gewesen; die Parteien, insbesondere die Sozialdemokratie, hätten Redner ins Volk hinausschicken müssen, der Änderungsakt hätte mit allem Pomp, mit all der dramatischen Überhöhung vonstatten gehen sollen, die der deutsche Bürger von wilhelminischen Staatsakten auch weit geringerer Bedeutung gewöhnt war: es fehlte nicht nur an Information, es fehlte auch an Symbolen, die die Bedeutung des Moments versinnbildlicht und in die Phantasie des Volkes eingesenkt hätten. Aber die regierenden Parlamentarier hatten die Staatsmacht fast mit schlechtem Gewissen übernommen; sie fühlten sich der neu gewonnenen Verantwortung kaum gewachsen und starrten im übrigen gebannt auf die Wirkung, die ihr Wohlverhalten wohl auf den amerikanischen Präsidenten haben werde, während die Bevölkerung glaubte, das alte Regime sei immer noch intakt und weigere sich, Frieden zu schließen.

Die Revolution von unten begann bei der Marine. Am 29. Oktober hatte die in Kiel und Wilhelmshaven liegende Hochseeflotte Befehl zum Auslaufen erhalten: »Die Hochseestreitkräfte sollen zum Angriff und Schlagen gegen die englische Flotte eingesetzt werden«, lautete der Befehl der Marineleitung. Bei den Mannschaften verbreitete sich das Gerücht, die Offiziere planten ein sinnloses Abenteuer und einen heroischen Untergang. So meuterten die

Besatzungen der Schlachtschiffe, verweigerten den Dienst, rissen die Feuer unter den Kesseln weg, hißten rote Fahnen. Das war nicht als Beginn einer Revolution gedacht; anders als ein Jahr zuvor in Kronstadt und Petrograd wurde den Offizieren kein Haar gekrümmt. Die Matrosen traten in den Streik, nicht weniger, nicht mehr. Erst als ihre Anführer festgenommen wurden, radikalisierte sich die Meuterei. Am 1. November organisierten sich die ersten Matrosenräte in Kiel, um Gegenmaßnahmen zu beschließen; am 3. November demonstrierten etwa 3 000 Mann auf dem Exerzierplatz für die Freilassung der Verhafteten, eine Militärpatrouille eröffnete das Feuer, neun Demonstranten blieben tot zurück. Tags darauf übernahmen Soldatenräte in den Kieler Kasernen gegen nur geringen Widerstand die Macht, die Arbeiter der Kieler Großbetriebe schlossen sich zusammen und wählten einen Arbeiterrat. Für den 5. November riefen sie den Generalstreik aus. Am 5. und 6. November weitete sich die Revolte auf die meisten Küstenstädte aus, am 7. November folgten zahlreiche Städte Nordwestdeutschlands sowie, unabhängig davon, München; am 8. November erreichte die Aufstandswelle Köln und Braunschweig.

Daß die Revolte sich innerhalb weniger Tage wie ein Steppenbrand über ganz Deutschland ausbreiten konnte, ohne irgendwo auf nennenswerten Widerstand zu stoßen, macht das ganze Ausmaß der Erosion sichtbar, der der politische und gesellschaftliche Konsens im Reich während des Kriegsverlaufs ausgesetzt war. Nicht die Matrosen, Soldaten und Arbeiter, die, mit roten Armbinden und verkehrt geschulterten Karabinern ausgerüstet, durch die Straßen der Städte marschierten, boten das eigentlich überraschende Bild; daß sie unruhig waren und Grund zu Beschwerden hatten, wußte man seit langem. Aber daß das Bürgertum alles das widerstandslos geschehen ließ, daß es durchweg den alten Autoritäten die Loyalität verweigerte, das kennzeichnete erst eigentlich die Situation: Zusammenbruch, nicht Revolution. »Nicht wurde eine Kette gesprengt durch das Schwellen eines Geistes und Willens«, notierte ein bürgerlicher Beobachter, »sondern ein Schloß ist durchgerostet.«[153] Durch alle Bevölkerungsschichten hindurch zog sich der eine gemeinsame Wunsch nach Frieden, und das hieß zum einen: Abdankung des Kaisers, der dem Frieden im Wege zu stehen schien; und zum anderen: parlamentarische Demokratie, denn nichts war im Augenblick der Niederlage gewisser als die Schuld des alten Systems.

In Berlin allerdings blieb die Lage einstweilen ruhig. Am 2. November traf sich der Vollzugsausschuß der Revolutionären Obleute der Berliner Betriebe, die dem linken Flügel der Unabhängigen Sozialdemokraten und dem Spartakusbund, der äußersten sozialistischen Linken, nahestanden; auch Hugo Haase, Vorsitzender der USPD, und Karl Liebknecht, der Mitvorsitzende des Spartakusbunds, waren anwesend. Die linkssozialistischen Kräfte, die Deutschland reif hielten für eine sozialistische Revolution nach dem Petrograder Vorbild vom Oktober 1917, waren bislang nicht übermäßig erfolgreich gewesen; auf ihr Konto gingen zwar die Streikbewegungen vom April 1917 und Januar 1918, die ein beträchtliches organisatorisches Geschick hatten erkennen lassen, aber ihr Einfluß blieb doch auf einzelne Betriebe und Berufssparten, vor allem die Metallarbeiter, beschränkt – eine Massenbewegung in Gang zu setzen war ihnen bisher nicht gelungen. Nun schien die Gelegenheit für einen neuen Anlauf gekommen; man verhandelte – übrigens ohne Kenntnis der Marinemeuterei in Kiel und Wilhelmshaven – über Termine für eine revolutionäre Aktion und einigte sich zunächst auf den 4. November. Es ist nicht bekannt, wer das Argument in die Debatte warf, die Arbeiter seien noch nicht genügend vorbereitet. Jedenfalls wurde der Aufstand auf den 11. November vertagt; Liebknechts Verlangen, gleich loszuschlagen, begegneten die Vorsitzenden der Revolutionären Obleute mit dem pragmatischen Einwand, erst müßten die Lohnzahlungstage abgewartet werden: »Da seien die Arbeiter nicht herauszubringen. Liebknechts Ansicht, daß das für die revolutionäre Zeit nicht gelten könne, wird als unpraktisch abgelehnt.«[154]

So gewannen die Führer der Mehrheits-Sozialdemokratie Zeit, das Ruder herumzuwerfen und die Initiative an sich zu reißen. Die Partei war nicht unvorbereitet; der Schock der Berliner Januarstreiks von 1918, als sich herausstellte, daß der mehrheits-sozialdemokratische Einfluß auf die Arbeiter in den Betrieben verlorenzugehen drohte, hatte die Parteiführung aufgerüttelt. Es dürfe nie wieder geschehen, hatte Scheidemann damals vor dem Parteiausschuß erklärt, daß andere als die Sozialdemokratische Partei noch einmal über den Beginn von Massenaktionen entscheiden könnten. Die in den Jahren des Burgfriedens vernachlässigte Basisarbeit wurde erheblich intensiviert und in den Betrieben ein dichtes Netz von Vertrauensleuten aufgezogen; in der Parteizentrale in der Lindenstraße war man jetzt, Anfang November 1918, über die Stimmung in den Betrieben und der Bevölkerung gut unterrichtet.

Es ist keine Frage, daß die Mehrheits-Sozialdemokraten eine Revolution in dem Stil, den Lenin und Trotzki ein Jahr zuvor in Rußland vorexerziert hatten, nicht wollten. Das hatte viele Gründe. Einige folgten aus den Erfahrungen der Partei seit ihrem Bestehen; Erfolge hatte sie stets nur im Rahmen kleiner und überschaubarer Ziele errungen, ihre Waffe als politische Partei war der Stimmzettel gewesen. Das nicht nur, weil Massenaktionen außerhalb der politischen Spielregeln des Kaiserreichs angesichts der bestehenden Machtverhältnisse mit Sicherheit erfolglos gewesen und die Zerschlagung der Sozialdemokratischen Partei zur Folge gehabt hätten, sondern auch, weil die deutsche Sozialdemokratie, aller revolutionären Rethorik zum Trotz, immer eine Verfassungspartei gewesen ist; das war das Erbe des linken Liberalismus, das nach der gescheiterten Revolution von 1848 in die Sozialdemokratie eingeflossen war und ihr politisches Verhalten stärker prägte, als Marx und dessen Epigonen es je vermocht hätten. Wer wie Rosa Luxemburg oder Karl Liebknecht auf die direkte Aktion, den politischen Massenstreik, die rasche Umwälzung von Staat und Gesellschaft drängte, hatte sich in der SPD immer in der Minderheit gesehen; es kam hinzu, daß alle linken revolutionären Kräfte im Zuge der Parteispaltung während des Weltkriegs zur USPD übergewechselt waren, wo sie allerdings immer noch einer starken reformistischen Fraktion gegenüberstanden.

Den Ausschlag gab schließlich eine Erfahrung, die die deutschen Sozialdemokraten tief beeindruckt hatte: die russische Revolution und deren Folgen. Einige Monate nach dem Oktoberumsturz in

In der ideologischen Auseinandersetzung zwischen Wladimir Iljitsch Lenin und dem wichtigsten Theoretiker der Sozialdemokratie, Karl Kautsky, wurde die Kluft sichtbar, die den demokratischen Sozialismus bolschewistischer Observanz trennte. Die ungehemmte Polemik Lenins ließ bereits die spätere Todfeindschaft zwischen den großen Lagern des Sozialismus vorausahnen.

Petrograd hatte die Mehrheits-Sozialdemokratie dem bolschewistischen Experiment gegenüber eine abwartende Haltung eingenommen. Diese Haltung schlug allerdings in scharfe Abneigung um, als die russische Verfassunggebende Versammlung, das erste und letzte aus freien Wahlen hervorgegangene Parlament der russischen Geschichte, in dem die gemäßigten Sozialisten mit 62 Prozent der Mandate vertreten waren, am 5. Januar 1918 von bolschewistischen Truppen auseinandergejagt wurde. Unter der Überschrift »Die Bolschewiki und wir« erschien daraufhin im »Vorwärts«, dem Zentralorgan der Partei, ein Leitartikel aus der Feder des Parteivorstandsmitglieds Otto Braun, in dem es hieß: »Der Sozialismus kann nicht auf Bajonetten und Maschinengewehren aufgerichtet werden. Soll er Dauer und Bestand haben, muß er auf *demokratischem Wege* verwirklicht werden. Dazu ist freilich Vorbedingung, daß die wirtschaftlichen und sozialen Verhältnisse für die Sozialisierung der Gesellschaft reif sind. Wäre das in Rußland der Fall, würden sich die Bolschewiki zweifellos auf eine Mehrheit im Volke stützen können. Da dem nicht so ist, haben sie eine Säbelherrschaft etabliert, wie sie brutaler und rücksichtsloser unter dem Schandregiment des Zaren nicht bestand ... *Deshalb müssen wir zwischen den Bolschewiki und uns einen dicken, sichtbaren Trennungsstrich ziehen.*«[155]

Das war der Kern sozialdemokratischer Politik: erst unter den Bedingungen eines liberalen demokratischen Staatswesens, das noch zu errichten war, konnten sich die Voraussetzungen für den Sozialismus herausbilden. Der Versuch der Bolschewiki und ihrer deutschen Verbündeten, des Spartakusbundes und der linken USPD, aus den Verhältnissen des halbfeudalen monarchischen Obrigkeitsstaats direkt in den Sozialismus zu springen, wurde von der MSPD als utopisch und zwangsläufig in die Diktatur einmündend zurückgewiesen.

So wird auch die Politik der Mehrheits-Sozialdemokratie in den Kriegsjahren, ihre Bündnisbereitschaft mit den linken und mittleren bürgerlichen Parteien und ihr Versuch, den Parlamentarismus zu forcieren, verständlich. Der Eintritt sozialdemokratischer Parteiführer in das Kriegskabinett des Prinzen Max von Baden war nur zögernd und gegen den Widerspruch einer starken Minderheit im Parteivorstand und in der Reichstagsfraktion erfolgt. Die Befürworter hatten sich mit dem Argument durchgesetzt, nur die Regierungsbeteiligung der einstigen »Reichsfeinde«, wie Bismarck die Sozialdemokraten genannt hatte, werde auf alliierter Seite als grundsätzliche Wende der deutschen Politik gewertet werden und einen erträglichen Frieden ermöglichen; zudem sei es in diesem gefährlichen Stadium wichtig, im Inneren alle Unruhe zu vermeiden, um nach außen hin voll handlungsfähig aufzutreten, und auch deshalb müsse die SPD als Vertreterin der Arbeiterschaft an der Staatsmacht beteiligt sein. Zumindest das letzte Argument traf daneben, wie sich Anfang November zeigte, als beim Parteivorstand die ersten Nachrichten von den Matrosenrevolten eintrafen. »Ein Zweifel ist nicht mehr möglich«, notierte Scheidemann am 4. November in sein Tagebuch, »das ist die offen organisierte Rebellion, das ist mehr, das ist der Funke, der ins Pulverfaß fliegen muß.«[156]

Ein plötzlicher Kurswechsel war jetzt die einzige Möglichkeit, um die MSPD nicht mit den Trümmern des Kaiserreichs versinken zu lassen; ihre Führer »adoptierten um der Wirkung auf die Massen willen die Revolution, die sie nicht gemacht hatten, und die von ihrem Standpunkt aus eine Fehlgeburt war, als ihr eigenes lange verheißenes Kind«[157]. Daß das Jonglierstück gelang, lag allerdings nicht allein an der taktischen Meisterleistung der Parteispitze, sondern auch daran, daß die Massenbewegung, die sich aus der anfänglichen Militärrevolte entwickelte, alles andere als die blutrote Revolution war, als die sie im nachhinein meist erscheint. Schon die ersten Kieler Räte hatten nach Berlin telegraphiert, sie wünschten mit Vertretern der Reichstagsmehrheit in Verbindung zu treten; der MSPD-Abgeordnete Gustav Noske, der daraufhin von Berlin entsandt worden war, war vom Kieler Arbeiter- und Soldatenrat ohne weiteres als Gouverneur akzeptiert worden, während der USPD-Vorsitzende Haase seinen Versuch, die Kieler Bewegung in die Hand zu bekommen, abbrechen mußte.

Arbeiter, Parteigenossen

Der Frieden ist gesichert — in wenigen Stunden wird die Waffenruhe eingetreten sein.

Nur jetzt keine Unbesonnenheiten, die das an der Front beendete Blutvergießen im Lande wieder aufleben machen! Die Sozialdemokratische Partei setzt ihre ganze Kraft ein, Eure Forderungen schnellstens zur Erfüllung zu bringen!

Deshalb haben heute die Vorstände der Sozialdemokratischen Partei und der sozialdemokratischen Fraktion folgende letzte Forderungen an den Reichskanzler gestellt:

1. **Freigabe der heute verbotenen Versammlungen.**
2. **Anweisung an Polizei und Militär zur äußersten Besonnenheit.**
3. **Rücktritt des Kaisers und des Kronprinzen bis Freitagmittag.**
4. **Verstärkung des sozialdemokratischen Einflusses in der Regierung.**
5. **Umgestaltung des preußischen Ministeriums im Sinne der Mehrheitsparteien des Reichstags.**

Ist bis Freitagmittag keine befriedigende Antwort erfolgt, so tritt die Sozialdemokratie aus der Regierung aus.

Erwartet weitere Mitteilungen von uns im Laufe des Freitagnachmittag.

Die Vorstände der Sozialdemokratischen Partei und der Sozialdemokratischen Reichstags-Fraktion.

Ähnlich spielte sich der Umsturz in den meisten Gegenden des Reiches ab; die örtlichen Arbeiter- und Soldatenräte befanden sich in der Mehrheit auf der Seite der MSPD oder des rechten, demokratisch-parlamentarischen Flügels der USPD. Wie von einer Woge getragen fanden sich also die sozialdemokratischen Parteiführer an der Spitze der Bewegung, und sie hatten nicht viel mehr zu tun, als auf die an sie herangetragenen Forderungen zu hören und sie zu vertreten. Am 7. November richteten die sozialdemokratischen Regierungsmitglieder ein Ultimatum an den Reichskanzler, in dem sie die Abdankung des Kaisers und des Kronprinzen forderten und mit ihrem Rücktritt drohten. Das war nicht viel angesichts einer Situation, in der sich die meisten deutschen Großstädte bereits in der Hand von Arbeiter- und Soldatenräten befanden und die bayerische Königskrone schon aufs Pflaster gerollt war, aber endgültig den Absprung zu finden, fiel den sozialistischen Exzellenzen unendlich schwer. Schließlich stand zu befürchten, daß ein Auseinanderbrechen der Oktoberregierung den baldigen Abschluß des Waffenstillstands gefährdete, und außerdem hofften Ebert und Scheidemann immer noch, daß sich ihre bürgerlichen Koalitionspartner die sozialdemokratischen Forderungen zu eigen machen und so die Reichstagsmehrheit über den bevorstehenden Umsturz hinweg retten würden; aus diesem Grunde hatte man auch nicht etwa die Beseitigung der Monarchie, sondern lediglich die Demission Wilhelms II. und den Thronverzicht seines ältesten Sohnes gefordert. Aber die Zentrums- und FVP-Parlamentarier versagten sich in diesem Augenblick; dem Druck »der Straße« weichen zu sollen erschien ihnen denn doch als übergroße Zumutung.

In den frühen Morgenstunden des 9. November wurde klar, daß der Zeitpunkt zum Handeln gekommen war; im Büro des sozialdemokratischen Parteivorstands in der Lindenstraße häuften sich die Meldungen der Betriebsvertrauensleute: Unabhängige und Spartakusbund hätten für 9 Uhr den Generalstreik proklamiert, die Arbeiterschaft sei nicht länger in den Betrieben zu halten. Die sozialdemokratischen Staatssekretäre schickten ihre Demissionsschreiben an die Reichskanzlei ab; um die Mittagsstunde, während sich riesige Demonstrationszüge aus den Arbeitervierteln Berlins zur Innenstadt bewegten, erschien eine fünfköpfige sozialdemokratische Delegation, geführt von Ebert und Scheidemann, beim Reichskanzler, um ihn zum Rücktritt aufzufordern. Prinz Max suchte Zeit zu gewinnen und schlug vor, man möge zunächst die Ersetzung des Kaisers durch einen Regenten erörtern, aber Ebert wehrte ab: »Es ist zu spät.« Darauf der Reichskanzler: »Da wir nicht die Macht in Händen haben, die Situation so ist und die Truppen versagt haben, so schlage ich vor, daß der Abgeordnete Ebert den Posten des Reichskanzlers annimmt.« Damit hatte Ebert nicht gerechnet; er zögerte, von Legalitätsskrupeln überwältigt, aber Scheidemann flüsterte ihm zu: »Ach was, sag einfach ja.«[158]

Welch eine seltsame Verkehrung der Prinzipien: der prinzliche Reichskanzler, noch halb von Kaisers Gnaden, handelte im eigentlichen Sinne revolutionär, indem er sein Amt gegen Verfassung und Gesetz, ohne Zustimmung der Volksvertretung und gegen den Willen des noch einige Stunden amtierenden Kaisers dem Führer der deutschen Sozialdemokratie übertrug; Friedrich Ebert, der einstige

Extraausgabe.

Nr. 309a. 35. Jahrg.

10 Pfennig

Vorwärts

Berliner Volksblatt.

Zentralorgan der sozialdemokratischen Partei Deutschlands.

Sonnabend, den 9. November 1918.

Die rote Fahne über Berlin.

Sattlermeister und Vorsitzende einer Partei, deren Wesen nach Bismarcks Diktum darin bestand, »daß sie die staatliche Ordnung negiert«, weshalb sie sich mit »dem Staate im Kriegszustand« befände[159], ließ sich nur widerstrebend die Macht aufbürden, und das nur, um die Kontinuität der Oktoberverfassung zu sichern, die Staatsgewalt zu stabilisieren und den Abschluß des Waffenstillstands zu ermöglichen. Friedrich Ebert war kein Revolutionär; er gehörte zu den führenden Männern der zweiten Generation seiner Partei, die nach den Sturm- und Drang-Jahren des Aufbaus und der zeitweiligen Illegalität als Nachfolger von Volkstribunen wie August Bebel, Wilhelm Liebknecht oder Paul Singer nunmehr glanzlos und tüchtig den Erfolg und die Organisation verwalteten. Ebert, 1871 als Sohn eines Schneidermeisters in Heidelberg geboren, hatte die typische Parteikarriere hinter sich: als Lehrling Sozialdemokrat, wenig später Gewerkschaftler, in der Partei- und Gewerkschaftsarbeit avanciert, die ersten parlamentarischen Erfahrungen in einer Stadtverordnetenversammlung erworben, als Führer eines wichtigen Parteibezirks schließlich in den Parteivorstand und 1913 als Nachfolger Bebels zum Parteivorsitzenden neben Hugo Haase gewählt. Eine umfangreiche, vorwiegend akademische Literatur hat es Ebert, wie seinen Kollegen im Parteivorstand, übelgenommen, daß er keine romantisch-revolutionäre Führerfigur abgab, sondern nichts anderes war als ein fähiger Techniker der Massenorganisation, mit keiner anderen hervorstechenden Eigenschaft begabt als der, politische Ziele energisch und bedächtig, unter Verleugnung persönlichen Ehrgeizes, anzustreben und meist auch zu erreichen, ganz im Sinne jenes »starken, langsamen Bohrens von harten Brettern mit Leidenschaft und Augenmaß zugleich«, das Max Weber als Merkmal des wahren, des geborenen Politikers beschreibt[160]. Das politische Ziel, das Ebert am 9. November 1918 im Auge behielt, war dasselbe, das ihn und seine Parteifreunde anderthalb Jahre zuvor das Bündnis des Interfraktionellen Ausschusses hatte eingehen lassen, und das er seitdem ununterbrochen angestrebt hatte: der Fall des alten Obrigkeitsstaates, die Errichtung einer klassischen Demokratie westlichen Musters, das Bündnis von Arbeiterschaft und Bürgertum. Für die nähere Zukunft hieß das unter den gegebenen Umständen: Stabilisierung der sozialdemokratischen Machtposition, Einberufung einer verfassunggebenden Nationalversammlung nach klassischen revolutionären Vorbildern. Für Friedrich Ebert und seine Parteifreunde war die Revolution am 9. November 1918 beendet.

Nun galt es, die in Bewegung geratenen Massen zu beruhigen; die Führung der Mehrheits-Sozialdemokraten trat sogleich im Reichstagsgebäude in Verhandlungen mit der USPD und versprach den schwankenden Unabhängigen eine rein sozialistische Reichsspitze, an der sie mit den Mehrheitssozialisten gleichberechtigt beteiligt werden sollten. Die unabhängigen Unterhändler zierten sich eine Zeitlang - sie waren untereinander zu zerstritten, um eine klare politische Linie zu verfolgen, aber daß Eberts Konzept auf eine bürgerliche Demokratie hinauslief, war ihnen deutlich. So mußten die Mehrheits-Sozialdemokraten Zugeständnisse machen: die Arbeiter- und Soldatenräte wurden als »Träger der politischen Gewalt« anerkannt, und die Einberufung der Konstituante sollte erst erfolgen, wenn die »durch die Revolution geschaffenen Zustände« konsolidiert seien. Auch der Beitritt Karl Liebknechts, des Führers des »Spartakusbunds«, zur Revolutionskoalition wurde diskutiert, aber das Problem erledigte sich von selbst; gegen 14 Uhr verbreitete sich die Nachricht, Karl Liebknecht gedenke die Initiative an sich zu reißen und die Sowjetrepublik Deutschland auszurufen. Daraufhin trat Philipp Scheidemann auf den Balkon des Reichstags hinaus und wurde von der draußen wogenden Menge zum Reden aufgefordert. Er hielt eine improvisierte, zündende Ansprache und beendete sie, teils von seiner Beredsamkeit hingerissen, teils um Liebknecht zuvorzukommen, mit dem Ruf: »Das Alte und Morsche, die Monarchie, ist zusammengebrochen. Es lebe das Neue! Es lebe die Deutsche Republik!«[161] Wieder hatte ein Sozialdemokrat vollendete Tatsachen geschaffen - Liebknechts Proklamation einer »Freien, sozialistischen Republik Deutschland« von einem Balkon des Berliner Schlosses aus kam um Stunden zu spät. Ebert allerdings soll Scheidemann »zornrot« angefahren haben: »Du hast kein Recht, die Republik auszurufen! Was aus Deutschland wird, ob Republik oder was sonst, das entscheidet eine Konstituante!«[162] Auch hier mag Ebert die künftige Zusammenarbeit mit bürgerlichen Parteien im Auge gehabt haben - daß Deutschland indessen nach der Demission des Kaisers tatsächlich eine Republik war, ist ohne Zweifel.

Am nächsten Tag, dem 10. November, konstituierte sich die neue Reichsregierung in Form eines paritätisch besetzten Kabinetts aus drei Mehrheits- und drei Unabhängigen Sozialdemokraten. Liebknecht, Lenins Beispiel anstelle der politischen Realitäten unverrückbar vor Augen, hatte sich geweigert, eine Koalition mit den Mehrheitssozialisten einzugehen. Von der erneuten Einheit der Arbeiterklasse, die von den Parteizeitungen bejubelt wurde, konnte also schon aus diesem Grunde nicht die Rede sein, obgleich die Nachricht dazu beitrug, die Massen auf den Straßen Berlins zu beruhigen. Der radikalste Teil der sozialistischen Arbeiterbewegung, der Spartakusbund, setzte auf die alleinige Macht der Räte und bereitete weiter den bewaffneten Aufstand nach dem Muster Petrograds vor.

Die neue Regierung nannte sich »Rat der Volksbeauftragten«. Das klang wie eine revolutionäre Fanfare, aber der revolutionäre Charakter dieses Gremiums war, entgegen allen Koalitionsvereinbarungen, begrenzt. Trotz der paritätischen Zusammensetzung erwiesen sich die MSPD-Mitglieder in Wirklichkeit als überlegen; die beiden Vorsitzenden der Mehrheits-Sozialdemokratie, Friedrich

7. Extraausgabe Sonntag, den 10. November 1918.

Vorwärts

Berliner Volksblatt.

Zentralorgan der sozialdemokratischen Partei Deutschlands.

Die Einigung

zwischen den beiden sozialdemokratischen Parteien ist vollzogen.

Ebert Haase Scheidemann Dittmann Landsberg und Barth

werden die neue Regierung bilden.

An die Arbeiter- und Soldatenräte!

Das Volk muß verhungern, wenn der Bahntransport gestört wird. Das geschieht aber durch jeden Eingriff unzuständiger Stellen in den Bahnbetrieb und die Bahnverwaltung.

Gestern sind an verschiedenen Orten von Arbeiter- und Soldatenräten solche Eingriffe vorgenommen worden, z. B. in dem Betrieb von Rangierbahnhöfen und in die Kassenverwaltung von Bahnstationen. Das darf nicht wieder vorkommen! Wiederholungen müssen zur Arbeitsverweigerung unserer braven Eisenbahner und zum Stillstand jedes geregelten Bahnverkehrs führen.

Berlin, am 10. November 1918.

(gez.) Ebert.

Ebert und Philipp Scheidemann, sowie der rechts im Parteispektrum angesiedelte Rechtsanwalt Otto Landsberg waren zähe und politisch erfahrene Taktiker, die in den vergangenen Monaten und Jahren im Interfraktionellen Ausschuß den Umgang mit anderen Parteien gelernt hatten. Die USPD-Mitglieder, der solide, redliche und idealistische Parteivorsitzende Hugo Haase, der farblose Funktionär Wilhelm Dittmann und der aus optischen Gründen mit hereingenommene Vertreter der Revolutionären Obleute, Emil Barth, waren ihren mehrheitssozialistischen Kollegen selten gewachsen, zumal Barth häufig anders als Haase und Dittmann votierte und so die Interessen der USPD im Rat der Volksbeauftragten schwächte. Dem entsprach, daß die USPD selbst innerlich gespalten und daher der einigen MSPD unterlegen war, denn der linke USPD-Flügel sympathisierte mit den Revolutionären Obleuten der Betriebe und dem Spartakusbund, favorisierte ein etwas nebelhaftes Rätesystem und lehnte die Zusammenarbeit mit den Mehrheitssozialisten ab, war in der Verfolgung seiner Interessen allerdings einstweilen durch die Regierungsbeteiligung der USPD behindert.

Hinzu kam ein weiterer Vorsprung der Mehrheits-Sozialdemokratie und damit ein zusätzlicher Schritt auf dem Weg zur Weimarer De-

Kundgebung

des

neuen Reichskanzlers Ebert

Mahnung

zur

Ruhe und Ordnung!

Mitbürger! Der bisherige Reichskanzler, Prinz Max von Baden, hat mir unter Zustimmung sämtlicher Staatssekretäre die Wahrnehmung der Geschäfte des Reichskanzlers übertragen. Ich bin im Begriffe, die neue Regierung im Einvernehmen mit den Parteien zu bilden und werde über das Ergebnis der Öffentlichkeit in Kürze berichten. Die neue Regierung wird eine Volksregierung sein. Ihr Bestreben wird sein müssen, dem deutschen Volke den Frieden schnellstens zu bringen und die Freiheit, die es errungen hat, zu befestigen. Mitbürger! Ich bitte Euch alle um Eure Unterstützung bei der schweren Arbeit, die unserer harrt. Ihr wißt, wie schwer der Krieg die Ernährung des Volkes, die erste Voraussetzung des politischen Lebens, bedroht. Die politische Umwälzung darf die Ernährung der Bevölkerung nicht stören, es muß erste Pflicht aller in Stadt und Land bleiben, die Produktion von Nahrungsmitteln und ihre Zufuhr in die Städte nicht zu verhindern, sondern zu fördern. Nahrungsmittelnot bedeutet Plünderung und Not mit Elend für Alle. Die Ärmsten würden am schwersten leiden, die Industriearbeiter am bittersten betroffen werden. Wer sich an Nahrungsmitteln oder sonstigen Bedarfsgegenständen oder an den für ihre Verteilung benötigten Verkehrsmitteln vergreift, versündigt sich auf das Schwerste an der Gesamtheit. Mitbürger! Ich bitte Euch alle dringend, verlaßt die Straßen! Sorgt für Ruhe und Ordnung.

Berlin, den 9. November 1918.

Der Reichskanzler
Ebert.

mokratie: trotz aller nominellen Gleichberechtigung der sechs Volksbeauftragten war es Friedrich Ebert, der die übrigen, auch seinen Mitvorsitzenden Hugo Haase, an tatsächlicher Macht weit übertraf. Auf ihn war mit der Machtübergabe durch den Prinzen Max von Baden gewissermaßen die alte legale Reichskanzlerwürde übergegangen. Zwar gab es nach den Koalitionsvereinbarungen eigentlich keinen Reichskanzler mehr – dessen Aufgaben übte vielmehr der Rat der Volksbeauftragten in corpore aus –, aber in den Augen der hohen Ministerialbürokratie änderte das nichts daran, daß sie in Ebert, und in niemandem sonst, ihren eigentlichen Chef sah. Nicht nur der Apparat der Reichskanzlei, sondern auch der der übrigen Reichsämter stand vor allem Ebert zur Verfügung – das präjudizierte einen weiteren Machtvorsprung der Mehrheitssozialisten. Und umgekehrt waren es die MSPD-Volksbeauftragten, die Sorge dafür trugen, daß der bestehende Verwaltungsapparat im großen und ganzen unangetastet weiterbestand. Man hat die bürokratische Kontinuität über die Revolution hinweg später oft kritisiert – zu Unrecht. Ein hochdifferenzierter und -technisierter Verwaltungsstaat wie Preußen-Deutschland im zwanzigsten Jahrhundert war ohne das äußerst komplizierte Netzwerk von hochqualifizierten Verwaltungsfachleuten einfach nicht existent; keine auch noch so revolutionäre Macht hätte ohne den bestehenden Apparat auskommen können, und selbst in Rußland, das eine ganz erheblich gröbere Verwaltungsstruktur als Deutschland besaß, wurde der bestehende Verwaltungskörper fast en bloc von den Bolschewiki übernommen. Gerade das russische Beispiel zeigt auch, daß Revolutionäre sich eines Verwaltungsapparats bemächtigen und ihn am festen Zügel führen können; die sichere und notfalls durch entschiedenes Durchgreifen unter Beweis gestellte Machtausübung durch die politisch Verantwortlichen ist die Voraussetzung für ein gedeihliches Verhältnis zwischen Staatsführung, welcher Couleur auch immer, und Verwaltungsapparat. Das Problem in Deutschland lag deshalb nicht in der Übernahme des bürokratischen Apparats, sondern in späterer Zeit im Verzicht auf strikte Kontrolle und darauf, durchzusetzen, daß die Bürokratie die Normen der neuen staatlichen Existenz nach Buchstabe und Geist auch anwendete. Ein weiteres Problem mag in einer besonderen preußisch-deutschen Tradition der Gläubigkeit an die überragende fachliche Kompetenz des stoffbeherrschenden Geheimrats liegen, die allzu häufig dazu führte, daß verantwortliche Minister ihre politische Einsicht dem Urteil beamteter Untergebener unterordneten. Aber in allen diesen Fällen handelte es sich nicht um ein Problem des Beamtenapparats, sondern der Durchsetzungsfähigkeit der politischen Führung.

Aber das waren spätere Sorgen. Jetzt, im November 1918, war entscheidend, daß die Verwaltung weitgehend ungestört und unverändert weiterarbeitete; lediglich den Amtschefs waren MSPD- und USPD-Abgeordnete zur Überwachung zugeteilt.

Doch da waren noch die Räte, in deren Hand nach dem Wortlaut der Koalitionsvereinbarungen, die in gewisser Hinsicht die Revolutionsverfassung beschrieben, die politische Gewalt lag. Die Soldatenräte bei der Truppe und den Stäben, aber auch die große Mehrheit der in den Betrieben gebildeten Arbeiterräte mühten sich redlich, die Krisensituation vernünftig zu meistern und die diffuse revolutionäre Massenbewegung zu beruhigen und zu ordnen: »Wer könnte heute die öffentliche Ruhe und Sicherheit aufrechterhalten, wenn die Arbeiter- und Soldatenräte nicht wären?« meinte selbst der auf dem rechten Flügel der Mehrheits-Sozialdemokraten stehende Führer des Bergarbeiterverbands im Ruhrgebiet, Otto Hué, in diesen Tagen.[163] Auf der anderen Seite aber war das Zustandekommen von Räten eher zufällig und oft chaotisch. Betriebe und militärische Einheiten, Lazarette und Kasernen wählten ganz nach Willkür Vertreter, ohne Regel, ohne Verteilungsschlüssel. Die politische Ausrichtung der jeweiligen Räte war infolgedessen meist von Zufällen abhängig, wenn sich nicht jemand fand, der über den wirren Augenblick hinausdachte und über Organisationstalent verfügte. In jeder revolutionären Situation gewinnt derjenige die Oberhand, der

Karl Liebknecht als Bürgerschreck. In Wirklichkeit war er ein sanfter, mit literarischem Pathos begabter Intellektueller, dem die Gewalt der revolutionären Kräfte, die er zu entfesseln geholfen hatte, schnell über den Kopf wuchs.

kühlen Kopf behält und inmitten des Überschwangs seine Plattform zimmert.

Bis zum Abend des 9. November hatten die linksrevolutionären Kräfte in Berlin, die Revolutionären Obleute, die linken Unabhängigen und die Spartakisten, nichts Ernsthaftes unternommen, um den Vorsprung der Mehrheits-Sozialdemokraten aufzuholen. Endlich, am späten Abend, sammelten sie eine Anzahl Soldaten in einem Sitzungssaal des Reichstagsgebäudes, konstituierten sich als erste Versammlung der Arbeiter- und Soldatenräte und überredeten die überraschten und wenig überzeugten Soldaten, eine Resolution zu verabschieden, nach der am kommenden Tag in allen Berliner Fabriken und Kasernen nach einem einheitlichen Wahlmodus Vertreter gewählt werden sollten, die am Nachmittag im Zirkus Busch eine provisorische Revolutionsregierung einsetzen sollten. Der Hintergedanke bestand darin, diese Resolution nicht vorzeitig bekanntwerden zu lassen, so daß mehrheitssozialistische Kandidaten bei den Wahlen nicht aufgestellt werden konnten. Die dann rein linkssozialistisch eingestellte Räteversammlung im Zirkus Busch würde von der ihr zukommenden »politischen Gewalt« Gebrauch machen und die Koalition Ebert/Haase aus dem Sattel heben.

Der Plan war gut, aber er scheiterte am Vorsitzenden des Groß-Berliner MSPD-Bezirks, Otto Wels, der an der Versammlung anscheinend unerkannt teilgenommen hatte. Noch in der Nacht ließ Wels Flugblätter drucken und in den Kasernen verteilen: die Truppen sollten sogleich Soldatenräte, die auf dem Boden der MSPD stünden, bestimmen und sie bis zum Mittag des 10. November zum Gebäude des sozialdemokratischen »Vorwärts« schicken. Noch bevor die linkssozialistische Wahlaktion angelaufen war, meldeten sich etwa einhundertfünfzig gewählte Vertreter der Berliner Garnison bei Wels; um ihre Reihen etwas aufzufüllen, wurden sozialdemokratische Funktionäre, die irgendwann einmal mit dem Militär Bekanntschaft gemacht hatten, in Uniform gesteckt und als Soldatenräte vorgezeigt. In guter militärischer Haltung marschierte diese Truppe zum Zirkus Busch ab, und als man dort am Abend des 10. November nach langen, stürmischen und chaotischen Debatten zur Abstimmung schritt, ergab sich, daß nur mit den Soldatenstimmen Mehrheiten zustandekamen, und die entschieden zugunsten des Rats der Volksbeauftragten und gegen die Ambitionen der linksradikalen Kräfte. Ein Vollzugsrat wurde gewählt, der die Fiktion vertrat, oberstes Organ aller deutschen Arbeiter- und Soldatenräte zu sein und den Rat der Volksbeauftragten zu kontrollieren. Mit den Stimmen der von Wels instruierten Soldatenräte wurde der Vollzugsrat ebenso paritätisch zusammengesetzt wie der Rat der Volksbeauftragten, der in einer weiteren Abstimmung feierlich im Amt bestätigt wurde. Bei allen Reibereien, die sich in der Folgezeit zwischen der Regierung Ebert/Haase und dem Vollzugsrat der Arbeiter- und Soldatenräte ergaben, war doch wieder eine entscheidende Weiche zugunsten der Mehrheits-Sozialdemokratie gestellt worden: ihre Politik besaß nun auch den Segen der Revolution.

Dank ihrer taktischen Überlegenheit und politischen Beweglichkeit hatte also die Mehrheits-Sozialdemokratie in kürzester Zeit das Kunststück vollbracht, sich wie Münchhausen am eigenen Zopf aus den Trümmern des untergehenden Kaiserreichs herauszuziehen und die Führung der revolutionären Bewegung in der Reichshauptstadt zu übernehmen. Dennoch war ihre Position in hohem Maße gefährdet, denn was außerhalb Berlins vor sich ging, war kaum übersehbar, und in Berlin selbst ähnelte die Stellung Eberts in manchem derjenigen Kerenskis ein Jahr zuvor in Petrograd. Was nützte Legitimität, was Unterstützung durch die Bürokratie, wenn die Spartakisten, die sich wohlbewaffnet im Schloß eingerichtet hatten, im Handstreich den Rat der Volksbeauftragten beseitigten und Liebknecht oder den Führer der linken Unabhängigen, Georg Ledebour, zum deutschen Lenin machten? Beim Abstimmen mochten die Soldatenräte der Berliner Garnison noch mitmachen, aber zum Kampf für Ebert und Scheidemann waren sie nicht zu bewegen. Einer entschlossenen spartakistischen Aktion gegen die neue Reichsregierung stand nichts im Wege außer dem Pförtner der Reichskanzlei.

Plakat von 1918

Als Ebert am späten Abend des 10. November 1918 im Arbeitszimmer des Reichskanzlers am Schreibtisch Bismarcks saß, war ihm seine Lage überdeutlich: seine Macht reichte kaum über diese vier Wände hinaus. Mit taktischer Geschicklichkeit war mehr nicht zu erreichen, er brauchte Hilfe. Das Telephon klingelte, Hilfe kündigte sich an in Gestalt eines Anrufs aus Spa, dem Sitz der Obersten Heeresleitung: Der Erste Generalquartiermeister war am Apparat.

Die Oberste Heeresleitung stand zu diesem Zeitpunkt vor der schwersten Krise der preußisch-deutschen Armee seit der Niederlage von Jena und Auerstädt im Jahre 1806. Seit Generationen hatte die Armee sich als obersten und letzten Garanten des Staates begriffen, eines Staates, der seinerseits über den Parteien, Gruppen und Partikularinteressen und selbst über der Staatsform, der Verfassungsordnung, stand. Ohne Armee, das war das seit 1848 gewachsene und im Offizierskorps tiefverwurzelte Dogma, war der Staat verloren. Daraus ergab sich für die Generalität, vor allem für die OHL, mit zwingender Konsequenz die Notwendigkeit, die intakte Armee über die Niederlage und Revolution hinweg zu retten; der Kaiser hatte gehen müssen, weil unter seinem Kommando die Armee auseinanderzufallen drohte, und aus demselben Grunde hatte der Erste Generalquartiermeister Groener allen Erörterungen im Großen Hauptquartier die Spitze abgebrochen, die auf eine gewaltsame Niederwerfung der Revolution in der Heimat durch Fronttruppen und die Restauration der Hohenzollernmonarchie hinausliefen: daß dies zu einem gewaltigen Desaster führen mußte, erkannte Groener sehr klar.

So stellte sich für die Oberste Heeresleitung die Frage, welche Macht für sie jetzt bündnisfähig sei. Die Möglichkeit, selbst die Macht zu ergreifen, und eine daraus folgende Militärdiktatur verboten sich nicht allein wegen des Zerfalls der Disziplin im Heimatheer und bei den Fronttruppen, sondern auch aus Gründen der Tradition: Politische Verantwortung wollte die Armee nicht tragen, das widersprach dem Dogma der eigenen Wächterrolle, die in dem Sinne unpolitisch zu sein hatte, als das Militär nicht selbst zur innenpolitischen Partei werden durfte. Weder zuvor noch später hat die preußisch-deutsche Armee eine Militärdiktatur angestrebt, und auch jetzt suchte die Oberste Heeresleitung nach demjenigen »zivilen« Bündnispartner, der am ehesten in der Lage war, den Bestand von Staat und Armee zu retten. Unter den gegebenen Umständen war das Ergebnis der Suche nicht zweifelhaft. Nicht in Frage kamen zur Zeit Kräfte der gesellschaftlichen und politischen Restauration, die dem Offizierskorps zwar im allgemeinen nahestanden, aber in den Wochen der Kriegsniederlage und der Revolution jede Einwirkungsmöglichkeit auf die künftige staatliche Gestaltung verloren hatten und als Organisationen nicht einmal mehr in Erscheinung traten. Nicht in Frage kamen ferner jene Kräfte, die in der russischen Oktoberrevolution das Vorbild für eine Umgestaltung des Staatswesens erblickten - nicht etwa, weil sie eine revolutionäre Ideologie besaßen; in den Augen des normalen Offiziers war jede Ideologie, die auf Beseitigung der alten Staatsordnung gerichtet war, revolutionär, und ob es sich um radikale Demokraten, rechte Mehrheitssozialisten oder Leninisten handelte, machte da wenig Unterschied. Wesentlich war vielmehr, daß der Spartakusbund und die mit ihm verbündeten Kräfte zwar in der gegenwärtigen Ausnahmesituation örtlich und zeitlich begrenzte Machtpositionen erringen konnten, aber von vornherein nicht Mitgliederstärke, Organisationsvermögen und Überzeugungskraft besaßen, um den Staat als Ganzes zu ergreifen, umzuformen und zu neuer Stärke zu führen. Lenin und Trotzki waren in der Lage, einen Großteil des zaristischen Offizierskorps davon zu überzeugen, daß der russische Staat unter ihrem Regime die größeren Zukunftschancen besaß; die Grenzen Liebknechts und seines Anhangs waren zu offensichtlich, als daß ein realistisch Denkender auf sie gesetzt hätte.

Somit blieb nur die Mehrheits-Sozialdemokratie und der von ihr dominierte Rat der Volksbeauftragten übrig; für sie sprach in den Augen Hindenburgs und Groeners nicht nur, daß sie in gewisser Hinsicht Kontinuität und Legitimität verkörperten und darüber hinaus im Besitz der zentralen Regierungspositionen waren, sondern auch, daß die Soldatenräte des Feldheeres und der OHL am ehesten bereit waren, den sozialdemokratischen Parolen zu folgen. »Der Feldmarschall und ich«, schrieb Groener in diesen Tagen an seine Frau, »wollen Ebert, den ich als geraden, ehrlichen und anständigen Charakter persönlich schätze, stützen, solange es irgend geht, damit der Karren nicht noch weiter nach links rutscht.«[164] So kam nach Groeners Darstellung das historische Telephonat am Abend des 10. November 1918 zustande, mit dem das Bündnis Ebert–Groener besiegelt wurde: »Am Abend rief ich die Reichskanzlei an und teilte Ebert mit, daß das Heer sich seiner Regierung zur Verfügung stelle, daß dafür der Feldmarschall und das Offizierskorps von der Regierung Unterstützung erwarteten bei der Aufrechterhaltung der Ordnung und Disziplin im Heer. Das Offizierskorps erwarte von der Regierung die Bekämpfung des Bolschewismus und sei dafür zum Einsatz bereit. Ebert ging auf meinen Bündnisvorschlag ein...«[165]

Für Friedrich Ebert gab es an diesem Abend keinen vernünftigen Anlaß, Groeners Angebot abzulehnen, viele Gründe jedoch für dessen Annahme. Da war die Notwendigkeit der innenpolitischen Machtsicherung, des Schutzes des Rats der Volksbeauftragten und des Ziels einer baldigen Einberufung einer Nationalversammlung; hinzu kam der fortdauernde Kampf an der Ostgrenze gegen die Gefahr sowjetrussischer Übergriffe auf Ostpreußen und polnischer

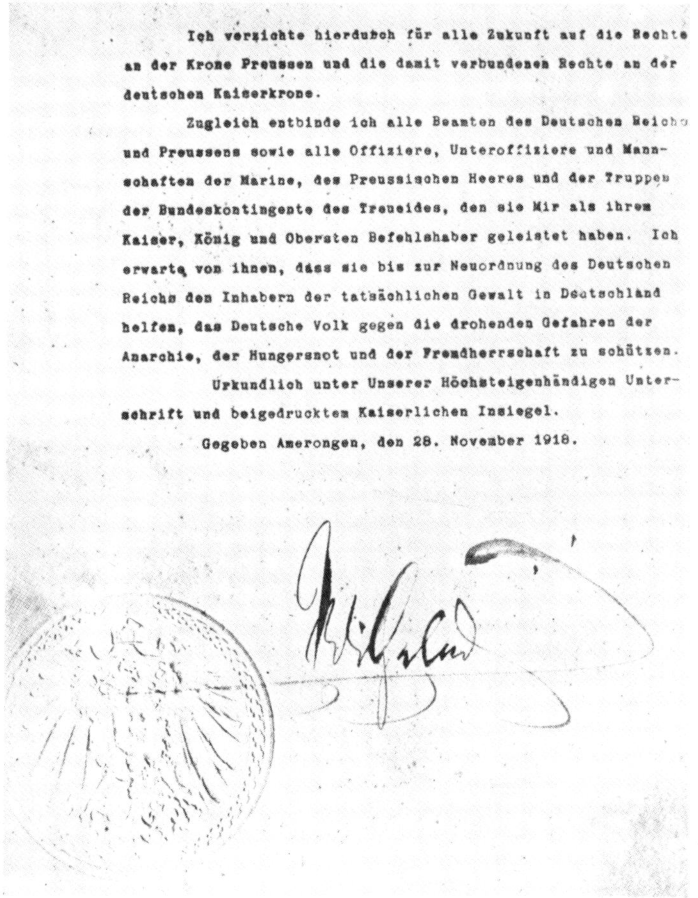

Ich verzichte hierdurch für alle Zukunft auf die Rechte an der Krone Preussen und die damit verbundenen Rechte an der deutschen Kaiserkrone.

Zugleich entbinde ich alle Beamten des Deutschen Reichs und Preussens sowie alle Offiziere, Unteroffiziere und Mannschaften der Marine, des Preussischen Heeres und der Truppen der Bundeskontingente des Treueides, den sie Mir als ihrem Kaiser, König und Obersten Befehlshaber geleistet haben. Ich erwarte von ihnen, dass sie bis zur Neuordnung des Deutschen Reichs den Inhabern der tatsächlichen Gewalt in Deutschland helfen, das Deutsche Volk gegen die drohenden Gefahren der Anarchie, der Hungersnot und der Fremdherrschaft zu schützen.

Urkundlich unter Unserer Höchsteigenhändigen Unterschrift und beigedrucktem Kaiserlichen Insiegel.

Gegeben Amerongen, den 28. November 1918.

Fast drei Wochen brauchte Wilhelm II. im holländischen Exil, um sich zum endgültigen Thronverzicht durchzuringen. Seine Abdankung machte es auch monarchistischen Beamten und Offizieren möglich, ihre Loyalität auf die neue Reichsleitung zu übertragen.

Vorstöße gegen Westpreußen, Posen und Schlesien; auch war der Krieg ja nicht beendet, und der erst am folgenden Tag abgeschlossene Waffenstillstand war jederzeit kündbar. Schließlich waren die Vorbereitungen für die Demobilmachung und die Rückführung des Millionenheeres zu treffen, das tief in Frankreich und Belgien stand und das nach dem Waffenstillstand innerhalb von vierzehn Tagen hinter den Rhein zurückgeführt werden mußte. Namentlich für diese letzte Aufgabe kam nur der Apparat der Obersten Heeresleitung in Frage, was übrigens auch die USPD-Mitglieder des Rats der Volksbeauftragten wußten und akzeptierten: in Deutschland hätte sich ein Sturm der Entrüstung erhoben, wenn durch die Ablösung der alten militärischen Gewalten kurz vor Toresschluß größere Teile des Westheeres in Kriegsgefangenschaft geraten wären.

Im Rahmen seines Entscheidungshorizontes handelte Ebert am Abend des 10. November also vernünftig; erkennbare Alternativen bestanden für ihn nicht. Aber Groeners Notiz über das Telephonat zeigt auch, worin der Pferdefuß des Abkommens im nachhinein zu sehen ist: da ist von einem »Bündnisvorschlag« die Rede. Bündnisse werden nicht zwischen politischer Führung und ihrem Machtinstrument abgeschlossen, sondern zwischen gleichberechtigten Mächten. Das äußerte sich vorerst darin, daß der Pakt ein Geschäft auf Gegenseitigkeit war: die OHL stellte sich für die Doppelaufgabe der Rückführung des Heeres in die Heimat und der Machtsicherung der Reichsregierung zur Verfügung; Ebert dagegen sagte zu, daß durch die sozialistische Führung die Autorität des Offizierskorps gestützt und die der Soldatenräte zurückgedrängt werden sollte. Das war die kurzfristige Wirkung des Bündnisses, das die Entwicklung zum Staatswesen von Weimar um ein weiteres Stück Realität festlegte; die langfristige Wirkung bestand darin, daß die Wehrmachtsführung in Fragen der Heeresorganisation weitgehend unter sich bleiben und ihre Politik hinter dem Rücken der Reichsleitung und ohne deren Kenntnis und Billigung betreiben konnte. Der Schritt zum »Staat im Staate« war schon jetzt getan, wenn auch festzuhalten ist, daß diese Entwicklung nicht von vornherein notwendig war. Hätten nicht die Gruppierungen um Karl Liebknecht und Rosa Luxemburg mit allen Mitteln versucht, die Einberufung der Nationalversammlung zu verhindern, wäre die Chance der alten militärischen Autoritäten entfallen, sich auf die Dauer als unentbehrlicher Ordnungsfaktor zu etablieren; auch sollte sich später noch mehrmals die Gelegenheit ergeben, die weitere Entwicklung der Reichswehr von politischer Seite aus zu beeinflussen. Daß dies nicht geschah, ist Ebert in der Entscheidungssituation vom 10. November nicht anzulasten.

Anschlag der SPD zu den Wahlen zur Nationalversammlung 1919
Entwurf: Fritz Gottfried Kirchbach

Damit hatte die Mehrheits-Sozialdemokratie binnen sechsunddreißig Stunden seit der Ausrufung des Berliner Generalstreiks am Morgen des 9. November 1918 im Wettlauf mit der linksrevolutionären Bewegung um die Macht einen kaum noch einholbaren Vorsprung errungen. Worum es in den nächsten Wochen und Monaten noch ging, war nicht mehr die grundsätzliche Entscheidung zwischen westlicher Demokratie und Bolschewismus, denn die war jetzt weitgehend gefallen; es ging nun darum, den Machtanspruch der Reichsregierung im gesamten Reich durchzusetzen, die Weichen für die künftige wirtschaftliche, soziale und politische Entwicklung Deutschlands im Rahmen einer parlamentarisch verfaßten Demokratie zu stellen und den Krieg endgültig zu beenden. In mancher Hinsicht war die Mehrheit der deutschen Sozialdemokratie in die Fußstapfen der Liberalen von 1848 getreten und setzte genau dort an, wo die Revolution 1849 gescheitert war. Daß sozialistische Ideale hier wenig zu bestellen hatten, ist evident – wie überhaupt vermutlich die sozialistischen ebenso wie die internationalistischen Bestandteile des sozialdemokratischen Glaubensbekenntnisses kaum eine andere Aufgabe gehabt haben als die der Parteiintegration. Wo politisch verantwortliches Handeln erforderlich war, verhielt sich die Sozialdemokratie bürgerlich-liberal, und zwar konsequenter als die Liberalen des kaiserlichen Deutschlands selbst: »Die Sozialdemokraten von heute«, meinte der liberale Politiker Erich Koch damals mit einigem Recht, »sind die Nationalliberalen von 1871.«[166]

In der verschreckten bürgerlichen Öffentlichkeit regte sich bereits die Ahnung, daß der Umsturz vielleicht doch nicht so blutrot verlaufen würde, wie allgemein befürchtet. Zwar wich die anfangs geradezu volksfesthafte Stimmung in den Berliner Straßen hier und da blutigen Exzessen, es kam zu Auseinandersetzungen und Schießereien, aber vom Regierungsviertel abgesehen war Berlin ruhig: »Ein wundervoller Herbsttag«, notierte ein Beobachter am 10. November. »Die Bürger gingen in Massen wie gewöhnlich im Grunewald spazieren. Keine eleganten Toiletten, lauter Bürger, manche wohl absichtlich einfach angezogen. Alles etwas gedämpft wie Leute, deren Schicksal irgendwo weit in der Ferne entschieden wird, aber doch beruhigt und behaglich, daß es so gut abgegangen war. Trambahnen und Untergrundbahn gingen wie sonst, das Unterpfand dafür, daß für den unmittelbaren Lebensbedarf alles in Ordnung war. Auf allen Gesichtern stand geschrieben: Die Gehälter werden weiterbezahlt.«[167]

Rot oder Schwarz-Rot-Gold?

Wenn die Sozialdemokratische Partei Deutschlands mit einigem Recht die Mutterstelle an der ersten deutschen Republik vertrat, so wird man wohl der Armeeführung die Vaterschaft zusprechen müssen; die nach dem Novemberumsturz schließlich erreichte neue Ordnung des Reichs stand und fiel mit dem Bündnis Ebert–Groener. Während aber der Rat der Volksbeauftragten seine Verpflichtungen, die er gegenüber der OHL eingegangen war, umgehend erfüllte, indem er bereits am 12. November das Feldheer aufforderte, die Offiziere als Vorgesetzte weiterhin zu respektieren und militärische Disziplin und Ordnung aufrechtzuerhalten, stand die Oberste Heeresleitung vor der Frage, ob sie ihre Zusagen überhaupt einlösen konnte. Die Etappentruppen waren ihrer Kontrolle längst entglitten; Groener verfügte innerhalb Deutschlands über keinen einzigen einsatzfähigen Verband, den er zum Schutz der Reichsregierung nach Berlin entsenden konnte. Und die Verbände des Feldheeres lösten sich, kaum, daß sie die Heimat erreicht hatten, unaufhaltsam auf. »Alles will in die Heimat«, schrieb Groener am 14. November an die Reichsleitung, »alle Rücksicht auf den Feind, Pferde und Material und die Erhaltung des Friedensheeres treten zurück. Der Einfluß heimischer Arbeiter- und Soldatenräte veranlaßt ganze Truppenteile, außer der Reihe die Abfahrt zu erzwingen. Jede Autorität der Offiziere und Unteroffiziere wird durch die Propaganda der Unabhängigen und Spartakisten untergraben.«[168]

Unter solchen Umständen war das Hilfeangebot Groeners lediglich ein Wechsel auf die Zukunft; vorerst mußte die Reichsregierung in Berlin selbst für ihre Sicherheit sorgen. Gewiß war ein Teil der Gegner im sozialistischen Lager durch die Regierungsbeteiligung der Unabhängigen zunächst neutralisiert, aber der Spartakusbund hatte mit einer Klarheit, die nichts zu wünschen übrigließ, seine Absichten für die nähere Zukunft so umrissen: »Mit der Abdankung von ein paar Hohenzollern ist es nicht getan. Noch viel weniger ist es damit getan, daß ein paar Regierungssozialisten mehr an die Spitze treten. Sie haben vier Jahre lang die Bourgeoisie unterstützt, sie können nicht anders, als dies weiter tun ... Beseitigung des Reichstages und aller Parlamente sowie der bestehenden Reichsregierung; Übernahme der Regierung durch den Berliner Arbeiter- und Soldatenrat ...«[169]

Es empfahl sich daher für den Rat der Volksbeauftragten, einst-

Werbung

für eine

sozialistische Regierungstruppe

Ziele der **Regierungstruppe** sind:

Aufrechterhaltung der Ruhe und Ordnung in Berlin.

Schutz des persönlichen Eigentums.

Unterstützung der Regierung Ebert=Scheidemann.

Bedingungen für den Eintritt sind:

1. Aeusserste Krafteinsetzung des Einzelnen zur Erreichung obiger Ziele.
2. Unterordnung unter die Vorgesetzten.

Die Angehörigen dieser Truppe stehen im militärischen Dienstverhältnis.

Gebührnisse:

Jeder Angehörige erhält vom Tage der Einstellung 12 Mk. pro Tag und freies Quartier sowie freie Ausrüstung.

Lösung des Dienstverhältnisses geschieht beiderseitig nach 14tägiger Kündigung; bei entehrenden Vergehen erfolgt sofortige Entlassung.

Ueber Bestrafung bei Dienstvergehen urteilt der von den Mannschaften gewählte Ausschuss.

Werbebüro: Berlin=Schöneberg Insbrucker Strasse 58

weilen auf eigene Faust für ein Machtmittel zu sorgen, das die Sicherheit in der Reichshauptstadt garantierte; konnte nicht eine neue Sicherheitstruppe den Grundstein für eine von traditionellen Hemmnissen unbelastete republikanische Volkswehr bilden, so daß man eines Tages von dem lästigen Bündnis mit dem alten Offizierskorps befreit sein würde? Jede Revolution schafft sich ihre eigene Armee, wie die Iron-sides der englischen, die Sansculotten-Armee der französischen oder die Rote Armee der russischen Revolution. In der Tat gab es eine Reihe von Versuchen, der Umarmung durch die OHL zu entgehen; unter den Auspizien mal des Vollzugsrats, mal des linken USPD-Flügels, mal der MSPD wurden »Rote Garden«, eine »Sicherheitswehr«, eine »Republikanische Soldatenwehr«, eine »Republikanische Schutztruppe« aufgestellt; der Rat der Volksbeauftragten selbst erließ am 12. Dezember 1918 ein »Gesetz zur Bildung einer Freiwilligen Volkswehr«, ein nachdrücklicher Versuch, eine Gegenmacht zur alten Armee aufzustellen. Allen diesen Experimenten war durchweg kein Erfolg beschieden, wenn man von sehr wenigen Formationen wie dem »Regiment Reichstag« absieht, das hauptsächlich aus sozialdemokratisch und gewerkschaftlich organisierten Unteroffizieren bestand und von einem Vizefeldwebel geführt wurde. Das »Regiment Reichstag« schlug sich bei verschiedenen Gelegenheiten hervorragend für die Reichsregierung, aber es blieb eine Ausnahme.

Nicht ein Versagen der Regierung Ebert/Haase war für dieses enttäuschende Ergebnis verantwortlich, sondern die politische Zerrissenheit des sozialistischen Lagers, das die Zersplitterung der militärischen Gründungen zur Folge hatte; dann auch die Annahme, demokratische oder räte-demokratische Organisationsformen seien ohne weiteres auf den militärischen Bereich übertragbar. Daß das nur dort funktionierte, wo eine scharfe Parteidisziplin die bisherige militärische Disziplin ersetzte, zeigt ein Blick auf die Rote Armee der Bolschewiki. Eine vergleichbare Autorität fehlte in Deutschland; eine Truppe, die jeden Einsatzbefehl diskutierte und ihn nach Lust und Laune auch einfach ablehnte, war militärisch jedenfalls unbrauchbar. Auch hier zeigte sich, daß die Novemberrevolution nur wenig mehr als ein Zusammenbruch war. Die Massenstimmung war nicht die einer revolutionären levée en masse, sondern des Auf-nach-Hause, koste es, was es wolle. Die Soldaten und Matrosen hatten in ihrer übergroßen Mehrheit nicht durch Streikaktionen zum Kriegsende beigetragen, um anschließend in einem innerdeutschen Bürgerkrieg zu fallen. Einzelfälle wie das »Regiment Reichstag« widerlegen den Befund nicht, sondern stützen ihn; größer angelegte Organisationsversuche wie die »Republikanische Soldatenwehr« und die »Freiwillige Volkswehr« scheiterten nämlich nicht zuletzt daran, daß alle Sozialdemokraten, die militärisch erfahren und zum Kampf bereit waren, sich dem »Regiment Reichstag« angeschlossen hatten. Damit war das militärische Reservoir der MSPD und der ihr nahestehenden Freien Gewerkschaften im Berliner Raum restlos erschöpft.

№ 630 Morgen-Ausgabe. Berlin Dienstag, 10. Dezember 1918

Vossische Zeitung

Berlinische Zeitung von Staats- und gelehrten Sachen

Schriftleitung: Berlin SW 68, Kochstraße 22-26

Die Garde behält ihre Waffen.

Vereidigung der Truppen auf die neue Regierung. — Feierliches Gelöbnis zur einigen deutschen Republik.

Im Steglitzer Rathaus.

Wilson gegen jede Uebermacht zur See.

Gruß an die Heimkehrenden.

»Die große Masse der zur Sozialdemokratischen Partei stehenden Arbeiter«, stellte der damalige Leutnant und spätere SPD-Reichstagsabgeordnete Julius Leber fest, »kam gar nicht auf den Gedanken, der jungen Revolutionsrepublik Blut und Leben zur Verfügung zu stellen. Jetzt rächte sich bitter die ideelle Zwiespältigkeit der Bewegung, die noch im Vorkrieg dachte, den 4. August [1914] schamhaft überging und mit dem 9. November [1918] noch nicht so recht ins reine gekommen war, die immer noch in der Tiefe des Herzens von einer Einheit der Arbeiterbewegung träumte, statt sich der harten revolutionären Wirklichkeit bewußt zu sein.«[170] So blieb dem Rat der Volksbeauftragen nur der Schutz durch eine weitere revolutionäre Neugründung, die »Volksmarinedivision«, eine aus Matrosen rekrutierte, anfangs verhältnismäßig zuverlässige Wache der Reichskanzlei, die im Verlauf der zweiten Novemberhälfte entstand, dann aber schnell unter zahlreichen rasch wechselnden Kommandeuren unterschiedlicher politischer Färbung an Zuverlässigkeit verlor. Es kam zu Episoden wie dieser: die »Wache« stellte »eines Tages bestimmte Forderungen, die nicht bewilligt worden waren. Die Matrosen besetzten darauf die Telephonzentrale in der Reichskanzlei und verhafteten die im Hause anwesenden sozialdemokra-

Plakat des Werbedienstes der Deutschen Republik, 1918
Entwurf: Max Pechstein

tischen Volksbeauftragten. Ihre Befreiung gelang schließlich, weil die Musterwache eine Telephonleitung, die von der Reichskanzlei aus direkt ins Große Hauptquartier nach Kassel ging, nicht kannte. Über diese Leitung konnte der im alten Kriegsministerium in der Leipziger Straße amtierende Kriegsminister Schëuch alarmiert werden. Es gelang ihm, ein paar Dutzend Unteroffiziere mobil zu machen, die dann die unzuverlässige Matrosenwache zur Vernunft brachten.«[171]

So war die Erleichterung Eberts groß, als endlich vom 10. Dezember an mehrere Westfront-Divisionen in Berlin einzogen. Nunmehr fühlten sich die mehrheits-sozialdemokratischen Mitglieder des Rats der Volksbeauftragten auch stark genug, ihr eigentliches politisches Nahziel, die Einberufung einer verfassunggebenden Nationalversammlung, zu forcieren. Bislang hatten sie um des lieben Koalitionsfriedens willen den Unabhängigen sogar Zugeständnisse gemacht, die an die Substanz ihrer politischen Absichten gingen, so vor allem mit der Bereitschaft, die Nationalversammlung bis zur Konsolidierung der Revolution hinauszuschieben. Aber was hieß das? Die einzige politische Neuerung, die sich in den Wochen und Monaten nach dem 9. November als revolutionäre Errungenschaft der »Revolution von unten« herauskristallisiert hatte, waren die Arbeiter- und Soldatenräte, und die mehrheits-sozialdemokratische Führung stand vor der Frage, ob sie dieses neuartige Element in ihre politische Zukunftsperspektive aufnehmen sollte; das hätte sicherlich eine Annäherung an die Unabhängigen erleichtert, allerdings auch die Erneuerung des Bündnisses mit den bürgerlichen Parteien auf längere Zeit sehr erheblich erschwert.

Rätedemokratische Organisationen hatte es bislang in der Geschichte, abgesehen von sehr kurzlebigen Annäherungen in Krisensituationen, nicht gegeben, und die unmittelbaren Erfahrungen mit Räteorganisationen in der Novemberrevolution waren nicht besonders ermutigend. Als Beispiel stand den führenden Sozialdemokraten jederzeit der Berliner Vollzugsrat der Arbeiter- und Soldatenräte vor Augen, jenes Gremium, das sich aufgrund der Räteversammlung am 10. November 1918 im Zirkus Busch konstituiert hatte und den Anspruch erhob, kraft revolutionären Rechts der oberste Träger der politischen Macht in Deutschland zu sein, den Rat der Volksbeauftragten und die am 12. November gebildete preußische Revolutionsregierung zu kontrollieren und – nach seiner ersten Verlautbarung vom 11. November – sogar die »diktatorische Gewalt« auszuüben. Es gelang dem Vollzugsrat aber nie, diesen Anspruch, der zunächst auch von allen Berliner Zentralbehörden grundsätzlich anerkannt wurde, durchzusetzen. Er hatte sich gleich anfangs lahmgelegt, da er es versäumt hatte, den Rat der Volksbeauftragten aus den eigenen Reihen zu bilden; eine wirkliche Loyalitätsbindung zwischen der Regierung und dem Vollzugsrat bestand daher nicht. Zudem gelang es dem Vollzugsrat nie, ein eigenes effektives Überwachungsinstrument, ähnlich dem französischen Wohlfahrtsausschuß von 1792, zu schaffen.

Der Grund für diese Schwäche des Vollzugsrats lag darin, daß er sich ständig selbst behinderte. Schon die Umstände seines Entstehens waren chaotisch gewesen; auch weiterhin wuchs er ohne System und Kontrolle durch Zustrom und Kooptation von Mitgliedern, deren Legitimität selten zweifelsfrei war. Er war insofern ein rätedemokratisches Muster, als niemand behaupten konnte, seine Mitglieder klebten an ihren Sesseln; im Gegenteil, die Fluktuation war so stark, daß eine über den Tag hinausreichende Meinungsbildung und klare Mehrheitsverhältnisse sich gar nicht einstellten. Zudem fehlte eine zielbewußte Führung – auch dies eine rätedemokratische Tugend, die sich aber in der Praxis nicht bewährte. Hinzu kamen die

Arbeiter und Soldaten!

Die bürgerliche Presse arbeitet gegen die Revolution!!

Wie diese Zeitungen bei Kriegsausbruch mit kleinen, gehässigen Lügen von „vergifteten Brunnen" und „ausgestochenen Augen" die Völker kaltblütig zum Haß aufhetzten, so hetzen sie heute gegen die Revolution und ihre Männer, indem sie verleumden und lügen, wo sie können. Die „800 Millionen" der A.- und S.-Räte, die „Greueltaten" der Ententesoldaten in der Pfalz und am Rhein, der drohende Einmarsch, die „2000 bewaffneten Spartakusleute im Anmarsch": das alles ist erfunden und aufgebauscht, nur um zu beunruhigen und zu hetzen.

Diese Gesellschaft, die bisher die **Vaterlandsliebe allein gepachtet** hatte, sie schämt sich nicht einmal, die Feinde zu Hilfe zu rufen gegen die deutsche Revolution.

Sie verbreitet die Lüge: Die Entente verlange die Auflösung der A.- und S.-Räte.

Das ist nicht wahr!!

In Trier hat der amerikanische Kommandant die **Arbeiterräte anerkannt.** Die Nachricht, daß die Entente die A.- und S.-Räte in der neutralen Zone aufgelöst hat, ist falsch. Der Arbeiter- und Soldatenrat in Frankfurt a. M. hat das kräftig dementiert. Und so ist es in vielen Orten. Die bürgerliche Presse aber lügt weiter und hetzt die Entente gegen die deutschen A.- und S.-Räte.

Man kann unmöglich jede einzelne Lüge prüfen und widerlegen, denn diese Lügen zählen nach Tausenden.

Erinnert Euch an die Flut von Lügen,

von Gemeinheit und Schmutz, den diese selbe bürgerliche Presse **während des Krieges** ausgespieen hat.

Ist nicht die Welt in diesem Strom von Blut und Unrat **fast ertrunken?**

Wer hat die Schuld??

Die bürgerliche Presse!!

Und diese Presse ist nicht über Nacht plötzlich rein und unschuldig geworden. Vergeßt ihre Verbrechen nicht!

Glaubt ihr nicht!

Seid vorsichtig gegen Nachrichten der bürgerlichen Presse, bevor sie nicht amtlich bestätigt sind! Mißtraut der bürgerlichen Presse! Sie verdient kein Vertrauen!

Sie hat vier Jahre lang gelogen!

Sie lügt auch heute noch!!

Seid auf der Hut!

Der Vollzugsrat des Arbeiter- u. Soldatenrats.

unentwegten internen Streitereien zwischen den Anhängern der verschiedenen sozialistischen Doktrinen und das Überwiegen revolutionärer Begeisterung über sachliche Kompetenz bei vielen Mitgliedern; alles das führte zu einem Durcheinander sich widersprechender Beschlüsse, uferloser Debatten und direktionsloser Aktivitäten. »Unsicheres Tasten«, bescheinigte selbst der Vorsitzende des Vollzugsrats, Richard Müller, dieser Körperschaft, »ein ängstliches Wägen ohne entschlossenes Wagen. Ein Trieb zum Reden und eine Scheu vor jedem Handeln. So stand der Vollzugsrat bereits bei Beginn seiner Tätigkeit als schwankendes Rohr im Sturmwind der Revolution.«[172]

Daß dieses Gremium in mehrheits-sozialdemokratischen Augen ein Greuel darstellte, liegt auf der Hand, nicht nur, weil es allen rationalen Organisationsgrundsätzen widersprach, sondern vor allem, weil es Rechte für sich reklamierte, die nach Auffassung der Parteiführung allein einer demokratisch gewählten Nationalversammlung zustanden; das Experiment der Räte zielte dagegen auf eine Majorisierung der Volksmehrheit durch eine Minderheit ab und erweckte im übrigen Erinnerungen an die Rolle der russischen Sowjets und deren Gewaltherrschaft. Mochten auch hier und da im Reich Arbeiter- und Soldatenräte straffer und zielgerichteter arbeiten, das Berliner Beispiel verlieh der zunächst eher theoretischen Abneigung der Sozialdemokraten gegen das Räteprinzip ein hinreichendes empirisches Fundament. Am 16. Dezember 1918 wurde der Vollzugsrat durch einen von allen deutschen Arbeiter- und Soldatenräten gewählten Allgemeinen Rätekongreß abgesetzt und durch einen Zentralrat der Arbeiter- und Soldatenräte abgelöst. Der Rätekongreß entschied sich nach langen und heftigen Debatten mit 400 gegen 50 Stimmen auch für die Wahl einer verfassunggebenden deutschen Nationalversammlung zum frühestmöglichen Zeitpunkt; die linken USPD-Vertreter, die einen solchen Beschluß hatten verhindern wollen und sich jetzt in der Minderheit sahen, machten den Fehler, aus dem Rätekongreß auszuziehen, so daß die anschließende Wahl zum Zentralrat eine große MSPD-Mehrheit ergab. Damit war der Machtkampf zwischen Räten und Reichsregierung, der ohnehin der Reichsregierung nie wirklich gefährlich geworden war, zugun-

sten der letzteren entschieden - auf Reichsebene spielten die Räte künftig keine Rolle mehr, der Zentralrat der Arbeiter- und Soldatenräte führte ein zunehmend schattenhaftes Dasein. Nur mit dem Betriebsrätegesetz von 1920 und dem in Artikel 165 der Weimarer Reichsverfassung vorgesehenen vorläufigen Reichswirtschaftsrat sollten wenige, politisch unerhebliche Überreste des Rätegedankens die Revolution überdauern.

Mit dem Votum des Rätekongresses für die Nationalversammlung scheiterte schließlich auch das Bündnis zwischen Ebert und Haase. Es war von Anfang an ein Notbündnis gewesen, und vor allem die ständigen Versuche der unter dem Druck ihrer Parteibasis stehenden USPD-Vertreter, die Einberufung der Nationalversammlung hinauszuzögern, machten die Zusammenarbeit auf die Dauer unmöglich. »Heute war ein kritischer Tag erster Ordnung«, notierte Philipp Scheidemann schon am 29. November in sein Tagebuch. »Wiederholt standen Ebert, Landsberg und ich vor der Frage, ob wir es nicht zum Bruch mit den Haase, Dittmann und Barth kommen lassen wollten ... Es war oft schier unerträglich mit den feigen Seiltänzern, die aus Furcht vor den Spartakussen sich nicht zutrauen, ihrer eigenen Überzeugung entsprechend zu handeln, die bei allem, was sie tun, erst nach den Maulhelden um Liebknecht gucken. Auf die Dauer ist der Zustand vollkommen unerträglich, daß wir um jede Kleinigkeit - Tag für Tag, quasi Stunde um Stunde - mit den drei Herrschaften von der USP Ringkämpfe ausfechten, die stets mit einem Kompromiß enden müssen, wenn sie nicht mit dem Bruch enden sollen.«[173] Der ganz persönliche Haß zwischen Mehrheits- und Unabhängigen Sozialisten aus der Kriegszeit schwelte kabinettsintern fort und erschwerte die Zusammenarbeit über die programmatischen Differenzen hinaus.

Der Anlaß, auf den die Mehrheits-Sozialdemokraten warteten, um die Unabhängigen endlich aus dem Kabinett zu komplimentieren, ergab sich in der zweiten Dezemberhälfte 1918. Die Führer der linken USPD waren es mittlerweile leid geworden, ihre Anhängerschaft angesichts des unsicheren Taktierens von Haase und Dittmann zu beschwichtigen, und hatten begonnen, den Machtkampf aus den Beratungszimmern auf die Straße zu verlagern. Im Verlauf des Dezember 1918 kam es immer häufiger zu offenen Straßenkämpfen in Berlin, wobei sich zeigte, daß gerade die Schutztruppe der Reichskanzlei, die »Volksmarinedivision«, zu einer Gefahr für die Reichsregierung wurde, nicht etwa, weil sie zunehmend unabhängige und spartakistische Tendenzen vertrat, sondern weil sie ihre Position nutzte, um die Regierung finanziell zu erpressen. »Die Matrosentruppe trat nach außen recht radikal auf«, berichtet ein damaliges Spartakus-Mitglied später, »in Wirklichkeit war sie eine echte Söldnerformation, der ihre materiellen Interessen viel wichtiger waren als jede Politik.«[174] Dieser Truppe war das Schloß als Unterkunft zugewiesen worden. Seit ihrem Einzug verringerten sich die Kunstschätze des Schlosses ständig; das kam zur Kenntnis des preußischen Finanzministers, dessen Vermögensverwaltung das Schloß unterstand. Der preußische Finanzminister war USPD-Mitglied, aber in ihm siegte der Finanzminister über den Revolutionär, und er wandte sich an den Rat der Volksbeauftragten, man möge dem Treiben der Matrosen ein Ende bereiten.

Es ist nicht mit Sicherheit auszumachen, ob die mehrheits-sozialdemokratischen Volksbeauftragten diesen Anlaß vorsätzlich und kaltblütig benutzten, um ihre unabhängigen Kollegen aus der Regierung zu drängen. Auf alle Fälle wurden die Matrosen zum Verlassen des Schlosses aufgefordert, was diese auch zusagten unter der Bedingung, daß die ihnen ausstehende Löhnung ausgezahlt werde. Der Stadtkommandant von Berlin, Otto Wels, bestritt den Lohnanspruch, worauf die Matrosen ihn einsperrten und sich weigerten, das Schloß zu verlassen. Am Morgen des 24. Dezember 1918 beschossen regierungstreue Truppen, möglicherweise auf Anweisung Eberts, mit Sicherheit aber gegen den Willen Haases, das Schloß, versagten jedoch bei dem Befehl, es zu stürmen, den Gehorsam. Es kam zu einem Kompromiß, nach dem die Matrosen Wels freigaben und das Schloß räumten, die Regierungstruppen dagegen Berlin verließen. Daß die völlig ungeschützte Reichsregierung an diesem Heiligen Abend nicht von einem Kommando entschlossener Revolutionäre aus der Reichskanzlei herausgeholt und gefangengenommen wurde, verdankte sie einem deutschen Wunder: Ernst Däumig, einer der Führer des linken USPD-Flügels, meinte, man dürfe nicht am Weihnachtstage die Regierung stürzen und womöglich Blut vergießen; das deutsche Volk werde das nicht verstehen. So gingen die Revolutionäre nach Hause und feierten Weihnachten; als sich am kommenden Tag ein Zug Spartakisten formierte, um die Reichskanzlei zu besetzen, fand man die Wilhelmstraße von Tausenden Anhängern der Mehrheits-Sozialdemokratie gefüllt, die der tüchtige Otto Wels in wenigen Stunden zusammengetrommelt hatte. Es war kein Durchkommen, und der deutsche Oktober konnte wieder nicht stattfinden.

Am selben Tag traten die unabhängigen Mitglieder des Rats der Volksbeauftragten wegen der unklaren Haltung Eberts beim Truppeneinsatz gegen das Schloß von ihren Ämtern zurück. Damit war die oberflächliche Einheit der sozialistischen Arbeiterbewegung während der Revolution auch nach außen hin wieder zerfallen, und die großen Lager waren jedermann sichtbar: das der liberal-demokratischen, schwarz-rot-goldenen Revolution, das die Mehrheits-Sozialdemokraten vertraten, und das der sozialistischen, roten Revolution der Diktatur der Arbeiterklasse, für das in erster Linie der Spartakusbund und einige linke Splittergruppen sowie ein Teil der linken Unabhängigen standen, die sich um die Jahreswende 1918/19 zur Kommunistischen Partei Deutschlands zusammenschlossen. Die Mehrheit der USPD hatte sich durch ihr Lavieren zwischen den Parteien endgültig aus dem politischen Spiel verabschiedet; für die Zukunft spielte sie nur noch eine Nebenrolle. Anstelle der zurückgetretenen Unabhängigen traten zwei weitere Mehrheits-Sozialdemokraten in den Rat der Volksbeauftragten ein: Rudolf Wissell, als Vertreter der Freien Gewerkschaften für Arbeit und Soziales zuständig, und Gustav Noske, ein im Parteispektrum rechts stehender Reichstagsabgeordneter, der bislang für die Fraktion zu Militär- und Marinefragen gesprochen hatte und deshalb und wegen seiner Erfolge als Gouverneur im revolutionären Kiel das Ressort Militär zugewiesen bekam. Er nahm es eher resignierend an: »Einer muß ja den

Bluthund machen«, sagte er und prägte damit ein geflügeltes Wort.

Noskes neues Tätigkeitsfeld gewann schnell an Bedeutung, denn nach dem Austritt der Unabhängigen aus der Regierung gab es für Berlins linksrevolutionäre Kräfte keinen Grund mehr zur Zurückhaltung. Sie hatten im Verlaufe der vergangenen Wochen ständig an Anhängerschaft gewonnen; daß der Rat der Volksbeauftragten sich nicht zu aufrüttelnden und dramatischen Taten bereitgefunden hatte, etwa einer durchgreifenden Enteignung der Großgrundbesitzer, Großindustriellen und Bankiers, daß die Mehrheits-Sozialdemokratie mit offensichtlichem Erfolg den Einfluß der Arbeiter- und Soldatenräte im ganzen Reich zurückdrängte und den der OHL und des Offizierskorps sogar stützte, daß vor allen Dingen das materielle Elend der Kriegszeit nach wie vor weiterbestand, alles das hatte der Reichsregierung nicht nur die Anhänger der USPD, sondern selbst mehrheits-sozialdemokratische Arbeiter entfremdet. Den Anlaß für die kommenden blutigen Ereignisse bildete die Aufforderung der preußischen Regierung an den der USPD zugehörigen Berliner Polizeipräsidenten Emil Eichhorn am 5. Januar 1919, die gleiche Konsequenz wie seine Genossen in den Regierungsämtern zu ziehen und zurückzutreten. Eichhorn war ein Mann mit Sinn für revolutionäres Pathos; er erklärte: »Ich habe mein Mandat von der Revolution erhalten und gebe es nur ihr zurück«, und blieb auf seinem Posten. Die erregte Anhängerschaft aller zur Reichsregierung in Opposition stehenden linken Gruppierungen, die mit Eichhorns Rücktritt den Verlust der letzten radikalen Machtpositionen in Berlin fürchtete, begann über die Köpfe ihrer Führer hinweg einen wilden Aufstand und besetzte im ersten Anlauf die wichtigsten Zeitungsredaktionen Berlins und die Verkehrsknotenpunkte.

Am 6. Januar war Berlin weitgehend in den Händen der Aufständischen, deren Führer, die Revolutionären Obleute, der Zentralvorstand der Groß-Berliner USPD und die Zentrale der KPD, nur zögernd folgten. Zwar bildete sich ein Revolutionsausschuß mit Karl Liebknecht für die Kommunisten und Georg Ledebour für die Unabhängigen an der Spitze, aber ihnen war nicht wohl bei der Aktion; vor allem die KPD-Mitglieder, Liebknecht, Rosa Luxemburg, der erst kürzlich aus Sowjetrußland angereiste Karl Radek, rieten, das Unternehmen, in das man hineinzuschlittern drohte, so schnell wie möglich zu liquidieren, da ein dauerhafter Erfolg nicht zu erwarten stand. So herrschte einstweilen Unentschlossenheit; allerdings war Berlin nicht nur ohne Regierungstruppen, sondern auch ohne Reichsregierung, denn die hatte sich schon am 5. Januar heimlich davonbegeben, um nicht doch noch festgesetzt zu werden: »Mit aller Vorsicht waren wir aus dem Haus geschlichen, einer hinter dem anderen her, mit dreihundert Schritten Abstand. In das Haus unseres Freundes waren wir unbehelligt gekommen. Als wir es verlassen wollten, war der Ausgang mit einem halben Dutzend schwerbewaffneter sogenannter Spartakisten besetzt, die uns aufgespürt hatten. Es gelang uns schließlich, nachdem wir über mehrere Höfe hinweggeklettert waren, einige Häuser zwischen uns und die Verfolger zu bringen. Mit unendlicher Mühe gelangten wir, nachdem wir wildfremde Menschen geweckt und um Auslaß gebeten hatten, vorsichtig auf die Straße – wieder einer nach dem anderen, in weitem Abstand ... Wir – ich habe bisher vergessen zu sagen, wer ›wir‹

Arbeiter! Bürger! Soldaten! Genossen!

Zum zweiten Male haben bewaffnete Banditen des Spartakusbundes den „Vorwärts“ gewaltsam besetzt. Die Führer dieser Banden proklamierten heute in öffentlichen Reden erneut den gewaltsamen Sturz der Regierung, Mord und blutigen Bürgerkrieg und Errichtung der Spartakusdiktatur. Dem deutschen Volk und insbesondere der Arbeiterschaft drohen die schlimmsten Gefahren. Anarchie und Hunger würden die Folgen der Spartakusherrschaft sein.

Jetzt ist unsere Geduld zu Ende!

Wir wollen uns nicht länger von Irrsinnigen und Verbrechern terrorisieren lassen. Es muß endlich Ordnung in Berlin geschaffen und der ruhige Aufbau des neuen revolutionären Deutschland gesichert werden.

Wir fordern Euch auf, zum Protest gegen die Gewalttaten der Spartakusbanden die Arbeit einzustellen und

sofort

unter Führung Eurer Vertrauensleute vor dem Hause der Reichsregierung, Wilhelmstraße 77, zu erscheinen.

Arbeiter! Bürger! Genossen! Soldaten!

Erscheint in Massen!

Zeigt, daß Ihr Manns genug seid, aus eigener Kraft Eure Freiheit, Euer Recht und Euer Parteieigentum zu schützen.

Der Vorstand der sozialdemokratischen Bezirksorganisation Groß Berlins. (S. P. D.)

Theodor Fischer. Franz Krüger. August Pattloch.

Mehrheits-sozialdemokratisches Flugblatt vom 6. Januar 1919, dem Beginn des Berliner Januar-Aufstands. Solange Berlin von Regierungstruppen geräumt war, mußte die Reichskanzlei durch demonstrierende Massen sozialdemokratischer Parteianhänger geschützt werden.

waren: ›Wir‹ waren die Reichsregierung Ebert und Scheidemann!«[175]

Die Freude der Revolutionäre über die scheinbar kampflose Niederlage der sozialdemokratischen Reichsspitze war verfrüht, denn durch die Flucht in die unbesetzten Berliner Außenbezirke hatte sich deren Handlungsspielraum tatsächlich erweitert. Mit Rückendeckung durch den Zentralrat sowie den nach wie vor überlebenden Vollzugsrat, der allerdings nur noch für die Räte Berlins zuständig war, wurde der Volksbeauftragte Gustav Noske zum Befehlshaber der Truppen für Berlin und Umgebung mit vollziehender Gewalt ernannt. Die Auseinandersetzung mit den Putschisten erfolgte nun nach dem Grundsatz, zu dem sich die Regierung in ihrem Aufruf vom 8. Januar bekannte: »Gewalt kann nur mit Gewalt bekämpft werden.«[176] An der Spitze der neuformierten Regierungstruppen rückte Noske am 11. Januar in Berlin ein. Für ein paar Tage verwandelte sich die Stadt in einen phantastisch-gefährlichen Dschungel, in einen dadaistischen Alptraum. An allen Ecken und Enden wurde geschossen, und selten war klar, wer auf wen schoß. Benachbarte Straßen waren von den Bürgerkriegsgegnern besetzt, auf Dächern und in Kellern entbrannten wilde Nahkämpfe, irgendwo aufgestellte Maschinengewehre feuerten plötzlich und oft ziellos in die Gegend und verstummten ebenso plötzlich, Plätze und Straßen, die gerade noch ruhig gewesen waren, füllten sich in Minutenschnelle mit rennenden, flüchtenden Passanten, mit stöhnenden Verwundeten und Toten. Und mitten im Bürgerkrieg lebten die Berliner, als ginge sie das alles nichts an: »Die Straßenhändler mit Zigaretten, Malzbonbons, Seife schreien noch immer ihre Waren aus,« notierte ein unbeirrter Tagebuchschreiber, »Café Vaterland ist hell erleuchtet. Ich gehe einen Augenblick hinein. Obwohl jede Minute Kugeln einschlagen können, spielt die Wiener Kapelle, die Tische sind gut besetzt, die Dame unten im Zigarettenhäuschen lächelt wie im tiefsten Frieden ihren Kunden zu.«[177]

Am Abend des 13. Januar war der letzte Widerstand erloschen. Der Aufstand kostete schwere Blutopfer, die in der Hauptsache auf das Konto der oft mit unnötiger Härte und rücksichtsloser Erbitterung vorgehenden Regierungstruppen gingen und zu denen auch die Morde an Karl Liebknecht und Rosa Luxemburg durch Angehörige der Garde-Kavallerie-Schützendivision am 15. Januar 1919 zählen. Es war nicht die letzte Kraftprobe der linkssozialistischen Kräfte mit der sozialdemokratisch dominierten Reichsgewalt, aber doch die entscheidende, und sie ging für die sozialistische Linke hauptsächlich deshalb verloren, weil diese spontan handelte, unzureichende Mittel einsetzte und keine entschlossene und befähigte Führung fand, die allerdings auch nirgendwo bereitstand. »Die Marneschlacht der Revolution« nannte der gemäßigte USPD-Politiker Rudolf Hilferding den Januaraufstand,[178] und in der Tat hatten trotz der zahlreichen Kämpfe in der Folgezeit die Befürworter eines rätesozialistischen wie eines bolschewistischen Kurses keine Chancen mehr, die Ordnung des Reichs zu verändern, ein Hauptgrund dafür, daß sie in den nächsten Jahren zu ausführenden Organen eines moskauhörigen kommunistischen Machtapparats wurden. Allerdings verschärften sich auch die Spannungen im Lager der Mehrheits-Sozialdemokraten durch die Januarereignisse. Noskes

Rolle als »Bluthund«, die er in einer gefährlichen Situation mit großem persönlichen Mut auf sich genommen hatte, belastete die Regierung auch in den Augen vieler ihrer Anhänger: Gern hätte man sich den Pelz waschen lassen, ohne aber naß zu werden.

Nicht weniger folgenreich war der Umstand, daß Noske notgedrungen die Armee zum Schutz der Regierung mobilisiert hatte. Damit war die Macht der Freikorps etabliert: Freiwilligenverbände aus Frontsoldaten mit einem hohen Anteil an Offizieren, die sich im Laufe des Dezember und Januar zunächst ohne Mithilfe der Obersten Heeresleitung, meist auf Initiative einzelner Führer, gebildet hatten, und die ausschließlich diesen ihren Führern folgten, nicht unähnlich frühneuzeitlichen Landsknechtshaufen. Diese Freikorps erwiesen sich als die einzigen Verbände, die sich im Kampf bewährten, während weder die Truppen des alten Heeres noch die hastig aufgestellten republikanischen Einheiten willens oder fähig waren, mit vollem Einsatz zu kämpfen. Zwar akzeptierten die Freiwilligen ihre Verpflichtung auf die Reichsregierung, aber mit einer Haltung, die zwischen milder Verachtung und tiefem Abscheu lag. Charakteristisch für diese Haltung sind die Worte eines Freikorpsführers vor seinen Freiwilligen: »Ich diene nicht dieser Schandregierung. Ich diene dem Vaterland. Das will ich vor dem Bolschewismus schützen. Mein Wille gilt hier. Wer nicht pariert und keine Kameradschaft hält, fliegt fristlos. Ich, Euer Führer, bin da, für Euch zu sorgen. Jede Stunde gilt dem Aufbau des Vaterlandes und einer disziplinierten Truppe.«[179] Daß eine solche Truppe entschlossener Desperados, die nur vor einem zurückschraken, nämlich vor der Rückkehr in das Zivilleben, kein gefügiges Instrument in der Hand einer republikanisch-demokratischen Regierung, aber auch nicht einer Armeeführung alten Stils sein konnte, läßt sich denken. Es sollte sich zeigen, daß man die Geister, die man in der größten Not gerufen hatte, nicht mehr so leicht loswurde.

Kaum eine Woche nach dem blutigen Ende des Berliner Januaraufstands fanden am 19. Januar 1919 die Wahlen zur verfassunggebenden Nationalversammlung statt. Die Sozialdemokratie setzte große Hoffnungen auf das Wahlergebnis; der aus der Spätaufklärung des neunzehnten Jahrhunderts erwachsene Optimismus und Vernunftglaube der Partei ließ es ihr wahrscheinlich erscheinen, daß, wenn nur alle Bürger frei wählen könnten und die Wahlbeschränkungen der Kaiserzeit beseitigt sein würden, wie die ungerechte Wahlkreisgeometrie, das hohe Mindestalter der Wahlberechtigten und das Wahlverbot für Frauen und Soldaten, die Volksmehrheit ihr ein Mandat für liberale und sozialistische Reformen geben würde. Das Mehrheitswahlrecht der Bismarckschen Reichsverfassung, das ähnlich wie das der französischen V. Republik funktionierte und zu erheblichen Verzerrungen in der Repräsentation geführt hatte, wurde durch ein Verhältniswahlrecht ersetzt, so daß die Mandatszusammensetzung der Nationalversammlung annähernd das wirkliche Stimmenverhältnis bei den Wählern widerspiegelte. Das aktive Wahlalter wurde von fünfundzwanzig auf zwanzig Jahre gesenkt, Frauen und Soldaten durften wählen. An Parteien traten neben der SPD und der USPD lauter Volksparteien auf: die Deutschnationale

Freikorpsabzeichen

Plakat zu den Wahlen zur Nationalversammlung
Entwurf: Ludwig Kainer

Das Frauenwahlrecht, eine alte liberale und sozialdemokratische Forderung, wurde das erste Mal bei der Wahl zur Weimarer Nationalversammlung verwirklicht. Ironischerweise gaben die Frauenstimmen den Ausschlag dafür, daß eine absolute Mehrheit der beiden sozialdemokratischen Parteien nicht zustandekam.

Volkspartei (DNVP), die früher einfach Konservative Partei geheißen hatte, die Deutsche Volkspartei (DVP), ehemals Nationalliberale Partei, und selbst das alte Zentrum, der politische Arm des Katholizismus, verspürte den Drang zum Volkstümlichen und firmierte kurze Zeit unter der Bezeichnung »Christliche Volkspartei« (CVP). Das waren die wichtigsten Gruppierungen; daneben waren vierzehn weitere Parteien zu den Wahlen zugelassen, von denen die autonomistische welfische Deutsch-Hannoversche Partei, der Bayerische Bauernbund, die Schleswig-Holsteinische Bauern- und Landarbeiter-Demokratie, der Braunschweigische Landeswahlverband erwähnt seien, einmal, weil diese Parteibildungen ebenfalls Mandate erhielten, zum anderen, weil in ihnen das beträchtliche partikularistische, wenn nicht separatistische Potential erkennbar wurde, das in der Folge der Kriegsniederlage im ganzen Reich erkennbar virulent war. Die KPD beteiligte sich gegen den Rat Rosa Luxemburgs nicht an den Wahlen; aber das dürfte am Ergebnis wenig geändert haben.

Der Wahlkampf war kurz und konnte von den Parteien, die ihre Organisationen in der Mehrzahl erst aufbauen mußten, auch nicht sehr intensiv geführt werden. Überraschend war deshalb die verhältnismäßig hohe Wahlbeteiligung, die im Reichsdurchschnitt etwa 83 Prozent betrug; das lag kaum unter den Beteiligungsziffern der letzten Friedenswahlen und sollte auch erst 1932 wieder erreicht werden. Berücksichtigt man zudem, daß die Infrastruktur der Wahlorganisation in vielen Gebieten unzureichend war, in den preußischen Ostprovinzen, weil dort ein polnischer Aufstand tobte, beim Ostheer, das nach wie vor tief in Rußland stand und erst langsam zurückkehrte, im Rheinland, durch das die letzten Truppenteile des Westheeres zogen, auf dem Fuße gefolgt von alliierten Besatzungsarmeen, dann ermißt man die Zustimmung, die die deutsche Bevölkerung in ihrer weit überwiegenden Mehrheit dem parlamentarischen Kurs zollte. Die Hoffnungen, die die MSPD auf das Wahlergebnis gesetzt hatte, erfüllten sich aber nicht. Sie hatte zwar mit 37 Prozent der abgegebenen Stimmen das beste Wahlergebnis erreicht, das sie je gehabt hatte und bis 1933 haben sollte, aber von einer sozialistischen Mehrheit konnte auch dann keine Rede sein, wenn man die Mandate der USPD hinzurechnete, die mit 7,6 Prozent weit hinter ihren Erwartungen zurückgeblieben war; ihre unklare Haltung in den vergangenen Wochen hatte einen Großteil der Wähler in das Lager der SPD, einen kleineren in das der KPD getrieben, die die Wahl boykottierte. Das hieß: für eine durchgreifende Sozialisierung gab es in der Bevölkerung und im Parlament keine Mehrheit.

Der Blick auf das Wahltableau zeigt aber mit aller Deutlichkeit, welche Mehrheit vom Volk gewünscht wurde: die Parteien des Interfraktionellen Ausschusses, oder vielmehr deren Nachfolger, Sozialdemokratie, Zentrum und Deutsche Demokratische Partei, vereinigten zusammen 76 Prozent der Stimmen auf sich, also weit mehr als zwei Drittel. Damit hatte die Politik der Parlamentarisierung seit 1917, die von der sozialdemokratischen Parteiführung über die Revolution hinweg mutig und unbeirrt fortgesetzt worden war, eine überwältigende Bestätigung durch den Wähler gefunden. Das Wahlergebnis vom 19. Januar 1919 dementierte auf das überzeugendste den mythisch-romantischen Begriff der »revolutionären Massen«, mit dem die revolutionäre Linke bislang operiert und ihre Zielvorstellungen legitimiert hatte, und zeigte in nüchternen Zahlen und Prozenten, was das Volk in seiner großen Mehrheit wünschte: keine Restauration und keine rote, sondern eine schwarz-rot-goldene Revolution. Die Sieger der Wahl waren die antiputschistischen, antimonarchistischen, republikanischen, parlamentarischen, demokratischen Kräfte in Deutschland.

Der weitere Weg war damit vorgezeichnet; wer, wie die Sozialdemokratie, für Parlamentarisierung und Demokratisierung des Staatswesens eintrat, mußte jetzt das Wählervotum respektieren. Dementsprechend kommentierte der »Vorwärts«, das Zentralorgan der SPD, das Wahlergebnis so: »Auch wenn die 24 Unabhängigen zur positiven Mitarbeit bereit sein sollten, würde ihr Zuzug der sozialdemokratischen Fraktion noch nicht die Mehrheit verschaffen. Andererseits ist die Sozialdemokratie in der Nationalversammlung so stark, daß die Bildung einer Mehrheit gegen sie praktisch kaum in Betracht kommt. Es bleibt also nur der Versuch übrig, mit den bürgerlichen Demokraten zusammen eine arbeitsfähige Mehrheit zu schaffen, die zunächst die Republik verfassungsmäßig festigt und ihre Einrichtungen in demokratischem Geiste ausbaut.«[180] So entstand eine neue Reichsregierung, die erste demokratisch legitimierte Exekutive der deutschen Geschichte, auf der Grundlage der Reichstagsmehrheit von 1917; die Hälfte der Minister Sozialdemokraten, die andere Hälfte Zentrums- und DDP-Mitglieder sowie parteilose Fachleute. Gemäß der knappen Übergangsverfassung gab es bis zum Inkrafttreten der neuen Reichsverfassung keinen Reichskanzler, sondern einen Reichsministerpräsidenten, der nicht die politischen Richtlinien bestimmte, sondern lediglich den Vorsitz in der Ministerrunde einnahm. Diese Aufgabe übernahm Philipp Scheidemann, während Friedrich Ebert von der Nationalversammlung zum Reichspräsidenten gewählt wurde.

Der neue Reichsministerpräsident, 1865 in Kassel geboren, gelernter Buchdrucker, war seit 1903 Mitglied der SPD-Reichstagsfraktion, seit 1911 Mitglied des Parteivorstands, seit 1913 als Nachfolger August Bebels Mitvorsitzender der Reichstagsfraktion. Im Laufe des Weltkriegs hatte er sich in der Auseinandersetzung mit dem linken Parteiflügel als Exponent der Politik des Parteivorstands profiliert und wurde, mehr noch als Ebert, den er in der Öffentlichkeit aufgrund seiner hervorragenden Rednergabe in den Schatten stellte, als Vertreter des rechten Parteiflügels angesehen, einer der Gründe, die den Prinzen Max von Baden bewogen hatten, ihn als Staatssekretär ohne Portefeuille in sein Kriegskabinett aufzunehmen. Für den Posten des Regierungschefs kam nach Lage der Dinge außer ihm eigentlich nur Ebert in Betracht, der aber den Posten des Reichspräsidenten in der Erkenntnis vorzog, daß ihm die rhetorischen und agitatorischen Fähigkeiten abgingen, die Scheidemann in reichem Maße besaß, und die jetzt notwendig waren, um vor der Öffentlichkeit die Regierungspolitik zu verdeutlichen und zu verteidigen. Es gibt Anzeichen dafür, daß die beiden sozialdemokratischen Parteiführer miteinander in dauernder, wenn auch untergründiger Konkurrenz standen; auf jeden Fall hätte Scheidemann den repräsentativeren Posten des Reichspräsidenten vorgezogen, schon weil die Verantwortung dieser Stellung nicht so drückend schien.

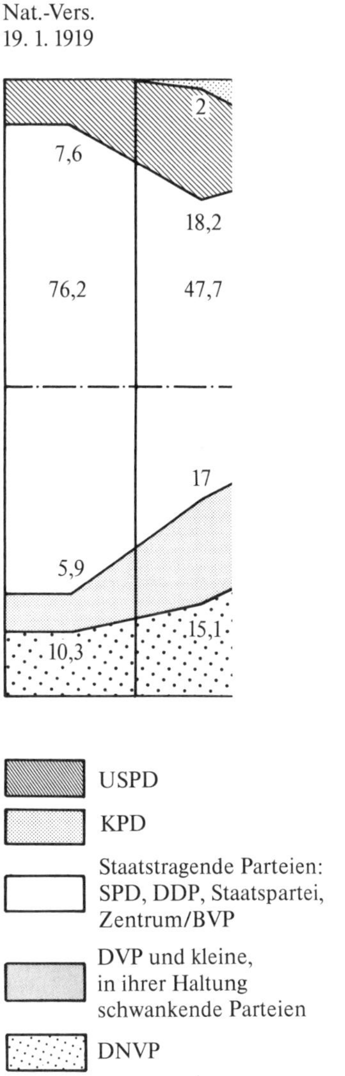

»Scheidemann selbst war ein etwas sonderbarer Mensch«, schilderte ihn ein enger Parteifreund, »witzig, lustig, zu allen losen Streichen aufgelegt, klug und von sehr großen Fähigkeiten, aber sehr schwer zu behandeln ... Er war ... ein persönlich mutiger Mann und stets bereit, aus seinen Handlungen die Konsequenzen zu ziehen, auch wenn das von Nachteil für ihn war ... Wer ihn näher kannte, wußte, daß er eher auf eine praktische Politik eingestellt war. Er war gewandt, doch etwas oberflächlich, und für ernste Verwaltungsarbeit nicht sonderlich geeignet.«[181]

Die Nationalversammlung tagte nicht in Berlin, sondern in Weimar. In seiner Eröffnungsrede am 6. Februar 1919 umgab Friedrich Ebert diesen Tatbestand mit wohltönenden Darlegungen, in denen die Tradition des klassischen Weimars Goethes und Schillers, des Deutschlands der Dichter und Denker den überwundenen Überlieferungen des preußisch-militaristischen Berlin gegenübergestellt wurde. Der tatsächliche Grund für den Aufenthalt in Weimar war sehr viel prosaischer: Berlin war immer noch ein unsicheres Pflaster,

Plakat des Werbedienstes der Deutschen Republik, 1918
Entwurf: Cesar Klein

man fürchtete Putsche und den Druck der Straße. Zur Auswahl standen neben Weimar Bayreuth, Jena, Frankfurt und Nürnberg. Für Weimar entschied man sich wegen der passenden Räumlichkeiten und weil dort in Gestalt des Freiwilligen Landesjägerkorps ein besonders zuverlässiges Freikorps lag – nichts konnte den Kontrast der Wirklichkeit zu Eberts Eröffnungsrede deutlicher unterstreichen. Zudem spielte auch die Überlegung eine Rolle, daß Präsident Wilson, von dessen Fürsprache sich die Deutschen einen milden Frieden erhofften, gegen Berlin großes Mißtrauen hegte; Eberts Worte waren also auch als außenpolitisches Signal gedacht. Aber in ihnen lag auch Hoffnung, dieselbe Hoffnung, die große Teile des Bürgertums und der Arbeiterschaft in den Neubeginn setzten, eine Hoffnung, die den Liberalen und Sozialdemokraten den enormen Stimmenzuwachs gebracht hatte, und die der skeptische Liberale

Max Weber am Tag der Eröffnung der Nationalversammlung in einem Brief an seine Frau in die Worte kleidete: »Wir haben der Welt vor 110 Jahren gezeigt, daß wir - nur wir - unter Fremdherrschaft eines der ganz großen Kulturvölker zu sein vermochten. Das machen wir jetzt noch einmal! Dann schenkt uns die Geschichte, die uns - nur uns - schon eine zweite Jugend gab, auch die dritte.«[182]

Aber die Wirklichkeit, der sich die neue Reichsregierung der Weimarer Koalition gegenübersah, war nicht die des beginnenden neunzehnten Jahrhunderts, die Weber im Auge hatte, und die mit dem Symbol »Weimar« beschworen werden sollte. Die Geschichte liebt es, wie Arthur Rosenberg bemerkt, leichtfertig gewählte Symbole zu diskreditieren. Weimar stand diesmal für eine gefährdete, fast hoffnungslose Sache. Im Rückblick ist die Versuchung groß, die neuen Machthaber von damals anzuklagen, daß sie die Gunst der Stunde nicht genutzt haben. Was war nicht alles zu verändern: Die Staatsstruktur stammte noch aus den Zeiten des Heiligen Römischen Reiches mit seiner grotesken Vielzahl von Ländern und Ländchen, von Schaumburg-Lippe über Reuß jüngere Linie bis Sachsen-Coburg-Gotha, und mitten drin der alles erdrückende Koloß

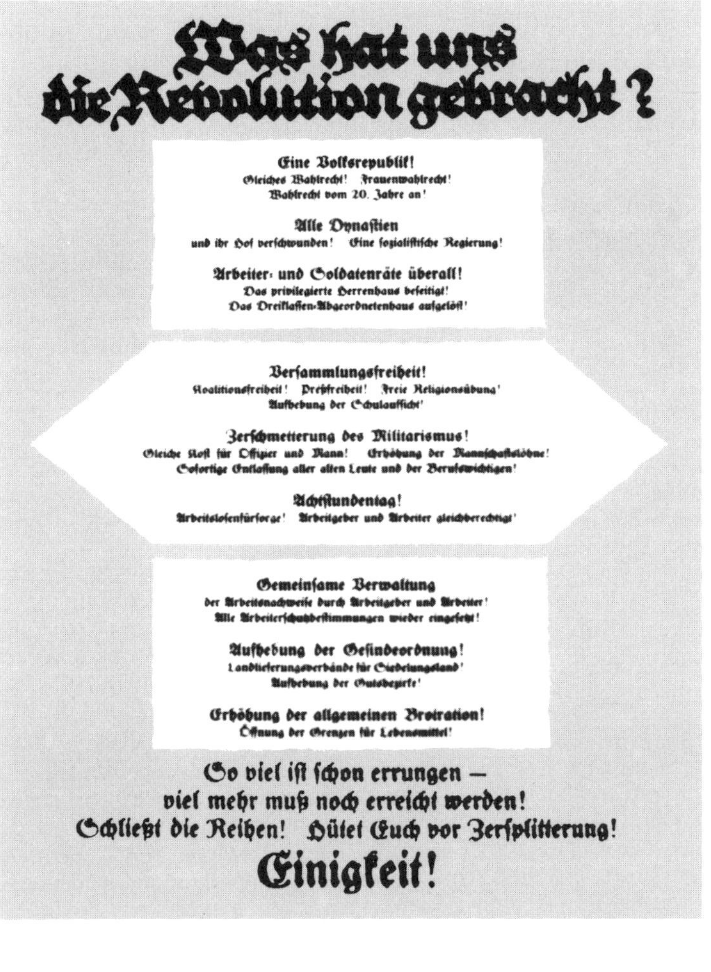

Preußen, der zwei Drittel des deutschen Staatsgebiets und Staatsvolks umfaßte. Die soziale Struktur des Reiches war veränderungsbedürftig, aber die Besitzverhältnisse blieben ebenso unangetastet wie die Spaltung in Ost- und Westelbien mit ihren konträren Lebensordnungen. Das bürgerlich-bäuerliche westelbische Deutschland war und blieb unverschmolzen mit dem Osten, der auf dem Großgrundbesitz ruhte, auf der Macht der Junker, die auf kolonialem Boden entstanden war. Die wirtschaftliche Ordnung stand zur Debatte, aber eben nur zur Debatte; Militär, Bürokratie, Justiz waren mit dem alten monarchischen Obrigkeitsstaat verwachsen – »Man kann«, mit den Worten Ernst Troeltschs, »wenigstens im ganzen und großen, mit Korpsstudenten nicht demokratisch vertrauenerwekkend regieren.«[183] Der Rat der Volksbeauftragten wie das Reichskabinett Scheidemann schafften gewiß vortreffliche und vorbildliche sozialpolitische Leistungen: die Einführung des Achtstundentags, die Aufhebung der Gesindeordnung, die Koalitionsfreiheit der Arbeiter, den Ausbau der Sozialversicherung, mit dem Betriebsverfassungsgesetz der Grundstein für die betriebliche Mitbestimmung, – alles lobenswerte Taten, aber nichts Großes und Umwälzendes. Man war redlich und tüchtig wo die Sternstunde der Geschichte Wagemut und Phantasie erforderte.

Auf der anderen Seite wird man den neuen Männern, die trotz aller sozialistischer Emphase tief in der bürgerlich-liberalen Tradition steckten, nicht vorwerfen können, daß sie keine Lenins, ja nicht einmal Steins oder Hardenbergs waren. Die führenden Sozialdemokraten waren Parteifunktionäre, Kinder des neunzehnten Jahrhunderts, für sie war politischer Fortschritt untrennbar mit ruhiger Einsicht und rationalem, unaufgeregten Handeln verbunden. Sie waren in einer Partei aufgestiegen, die nicht nur an Vorstellungen dieser Art orientiert war, sondern auch durch schmerzhafte Erfahrungen gelernt hatte, daß ihr Erfolg nur auf dem Boden strikter Rechtlichkeit und kleiner, überschaubarer Schritte und Ziele möglich war, und die ihrer ganzen Struktur nach eher mittelmäßigen Begabungen als katilinarischen oder genialischen Naturen den Weg nach oben ermöglichte.

Und selbst, wenn wagemutige Männer zu großen Taten bereitgestanden hätten, war doch die Fülle der Hindernisse geeignet, jeden Schwung zu bremsen. Zunächst die Frage des Personals: man war schon deshalb auf die alte Beamtenschaft angewiesen, weil man über keinen geschulten Ersatz verfügte. Die drei Parteien der Weimarer Koalition, Sozialdemokraten, Zentrumskatholiken, Linksliberale, waren die von Bismarck gebrandmarkten Reichsfeinde; für Zentrumsmitglieder und Fortschrittsparteiler war es nur in Ausnahmefällen, für Sozialdemokraten ganz und gar nicht möglich gewesen, gehobene Beamtenstellungen zu besetzen. Jetzt hatte man nicht einmal entfernt genügend Verwaltungsfachleute zur Hand, um auch nur die Verwaltungsspitzen auszutauschen. So blieb man abhängig von der Sachkenntnis der alten Geheimräte.

Sodann: die Situation in einer Koalitionsregierung. Über wesentliche Fragen herrschte Dissens, der mit demokratischen Mitteln ausgeräumt oder, wo das nicht möglich war, ausgeklammert werden mußte. Dazu gehörte die Sozialisierungsfrage, denn der Koalitionspartner DDP vertrat sehr entschlossen ein marktwirtschaftlichunternehmerisches Konzept, dem Zentrum waren solche Probleme ziemlich gleichgültig, solange die Besitzverhältnisse im Bereich seiner ländlichen Clientèle nicht angetastet wurden, und die Sozialdemokratie war über Art und Umfang einer Sozialisierung in sich zerstritten. Im Kabinett vertrat der Ernährungsminister Robert Schmidt ein orthodox am Erfurter Programm von 1891 orientiertes Konzept, das die Sozialisierung der Schwerindustrie, der Großbanken und des Bergbaus vorsah, während Reichswirtschaftsminister Rudolf Wissell eine Art Mischkonzept bevorzugte, das damals unter progressiven Volkswirtschaftlern unter der Bezeichnung »Gemeinwirtschaft« sehr in Mode war. Immerhin kam es zur Bildung einer Sozialisierungskommission unter der Führung Karl Kautskys, der schon das Erfurter Programm formuliert hatte; die Kommission trat freilich schon nach wenigen Monaten wegen der Verschleppungstaktik Wissells mit großem Getöse zurück. Eine zweite Sozialisierungskommission tagte fleißig und zunehmend unbeachtet immerhin drei Jahre lang und verschied erst 1921 leise und unbemerkt unter den Auspizien eines bürgerlichen Reichskabinetts. Aber abgesehen von dergleichen institutionellen Hemmnissen bestanden für jede Form von Sozialisierung auch objektive Probleme, denn die alliierte Blockade bestand auch nach dem Abschluß des Waffenstillstands fort, und die deutsche Volksernährung war erbärmlich. Es gab schauerliche Statistiken: Nach einer alliierten Berechnung benötigte ein arbeitender Erwachsener pro Tag wenigstens 2 500 Kalorien, um arbeitsfähig zu bleiben; Ende 1918 kamen aber in Deutschland auf einen Erwachsenen pro Tag durchschnittlich weniger als 1000 Kalorien – der Nahrungsbedarf eines normalen zweijährigen Kindes. Die Folge: Allein im Jahr 1918 waren im Reichsgebiet mehr als eine Viertelmillion Menschen an Hungerfolgen gestorben, und die Todesfälle aufgrund von Unterernährung nahmen Anfang 1919 noch zu. Die Millionen landarbeitender Kriegsgefangener kehrten erst später in ihre Heimat zurück und standen für die Frühjahrsbestellung nicht zur Verfügung. Eine Änderung der Produktionsverhältnisse in der Landwirtschaft und bei der Kohleförderung hätte für einige Zeit die Produktivität zusätzlich gebremst. Die zwingende Schlußfolgerung lautete, mit den Worten des sozialdemokratischen preußischen Landwirtschaftsministers: »Es kann überhaupt für die Sozialisierung keinen unglücklicheren Zeitpunkt geben als den jetzigen. Deutschland ist ausgehungert, Rohstoffe fehlen, die Maschinen sind defekt. Jede Überstürzung kann den gesunden Sozialismus auf Jahrzehnte in Mißkredit bringen!«[184]

Was schließlich die staatliche Struktur des Reichs anging, so hatte sich die Sozialdemokratische Partei ebenso wie die Fortschrittspartei vor 1918 programmatisch auf den deutschen Einheitsstaat festgelegt, während das Zentrum aus Gründen seines konfessionellen Minderheitsstatus und aus kulturpolitischen Gründen ebenso überzeugt für eine föderalistische Lösung eintrat. Die Macht der Tatsachen ging aber dahin, daß im November 1918 jede Residenz ihre eigene Revolution, ihren eigenen Arbeiter- und Soldatenrat und somit auch ihre eigene Revolutionsregierung hervorgebracht hatte, die in die vorgefundenen Verwaltungsgehäuse hineingekrochen waren und jetzt gar nicht daran dachten, sie zugunsten eines von Berlin aus zentralisierten Staatsgebildes wieder zu verlassen. Da außerdem die

Plakat, 1919
Entwurf: Julius Gipkens

Das Freikorps v. Hülsen entstand Anfang Januar 1919 in der Umgebung Berlins aus den Resten der 231. Infanterie-Division. Es kämpfte unter dem Kommando seines Führers, des Generals v. Hülsen, in Berlin und Mitteldeutschland und wurde als Infanterie-Brigade III in die vorläufige Reichswehr eingegliedert. Im Verlauf des Kapp-Putschs stellte sich der Verband auf die Seite der Putschisten und wurde deshalb nach Kapps Scheitern aufgelöst.

sehr akute Gefahr bestand, daß einheitsstaatliche Bestrebungen die süd- und westdeutschen Partikularisten in die erwartungsvoll geöffneten Arme der Franzosen trieben, war es klüger, am hergebrachten Staatenwirrwarr vorerst nicht zu rühren.

Das drängendste Problem dieser Monate war aber keineswegs die Sozialisierungsfrage oder die Staatsstruktur, sondern die Herstellung dessen, was man in Anlehnung an eine Formulierung des preußischen Allgemeinen Landrechts von 1794 je nach Standpunkt ernsthaft oder ironisch als »Ruhe und Ordnung« bezeichnete. Der revolutionär oder separatistisch begründete Machtanspruch örtlicher und regionaler Räteregierungen, die die neue Reichsspitze nicht anerkannten, mußte wohl oder übel niedergekämpft werden, denn jede Regierungsmaßnahme bis hin zur Verteilung von Lebensmitteln an die halbverhungerte Bevölkerung, aber auch Handlungs- und Verhandlungsfähigkeit nach außen hingen davon ab, daß die Autorität des Kabinetts Scheidemann im Reich anerkannt war. Immer wieder kam es zu Kämpfen in Berlin, im Bereich der Nordseehäfen, um Gotha, Halle und das mitteldeutsche Braunkohlengebiet, um Braunschweig, Leipzig, Eisenach und Erfurt. In München hatte sich eine Räterepublik etabliert, die eine schwere Bedrohung für die Reichseinheit darstellte, bis sie schließlich Anfang Mai 1919 blutig niedergerungen wurde. An der quer durch die preußischen Ostprovinzen Posen und Westpreußen verlaufenden deutsch-polnischen Demarkationslinie fand ein dauernder Kleinkrieg statt, deutsche Truppenverbände kämpften auf alliierte Anforderung im Baltikum gegen vordringende Sowjeteinheiten; im Rheinland, wo der Berliner Zentralgewalt praktisch alle Exekutivbefugnisse fehlten, blühte der Weizen der Separatisten. Die Ernährungs- und Versorgungslage war zudem durch die fortwährenden Streiks der Eisenbahner und Zechenarbeiter gefährdet, die nach einem geflügelten Wort von Emil Barth die Revolution für eine Lohnbewegung hielten. Und alles das fand vor dem Hintergrund der wichtigsten Aufgabe der Reichsregierung statt, der Erfüllung des Waffenstillstandsvertrags und der Vorbereitung auf die Friedensverhandlungen. Die Kapazität der Reichsregierung, Probleme zu lösen, war damit an ihre Grenzen gelangt; mehr war einfach nicht zu bewältigen.

Und schließlich – und vor allem – waren es ja gar nicht die Deutschen, die 1918 und 1919 über ihre Zukunft zu entscheiden hatten. Jede langfristig und großzügig angelegte Reform war von den Entscheidungen abhängig, die die alliierten Siegermächte in Versailles und Paris fällen würden. Wie diese Entscheidungen ausfallen würden, war aber einstweilen offen; die Regierung Scheidemann schwebte vorerst in hoffnungsvoller Ungewißheit.

Waffenstillstand und Friedensvertrag

Es ist heute üblich, die deutschen Ereignisse seit Oktober 1918 als ausschließlich innenpolitisches Drama zu sehen, als einen freien Wettbewerb konkurrierender politischer Kräfte mit allen Mitteln, in dem der Sieger das von ihm Gewünschte schließlich durch die Niederwerfung seiner Gegner erreichte. Diese Perspektive führt dazu, den siegreichen Sozialdemokraten Versagen, wenn nicht Verrat anzukreiden, weil das Ergebnis ihrer Politik vom eigentlich Wünschenswerten mehr oder weniger weit entfernt war. Diese verbreitete Enttäuschung über die Ergebnisse der Novemberrevolution beruht auf der Annahme, es sei in diesen Monaten fast alles möglich und machbar gewesen, man habe es nur zu wollen und zu verwirklichen brauchen. Tatsächlich gab es aber keine Stunde Null und keine tabula rasa; die politischen Kräfte waren in ein starres Gerüst fortwirkender Kontinuitäten gezwängt, waren sogar ihrerseits Bestandteile von über die Revolution hinausreichenden Bedingtheiten. Was aber fast durchweg in dieser Frage übersehen wird, ist, daß in dem Spiel der Kräfte nicht allein innenpolitische Größen wirkten, sondern daß sich alle Spieler nur im Schlagschatten des einen Hauptdarstellers bewegten, des Weltkriegssiegers, verkörpert durch den Obersten Alliierten Rat in Paris.

Zurück zum 29. September 1918, zum Verlangen Ludendorffs nach einem sofortigen Waffenstillstand. Es wäre nach dem verlorenen Krieg notwendig gewesen, die Waffenstillstandsverhandlungen von der Obersten Heeresleitung führen zu lassen, denn sie trug die Verantwortung dafür, daß der Krieg erst jetzt und unter katastrophalen Umständen beendet werden konnte. Aber das geschah nicht; gemäß dem kaltblütigen Kalkül der Armeeführung, alle Verantwortung den zivilen parlamentarischen Kräften zuzuschieben, die in den Augen der Generäle die Kriegsmoral des deutschen Volkes zerrüttet hatten, wurde der linke Zentrums-Politiker Matthias Erzberger mit

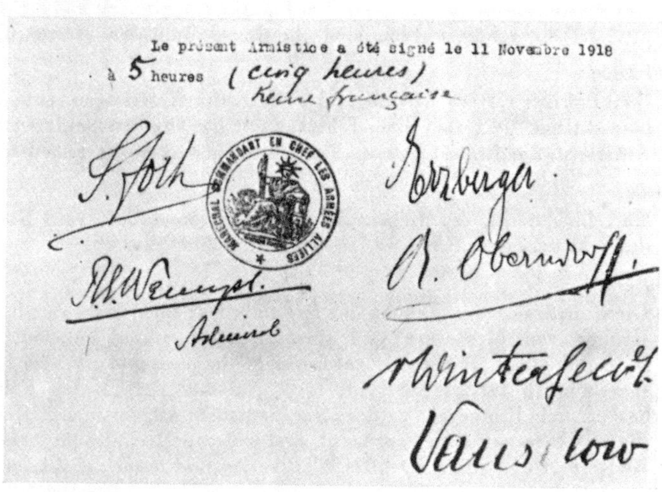
Le présent Armistice a été signé le 11 Novembre 1918 à 5 heures (cinq heures) heure française

Unterschriften des Waffenstillstandsabkommens

den Verhandlungen beauftragt. Er überquerte, nur von zwei Offizieren begleitet, am 7. November die Frontlinie, nachdem er in Spa die guten Wünsche Hindenburgs entgegengenommen hatte; es sei wohl das erste Mal in der Weltgeschichte, hatte der Generalfeldmarschall gemeint, »daß nicht Militärs den Waffenstillstand abschließen, sondern Politiker; er sei aber ganz damit einverstanden, zumal die Oberste Heeresleitung keine politischen Richtlinien mehr auszugeben habe; die Armee brauche unter allen Umständen Ruhe«[185]. Die Härte der alliierten Waffenstillstandsbedingungen war ungewöhnlich; neben umfangreichen Waffen- und Transportmateriallieferungen waren die besetzten Gebiete einschließlich Elsaß-Lothringens binnen zwei Wochen, das linke Rheinufer in einunddreißig Tagen von allen deutschen Truppen zu räumen, und die alliierte Blockade Deutschlands blieb bestehen: keine Frage, Deutschland sollte außerstande gesetzt werden, den Krieg fortzusetzen; daß der Waffenstillstand auf einen Monat begrenzt wurde, machte darüber hinaus ein weiteres Anziehen der alliierten Schraube wahrscheinlich. Erzberger unterschrieb dennoch am 11. November; er hatte immerhin einige Erleichterungen durchsetzen können, und ein Abbruch der Verhandlungen war undenkbar.

Die Auswirkungen der Sündenbockrolle, die die zivilen Politiker übernommen hatten, waren für sie zur Zeit noch kaum überschaubar. Trotz der bitteren Waffenstillstandsbedingungen regierte einstweilen die Illusion, man werde zwar mit Schaden und Verlusten, aber doch einigermaßen ungeschoren davonkommen. Dabei stützte man sich auf die Erfahrung, daß Friedensschlüsse bislang immer eine weitgehend diplomatisch-rationale Angelegenheit gewesen waren. Kaum zuvor war von den Siegern versucht worden, den Verlierer um die Substanz seiner wirtschaftlichen Existenz zu bringen, ihn aus der Völkergemeinschaft auszuschließen, ihn demonstrativ zu erniedrigen. Frühere Friedensverträge waren normalerweise vernünftige Dokumente gewesen, in denen die Stabilisierung des internationalen Systems auch die Berücksichtigung der Interessen des Verlierers geboten hatte. Wenn die deutschen Politiker so dachten, dann allerdings mit getrübtem Gedächtnis; der Friedensvertrag, den die Mittelmächte am 3. März 1918 in Brest-Litowsk dem bolschewistischen Rußland aufgezwungen hatten, enthielt außergewöhnlich weitgehende territoriale und wirtschaftliche Forderungen; Rußland hatte das Baltikum verloren und die Unabhängigkeit Finnlands, Polens und der Ukraine anerkennen müssen. Die Pläne des einflußreichen Alldeutschen Verbands für den Fall eines deutschen Siegfriedens, die zum Teil den Vorstellungen der Obersten Heeresleitung entsprachen, sahen Gebietsabtretungen und Kontributionen der Westmächte an Deutschland vor, die über alles hinausgingen, was die Geschichte der Friedensschlüsse bisher gekannt hatte, von der Annexion Belgiens bis zur Ablösung sämtlicher deutscher Kriegslasten.

Das alles war bei den Alliierten bekannt, dennoch beruhten die deutschen Friedenshoffnungen auf guten Gründen. Zwar predigten namentlich die französischen politischen Führer, Staatspräsident Poincaré und Ministerpräsident Clemenceau, einen harten Friedensschluß, da man hier auf Zerfall des Reichs und Gewinnung der Rheingrenze hoffte, aber da waren auf der anderen Seite die vierzehn

Punkte des amerikanischen Präsidenten Wilson mitsamt ihren späteren Erläuterungen, deren Gültigkeit beim bevorstehenden Friedensschluß der amerikanische Außenminister Lansing vor Abschluß des Waffenstillstands noch einmal und mit Zustimmung der alliierten Regierungen ausdrücklich notifiziert hatte. Lediglich Wilsons zweiter Punkt, der die Freiheit der Meere proklamierte, war nach dem Wortlaut der Lansing-Note vom 5. November 1918 auf alliierter Seite umstritten, und die Forderung des amerikanischen Präsidenten nach Wiederherstellung der von den Deutschen besetzten Gebiete wurde nun dahin präzisiert, »daß Deutschland für allen durch seine Angriffe zu Wasser und zu Lande und in der Luft der Zivilbevölkerung der Alliierten und ihrem Eigentum zugefügtem Schaden Ersatz leisten soll«[186]. Daß die Zahlungen von Reparationen in erheblichem Umfange bevorstanden, war demnach sicher, ebenso die Abtretung Elsaß-Lothringens an Frankreich und derjenigen Gebiete, die unstreitbar von polnischer Bevölkerung bewohnt waren, an Polen. Sehr viel mehr, legte man Wilsons Programm zugrunde, konnte der Friedensschluß Deutschland aber nicht kosten. Daß die Alliierten über die Friedensforderungen uneinig waren, wußte man auch in Berlin, und gerade deshalb schien es geraten, ganz auf die amerikanische Karte zu setzen: »Dadurch, daß die Entscheidung des Krieges von den Vereinigten Staaten herbeigeführt wurde,« so umriß der mit der Vorbereitung der Friedensverhandlungen beauftragte Botschafter Graf Bernstorff die Lage aus deutscher Sicht, »ist deren Stellung und insbesondere diejenige des Präsidenten Wilson für die Zukunft ausschlaggebend geworden ... Deshalb werden wir uns auch bei den Friedensverhandlungen politisch an die Vereinigten Staaten anschließen und den späteren Wiederaufbau Deutschlands mit deren Hilfe durchführen müssen. Dieser notwendige Entschluß wird uns dadurch erleichtert, daß Herr Wilson der einzige Staatsmann unter den Führern unserer Feinde ist, welcher ein ehrliches pazifistisches Programm aufgestellt hat und dies auch durchführen will. Alle anderen sind offene oder verkappte Imperialisten ... Es liegt daher auf der Hand, daß wie alle Herrn Wilsons Wünsche, die sich auf Völkerbund, Abrüstung, Schiedsgericht, Freiheit der Meere usw. erstrecken, eifrigst unterstützen und somit möglichst überbieten müssen.«[187]

Und so mühte man sich nach besten Kräften, den Wünschen Präsident Wilsons gerecht zu werden, die über mehrere Mittelsmänner regelmäßig der deutschen Regierung mitgeteilt wurden: eine solide, demokratische Regierung ohne bolschewistische Neigungen sowie die möglichst schnelle Einberufung einer Nationalversammlung. Gelange dagegen in Deutschland eine Regierung ans Ruder, die als bolschewistisch angesehen werde, so lauteten die Meldungen aus Washington, dann werde sich der amerikanische Präsident von seinen Versuchen, einen moderaten Friedensschluß zu erreichen, distanzieren und das Feld den übrigen Alliierten überlassen. Die Folge werde der Einmarsch der Entente-Truppen und die Zerschlagung Deutschlands sein. Das waren außenpolitische Perspektiven, die die innere Handlungsfreiheit jeder deutschen Regierung einschränkten und sie zusätzlich zu den eigenen Absichten in diejenige innen- und wirtschaftspolitische Richtung drängten, die ohne nennenswerte wirtschaftliche und soziale Änderungen zum demokra-

Gemälde von
Max Liebermann, 1919

tisch-parlamentarischen Staatswesen von Weimar führte. Daß nicht nur die wohlmeinenden und idealistischen Ideen Wilsons die amerikanische Haltung bestimmten, sei am Rande vermerkt; nicht nur die Eindämmung des bolschewistischen Vordringens lag den Amerikanern am Herzen, sondern auch die Erhaltung eines offenen europäischen Marktes, der ihrer Exportwirtschaft Absatzchancen auf Kosten der angeschlagenen britischen Konkurrenz bot, während die britischen und französischen Vorstellungen von der gänzlichen Beseitigung Deutschlands als Wirtschaftsmacht und der Schließung des europäischen Marktes nach außen hin ausgingen, um ihren durch den Krieg darniederliegenden Industrien eine Erholungspause zu verschaffen.

Aber welche Beweggründe Wilson auch immer in erster Linie hegte, seine Zusagen waren auf deutscher Seite als Garantie für einen tragbaren Friedensschluß verstanden worden; hinter der Parlamentarisierung des Reiches, dem Durchsetzungswillen der demokratisch-parlamentarischen Kräfte nach dem Novemberumsturz, dem Sieg der schwarz-rot-goldenen Parteien bei den Wahlen zur Nationalversammlung hatte immer das Vertrauen auf den gemäßigten Friedensschluß, wie der amerikanische Präsident ihn versprochen hatte, gestanden. Gewiß, einiges von den Verhandlungen der Ententeführer in Paris drang durch den dichten Geheimhaltungsschleier; im Reichskabinett warnte Reichsaußenminister Graf Brockdorff-Rantzau vor Überraschungen: »Wilson scheint allmählich mehr Kompromißnatur geworden zu sein, sein Eingehen auf Kompromisse zu unseren Ungunsten [ist] zu befürchten.«[188] Als die deutsche Friedensdelegation, geführt von Brockdorff-Rantzau, am 29. April 1919 in Versailles zu Verhandlungen über den Friedensvertrag eintraf, führte sie daher vom Kabinett beschlossene Richtlinien mit sich, in denen es hieß: »Allgemeine Grundlage für die Beurteilung der gegnerischen Forderungen bildet das Wilson-Programm, an das sowohl Deutschland als auch seine Gegner gebunden sind.«[189] Die deutsche Seite hatte die Warnung überhört, die der Kontaktmann der amerikanischen Regierung, Oberst Conger, schon lange zuvor seinem deutschen Gesprächspartner übermittelt hatte: »Deutschland macht seine eigenen Interpretationen der 14 Punkte Wilsons und vergißt dabei, daß die Alliierten den Krieg gewonnen haben.«[190]

Während die deutsche Delegation im »Hôtel des Réservoirs« in Versailles hinter Stacheldrahtabsperrungen auf den Verhandlungsbeginn wartete, brach die Friedenskonferenz fast auseinander; die Italiener verließen verbittert Paris, da sie ihre territorialen Interessen nicht durchzusetzen vermochten, die Belgier drohten mit Boykott, weil ihr Reparationsanteil ihnen ungenügend erschien, und viel mehr als über den Vertrag mit Deutschland wurde über die Schantung-Frage mit den japanischen und chinesischen Delegierten gestritten. Der Friedensvertragsentwurf wurde währenddessen mühsam in mehreren Kommissionen zusammengewürfelt, so daß nur die Fachleute der Entente-Mächte einen Überblick über das Ganze besaßen. Als endlich die alliierten Staatsmänner das Ergebnis zu Gesicht bekamen, war kaum einer zufrieden. Der amerikanische

Delegierte Herbert Hoover war schockiert: »Ich war zutiefst beunruhigt. Der politische und wirtschaftliche Teil war von Haß und Rachsucht durchsetzt ... Es waren Bedingungen, unter denen Europa niemals wieder aufgebaut oder der Menschheit der Frieden zurückgegeben werden konnte. Ich hatte den Eindruck, daß allein die wirtschaftlichen Folgen ganz Europa erdrücken und damit auch die Vereinigten Staaten in Mitleidenschaft ziehen müßten.«[191]

In der Tat hatte der alliierte Friedensvertragsentwurf, der den deutschen Delegierten am 7. Mai 1919 übergeben wurde, mit Wilsons Versprechen nur mehr wenig gemein. Das achtzigtausend Wörter umfassende Dokument bestimmte die Abtretung Elsaß-Lothringens an Frankreich, des Industriegebiets Eupen-Malmedy an Belgien, des weitaus größten Teils der preußischen Ostprovinzen Posen und Westpreußen sowie eines kleinen Teils Ostpreußens an Polen; auch Oberschlesien sollte dem Vertragsentwurf zufolge an Polen fallen. Die Tschechoslowakei erhielt das Hultschiner Ländchen. Das Memelgebiet fiel unmittelbar unter alliierte Verwaltung, Danzig wurde zu einem eigenen staatlichen Gebilde unter einem Völkerbundskommissar mit besonderen polnischen Hafenrechten erklärt. Im südlichen Ostpreußen sowie in Schleswig-Holstein nördlich der Eiderlinie sollte die Bevölkerung über ihre Zugehörigkeit zum Deutschen Reich abstimmen. Das Saargebiet wurde für fünfzehn Jahre der Völkerbundsverwaltung unterstellt und für diesen Zeitraum der Wirtschafts- und Finanzordnung Frankreichs angeschlossen. Das gesamte linksrheinische Gebiet sollte von alliierten Truppen besetzt werden; die Besatzung war zonenweise nach fünf, zehn und fünfzehn Jahren aufzuheben, doch sollte das Reich auch dann keine Militärhoheit westlich des Rheins ausüben. Sämtliche deutschen Kolonien wurden von den Alliierten eingezogen. Von den Kolonien abgesehen verlor das Reich damit ein Siebtel seines Gebiets und ein Zehntel seiner Bevölkerung. Die Gebietsabtrennungen führten zu einem Verlust von 50 Prozent der Eisenerzversorgung, 25 Prozent der Steinkohleförderung, 17 Prozent der Kartoffel- und 13 Prozent der Weizenernte.

Das waren tiefe und unerwartete Eingriffe, aber immerhin blieb der Kern des Staatsgebiets erhalten. Hinzu kamen jedoch noch wirtschaftliche Wiedergutmachungsforderungen in atemberaubender Höhe. Die Alliierten bildeten eine Reparationskommission, deren finanzielle Forderungen Deutschland später vorgelegt werden sollten. Sofort waren dagegen 60 Prozent der deutschen Kohleförderung abzuliefern, und zwar zehn Jahre lang, weiter 90 Prozent der deutschen Handelsflotte, fast alle modernen Lokomotiven, Hunderttausende von Eisenbahnwaggons, jedes zweite Binnenschiff, mehr als die Hälfte des Milchviehbestands sowie ein Viertel der Erzeugung an chemischen und pharmazeutischen Produkten, sämtliche ausländischen Patentrechte, alle deutschen Auslandsguthaben, um nur einen Teil der seitenlangen Liste zu erwähnen.

Einen großen Raum nahmen die Entwaffnungsforderungen ein. Im vierten der vierzehn Punkte Wilsons war zu lesen gewesen, daß die Mächte nur soviele Streitkräfte behalten sollten, wie für ihre innere Sicherheit (»domestic security«) notwendig seien; die Versailler Konferenz änderte auf Betreiben der französischen Delegation das Wort »domestic« in »national« um. Nicht um den Schutz gegen

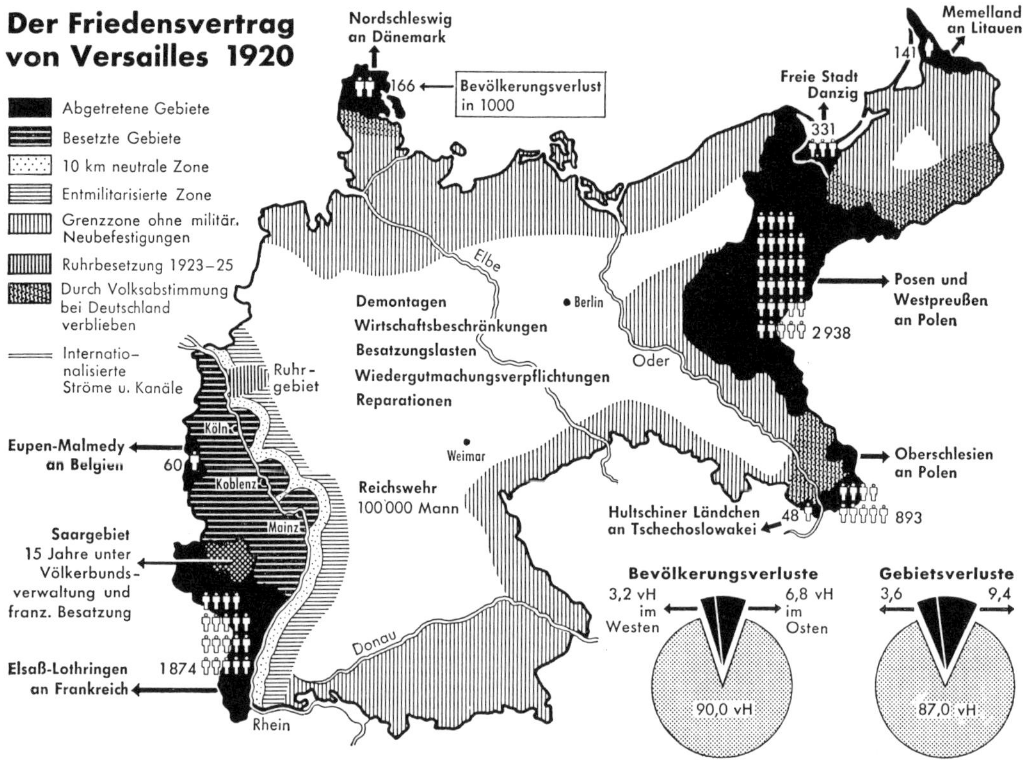

Revolutionäre und Verbrecher ging es den Franzosen, sondern um die nationale Sicherheit vor den Deutschen; das war ihr großes, alles andere überragende Friedensziel. So sollte die allgemeine Wehrpflicht in Deutschland abgeschafft werden, die Heeresstärke durfte 100 000 langdienende Soldaten und Offiziere nicht übersteigen, dazu noch 15 000 Mann der Marine. Der Große Generalstab, den in alliierten Augen eine geradezu überirdische Aura von Macht umgab, wurde verboten, Bewaffnung und Munitionierung wurden erheblich eingeschränkt, Panzer-, Gas-, Luft- und U-Boot-Waffen ganz untersagt, die Flotte war bis auf einige veraltete Schiffe auszuliefern, und alle Festungen im Westen und Süden waren zu schleifen. Zur Überwachung der deutschen Abrüstung war eine Interalliierte Militär-Kontroll-Kommission vorgesehen, die jederzeit freien Zugang zu allen deutschen militärischen Einrichtungen besaß. Die deutsche Armee sollte so stark sein, daß sie bolschewistische Aufstände in Deutschland, die den Alliierten gefährlich werden könnten, niederzuschlagen imstande war, ohne aber nach außen einen Krieg, ob offensiv oder defensiv, führen zu können.

Alle diese Bestimmungen wirkten in der deutschen Öffentlichkeit wie eine eiserne Faust zur Niederhaltung und Knebelung des Reichs; was aber das Vertragswerk darüber hinaus vergiftete, war der Kriegsschuldartikel 231, der Deutschland und seine Verbündeten mit der alleinigen Verantwortung für den Krieg belastete. »In der Politik«, kommentierte der Historiker Michael Freund dieses ganz neuartige Element in der Geschichte der Friedensverträge, »wach-

Gebietsverluste (Reichsteile) nach dem Ersten Weltkrieg

abgetretene Landesteile	an Staat	Fläche in qkm	Bevölkerung 1910	davon mit Muttersprache Deutsch[4]	
			1000	1000	%
Posen[1]	Polen	26042	1946	670	34,4
Westpreußen[1]	Polen	15865	965	412	42,7
Südostpreußen[1]	Polen	501	25	9	36,0
Pommern[1]	Polen	10	0,2	0,2	100,0
Schlesien[1]	Polen	512	26	9	34,6
Westpreußen (Danzig)[1]	Freie Stadt Danzig	1914	331	315	95,2
Ostpreußen (Memelgebiet)[1]	Litauen	2657	141	72	51,1
Ostoberschlesien[2]	Polen	3213	893	264	29,5
Schlesien (Hultschin)[1]	Tschechoslowakei	316	48	7	14,6
Nordschleswig[2]	Dänemark	3992	166	40	24,1
Eupen-Malmedy[2]	Belgien	1036	60	49	81,7
Elsaß-Lothringen[1]	Frankreich	14522	1874	1634	87,2
insgesamt		70579	6476	3482	53,8
in %[3]		13,0	10,0		

[1]Ohne Abstimmung.
[2]Mit Abstimmung.
[3]Der Fläche und Bevölkerung des Deutschen Reiches von 1910.
[4]Deutsch als einzige Muttersprache.

sen die moralischen Gefühle im gleichen Verhältnis mit der Schuld, die man auf sich lädt. Es ginge in der Welt nicht so schlimm zu, wenn nicht die Staatsmänner bei ihrem Tun auch noch ein gutes Gewissen haben möchten.«[192] Die alliierten Staatsmänner brauchten diesen Artikel, um die Schwere der Deutschland aufgebürdeten Lasten vor sich selbst und ihren Nationen zu begründen. In deutschen Augen dagegen war es vor allem dieser Artikel, der den Vertragsentwurf zu einem Siegerdiktat stempelte, denn kein deutscher Staatsmann war bereit, die deutsche Alleinschuld am Weltkrieg feierlich zu bekräftigen und damit die alliierten Friedensforderungen auch moralisch zu rechtfertigen.

Man hat lange die Meinung vertreten, der alliierte Friedensvertragsentwurf sei deswegen so weit von Wilsons Versprechungen eines »Friedens ohne Sieger und Besiegte« entfernt gewesen, weil der amerikanische Präsident ein idealistischer, weltfremder Träumer gewesen sei, ein Opfer der Tücke des französischen Ministerpräsidenten Clemenceau, der tschechischen und polnischen Propaganda und der eigenen weltverbrüdernden Ideale. Seit der Öffnung der amerikanischen, englischen und französischen Archive wissen wir mehr; gewiß hat Wilson Fehler gemacht, vor allem, indem er die Waffenstillstandsverhandlungen den französischen Militärs überließ, die daraufhin so wichtige Weichen in ihrem Sinne stellen konnten. Aber Wilson mußte auch gegen die viel weitergehenden Vorstellungen des britischen Premierministers Lloyd George und dessen französischen Kollegen Clemenceau kämpfen. Wäre es nach den französischen Wünschen gegangen, so wäre das Rheinland zu einem eigenen Staat geworden und der Rhein zur französischen Militärgrenze. Das immerhin hat der amerikanische Präsident verhindert. Auch muß berücksichtigt werden, daß Wilson die französische und britische Zustimmung für die Krönung seines Friedensplans, die Gründung eines Völkerbunds, benötigte, und deswegen auch Zugeständnisse machen mußte. Insgesamt war das Vertragswerk das Ergebnis eines Kompromisses zwischen Wilson und seinen europäischen Verbündeten, zwischen der Vision einer auf demokratischen Prinzipien beruhenden Weltfriedensordnung und den höchst irdischen Sicherheits- und Machtinteressen der europäischen Siegermächte.

Das alles war in Deutschland unbekannt und hätte auch keine Rolle gespielt, ebensowenig wie die Gewißheit, daß die Mittelmächte im Falle ihres Sieges mit einer unterlegenen Entente kaum anders umgesprungen wären. »Weiter kann es nicht mehr gehen«, meinte der Leitartikler der »Frankfurter Zeitung« am Rande der Sprachlosigkeit, »und wenn dieser Entwurf oder ein ähnlicher durchgeführt werden sollte, so ist es Zeit, an der Zukunft der Menschheit zu verzweifeln.«[193] Unter dem Beifall aller Parteien, ausgenommen die USPD, die an Brest-Litowsk erinnerte, rief Reichsministerpräsident Scheidemann vor der Nationalversammlung aus: »Dies Buch darf nicht zum Gesetzbuch der Zukunft werden! Seit ich die Forderungen in ihrer Gesamtheit kenne, käme es mir wie eine Lästerung vor, das Wilson-Programm, diese Grundlage des ersten Waffenstillstandsvertrags, mit ihnen auch nur vergleichen zu wollen! Aber eine Bemerkung kann ich nicht unterdrücken: Die Welt ist wieder einmal um eine Illusion ärmer geworden.« Kaum jemand außerhalb der Reichsgrenzen hatte dergleichen Illusionen gehegt, aber es sollten nicht die letzten deutschen Hoffnungen sein, die an der alliierten Politik zerschellten. Scheidemann schloß mit dem Satz, der bald in aller Munde sein sollte: »Der Vertrag ist unerträglich und unerfüllbar. Welche Hand müßte nicht verdorren, die sich und uns in solche Fesseln legte!«[194]

Das verstand jedermann als kompromißlose Ablehnung einer Unterzeichnung des alliierten Vertragsentwurfs in seiner derzeitigen Fassung, und so hatte Scheidemann es auch gemeint. Wenn damit allerdings Druck auf die alliierten Staatsmänner ausgeübt werden sollte, um sie zu einer substantiellen Änderung ihrer Forderungen zu bewegen, so sah sich Scheidemann in seiner Erwartung enttäuscht. Wochenlang überreichte die deutsche Friedensdelegation Note auf Note, erhob gegen jeden einzelnen Punkt des Vertragsentwurfs juristisch exakt formulierte Einwände und unterbreitete wohldurchdachte Gegenvorschläge, ohne auch nur ein einziges Mal zu Verhandlungen vorgelassen zu werden. Schließlich, am 16. Juni 1919, übergab der Generalsekretär der alliierten Friedenskonferenz zwei untergeordneten Beamten der deutschen Delegation die endgültigen alliierten Friedensbedingungen mit der barschen Bemerkung, die deutsche Regierung habe binnen fünf Tagen den Friedensvertrag ohne Abstriche anzunehmen oder abzulehnen.

Deutsche Friedensdelegation   Versailles, den 7. Mai 1919.

Protokoll
der Besprechung der Friedensdelegation
am 7. Mai 1919, abends 10½ Uhr.

Anwesend: Sämtliche Delegierte sowie Ministerialdirektor Simons.

Die Delegation war übereinstimmend der Ansicht, dass schon eine flüchtige Einsicht in den Friedensvertragsentwurf erkennen lasse, dass die Bedingungen die schlimmsten Befürchtungen überträfen und unannehmbar seien. Die Annahme würde die Deutsche Regierung zu Sklavenhaltern ihres eigenen Volkes machen.

Trotzdem empfehle es sich schon aus taktischen Gründen, nicht die Verhandlungen übereilt abzubrechen. Vielmehr solle man im einzelnen nachweisen, dass und inwiefern die gegnerischen Bedingungen den Wilson'schen 14 Punkten widersprächen und gleichzeitig praktische Gegenvorschläge machen. Auf diesem Wege könne man am besten der Welt und insbesondere den Neutralen und den Sozialisten die Ungeheuerlichkeit der uns auferlegten Bedingungen nachweisen und vielleicht dadurch doch noch zu einer Verhandlungsbasis gelangen. Die Verhandlungen würden zweckmässig mündlich zu führen sein, auch würde die Ausarbeitung unserer Gegenvorschläge jedenfalls eine längere als die von den Gegnern gestellte Frist in Anspruch nehmen.

Letzteres, daran konnte kein Zweifel bestehen, bedeutete die Kündigung des Waffenstillstands und die Wiederaufnahme des Kriegs.

Die Prüfung der endgültigen Friedensbedingungen ergab, daß ihr Inhalt mit dem des vorläufigen Vertragsentwurfs fast identisch war; lediglich unter dem Artikel Oberschlesien hatte die amerikanische Delegation eine leichte Verbesserung durchgesetzt – hier sollte nunmehr, wie in Ostpreußen und Schleswig-Holstein, die Bevölkerung über ihre staatliche Zugehörigkeit abstimmen. Sonst war alles beim alten geblieben.

Nun war die deutsche Seite im Zugzwang: die grundlegenden Änderungen, die nach Scheidemanns Rede vor der Nationalversammlung vom 12. Mai Voraussetzung für die deutsche Unterzeichnungsbereitschaft gewesen wären, waren ausgeblieben. Die Reichsregierung kämpfte noch tagelang verbissen um einen alliierten Sinneswandel; zumindest die »Ehrenpunkte«, die Kriegsschuldklausel und die fast ebenso unerträgliche Forderung nach Auslieferung des Kaisers, der deutschen Politiker und Generäle des Weltkriegs an die Entente könnte keinesfalls akzeptiert werden, wurde den Siegermächten am 22. Juni notifiziert. Postwendend kam die Antwort: »Die alliierten und assoziierten Mächte sehen sich genötigt zu erklären, daß die Zeit für Diskussionen vorbei ist.«[195] Gleichzeitig erreichten Meldungen die politisch Verantwortlichen in Berlin, daß die französischen, britischen und amerikanischen Truppen Vorbereitungen zum erneuten Vormarsch träfen; tatsächlich plante das alliierte Oberkommando, durch einen Stoß der Hauptstreitmacht entlang der Mainlinie Nord- und Süddeutschland zu trennen und die besetzten Gebiete zu separaten Friedensverträgen zu zwingen. Im Hauptquartier des französischen Oberkommandierenden, General Foch, herrschte Aufbruchsstimmung; das eigentliche französische Kriegsziel, die Rheingrenze und die Auflösung des Deutschen Reichs, lag zum Greifen nahe.

Unterzeichnen oder nicht? Beide Alternativen besaßen bis in das Reichskabinett hinein ihre Anhänger. Nachdem die Friedensdelegation am 18. Juni wieder in Berlin eingetroffen war, jagten sich die Kabinettssitzungen und Fraktionsbesprechungen, ohne daß es zu klaren Beschlüssen kam; eine kabinettsinterne Abstimmung am frühen Morgen des 19. Juni ergab sieben Stimmen für und sieben gegen die Unterzeichnung. Für Ablehnung votierten neben Reichsaußenminister Graf Brockdorff-Rantzau die drei DDP-Minister sowie die Sozialdemokraten Scheidemann, Landsberg und Gustav Bauer, unterstützt durch Reichspräsident Ebert, während die Zentrumsminister und die Sozialdemokraten Noske, Wissell, Schmidt und David für Annahme des alliierten Ultimatums eintraten. Zwei Lösungen boten sich im Fall der Nichtunterzeichnung an: die zum Pazifismus neigenden sozialdemokratischen Minister, die gleichwohl die Verantwortung für die Bürde, die dem deutschen Volk durch den Vertrag aufgelastet werden sollte, nicht zu tragen bereit waren, plädierten für kampfloses Nachgeben: »Die Entente«, erklärte Ebert, »möge die Liquidation übernehmen.«[196] Und es gab auch die militärische Option. Die Oberste Heeresleitung hatte für den Fall der erneuten Kriegsaufnahme den Rückzug sämtlicher deutschen Truppen hinter die Elbe und eine gleichzeitige Entlastungsoffensive gegen Polen geplant. Das Vorhaben besaß zumindest einige Aussicht auf zeitweisen Erfolg, denn die alliierten Truppen waren auch nach Einschätzung des französischen Oberkommandos nicht stark genug, um zugleich offensiv vorzugehen und in den eroberten deutschen Gebieten hinreichende Besatzungstruppen zu stationieren – Foch rechnete vorerst lediglich mit der Gewinnung der Weserlinie. Die polnischen Kräfte dagegen waren den deutschen, die wie ein mächtiger Ring von Litauen über Ostpreußen und Posen bis Schlesien lagen, deutlich unterlegen; die deutschen Angriffsplanungen, die unter dem Decknamen »Operation Frühlingssonne« liefen, sahen die Einnahme Warschaus binnen sieben Tagen vor.

Aber die Pläne für eine Fortsetzung des Kriegs gingen weit über das rein Militärische hinaus. Schon Monate zuvor hatten sich unter dem Druck des anbrandenden polnischen Nationalismus in Ost- und Westpreußen, Posen und Schlesien deutsche Volksräte gebildet, die auf einen ostdeutschen Separatstaat hinarbeiteten. Die Planungen waren weit gediehen; zivile Verwaltungsspitzen, wie der Oberpräsident der Provinz Ostpreußen, Adolf v. Batocki, und der Reichskommissar für den Osten, der Sozialdemokrat August Winnig, standen ebenso bereit wie führende Militärs, darunter der Oberbefehlshaber des 17. Armeekorps in Danzig, General der Infanterie Otto v. Below; besonders tätig in der konspirativen Vorbereitung war v. Belows politische rechte Hand, Hauptmann d. R. Carl Goerdeler, der aus dem Scheitern des Vorhabens Lehren für eine spätere Verschwörung ziehen sollte. Der Plan sah vor, im Falle der Nichtunterzeichnung des Friedensvertrags und der kampflosen Preisgabe des Westens ein separates ostdeutsches Staatsgebilde zu etablieren, das als Widerstandszentrum gegen die Entente gedacht war. Auch die Möglichkeit eines »Verrats« war einkalkuliert - sollte wider Erwarten die Berliner Regierung sich doch zur Annahme der Friedensbedingungen entschließen, so waren alle Vorbereitungen für den Abfall des deutschen Ostens getroffen, selbst ein Bündnis mit Polen schien möglich: »Man hofft auf diese Weise vom Deutschtum zu retten, was zu retten ist«, notierte der preußische Innenminister am 25. Juni 1919; »man glaubt, dadurch die Ostprovinzen als Ganzes national wie wirtschaftlich intakt zu halten und zu gegebener Zeit - bei dem in naher oder ferner Zukunft zu erwartenden Zerfall des Polenreiches - wieder zu Deutschland zurückkehren zu können, und man erblickt in einer autonomen Anlehnung der Ostprovinzen an Polen ein geringeres Übel als in der Annexion, wie sie der Entente-Entwurf des Friedensvertrags vorsieht...«[197] Was diese widersprüchlichen, fast traumtänzerischen Pläne und Ideen besonders bemerkenswert macht, ist das mit ihnen verbundene gute Gewissen - nirgendwo findet sich ein Hinweis darauf, daß hier Separatismus und Hochverrat am Werke sind. Die Reichs- wie die preußische Regierung wußten genau, was sich im Osten vorbereitete, verhielten sich jedoch zurückhaltend; viel spricht dafür, daß dem Oststaatplan aus Berlin, nicht zuletzt aus dem Büro des Reichspräsidenten, auch aktive Unterstützung zuteil wurde.

Die Weichen für die Ablehnung der alliierten Friedensbedingungen schienen bereits gestellt; die Befürworter der Unterzeichnung hatten dem nicht mehr entgegenzusetzen als politische Argumente. Hier war es vor allem Matthias Erzberger, der wiederrum, wie zwei Jahre zuvor bei der Bildung des Interfraktionellen Ausschusses, sein ganzes rethorisches Geschick aufbot, um parlamentarische Mehrheiten auf seine Seite zu ziehen. In einer Aufzeichnung, die bei den Regierungsfraktionen und im Kabinett zirkulierte, entwickelte er für den Fall der Nichtunterzeichnung apokalyptische Visionen: »I. Zertrümmerung des Reiches, Auflösung desselben in Einzelstaaten. Der Haß der Einzelstaaten gegen Preußen, dem die Verantwortung für die Katastrophe Deutschlands zugeschrieben wird, würde die Trennung der Einzelstaaten zu einer dauernden machen. II. Nach kurzer Frist müßte doch Frieden geschlossen werden, aber nicht vom Reich, sondern von den Einzelstaaten, denen zur Bedingung gemacht würde, keine Einheitsbildung mehr einzugehen. Dieser Friede wäre ein noch schlimmerer als der jetzige. III. Sturz der Regierung und Ersetzung derselben durch Unabhängige und Kommunisten, Auflösung der Reichswehrbrigaden, Ordnungslosigkeit im ganzen Lande.«[198] Was das letzte Argument anging, so war es geschickt auf

Plakat der DVP zu den Reichstagswahlen vom 6. Juni 1920
Entwurf: Gottfried Kirchbach

Der Mythos der Königin Luise, Sinnbild der nationalen Wiedergeburt Preußens nach der napoleonischen Demütigung von 1806/7, wird nach dem verlorenen Weltkrieg erneut beschworen. Aber Versailles 1919 ist nicht Tilsit 1807, denn die russische Karte ist jetzt nicht mehr im Spiel, und als Gegner des freien Europa gilt nicht mehr Frankreich, sondern Deutschland.

die Bolschewistenfurcht der bürgerlichen Parlamentarier gezielt, aber doch wenig treffend; eine französische Besatzungsmacht wäre die letzte gewesen, die dergleichen in ihrem Bereich geduldet hätte. Von ganz anderem Gewicht dagegen war die Beschwörung der Reichseinheit: um sie ging es eigentlich bei der Entscheidung über die Vertragsunterzeichnung. Paradoxerweise verlangte die Bewahrung der nationalen Einheit die Unterwerfung unter den Siegerwillen; die Oststaatpläne dagegen waren nichts anderes als ein Zurück zum herkömmlichen preußisch-konservativen Partikularismus. Die bei preußischen Patrioten derzeit gängige Denkfigur war die Erinnerung an die Rolle Preußens unter der napoleonischen Besetzung einhundertzehn Jahre zuvor, das zeitgemäße Vorbild Yorck von Wartenburg.

Da die Politiker zerstritten und unfähig waren, einen klaren Mehrheitsentschluß zu fassen, lag die Entscheidung dort, wo die wirkliche Macht war, bei der Obersten Heeresleitung. Die OHL jedoch, und das sollte sich als ausschlaggebend erweisen, verwarf den Oststaat wie die Polenoffensive: »Der Vergleich mit Preußen 1813«, erklärte Groener vor Generalstabsoffizieren, »scheiterte daran, daß sich Preußen damals dem Sieger anschloß, nachdem die napoleonische Armee zertrümmert war. Der Yorck'sche Gedanke ist für die gegenwärtige Zeit nicht brauchbar. Der Sieger ist die Entente.«[199] Während einer dramatischen Nachtsitzung in Weimar, am 19. Juni 1919, machte Groener den Ministern und Generälen klar, worum es ging: »Nur wenn wir das Reich leidlich intakt erhalten, ist eine Wiedergeburt Deutschlands möglich.«[200]

Groeners Votum hinterließ tiefen Eindruck; die sozialdemokratische und die Zentrums-Fraktion beschlossen daraufhin, der Vertragsunterzeichnung zuzustimmen, während die DDP-Fraktion ihre Zustimmung von erheblichen Änderungen abhängig machte. Scheidemann, der sich an sein Wort gebunden fühlte, trat am frühen Morgen des 20. Juni zurück, um für ein unterzeichnungswilliges Kabinett Platz zu machen. Die Regierungsneubildung verzögerte sich, da die DDP nach wie vor ihren Beitritt an Abwandlungen des Vertragstextes knüpfte. Tatsächlich wurde eine Note an die Entente entworfen, in der die Unterzeichnung nur mit Maßgabe von Änderungen in Aussicht gestellt wurde; der Notentext befand sich bereits im Telegraphenraum des Auswärtigen Amts und wäre übermittelt worden, hätte nicht im allerletzten Moment der noch geschäftsführend tätige Scheidemann, von der SPD-Fraktion alarmiert, angerufen und die Absendung der Note verhindert. Der Frieden hing zu diesem Zeitpunkt an einem seidenen Faden, an funktionierenden Telephonverbindungen und dem gemächlichen Arbeitstempo eines untergeordneten Beamten; Groener, der am Abend des 20. Juni mit der Nachricht, die Note sei abgegangen, zum Sitz der OHL in Kolberg zurückkehrte, rechnete fest mit der Wiederaufnahme des Kriegs, da die Entente mit Sicherheit die Forderungen der DDP abgelehnt hätte.

Nunmehr waren auch im politisch-parlamentarischen Raum die Würfel gefallen; SPD und Zentrum einigten sich auf die Bildung eines Minderheitskabinetts, toleriert von der DDP, geführt von dem Gewerkschaftler und Sozialdemokraten Gustav Adolf Bauer, einem Vertrauten Eberts. Als die Nationalversammlung am 22. Juni über die Vertragsunterzeichnung abstimmte, votierte eine Mehrheit von 237 gegen 138 Stimmen bei 5 Enthaltungen für die Annahme der alliierten Friedensbedingungen. Die Fronten verliefen quer durch die Fraktionen, aber die Überzeugung, daß die bedrohte Reichseinheit um jeden Preis zu bewahren sei, siegte über die Bedenken der Abgeordnetenmehrheit. Man muß dieses Motiv im Auge behalten, um die ganze Niedertracht des Vorwurfs zu ermessen, der später den Unterzeichnern gemacht wurde: daß gerade sie, die sich gegen die Auflösung des deutschen Nationalstaats entschieden hatten, zu Vaterlandsverrätern geworden seien.

Die Enttäuschung über die Unterzeichnungsbereitschaft der Reichsregierung war nicht nur bei den rechtsstehenden Parteien, bei DVP und DNVP, sondern auch bei großen Teilen der ostdeutschen Bevölkerung und den an der Ostgrenze stehenden Truppen ungeheuer groß. Ein Regimentskommandant notierte: »Überall herzzerbrechende Szenen und Aussprachen, die mich ganz und gar zunichte machen, immer das gleiche Argument, ›die Truppe will doch kämpfen, so lassen Sie sie doch vorgehen. Dann wird ja alles werden! Sie können uns ja gar nicht im Stich lassen!‹«[201] Die Gefahr eines eigenmächtigen Vorgehens der Truppe war so groß, daß die OHL mit der Suspendierung unbotmäßiger Kommandeure drohen mußte. Zwar bewährte sich jetzt auf ziviler wie militärischer Ebene das preußische Prinzip von Befehl und Gehorsam; der Aufstand gegen Berlin fand nicht statt, der Oststaatplan blieb eine weithin unbeachtete Episode. Aber das Gefühl, von den Berliner Politikern verraten worden zu sein, das künftig den militanten rechtsradikalen Widerstand gegen die Republik befeuern sollte, enstand damals bei den Freikorps in den Schützengräben der Polenfront. Und auch im Offizierskorps gärte es; es kostete Groener die größte Mühe, einen Massenrücktritt von Generalstabsoffizieren zu verhindern. Beruhigend wirkte hier die Nachricht, daß Noske trotz seiner Ablehnung der Vertragsunterzeichnung auch im Kabinett Bauer Reichswehrminister bleiben werde: »Nur in einer Hinsicht hat die Armee unbedingtes Vertrauen, nämlich zum Reichswehrminister«, ließ Groener das Reichskabinett wissen.[202] Wie brüchig auch dieses Vertrauensverhältnis war, sollte Noske erst später erfahren.

Am 28. Juni 1919 erschienen zwei deutsche Bevollmächtigte, der neue Reichsaußenminister und sozialdemokratische Parteivorsitzende Hermann Müller und der dem Zentrum angehörende Reichspostminister Johannes Bell, in Versailles, um die letzte und schwerste Folgerung aus dem verlorenen Krieg zu ziehen. »La journée de Versailles«: die Unterzeichnungszeremonie fand im Spiegelsaal des Schlosses Ludwigs XIV. statt, an demselben Ort, an dem achtundvierzig Jahre zuvor das Deutsche Reich ausgerufen und der König von Preußen als Deutscher Kaiser proklamiert worden war – damals wie jetzt ein Symbol für den Triumph der eigenen Sache und für die Demütigung des Gegners, der nicht nur zahlen, sondern auch kriechen sollte.

Versailles als Symbol: das war das eigentlich Unheilvolle, mehr noch als der materielle Vertragsinhalt. Gebietsabtretungen, Reparationszahlungen, militärische Beschränkungen: das kannte man aus früheren Verträgen, das gehörte zur Normalität des Friedenschließens; daß die Zahlungen an die Siegermächte über die Kräfte Deutschlands gingen, traf zwar zu, aber auch, daß diese Zahlungen in der geforderten Höhe nie geleistet werden sollten, und daß ihre Auswirkungen auf die wirtschaftliche Lage Deutschlands bei weitem nicht die Rolle spielten, die ihnen aus propagandistischen Gründen beigemessen wurde. Die Lasten waren nicht nur hoch, sie waren damals, im Juni 1919, sogar unübersehbar, denn die endgültige Festlegung der Reparationszahlungen blieb einer alliierten Kommission vorbehalten, die noch fast zwei Jahre für ihre Beschlüsse benötigen sollte. Aber schwerer als diese Lasten wogen die »Schmachparagraphen«: die »Kriegsschuldlüge«, die Forderung nach Auslieferung deutscher »Kriegsverbrecher«, an ihrer Spitze Wilhelm II., und nicht zuletzt auch die »Kolonialschuldlüge«, die allerdings im Vertragstext selbst nicht vorkam; freilich wurde in der Entente-Öffentlichkeit die Einziehung der deutschen Kolonien mit der angeblich erwiesenen besonderen Unfähigkeit der deutschen Kolonialverwaltung begründet, was in Deutschland als besonders infam empfunden wurde – schließlich hatte die »verspätete Nation« Deutschland ihr kolonialistisches Nachholbedürfnis von Anfang an mit der besonderen deutschen Kulturmission begründet, und nicht von ungefähr gipfelte der Aufruf des Reichskolonialbundes gegen den »Kolonienraub« in der emphatischen Frage: »Was wäre die Welt ohne die Taten der deutschen Kolonialpioniere?«[203]

Dies war der schwerste Fehler, den die Alliierten in ihrem Bestreben begingen, das deutsche Problem für die Zukunft zu entschärfen: sie beschränkten sich nicht auf sachliche Maßnahmen, sondern suchten ihre Forderungen mit moralischen Argumenten zu untermauern. Es ist eine seltsame, in der Geschichte einzigartige Erscheinung, daß Machtausübung in der abendländischen Politik der letzten hundert Jahre stets ein schlechtes Gewissen verursacht, mit der Folge, daß sie unter dauerndem moralischen Legitimationszwang steht. Wo aber Handeln nicht zweckrational begründet wird, sondern eines sittlichen Mäntelchens bedarf, dort wuchern die Antagonismen; der Kompromiß zwischen entgegengesetzten Interessen ist stets möglich, der Mittelweg zwischen Gut und Böse bleibt ungangbar. Nun gaben zwar die alliierten Militärs und Politiker der Versuchung nur zu leicht nach, den geschlagenen Feind auch moralisch zu vernichten, waren aber zu schwach, daraus die einzig sinnvolle Konsequenz im Sinne Machiavellis zu ziehen: »Demütige niemanden, den du nicht vernichten kannst.« Als karthagischer Friede war aber Versailles zu weich: der Vertrag nahm Deutschland für den Augenblick die Großmachtstellung, beließ ihm aber die Möglichkeit, sie künftig wiederzuerlangen.

Damit wurde die Revision von Versailles für jeden deutschen Politiker, von der äußersten Linken bis zur extremen Rechten, zum politischen Imperativ. Hier lag die einzige wirkliche Gemeinsamkeit aller politischen Kräfte der Republik, das eigentlich wirkungsmächtige Symbol von Weimar, seiner Natur nach destruktiv. Nicht die politische Gegenwart war es daher, auf die sich allgemeines politisches Handeln richtete, sondern ihre Überwindung, nicht die Zukunft eines demokratischen deutschen Staatswesens in einer freien Völkergemeinschaft, sondern die Wiederherstellung einer im kollektiven Gedächtnis der Deutschen glanzvoll vergoldeten Vergangenheit: eine negative Utopie. Und die innen- wie außenpolitische Durchschlagskraft des Versailles-Revisionismus war so erfolgreich, weil jedermann dabei ein gutes Gewissen besaß, mochte auch der Friedensvertrag nicht nur Bestandteil des internationalen Rechts, sondern sogar geltendes Reichsrecht sein: »Wenn jemand von mir bei gefesselten Armen und unter Vorhalten des Revolvers auf die Brust die Unterzeichnung eines Stücks Papier forderte, wonach ich mich verpflichten müsse, in 48 Stunden auf den Mond zu klettern«, so hatte bereits Erzberger anläßlich der Unterzeichnungsdebatte im Kabinett erklärt, »so würde jeder denkende Mensch - um sein Leben zu retten - dies unterzeichnen.«[204] Versailles war ein Fehdehandschuh, den selbst demokratisch gestimmte Gemüter in Deutschland aufzuheben bereit waren: »Mein politischer Rat wäre es«, meinte Thomas Mann im Hinblick auf die Vertragsunterzeichnung, »es unter Protest und unter jedem moralischen Vorbehalt zu thun und es den Feinden zu überlassen, ob sie eine so gegebene Unterschrift annehmen oder nicht. Wenn nicht, nimmt die Allianz immerhin ein schweres Odium auf sich. Wenn ja, so ist ihre Demobilisierung und der Wechsel der geistigen Situation abzuwarten, um den ›Vertrag‹ umzustoßen oder nicht zu erfüllen.«[205] Genau so sollte es kommen.

Die Paragraphen von Versailles
Solange mit diesem Gewürm nicht aufgeräumt wird, ist alles Debattieren umsonst.

Zeichnung von Th. Th. Heine

Gegenrevolution

Ein dänischer Journalist, der wenige Tage nach der Unterzeichnung des Friedensvertrags durch Deutschland reiste, fand bei den Menschen auf der Straße tiefe Mutlosigkeit vor, »das Gefühl, verloren zu sein.« Der Generaldirektor der AEG, Walther Rathenau, als Schriftsteller wie als Organisator der Rüstungswirtschaft im Weltkrieg auch dem dänischen Zeitungsleser bekannt, malte dem Reporter ein düsteres Zukunftsbild aus: »Deutschland gerät in einen Zustand gleich dem nach dem Dreißigjährigen Kriege. Es wird politisch schwach, industriell vernichtet sein. Ein Viertel der Bevölkerung wird entweder Hungers sterben oder zur Auswanderung gezwungen sein ... Berlin und die anderen größeren Städte Deutschlands werden verfallen und sich langsam mit Staub bedecken; die Mauern werden Risse zeigen, die Straßen bekommen Löcher, nichts wird instand gehalten...«[206] Wo vor kurzem noch überspannter Optimismus herrschte, grassierte nun die schiere Verzweiflung: »Armut, Zerstückelung, Entbehrung, Versklavung, verhüllte Fremdherrschaft« sah ein liberaler Publizist voraus, »Enttäuschung allen Vertrauens auf Menschlichkeit und Vernunft, immer neue Revolten und ein neues Faustrecht.«[207] Friedrich Naumann faßte die allgemeine Hoffnungslosigkeit zusammen: der Friedensvertrag sei »das Todesurteil«[208].

Auch in der Nationalversammlung war vom Elan des Anfangs nichts mehr zu spüren. Nach dem Ende des dramatischen Ringens um die Unterzeichnung des Friedensvertrages war nur noch eine Aufgabe geblieben: die Formulierung der neuen Reichsverfassung.

Die junge Republik
Erstickt das Kind nicht in Resolutionen und Protesten!

Zeichnung von Karl Arnold

Die Beratungen im Verfassungsausschuß wie im Plenum schleppten sich zäh dahin, das Interesse des Hohen Hauses am demokratischen Neubeginn erlahmte ersichtlich, und bei der entscheidenden Abstimmung am 31. Juli 1919 fehlten von den 392 Abgeordneten der Koalition nicht weniger als 67. Dennoch war die Verfassung ungefährdet, sie wurde mit der großen Mehrheit von 262 gegen nur 75 Stimmen der Deutschnationalen, der Deutschen Volkspartei und der USPD angenommen. Damit hatte die Nationalversammlung eigentlich ihren Zweck erfüllt und war reif für die Auflösung, um einem nach den Bestimmungen der neuen Reichsverfassung gewählten Reichstag Platz zu machen. Aber nichts dergleichen geschah: die Vorsitzenden der Regierungsparteien einigten sich vielmehr mit dem Reichskabinett darauf, die Nationalversammlung weiterhin die »laufenden Aufgaben« erledigen zu lassen, bis diese »den rechten Zeitpunkt für Neuwahlen [für] gekommen erachte«. Die Begründung: Die Wahlen müßten verschoben werden, »weil sie den Gegnern der Demokratie Gelegenheit gegeben hätten, im trüben zu fischen, d.h. die Erbitterung über das Friedensdiktat und seine Folgen zu ihren Gunsten auszunutzen.«[209]

Offenbar traute die Regierungsmehrheit ihrem Rückhalt in der Bevölkerung nicht mehr, und das aus gutem Grund. Der Eifer, mit dem sich die rechte Opposition, DNVP und DVP, für möglichst baldige Neuwahlen einsetzte, war gewiß verdächtig. Im Hausblatt des alldeutschen Bürgertums, der »Täglichen Rundschau«, waren beispielsweise am 22. Juli 1919 die unverblümten Worte zu lesen: »Je mehr von dem gesetzgeberischen Stoff aufgearbeitet wird, desto länger werden die Gesichter der Regierenden. Wenn man eines schönen Tages fertig ist, was dann? Wenn die verfassunggebende Nationalversammlung sich der Neuwahl zum endgültigen Reichstag unterziehen muß, was dann? Keiner der politischen Einbrecher und Erbschleicher vom 9. November, keiner der Volksverräter vom 22. Juni traut sich mehr, dem Nachbar gerade ins Auge zu sehen. Man hat die große unberechenbare Sphinx, das Volk, vor sich, man hat keines der ewigen Menschheitsrätsel lösen können, und nun zittert man vor dem Tatzenschlag. Wie, wenn nun gar der rechtmäßige Herr des Landes aus der Fremde heimkehrte? Den Eintagsgötzen von heute schlottern die Knie.«[210]

Dieser Artikel, einer unter zahlreichen ähnlichen, war symptomatisch. Das innenpolitische Klima hatte sich seit der Revolution gewandelt. Wäre ein halbes Jahr zuvor eine derartige Tirade erschienen, der Schreiber hätte sich ohne viel Federlesens im Gefängnis wiedergefunden. Jetzt konnte in einer viel gelesenen Hauptstadtzeitung die Reichsregierung als eine Bande politischer Einbrecher, Erbschleicher und Volksverräter bezeichnet und zur Rückkehr des Kaisers aufgerufen werden, ohne daß der Redakteur amtliche Unzuträglichkeiten zu befürchten hatte. Regierung und Parlament, die Träger der Republik, verschanzten sich hinter dem Verfassungsgebot der Pressefreiheit. Die mit liberalen Argumenten bemäntelte innere Schwäche der Reichsregierung war die Stärke der neuerwachten Rechtsopposition.

Im Augenblick der Kriegsniederlage und während der anschließenden revolutionären Wirren hatte es scheinen können, als seien die alten herrschenden Schichten und die ihnen verbündeten Organisationen und Meinungsträger von der Bildfläche verschwunden; mit den regierenden Fürsten waren auch die Orientierungen des traditionellen Konservativismus untergegangen, und die Analogie zu den blutigen Ereignissen in Rußland lag zu nahe, als daß man sich ohne Not hervorgewagt hätte. Wo neue, konservativ verwurzelte Organisationen entstanden, da hielt man sich einstweilen bedeckt; die Deutschnationale Volkspartei, Nachfolgerin der einstigen konservativen und völkisch-nationalen Parteien des Kaiserreichs, bekannte sich in ihrem Gründungsaufruf vom 24. November 1918 geradezu emphatisch zu der »nach den letzten Ereignissen allein möglichen parlamentarischen Regierungsform«[211], und die erste Satzung des »Stahlhelms, Bund der Frontsoldaten« vom 25. Februar 1919 deklarierte sogar: »Politisch steht der Bund auf demokratischer Grundlage und stellt sich rückhaltlos auf den Boden der neuen Zeit für die Regierung.«[212] Die Monate nach dem Umsturz hatten aber gezeigt, daß die Revolution für die alten Oberschichten nicht geradezu lebensgefährlich war. Die anfänglichen Loyalitätsschwüre waren schnell vergessen; in der Opposition erstarkte das gute Gewissen derer, die die Schuld am verlorenen Krieg und der Misere der Gegenwart ausschließlich den derzeit herrschenden Parteien zuschrieben, und das allgemeine Revisionsstreben nach der Unterzeichnung des Versailler Vertrags gewann aus dieser Perspektive noch eine besondere Bedeutung: es ging nicht nur um die Revision nach außen, um Grenzänderungen, Zahlungsbefreiung und militärische Gleichberechtigung, sondern auch um Revision nach innen, zurück zur Verfassung des Reichs vor 1914 und zur Monarchie.

Anderes kam hinzu; das unterschwellige Gefühl der gesellschaftlichen Unterlegenheit, das vielen der neuen, besonders der sozialdemokratischen Machthaber im Umgang mit den alten Machteliten zu schaffen machte, trug das Seine dazu bei, bei diesen ein Überlegenheitsgefühl wachsen zu lassen, das öffentlich und in zahllosen Varianten kultiviert wurde. Die Träger der Republik waren aus dieser Perspektive kulturlose und machtgierige Parvenüs, unter deren Regierung zu leben nicht nur der Adel, sondern auch das rechtsstehende Bürgertum zunehmend als entwürdigend empfand, und dieses Gefühl bestärkte eine raffinierte Publizistik der nationalistischen Presse, namentlich des Scherl-Konzerns, durch eine bösartige und andauernde Kampagne. Berühmt wurde ein Photo, das am Tag der Vereidigung Friedrich Eberts als Reichspräsident nach der neuen Reichsverfassung, am 21. August 1919, in mehreren Illustrierten gleichzeitig erschien: Ebert und Noske in der Badehose, grotesk und lächerlich. Vom Kaiser kannte man solche Bilder nicht. »Eberts rote Badehose« wurde ein beliebter Witz in besseren gesellschaftlichen Kreisen; daß der Reichspräsident einst Sattlermeister und seine Frau Dienstmädchen gewesen war, wußte jedermann und machte gerne Gebrauch von seiner Kenntnis. »Friedrich Ebert heißt unser Präsident«, meldete mit triefender Süffisanz Scherls »Tägliche Rundschau« die Vereidigung. »Zoll um Zoll ein Napoleon: Dritter natürlich, nicht Erster. Die gedrungene, kurzhalsige Gestalt, der Knebelbart, die Speckfalte im Nacken: Lui! So einer, wie der große Julius Cäsar sie liebte: ›Laßt wohlbeleibte Männer um mich sein, die nachts gut schlafen!‹ Noch heute geht sozusagen der herbfrische Duft von Juchtenleder von ihm aus, das er früher verarbeitete. Wäre er doch bei dieser Tätigkeit geblieben! Er hat den Horizont einer Käseglocke; so ist durch die Revolution überhaupt die Unzulänglichkeit auf den Thron gekommen. Sitzen kann Friedrich der Vorläufige, das steht fest...«[213]

Mit dem Eindruck, daß das neue Regime lächerlich sei, verband sich für das nationalgesinnte Bürgertum ein Gefühl tiefer Entwürdigung. Alles, was einst axiomatische Gültigkeit besessen hatte, war erschüttert: der Glaube an die zivilisatorische Mission des deutschen Volkes, an die Notwendigkeit, Deutschland einen Platz an der Sonne zu sichern, an die militärische Überlegenheit der Deutschen. Das in der wilhelminischen Epoche hypertrophierte nationale Selbstbewußtsein hatte sich bis weit in den Krieg hinein bestätigt sehen können; fast bis zuletzt waren »gegen eine Welt von Feinden«, wie es oft hieß, erstaunliche Siege erfochten worden; daß die letzte und entscheidende Schlacht im Westen verloren worden war, blieb unverständlich. Die Kriegsniederlage, das wirtschaftliche Elend, die grenzenlose Demütigung durch das »Diktat« von Versailles, alles das konnte nur ertragen werden, wenn das tief erschütterte kollektive Selbstbewußtsein die erlittenen Kränkungen auf einen Sündenbock abladen konnte. Nun boten sich tatsächlich Sündenböcke an, die auch wirklich schwere Schuld trugen: da war der Kaiser selbst, da war die kaiserliche Reichsregierung von 1914, die in den Krieg keineswegs »hineingeschliddert« war, sondern ihn bewußt in Kauf genommen hatte, und da waren die Militärs, in erster Linie die Heroen der Dritten OHL, Hindenburg und Ludendorff, die wider besseres Wissen nicht nur die Zivilbevölkerung, sondern auch die Reichsregierung bis zum bitteren Ende über die tatsächliche Kriegslage falsch unterrichtet hatten. Die Französische Revolution hatte einst nicht nur die Vertreter des Ancien Régime, sondern auch die eigenen Feldherren, die keine Siege erfochten, aufs Schafott gebracht; die deutsche Revolution, das zeigte sich auch in diesem Punkte wieder, war eben kaum mehr als ein Zusammenbruch gewesen. Anstatt die Verantwortung der Militärs für die Kriegsniederlage und den anschließenden Frieden vor aller Welt zu demonstrieren, hatten sich die neuen Machthaber dazu drängen lassen, ihre eigenen Namen unter Waffenstillstands- und Friedensvertrag zu setzen, und damit hatten sie in den Augen der großen Bevölkerungsmehrheit die Verantwortung und somit die Sündenbockrolle übernommen.

Immerhin hatte es die Mehrheit der Nationalversammlung fertiggebracht, einen Untersuchungsausschuß einzusetzen, der die Ursachen des Zusammenbruchs ergründen sollte. Aber dieser Untersuchungsausschuß, der eigentlich als Anklageforum gegen die kaiserliche Reichsregierung und die Oberste Heeresleitung gedacht war, wandelte sich dank des Ungeschicks der untersuchenden Abgeordneten zur triumphalen Propagandaplattform der Angeklagten. Am 18. November 1919 trat Hindenburg vor dem Ausschuß auf. »Der Feldmarschall war in Uniform, einer wuchtigen Bildsäule gleichend«, so beschrieb einer der anwesenden Sachverständigen die Szene. »Grau im Gesicht und an Gestalt, hätte er das in Stein gehauene, menschgewordene Götzenbild irgend eines heidnischen Preußenstamms sein können ... Er schien ein Überrest aus einem früheren Erdzeitalter zu sein, als alle Geschöpfe in riesigeren Ausmaßen und nach einem einfacheren Aufriß geschaffen waren... Eintönig leierte der Feldmarschall sein Pensum herunter. Es klang so langweilig wie eine abgespielte Grammophonplatte - und war doch mit Dynamit geladen.«[214] Was Hindenburg vor dem Ausschuß monoton vom Blatt ablas - formuliert hatte es der ehemalige Vizekanzler und jetzige DNVP-Reichstagsabgeordnete Karl Helfferich - schlug in der Öffentlichkeit wie eine Bombe ein: Die Parteien hätten den Widerstandswillen der Heimat erschüttert, hinzugekommen sei »die heimliche planmäßige Zersetzung von Flotte und Heer« und »revolutionäre Zermürbung« der Front: »So mußten unsere Operationen mißlingen, es mußte der Zusammenbruch kommen; die Revolution bildete nur den Schlußstein. Ein englischer General sagte mit Recht: ›Die deutsche Armee ist von hinten erdolcht worden.‹«[215]

Damit war ein genial konzipierter Mythos in die Welt gesetzt, der die Kriegsniederlage auch dem einfachsten Verstand einleuchtend zu erklären schien: Verrat, das war's! Die deutsche Rechtsopposition besaß von jetzt an ein Schlüsselwort, mit dem sie ihre Ängste und ihre Wut benennen konnte: mit der tatkräftigen Hilfe Hindenburgs, des Mitverantwortlichen für das deutsche Waffenstillstandsangebot und späteren Präsidenten der deutschen Republik, war die Dolchstoßlegende geboren. Die darin enthaltene Unterstellung hatte in manchem den Schein der Wahrheit: hatte nicht Ebert selbst den heimkehrenden Westfront-Divisionen das »Im Felde unbesiegt« zugerufen? War nicht durch die Friedensresolution vom Juli 1917 vor aller Welt die innere Geschlossenheit des Deutschen Reichs auseinandergebrochen? Hatte es nicht Revolten bei der Flotte und Kampfverweigerungen beim Heer gegeben, hatten nicht Unabhängige und Spartakus alles getan, um die Heimatfront zu unterminieren, hatte nicht Karl Liebknecht den Feind im eigenen Land gesehen? Und dennoch war das Wort vom Dolchstoß die Unwahrheit, denn die Heimatfront hatte vier Jahre lang die schwersten Opfer auf sich genommen, einfach weil militärische Führer dem Volk gesagt hatten, es müsse sie bringen; die Hauptangeklagten der nationalistischen Propaganda, die Sozialdemokraten, hatten mit ihrem Beschluß vom 4. August 1914, die Kriegskredite zu bewilligen, geradezu ihre Seele verkauft, weil sie den Versicherungen des Reichskanzlers geglaubt hatten, das Reich führe einen reinen Verteidigungskrieg. In Wahrheit war das Reich 1918 ausgeblutet und ausgehungert, kein Heerführer, auch nicht Hindenburg und Ludendorff, hatte an die Fortführbarkeit des Kampfs über den nächsten Winter hinweg geglaubt. Die Dolchstoßlegende, nach dem Urteil des Historikers Friedrich Meinecke »eine tendenziöse Karikatur des Hergangs mit einem Körnchen Wahrheit«[216], war ebenso wirkungsmächtig wie das nicht weniger fruchtbare Schlagwort von den »Novemberverbrechern«, denjenigen demokratischen Politikern, die nach der Lesart des Generals Ludendorff Deutschland seines sicheren Siegs beraubt hätten, desselben Generals Ludendorff, der am 29. September 1918 eben diese Politiker fast gewaltsam zur Macht gedrängt hatte, um sie die Kapitulation unterschreiben zu lassen.

Dolchstoß und Novemberverbrecher, das waren in der Folgezeit die populären Stichworte, wenn das »System« von Weimar, auch

Die nationalistische Dolchstoßlegende...

...wird später mit geringem Erfolg von der republikanischen Propaganda gegen die äußerste Rechte gewendet.

dies eine gezielt eingesetzte Diffamierungsvokabel, zur Debatte stand. Das Fazit aus alledem zog ein katholischer Kirchenfürst, der Münchener Kardinal Faulhaber, mit der schlichten Erkenntnis: »Die Revolution ist Meineid und Hochverrat und wird mit einem Kainszeichen gezeichnet bleiben, auch wenn sie da und dort gute Erfolge hatte neben schlechten, denn eine Untat kann aus Grundsatz nicht heilig gesprochen werden.«[217] Die »Tägliche Rundschau« griff diesen Ausspruch hocherfreut auf, zitierte in leichter Abwandlung: »Die Republik ist auf Meineid und Hochverrat begründet«[218], und Hunderttausende redeten es wie bewußtlos nach.

Das waren Anfeindungen, denen die junge Republik nichts entgegenzusetzen wußte. Das Gift der dauernden Diffamierung war in der Regel zu subtil, als daß es mit staatlichen Machtmitteln hätte bekämpft werden können. War einmal eine Attacke so plump, daß sie mit Hilfe des Strafgesetzbuchs geahndet werden konnte, so fand sich fast immer ein verständnisvoller Richter; die Unabsetzbarkeit der Richter war von der Verfassung garantiert, und meistens standen diese innerlich auf der Seite der rechten Republikgegner. Gefängnisstrafen wurden nie verhängt, und dic mäßigen Geldstrafen zahlte jede Redaktion mit Leichtigkeit, die Hetze ging weiter.

Es war ein Teufelskreis: je weniger die Republik sich gegen Verdächtigung und Beschimpfung wehrte, um so verächtlicher erschien sie in der Öffentlichkeit. Zudem verstand sie es auch nicht, Anhänglichkeit oder gar Sympathie zu erzeugen. Es fehlte ihr an aufrüttelnden Ideen; in einer Zeit, in der die Exaltation den Ton angab, hatte es die auf Mäßigung und Kompromißbereitschaft angelegte Demokratie schwer, Anhänger zu gewinnen. »Man einigt sich in der Verwerfung der öden und geistlosen ›Formaldemokratie‹«, beobachtete einer der wenigen intellektuellen Anhänger der neuen Ordnung, »vermißt den großen Schwung und die großen Ideen, die grundsätzliche Neuheit, die Kraft und Größe der Herrschgesinnung. Man erzählt sich allerhand malitiöse Anekdoten über das kleinbürgerliche Privatleben der heutigen Machthaber und lamentiert darüber, daß im Grunde alles beim alten geblieben, nur kleiner, kümmerlicher, spießerhafter geworden sei. Man sieht: es ist wiederum eine sehr formale Kritik, in der die verschiedensten Geister leicht übereinstimmen und bei der sich jeder einen anderen Inhalt der vermißten ›großen Ideen‹ denken kann.«[219] Es fehlte auch an mitreißenden, charismatisch begabten Persönlichkeiten; wo alle Welt nach einer Führerfigur Ausschau hielt, nach einem neuen Bismarck, einer cäsaristischen Begabung, die das parlamentarische System überragt und annehmbar gemacht hätte, da tummelte sich das schiere Mittelmaß. Daß das nur selten überragende Format der neuen Machthaber mit dem Parteiensystem zusammenhing, war offensichtlich; die Bürokratisierung der modernen Parteien führte fast zwangsläufig dazu, daß die Parteipolitiker Männer der Apparate, ausgezeichnete Verwalter und Organisatoren, aber kaum mehr, waren. Ein Sozialdemokrat hat es im Hinblick auf seine eigene Partei ausgesprochen: »Große Führer kommen fast immer aus dem Chaos, aus der richtigen Ordnung kommen sie selten, aus der Ochsentour nie.«[220] Und schließlich hatten die Verfassungsväter in völliger Verkennung staatsintegrierender Mittel der Republik so gut wie alle Möglichkeiten genommen, sich nach außen hin darzustellen; in einem Anfall römischer Tugendhaftigkeit hatten sie das Verleihen von Titeln und Orden untersagt. In der Praxis führte das zu unsäglichen Lächerlichkeiten und Verrenkungen; ausländischen Staatsoberhäuptern mußte in Ermangelung eines staatlichen Ordens die Rot-Kreuz-Medaille verliehen werden, und verdienten Offizieren versprach der Reichswehrminister goldene Uhren.

Solche Grimassen waren Wasser auf die Mühle der Republikfeinde, die zahllos waren; Freunde der Republik dagegen konnte man schon in der zweiten Jahreshälfte 1919 mit der Laterne suchen. »Man dient der Republik, aber man liebt sie nicht«, bekannte der Historiker Hans Delbrück. »Ich gehöre, wenn man will, zu den Vorkämpfern der Republik, aber feiern kann ich die Republik nicht.«[221] Wo man die neuen Verhältnisse nicht schlankweg ablehnte, dort war man »Vernunftrepublikaner«, das hieß: man beugte sich der Macht der Verhältnisse, indem man sich mit ihnen arrangierte und versuchte, das Beste aus ihnen zu machen. Gustav Stresemann, im Weltkrieg Vorsitzender der nationalliberalen Reichstagsfraktion, Annexionist und als »junger Mann Ludendorffs« von seinen Reichstagskollegen beargwöhnt, war geradezu der Modellfall eines Vernunftrepublikaners: »Die Frage der Staatsform«, erklärte er am 22. Februar 1919 auf einer Kundgebung der von ihm neugegründeten Deutschen Volkspartei, »ist für die Gegenwart eine Tatfrage geworden, diese Tatfrage ist im Sinne der Republik entschieden. Wir können uns daher der Mitarbeit an dieser Republik nicht entziehen und wollen es nicht. Aber daraus wollen wir keinen Hehl machen, daß wir einmal Gegner der Revolution sind und bleiben werden!«[222] Mehr als die Vernunft der Menschen vermochte die Republik nicht anzusprechen. Es war eigentlich auch nicht einzusehen, warum eine vernünftige Zuwendung zu diesem Staatswesen nicht für dessen Festigung hätte genügen sollen, aber die Haltung des Bürgers zum Staat war nicht rational, sondern romantisch. »Es hingen zu große Erinnerungen, zu edle Gemütswerte an unserer monarchischen Vergangenheit, als daß sie ohne leidenschaftliche Zuckungen hätten begraben werden können«, seufzte Friedrich Meinecke. »Die Demokraten, von denen noch sehr viele im Herzen gute Monarchisten waren und blieben, trieben eine streng rationale Politik, als sie sich in entschlossene Vernunftrepublikaner umwandelten. Aber der Rationalismus, den sie hier wie sonst übten, macht auf die Dauer die Menschen nicht satt...«[223] So war man als deutscher Bürger entweder Republikgegner, oder man war zweierlei zugleich, Vernunftrepublikaner und Herzensmonarchist. »Das Volk«, resümierte Stefan Zweig, »hat die Republik als eine Hoffnung auf Rettung in dem ungeheuren Elend genommen wie eine Arznei. Betrügen wir uns nicht: Es war nicht der Geist, der Glaube, die Überzeugung, die jene Wandlung bewirkten, sondern die Not, der Haß, die Erbitterung.«[224]

Auf dem Nährboden von Gleichgültigkeit, Ablehnung und Haß wuchsen die antirepublikanischen Kräfte wie Giftpilze. Die Zielscheibe ihrer Agitation war leicht gefunden; es gab eine Person, in der sich Niederlage, Republik, Versailles, Parteienstaat geradezu inkarnierten: Matthias Erzberger. Niemand war für die Rolle des

Matthias der muntere Seiltänzer
»Mag die Valuta fallen – ich falle nicht.«

Zeichnung von Th. Th. Heine

Sündenbocks geeigneter als er; nicht nur, daß er bei allen politischen Entscheidungen der vergangenen zwei Jahre dabeigewesen war, auch seine Persönlichkeit, sein Auftreten, sein Aussehen machten es leicht, ihn abstoßend zu finden. Keiner besaß größere Verdienste um die Parlamentarisierung des Reiches und um die Festigung der Regierungskoalition, und die Reichsfinanzreform, die Erzberger nunmehr als Finanzminister im Reichskabinett Bauer anging, gehört zu den gesetzgeberischen Jahrhundertwerken; aber es war dennoch ein Unglück für das Reich, für die Demokratie und für Erzberger selbst, daß gerade bei ihm so viele Fäden der Republik zusammenliefen. Selbst engagierte Demokraten fanden ihn dégoutant, wie Harry Graf Kessler, der ihn einen »fetten, schwitzenden, unsympathischen kleinstbürgerlichen Kerl«[225] nannte. Der damalige Geheime Regierungsrat in der Reichskanzlei, Arnold Brecht, ein untadeliger Demokrat und guter Menschenkenner, meinte: »Warum Erzberger trotz seiner großen Fähigkeiten und der Güte vieler seiner Vorschläge Kollegen und Beamten fast allgemein unsympathisch war, läßt sich schwer beschreiben. Er kannte keine Zurückhaltung, war immer ›vorneweg‹, lächelnd-aufdringlich und zugleich glatt, ein wenig vulgär, ein Hansdampf in allen Gassen, und hatte zu alledem, was man als Student ein ›Ohrfeigengesicht‹ nennt ... Dieser äußere Eindruck tat dem Wesen des Mannes wahrscheinlich sehr unrecht. Aber, so sehr ich auch immer dagegen angekämpft habe, mich im Urteil über Menschen vom äußeren Eindruck bestimmen zu lassen, der oft ganz fehl geht, so muß ich doch gestehen, daß ich selbst mich in diesem Falle dem anfangs nicht ganz entziehen konnte.«[226] Es war ein schwer zu erklärender Gegensatz zwischen der fachlichen Tüchtigkeit, der demokratischen Zuverlässigkeit und dem hohen persönlichen Mut und Verantwortungsbewußtsein, die Erzberger auszeichneten, und seiner Begabung, sich Antipathie von allen Seiten her zuzuziehen; so wurde sein Name schnell zur Chiffre für die Unlust an der Republik.

Auch die Gegenseite, die der monarchistischen, nationalistischen, konservativen Republikgegner, personifizierte sich in einem Parlamentarier, in dem Finanzwissenschaftler, einstigen Reichsvizekanzler und führenden Deutschnationalen Karl Helfferich, einem Mann, der Erzberger an fachlichen Kenntnissen und politischer Leidenschaft in nichts nachstand. Zwischen beiden herrschte ein tiefer, persönlich gefärbter Haß, der bis weit vor den Ersten Weltkrieg zurückreichte, als 1906 der einunddreißigjährige Zentrumsabgeordnete Erzberger Kolonialskandale enthüllt und den Direktor der Kolonialabteilung im Auswärtigen Amt und mit ihm dessen ersten Mitarbeiter Helfferich zur Demission gezwungen hatte. Für Helfferich war Erzberger der Schädling, der das Vaterland in den Untergang trieb, und nachdem er mit Hilfe von Detektiven ein umfassendes Dossier über Erzbergers politische wie private Lebensumstände angelegt hatte, erschien kurz nach der Unterzeichnung des Friedensvertrags aus seiner Feder ein Pamphlet, betitelt »Fort mit Erzberger!« Erzberger habe seit dem Beginn seiner Karriere andauernd gegen die Regeln des politischen Anstands verstoßen, hieß es darin, sein politischer Stil beruhe auf »gewohnheitsmäßiger Unwahrhaftigkeit« bis hin zum Meineid, und in nicht weniger als zweiundvierzig Fällen habe er Politik und Geschäft miteinander ver-

Zeichnung von Heinrich Major

quickt: »Das ist Herr Erzberger, der das deutsche Volk mit dem geringen politischen, moralischen und wirtschaftlichen Kapital, das es aus dem Zusammenbruch noch gerettet hat, zur gänzlichen Vernichtung führen wird, wenn ihm nicht endlich das Handwerk gelegt wird! Deshalb gibt es für das deutsche Volk nur eine Rettung. Überall im Lande muß mit unwiderstehlicher Gewalt der Ruf ertönen: Fort mit Erzberger!«[227] Und jedermann im »nationalen« Lager las: Fort mit der Republik!

Erzberger tat, was Helfferich hoffte: er klagte. Der Prozeß begann am 9. Januar 1920 vor dem Landgericht 1 in Berlin. Die Nation nahm, sofern es das Elend und die Katzenjammerstimmung noch erlaubten, an dem Prozeß teil wie an einem Gottesurteil: auf der einen Seite der Beleidigte, der »Herrscher des Kabinetts«[228], auf der anderen Helfferich, von dem die »Tägliche Rundschau« schrieb: »Der Form nach ist er der Angeklagte. Hier im Saale herrscht keinen Augenblick ein Zweifel darüber, daß er der Ankläger ist... Und sein Mandat dazu hat er von Millionen entrechteter, geknechteter, ausgeplünderter, in Hoffnungslosigkeit geführter Deutscher.«[229] Die gleiche Zeitung nannte Erzberger den »Kugelrunden, nicht Kugelfesten«[230]; ein aus dem Heer entlassener Fähnrich nahm das ernst, schoß auf den Finanzminister, als dieser auf dem Weg zum Gericht war, und verletzte ihn erheblich an der Schulter. Die Verwundung hielt Erzberger nicht davon ab, die quälende Verhandlung weiter über sich ergehen zu lassen; trotz der spürbar gegen Erzberger eingenommenen Prozeßführung fiel eine Anschuldigung nach der anderen in sich zusammen, aber es blieb ein unbefriedigender Rest; er hatte sich gelegentlich bei finanziellen Transaktionen Unachtsamkeiten zuschulden kommen lassen, und das Urteil des Berliner Landgerichts stellte fest, er habe sich in drei Fällen des Meineids und in sieben Fällen der Verquickung persönlicher mit politischen Interessen schuldig gemacht. Helfferich wurde zwar verurteilt, da die Mehrzahl seiner Vorwürfe unbeweisbar und großenteils nachweislich falsch war, aber die Geldstrafe war lächerlich niedrig, denn die Richter hielten ihm »vaterländische Motive« zugute. Für die Öffentlichkeit blieb er der Sieger, Erzberger war moralisch und politisch ruiniert, und mit ihm wurde getroffen, wofür er stand: »Er ist nicht bloß Erzberger, er ist die Demokratie«[231], kommentierte ein rechtsstehender Journalist das Urteil. Das war am 12. März 1920; in der darauffolgenden Nacht wurde Berlin von konterrevolutionären Truppen besetzt.

Der Zusammenhang zwischen dem Erzberger-Prozeß und dem Kapp-Putsch war allerdings eher sinnbildlicher als tatsächlicher Art; die Unruhe in der Armee war sehr viel älter, sie ging auf die Tage nach der Unterzeichnung des Versailler Vertrags zurück. Schon damals war es der Obersten Heeresleitung nur mit größter Anstrengung gelungen, das Offizierskorps angesichts der »Schmachparagraphen« und der in Aussicht stehenden Verkleinerung des Heeres zu beschwichtigen; Putsch-Pläne blühten allerorts, in und um Berlin liegende Truppenteile veranstalteten drohende Demonstrationsmärsche durch die Straßen der Hauptstadt. »Es wird die undankbare Aufgabe der Freikorpsführer sein«, notierte ein Kommandeur in diesen Tagen, »die jungen Offiziere und Mannschaften an raschen politisch-militärischen Streichen zu hindern.«[232] Die Militärs waren von der Revolutionsregierung in der größten Not gerufen worden. Während das alte Feldheer sich unaufhaltsam auflöste, hatten sich in großer Zahl Freiwilligentruppen, die Freikorps, gebildet, die die Regierung in Berlin und Weimar schützten, die linksradikalen und separatistischen Aufstände im ganzen Reich blutig niederwarfen und an der Ostgrenze in Oberschlesien, dem westlichen Saum Posens und Westpreußens sowie in Ostpreußen den polnischen Vormarsch aufhielten. Auf ausdrückliche Anforderung der Alliierten, die dies in Artikel XII des Waffenstillstandsvertrags festgelegt hatten, hielten sich sogar umfangreiche Freikorpsverbände im Baltikum auf, um die ostpreußische Grenze vor den anrückenden bolschewistischen Truppen zu schützen und im Rahmen der westlichen Interventionspolitik gegen Sowjetrußland einen Stellvertreterkrieg gegen die Rote Armee zu führen. Ihnen allen hatte die Reichsregierung große Versprechungen gemacht: hoher Sold sowie die Garantie, in die neue republikanische Reichswehr übernommen zu werden oder aber Siedlungsland zu erhalten. Spätestens nach der Friedensvertragsunterzeichnung war aber jedermann klar, daß die Regierung in ihrer Not viel mehr versprochen hatte, als sie halten konnte. Der Versailler Vertrag ließ lediglich ein Hunderttausend-Mann-Heer zu; unter Waffen standen aber 660 000 Mann, davon 400 000 bereits in die »vorläufige Reichswehr« übernommen, der Rest im Ostschutz und meist noch im Kampf stehend. Über 80 Prozent der Soldaten mußten entlassen werden, und das versprochene Siedlungsland war weit und breit nicht vorhanden.

Freikorps-Plakat, 1919

Wer da entlassen werden sollte, war in der Mehrzahl der Fälle zu Kriegsbeginn oder in den Jahren danach direkt von der Schulbank in den Krieg gezogen, besaß keine Berufsausbildung außer der Fähigkeit zu schießen, hatte die Welt in einem Alter, in dem der Mensch am stärksten geprägt wird, aus der Schützengrabenperspektive kennengelernt und war für das zivile Leben verloren; die Eingliederung so vieler Soldaten war angesichts der fehlenden Arbeitsplätze ohnehin kaum möglich und wurde zusätzlich durch den vielerorts von Gewerkschaften und Arbeiterorganisationen gegen ehemalige Freikorpssoldaten verhängten Boykott erschwert. Was da auf sie zukam, merkte die Reichsregierung, als die Entente, nervös geworden durch die von ihr ins Baltikum gerufenen deutschen Truppen, deren Zurückziehung verlangte. Die Baltikum-Freikorps weigerten sich kurzerhand, meuterten, setzten die legale lettische Regierung ab und eine andere von eigenen Gnaden ein und machten alle Anstalten, im Baltikum einen deutschen Militärstaat zu errichten. Die einstigen Oststaatpläne spukten wieder durch die Köpfe mancher Militärs, und der deutsche Oberbefehlshaber im Baltikum, General Graf von der Goltz, schmiedete Pläne, von dieser Basis aus später auf Berlin zu marschieren und dort eine »nationale Regierung« zu installieren. Erst schwere Niederlagen gegen lettisch-britische Vorstöße und die Sperrung des Nachschubs durch die deutschen Behörden erzwangen den Rückzug der »Baltikumer« nach Deutschland, wo sie im Spätherbst 1919 anlangten, voller Wut und in dem Gefühl, von der deutschen Regierung betrogen worden zu sein.

Sie fanden aber unschwer Unterkommen. Auf den Gütern Ostpreußens, Pommerns und der Mark Brandenburg wurden mit einem Male Massenentlassungen gewerkschaftlich organisierter Landarbeiter vorgenommen; an ihre Stelle traten die entlassenen Freikorpssoldaten, zusammengefaßt in »Arbeitskommandos«. Aus beschlagnahmten Schriftwechseln des »Pommerschen Landbundes«, einer Standes- und Interessenorganisation des pommerschen Großgrundbesitzes, entnahm das preußische Landwirtschaftsministerium bereits um die Jahreswende 1919/1920, daß auf den Gütern um Berlin und weiter im Norden beträchtliche Truppenmengen zusammengezogen wurden; auf umfangreichen Materialanforderungsschreiben, die »Spaten« und »Äxte« betrafen, hatte ein unvorsichtiger Landwirt dahinter in Klammern »Gewehre« und »Maschinengewehre« geschrieben. Vermittelt wurden die »Baltikumer« durch einen »Nationalen Heimatbund zur Versorgung Heeresentlassener«, der in Berlin domizilierte, und in dessen Geschäftsstelle sich nicht nur Landwirte, Großgrundbesitzer und Soldaten die Tür gegenseitig in die Hand gaben, sondern auch Politiker der rechtsoppositionellen Parteien sowie der im Krieg von annexionistischen und großdeutschen Nationalisten gegründeten Vaterlandspartei. Vor allem das Gründungsmitglied der Vaterlandspartei, der ostpreußische Generallandschaftsdirektor Wolfgang Kapp, war in jenem Büro ein oftgesehener Gast. Alles das war den Behörden wohlbekannt, aber eben deshalb ging man gegen dieses Treiben nicht vor, denn alles bewegte sich in gesetzlichen Bahnen, war anscheinend unter Kontrolle, und Kapp war ein ehrenwerter Mann. Hinter den Kulissen jener Tarnfirma konnten sich daher weiterhin verbitterte Militärs, ultrakonservative Politiker und agrarische Interessenvertreter ungestört treffen, um den Sturz der Regierung zu planen; neben Offizieren waren es hauptsächlich Gutsbesitzer, die nicht nur seit jeher Hauptstützen des preußischen Konservativismus darstellten, sondern sich auch durch die sozialpolitischen Maßnahmen der neuen Machthaber für die Landarbeiterschaft in ihren materiellen Interessen betroffen fühlten. Daß sich auf dem Lande etwas zusammenbraute, wußte selbst jener Berliner Gemüsehändler, »der über die völlige Zurückhaltung aller Lebensmittel aus Preußen und Pommern klagt und sich die Sache damit erklärt: Die Herren bereiten einen Putsch durch Hungerstimmung vor und wollen dann ihre Herrschaft durch Öffnung der Lebensmittelsperre mit einer Erlösung von der Hungersnot befestigen…«[233]

Freikorps-Plakat
Entwurf: Lucian Bernhard

Während der zuständige Reichs- und Staatskommissar für die Überwachung der öffentlichen Ordnung die Szene in Pommern und namentlich in jenem Berliner Büro unter nachlässiger Beobachtung hielt, entwickelten sich die Dinge in eine Richtung, mit der die Reichsregierung nicht gerechnet hatte. Ende Februar 1920 intervenierte die Interalliierte Militär-Kontroll-Kommission bei den deutschen Behörden und wies darauf hin, daß sich auf den Truppenübungsplätzen bei Berlin Freiwilligenverbände befänden, die sich aus Marineangehörigen zusammensetzten und aufgelöst werden müßten, da die Marine ihre Sollzahl von 15 000 Mann bereits erreicht habe. Gemeint war vor allem die im Januar 1919 in Wilhelmshaven aus Freiwilligen aufgestellte Marinebrigade II, besser bekannt unter dem Namen ihres Führers, des Korvettenkapitäns Hermann Ehrhardt. Die Brigade Ehrhardt war nicht im Baltikum, sondern im innerdeutschen Bürgerkrieg, vor allem gegen die Räterepubliken in Braunschweig und München, eingesetzt gewesen; sie galt als rechtsradikal politisiert, ein Grund, weshalb nicht nur die Reichsleitung, sondern auch der Chef des Truppenamts, Generalmajor v. Seeckt, über die Auflösung dieses Verbands durchaus nicht unglücklich waren. Gegner der Auflösung waren naturgemäß nicht nur die Brigade vom Kommandeur bis zum letzten Soldaten, sondern auch der Befehlshaber Reichswehrgruppenkommando I (Ost- und Mitteldeutschland), Generalleutnant v. Lüttwitz, der die Marinebrigade zu seinen besten Einheiten zählte. Am 1. März 1920 feierte die Brigade ihr einjähriges Bestehen; v. Lüttwitz hielt eine Ansprache, die in den Worten gipfelte: »Ich werde nicht dulden, daß mir eine solche Kerntruppe in einer so gewitterschwülen Zeit zerschlagen wird!« Die Brigade feierte ihn stürmisch; v. Lüttwitz, der seit längerem zum Verschwörerkreis um den Generallandschaftsdirektor Kapp gehörte, sah jetzt den Zeitpunkt gekommen, den geplanten Putsch abrollen zu lassen. Kapp, aber auch die Führer der Deutschnationalen Volkspartei warnten den General; sie waren mit ihren politischen Vorbereitungen noch nicht weit genug gediehen, aber Lüttwitz erwartete von den Zivilisten ohnehin nichts als Kleinmut und erklärte stolz: »Ich halte mich lieber an die Tapferkeit meiner Bataillone.«[234]

Nr. 134 A 73 Morgen-Ausgabe. Berlin Sonnabend, 13. März 1920

Vossische Zeitung

Berlinische Zeitung von Staats- und gelehrten Sachen

Schriftleitung: Berlin SW 68, Kochstraße 22-26

Die Gefahr der Gegenrevolution.

Erzbergers Abschiedsgesuch.

Bevorstehende Ernennung des Nachfolgers.

Am späten Nachmittag des 12. März 1920 tagte das Reichskabinett, als Reichswehrminister Noske herausgerufen wurde; draußen stand der Stabschef des Generals v. Lüttwitz, Generalmajor v. Oldershausen, der dem Reichswehrminister mitteilte, Lüttwitz werde in der kommenden Nacht mit Hilfe der Marinebrigade II putschen, um einer »nationalen Regierung« zur Macht zu verhelfen.

Nun entfaltete sich in der Reichskanzlei hektische Aktivität. Das Kabinett beriet bis Mitternacht, während die Brigade Ehrhardt sich bereits im Anmarsch auf Berlin befand. Der preußische Landwirtschaftsminister Otto Braun, ein Sozialdemokrat, der wegen seiner scharfen Gegnerschaft zum ostelbischen Großgrundbesitz zu den ärgsten Feinden der Putschisten zählte, wurde kurz nach Mitternacht in die Reichskanzlei gerufen: »Als ich das große Bibliothekszimmer durcheilte ..., stand dort u.a. eine Gruppe Offiziere, v. Seeckt und andere. Ich sehe noch heute das süffisante Lächeln auf ihren Gesichtern, als wollten sie sagen: Zurück, du rettest den Freund nicht mehr. Im Nebenzimmer stieß ich auf den preußischen

Kriegsminister General Reinhardt, der mir kurz berichtete, was geschehen war. Die meuternden Truppen von Döberitz marschierten unter Führung von Ehrhardt und Lüttwitz auf Berlin. Er hätte sich dafür erklärt, ihnen mit der Waffe entgegenzutreten, aber die Kommandeure der in Berlin stehenden Truppen hätten erklärt: Reichswehr kämpfe nicht gegen Reichswehr. Die Reichsregierung hätte sich diesem Votum gefügt und den Befehl zur Zurückziehung der Truppen gegeben.

So, Reichswehr kämpft nicht gegen Reichswehr; wenn der meuternde Teil unter der Führung der Kommunisten stände und für deren Ziele marschierte, gälte das dann auch, meinte ich. Ein verständnisinniges Lächeln Reinhardts war die einzige Antwort.«[235]

Ob der vielzitierte Ausspruch des Generals v. Seeckt, Reichswehr schieße nicht auf Reichswehr, wirklich fiel, ist umstritten. Allerdings spielt das keine erhebliche Rolle; wenn v. Seeckt es nicht gesagt hat, so hat er es jedenfalls gemeint. Wenn nach altpreußischer Tradition das Heer der Staat war, so wäre in den Augen der Armeeführung ein Kampf regierungstreuer Truppen gegen die Putschisten am Brandenburger Tor das Signal für die Auflösung des Staats gewesen. So war die Haltung v. Seeckts, der als Chef des Truppenamts die Rolle des früheren Generalstabschefs übernommen hatte, durchaus konsequent, wenn sie auch dem außenstehenden Beobachter undurchsichtig, wenn nicht verräterisch erscheinen mußte.

Die starken Männer vom 13. März »Traurige Zeiten! Früher hätte es ein Leutnant mit zehn Mann jemacht.«

Zeichnung von Karl Arnold

Noch in dieser Nacht wich die Reichsregierung, um nicht gefangengenommen zu werden, nach Dresden und, da die Haltung des dortigen Reichswehrbefehlshabers zweideutig war, weiter nach Stuttgart aus. Als die Brigade Ehrhardt im Morgengrauen des 13. März 1920 im Paradeschritt durch das Brandenburger Tor zog, beherrschte sie Berlin vollständig. Die Parade wurde von Ehrhardt und Lüttwitz abgenommen, weiterhin von dem verschlafenen Kapp, der von der Aktion überrascht worden war, und von einem Vierten: dem General Ludendorff, der, wie er später bei einer Vernehmung erklärte, rein zufällig auf seinem Morgenspaziergang vorbeigekommen war. Weshalb er Morgenspaziergänge in Uniform und mit großer Ordensschnalle unternahm, erklärte Ludendorff nicht, und die republikanischen Richter dachten sich weiter nichts dabei.

Was nun folgte, kam einer kabarettreifen Groteske nahe. Da Kapp von dem Unternehmen der Brigade Ehrhardt nicht unterrichtet worden war, hatte er sich nicht vorbereitet. Während General v. Lüttwitz die Lage in Berlin militärisch unter Kontrolle hatte, saß Kapp in der Reichskanzlei und war ratlos. Eine Kabinettsliste besaß er nicht; sich selbst ernannte er zum Reichskanzler und preußischen Ministerpräsidenten, Lüttwitz zum Reichswehrminister, den früheren Berliner Polizeipräsidenten v. Jagow zum preußischen Innenminister, aber viel mehr an Personal hatte er nicht. Die Beamten der Reichskanzlei hatten ihm kühl erklärt, seine Legitimation nicht anerkennen zu können, und unter Mitnahme der Staatssiegel das Haus verlassen. Zwar hatte Kapp einige Kundgebungen ausgearbeitet, aber es fand sich weder eine Schreibmaschine noch eine Stenotypistin; endlich requirierten Soldaten eine Schreibmaschine in einem Geschäft, und Kapps Tochter tippte die Texte, aber mittlerweile war es Sonnabend abend geworden und längst zu spät für die Wochenendausgaben der Hauptstadtpresse. Und so ging es weiter; die Reichskanzlei füllte sich mit Postenjägern und pensionierten Generalen, die auf Verwendung hofften, aber der vorherrschende Eindruck war mit den Worten eines Kapp nahestehenden Journalisten »das Vorwalten von Elementen von guter Kinderstube und vornehmer Gesinnung, denen nur ihre ohnehin geringe Kenntnis der wirklichen Verhältnisse noch durch die Verbitterung über vermeintlich erlittenes Unrecht verdunkelt war«[236]. Währenddessen standen Ehrhardts Soldaten Gewehr bei Fuß und warteten auf Weisungen, aber die Weisungen blieben aus. Statt dessen erhielt Ehrhardt den Auftrag, Geld zu beschaffen, denn Kapp hatte den putschenden Soldaten höhere Löhnung versprochen. Ehrhardt begab sich mit einer von Kapp unterzeichneten Anweisung zur Reichsbank-Hauptkasse, wo ihm bedeutet wurde, daß Anweisungen auf Reichsguthaben nur durch ordentliche Schecks erfolgen könnten; im übrigen sei Sonntag und die Bank geschlossen. Am nächsten Tag erschien Ehrhardt wieder in der Reichsbank, diesmal mit einem Scheck über zehn Millionen Mark, unterzeichnet mit »Kapp«. Er kam immerhin bis zum stellvertretenden Reichsbankpräsidenten, der ihm aber von oben herab erklärte, ein Reichskanzler dieses Namens sei ihm unbekannt. Noch mehrmals in diesen Tagen erschienen Offiziere in der Reichsbank und wurden stets mit immer komplizierteren Erklärungen fortgeschickt, bis schließlich ein Berater Kapps Ehrhardt nahelegte, doch einfach in die Reichsbank einzudringen und das Geld mit Gewalt zu holen. Der Freikorpsführer war entrüstet: auf derartig schmutzige Sachen lasse er sich nicht ein, er sei Offizier und kein Bankräuber.

Während solchermaßen die Putschisten ihre mangelnde Befähigung zum Putschen bewiesen, ging das Behördenleben weiter, als sei nichts geschehen. Die Staatssekretäre und Minister der legalen Reichsregierung und der preußischen Regierung, soweit sie nicht nach Stuttgart abgereist waren, versammelten sich, ohne daran gehindert zu werden, und erklärten sich für die weiterhin amtierenden rechtmäßigen Inhaber der exekutiven Gewalt. »Damit«, so der in Berlin ausharrende Reichsvizekanzler Schiffer, »war die gesamte Staatsmaschinerie in den Händen der alten Regierung geblieben. Denn bei der Eigenart der preußisch-deutschen Verwaltung ist die Haltung ihrer Spitze in höchstem Maße maßgebend für die aller nachgeordneten Stellen.«[237] So konnte Kapp anordnen, soviel er wollte; seine Weisungen wurden in den Ministerien ordnungsgemäß abgelegt und vergessen. Auch das Reichswehrministerium reichte Kapp nicht den kleinsten Finger; um ihre Opposition angemessen darzutun, übten die Offiziere Widerstand auf preußisch: Sie erschienen in Zivilkleidung in den Ämtern, erledigten die laufenden Geschäfte und ignorierten die Befehle des Generals v. Lüttwitz. General v. Seeckt, von dessen Haltung alles abhing, meldete sich krank, begab sich nach Hause und leitete von dort aus still, aber wirkungsvoll die Obstruktion des Offizierskorps gegen Kapp. Selbst die Rechtsparteien, auf deren Unterstützung Kapp gesetzt hatte, sahen frühzeitig, daß sie es mit einem politischen Windei zu tun hatten, und gingen auf Abstand.

In der Provinz, vor allem in Nord- und Ostdeutschland, hatte sich eine Reihe von Truppenkommandeuren Kapp angeschlossen. Eine Anzahl scheinbar aufgelöster Freikorps, namentlich die aus dem Baltikum, stand in kürzester Zeit wieder voll bewaffnet da, als sei

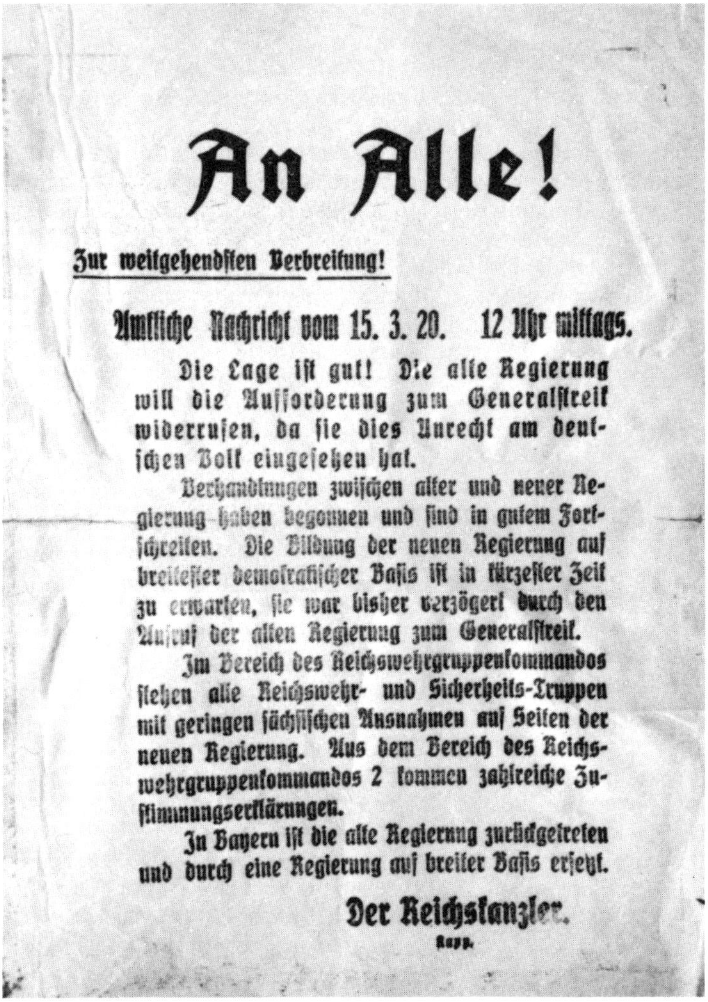

An Alle!

Zur weitgehendsten Verbreitung!

Amtliche Nachricht vom 15. 3. 20. 12 Uhr mittags.

Die Lage ist gut! Die alte Regierung will die Aufforderung zum Generalstreik widerrufen, da sie dies Unrecht am deutschen Volk eingesehen hat.

Verhandlungen zwischen alter und neuer Regierung haben begonnen und sind in gutem Fortschreiten. Die Bildung der neuen Regierung auf breitester demokratischer Basis ist in kürzester Zeit zu erwarten, sie war bisher verzögert durch den Aufruf der alten Regierung zum Generalstreik.

Im Bereich des Reichswehrgruppenkommandos stehen alle Reichswehr- und Sicherheits-Truppen mit geringen sächsischen Ausnahmen auf Seiten der neuen Regierung. Aus dem Bereich des Reichswehrgruppenkommandos 2 kommen zahlreiche Zustimmungserklärungen.

In Bayern ist die alte Regierung zurückgetreten und durch eine Regierung auf breiter Basis ersetzt.

Der Reichskanzler.

Kapp.

Zu dem Zeitpunkt, an dem dieses Flugblatt der Putsch-Regierung verbreitet wird, sind ihre Stunden bereits gezählt. Von Verhandlungen zwischen Kapp und der legalen Reichsregierung in Stuttgart konnte, von unautorisierten Zwischenträgern abgesehen, keine Rede sein, vom Abblasen des Generalstreiks auch nicht. Militärische Befehlshaber, die bislang gezögert hatten, gingen jetzt auf Distanz, und selbst die neue rechtsstehende bayerische Regierung dachte nicht daran, sich durch Kontakte zu Kapp zu kompromittieren.

sie ständig im Dienst gewesen, besetzte einige Städte und machte sich bereit, die Brigade Ehrhardt in Berlin zu verstärken. Auch die Marineleitung trat auf die Seite Kapps. Aber das waren kurzzeitige Erfolge; die meisten Reichswehrkommandeure schwenkten reumütig in das Lager der legalen Reichsregierung um, sobald das Reichswehrministerium imstande war, seine Weisungen an die Wehrkreise weiterzugeben.

Die Regierung Bauer war inzwischen nicht untätig gewesen; sie hatte die Nationalversammlung nach Stuttgart einberufen. Darüber hinaus war schon am 13. März ein Aufruf publiziert worden, unterzeichnet von den sozialdemokratischen Reichsministern und dem Reichspräsidenten, in dem die Arbeiterschaft zum Generalstreik gegen die Putschisten aufgefordert worden war. Tatsächlich stellte der Generalstreikaufruf eine eigenmächtige Handlung des Pressechefs der Reichsregierung, Ulrich Rauscher, dar; die Minister hatten

Arbeiter! Parteigenossen!

Der Militärputsch ist da! Die Baltikum-Landsknechte, die sich vor der befohlenen Auflösung fürchten, haben den Versuch unternommen, die Republik zu beseitigen, und **eine diktatorische Regierung** zu bilden.

Mit **Lüttwitz** und **Kapp** an der Spitze!

Arbeiter, Genossen!

Wir haben die Revolution nicht gemacht, um uns heute wieder einem blutigen Landsknechtregiment zu unterwerfen. Wir paktieren nicht mit den Baltikum-Verbrechern.

Arbeiter, Genossen!

Die Arbeit eines ganzen Jahres soll in Trümmer geschlagen, Eure schwer erkaufte Freiheit vernichtet werden.

Es geht um alles! Darum sind die schärfsten Abwehrmittel geboten.

Kein Betrieb darf laufen, solange die Militärdiktatur der Ludendorffe herrscht!

Deshalb legt die Arbeit nieder! Streikt! Schneidet dieser reaktionären Clique die Luft ab. Kämpft mit jedem Mittel um die Erhaltung der Republik! Laßt allen Zwist beiseite! Es gibt nur ein Mittel gegen die Diktatur Wilhelms II.:

Lahmlegung jeden Wirtschaftslebens!
Keine Hand darf sich mehr rühren!
Kein Proletarier darf der Militärdiktatur helfen!
Generalstreik auf der ganzen Linie!

Proletarier vereinigt Euch! Nieder mit der Gegenrevolution!

Die sozialdemokratischen Mitglieder der Regierung:
Ebert. Bauer. Noske. Schlicke. Schmidt. David. Müller.

Der Parteivorstand der Sozialdemokratischen Partei:
Otto Wels.

ihre Unterschriften nie darunter gesetzt, wandten sich aber in der Folgezeit nicht dagegen. Um den Generalstreik hat sich in späterer Zeit eine zählebige Legende gebildet: er habe, so heißt es, den Kapp-Putsch zu Fall gebracht. Vor allem die Gewerkschaftsspitzen, die im Anschluß an den Putsch größere politische Mitwirkungsrechte verlangten, beharrten darauf, daß der Arbeiterwiderstand die Republik gerettet habe; die Rolle, die der Generalstreik ursprünglich als politisches Argument besaß, spielt er seither als historischer Allgemeinplatz.

Ob der Streik den Putschisten überhaupt besonders lästig war, muß bezweifelt werden. Da er an einem Wochenende ausgerufen wurde – der 13. März 1920 war ein Sonnabend –, konnte er erst am Montag, dem 15. März, voll wirksam werden. Um diese Zeit war jedoch jedem Einsichtigen längst klar, daß der Putsch gescheitert war. Nicht nur Reichswehrführung und Bürokratie zeigten Kapp die kalte Schulter, sondern auch die Rechtsparteien hatten ihn bereits desavouiert, und am Abend des 14. März verlautete aus Paris, der Oberste Alliierte Rat werde erneut die Lebensmittelblockade über Deutschland verhängen, falls hier eine monarchistische oder Räteregierung an die Macht käme. Der Streik traf also lediglich einen Fallenden, und selbst den nur geringfügig. Die Träger des Putsches, die Soldaten, spürten den Streik gar nicht. Durch den Einsatz der »Technischen Nothilfe« konnte in den bürgerlichen Bezirken und im Regierungsviertel die Versorgung mit Strom und Wasser aufrechterhalten werden; die Telephonverbindungen funktionierten tadellos, und die meisten Berliner Kleinhändler und die Angestellten des Dienstleistungsgewerbes schlossen sich dem Streik nicht an. Wirklich unangenehm wurde die Lage nur für die Streikenden selbst, denn für die Versorgung der Arbeiterbezirke tat die »Technische Nothilfe« nichts. Der Vorsitzende des unter gemeinsamer Beteiligung von SPD und USPD gebildeten Berliner Streikkomitees, Kurt Heinig, erinnerte sich später an den Streik: »Wir waren froh, daß wir ihn abbrechen konnten. Uns stürmten nämlich die Arbeiterfrauen aus dem Norden und aus dem Osten die Bureaus ein, weil sie kein Wasser hatten – und kein Licht – und in den einzelnen Etagen der großen Mietskasernen die Scheiße die Treppen hinunterlief. Es war ein Glück, daß das Kapp nicht wußte, sonst hätte er gesiegt…«[238]

Gefährlicher war der Generalstreik für die Republik. Das erste Mal in der Geschichte wurde der politische Streik, bisher immer eine Waffe der oppositionellen Linken gegen die Regierung, als von der Regierung gefordertes Kampfmittel bei der Verteidigung eines bürgerlichen Staats gebraucht. Die Reichsregierung unter Reichskanzler Bauer befand sich dabei in der Rolle des Zauberlehrlings, dessen Beschwörungskraft die Geister, die er gerufen, entglitten. Der Streik radikalisierte sich sehr schnell; wie in jedem politischen Streik gewannen die radikaleren, jüngeren, skrupelloseren Kräfte bald die Oberhand über die bedächtigeren und weniger risikobereiten Gemäßigten. Keiner solle glauben, so der Vorsitzende der KPD-Bezirksgruppe Dortmund, »die proletarischen Millionen-Massen seien am 13. und 15. März 1920 in den Generalstreik getreten nur zur Verteidigung der Republik und der sozialdemokratischen Ministerposten. Was die Masse wollte, war die Errichtung der eigenen Macht«[239].

So breitete sich der zu einer linken Aufstandsbewegung gegen Ebert und Bauer umgepolte Generalstreik rasch aus, während Kapps abenteuerliches Unternehmen in Berlin zusammenbrach. Es scheiterte an der revolutionären Impotenz der Putschisten, an der schlechten Vorbereitung und an dem krassen Mißverhältnis zwischen der militärischen Stärke der Freikorps und der politischen Ohnmacht Kapps. Ihm mangelte es an Unterstützung im Inland wie im Ausland, und den Todesstoß versetzte ihm die Gegnerschaft der Reichswehrführung und der Beamtenschaft. Ein Staatsstreich hat nur dann Aussicht auf Erfolg, wenn es den Putschisten gelingt, sich der Instrumente staatlicher Machtausübung zu bemächtigen. Kapp war einem fundamentalen Mißverständnis zum Opfer gefallen, als er geglaubt hatte, die Ministerialbürokratie werde ebenso leicht zu ihm umschwenken, wie sie anderthalb Jahre zuvor zu Ebert übergegangen war. »Damals«, meinte hierzu ein hoher Beamter der Reichskanzlei, »hatte uns der rechtmäßige Reichskanzler, Prinz Max, gebeten, für Ebert ebenso wie vorher für ihn zu arbeiten. Ebert und Bauer haben mich aber jetzt nicht gebeten, für Sie zu arbeiten, sondern im Gegenteil.«[240] Für die preußische Beamtenschaft wie für die führenden Militärs war die rechtliche Kontinuität ausschlaggebend, nicht die persönliche politische Sympathie; deswegen stellte sie sich später Hitler zur Verfügung, nicht aber jetzt einem politischen Hasardeur wie Kapp. Am 17. März erkannte Kapp schließlich, daß er in der Reichskanzlei hoffnungslos isoliert war, und floh im Flugzeug nach Schweden; wenige Stunden später beugte sich General v. Lüttwitz dem Ultimatum einer Offiziersversammlung unter v. Seeckts Führung, suchte zunächst ein pommersches Gut auf und verschwand dann in Richtung Ungarn.

Die im Umkreis Berlins aufflammenden Unruhen schlugen derweil die Brigade Ehrhardt und die hinzugekommenen Freikorps, die von Seeckt kurzerhand wieder auf die alte Regierung verpflichtet worden waren, mühelos nieder; sie wurden anschließend nach Munsterlager abtransportiert und dort widerstandslos aufgelöst. Im Bezirk Halle-Merseburg wurde ein weiterer Aufstand von regierungstreu gebliebenen Freiwilligeneinheiten rasch unter Kontrolle gebracht, im Ruhrgebiet dagegen wuchs sich die Streikbewegung zu einem regelrechten Bürgerkrieg aus. Es ist später behauptet worden, von kommunistischer Seite seien seit Jahr und Tag unter Mithilfe sowjetischer Instruktoren militärische Kader für den Aufstand geschult worden, aber dafür wurde nie ein stichhaltiger Beweis erbracht; viel eher war die bewaffnete Macht, die in wenigen Tagen im Revier entstand, ein aus der Situation geborener, verhältnismäßig spontaner Zusammenschluß einer Vielzahl politischer Richtungen, von Anarchisten bis hin zu früheren Zentrumsanhängern, und die Kommunistische Partei beteiligte sich erst spät und nur zögernd an dem Aufstand. Die »Rote Armee« dürfte ungefähr 50000 Mann umfaßt haben. Es gelang ihr, den größten Teil des Ruhrgebiets zu besetzen, Reichswehr- und Freikorpstruppen zu vertreiben und sogar bis zur holländischen Grenze bei Wesel vorzustoßen. Wie zuvor in Berlin war die Reichsregierung gezwungen, diese Bewegung mit Hilfe derjenigen Freikorps niederzuwerfen, die gerade erst für Kapp marschiert waren. Der Kampf wurde blutig ausgefochten, die letzten Schüsse fielen erst Mitte April 1920. Die letzte Auswir-

Aufruf der Reichskanzlei

Kapp und Lüttwitz sind zurückgetreten.

Das verbrecherische Abenteuer in Berlin ist beendet.

Vor der ganzen Welt ist im Kampfe der letzten Tage der unwiderlegliche Beweis geführt worden, daß die Demokratie in der deutschen Republik keine Täuschung ist, sondern die alleinige Macht, die auch mit dem Versuch der Militärdiktatur im Handumdrehen fertig zu werden versteht.

Das Abenteuer ist beendet!

Der verbrecherisch unterbrochene Aufbau von Staat und Wirtschaft muß wieder aufgenommen und zum Erfolg geführt werden. Dazu ist vor allem nötig, daß die Arbeiterschaft ihre starke Waffe, den

Generalstreik niederlegt.

In zahlreichen Städten ist die Arbeit bereits wieder aufgenommen. Nun gilt es, alle Teile der

Wirtschaft wieder in Gang zu setzen.

Zu allererst die Kohlenförderung, ohne die es überhaupt kein Wirtschaftsleben gibt. Arbeiter, seid jetzt ebenso tatkräftig und friedfertig zur Stelle wie bei der Abwehr der Volksverführer! Jeder Mann an die Arbeit!

Die Reichsregierung wird mit aller Kraft die Aufnahme des Wiederaufbaues fördern,

die Hochverräter

die Euch zum Generalstreik gezwungen haben,

der strengsten Bestrafung zuführen

und dafür sorgen, daß nie wieder eine Soldateska in das Geschick des Volkes eingreifen kann.

Den Sieg haben wir gemeinsam errungen! Ans Werk!

Der Reichspräsident. Ebert. **Die Reichsregierung.** Bauer.

kung des unüberlegten Generalstreikaufrufs bestand darin, daß als Antwort auf den Einsatz von Truppen gegen die Aufständischen auch im entmilitarisierten Gebiet östlich des Rheins französische Verbände das Rhein-Main-Gebiet besetzten.

Direkt und indirekt hatte also das kopflose Unternehmen Kapps, das in Wirklichkeit nicht mehr als eine Verzweiflungstat von Freikorps gewesen war, mehr als dreitausend Tote und Kosten von über einer Milliarde Mark verursacht. Im übrigen hatte es trotz seines Scheiterns unter blamablen Umständen schwerwiegende längerfristige Auswirkungen. Gustav Noskes Konzept einer vertrauensvollen Zusammenarbeit zwischen SPD und Reichswehr war gescheitert. Die Reichswehrführung hatte sich zwar gegen Kapp gewandt, aber in der Nacht vom 12. zum 13. März 1920, als es um den Widerstand gegen die Putschisten ging, hatte sie sich in einer Weise verhalten, die dem Außenstehenden undurchsichtig, wenn nicht verräterisch erscheinen mußte, und außerdem hatte die Haltung zahlreicher Kommandeure, die sich erst nach einigem Zögern für die verfassungsmäßige Regierung erklärt hatten, das Mißtrauen verstärkt. Auf der anderen Seite hatte die Regierung die Militärs durch ihren Streikaufruf vor den Kopf gestoßen. So saß der sozialdemokratische Reichswehrminister jetzt zwischen den Stühlen; seine Vertrauensseligkeit gegenüber den Generälen, so hieß es in der SPD-Führung, habe ihn blind gegen die Gefahr der Konterrevolution gemacht. Noske mußte gehen, sehr gegen den Willen Eberts, der fast ebenfalls demissioniert hätte, und kein Sozialdemokrat fand sich bereit, an Noskes Stelle zu treten. Das Reichswehrministerium, eine der wichtigsten Machtzentralen der Republik, ging daher in die Hände des Koalitionspartners DDP über, neuer Reichswehrminister wurde der Nürnberger Oberbürgermeister Otto Geßler, der mit der Generalität noch schlechter umgehen konnte als sein Amtsvorgänger. Die in den gegenwärtigen Erschütterungen erneut gebotene Chance war vertan, die Reichswehr in ein zuverlässiges, demokratisches Machtinstrument unter einem sozialdemokratischen Reichswehrminister umzuformen: für das fernere Schicksal der Republik eine verhängnisvolle Entscheidung, einer der schwersten Fehler, die die deutsche Sozialdemokratie begangen hat.

Philipp der Siegreiche
»Du warst ein schlechter Stratege, lieber Noske. Ich bin wenigstens als Oberbürgermeister aus dem Bürgerkrieg hervorgegangen.«

Zeichnung von Olaf Gulbransson

Vor allem aber war im Kapp-Putsch der Gegensatz zwischen der Republik und dem rechten Radikalismus aufgebrochen. Von jetzt an war die Situation der deutschen Demokratie für jedermann deutlich: von rechts wie von links durch den Machtanspruch starker Gruppierungen bedroht, denen bei Gelegenheit jedes Mittel recht war, um die Republik zu beseitigen. Der latente Bürgerkrieg, der in Wahrheit die Grundkonstellation Weimar-Deutschlands ausmachte, konnte jederzeit ausbrechen, und die Lebensfrage des neuen Staatswesens war es, seine Legitimation für den Ernstfall, um mit ihrem schärfsten Kritiker Carl Schmitt zu sprechen, »bürgerkriegsparteifähig« zu halten. Das aber konnte nur gelingen, wenn die demokratischen Normen der neuen Verfassungsordnung auf die Dauer demokratische Zustimmung fanden, anders gewendet: »Solange nicht der ›Bund der Verfassungstreuen‹ die große Mehrheit der Nation bewußt und klar umfaßt und auch die Gegner der herrschenden Regierung in sich einschließt, solange wird es an den allerersten Fundamenten ... und damit einer Heilungsmöglichkeit fehlen«, wie der liberale Philosoph Ernst Troeltsch besorgt konstatierte[241]. Die Probe auf das Exempel stand bevor: Die Nationalversammlung hatte zu lange getagt, und ihr Sitzvermögen hatte die erhoffte innenpolitische Konsolidierung keineswegs gefördert. Wahlen zu einem neuen Reichstag waren nicht länger zu umgehen.

Erfüllungspolitik

Der 6. Juni 1920, der Tag der Wahlen zum ersten Reichstag der deutschen Republik, ist eines der schwarzen Daten der deutschen Geschichte. Nach den Ereignissen der vergangenen Monate war das Wahlergebnis vorherzusehen: »Die Bewegung geht im allgemeinen über Ermüdung und Enttäuschung nach rechts«, hatte ein liberaler Leitartikler prophezeit[242] – aber die Katastrophe, die eintrat, übertraf die Befürchtungen. Der große Verlierer war die Sozialdemokratische Partei; hatte sie im Januar 1919 noch fast 38 Prozent der Stimmen auf sich vereinigen können, so nunmehr nur noch 21 Prozent: In Anbetracht der um 4 Prozent gesunkenen Wahlbeteiligung hatte sich ihre Anhängerschaft also fast halbiert. Ähnlich vernichtend geschlagen war der Koalitionspartner DDP, der von 18 auf 8 Prozent zurückrutschte. Nur das Zentrum erwies sich mit 18 Prozent, wie seit eh und je, als einigermaßen stabil und verlor gegenüber 1919 lediglich einen Prozentpunkt. Das hieß: die Weimarer Koalition, die in der Nationalversammlung eine bequeme Zweidrittel-Mehrheit besessen hatte, war plötzlich unter die einfache Mehrheit abgesunken und verfügte im neuen Reichstag nur mehr über 43 Prozent der Mandate. Die Gewinner waren die Flügelparteien, die nicht nur der Regierungskoalition, sondern auch der neuen Verfassungsordnung den Kampf angesagt hatten: die Linke, die USPD und die neu hinzugekommene KPD, stieg von 7 auf volle 20 Prozent an, während die Rechtsparteien DVP und DNVP zusammen auf 28 Prozent kamen, ihren Stimmenanteil also mehr als verdoppeln konnten; sie hätten vermutlich noch mehr erreicht, wenn ihre zweideutige Haltung beim Kapp-Putsch ihnen nicht geschadet hätte.

Von nun an sollte es den drei Parteien der Weimarer Koalition, den einzigen Parteien, auf die sich die neue Verfassungsordnung mit Gewißheit stützen konnte, nie wieder gelingen, eine Majorität im Reichstag zu erlangen; 1928 kamen sie zwar noch einmal nahe an dieses Ziel heran, verfehlten es aber knapp. Hier saß einer der Krankheitskeime, an denen die Republik schließlich zugrunde gehen sollte, denn ohne eine Mehrheit in Volk und Parlament, die die demokratischen Regeln bejahte, mußte die schwarz-rot-goldene Revolution, kaum begonnen, versanden. Zwar waren die nicht-demokratischen Gruppierungen auf der Rechten und der Linken einstweilen zu schwach, um selbst die Macht zu übernehmen, und ein Bündnis zu diesem Zweck war ihnen nicht möglich; immerhin waren sie imstande, gemeinsam den Demokratisierungsprozeß in vielfältiger Weise zu behindern. Auf der anderen Seite aber waren Regierungsbildungen durch das Parlament nur noch unter zwei schwer belastenden Voraussetzungen möglich: entweder in Form einer Koalition zwischen den Parteien des demokratischen Lagers mit prinzipiell oder latent undemokratischen Parteien – in diesem Fall war eine eindeutige Politik im Sinne eines demokratischen Wandels unmöglich, und ein so zusammengesetztes Kabinett war wegen der in ihm vertretenen grundlegenden Meinungsverschiedenheiten, ungeachtet seiner parlamentarischen Basis, von Natur aus schwach. Die andere Möglichkeit bestand in der Bildung von Minderheitskabinetten, die im Parlament von der Duldung einiger ihrer grundsätzlichen Gegner abhingen, was eine entschiedene Politik ebenfalls unmöglich machte. So entstand ein Teufelskreis, denn je schwächer eine Regierung sich zeigte, um so eher neigten die Wähler zu den rechten oder linken Alternativen, die jedenfalls straffe Machtausübung versprachen.

In dem Reichstagswahlergebnis von 1920 wurde sichtbar, wie satt die Mehrheit der Deutschen nach anderthalb Jahren bereits die Demokratie hatte. Für Generationen deutscher Bürger war Politik gleichbedeutend mit der Herstellung und Aufrechterhaltung von Ruhe und Ordnung durch eine sachverständige Obrigkeit gewesen; die neue Ordnung hatte sich in diesem Verständnis als unbrauchbar erwiesen. Die ganze politische Verstörtheit eines Volkes, dem die Demokratie hastig übergestülpt worden war, kam in der unübertroffen bornierten Tagebuchnotiz Thomas Manns zum Ausdruck: »In der Zeitung Nachrichten über den Ausfall der Wahlen, mit dem die ›Demokratie‹ offenbar sehr unzufrieden zu sein, Ursache hat. Kein Wunder, eher anerkennenswert, daß sich die Wahlen zu einem Protest gegen den gegenwärtigen Saustall gestaltet haben. Autoritative Ordnung oder Diktatur der Arbeiter, die öffentliche Stimme mußte so urteilen.«[243]

Es dauerte Wochen, bis die Koalitionsverhandlungen zu Ergebnissen führten, da keiner der Blöcke der Linken, der Rechten und der demokratischen Mitte eine Mehrheit besaß. Erleichtert wurden die Verhandlungen freilich durch die Sozialdemokratie, die erklärte, an der Regierungsverantwortung nicht mehr interessiert zu sein. Sie besaß dafür viele gute Gründe; sie konnte auf das Wählervotum verweisen, darauf, daß ihre Mitgliederbasis bei weiterer unpopulärer Regierungstätigkeit nach links abzubröckeln drohte, auch auf die Notwendigkeit, dem rechten USPD-Flügel den Wiederanschluß zu erleichtern, was nur in der Opposition denkbar schien, und nicht zuletzt darauf, daß jetzt die Folgen des Friedensvertrags in ihrer ganzen Tragweite hervortraten, und daß es Sache der Rechtsparteien sei, die Suppe, die ihre Vertreter dem deutschen Volk im Weltkrieg eingebrockt hatten, nun auch auszulöffeln. Alle diese Argumente waren gut und richtig, aber sie konnten nicht verschleiern, daß die deutsche Sozialdemokratie in diesem Staat nicht irgendeine Partei war, sondern diejenige, ohne die die neue Verfassungsordnung nicht zustandegekommen wäre, und die daher eine besondere Verantwortung für diesen Staat trug. Daß sie sich in solcher Krisenlage in die oppositionellen Winterquartiere begab, war daran gemessen nichts anderes als das stillschweigende Eingeständnis, als staatstragende Partei versagt zu haben. Tatsächlich fiel allen Verantwortlichen der Partei eine Last von der Seele; als feststand, daß die SPD sich nicht mehr an der Regierung beteiligen werde, so schrieb ein gut informiertes Parteiblatt, habe man in der Partei von Hamburg bis München, von Königsberg bis Konstanz nur vergnügte Gesichter gesehen[244].

Schließlich entstand ein rein bürgerliches Minderheitskabinett, an dem das Zentrum, die DDP und die DVP beteiligt waren. Reichskanzler wurde der Zentrumsabgeordnete Constantin Fehrenbach, ein würdevoller alter Herr, der bereits Präsident des letzten kaiserlichen Reichstags gewesen war, ein redlicher, allgemein beliebter Parlamentarier, aber durch altersbedingte Schwächen behindert, nach

1. Reichstag
6.6.1920

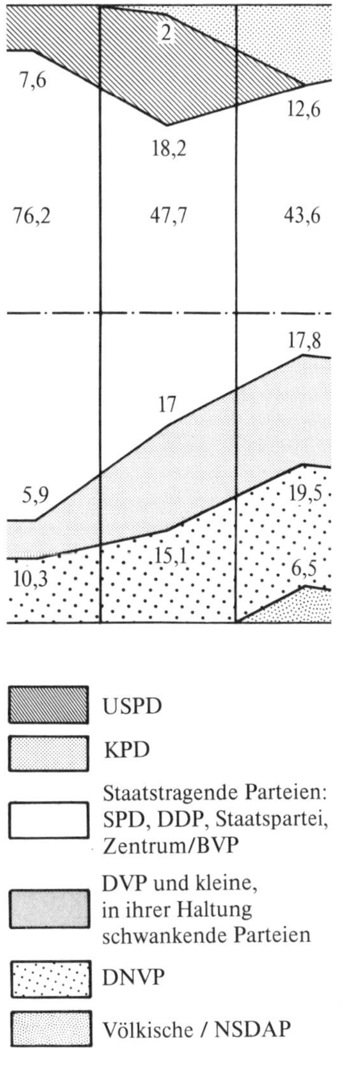

Constantin Fehrenbach

Zeichnung von Th. Th. Heine

Ikarische Spiele oder das neue Reichsministerium
»Nicht so stark applaudieren, sonst fallen sie um!«

Zeichnung von Karl Arnold

dem Eindruck eines Kabinettsmitglieds »ganz ohne Festigkeit«[245]. Wie sehr sich die Zeiten geändert hatten, sah man nicht nur an der Person des Regierungschefs, sondern auch an der des neuen Reichsverkehrsministers; dieses Amt übernahm der letzte Generalquartiermeister der Obersten Heeresleitung, der verabschiedete General Wilhelm Groener, der 1917/18 als Chef des Feldeisenbahnwesens einschlägige Erfahrungen gesammelt hatte und sich als parteiloser Fachmann empfahl. Eine weitere Klimaveränderung zeigte die Regierungsbeteiligung der Deutschen Volkspartei an, die immerhin noch ein Vierteljahr zuvor in die Putschvorbereitungen Kapps verwickelt gewesen war, obgleich sie sich nach dem voreiligen Beginn von dem Unternehmen distanziert hatte. Ihr Erfolg bei den Reichstagswahlen, die sie mit der Parole »Von roten Ketten macht dich frei – Allein die Deutsche Volkspartei« errungen hatte, verschaffte dieser Partei eine so starke Stellung, daß ohne sie keine »bürgerliche« Regierung zustandekommen konnte. Sie weigerte sich daher, einem Regierungsprogramm zuzustimmen, das die Republik und ihre Verfassung ausdrücklich bejahte; Deutsche Demokraten und Zentrum mußten nachgeben und ein Programm akzeptieren, in dem lediglich von der Gesundung Deutschlands im Rahmen der bestehenden Verfassung die Rede war.

So trat die Republik in ihre innere Normallage ein. Das Wahlergebnis war bei Lichte betrachtet eine direkte Fortsetzung der Reichstags-Wahlergebnisse vor dem Krieg gewesen; das Wahlvolk hatte zu seinen herkömmlichen politischen Zuneigungen zurückgefunden, der Erfolg der demokratischen Parteien vom 19. Januar 1919 hatte sich als Strohfeuer erwiesen. Die SPD war wieder Oppositionspartei, allerdings ohne ihre einstige Unschuld wiedererlangt zu haben, denn gänzlich ließ sich die Verantwortung nicht abschütteln – die Sozialdemokraten standen vor der Wahl, »entweder das ganze von ihnen aufgebaute Regierungssystem nach anderthalbjährigem Funktionieren zu Bruch gehen zu lassen, oder aber einer rein bürgerlichen Regierung ... das Regieren zu ermöglichen«[246], wie der »Vorwärts«-Redakteur Friedrich Stampfer die ungemütliche Lage beschrieb: man hatte sich der politischen Einwirkungsmöglichkeiten begeben und mußte nun die Politik einer ungeliebten Regierung zähneknirschend tolerieren.

Immerhin war die SPD aber noch durch zwei Institutionen der staatlichen Macht verbunden: da war einmal die Person des Reichspräsidenten, des Sozialdemokraten Friedrich Ebert, und da war die preußische Regierung, die sich nach wie vor in den Händen der Weimarer Koalition befand. Der bisherige sozialdemokratische Ministerpräsident Paul Hirsch und dessen Parteifreund, der Innenminister Wolfgang Heine, waren nach dem Kapp-Putsch abgelöst worden; sie hatten ohne Glück und Energie amtiert, und die konservativen Landräte, die in den Ostprovinzen in das Lager der Putschisten abgeschwenkt waren, hatte die Partei auch noch auf das Konto Heines und Hirschs gesetzt. Nachfolger Hirschs wurde der bisherige sozialdemokratische preußische Landwirtschaftsminister, das Parteivorstands-Mitglied Otto Braun, ein kantiger Ostpreuße, dem Beobachter »autoritäre Ausstrahlung« nachsagten; er wirkte als ein

»Mann von Schrot und Korn, monolithisch, kurz gesagt: einprägsam«[247]. Gemeinsam mit dem neuen preußischen Innenminister Carl Severing, der als Reichs- und Staatskommissar im Ruhrgebiet bereits seine Krisenfestigkeit unter Beweis gestellt hatte, ging Braun daran, die Hinterlassenschaft des Kapp-Putschs zu beseitigen; während auf Reichsebene, von ein paar Ministerrücktritten abgesehen, personelle Konsequenzen nicht gezogen worden waren, entließ die neue preußische Staatsregierung in kurzer Zeit fast einhundert Landräte, Ober-, Regierungs- und Polizeipräsidenten, deren Verfassungstreue während des Putschs nicht über alle Zweifel erhaben gewesen war: endlich eine Tat, auf die die republikanische Öffentlichkeit gewartet hatte.

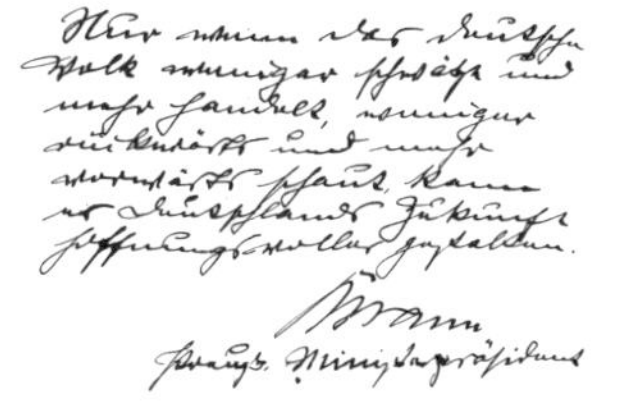

»Nur wenn das deutsche Volk weniger schwätzt und mehr handelt, weniger rückwärts und mehr vorwärts schaut, kann es Deutschlands Zukunft hoffnungsvoller gestalten. Braun, Preuß. Ministerpräsident«

In Otto Braun paarte sich trockener Realitätssinn mit der für Sozialdemokraten seiner Generation seltenen Fähigkeit, die staatliche Macht unbefangen und ohne schlechtes Gewissen zu handhaben.

Preußen, bisher als Hort der Reaktion verschrien, sollte nunmehr nach Brauns Vorstellung »Bürge des Bestandes der deutschen Republik« sein[248], und in der Tat wurde ein Gutteil dieses Programms verwirklicht; während die Regierungen des Reichs sich wegen der prekären Mehrheiten im Reichstag, der mangelnden Kompromißbereitschaft der schwarz-rot-goldenen Parteien untereinander und der wenig überzeugenden Führungsbefähigung der meisten Politiker in der permanenten Krise befanden, herrschte in Preußen bemerkenswerte Stabilität, fand eine Neubegründung des preußischen Staatsgedankens unter umgekehrten Vorzeichen statt: In nahezu revolutionärer Umkehrung hatten die politischen Parias des alten Preußen, die Sozialdemokraten, die Zentrumskatholiken und die Linksliberalen, ein aus der gemeinsamen Verfolgung erwachsenes Bündnis zur Übernahme der Macht in Preußen geschlossen, und unter der straffen Führung durch Ministerpräsident Braun vermochte es dieses Bündnis, in die Rolle der ehemaligen Bedrücker, der konservativen staatstragenden Schichten, zu schlüpfen. Mit nur marginalen Unterbrechungen sollte die Weimarer Koalition, zwischen 1921 und 1925 um die Deutsche Volkspartei erweitert, den preußischen Staat bis zu seiner gewaltsamen Mediatisierung durch v. Papen, am 20. Juli 1932, regieren; ein zeitgenössischer Staatsrechtslehrer konstatierte voller Bewunderung, es sei »nicht zu verkennen, daß dank dieser politischen Situation der heutige preußische Staat sich große Gruppen in ähnlicher Weise in besonderem Grade gewonnen hat, wie einst das gleichermaßen geschlossene monarchische Preußen sich die ihm kongenialen Bevölkerungskreise innerlich eng zu verbinden gewußt hat«; daraus ergebe sich eine »politische Geschlossenheit der preußischen Politik, die im Gegensatz zu der wesentlich tastenderen Reichspolitik an autorativem Gehalt, Sicherheit und Bestimmtheit der Politik des Königreichs Preußen kaum nachsteht«[249].

Nun war Preußen, wie Bebel bereits 1910 festgestellt hatte, »ein ganz anderes Ding als jeder andere Staat«. Das hieß neben anderem: es umfaßte etwa drei Fünftel der gesamten deutschen Bevölkerung wie des deutschen Territoriums; bei weitem der größte Teil von Justiz, Polizei, Schulwesen, Gemeindeaufsicht, allgemeiner Verwaltung, kurz, der Instrumente innerstaatlicher Machtausübung unterlag nicht der Verfügung der Reichsregierung, sondern der des preußischen Staatsministeriums. Zwei Fünftel der Reichsratsstimmen wurden von Preußen instruiert; verfolgte Preußen eine andere Politik als das Reich, so benötigte es nur wenige Verbündete unter den

Wahlplakat der BVP, 1919
Entwurf: Hermann Keimel

Der Bolschewik, der seine Brandfackel auf München richtet, hat Berlin bereits im Griff: Nirgendwo in Deutschland sind die Zentrifugalkräfte so wirksam wie in Bayern, und das Argument vom »marxistischen« Preußen hilft Wahlen gewinnen. Dabei werden die Tatsachen auf den Kopf gestellt: In Wirklichkeit war das kommunistische Räteregime vom April 1919 ein autonomes bayerisches Phänomen, seine Beseitigung verdankte man Freikorps aus Norddeutschland.

übrigen Ländern, um der Reichsgesetzgebung empfindlich in den Arm zu fallen. »Wer Preußen hat, hat das Reich«, diese sozialdemokratische Erkenntnis aus früheren Jahren traf auf die republikanische Gegenwart nicht weniger zu, und daß es eine stabile Koalition verfassungstreuer Kräfte war, die Preußen »hatte«, sollte in erheblichem Ausmaße dazu beitragen, daß die fragile, legitimationsschwache Republik überhaupt vierzehn Jahre überlebte. »Den Austritt aus der Reichsregierung«, hieß es daher in der sozialdemokratischen Parteiführung, »können wir uns gestatten, weil wir Braun und Severing in Preußen haben.«[250]

Die Amtszeit des neuen Reichskabinetts war von Versailles gänzlich überschattet; die alliierten Entwaffnungsforderungen mußten erfüllt werden, bis hin zur Auflösung von Einwohnerwehren und zur Reduzierung der Polizei und ihrer Bewaffnung – eine mühevolle, ärgerliche Aufgabe, die um so konfliktträchtiger war, als die bayerische Staatsregierung nicht daran dachte, ihren Anteil an den Verpflichtungen zu akzeptieren, und sich hartnäckig weigerte, die Einwohnerwehren auf ihrem Territorium zu entwaffnen. Diese Bürgerwehren, in der Revolutionsphase entstanden, hatten sich unter dem bayerischen Forstrat Escherich zusammengeschlossen und den Kapp-Putsch genutzt, um einer ihnen geneigten Regierung unter dem Vorsitz des konservativ-monarchistisch gestimmten Gustav Ritter v. Kahr in den Sattel zu helfen, der nunmehr gar nicht einfiel, sich ihrer eigentlichen Machtstütze zu entledigen. Im Konflikt mit Bayern wurde die ganze innenpolitische Schwäche der Reichsspitze offenbar; v. Kahr reagierte einfach nicht auf Fehrenbachs Drängen, und nur ein scharfes alliiertes Ultimatum, dem sich die bayerische Staatsregierung schließlich beugte, verhinderte fürs erste die offene Auflehnung Bayerns gegen das Reich.

Aber das waren Quisquilien, wie auch die immer wieder aufflakkernden kommunistisch inspirierten Aufstände im Reich, wie ein polnischer Aufstand in Oberschlesien, wie die allenthalben ausbrechenden Streiks, wie auch das zunehmende Tempo der Inflation und der aussichtslose Kampf um den Ausgleich des Reichshaushalts, verglichen mit dem einen Problem, von dem die öffentliche Aufmerksamkeit gebannt war wie das Kaninchen von der Schlange: die Entscheidung der Alliierten über die Höhe der Reparationen.

Als Deutschland sich am 28. Juni 1919 dem Versailler Vertrag unterworfen hatte, war eine der wichtigsten alliierten Bedingungen offengeblieben: was die Höhe der Reparationszahlungen anging, so hatten die deutschen Delegierten einen Blankoscheck unterschrieben. Nahezu zwei Jahre benötigte die alliierte Reparationskommission, um ihre Forderungen auszuarbeiten. Auf deutscher Seite glaubte man recht genau abschätzen zu können, was bei den Beratungen herauskommen würde. In den vierzehn Punkten Wilsons und in der Note Lansings vom 5. November 1918 war vom Wiederaufbau der verheerten Kriegsgebiete und von der Wiedergutmachung aller Verluste an Privateigentum auf der Seite der Entente die Rede gewesen. Die bereits geleisteten umfangreichen Sachlieferungen, die beschlagnahmten deutschen Auslandsguthaben und die deutschen Zahlungen für die alliierten Besatzungsarmeen in Rheinland hatten eine solche Höhe erreicht, daß nach den deutschen Berechnungen auf der Grundlage der Wilsonschen Forderungen fast die Hälfte der zu erwartenden Zahlungen bereits geleistet war; man nahm an, daß 30 Milliarden Goldmark, verteilt über eine Zahlungszeit von dreißig Jahren, die Restforderungen der Alliierten befriedigen würden. Die Beratungen der Reparationskommission dagegen gingen weit über das Programm Wilsons hinaus; die Kommissionsmitglieder nahmen zusätzlich zu den Kriegsschäden und den Wiedergutmachungen für Privatverluste alle Rentenzahlungen an die alliierten Kriegsteilnehmer in ihre Berechnungen auf, so daß die Beträge ins Ungeheure anschwollen. Zudem bestand die Kommission keineswegs aus unparteiischen Sachverständigen, sondern aus Vertretern der künftigen Gläubigerstaaten; der britische Premierminister Lloyd George nahm später für sich in Anspruch, für faire Bedingungen plädiert zu haben, jedoch: »Die Vertreter Frankreichs und Belgiens in der Reparationskommission waren fähige und ehrenwerte Männer ... Aber sie hatten in ihrem Rücken eine aufmerksame, eifersüchtige und gierige öffentliche Meinung, ständig bereit, ihr Urteil zu vergewaltigen...«[251] Der Druck der öffentlichen Meinung Frankreichs und Belgiens auf die Reparationssachverständigen war um so größer, als seit Kriegsende kaum ein französischer Politiker es versäumt hatte, die unter Arbeitslosigkeit und wirtschaftlicher Not leidenden Franzosen auf die deutschen Zahlungen zu vertrösten, die alles ändern würden: »Le boche payera tout.« Die Frage, was denn Deutschland wirklich zahlen konnte, war für den Durchschnittsfranzosen und -belgier unwichtig und auch unverständlich. So beschloß am 29. Januar 1921 eine alliierte Konferenz in Paris gegen den Widerstand der britischen Delegation: die Deutschen hätten binnen zweiundvierzig Jahren 226 Milliarden Goldmark zu zahlen, beginnend mit 2 Milliarden Goldmark im laufenden Jahr und allmählich steigend bis auf 6 Milliarden jährlich; darüber hinaus waren jedes Jahr 12 Prozent der deutschen Ausfuhr-Erlöse abzuliefern.

Der Welthandel
»Warum kann denn der Kerl nicht mehr laufen? Wir haben ihm doch nur das deutsche Bein amputiert.«

Zeichnung von E. Schilling

Die Stimmung in Deutschland war nach dem Bekanntwerden der Pariser Reparationsforderungen einhellig und grenzenlos empört. Es war wie im Mai 1919, als sich die Nachricht von den alliierten Friedensbedingungen verbreitet hatte: wie damals fühlte sich die deutsche öffentliche Meinung getäuscht und betrogen. Auch diesmal legte ein Reichskanzler von der Rednertribüne des Reichstags herab feierlichen Protest ein und appellierte an das Gewissen der Welt, ohne zu bemerken, daß dieses Gewissen derzeit seinen Sitz in Paris hatte; auch diesmal arbeitete die deutsche Seite ungemein vernünftige Gegenvorschläge aus, die von einer deutschen Delegation unter der Führung Fehrenbachs und des Reichsaußenministers Simons am 1. März 1921 einer alliierten Konferenz in London vorgelegt wurden, und auch diesmal wurden die deutschen Vorstellungen schroff zurückgewiesen; Lloyd George donnerte die deutschen Politiker zusammen wie Schulkinder, warf ihnen böswillige Vertragssabotage vor und verlangte ultimativ die deutsche Unterschrift. Fehrenbach tat, was in Deutschland jedermann ohne Unterschied der Parteien von ihm erwartete: er lehnte ab und verließ die Konferenz. Die Wogen der Begeisterung gingen in Deutschland hoch: endlich einmal war ein deutscher Staatsmann nicht zu Kreuze gekrochen, endlich hatte einmal einer nein gesagt! Tatsächlich war die deutsche Reaktion das, was die französische Regierung erwartet hatte: daß Deutschland nicht bereit sei, feierlich unterschriebene Verträge zu erfüllen, hatte sich in französischen Augen einmal mehr erwiesen. Am 8. März 1921 marschierten französische Truppen in den Rheinhäfen Düsseldorf, Duisburg und Ruhrort ein und errichteten Zollschranken zwischen dem besetzten und dem unbesetzten Gebiet. Das Kabinett Fehrenbach erklärte, der Gewalt werde man diesmal nicht weichen. Das war nicht nur Heroismus; man wußte, daß die französische und die britische Regierung sich uneins waren, und setzte auf amerikanische Vermittlung. Doch aus Washington kam lediglich eine unverbindliche Verurteilung der französischen Pressionen, und die britische Regierung, die einen Mittelweg zwischen den deutschen und französischen Wünschen zu verfolgen suchte, scheiterte am französischen Starrsinn. Lediglich die Gesamthöhe der Reparationsforderungen war die Regierung Briand herabzusetzen bereit, was aber für die nähere Zukunft bedeutungslos blieb, da die jährlichen Zahlungsraten gleich bleiben sollten. Die französische Regierung ging noch weiter und setzte im Obersten Alliierten Rat durch, daß Deutschland jetzt mit einem Ultimatum konfrontiert werden müsse.

Nr. 110 • Ausgabe B Nr. 55
Ausgabe für Berlin u. Umgegend Nr. 110

Abend-Ausgabe

Montag, 7. März 1921
50. Jahrgang

Berliner Tageblatt

und Handels-Zeitung

Sehr gespannte Lage in London.

T. W. Dies dürfte die Entscheidungsstunde sein, und wahrscheinlich hat man, wenn nicht im letzten Augenblick das Mittel der Vertagung angewendet worden ist, in London die entscheidenden Worte schon gesagt. Die Nachrichten aus London, die gestern und noch während der Nacht ziemlich verheißungsvoll klangen, stellen heute die Situation als äußerst gespannt, den Abbruch der Verhandlungen als wahrscheinlich dar. In den Besprechungen zwischen Dr. Simons, Lloyd George, Curzon, Sforza, Briand und den anderen französischen Ministern wurde kein Resultat erreicht. Lloyd George scheint versucht zu haben, zu vermitteln, aber er hat natürlich nachgegeben, als die französische Delegation unnachgiebig blieb. Als sogenanntes „letztes Wort" hat man den Deutschen einen neuen Vorschlag hingehalten, wonach Deutschland dreißig Jahre lang je drei Milliarden Goldmark bezahlen und, als Ersatz für die scheinbare Verminderung der Summe, die Ausfuhrabgabe von zwölf auf dreißig Prozent erhöht werden soll. Das sind die Pariser Beschlüsse in veränderter und fast noch verschlechterter Form. Der einzig mögliche Ausweg lag in einem Provisorium, in einem fünfjährigen, längeren oder kürzeren, und dieser Gedanke schien auch in England immer mehr Anhänger zu gewinnen. Wir haben

Ein neues Gegenprojekt der Alliierten abgelehnt.

Drei Milliarden Goldmark jährlich.

Annuitäten auf die Dauer von 30 Jahren und 30 Prozent Ausfuhrabgabe.

London, 7. März.

Der interalliierte Oberste Rat hat gestern abend eine Sitzung abgehalten, die bis 11 Uhr 45 Minuten dauerte. In der Sitzung wurde beschlossen, die neuen deutschen Gegenvorschläge, die die Bestätigung des Abkommens von Paris auf die Dauer von fünf Jahren enthalten, in der Erwartung einer späteren Revision, abzulehnen. Die Sitzung des Obersten Rates fand in Downing Street statt. Nach Ablehnung der neuen deutschen Vorschläge wurde auf Antrag Lloyd Georges von den Alliierten folgendes neue Gegenprojekt angenommen:

1. Annuitäten von 3 Milliarden Goldmark

um 12 Uhr die deutsche Delegation und die Antwort der deutschen Regierung zu empfangen. Es ist jedoch möglich, daß infolge der späten Uebergabe des neuen Projektes der Alliierten die deutsche Delegation eine Vertagung der Sitzung bis nachmittags verlangen wird.

•

London, 7. März, 9 Uhr 20 Min. vorm.

Soeben wird bekannt, daß die als das Projekt Lloyd Georges bezeichneten Vorschläge von den Alliierten als neue Verhandlungsbasis angeboten wurden.

•

Dieser neue Vorschlag der Alliierten ist natürlich von Dr. Simons als **unannehmbar** bezeichnet worden.

•

Nach den neuesten in Berlin vorliegenden Meldungen haben, wie wir erfahren, die gestern bis in die späten Nachtstunden fortgeführten

Der Verhandlungsverlauf in London wurde in Berlin bekannt; Fehrenbach, der nun sah, daß Deutschland wieder verloren hatte, fand keinen anderen Ausweg als Scheidemann zwei Jahre zuvor und trat am 4. Mai 1921 zurück, um einem Nachfolger die Unterzeichnung zu ermöglichen. Am nächsten Tag traf das »Londoner Ultimatum« in Berlin ein: die deutsche Reparationsschuld belief sich danach auf 132 Milliarden Goldmark, die jährlich mit 6 Prozent zu verzinsen und zu tilgen waren. Es blieb bei einer jährlichen Zahlung von 2 Milliarden Goldmark, von denen die erste Milliarde binnen der nächsten Monate abzuliefern war. Darüber hinaus waren 26 Prozent des Werts der deutschen Ausfuhren auf Reparationskonto einzuzahlen; ein alliierter Garantieausschuß sollte die Zahlungen in Berlin überwachen. Nahm die deutsche Regierung den Zahlungsplan nicht innerhalb einer Woche an, so werde das Ruhrgebiet besetzt und dessen Produktion von der Entente gepfändet.

Fehrenbachs heroische Geste hatte also nichts genützt. Wieder mußte ein Vertrag unterschrieben werden, von dessen Unerfüllbarkeit jeder Fachmann, und erst recht jeder deutsche Nicht-Fachmann, überzeugt war; die jährlichen Zahlungen hätten etwa 7 Prozent des deutschen Volkseinkommens ausgemacht, was nach Meinung des bedeutendsten Nationalökonomen auf alliierter Seite, des Wirtschaftstheoretikers John Maynard Keynes, die Möglichkeiten der deutschen Volkswirtschaft um ein Dreifaches überstieg.

Wie um die Ereignisse zwei Jahre zuvor bis ins Letzte zu kopieren, war es wieder ein linksstehender Zentrumspolitiker, der seine Fraktion und die der Sozialdemokraten zum Ja überredete, der aber, da sich kein anderer fand, auch selbst das unter den gegebenen Umständen besonders undankbare Amt des Reichskanzlers übernahm: der badische Zentrumsabgeordnete Joseph Wirth.

Joseph Wirth

Der neue Reichskanzler war eine bemerkenswerte Persönlichkeit. Er stammte aus einem liberalen Elternhaus, und seine Zugehörigkeit zum Zentrum war fast zufällig: er hatte Matthias Erzberger auf einer Wahlveranstaltung gehört und war danach spontan Zentrumsmitglied geworden. Wirth hatte etwas von einem Musterschüler - mit sechsundzwanzig Jahren Studienrat für Mathematik, mit zweiunddreißig Reichstagsabgeordneter, seit dem November 1918, mit neununddreißig Jahren, badischer Finanzminister, seit März 1920 Reichsfinanzminister, mit zweiundvierzig Jahren schließlich Reichskanzler - immer der Jüngste; der britische Botschafter fand, der neue Reichskanzler sehe knabenhaft aus wie einer seiner ehemaligen Schüler[252]. Daß er ein erklärter Anhänger und Freund Erzbergers war, mit dem er nicht nur das beträchtliche rethorische Talent, sondern auch das rückhaltlose Bekenntnis zur Republik gemein hatte - auch letzteres in der Zentrumspartei keine Selbstverständlichkeit - machte ihn von vornherein zur Zielscheibe rechter Häme; am Tag seiner Ernennung zum Reichskanzler begrüßte die »Tägliche Rundschau« den »roten Wirth« mit der kurzen und drohenden Charakterisierung: »Erzbergers Schüler, sein Freund, sein Geschöpf.«[253] Manche der Stereotypen, die das öffentliche Urteil über Erzberger kennzeichneten, schienen auch auf Wirth zu passen; Graf Kessler beispielsweise, ein gesellschaftlicher Ästhet bis in die Fingerspitzen, urteilte: »Ein typischer ›Boche‹; blond, fett, schlagflüssig, ein weichlicher Fleischkoloß ohne innere Haltung: launisch, formlos, Trinker, ja sichtbar alkoholgetränkt (Gastwirtssohn). Hinter Nebeln von Selbstberäucherung und Wein hält er sich scheints für einen Olympier ... Lange wird sich diese luftige Größe nicht halten lassen...«[254] In der Tat war Wirth ein starker Trinker, und sein Selbstbewußtsein grenzte an Monomanie; ein Freund und späterer Gegner erklärte Wirths Eigensinn aus dem »Freiburger Boppelesgeist«[255]. Der spießbürgerliche Habitus Wirths täuschte jedoch manchen oberflächlichen Betrachter über seine bedeutenden Führungsqualitäten und seine leidenschaftliche Liebe zum demokratischen Deutschland hinweg; auch Kessler bekannte später: »Ich habe dem Mann unrecht getan; es ist doch jemand.«[256] Schon die Bereitschaft, das Amt des Reichskanzlers zu übernehmen, sprach für Wirths außerordentlichen Mut.

Wirths politisches Konzept ließ sich in einem Wort zusammenfassen: Erfüllungspolitik. Der Begriff wurde von denjenigen Kritikern erfunden, die für sich selbst die Privatlizenz für patriotisches Bewußtsein in Anspruch nahmen, er war mit Haß und Ressentiments gefüllt, aber in seinem Wortsinn traf er ungefähr die Sache, um die es Wirth ging: Die äußersten Anstrengungen zu unternehmen, um die alliierten Reparationsforderungen zu erfüllen, um die französische Behauptung zu entkräften, die Deutschen könnten wohl, wollten aber nicht zahlen, und um vor aller Welt den Beweis anzutreten, daß die alliierten Forderungen eben dennoch unerfüllbar waren.

Das Problem der Reparationen besaß zwei Seiten: Da war einerseits die Frage der Aufbringung von jährlich 2 Milliarden Goldmark, und da war andererseits die Schwierigkeit des Transfers, also der Übergabe der Reparationssumme an die Gläubigerländer. Was die Aufbringung der Reparationsmilliarden anging, so gab es praktisch nur zwei Möglichkeiten: Man konnte den staatlichen Anteil am Sozialprodukt erhöhen, indem man den Anteil der Bevölkerung direkt verringerte, mit anderen Worten, indem man die Steuern erheblich anhob. Das wäre der volkswirtschaftlich solidere Weg gewesen, obwohl es dann Probleme mit der Kaufkraftverminderung gegeben hätte, aber angesichts der scharf ablehnenden Stimmung in der Bevölkerung waren Steueranhebungen politisch nicht durchzusetzen. Politisch tragbar, volkswirtschaftlich unsolide dagegen war der andere mögliche Weg, den die Reichsregierung beschritt: sie nahm Kredite bei den führenden deutschen Banken auf. Zu deren Finanzierung wurde die Geldumlaufmenge erhöht, indem neues Geld ausgegeben wurde. Die erhöhte Geldmenge beschleunigte die Inflation und führte so ebensfalls zu einer Senkung der Realeinkommen der Bevölkerung; auf diese Weise erhielt der Staat indirekt einen höheren Anteil am Sozialprodukt, der für Reparationsleistungen verwendet werden konnte.

Das waren relativ leicht zu beherrschende Methoden, verglichen mit den verwickelten Problemen, die der Transfer des Geldes mit sich brachte. Mit Waggonladungen deutscher Papiermark, die ständig an Wert verlor, war den Gläubigerländern nicht gedient. Der naheliegende Weg wäre gewesen, daß die Reichsregierung mit ihren Reichsbankkrediten am Inlandsmarkt von den Gläubigerländern gewünschte Waren ankaufte und diese gewissermaßen gratis exportierte. Die alliierten Länder lehnten jedoch Sachlieferungen ab, um nicht die eigenen Industrien vor Absatzprobleme zu stellen; gegen Gratiseinfuhren protestierten Industrielle wie Gewerkschaften, und so reduzierten sich die alliierten Wünsche auf Barzahlungen in Gold und Devisen. Das ging einige Monate lang ganz gut, solange die Reichsbank ihre Devisenreserven und ihre Gold- und Silberbestände abgeben konnte; zu Zahlungsverzögerungen kam es nur, weil die Transportkähne, die die riesigen Silbermengen zu den Überseehäfen bringen sollten, wegen des ungewöhnlich niedrigen Wasserstandes der Elbe und des Rheins auf Grund liefen und wochenlang liegenblieben.

Aber die Reserven reichten nur für die erste Reparationsmilliarde; dann wurde es schwierig. Zu Devisen kommt ein Staat dann, wenn er einen Ausfuhrüberschuß erzielt; paradoxerweise unternahmen jedoch die Hauptgläubigerländer, Frankreich und Großbritannien, alles, um die deutschen Exporte zu erschweren, weil die Marktchancen der eigenen Industrien gefährdet schienen. In ihrer Verzweiflung ging nun die Reichsregierung dazu über, die ausländi-

Trost
»Eine Goldmilliarde haben wir jetzt bezahlt, - Gott sei Dank, nun brauchen wir bloß noch 131 Milliarden herzugeben.«

Zeichnung von Th. Th. Heine

schen Währungen mit frisch gedruckten Reichsbanknoten am Devisenmarkt zu kaufen. Daß auf diese Weise die Inflation in Deutschland zusätzlich angeheizt wurde, liegt auf der Hand, und selbst das verdroß die Gläubigerstaaten, denn den so entstehenden Wechselkursvorteil nutzen die deutschen Exporteure zum Eindringen in ausländische Märkte. Wie man das Problem auch drehte und wendete: es gab keine Lösungsmöglichkeit, die auch nur für einen der Partner, für Deutschland oder die Alliierten, auf die Dauer annehmbar gewesen wäre, und ebendies sollte durch »Erfüllungspolitik« unter Beweis gestellt werden. Als man in Versailles, Spa, Paris und London die Reparationsfrage zu regeln geglaubt hatte, hatte man ohne die leiseste Vorstellung vom Funktionieren des internationalen Wirtschafts- und Währungssystems operiert; die Alliierten, so meinte später der britische Premierminister Lloyd George, »handelten so, als dächten sie, daß ökonomische Gesetze geändert oder zurückgewiesen werden könnten, wie ein parlamentarischer Akt durch ein Votum der Mehrheit, oder daß sie in ihrer Wirkung durch militärische Maßnahmen aufzuhalten seien«[257].

Die Erfüllungspolitik wurde, wie einst Versailles, von den drei Parteien der Weimarer Koalition getragen, die somit wieder das Odium des Kapitulantentums und des Verrats nationaler Belange auf sich nahmen. Das Kabinett Wirth war allerdings ein Minderheitskabinett und konnte sich bei Abstimmungen im Reichstag nur mit Unterstützung entweder durch die Unabhängigen Sozialdemokraten oder durch die Deutsche Volkspartei durchsetzen. Die Situation des Kabinetts wurde dadurch nicht leichter, daß es nicht allein angetreten war, das Londoner Ultimatum zu erfüllen, sondern auch

die Oberschlesienfrage zu lösen. Am 20. März 1921 hatte die Bevölkerung Oberschlesiens, gemäß den Bestimmungen des Versailler Vertrags, über ihre staatliche Zugehörigkeit abgestimmt. Die Abstimmung hatte eine sechzigprozentige Mehrheit für den Verbleib Oberschlesiens bei Deutschland ergeben; dafür hatten sogar viele Oberschlesier polnischer Muttersprache sowie der gesamte jüdische Bevölkerungsteil votiert. Um nun nach der Annahme des Londoner Ultimatums nicht gänzlich in den Geruch einer alliierten Agentur zu geraten, hatte die neue Reichsregierung erklärt, sie nehme die alliierten Bedingungen nur an, wenn das gesamte Oberschlesien bei Deutschland verbleibe. Nach dem Abstimmungsergebnis schien das jedermann in Deutschland eine pure Selbstverständlichkeit, aber der Wortlaut des Versailler Vertrags war in diesem Punkt nicht ganz eindeutig; eine Teilung Oberschlesiens in Übereinstimmung mit der örtlichen Verteilung der Bevölkerungsvoten war als Möglichkeit vorgesehen, und in der Tat ergab das Abstimmungsergebnis eine polnische Mehrheit im Osten und Südosten des Abstimmungsgebiets, dazwischen allerdings Städte mit einer erheblichen deutschen Mehrheit.

Die Alliierten überwiesen, um das Problem loszuwerden, und weil sie untereinander zerstritten waren, die Oberschlesienfrage an den Völkerbund, der sie einem Unterausschuß aus Vertretern Chinas, Brasiliens, Spaniens und Belgiens zur Entscheidung übergab. Dieser Unterausschuß zog eine grob gezeichnete Grenzlinie zwischen den Gemeinden, die mehrheitlich für Deutschland, und denen, die für Polen votiert hatten; daß große Industriestädte wie Kattowitz und Königshütte, deren Bewohner mit großer Mehrheit für ihren Verbleib in Deutschland gestimmt hatten, inmitten des zu Polen geschlagenen Teils Oberschlesiens lagen, spielte bei der Entscheidung keine Rolle, und der Zufall wollte es auch, daß 90 Prozent der oberschlesischen Kohlevorkommen sowie sämtliche Zink-, Blei- und Silberhütten an Polen fielen. Am 14. Oktober 1921 entschied der Völkerbundsrat auf der Grundlage des Ausschußberichts, und alle deutschen Proteste halfen nichts: Oberschlesien wurde geteilt. Es sind Berge von Papier darüber vollgeschrieben worden, ob die Teilung rechtens gewesen sei oder nicht; tatsächlich widersprach sie keineswegs dem Buchstaben des Friedensvertrags, und im Vergleich zu den ursprünglichen Plänen der Großen Vier in Versailles, nach denen das Gebiet vollständig an Polen abzutreten gewesen wäre, war das Ergebnis nicht einmal schlecht. Der britische Botschafter in Berlin jedenfalls hielt die Lösung des Oberschlesienproblems für die einzig mögliche: »Das einzig wirksame Mittel, das dem Jammern ein Ende bereitet, wird ein noch lauteres Jammern von Warschau oder Paris verursachen.«[258]

Wieder einmal fühlte sich Deutschland verlassen und verraten, und wieder einmal wandte sich die allgemeine Erregung gegen die Reichsregierung, die ihre Zustimmung zum Londoner Ultimatum an den Verbleib ganz Oberschlesiens beim Reich gebunden hatte. Wie hoch die nationalen Wogen selbst in der Regierungskoalition gingen, zeigen die Worte eines Mitglieds der DDP-Führung im internen Kreis: »Was hat uns das Vertrauen Wirths im Ausland genutzt? Das Vertrauen zu Wirth ist das Vertrauen zu einem guten Hausknecht, der einem das Gepäck bis an die Bahn bringt, gar nichts

anderes.«[259] Die Regierung Wirth trat daher zurück, nur um wenige Tage später, am 25. Oktober 1921, in zweiter Auflage wieder auf der Bildfläche zu erscheinen, denn unter den gegebenen Umständen hatte sich kein anderer Reichskanzler und keine andere Reichstagsmehrheit finden lassen. Lediglich die DDP trat für einige Monate aus dem Kabinett aus, wie sie bereits nach der Annahme des Versailler Vertrags für ein paar Monate durch Regierungsabstinenz Sühne geübt hatte. Es war ausgegangen wie immer: man hatte große Worte ausgesprochen und war dann zu schwach gewesen, sie in die Tat umzusetzen. Die demokratischen Kräfte in Deutschland hatten eine weitere Demütigung erlitten, sie hatten in den Augen der Republikgegner einmal mehr ihre nationale Unzuverlässigkeit bewiesen.

Nach Westen hin erschien der außenpolitische Horizont zunehmend düster, denn die USA, auf deren mäßigenden Einfluß die deutsche Außenpolitik seit dem Oktober 1918 gesetzt hatte, erlebten eine neue Welle des Isolationismus und hatten sich gänzlich von der europäischen Bühne zurückgezogen, und die Einwirkung Großbritanniens auf die französische Konfrontationspolitik hatte sich in der Reparationsfrage und im Falle Oberschlesiens als enttäuschend gering erwiesen. Da die deutsche Diplomatie im Westen also keine Manövrierfreiheit besaß, solange Deutschland von der Entente nicht als gleichberechtigte Macht, sondern als unbußfertiger Sünder betrachtet wurde, lag es nahe, den Blick nach Osten zu wenden. »Ostpolitik« war das neue Schlagwort, das im Auswärtigen Amt, im Reichswehrministerium und in der Reichskanzlei umlief, und um das sich große Hoffnungen rankten. Gewiß war das deutsch-russische Verhältnis zwiespältig, solange die Sowjetunion kommunistische Aufstände in Deutschland unterstützte; aus diesem Grund war schon im November 1918 der sowjetische Botschafter in Berlin ausgewiesen worden, und seitdem waren die diplomatischen Kontakte abgebrochen. Auf der anderen Seite jedoch war die Sowjetunion mit den Ententemächten zutiefst verfeindet, gegen deren Interventionspolitik sie sich jahrelang hatte zur Wehr setzen müssen, und somit auch Gegner des Versailler Vertrags. Ein weiterer Grund gemeinsamer Interessen war die beiderseitige Gegnerschaft zu Frankreichs Hauptverbündetem in Osteuropa, Polen, gegen das sowohl Deutschland wie auch die Sowjetunion territoriale Forderungen zu stellen hatten, und das seinerseits gegen beide Staaten eine auf Expansion zielende Außenpolitik betrieb.

So kam es trotz des Fehlens offizieller Kontakte schon bald nach Kriegsende zu zahlreichen praktischen Berührungen mit Sowjetrußland. Den Anfang machte die Reichswehr; schon 1920 hatte es Gespräche zwischen den Führungsstäben der Armeen gegeben, und in den folgenden Jahren bauten die Reichswehr und von ihr beauftragte Firmen in Rußland deutsche Flugzeug-, Waffen-, Munitions- und Gasfabriken, in deren Erzeugnisse sich das deutsche Heer und die Rote Armee brüderlich teilten. Daß die Reichswehr im Falle eines Aufstands der KPD mit in Rußland gefertigten Granaten auf kommunistische Arbeiter schießen würde, wurde dabei von der Sowjetregierung, juristisch gesprochen, billigend in Kauf genommen. Während der Kanzlerschaft Wirths wurden die militärischen

Kontakte ausgebaut; in Zentralrußland entstanden eine deutsche Panzertruppenschule sowie Ausbildungseinrichtungen für deutsche Militärpiloten, komplette deutsche Reichswehreinheiten nahmen an russischen, sowjetische Offiziere an deutschen Manövern teil, die gegenseitige Generalstabsausbildung umfaßte mehrere hundert Offiziere auf beiden Seiten, und selbst die sensationellen Enthüllungen, die Scheidemann 1926 im Reichstag über das seltsame Bündnis machte, und die der Reichsregierung, der Reichswehr und der KPD gleichermaßen peinlich waren, sollten nichts an dem guten Einvernehmen ändern.

Hinzu kamen immer enger werdende Handelsbeziehungen, auf die vor allen Dingen die deutsche Schwerindustrie großen Wert legte, da ihre Produkte auf westlichen Märkten nur noch schwer abzusetzen waren. Da war nicht zuletzt die Ostabteilung des Auswärtigen Amts unter Leitung des Ministerialdirektors Ago Freiherr v. Maltzahn, die mit großem Nachdruck auf eine stärkere politische Ostorientierung und die Wiederaufnahme der diplomatischen Beziehungen zu Sowjetrußland hinarbeitete. So waren die theoretischen Gegner des Sowjetkommunismus zugleich diejenigen Kräfte, die großes Interesse an der Zusammenarbeit mit der Sowjetunion zeigten: Militärs, Schwerindustrielle, Diplomaten, aber auch die deutschen Rechtsparteien DVP und DNVP, die teils aus wirtschaftlichen Gründen, teils wegen mehr oder weniger sentimentaler Erinnerungen an das gute deutsch-russische Verhältnis in der Bismarck-Ära die deutsche Ostorientierung förderten. Es gab eigentlich nur zwei Gruppen, die kompromißlos ein deutsch-sowjetisches Bündnis bekämpften: das Zentrum, das aus religiösen Gründen das Paktieren mit der Hauptmacht des Atheismus verurteilte, und die Sozialdemokratie, die wegen des Schicksals ihrer menschewistischen Parteifreunde in der Sowjetunion und aus Gründen der programmatischen Abgrenzung Beziehungen zu Sowjetrußland ablehnte. Die Vorlieben und Abneigungen waren gegenseitig; als mit dem sowjetischen Handelsdelegierten in Berlin, Viktor Kopp, erörtert wurde, ob man als neuen deutschen Botschafter einen republikanischen Parlamentarier oder einen konservativen Berufsdiplomaten an die Moskwa entsenden solle, erwiderte Kopp, indem er ein Lineal vom Schreibtisch nahm: »›Sehen Sie, hier ganz links sind wir, die Bolschewiken, dann kommen die Mehrheitssozialisten und in der Mitte die Demokraten und zum Schluß die Leute von der Rechten. Nun können Sie uns mit den Mehrheitssozialisten und den Demokraten nicht zusammenbringen, aber Sie brauchen nicht viel Druck anzuwenden‹ – und damit bog er das elastische Stahl-Lineal, daß die Enden zusammenkamen – ›und wir nähern uns den Rechten. Also geben Sie uns keinen Parlamentarier, sondern einen Berufsdiplomaten.‹«[260]

Auf der anderen Seite erschien die russische Revolution nicht nur linken Sozialisten, sondern auch zahlreichen Bürgerlichen bis hinein in die Reihen des Konservativismus, als der einzige Hoffnungsschimmer für Deutschlands Zukunft. Die in preußisch-konservativen Kreisen traditionell verbreitete Russophilie als Kehrseite der Abwehr gegen westliche, demokratische, liberale, dekadente Einflüsse hatte mit der Kriegsniederlage und dem Friedensvertrag ganz neue Akzente erhalten; Thomas Mann fühlte sich imstande, aus

Protest gegen den »Entente-Imperialismus« auf die Straße zu laufen und zu rufen: »Nieder mit der westlichen Lügendemokratie! Hoch Deutschland und Rußland! Hoch der Kommunismus«[261], und der Nationalist Ernst v. Salomon notierte: »Wo immer nach dem Niederbruch sich Männer fanden, die nicht verzichten wollten, erwachte eine unbestimmte Hoffnung auf den Osten...«[262] Ernst Troeltsch, Religionsphilosoph und Mitglied der DDP, spürte einen neuen Wind wehen: »Sanguinische Politiker bei uns sehen schon die Stunde kommen, wo wir zwischen einem Bündnis mit der Entente oder mit den Bolschewisten zu wählen haben werden! Begeisterte Nationale oder die Betrogenen des Versailler Friedens sehen uns schon am Rhein mit den Bolschewisten kämpfen und glauben, die Verwüstung Deutschlands durch sie in Kauf nehmen zu sollen, oder meinen, das werde so schlimm nicht werden. Echt preußische Leute hört man die Selbstauflösung des Reiches und die Wiederherstellung des friderizianischen Preußens fordern, das allein besser dem Kampf gewachsen sei als mit dem doch einem Rheinbund verfallenen Süddeutschland. Und Leute, die glauben, daß die Weltgeschichte sich ebenso durchaus wiederhole, wie sie selbst das tun, denken an 1813 und den Bund Preußens und Rußlands von damals gegen den korsischen Tyrannen.«[263]

Das alles waren überspannte und überhitzte Wunschvorstellungen intellektueller Zirkel, die in der kühlen Sphäre pragmatischer Außenpolitik ins Wesenlose verpufften, aber sie bezeichneten doch eine Grundströmung, die unterhalb diplomatisch-rationaler Anlässe zum deutsch-sowjetischen Vertrag von Rapallo am 16. April 1922 beitrug.

Anlaß war eine Konferenz in Genua vom 10. April bis zum 19. Mai 1922, zu der die westlichen Alliierten eingeladen hatten, um im Zusammenhang mit der Reparationsfrage die wirtschaftlichen Probleme Europas zu beraten. Eingeladen waren neunundzwanzig Staaten, darunter Deutschland sowie die Sowjetunion, die damit das erste Mal Gelegenheit erhielt, auf internationalem Parkett klassische Diplomatie zu zelebrieren; ihre Delegierten machten deshalb auf ihrer Fahrt nach Italien in Riga Station, um sich bürgerliche Fräcke anmessen zu lassen. Die Sitzungen fanden im alten Palazzo San Giorgo statt, einem mächtigen, etwas kalten Renaissance-Palast unmittelbar am Hafen. Die Erwartungen der internationalen Öffentlichkeit waren hoch gespannt, vor allem wegen der Sowjetdiplomaten; außerdem waren Gerüchte von großen Projekten nach außen gedrungen, so von der Bildung eines internationalen Wirtschaftskonsortiums für die Sowjetunion, an dem Deutschland wegen seiner guten Kontakte zu Moskau beteiligt werden sollte.

Der Deutsche in Genua
»Speisen Sie auch mit – oder haben Sie sich belegte Brote mitgebracht?«

Zeichnung von Th. Th. Heine

Die deutsche Delegation war in großer Besetzung angereist, neben Reichskanzler Wirth und Reichsaußenminister Rathenau war die Ostabteilung des Auswärtigen Amts in voller Stärke anwesend, nur um feststellen zu müssen, daß auf Betreiben der französischen Delegation von Reparationen nicht die Rede sein sollte, und daß die Westmächte versuchten, die Deutschen völlig zu übergehen und ohne sie mit der Sowjetunion ins Geschäft zu kommen. Für die sowjetische Seite war das eine ausgezeichnete Gelegenheit, die

Alliierten und die Deutschen gegeneinander auszuspielen; die sowjetische Delegation hatte auf dem Weg nach Genua auch in Berlin Station gemacht, um einen deutsch-russischen Sondervertrag abzuschließen, doch Rathenau, der die Entente nicht verärgern wollte, hatte kühles Desinteresse zur Schau getragen. So ließen jetzt die Sowjetrussen die unzutreffende Nachricht durchsickern, sie stünden unmittelbar vor dem Abschluß eines umfassenden Abkommens mit den Westmächten, das ihnen erlauben werde, nach Artikel 116 des Versailler Vertrags eigene Kriegsentschädigungsforderungen an Deutschland zu stellen. Reichsaußenminister Rathenau sah alle außenpolitischen Felle davonschwimmen und setzte ganz auf ein deutsch-britisches Bündnis, in der Hoffnung, die zunehmenden Spannungen zwischen Frankreich und Großbritannien für die deutsche Lage ausnutzen zu können. Der sowjetische Volkskommissar des Äußeren, Georgij Tschitscherin, hatte nun das Gefühl, die Deutschen hinreichend für die russischen Wünsche erweicht zu haben, und eine deutsch-britische Annäherung war das Gegenteil von dem, was der Sowjetstaat brauchen konnte. Mitten in der Nacht vom 15. zum 16. April rief Tschitscherin Maltzahn an und bot ihm Verhandlungen über ein deutsch-russisches Wirtschaftsabkommen an. Das weitere erzählte Maltzahn später dem britischen Botschafter in Berlin, der den Bericht in sein Tagebuch notierte:

»Sobald Maltzahn herausgefunden hatte, daß die Russen Deutschland nachliefen, sagte er, daß es sehr schwer sein würde, für den Sonntag eine Verabredung zu treffen, da die deutsche Delegation ein Picknick organisiert habe und er selbst die Absicht habe, in die Kirche zu gehen. Aber als schließlich Tschitscherin sich ausdrücklich bereit erklärte, Deutschland die Meistbegünstigungsklausel zuzubilligen, versprach Maltzahn, seine religiösen Pflichten zu opfern und die Russen am Sonntag aufzusuchen.

Dann ging er um halb drei Uhr nachts zu Rathenau. Er fand ihn in seinem Zimmer in einem malvenfarbenen Pyjama, auf und ab gehend - ein verstörtes Gesicht, Augen, die aus den Augenhöhlen herauszutreten schienen, blickten ihm entgegen. Als Maltzahn hereinkam, sagte Rathenau: ›Ich nehme an, daß Sie mir das Todesurteil bringen.‹ ›Im Gegenteil‹ - beruhigte ihn Maltzahn - ›gute Nachrichten.‹ Er berichtete ihm dann über die Unterredung, worauf Rathenau sagte: ›Jetzt wird mir die ganze Lage klar. Ich werde zu Lloyd George gehen, um ihm alles auseinanderzusetzen, und wir werden uns schon verständigen.‹ Maltzahn erwiderte: ›Unmöglich - das wäre ehrlos gehandelt. Wenn Sie es tun, werde ich sofort meine Demission einreichen und mich ins Privatleben zurückziehen. Zu einem solchen Verrat an Tschitscherin werde ich mich nicht hergeben.‹

Allmählich ließ sich Rathenau zu dem Standpunkt Maltzahns bekehren und beschloß, wenn auch widerwillig, die Russen am Sonntag aufzusuchen. Am Sonntag morgen fand eine Konferenz zwischen den Russen und Deutschen statt. Beide waren eigensinnig, und man kam zu keinem Ergebnis. Da die Deutschen zu einem Frühstück außerhalb Genuas eingeladen waren, brachen sie um ein Uhr die Beratungen ab und fuhren zum Essen. Während des Frühstücks wurde eine telefonische Mitteilung von Lloyd George folgenden Inhalts übermittelt: ›Es liegt mir besonders daran, Rathenau so

bald wie möglich zu sehen; würde es ihm passen, heute zum Tee oder morgen zum Frühstück zu kommen?‹ Die Russen müssen auf irgendeine Weise von diesem Telefonanruf Kenntnis bekommen haben. Jedenfalls zeigten sie sich daraufhin viel versöhnlicher, und am Nachmittag wurde der Rapallo-Vertrag ohne weitere Verzögerung unterzeichnet.«[264]

Gemessen an der allgemeinen Aufregung, die der Vertrag von Rapallo bei der Entente wie in Deutschland hervorrief, war dessen Inhalt sehr harmlos. Die diplomatischen und konsularischen Beziehungen wurden wieder aufgenommen, man verzichtete beiderseits auf alle Ansprüche aus dem Weltkrieg und beschloß wechselseitige wirtschaftliche Förderung; im deutsch-sowjetischen Handel sollte der gegenseitige Grundsatz der Meistbegünstigung gelten, man gewährte sich also alle handelspolitischen Vergünstigungen, die man anderen Staaten auch einräumte. Das war alles. Irgendwelche militärischen oder politischen Geheimklauseln, von denen westliche Presseorgane und sogar Diplomaten fabelten, gab es nicht. Aber allein die Tatsache war aufregend, daß die zwei aus der Staatengemeinschaft Ausgeschlossenen und Verfemten, die beiden großen Verlierer des Weltkriegs, diesen Vertrag miteinander schlossen. Der seit 1917 verbreitete Glaube, daß der russische Bolschewismus erst im Verein mit der preußischen Organisations- und Militärgewalt die Welt überrennen könne, geisterte erneut durch die Presse der Ententestaaten und lastete wie ein Alpdruck auf Westeuropa; östlich des Rheins dehnte sich in französischen Augen bereits die asiatische Steppe, und Clemenceau, in seinem Häuschen in der Vendée von einem Journalisten besucht und nach seiner Tätigkeit im Alter befragt, antwortete, er pflege die Rosen in seinem Garten und klettere ab und zu aufs Dach, um zu sehen, ob die Hunnen kämen.

In Deutschland machte der Vertrag mit der Sowjetunion Furore, weil sich hier zum ersten Mal wieder eine gewisse außenpolitische Operationsfreiheit andeutete; die Befürworter der alten preußisch-deutschen Schaukelpolitik zwischen Ost und West, bei der immer ein Bündnispartner gegen den anderen ausgespielt worden war, glaubten, mit der Sowjetunion im Rücken der Entente gegenüber

Morgen-Ausgabe

1 Mark

Vorwärts

Berliner Volksblatt

Zentralorgan der Sozialdemokratischen Partei Deutschlands

Dienstag, den 18. April 1922

Deutsch-russisches Wirtschaftsabkommen.

fester auftreten zu können: »Ich glaube, daß von Moskau aus das Unheil von Versailles korrigiert werden kann«, äußerte der neue deutsche Botschafter bei der Sowjetregierung, Graf Brockdorff-Rantzau.[265] In der Reichstagsdebatte vom 29. April 1922 verteidigten Wirth und Rathenau den Vertrag, als ob mit ihm Versailles bereits erledigt sei, und die große Mehrheit im Reichstag stimmte

Zeichnung von
Max Liebermann, 1912

quer durch die Parteien zu; daß das Echo im westlichen Ausland einhellig negativ sei, so erklärte der deutschnationale Abgeordnete Professor Hoetzsch, spreche gerade für das Bündnis mit Rußland, denn »die Zeitungsartikel über diesen Vertrag… sprachen von unserem Deutschland, als wenn Deutschland eine Großmacht wäre…«[266]. Nur Reichspräsident Ebert, der erst im nachhinein von dem Vertrag informiert worden war, fühlte sich übergangen; er und mit ihm die Mehrzahl der sozialdemokratischen Parteiführer, war gegen ein Abkommen mit der Sowjetunion, und von nun an war das gute Einvernehmen, das bislang zwischen Wirth und der stärksten Reichstags- und Koalitionsfraktion bestanden hatte, empfindlich gestört.

Und noch in einer anderen Hinsicht war ein politischer Einschnitt erreicht: das allgemeine Interesse an Rapallo verdeckte das Scheitern der Konferenz von Genua. Gescheitert war vor allen Dingen der englische Versuch, der neuen französischen Regierung unter Raimond Poincaré wirtschaftspolitische Vernunft in der Reparationsfrage beizubringen; Poincaré war, um seine prinzipielle Abneigung gegen jedes Entgegenkommen auszudrücken, gar nicht erst nach Genua gekommen. Damit war der Erfüllungspolitik Wirths der Boden entzogen, und die deutsche Zahlungsunfähigkeit nahm bedrohliche Formen an, ohne daß sich eine Änderung der alliierten Reparationspolitik abzeichnete. Genua – Rapallo: eine Illusion weniger, eine Illusion mehr. Aber wenig später waren alle außenpolitischen Hoffnungen und Enttäuschungen zweitrangig geworden, übertönt von einem innenpolitischen Donnerschlag: am 24. Juni 1922 wurde Reichsaußenminister Rathenau morgens auf der Fahrt ins Auswärtige Amt auf offener Straße ermordet.

Vom Rathenau-Mord zum Ruhrkampf

Für die Nachwelt ist das politische Weimar mit der Kultur der Republik seltsam unvermittelt; wo auf der einen Seite graues Mittelmaß vorherrscht, dort erstrecken sich zugleich die »Goldenen Zwanziger«, eine schimmernde, flirrende, grelle Welt unerhörter künstlerischer Begabungsvielfalt, kühnster geistiger Würfe, weitester seelischer Spannungen. Nur einem einzigen gelang es, den Abgrund zwischen Politik und Geist zu überbrücken, und er sollte dafür büßen: Walther Rathenau.

Rathenau war Sohn und Nachfolger des Gründers des größten deutschen Elektrokonzerns, der AEG, und hatte sich im Weltkrieg um die Organisation der Kriegsrohstoffversorgung verdient gemacht. Nun stand er der DDP nahe, ohne ihr anzugehören. Rathenaus Ernennung zum Reichsminister für Wiederaufbau im ersten, zum Reichsaußenminister im zweiten Kabinett Wirth hatte Sensation gemacht, denn Rathenau war Jude, und zwar ungetaufter Jude, der sich zu seinem Judentum öffentlich bekannte. Er war darüber hinaus ein begabter Schriftsteller; in Maximilian Hardens »Zukunft« hatte er schon lange vor dem Krieg funkelnde kulturkritische Essays unter Pseudonym veröffentlicht, bevor er mit brillant-tief-

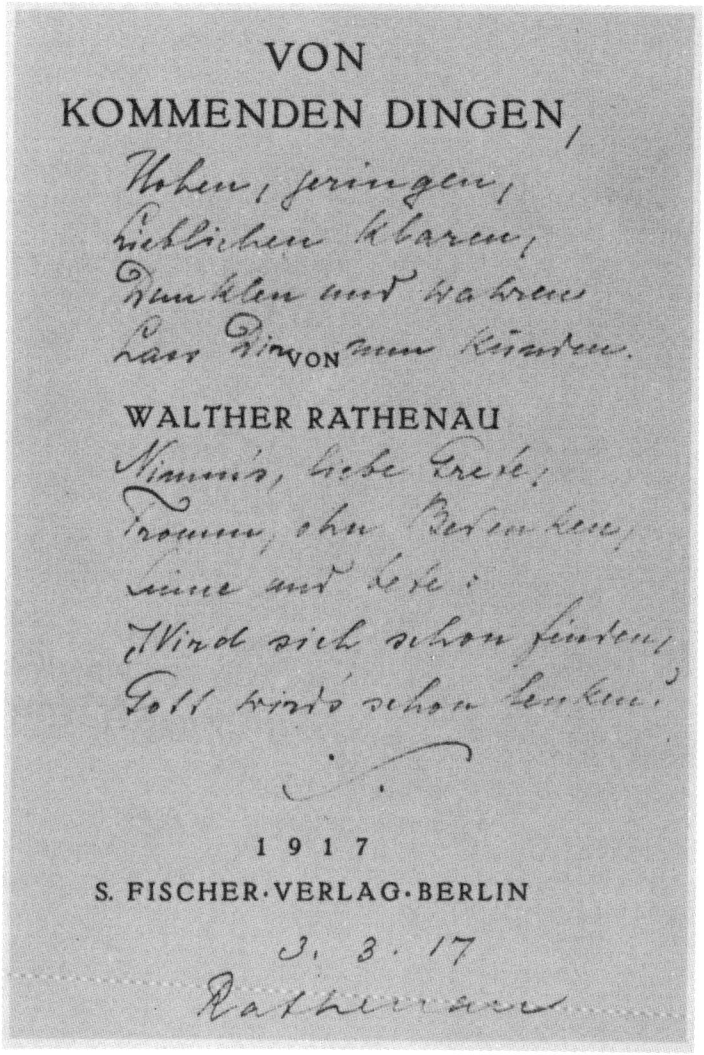
VON
KOMMENDEN DINGEN,
Hohen, geringen,
Lieblichen klaren,
Dunklen und wahren
Lass Dir von mir künden.
WALTHER RATHENAU
Nimm's, liebe Grete;
Frommen, ohne Bedenken,
Sinne und lebe:
Wird sich schon finden,
Gott wird's schon lenken!
1 9 1 7
S. FISCHER·VERLAG·BERLIN
3. 3. 17
Rathenau

Titelblatt mit Widmungsgedicht an Gerhart Hauptmanns Frau

gründigen Schriften wie »Zur Kritik der Zeit« (1912), »Zur Mechanik des Geistes« (1913) oder »Von kommenden Dingen« (1917) breit angelegte, oft nietzscheanisch anmutende Deutungen des technischen Zeitalters veröffentlichte, die ihm den Ruf eines visionären Denkers einbrachten. Das wirtschaftspolitische Konzept der »Gemeinwirtschaft«, das in den ersten Nachkriegsjahren bei fortschrittsgestimmten Nationalökonomen als Ei des Kolumbus galt, eine ethisch fundierte Verbindung privat- und planwirtschaftlicher Komponenten, verdankte Rathenau entscheidende Anstöße: ein vielseitiges Genie, zudem ein bis in die Fingerspitzen kultivierter Mäzen der bildenden Kunst. Er war ein Mann, der seinem ganzen Habitus nach eigentlich eher in eine romanische Kulturlandschaft gepaßt hätte, und seine persönliche Tragik war, daß er sich selbst als Jude wie als homme de lettre fremd in Deutschland fühlte, dieses Land aber inbrünstig liebte. Inmitten der kleinbürgerlichen Politikerzunft

Dieses Plakat, das die ganze Höhe einer Litfaßsäule überdeckt, diente sieben Jahre nach Rathenaus Ermordung der nationalsozialistischen Agitation gegen den Young-Plan.

wirkte dieser Geistesaristokrat und Großbourgeois wie ein Goldfasan im Hühnerhof; Mißtrauen war das mindeste, was er erregte, den preußischen Ministerpräsidenten Braun überkam in seiner Gegenwart »immer das Gefühl, daß er bewußt eine Zone geistigen Parfums um sich legte, so daß man mit ihm schwer warm werden konnte«[267]. Als Zielscheibe für politische Meuchelmörder war Walther Rathenau wie vorbestimmt.

Der Mord an Rathenau war keine Einzeltat. Er war vielmehr der Höhepunkt einer Serie von Attentaten und Mordversuchen, die die Anfangsjahre der Weimarer Republik überschatteten. Angefangen hatte es mit der Ermordung der Spartakusführer Rosa Luxemburg und Karl Liebknecht am 15. Januar 1919 durch Soldaten und Offiziere eines gegen die Berliner Aufständischen eingesetzten Freiwilligenverbands, der Garde-Kavallerie-Schützendivision. Anderthalb Monate später starb der linkssozialistische Ministerpräsident Bayerns, Kurt Eisner, durch Schüsse, die ein entlassener Offizier auf ihn abgegeben hatte. Im Verlauf des Bürgerkriegs häuften sich die Fälle von Erschießungen »auf der Flucht«, wegen »Widerstands bei Verhaftung«, die sich bei späteren Untersuchungen als kommune Morde erwiesen; unter den Opfern militärischer Selbstjustiz fanden sich beispielsweise der Redakteur des KPD-Organs »Rote Fahne«, Leo Jogiches, der Schriftsteller und Anarchist Gustav Landauer, der ehemalige Offizier und Pazifist Hans Paasche, daneben mehrere hundert Bürgerkriegsgegner. Im Partisanenkrieg zählen Terror und Gegenterror zu den konstitutiven Elementen der Kriegführung: »Der moderne Partisan erwartet vom Feind weder Recht noch Gnade«,[268] und zweifellos war der offene Bürgerkrieg zwischen 1918 und 1920 eine totale innenpolitische Konfrontation, wie sie die deutsche Geschichte bis dahin nicht gekannt hatte. Der Austritt aus den friedenssichernden gesetzlichen Normen ist für solche Lagen ebenso kennzeichnend wie der Verlust moralischer Hemmnisse und die Bereitschaft, dem politischen Gegner selbst das pure Daseinsrecht zu bestreiten. Auch als in den Straßen der deutschen Städte nicht mehr geschossen wurde, dauerte der Bürgerkrieg in verdeckter Form an; die vollständig enthemmte politische Sprache der Zeit, das dezidierte innenpolitische Freund-Feind-Denken machten deutlich, daß der Kampf weiterging, und weitergemordet wurde ebenfalls. Der bayerische USPD-Landtagsabgeordnete Karl Gareis starb am 10. Juni 1921; sein Mörder war Mitglied des Freikorps Oberland, er hatte auf den Abgeordneten geschossen, weil dieser mit der Aufdeckung rechtsradikaler Mobilmachungsvorbereitungen gedroht hatte. Am 26. August 1921 wurde Matthias Erzberger bei einem Spaziergang im Schwarzwald durch zwei frühere Offiziere der Brigade Ehrhardt umgebracht; die Mörder feuerten auf den bereits am Boden Liegenden noch zwölf Schüsse ab und flohen erst, nachdem ihnen die Pistolenmunition ausgegangen war. Am 4. Juni 1922 wurde auf Philipp Scheidemann ein Blausäure-Attentat verübt, das jedoch an der unerschrockenen Gegenwehr Scheidemanns scheiterte.

Das waren die bekanntesten Fälle; daneben gab es zahlreiche weitere, die sich lange Zeit nicht aufklären ließen: an einfachen Soldaten, entlassenen Freikorpsleuten. Erst nach schwierigen Recherchen, denen sich auch offizielle Hindernisse entgegenstellten, ge-

lang es der Kriminalpolizei, den gemeinsamen Nenner dieser Taten aufzufinden: Diese Leute hatten Kenntnis von illegalen Waffenlagern gehabt und galten in ihren Kreisen als unsichere Kantonisten. Für solche Fälle gab es sogenannte Femgerichte, in denen die Verschwörer einen aus ihrer Mitte bestimmten, den potentiellen Verräter umzubringen. »Verräter verfallen der Feme« hieß die Losung, mit der in diesen Verbänden, in ehemaligen Freikorps, »Arbeitsgemeinschaften« und »Schwarzer Reichswehr«, absolutes Stillschweigen gegenüber Ententekommissionen, demokratischen Presseorganen und republikanischen Behörden erzwungen wurde. Dieser Terror griff tief in das politische Leben ein; wer sich öffentlich zur Republik bekannte, wer die Erfüllungspolitik befürwortete oder gar betrieb, wer auf dem Kampf gegen die radikalen Gruppen in der Nachfolge der Freikorps bestand, der mußte damit rechnen, daß ihm Morddrohungen ins Haus geschickt wurden und auch damit, daß den Drohungen die Tat folgte.

Der Kreis, aus dem die Täter kamen, war also leicht einzugrenzen: aufgelöste Freikorps, deren Mitglieder nicht ins bürgerliche Leben zurückgefunden hatten und in dem Gefühl lebten, von der Republik benutzt und dann verraten worden zu sein. Eine Gruppe machte vor allen anderen von sich reden: das war die »Organisation Consul«, eine direkte Nachfolgerin der Brigade Ehrhardt. Die »O. C.«, wie die gebräuchliche Abkürzung lautete, figurierte in der republikanischen Publizistik als überdimensionale Mörderorganisation, deren Name immer genannt wurde, wo politisch motivierte Morde geschahen. Das war wahrscheinlich stark übertrieben; tatsächlich war die »Organisation Consul«, nach wie vor geführt von Korvettenkapitän Ehrhardt, eine Art Kaderorganisation der alten Freiwilligenbrigade für Mobilmachungsfälle im »nationalen Notstand«. Als nach der Abstimmung in Oberschlesien 1921 ein polnischer Aufstand losbrach, funktionierte die O. C.; die Brigade sammelte sich trotz der Sperrmaßnahmen deutscher Behörden in kürzester Zeit in Beuthen und trug unter dem Tarnnamen »Sturmbataillon Koppe« die Hauptlast des Abwehrkampfs gegen polnische Insurgenten. Auch während des Hitler-Putschs im Herbst 1923 sollte die Brigade Ehrhardt wieder auferstehen. Die O. C. stand also für militärische Zwecke und für Putsche aus der rechten Ecke bereit; daß aber Ehrhardt mit den Morden in Verbindung stand, ist ihm nie nachgewiesen worden. Bei den Mördern handelte es sich vielmehr in der Regel um ehemalige Mitglieder der Brigade, die als Aktivisten auf eigene Faust handelten. Es waren durchweg junge Menschen, zwischen zwanzig und dreißig Jahren, Vertreter einer Generation, die vorzeitig mit Kriegsabitur, sechzehn, siebzehn Jahre alt, von der Schulbank in den Weltkrieg gezogen war, und die ihren ganzen Halt in der Gemeinschaft der Frontsoldaten und deren Werthaltung gefunden hatte. Ein typischer Lebenslauf lautete: »Mit 16 Jahren Kriegsfreiwilliger im Garde-Füsilier-Regiment. Mit 18 Jahren aktiver Leutnant im Infanterie-Regiment 46. Somme, Flandern, Tankschlacht, Märzoffensive, Abwehrschlachten, Grenzschutz, Ehrhardt-Brigade, Kapp-Putsch, Oberschlesien. Schwarze Reichswehr. Feldherrnhalle. Viermal verwundet, schwerkriegsbeschädigt. Sechsmal verhaftet. Nicht vorbestraft. Bis 1925 Freikorps- und Wehrverbandsführer. Im Ruhrkampf Führer eines aktiven Sabotagetrupps...«[269]

Das war der Nährboden, auf dem sich die Verachtung der zivilen Republik mit dem Haß auf die Politiker, die in der Sicht dieser Nur-Soldaten mit dem Feind paktierten, und mit der Verzweiflung über die Sinnlosigkeit der eigenen Existenz zu einer mörderischen Mischung von extrem übersteigertem Nationalismus und schwärzestem Nihilismus verband. Klare politische Ziele waren diesen Menschen fremd; ein Mord war nichts anderes als die Entladung ihrer Frustration, und vor dem eigenen Gewissen wurde er bemäntelt, wie dies die Mörder Rathenaus nach dem Zeugnis eines der Mittäter taten: »Da wurde der Gedanke aufgenommen, daß jedes einzelne Attentat zumindest ›die Entwicklung weitertrieb‹, daß es ›Fanale‹ seien, Anzeichen einer wirklichen bedrohlichen Verzweiflung, die den Erfüllungspolitikern die ungeheure Verantwortlichkeit ihres Weges und dessen Folgen zeigen sollten – es war eine ähnliche Atmosphäre, wie sie wohl zu den Zeiten herrschte, als die russischen Sozialrevolutionäre ihre Attentate planten, nur mit dem allerdings schwerwiegenden Unterschied, daß deren Entschlüsse doch zuletzt dem Glauben an die Durchsetzung einer Ideologie, einer durchgebildeten politischen und wirtschaftlichen Lehre entsprangen, und unsere mehr einem allgemeinen Gefühl ... Jedenfalls, dort wie hier spielte sich das Weitere mechanisch ab. Dort wie hier tauchten ›Listen‹ auf, und auf einer dieser Listen stand bei uns, neben vielen anderen, auch der Name Rathenau.«[270] Das war im nachhinein und dazu mit der Absicht der literarischen Wirkung formuliert, aber man ermißt doch die Wirrnis und Dumpfheit, die in diesen Köpfen herrschten.

Zudem spielte sich dies alles in einer Atmosphäre ab, in der ein Mord entschuldigt zu sein schien. Der Haß auf die Vertreter der Weimarer Republik war nicht auf die nihilistischen Aktivisten beschränkt, er beherrschte einen großen Teil der Bevölkerung und der öffentlichen Meinung. Im Reichstag ging es zwar moderater zu, dafür sorgten die parlamentarischen Spielregeln und die gute Kinderstube der rechten Oppositionsführer, aber der Abgeordnete Helfferich wußte, wie einst gegen Erzberger, nunmehr außerparlamentarisch gegen Rathenau mobil zu machen, den er öffentlich als »Gerichtsvollzieher und Gendarme der unergründlichen Raubgier, Zutreiber und Fronvogt der unersättlichen Herrschsucht unserer Feinde«[271] bezeichnete. Der DNVP-Abgeordnete Hennig ließ sich im Juniheft der »Konservativen Monatsschrift« folgendermaßen vernehmen: »Kaum hat der internationale Jude Rathenau die deutsche Ehre in seinen Fingern, so ist davon nicht mehr die Rede ... Die deutsche Ehre ist keine Schacherware für internationale Judenhände! ... Die deutsche Ehre wird gesühnt werden. Sie aber, Herr Rathenau, ... werden vom deutschen Volk zur Rechenschaft gezogen werden, ›sonst hätte‹, um Ihre eigenen Worte zu gebrauchen, ›die Weltgeschichte ihren Sinn verloren‹.«[272] In der Hamburger »Reichsflagge« konnte man lesen: »Gott erhalte Ebert, Wirth und Scheidemann, Erzberger hat er schon erhalten«[273], und die folgende deutsch-völkische Stammtischlyrik erfreute sich erheblicher Verbreitung: »Haut immer feste auf den Wirth / Haut seinen Schädel, daß es klirrt / Auch Rathenau, der Walther / Erreicht kein hohes Alter / Knallt ab den Walther Rathenau / Die gottverfluchte Judensau!«[274] Bei soviel Sympathie und öffentlicher Unterstützung war

Zeichnung von George Grosz, 1922

die Tat selbst kaum noch ein Problem für die Mörder. Diesmal war die preußische Polizei allerdings erfolgreicher als in früheren Fällen; nach einigen Wochen wurden die zwei Mordschützen, wiederum frühere Marineoffiziere, auf der Burg Saaleck gestellt. Der eine erschoß sich selbst, der andere fiel im Feuergefecht mit der Polizei. Nach 1933 setzte das nationalsozialistische Regime den Mördern an dieser Stelle einen Gedenkstein mit einer pathetisch-verlogenen Inschrift; heute befindet sich in der Burg ein Walther-Rathenau-Museum, in dem hauptsächlich der Verdienste Rathenaus um die deutsch-sowjetischen Beziehungen gedacht wird.

Wie stets nach terroristischen Anschlägen auf die Staatsordnung festigte auch dieser Mord das System, das zerstört werden sollte. Schon das Attentat auf Erzberger ein Jahr zuvor hatte dazu geführt, daß sich in Preußen die Parteien von der SPD bis zur DVP zur Bildung einer Großen Koalition bereit gefunden hatten, die ein klares republikanisches Profil besaß und immerhin bis 1925 stabil bleiben sollte. Die Nachricht vom Tode Rathenaus löste eine gewaltige

24. JUNI 1923 / PLENARSAAL DES REICHSTAGS

Dem Gedenken
Walther Rathenaus, des
deutschen Patrioten, des großen
einsamen Denkers, widmet der
Deutsche Republikanische
Reichsbund diese
Feierstunde

Konrad Haenisch
Ansprache
für das Präsidium des
Deutschen Republikanischen Reichsbundes

Beethoven
Adagio cantabile aus dem Septett op. 20
Ausführende sind die Mitglieder des Berliner Philharmonischen Orchesters: Mauritz van den Berg (1. Violine), Georg Diburtz (2. Violine), Lorenz Höber (Bratsche), Walter Schulz (Violoncello), Linus Wilhelm (Kontrabaß), Ernst Fischer (Klarinette), Karl Leuschner (Fagott), Oskar Schumann (Horn)

Fritz von Unruh

Schubert
Andante un poco mosso aus dem Oktett op. 166

Hugo Preuß
Gedenkrede

Haydn
Adagio cantabile (Thema mit Variationen)
aus dem Streichquartet No. 42 (C-Dur)

Die Veranstalter bitten, dem Charakter des Tages entsprechend, von allen Beifallskundgebungen absehen zu wollen

Kranzniederlegung
am Grabe Walther Rathenaus
in Oberschöneweide um 3 Uhr nachm.

DEUTSCHER REPUBLIKANISCHER REICHSBUND

republikanische Sympathiewelle aus; die Republik, die schon so gut wie gestorben schien, materialisierte sich mit einem Mal in einer Volksempörung, die ihresgleichen suchte. In den Betrieben Berlins und der meisten anderen deutschen Großstädte fanden spontane Arbeitsniederlegungen statt; sozialdemokratische, katholische und kommunistische Arbeiter und Bürger gingen gemeinsam auf die Straße und demonstrierten für den neuen Staat; ein Journalist berichtete: »Der Leiter eines der größten kapitalistischen Unternehmen der Welt war getötet worden – kommunistische Arbeiter weinten an seinem Grabe und fluchten seinen Mördern.«[275] Der Eindruck, daß mit diesem Verbrechen alle Republikfeindschaft von rechts diskreditiert sei, war so stark, daß der auf dem rechten Flügel der DVP stehende Großindustrielle Hugo Stinnes, ein grimmiger Feind der neuen Verfassungsordnung, jetzt zum bayerischen Gesandten in Berlin sagte, »der Schuß auf Rathenau habe auch die Monarchie getötet. Wir müßten nun mit der Republik regieren.«[276]

Reichskanzler Wirth war der so plötzlich gewandelten politischen Lage nur halb gewachsen. Es bot sich an, was in Preußen nach dem Erzberger-Mord vorgemacht worden war: jetzt die gemäßigte Rechte von der radikalen abzuspalten, sie in die Regierung hineinzunehmen und sie unter dem Eindruck der Taten rechtsextremer Desperados an die Republik zu binden. Die DVP war in diesem Augenblick zum Eintritt in die Regierung bereit, doch Wirth hielt vor dem Reichstag eine flammende Rede, die mit den Worten schloß: »Da steht der Feind (nach rechts gewendet), der sein Gift in die Wunden eines Volkes träufelt. – Da steht der Feind – und darüber ist kein Zweifel: dieser Feind steht rechts.«[277] Es war eine begeisternde Rede, ein Höhepunkt parlamentarischer Rhetorik, ein Fanal republikanischen Geistes, nur eines war sie nicht: sie war nicht klug. Denn solchermaßen gemeinsam mit den Deutschnationalen auf die Anklagebank verwiesen, fühlte sich die DVP-Führung gekränkt, und die SPD-Fraktion tat noch ein übriges, indem sie die Große Koalition offiziell und in für die DVP verletzender Form ablehnte, um die ersehnte Wiedervereinigung mit den Unabhängigen nicht zu gefährden.

Daß dies ein politischer Fehler war, der dem Kabinett Wirth den Boden unter den Füßen fortziehen sollte, erkannte zu diesem Zeitpunkt niemand. Die allgemeine Stimmung war nicht nach klugen Schachzügen, sondern nach durchgreifenden Maßnahmen. Schon einen Tag nach Rathenaus Tod erließ die Reichsregierung eine Verordnung zum Schutz der Republik, die das Verbot von Vereinigungen und Versammlungen ermöglichte, wenn begründete Besorgnis bestand, daß diese auf die Beseitigung der republikanischen Staatsform oder auf Gewalttaten gegen Regierungsmitglieder aus waren. Darüber hinaus wurden Strafbestimmungen erlassen, die sich gegen Billigung, Verherrlichung oder Begünstigung von Gewalttaten gegen die Republik oder deren Vertreter richteten; auch Beleidigung der Staatsform, ihrer Symbole und ihrer Vertreter wurde nun unter Strafe gestellt, desgleichen die Teilnahme an Verbindungen, die die Beseitigung der Republik oder ihrer Verfassung anstrebten. Schließlich war die Errichtung eines Staatsgerichtshofs zum Schutz der Republik beim Reichsgericht in Leipzig vorgesehen. Damit erfüllte sich eine Forderung, die Sozialdemokraten und Deutsche Demokra-

ten bereits nach dem Kapp-Putsch gestellt hatten, die aber bisher stets an der Reichstagsmajorität gescheitert war.

Der Eindruck des Rathenau-Mordes war so stark, daß es dem Reichsminister sogar gelang, die Verordnung zum Schutz der Republik am 18. Juli 1922 als Gesetz vom Reichstag bestätigen zu lassen, wenn auch in verwässerter Form; vor allem die Bestimmung, die Mitgliedschaft in einer verfassungsfeindlichen Partei solle mit den Beamtenpflichten unvereinbar sein, scheiterte am Einspruch der Rechtsparteien und des Zentrums: von Verfassungswidrigkeit und Gesinnungsknechtung war die Rede, von Helotisierung und Eunuchisierung der Beamten und von einem neuen Byzantinismus, durch den die Liberalität des Staates bedroht sei.[278] Nicht nur die Frage, ob die Loyalität der Beamten ausschließlich dem Staat, einer über der Gesellschaft und ihrem Normenkompromiß stehenden Wesenheit, oder nicht vielmehr der bestehenden Staatsordnung zu gelten habe, war zwischen den Parteien umstritten, sondern selbst die Frage, was denn eigentlich durch das zu beschließende Gesetz geschützt werden solle. War es der Staat, war es die Republik, war es die Verfassung? Nichts beleuchtet die schwache Fundierung dieser »improvisierten Demokratie« (Theodor Eschenburg) deutlicher als die Unsicherheit der Demokraten, was denn eigentlich die Einheit zwischen ihnen stiftete. Während die Parteien der Linken, Kommunisten und Sozialdemokraten, den »Schutz der Republik« wollten, ging es für die bürgerliche Mitte, für Zentrum, DDP und DVP um den »Schutz der Verfassung«. Der Streit war keineswegs haarspalterisch, denn hinter dem Ruf nach »Schutz der Republik« standen viele mögliche Ordnungsvorstellungen, von der parlamentarischen über die sozialistische bis zur Räterepublik, während »Schutz der Verfassung« genauer besagte, was gemeint war: eben die Bewahrung des bestehenden politischen und rechtlichen Ordnungsgefüges. Es bedurfte langer und hochphilosophischer Debatten, bis man zu einer mehrheitsfähigen Formel fand: das Republikschutzgesetz gelte der »verfassungsmäßigen republikanischen Staatsgewalt«. Dieser pragmatische Kompromiß machte dann eine knappe Zweidrittel-Mehrheit für das Gesetz möglich, die notwendig war, weil einige Verfassungsbestimmungen geändert werden mußten; dagegen stimmten nur die Deutschnationale Volkspartei, die Bayerische Volkspartei, die Kommunisten sowie einige DVP-Abgeordnete. Es war das letzte Mal in der Geschichte der Republik, daß der Reichstag sich zu einer verfassungsändernden Mehrheit zusammenfand.

Wenn auch die Parteienmehrheit hinter dem Gesetz zum Schutz der Republik stand, so gab es doch einen Gegner, der in dieser Sache einige Schwierigkeiten machte: Bayern. In Bayern waren, wie öfter zuvor und danach, die politischen Gewichte anders gelagert als im Reich insgesamt; es regierte eine Koalition aus der Bayerischen Volkspartei, der blau-weißen, konservativ-partikularistischen Schwester der Zentrumspartei, weiterhin der DDP, der Bayerischen Mittelpartei, einem Ableger der Deutschnationalen, sowie einem regionalen Eigengewächs, dem dem königlichen Haus in Treue verbundenen Bayerischen Bauernbund. Es war zu erwarten, daß das Republikschutzgesetz hier sowohl wegen seiner Eingriffe in föderale Rechte als auch wegen seiner betont antimonarchistischen und republikanischen Tendenz Anstoß erregen würde. Der bayerische

Ausnahmegesetze

Durch Bismarcks kurzsichtige Politik wurde die Sozialdemokratie groß.

Durch Dr. Wirths weitsichtige Politik...

Zeichnung von Th. Th. Heine

Ministerrat beschloß denn auch während der Reichstagsverhandlungen über den Gesetzentwurf die folgende Stellungnahme: »Die gegenwärtigen Ereignisse sind nur ein Symptom für eine ganze Entwicklung, die für uns unannehmbar ist, weil sie auf eine Arbeiterdiktatur hinsteuert. Die Reichsregierung kommt den Wünschen der Linken rückhaltlos entgegen. Die Leute, die hinter dem Morde an Rathenau stünden, hätten ihn nur [!] als einen politisch gefährlichen Gegner beseitigen wollen. Das werde von Berlin zur Eroberung politischer Macht ausgenutzt. Wir müssen wachsam sein. Unsere Parole, unter der sich möglichst weite Kreise hinter die bayerische Regierung stellen können, muß sein: ›Für die demokratischen Freiheiten gegen die Reichsregierung!‹«[279] Man sieht die vielseitige Verwendbarkeit des Adjektivs demokratisch. Die bayerische Regierung setzte ihren Beschluß in die Tat um, indem sie das Gesetz zum Schutz der Republik für Bayern als ungültig erklärte und statt dessen eine eigene Staatsschutzverordnung erließ. Diese offene Auflehnung wirkte um so aufreizender, als jedermann wußte, daß die meisten rechtsradikalen Bünde, die in Preußen verboten worden waren, in Bayern weiterhin ungehindert tätig blieben und in der Regel in München, mit dem ausdrücklichen Wohlwollen des Münchener Polizeipräsidenten, ihre Zentrale besaßen. Es kam zu Zwischenfällen, bei denen preußische Kriminalbeamte, die nach München gefahren waren, um den Hintermännern des Rathenau-Mordes nachzuspüren, von der bayerischen Polizei festgenommen und unter Bewachung über die bayerische Grenze abgeschoben wurden. In den preußischen Ministerien war man besonders darüber erbittert, daß Bayern auf diese Weise sogar Zugeständnisse erhielt, denn auf die unverblümte Drohung aus München, eine harte Haltung der Reichsregierung werde die bayerischen Sympathien für Sonderverhandlungen mit Frankreich erhöhen und zudem die Gefahr einer rechtsradikalen Machtergreifung in Bayern heraufbeschwören, gab Wirth in fast allen Streitpunkten nach. Für die Annahme des Republikschutzgesetzes bekam Bayern schließlich so viele Sonderregelungen zugestanden, daß das Gesetz in Bayern praktisch nicht mehr anwendbar war.

Auch der Parteienkonsens in Berlin erwies sich schnell als brüchig. Es war nicht gelungen, die Zustimmung der DVP zum Republikschutzgesetz in eine dauerhafte Regierungsbeteiligung der Volkspartei umzumünzen, was unter zwei Gesichtspunkten nötig gewesen wäre: einmal, um dem Minderheitskabinett Wirth eine solide Mehrheit zu verschaffen, und zum zweiten, weil die Regierung in der Reparationsfrage nicht mehr ein noch aus wußte. Die Zahlungsfähigkeit des Reichs war erschöpft, und ein Zahlungsaufschub würde von der alliierten Reparationskommission nur gewährt werden, wenn es der Reichsregierung gelang, die zunehmende Inflation zu stoppen und den Kurs der Mark zu stabilisieren. Voraussetzung der Währungsstabilisierung war aber der Ausgleich des gewaltigen Defizits im Reichshaushalt, und nach der Lage der Dinge gab es nur eine Adresse, an die der Reichsfinanzminister sich zur Deckung der Haushaltslücke wenden konnte: Das war die Industrie. Die eigentliche Partei der Industrie aber war die Deutsche Volkspartei. Die hatte mittlerweile ihre Indignation überwunden und zeigte sich nicht abgeneigt, aber dergleichen Pläne stießen auf den Widerstand der Sozialdemokraten, die soeben im Begriff standen, sich einen

Heute „Technische Rundschau"

Morgen-Ausgabe

Einzelnummer 20 M.

Berliner Tageblatt

und Handels-Zeitung

Mittwoch, 15. November 1922
51. Jahrgang

Rücktritt des Kabinetts Wirth.

Die ergebnislosen Verhandlungen.

Der Reichskanzler über die Gründe des Demissionsbeschlusses

Rücktrittsbeschluß des Reichskabinetts.

Herzenswunsch zu erfüllen: die Wiedervereinigung mit den Unabhängigen. Unter dem Eindruck des Rathenau-Mordes hatten sich die beiden sozialdemokratischen Reichstagsfraktionen schon im Juli 1922 vereinigt, und Ende September wurde die Vereinigung auf einem gemeinsamen Parteitag in Nürnberg besiegelt.

Ein Bündnis mit der DVP wäre unter diesen Umständen für die SPD eine Belastung gewesen, die die Wiedervereinigung mit der USPD in Frage gestellt hätte: sie stemmte sich deshalb dagegen und verwies auf die bequeme Mehrheit, die die Regierungskoalition nunmehr durch den Zuzug der USPD-Abgeordneten besaß, 289 von insgesamt 459 Reichstagssitzen. Aber es fand sich bald, daß diese Mehrheit nicht in politisches Gewicht umzusetzen war; als am 24. Oktober 1922 im Reichstag über eine Regierungsvorlage über Getreidepreis-Subventionen abgestimmt werden sollte, fiel die Koalition auseinander, denn die Vereinigte SPD stimmte gegen die Vorlage. Die bürgerlichen Parteien sahen sich in ihrem Argwohn gegen die nach links gerutschten Sozialdemokraten bestätigt und drängten nun mit aller Macht auf den Regierungsbeitritt der DVP, um den USPD-Zuzug auszubalancieren. Dieser Zerreißprobe war die Regierung nicht mehr gewachsen. Nachdem die SPD erklärt hatte, mit der »Stinnes-Partei«, der DVP, nicht zusammenarbeiten zu können – was ihr gleichwohl in Preußen seit Jahr und Tag ausgezeichnet gelang –, trat Wirth am 14. November 1922 von seinem Amt als Reichskanzler zurück.

Wir wissen heute, daß die parlamentarischen Entwicklungen, die zum Ende des Kabinetts Wirth zu führen schienen, ein Schauboxen für die Öffentlichkeit und die sozialdemokratischen Parteimitglieder waren; tatsächlich ist Wirths Sturz durch eine sorgfältig hinter den Kulissen geplante Intrige herbeigeführt worden. Schon im Spätsommer 1922 waren die Parteispitzen der nach außen hin verfeindeten SPD und DVP übereingekommen: Große Koalition ja, aber ohne Wirth. Daß Wirth bei der Volkspartei unbeliebt war, lag nach allem Vorangegangenen auf der Hand. Aber auch die SPD wäre ihn gerne losgeworden, denn sie verübelte ihm den Rapallo-Vertrag, von dessen Abschluß Ebert und der SPD-Vorstand erst im nachhinein unterrichtet worden waren, so daß nichts mehr zu verhindern war. Überdies war Wirth in der Wirtschaftspolitik auf den Kurs der Reichsbank und der Großindustrie eingeschwenkt, die gefordert hatten, als Voraussetzung der Währungsstabilisierung müsse die Arbeitsleistung gesteigert und der Achtstundentag, eine zentrale sozialpoliti-

sche Errungenschaft der Novemberrevolution, beseitigt werden. So einigten sich die SPD-Vorsitzenden Müller und Wels mit den DVP-Führern Stresemann und v. Raumer darauf, Wirth zu stürzen und anschließend ein Kabinett der Großen Koalition zu bilden.

Aber im Intrigieren besaßen die Sozialdemokraten keine ausreichende Übung. Als Wirth zurückgetreten war und man sich daran machte, eine Reichsregierung der Großen Koalition unter der Kanzlerschaft des Kölner Oberbürgermeisters Konrad Adenauer zu bilden, streikte die sozialdemokratische Reichstagsfraktion, die von den Abmachungen nichts wußte und die programmatische Gegnerschaft gegen die DVP für bare Münze nahm. So entstand anstelle des geplanten Kabinetts »von Scheidemann bis Stresemann« eine Regierung von Eberts Gnaden: er ernannte am 22. November 1922 den Generaldirektor der Hapag, Wilhelm Cuno, zum Reichskanzler, der einem bürgerlichen Minderheitskabinett aus Deutschen Demokraten, Zentrum, Bayerischer und Deutscher Volkspartei präsidierte. Der Hauptverlierer in diesem Spiel war neben Wirth die Sozialdemokratie, die sich durch eigene Schuld in die Opposition manövriert hatte, angesichts der wirtschaftlichen Notlage jedoch eine industriefreundliche Regierung tolerieren mußte, und die so für ihre zweideutige Haltung gegenüber Wirth teuer zu zahlen hatte.

Der neue Reichskanzler, der noch nie ein Parlament von innen gesehen hatte, wurde von den etablierten Berliner Politikern mit Mißtrauen betrachtet. »Auch diese Zigarre«, hatte Rathenau einmal von Cuno gesagt, »wird wegen ihres vorzüglichen Deckblattes noch geraucht werden müssen«[280], indem er auf die weltmännischen Manieren des hanseatischen Großkaufmanns anspielte. Ebert hatte ihn hauptsächlich wegen seiner guten Kontakte zu den führenden deutschen und britischen Wirtschaftskreisen, also als eine Art ersten Fachminister, zum Reichskanzler ernannt; Politik in Form von Parteipolitik war nicht Cunos Sache, obgleich er der DVP nahestand – sein Ideal war die »sachliche«, über den Parteien und nach Möglichkeit unabhängig von deren Einfluß angesiedelte Politik, und auch die neue Staatsform besaß in ihm keinen Verehrer. Cunos Ernennung wurde von den Engländern, der deutschen Wirtschaft und den gemäßigt rechtsorientierten Parteien einhellig begrüßt, »man wittert in diesen Kreisen Morgenluft«, notierte Graf Kessler, »Revolution, Sozialisierung, Linksregierung liegen wie böse Träume schon hinter ihnen. Wir segeln mit geschwellten Segeln nach rechts.«[281] Das Mißtrauen bei der Linken war naturgemäß groß; der preußische Ministerpräsident Braun hielt Cuno nicht, wie manche seiner Parteifreunde, für die personifizierte Gegenrevolution, sondern für etwas Schlimmeres: für einen Schönwetterpolitiker. »So angenehm der persönliche Verkehr mit Cuno war«, schrieb er in seinen Memoiren, »was auch erklärt, daß Ebert für ihn ein Faible hatte, so war ich doch oft erschreckt über seine fast kindliche Naivität und Ratlosigkeit, mit der er schwierigen politischen Situationen gegenüberstand.«[282]

Die schwierigen politischen Situationen ließen nicht auf sich warten. Ungeachtet des deutschen Moratoriumsgesuchs für die Reparationszahlungen beharrte das französische Kabinett Poincaré auf den alliierten Rechten aus dem Reparationsabkommen; am 9. Januar

Nr. 951: 40. Jahrgang | Preis 50 Mark
Hierzu der ortsübliche Zuschlag | Stuttgart, 5. Januar 1923

DER WAHRE JACOB

Der Bezugspreis beträgt in Deutschland bei der Post ∘ ∘ ∘ vierteljährlich 325 Mark (ohne Bestellgeld) ∘ ∘ ∘ | ∘ ∘ ∘ Erscheint alle vierzehn Tage in Stuttgart ∘ ∘ ∘ Anzeigen für den fünfgespaltenen Millimeterraum 120 Mark | Verantwortlich für die Redaktion: P. Enderling in Stuttgart Druck und Verlag von J. H. W. Dietz Nachf. G. m. b. H. Stuttgart

Michel im Schneegestöber

Michel im Schneegestöber
»Na, ich danke, das neue Jahr fängt gut an.«

1923 stellte die Reparationskommission gegen die Stimmen ihrer britischen Mitglieder fest, daß Deutschland mit der Lieferung einiger hunterttausend Telegraphenstangen im Rückstand war, und Frankreich und Belgien entsandten eine Ingenieurskommission in das Ruhrgebiet, um die deutschen Lieferungen zu überwachen. Bislang hatten alliierte Kommissionen das Reich bereisen können, ohne nennenswert behindert worden zu sein. Diesmal aber hielt es die französische Regierung für notwendig, die Ingenieure zu ihrem Schutz durch Truppen begleiten zu lassen. Am 11. Januar 1923 rückten fünf französische Divisionen, verstärkt durch belgische Verbände, im Ruhrgebiet ein: Von nun an, erklärte Poincaré am selben Tag vor der Kammer in Paris, werde Frankreich nicht mehr warten, daß Deutschland seine Verpflichtungen erfülle, sondern sich holen, was ihm vertraglich zustehe. »La Ruhr«: das war in französischen Augen mehr als eine Gegend, in der Kohle abgebaut und Erz verhüttet wurde; es war ein Mythos, das Nervenzentrum Deutschlands, der Sitz der Stahl- und Kohlebarone, die den Kern des deutschen Wider-

Heute „Sport-Spiegel"

Morgen-Ausgabe

Einzelnummer 60 M.

Berliner Tageblatt

Nr. 17

und Handels-Zeitung

Donnerstag, 11. Januar 1923
52. Jahrgang

Der französisch-belgische Gewaltakt.

Der Wortlaut der Drohnote. — Botschafter Mayer und Gesandter Landsberg abberufen.

Einmarsch „in friedlicher Absicht".

Von
Dr. Ernst Feder.

mütig hat gestern die Bevölkerung des bedrohten Gebietes den eindrucksvollen Aufruf beantwortet, den der Reichspräsident vorgestern an sie richtete. In der größten Kundgebung, die Essen je gesehen hat, haben sämtliche Parteien ohne Ausnahme feierlich gelobt, daß sie in unerschütterlicher Treue, trotz Rechtsbruch und Gewaltpolitik, zu Volk und

Die französische Regierung legt Wert darauf, zu erklären, daß sie gegenwärtig nicht daran denkt, zu einer militärischen Operation oder zu einer Besetzung politischer Art zu schreiten. Sie entsendet ins Ruhrgebiet eine Mission von Ingenieuren und Beamten, deren Zweck deutlich umschrieben ist. Sie muß dafür sorgen, daß Deutschland die

stands gegen die gerechte Ordnung von Versailles ausmachten. Man mußte die Hauptkraft des Deutschen Reichs dort schlagen, wo sie saß. Das war Poincarés Absicht, und Frankreich stand beinahe geschlossen hinter ihm; die Vertrauensabstimmung im französischen Parlament erbrachte 453 Stimmen für und nur 72 Stimmen gegen die Politik der Regierung.

In Deutschland rief der Ruhreinmarsch eine Stimmung fast wie im August 1914 hervor. »Von Tag zu Tag«, fand der britische Botschafter, »erstarkt bei allen Klassen in Deutschland das Bewußtsein, daß man nicht nachgeben soll und darf. Ich kann mich nicht erinnern, daß es je so wenig Parteifeindschaft und Klassenhaß gab wie heute.«[283] Die Reichsregierung ließ sich auf der Woge der Volksempörung davontragen und rief den Generalstreik der Nation gegen die Okkupanten aus; der terminus technicus lautete: Passiver Widerstand. Die Zechen- und Eisenbahnarbeiter folgten einhellig den Widerstandsparolen aller Gewerkschaften und der SPD, die deutsche Beamtenschaft im Ruhrgebiet weigerte sich auf Weisung der Reichs- und Landesregierung, Befehle der französischen und belgischen Militäradministration entgegenzunehmen; das Ruhrkohlensyndikat sorgte rechtzeitig vor der Besetzung für den Abtransport seiner Unterlagen, so daß die zentrale Erfassung der Kohle durch die Besetzer nicht möglich war, und ließ an alle Zechen die Anweisung ergehen, den Franzosen keine Kohle zu liefern, nicht einmal gegen Bezahlung. Die Besatzungsmacht ihrerseits war entschlossen, die »Schlagader Deutschlands« unter ihrem Daumen zu behalten, und sie hatte weder die Absicht noch sah sie einen Anlaß, Rücksichten zu nehmen. Am 29. Januar wurde über das neubesetzte Gebiet der verschärfte Belagerungszustand verhängt, den Tag darauf die Kohleausfuhr in das unbesetzte Deutschland gesperrt, am 12. Februar eine Zollinie errichtet, vom 15. Februar an jede Ausfuhr in das unbesetzte Gebiet an besondere Genehmigung und hohe Abgaben gebunden. Es war eine Fortsetzung des Kriegs mit anderen Mitteln, in gewisser Hinsicht ähnlich dem Stellungskrieg 1915–1918, als jede der beiden Seiten geglaubt hatte, die andere durch Ausbluten zur Aufgabe zwingen zu können. Obwohl streikende Arbeiter Seite an Seite mit kooperationsunwilligen Unternehmern und preußischen Beamten die Gefängnisse füllten, obgleich in dem halben Jahr nach der Okkupation mehr als 147 000 Einwohner, darunter 46 000 Beamte und deren Angehörige, aus dem besetzten Gebiet ausgewiesen wurden,

obwohl Schikanen und offene Terrormaßnahmen der Besatzungstruppen an der Tagesordnung waren, sank die Kohlen- und Industrieproduktion des Reviers bis auf die Hälfte der Vorjahresproduktion, fanden sich von 170 000 Eisenbahnarbeitern des Gebiets ganze 4 000 bereit, in den Dienst der Besatzungsmacht zu treten. Schon im Februar 1923 mußten die lothringischen Stahlöfen ausgeblasen werden, weil der Kohlenachschub von der Ruhr ausblieb - auch für Frankreich entwickelte sich der Ruhrkampf zur wirtschaftlichen Katastrophe.

Plakat der Reichszentrale für Heimatdienst, 1923

Aber der Preis für den Widerstand war hoch. Die Reichsregierung hatte den passiven Widerstand proklamiert - sie mußte ihn auch bezahlen. Während im unbesetzten Teil Deutschlands alle irgend entbehrlichen Ausgaben gestrichen und die Beschäftigten des öffentlichen Dienstes auf zwei Drittel ihrer Bezüge gesetzt wurden, flossen immer mehr Mittel aus dem Reichshaushalt in das besetzte Gebiet. Die Ruhrbevölkerung mußte ernährt werden, sie feierte bezahlten Zwangsurlaub, und die Kohlelieferungen aus dem besetzten Gebiet kamen zum Stillstand, so daß die geringen Devisenvorräte des Reichs für Kohlenkäufe im Ausland reserviert werden mußten. Der Finanzbedarf des Reichs stieg sprunghaft an, er konnte schon im April 1923 nur noch zu einem Siebtel aus den regulären Einnahmen gedeckt werden. Für den Rest sorgte die Notenpresse: Im Januar lag die Parität der Mark zum Dollar bei 50 000, bis zum April gelang es der Reichsbank, die Mark durch Aufkauf gegen Gold und Devisen zu stützen - die hatte man, da seit dem Ruhreinmarsch sämtliche Reparationszahlungen ausgesetzt worden waren -, doch dann brachen alle Dämme, der Geldwert sank ins Bodenlose.

Was den heutigen Beobachter dieser von Opfermut und Kampfgeist gesättigten Szene frappiert, ist das gänzliche Fehlen eines politischen Kalküls auf deutscher Seite. Es bestand nie der geringste Grund für die Annahme, die französischen und belgischen Truppen würden einfach wieder abmarschieren, aber eben das glaubte die Reichsregierung erreichen zu können: erst müsse Frankreich seine Truppen zurückziehen, dann werde Deutschland verhandeln, erklärte Reichsaußenminister v. Rosenberg, ein Karrierediplomat alter Schule, der allerdings das kleine ABC des Verhandelns vergessen zu haben schien - weshalb sollte Frankreich das Pfand, das es sich verschafft hatte, vor den Verhandlungen abgeben? Außerdem war das französische Prestigebedürfnis durch den Widerstand aufs tiefste getroffen, zumal Ministerpräsident Poincaré aufrichtig glaubte, die französischen Divisionen befänden sich als Künder französischer Zivilisation in Deutschland: »Kein verständiger Mensch«, rief er auf einer Versammlung in Dünkirchen am 15. April 1923 aus, »kann ernstlich glauben, daß Frankreich, das die Menschenrechte proklamiert und das der Volkssouveränität den vollkommensten Ausdruck gegeben hat, den tollen Gedanken fast, fremde Völker unter sein Joch zu bringen und sich Gebiete gegen den Willen der Bewohner anzueignen ... Frankreich wird bis zum Ende voranschreiten und endlich durch einen dauerhaften Frieden ... das Werk seiner Toten vollenden.«[284]

So schaukelten sich Aktionen und Gegenaktionen im Ruhrrevier gegenseitig immer höher. Aus Nervosität, oft auch provoziert, kam es immer öfter zu schweren Zusammenstößen zwischen französi-

schen Soldaten und deutschen Zivilisten; der blutigste Zwischenfall ereignete sich am 31. März 1923 in Essen, als französische Soldaten auf dem Kruppschen Werkgelände versuchten, Autos zu beschlagnahmen. Die Sirenen ertönten, die Arbeiter strömten heraus, die Franzosen schossen. Dreizehn Arbeiter wurden getötet, und als Schuldige wurden Gustav Krupp von Bohlen und Halbach und mehrere seiner leitenden Mitarbeiter von einem französischen Kriegsgericht zu hohen Gefängnis- und zusätzlichen Geldstrafen verurteilt.

In der aufgeladenen Atmosphäre beiderseits des Rheins blühte der Nationalismus auf wie nie zuvor. Cuno hatte das kommen sehen; schon am 9. Januar hatte er im Reichskabinett erklärt: »Wenn es nun zu Sanktionen und Gewaltmaßnahmen im Rheinland kommt, so wird die nächste Folge wohl eine starke nationale Welle sein. Es gilt, diese Welle dem Staate dienstbar zu machen, sie nicht sich selbst zu überlassen und nicht etwa unter das Zeichen des Hakenkreuzes, auch nicht der schwarz-weiß-roten Flagge kommen zu lassen, sondern dafür zu sorgen, daß sie von vornherein der Einigung und Versöhnung im deutschen Volke diene.«[285] Es war das gleiche Rezept, das später Brüning gegenüber der nationalsozialistischen Welle anzuwenden versuchen sollte, und in beiden Fällen schlug es fehl. Im besetzten Gebiet begann eine Reihe rechtsradikaler, meist aus aufgelösten Freikorps hervorgegangener Wehrverbände, ungeachtet offizieller Dämpfungsversuche, einen frisch-fröhlichen Guerillakrieg gegen die Besatzungsmächte, darin nicht nur von der Deutsch-Völkischen Freiheitspartei unterstützt, die sich kurz zuvor von der Deutschnationalen Volkspartei abgespalten hatte, sondern auch von der Kommunistischen Partei, die soeben eine Phase der Anbiederung an nationalistische Kräfte in aller Welt durchlief und den deutsch-französischen Konflikt mit aller Gewalt in einen Klassenkonflikt umzuerklären suchte. Man sprengte Brücken und Bahnlinien und schoß auf französische Wachtposten. Die Besatzungsmacht schlug zurück, eine neue Verhaftungswelle rollte, es kam wieder zu Ausweisungen, zu Deportationen in französische Strafkolonien, und auch ein Märtyrer wurde geschaffen: am 26. Mai 1923 starb der ehemalige Freikorpsoffizier und jetzige Nationalsozialist Albert Leo Schlageter unter den Kugeln eines französischen Pelotons; er wurde einstimmig von rechten Aktivisten wie von Kommunisten

Völkischer Beobachter

Kampfblatt der nationalsozialistischen Bewegung Großdeutschlands

Herausgeber: Dietrich Eckart

München (Donnerstag), den 14. Juni 1923

Wie der Nationalsozialist Schlageter verraten wurde

Die Schergen Severings haben seine Befreiung verhindert!

Marxistische Leichenschänder

Die Tributfrage

Ein Märtyrer wird kreiert: Am 26. Mai 1923 wurde der Student und Leutnant a.D. Albert Leo Schlageter auf der Golzheimer Heide von einem französischen Peloton erschossen. Er hatte als Führer eines Sabotagetrupps Eisenbahnschienen, über die Kohle nach Frankreich transportiert wurde, in die Luft gesprengt. Er war Mitglied mehrerer nationalistischer Gruppen und Vereinigungen, aber nur die Nationalsozialisten nutzten die Gunst der Stunde und präsentierten dem aufgewühlten Volk den Toten als einen der Ihren. Sie versuchten zugleich, die republikanische Regierung zu treffen, indem sie behaupteten, der preußische Innenminister Severing habe Schlageter an die Franzosen verraten; es stellte sich aber bald heraus, daß der Verräter aus dem unmittelbaren Umkreis Schlageters stammte. Der Name Schlageters geriet schnell zum Mythos, der auch von kommunistischer Seite vereinnahmt wurde: »Wir werden alles tun«, erklärte Karl Radek in Moskau, »daß Männer wie Schlageter… nicht Wanderer ins Nichts, sondern Wanderer in eine bessere Zukunft der ganzen Menschheit werden…«

glorifiziert. Zur Verschärfung der Lage führte zudem, daß die Reichswehr in diese Aktivitäten verwickelt war. Sie besaß dafür gute Gründe – jeder weitere Vormarsch französischer Truppen hätte ein Eindringen in dasjenige Reichsgebiet bedeutet, das nach dem Versailler Vertrag von deutschen Truppen geschützt werden durfte, und das wäre der offene Krieg gewesen. Aus diesem Grund aktivierte die Reichswehr alles, was an Wehrverbänden in Westfalen aufzutreiben war; und wie einst bei der Niederwerfung des roten Ruhraufstands waren es wieder ausschließlich radikal-nationalistische Kräfte, die aufgeboten wurden: vom Stahlhelm über den Jungdeutschen Orden und die Turnerschaften der Deutsch-Völkischen Freiheitspartei bis zur kleinen, aber schlagkräftigen und fanatischen Gruppe der Nationalsozialisten.

Reichskanzler Cuno hatte zweifellos nie die Absicht, den passiven Widerstand an der Ruhr zu einem aktiven umzuwandeln, der nach Lage der Dinge in den Krieg münden mußte. Aber die von ihm umworbenen Nationalisten, allen voran die Reichstagsfraktion der Deutsch-Völkischen Freiheitspartei unter dem Abgeordneten Graefe, versuchten, einen Keil zwischen die Reichsregierung und diejenigen Kräfte zu treiben, die an einer grundsätzlichen deutschen Verhandlungs- und Verständigungsbereitschaft festhielten – das war die sozialdemokratisch geführte Regierung Preußens, und das waren die Gewerkschaften, die die Hauptlast des Widerstands an der Ruhr trugen. Der Kanzler empfing Graefe und den Freikorpsführer Roßbach, die ihm die Forderung unterbreiteten, den preußischen Innenminister Carl Severing wegen dessen mäßigender Politik von seinem Posten zu entfernen. Preußen reagierte, indem es die DVFP verbieten und Roßbach wegen illegalen Waffenschmuggels verhaften ließ. Der dauernd schwankende Cuno, in dem das nationale Gewissen mit der republikanischen Vernunft rang, kapitulierte vor dem preußischen Warnschuß, distanzierte sich von seinen Verständigungsversuchen mit rechtsradikalen Kräften und desavouierte seine bisherigen Schützlinge, um das mächtige Preußen nicht zu verprellen.

Die politische Schwäche des Reichskanzlers wurde so aller Welt offenbar; zudem erkannte man im Laufe des Frühjahrs, daß die Regierung sich in eine außenpolitische Sackgasse verrannt hatte, als sie den französischen Abzug aus dem Ruhrgebiet zur Voraussetzung deutscher Konzessionen gemacht hatte. Es bedurfte konzentrierten Drucks seitens der Sozialdemokraten und des britischen Botschafters, Cuno schließlich zu einem zaghaften Zugeständnis zu veranlassen: eine deutsche Reparationsnote vom 2. Mai 1923 enthielt in allgemeinen Formulierungen ein neues Reparationsangebot, das aber alle Alliierten als ungenügend empfanden, und vor allem nicht dasjenige Element, auf das die britische Regierung Wert legte, nämlich materielle Garantien für die deutschen Zahlungen, die es Frankreich ermöglichen sollten, sich ohne Gesichtsverlust aus dem Ruhrgebiet zurückzuziehen. »Eine gewisse Schwerfälligkeit«, meinte der kluge britische Botschafter in Berlin, »mag bei einem Starken geduldet und sogar vielleicht angebracht sein, aber für den Schwachen ist Geschicklichkeit unentbehrlich. Die Deutschen sind in der unglücklichen Lage, daß ihnen, die sie an die Machtstellung gewohnt waren, die Geschicklichkeit fehlt – und die Schwerfälligkeit sich für ihre

Lage nicht mehr eignet. Auf diese Weise versäumen sie dauernd Gelegenheiten, aus denen politisches Kapital zu schlagen für Polen oder Tschechen ein Kinderspiel wäre.«[286] Geschickt wäre gewesen, die scharfen Gegensätze zwischen London und Paris in der Frage der Behandlung Deutschlands auszunutzen und der britischen Seite gute Argumente zu liefern. Aber der Reichskanzler besaß nicht den Mut, weitere Zugeständnisse zu machen und in Kauf zu nehmen, vor der Rechten als Verräter an der gemeinsamen nationalen Sache dazustehen - was erfahrungsgemäß mit Gefahr für Leib und Leben verbunden war. Jetzt war die britische Regierung geradezu gezwungen, sich auf die Seite ihres Alliierten zu stellen und ultimativ die Einstellung des passiven Widerstands als Vorbedingung neuer Verhandlungen zu fordern.

Da die Reichsregierung außerdem monatelang nichts gegen den Verfall der Währung und die Verschlechterung der Lebensmittelversorgung der Bevölkerung unternahm, lockerte sich der innenpolitische Burgfriede. Den Anfang machte die SPD, die aus der nationalen Einheitsfront ausscherte: »Die beinahe wohlwollende Neutralität, welche die Sozialdemokratie früher dem Kanzler gegenüber einnahm«, bemerkte Mitte Juli 1923 der DVP-Vorsitzende Stresemann, »ist längst der Kritik gewichen und droht in offene Befehdung überzugehen. Die Stimmung der Sozialdemokratie wendet sich allerdings mehr gegen den Außenminister v. Rosenberg als gegen den Kanzler direkt, sieht aber den Kanzler als einen weichen, von vielen Einflüssen abhängigen Mann an und wirft ihm vor allen Dingen vor, daß er nicht in der Lage sein würde, im geeigneten Moment die Dinge innenpolitisch zu meistern.«[287] Diese Stellungnahme des Vorsitzenden der Deutschen Volkspartei war um so bemerkenswerter, als er sie mit keinem Wort relativierte und sie sich somit zu eigen machte - schließlich galt die DVP als die eigentliche Stütze Cunos. Auch das Zentralorgan des Zentrums, die »Germania«, erklärte am 27. Juli 1923, Cuno habe offensichtlich versagt. Was aber den Ausschlag gab, war, daß der Reichskanzler diese Auffassungen teilte. Er hatte sich nie nach diesem Amt gedrängt, und nach beispiellosen Kraftproben, auf die er nicht vorbereitet gewesen war, stand er nun vor einem politischen Scherbenhaufen, ohne Vertrauen zur eigenen Sache, erschöpft, überarbeitet, resigniert. So genügte die bloße Forderung der sozialdemokratischen Reichstagsfraktion, die nicht einmal an seiner Regierung beteiligt war, Cuno solle zurücktreten, um ihn am 13. August 1923 tatsächlich demissionieren zu lassen. Reichswehrminister Geßler erinnerte sich später an diese Tage: »Cuno stand vor einem nervösen Zusammenbruch. Einige Tage zuvor kam er zu mir in die Bendlerstraße und sagte: ›Lassen Sie mich hier ein paar Stunden still sitzen, ich habe das Gefühl, über mir stürze das Haus ein.‹ Er, wie übrigens sein Vorgänger Dr. Wirth, war beim Abgang völlig zermürbt.«[288] General v. Seeckt, den persönliche Sympathien mit Cuno verbanden, berichtete in einem Brief an seine Schwester: »Der Reichspräsident ist ganz konsterniert gewesen; aber er konnte den nicht halten, der sich selbst aufgab.«[289] Cuno war kein Einzelfall; zahlreiche Kanzler und Minister der Weimarer Zeit wurden unter der Last der Verantwortung und der Arbeit erdrückt; an ihren zerschlissenen Nerven scheiterten viele, manche, wie Hermann Müller oder Gustav Stresemann, starben in der politischen

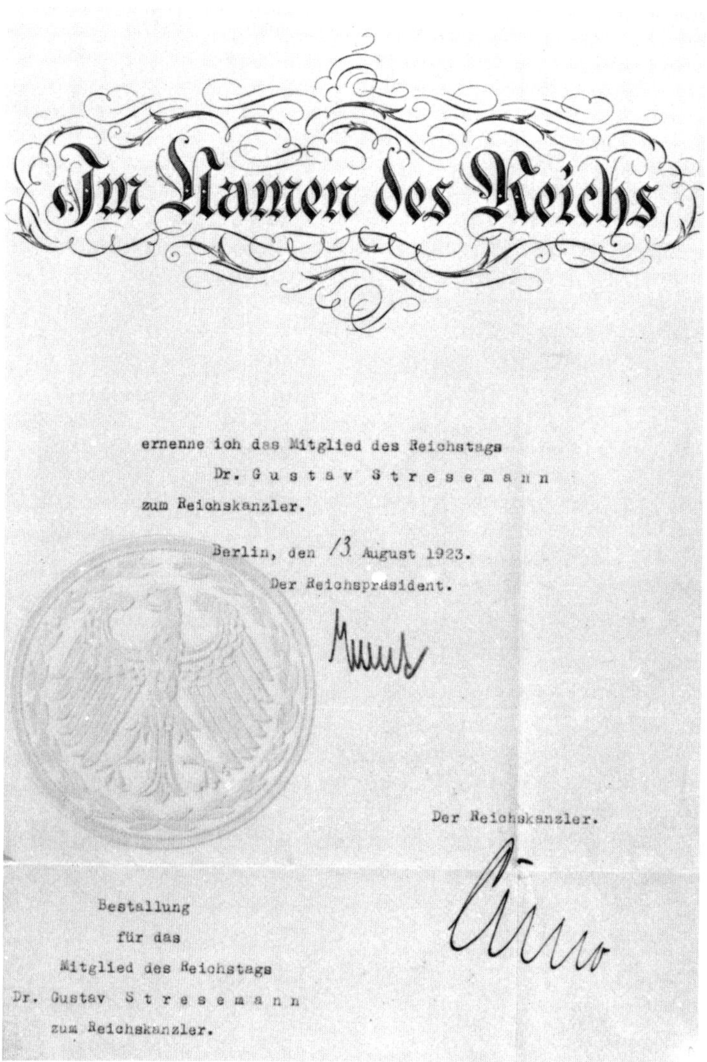

Im Namen des Reichs

ernenne ich das Mitglied des Reichstags
Dr. Gustav Stresemann
zum Reichskanzler.

Berlin, den 13 August 1923.
Der Reichspräsident.

Der Reichskanzler.

Bestallung
für das
Mitglied des Reichstags
Dr. Gustav Stresemann
zum Reichskanzler.

Tretmühle. Wer bereit war, an führender Stelle für die Republik zu arbeiten, nahm unerhörte Belastungen auf sich, von denen das ununterbrochene Trommelfeuer demagogischer Anwürfe und bösartiger Verdächtigungen nicht die geringste war.

Keine Regierungsneubildung war bislang so schnell vonstatten gegangen wie diese, denn der neue Mann stand bereits hinter den Kulissen bereit. Noch am Tag von Cunos Rücktritt, am 13. August 1923, ernannte Reichspräsident Ebert dessen Nachfolger: den Vorsitzenden der Deutschen Volkspartei, Gustav Stresemann.

Die hundert Tage Stresemanns

Es gibt wenige Figuren in der jüngeren deutschen Geschichte, an denen die Deutschen mit ungebrochener Zuneigung hängen; zu ihnen gehört Gustav Stresemann. Andere bedeutende Gestalten Weimar-Deutschlands besitzen ihre Schattenseiten: Ebert den Ruf des farblosen sozialdemokratischen Apparatschiks, des »Stalins der Sozialdemokratie«, wie ein amerikanischer Historiker in gründlicher Verkennung beider Persönlichkeiten behauptet hat;[290] Erzberger seine anrüchigen Finanzgeschäfte, die zu seinem Sturz beitrugen; Rathenau seine problematische, zerrissene Persönlichkeit und seine Primadonnenallüren; Wirth sein Paktieren mit den Sowjets nach 1945. Brüning, Braun, Wels und die übrigen Figuranten der Endzeit der Republik sind vom Makel des schließlichen Versagens gezeichnet. Stresemann dagegen, der früh genug starb, um nicht das Scheitern mitverantworten zu müssen, erscheint im Rückblick fleckenlos ruhmbedeckt, als der Friedensnobelpreisträger, der Deutschland in die Gemeinschaft der Völker zurückbrachte, der das Fundament der deutsch-französischen Freundschaft legte und als Vorkämpfer eines geeinten Europa in die Geschichte einging.

Stresemann wurde 1878 als Sohn eines Berliner Gastwirts und Flaschenbierhändlers geboren. Die Gastwirtschaft ernährte nicht nur ihren Besitzer und seine Familie, sondern warf so viel ab, daß der Gastwirtssohn Gustav die höhere Schule und anschließend die Universität besuchen konnte. Er studierte Wirtschaftswissenschaften und wählte als Thema seiner Dissertation naheliegenderweise eine Untersuchung des Berliner Flaschenbierhandels, worüber sich seine politischen Gegner, wenn ihnen sonst zu Stresemann nichts einfiel, noch Jahrzehnte später amüsieren konnten. Nach einer Geschäftsführertätigkeit in Industrieverbänden wurde der junge Volkswirt von der Berliner Hauptgeschäftsstelle des »Bundes der Industriellen«, des zentralen Interessenverbands der verarbeitenden Industrie in der wilhelminischen Zeit, engagiert und stieg schnell bis zu dessen Syndikus und zweitem Vorsitzenden auf. Auch als Mitglied der nationalliberalen Partei reüssierte er und wurde mit achtundzwanzig Jahren Mitglied des Reichstags; mit gleicher Geschwindigkeit avancierte er in der Reichstagsfraktion, die ihn schließlich 1917, nach dem Tode Bassermanns, zu ihrem Vorsitzenden wählte. »Nationalliberal«: die Spannung, die sich bereits im Parteinamen ausdrückt, findet sich auch in Stresemanns Politik im Weltkrieg. Während er eine Aufweichung der starren innenpolitischen Fronten, die parlamentarische Verantwortlichkeit der Reichsregierung und die Abschaffung des preußischen Drei-Klassen-Wahlrechts forderte, war er in außenpolitischer Hinsicht scharfer Nationalist, ausgewiesen durch seine Mitgliedschaft im »Alldeutschen Verband« und im »Flottenverband« und als Autor von Schriften wie »Michel horch, der Seewind ruft«, in denen der Drang zur Sonne, das deutsche Recht auf Weltmachtgeltung beschworen wurden. Er galt als Ludendorffs »junger Mann«, der im Reichstag beredt das annexionistische Programm der Dritten OHL mit Landerwerb von Calais bis Petersburg vertrat – Scheidemann nannte ihn »die Kriegstrompete«. Seine anfängliche Mitgliedschaft im Interfraktionellen Aus-

schuß, dem Generalstab der Mehrheitsparteien, endete, sobald er sein Ziel, den Sturz des in seinen Augen zu weichen, zu kompromißlerischen Reichskanzlers Bethmann Hollweg erreicht hatte. Sein Ruf als politisches Chamäleon, das sinistren Machtgelüsten zuliebe die Farbe wechseln konnte, überlebte das Kriegsende; die Deutsche Demokratische Partei, der er sich anzuschließen wünschte, wies seine Mitgliedschaft in beleidigender Form ab.

Die Revolution lehnte Stresemann aus der Tiefe seiner monarchisch-nationalen Überzeugung mit Entrüstung ab. Die Deutsche Volkspartei, die im November 1918 unter seiner maßgeblichen Mitwirkung gegründet wurde, und deren unumstrittener Vorsitzender er wurde, empfahl ein »Volkskaisertum«, wie es die Liberalen der Achtundvierziger-Revolution angestrebt hatten. Aber das hatte eher deklaratorische Bedeutung; bereits frühzeitig erkannte Stresemann die Republik als nun einmal bestehende Staatsform an und war bereit, in ihr mitzuarbeiten, um seine Vorstellungen durchzusetzen. Das hieß nicht, daß er ein politisches Damaskus erlebt hätte; seine weiterhin bestehende tiefe Verehrung der Hohenzollernmonarchie, seine engen Kontakte zum Kronprinzen bis zu seinem Tode sind unbestritten. Alles spricht dafür, daß Stresemann der blieb, der er war, daß er jedoch die seltene Fähigkeit besaß, aus begangenen Fehlern zu lernen und ohne erhebliche Ressentiments Politik zu betreiben – das unterschied ihn von seinen Feinden im rechten Lager, die sich im Alleinbesitz nationalen Bewußtseins und konservativer Gesinnung fühlten, und auch von seinen späteren Kontrahenten in der eigenen Partei. Dabei war es von Vorteil, daß die DVP in altliberaler Tradition nichts von einer Massenpartei mit Parteiapparat und zahlreichen Gremien hatte; sie war ein Honoratiorenverband, hauptsächlich mit der Aufstellung von Landtags- und Reichstagskandidaten und mit der Propaganda in Wahlzeiten befaßt. So war es Stresemann ein leichtes, die Partei kraft seiner ungewöhnlichen Persönlichkeit und Überzeugungsfähigkeit zu formen und zu lenken – seine Politik war die der Deutschen Volkspartei, nicht umgekehrt.

Schon mehrfach war Stresemann als Kandidat für das Reichskanzleramt im Gespräch gewesen; er stand programmatisch für die Große Koalition, ein Parteienbündnis von der Sozialdemokratie bis zur Deutschen Volkspartei, die nicht nur eine parlamentarische Mehrheit hinter sich versammeln konnte, sondern auch den politischen Ausdruck für den sozialen Ausgleich zwischen Arbeit und Industrie darstellte, für den wirtschaftspolitischen Interessenkompromiß, der die innenpolitischen Gräben Deutschlands überbrükken sollte. Das war nach Stresemanns Überzeugung die Voraussetzung für die Lösung des Hauptproblems der derzeitigen deutschen Politik, für die Beseitigung der Reparationen und die Revision der territorialen und militärischen Bestimmungen des Versailler Vertrags.

Jedem unbefangenen Beobachter war nach den Desaster Cunos klar, daß im gegebenen wirtschaftlichen, finanziellen und politischen Notstand die Große Koalition dringend erforderlich war. Seit Wochen hatte alle Welt von Stresemann als dem kommenden Kanzler gesprochen; nun ernannte ihn Ebert nur wenige Stunden nach Cunos Rücktritt zu dessen Nachfolger. In den Flügelparteien der Großen Koalition allerdings war dieser Schritt keineswegs so unum-

Die große Koalition
»...Und so lasset uns getrost in die Zukunft blicken, denn es ist keine leichtfertige Liebesehe, nein, es ist eine Heirat aus Pflicht!«

Zeichnung von Karl Arnold

stritten wie in der Öffentlichkeit. In der DVP gab es Reichstagsabgeordnete und ganze Landesverbände, die gegen das Zusammengehen mit der SPD Sturm liefen, aber gegen die Autorität des Parteivorsitzenden war kein Ankommen. Schwieriger war die Entscheidung für die Sozialdemokraten; vor allem deren durch den Zuzug der Unabhängigen gestärkter linker Flügel verwahrte sich vehement gegen ein Bündnis mit der Partei der Schwerindustrie. Als am 14. August 1923 die Parteien im Reichstag zur Regierungserklärung des neuen Kanzlers Stellung nahmen, sprach für die SPD-Fraktion nicht nur ihr Vorsitzender Hermann Müller, sondern auch der Mitvorsitzende und frühere Unabhängige Rudolf Breitscheid, der die Bedenken einer starken Minderheit der SPD-Fraktion vortrug. Bei der anschließenden Vertrauensabstimmung für das Kabinett Stresemann fehlte nicht nur ein Drittel der DVP-Abgeordneten, was wegen der schwachen Parteidisziplin der Liberalen niemanden erstaunte, sondern auch ein Fünftel der früheren Mehrheits-Sozialdemokraten und fast die Hälfte der ehemaligen USPD-Abgeordneten. Das war in der Geschichte der SPD noch nicht dagewesen; der Vorgang zeigte nicht nur, welchen Belastungen die Große Koalition von vornherein ausgesetzt war, sondern auch, daß die relative Geschlossenheit der SPD-Fraktion nunmehr dahin war. Für die Fraktionsführung wurde es seit der Wiedervereinigung mit der USPD immer schwerer, die Fraktion auf eine einheitliche Entscheidung einzuschwören; dem starken Gewerkschaftsflügel, der schon bisher oft Einfluß auf die Fraktionsentscheidungen genommen hatte, stand jetzt ein ebenfalls starker und durchaus geschlossener linker Flügel gegenüber, der zudem von markanten Persönlichkeiten wie Paul Levi und nach dessen Tod von Max Seydewitz geführt wurde. Das Verhalten der sozialdemokratischen Reichstagsfraktion wurde von nun an zu einer unberechenbaren Größe, nicht allein wegen der Flügelbildung, sondern auch wegen der mangelhaften Führungsfähigkeit ihrer Vorsitzenden. Stresemann beklagte sich sehr bald, es sei fast unmöglich, mit dieser Partei zusammen zu regieren, »weil das Kabinett bei jeder Entscheidung davon abhängig war, ob der Parteivorstand in der Fraktionssitzung mit 65 zu 60 Stimmen siegte oder mit 60 zu 65 Stimmen unterlag«[291].

Das erste Reichskabinett der Großen Koalition war prominent besetzt; neben Stresemann als Reichskanzler stellte die DVP den Syndikus der deutschen Elektroindustrie Hans v. Raumer als Wirtschaftsminister. Die SPD erhielt vier Ressorts: der Gewerkschaftler Robert Schmidt wurde Wiederaufbauminister und Vizekanzler, der führende rheinische Sozialdemokrat Wilhelm Sollmann Reichsinnenminister, der Heidelberger Rechtsphilosoph Gustav Radbruch Reichsjustizminister, und der von den Unabhängigen Sozialdemokraten gekommene führende theoretische Kopf der Sozialdemokratie, Rudolf Hilferding, übernahm das Reichsfinanzministerium und damit die wichtige Verantwortung für die Sanierung des Reichshaushalts.

Das war die unter den gegebenen Umständen bestmögliche Grundlage, auf der ein Ausbruch aus der innen- und außenpolitischen Sackgasse gelingen konnte. Einige Wochen lang schien sich

der außenpolitische Horizont aufzuhellen; nach dem Rücktritt Cunos hatte die britische Regierung die Ruhrbesetzung als rechtswidrig bezeichnet und Paris aufgefordert, seine Truppen zurückzuziehen, aber die französische Antwortnote vom 20. August zerstörte die neuerwachten Hoffnungen: Frankreich hielt starr daran fest, das Rhein- und Ruhrgebiet als territoriales Pfand aus der Gesamtheit der deutschen Wirtschaft auszugliedern. Es zeigte sich jetzt, was ein politischer Streik gegen einen entschlossenen Gegner vermag, der die Gewehre besitzt und zum Schießen bereit ist: nichts. Der passive Widerstand begann abzubröckeln. Im Rheinland blühte der Weizen der Separatisten, die, offen unterstützt von französischen Behörden und Truppen, die Abtrennung der besetzten Gebiete vom Reich und die Errichtung einer Konföderation rheinischer Bundesstaaten unter französischem Protektorat anstrebten. Im Ruhrgebiet verließen die syndikalistischen Gewerkschaften, freilich keine große Gruppe, die Streikfront und boten französischen Stellen die Zusammenarbeit an. Einzelne Ruhrindustrielle nahmen erste Fühlung mit dem französischen Oberkommissar in Koblenz, Paul Tirard, auf, um sich nach den Bedingungen für ihr wirtschaftliches Überleben zu erkundigen.

Und vor allen Dingen: der Widerstand war nicht mehr finanzierbar, denn praktisch mußte die Millionenbevölkerung des Ruhrgebiets aus dem Reichshaushalt ernährt werden, während zugleich sämtliche Steuereinnahmen aus den besetzten Gebieten ausfielen. »Das Kabinett«, so eine Notiz in Stresemanns Nachlaß, »muß sich am 6. September die Frage überlegen, ob die Ruhrkredite in der bisherigen Höhe unter Berücksichtigung der Geldentwertung weitergezahlt werden sollen. Nichtzahlung bedeutet Einstellung der Arbeit, praktisch die Aufgabe des passiven Widerstandes. Schon in dieser Sitzung wird festgestellt, daß auch nach Auffassung der Vertreter des besetzten Gebietes es nur mehr möglich erscheint, den Ruhrkampf noch einige Wochen durchzuführen. Das Kabinett entschließt sich zunächst, die angeforderten Kredite noch zu zahlen, aber sofort Schritte einzuleiten, um eine sukzessive Einschränkung dieser Kredite in Zukunft zu erzielen.«[292]

Noch immer hoffte Stresemann auf englische Vermittlung, denn der Ruhrkampf hing der Reichsregierung wie ein Mühlstein am Hals und schloß die Gesundung der Währungsverhältnisse aus. Am Ruhrkampf hatte sich aber das ganze Selbstbewußtsein der geschlagenen und gedemütigten Nation aufgerichtet; ihn aufzugeben hieß, sich den glühenden Haß der gesamten Rechten einschließlich des Teils, der Stresemann bislang politisch und persönlich nahegestanden hatte, zuzuziehen. Und was die persönlichen Konsequenzen anging, so hatten die Morde an Erzberger und Rathenau gezeigt, wessen der radikale Nationalismus fähig war.

Niemand hätte Stresemann damals getadelt, wenn er vor der Schwere der Entscheidung zurückgewichen wäre und demissioniert hätte; andere Reichskanzler haben das in vergleichbaren Situationen zuvor und später getan. Stresemann tat es nicht. Am 26. September 1923 verkündete die Reichsregierung formell den Abbruch des Ruhrkampfs; selbst sozialdemokratischen Ministern, die dem passiven Widerstand am kritischsten gegenübergestanden hatten, kamen über Nacht Skrupel, als die Entscheidung bevorstand, aber

Stresemann paukte sie im Kabinett durch. Zehn Tage darauf trat er vor den Reichstag, um den Entschluß zu begründen. Seine Rededisposition ist überliefert - eine nüchterne, dicht an Zahlen und Fakten orientierte Bilanz des Ruhrkampfs. Aber diesmal hielt er sich nicht an den vorbereiteten Text; als sich die Erregung im Plenum, namentlich bei den Flügelparteien, zum Tumult steigerte, als der Ruf »Verräter« laut wurde, schob der Redner sein Manuskript beiseite. Wer den wirklichen Stresemann hinter dem schützenden Schleier des Taktischen sucht, findet ihn im Protokoll jener Reichstagssitzung: »... Zu wissen, daß man recht hat, daß man nicht anders handeln konnte, als man handelte - und sich auf einmal ganz allein zu finden, verhaßt, geschmäht, verleumdet - sich zu fragen, wie soll man dem Irrtum eines ganzes Volks standhalten - wie soll man beweisen, daß man als Einzelner sich nicht geirrt hat ... Der Mut, die Aufgabe des passiven Widerstandes verantwortlich auf sich zu nehmen, ist vielleicht mehr national als die Phrasen, mit denen dagegen angekämpft wurde. Ich war mir bewußt, daß ich in dem Augenblick, wo ich das tat, als Führer meiner Partei, die nach einer ganz anderen Richtung eingestellt war, damit nicht nur vielleicht die eigene politische Stellung in der Partei, ja das Leben auf das Spiel setzte. Aber was fehlt uns im deutschen Volke? Uns fehlt der Mut zur Verantwortlichkeit.«[293]

Die rechts- wie die linksoppositionelle Presse überschlug sich in ihren Attacken gegen Stresemann; fast über Nacht war der Kanzler, der »Verzichtpolitiker«, zum verhaßtesten Mann im Reich geworden. Der deutschnationale Reichstagsabgeordnete Baecker nannte ihn öffentlich einen Verräter, ohne dafür von seiner Parteileitung zur Rechenschaft gezogen zu werden; Ludendorff meldete sich zu Wort und wies darauf hin, daß Stresemann Freimaurer und somit ein »Pazifist« und »künstlicher Jude« sei. Es gab keine Injurie, die in diesen Tagen nicht gegen den Reichskanzler geschleudert worden wäre, und auch Mordkomplotts entstanden, wurden jedoch rechtzeitig aufgedeckt. In Stresemanns eigener Partei regte sich vehementer Widerstand; ihren Abfall verhinderte hauptsächlich der maßgebliche Mann ihres schwerindustriellen Flügels, Hugo Stinnes, denn die Aufgabe des passiven Widerstands hatte die industriellen Interessen an der Ruhr im letzten Augenblick gerettet. Aber mehrere DVP-Reichstagsabgeordnete veröffentlichten in deutschnationalen Blättern Angriffe gegen ihren Parteivorsitzenden, zwei traten zu den Deutschnationalen über.

Doch nicht nur der Abbruch des Ruhrkampfs belastete den Zusammenhalt der Koalition; das zweite Hauptproblem des Kabinetts, die Konsolidierung der Finanzen, tat dies nicht weniger. Daß dazu einschneidende und unpopuläre Maßnahmen notwendig waren, sah jedermann ein: daß die Festlegung und Durchsetzung solcher Maßnahmen durch den Reichstag auf dem Wege der normalen Gesetzgebung zu endlosen Debatten und unabsehbaren Verzögerungen führen würde, war vorauszusehen. Aus diesen Gründen beschloß das Kabinett, den Reichstag um die Annahme eines allgemeinen Ermächtigungsgesetzes zu ersuchen, auf dessen Grundlage die Reichsregierung die für notwendig gehaltenen Maßnahmen durch

Erlasse regeln konnte. Eine der vorgesehenen Maßnahmen, die hauptsächlich bei der Deutschen Volkspartei großen Beifall fand, war die Aufhebung des Achtstundentags für Arbeiter, um so die volkswirtschaftliche Produktivität zu stärken. Dieser Gedanke war an sich nicht unvernünftig, rührte aber an den Kern des sozialpolitischen Kompromisses von 1918, der bisher den sozialen Frieden weitgehend gesichert hatte, da er die sozialdemokratische Arbeiterschaft an die neue Ordnung band. Die Sozialdemokratie forderte deshalb, dem Kabinett die Vollmacht zur Aufhebung des Achtstundentags mit Hilfe des Ermächtigungsgesetzes zu versagen; da Stresemann nicht daran dachte, sich im letzten Augenblick das wirtschafts- und sozialpolitische Kernstück aus seinem Konzept herausschießen zu lassen, trat er am 3. Oktober 1923 zurück.

Drei Tage später, am 6. Oktober 1923, war die alte Koalitionsregierung unter Stresemanns Führung wiederauferstanden; eine andere Lösung hatte sich einfach nicht finden lassen, zumal Ebert an Stresemann als Kanzler festhielt und dieser bereit war, Abstriche von seinem Arbeitszeitprogramm zu machen. Im neuen Kabinett war die Sozialdemokratische Partei allerdings nur noch durch drei Minister vertretern, denn Hilferding war durch den parteilosen bisherigen Reichsernährungsminister Hans Luther ersetzt worden, übrigens unter dem Beifall mancher der eigenen Parteifreunde; der Theoretiker Hilferding hatte sich in der praktischen Kabinettsarbeit nicht bewährt: »Für einen Minister«, meinte der preußische Ministerpräsident Braun, »ist Hilferding zu klug.«[294] Daß das neue Kabinett allerdings nur ein Kabinett auf Zeit war, wußte jedermann. An allen Ecken und Enden der Koalition bröckelte es, ihre inneren Spannungen ließen sich nur für kurze Zeit ausgleichen. Das einzige Parteienbündnis, das bei den gegebenen Mehrheitsverhältnissen die innenpolitische Stabilität der Republik hätte sichern können, erwies sich als ein reines Provisorium, als kurzlebige Notgemeinschaft zur Überwindung aktueller Krisen.

Tatsächlich war die Zukunft der Republik noch nie seit ihrem Bestehen so finster wie in diesem Herbst. Das »Wunder der Rentenmark« mußte erst vollbracht werden; derzeit war das Wirtschaftsleben auf urtümliche Tauschbeziehungen zurückgefallen, Zigaretten, auch Eier ersetzten die gültige Währung, und der Heizwert des Papiergelds war höher als der der Kohle, die dafür zu kaufen war: der kollektive seelische Zustand der Deutschen kam in diesen Monaten dem Wahnsinn nahe. »Der Druck der wirtschaftlichen Not nimmt täglich zu«, meldete ein bayerischer Regierungspräsident Anfang September 1923 nach München. »Er wirkt zurück auf die Stimmung der Massen, die täglich reizbarer und geneigter werden, den Kampf aller gegen alle auszutragen...«[295] »Die Volksstimmung ist außerordentlich gedrückt«, heißt es in einem anderen Bericht vom selben Monat, »in den notleidenden Volksschichten zum Teil verzweifelt. Infolge des völligen Zusammenbruchs der Währung hat die ganze Wirtschaft den Halt verloren. Arbeitslosigkeit und Hunger stehen wie drohende Gespenster vor vielen Türen und niemand weiß, wie die Gefahren abgewendet werden sollen...«[296] Die verzweifelte Frage eines verfassungstreuen Beamten: »Wie soll man in einem solchen Hexensabbat ein Volk von dem Werte der Demokratie überzeugen?«[297] war nur zu berechtigt; für die linken wie die

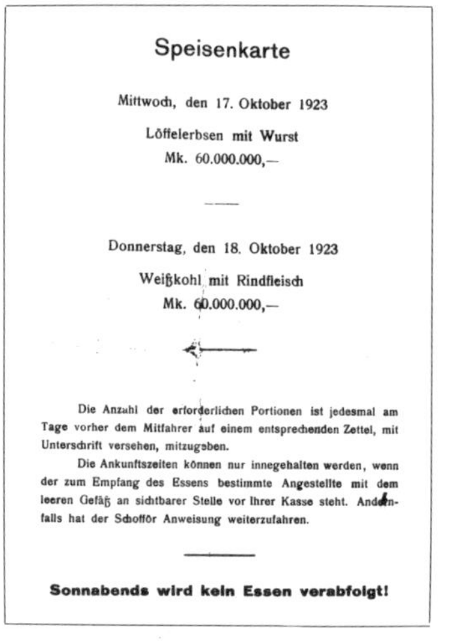
Speisenkarte

Mittwoch, den 17. Oktober 1923

Löffelerbsen mit Wurst
Mk. 60.000.000,–

Donnerstag, den 18. Oktober 1923

Weißkohl mit Rindfleisch
Mk. 60.000.000,–

Die Anzahl der erforderlichen Portionen ist jedesmal am Tage vorher dem Mitfahrer auf einem entsprechenden Zettel, mit Unterschrift versehen, mitzugeben.

Die Ankunftszeiten können nur innegehalten werden, wenn der zum Empfang des Essens bestimmte Angestellte mit dem leeren Gefäß an sichtbarer Stelle vor Ihrer Kasse steht. Andernfalls hat der Schofför Anweisung weiterzufahren.

Sonnabends wird kein Essen verabfolgt!

rechten Republikfeinde schien die Zeit für den Umsturz so günstig wie nie zuvor, und die Parole »Los vom Reich« fand allenthalben, von Oberschlesien bis in die Pfalz, von Schleswig-Holstein bis nach Bayern, ein lebhaftes Echo. Der Untergang der Republik, ja des Reichs schien gewisser denn je, eine Frage von Monaten, wenn nicht von Wochen. »Wenn Stresemann scheitert«, meldete der liberale Pazifist Hellmuth v. Gerlach in seinem Lagebericht vom September 1923 an die Carnegie-Friedensstiftung, »erscheint kein anderes vernünftiges parlamentarisches Kabinett mehr möglich. Sein Fall wäre gleichbedeutend mit einer schrecklichen inneren Krise. Die Folge wäre wahrscheinlich eine Diktatur von der extremen Linken oder der extremen Rechten. Das bedeutet den Zerfall Deutschlands, Bürgerkrieg, wirtschaftliches Chaos ... Für lange Zeit würde Deutschland ein Herd der Unruhe und ein Zentrum der Anarchie werden.«[298]

Im Laufe der Monate August, September und Oktober 1923 fanden im besetzten Rheinland mehrere Separatistenputsche statt; in Landau, Mainz, Wiesbaden, Andernach, Koblenz, Trier und anderen rheinischen Städten besetzten von rheinischen Honoratioren geführte und mit Waffen aus beschlagnahmten deutschen Heeresbeständen versehene Haufen die Rathäuser und verjagten die ge-

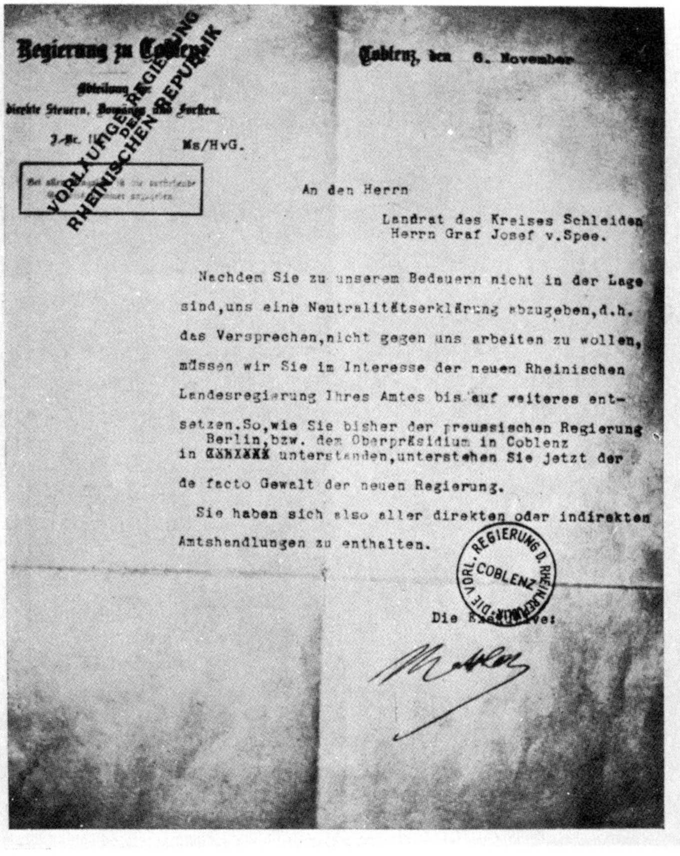

Regierung zu Coblenz

Abteilung direkte Steuern, Domänen und Forsten.

J.-Nr. II Ms/HvG.

VORLÄUFIGE REGIERUNG DER RHEINISCHEN REPUBLIK

Coblenz, den 6. November

An den Herrn
Landrat des Kreises Schleiden
Herrn Graf Josef v.Spee.

Nachdem Sie zu unserem Bedauern nicht in der Lage sind,uns eine Neutralitätserklärung abzugeben,d.h. das Versprechen,nicht gegen uns arbeiten zu wollen, müssen wir Sie im Interesse der neuen Rheinischen Landesregierung Ihres Amtes bis auf weiteres entsetzen.So,wie Sie bisher der preussischen Regierung Berlin,bzw. dem Oberpräsidium in Coblenz in XXXXXX unterstanden,unterstehen Sie jetzt der de facto Gewalt der neuen Regierung.

Sie haben sich also aller direkten oder indirekten Amtshandlungen zu enthalten.

DIE VORL. REGIERUNG D. RHEINREPUBLIK COBLENZ

Die [illegible]:

Mit tatkräftiger französischer Unterstützung wurde am 25. Oktober 1923 in Koblenz eine »Rheinische Republik« ausgerufen, als deren Ministerpräsident der Würzburger Zeitungsredakteur Franz Matthes figurierte. Innere Machtkämpfe unter den Separatisten, die geschlossene Ablehnung durch die Bevölkerung und der britische Druck auf die französische Regierung machten dem Abenteuer aber bereits nach wenigen Wochen ein Ende.

wählten kommunalen Volksvertreter und die preußischen Behördenvorstände, während die französischen Sicherheitskräfte sich, wie sie offiziell betonten, neutral verhielten, tatsächlich jedoch die Separatisten tatkräftig unterstützten. Die Separatistenführer Dorten und Matthes riefen am 21. Oktober eine »Rheinland-Republik« aus, die unabhängig vom Reich wie von Preußen sei und besondere vertragliche Beziehungen zu Frankreich anstrebe. Aber auch die französischen Spahi-Regimenter waren nicht imstande, die Handvoll Separatisten zu beschützen, als diese wenige Tage nach ihren Putschen von der aufgebrachten Bevölkerung aus den Rathäusern geholt und aus den Städten geprügelt wurden; zwischen einem kleinen Separatistenheer und einem Haufen mit Sensen und Dreschflegeln bewaffneter Bauern kam es im Siebengebirge sogar zu einer kleinen Schlacht, bei der die Bauern das Feld behaupteten.

Ende November 1923 war der Spuk verflogen, nicht jedoch die Gefahr für das Rheinland. Im Zuge der Sanierung der deutschen Währung und der Reichsfinanzen schien es nämlich eine Zeitlang, als sei das Reich, obwohl der Ruhrkampf abgebrochen war, nicht mehr in der Lage, die besetzten rheinischen Gebiete weiterhin finanziell zu unterstützen. Denn auf der einen Seite flossen im Rahmen der Arbeitslosenhilfe und Arbeitslosenunterstützung noch immer bedeutende Mittel in das Rheinland; andererseits hatten aber Belgier und Franzosen eine Zollbarriere zwischen den besetzten und dem unbesetzten Gebiet errichtet und schöpften die Ausfuhrzölle für die im Rheinland und im Ruhrgebiet erzeugten Waren selbst ab. Zudem war es den Reichsbehörden kaum möglich, im besetzten Gebiet Steuern einzuziehen, da die Besatzungsbehörden jede Amtshilfe verweigerten. Anfang Oktober schien die Lage der Reichsfinanzen so kritisch, daß die Zahlungen an das Rheinland kaum noch aufrechtzuerhalten waren. Zwei Lösungsmöglichkeiten wurden diskutiert: der Kölner Oberbürgermeister Konrad Adenauer und der Bankier Louis Hagen schlugen die provisorische Bildung einer rheinischen Verwaltungsspitze mit eigener Finanzhoheit vor - das hätte die verwaltungstechnische Abtrennung des Rheinlands von Preußen bedeutet und eine Einladung an Frankreich, durch Druck auf die rheinische Verwaltung deren Verhalten nach eigenen Wünschen zu dirigieren. Es steht außer Frage, daß Adenauer und Hagen keine separatistischen Gelüste besaßen; der Kölner Oberbürgermeister, der »gallige und zähe Adenauer«, galt den französischen Militärverwaltern sogar als einer der starrsinnigsten Gegner des rheinischen Separatstaats[299]. Aber das Projekt war verzweifelt genug, um die Gefahr einer schließlichen Loslösung des Rheinlands von Preußen und dem Reich heraufzubeschwören. Die andere Lösungsmöglichkeit war vom Essener Oberbürgermeister und Reichsinnenminister, Karl Jarres, in die Debatte geworfen worden; danach wollte man den Besatzungsmächten, da sie nun einmal die faktische Gewalt im Rheinland ausübten, auch alle Lasten übertragen - sollten die Franzosen doch sehen, wie sie damit fertig würden. Diese »Versackungstheorie« fand zeitweise zahlreiche prominente Anhänger, ein Zeichen dafür, wie desparat die Lage erschien. Nur der unerwartete Erfolg der Rentenmark und die damit verbundene schnelle Gesundung der deutschen Währungsverhältnisse verhinderten schließlich den Abfall des Rheinlands vom Reich.

Bayern und das Reich
»Es ist ja nur vorübergehend.«

Zeichnung von Karl Arnold

In der Tat waren die Probleme der Regierung Stresemann so groß, daß das Rheinland, von Berlin aus gesehen, fast zur quantité négligeable verkümmerte. Ein größeres Augenmerk verlangte die Lage in Bayern; die dortige Regierung war in weitem Maße abhängig von den bayerisch-partikularistischen, teilweise auch deutsch-nationalistischen »Vaterländischen Verbänden«, für die Berlin ohnehin ein rotes Tuch und eine Reichsregierung mit sozialdemokratischer Beteiligung die Vorhut des Bolschewismus war: »Die Stimmung in Bayern«, hatte bereits im August ein Berichterstatter aus München gemeldet, »ist gegen die Reichsregierung im allgemeinen und in Sonderheit gegen den leitenden Staatsmann außerordentlich ungünstig. Worte wie Hochverräter und Hochverrat sind noch gelinde Bezeichnungen im Munde durchaus ernstzunehmender und einflußreicher Persönlichkeiten, hinter denen starke reale Mittel stehen.«[300] In der Nacht vom 25. zum 26. September, unmittelbar nach dem Abbruch des Ruhrkampfs, beschloß das bayerische Kabinett ohne Fühlungnahme mit der Reichsregierung, über Bayern den Ausnahmezustand zu verhängen, den Regierungspräsidenten von Oberbayern, den ehemaligen Ministerpräsidenten Gustav v. Kahr zum Generalstaatskommissar zu ernennen und ihm die vollziehende Gewalt zu übertragen. Der Reichsregierung, so überraschend vor vollendete Tatsachen gestellt, blieb nichts anderes übrig, als ihrerseits umgehend den Ausnahmezustand für das ganze Reich zu verkünden und zum Inhaber der vollziehenden Gewalt den Reichswehrminister Geßler zu ernennen. An sich war diese Maßnahme auch ohne die bayerischen Aktivitäten vollauf gerechtfertigt, denn daß es zu inneren Unruhen kommen würde, war nach dem Abbruch des passiven Widerstands an der Ruhr vorauszusehen gewesen. Aber für Stresemann war es bitter, auf einen deutlich gegen die Reichsspitze gerichteten Affront reagieren zu müssen. Am folgenden Morgen konnte man im offiziellen Organ der bayerischen Regierungspartei BVP lesen:

»Man hat eine Heidenangst vor Bayern in Berlin. Bayern kann der Berliner Regierung nur den Rat geben, die Hand völlig aus dem Spiel zu lassen. Bayern wird sich selbst helfen. Wir brauchen keine Berliner Pressezensur, keinen Reichsstaatsgerichtshof, um Gottes Willen nichts, was an die suspekten Republikschutzgesetze erinnert. Wir brauchen nur freie Hand, dann wird Bayern und das Reich gut dabei fahren. Gibt man uns aus politischer Einsicht nicht diese freie Hand, gut, dann müssen wir uns diese Freiheit des Handelns selbst nehmen.«[301]

Zwar telephonierte der bayerische Ministerpräsident v. Knilling mit Stresemann und versicherte ihn der völligen Loyalität des Herrn v. Kahr, aber Stresemann kannte v. Kahr als Vertrauensmann der bayerischen Vaterländischen Verbände, als der er bereits während des Kapp-Putschs in München zum Ministerpräsidenten reüssiert war, und blieb beunruhigt.

Beunruhigt über die Lage in Bayern, wo unter v. Kahrs Protektion die rechtsradikalen Wehrverbände mobil machten, blieb auch die republikanische Öffentlichkeit. Die Extremismen schaukelten sich gegenseitig auf; nach dem Grundsatz der kommunizierenden Röhren stieg mit dem Anwachsen der rechten Verfassungsfeinde auch die Gefahr durch die linken. Was Bayern auf dem rechten Spek-

trumsende war, waren die Staaten Sachsen und Thüringen auf dem linken. Die mitteldeutsche SPD, die in beiden Ländern die Regierung stellte, war traditionellerweise auf dem linken Flügel ihrer Partei angesiedelt; in Mitteldeutschland hatte die Unabhängige Sozialdemokratie zeit ihres Bestehens die größten Erfolge gehabt, und dasselbe galt für die Kommunisten. Die Massenbewegung, die durch den Rathenau-Mord provoziert worden war, hatte der Kommunistischen Partei viele neue Mitglieder zugeführt und ihren Einfluß in Gewerkschaften und vor allem bei Betriebsräten erheblich verstärkt; die Massenverelendung im Zuge der Inflation und der hohen Arbeitslosigkeit hatte weitere Anhänger in die Kommunistische Partei geschwemmt.

Das Exekutivkomitee der Kommunistischen Internationale sah jetzt die Gelegenheit gekommen, den schon mehrmals gescheiterten deutschen Oktober stattfinden zu lassen. Sowjetische Bürgerkriegsspezialisten trafen in Deutschland ein, um die kommunistischen Kampfverbände, die »Proletarischen Hundertschaften«, zu schulen. Um sich eine legale Operationsbasis zu schaffen, beschloß die Zentrale der KPD, Kommunisten in das sächsische und das thüringische Staatsministerium eintreten zu lassen: »Um gemeinsam mit den thüringischen und sächsischen Sozialdemokraten die Arbeiterschaft zur Abwehr der faschistischen Gefahr« – gemeint war Bayern – »zusammenzuschweißen«.[302] Am 10. Oktober nahm der sächsische Ministerpräsident Zeigner zwei kommunistische Minister in sein Kabinett auf, um, wie er dem Landtag versicherte, »die Gefahr einer großkapitalistischen Militärdiktatur [zu] bannen«[303] Zwei Tage darauf wurde die thüringische Regierung um zwei kommunistische Mitglieder erweitert. Bayern brach die diplomatischen Beziehungen zu beiden Staaten ab – ein Überrest der Vorkriegsära, daß die deutschen Länder untereinander durch Gesandte vertreten waren –, und jeder Beteiligte versicherte mit gleichem Pathos, er verteidige mit seiner Maßnahme die Reichseinheit »mit unverbrüchlicher Treue«[304]. Tatsächlich kämpften Bayern, Sachsen und Thüringen gleichermaßen gegen die Reichsregierung und den Inhaber der vollziehenden Gewalt im Reich, Minister Geßler.

Zum offenen Ausbruch kam der Konflikt zuerst mit Bayern. Dafür sorgte einer der vielen rechtsradikalen Verbände in München, die Nationalistische Deutsche Arbeiterpartei. Die NSDAP unter ihrem Führer Adolf Hitler war zu diesem Zeitpunkt bereits eine der größten und einflußreichsten politischen Gruppen in Bayern, wenn auch nicht unangefochten die erste – dieser Platz wurde ihr von konkurrierenden Verbänden, namentlich vom »Bund Oberland«, streitig gemacht. Daß hier aber etwas wuchs, das in Anspruch und Gefährlichkeit alle Konkurrenz im völkisch-nationalistischen Lager hinter sich ließ, war auch außenstehenden Beobachtern nicht verborgen geblieben. Der Münchener Korrespondent des »Berliner Tageblatts« etwa hatte bereits Anfang 1923 hellsichtig berichtet: »In Bayern allein fand die nationalsozialistische Bewegung nicht bloß die Atmosphäre, die ihrem Aufkommen günstig war, sondern auch wohlwollende Duldung und Unterstützung durch den Staat. Dem in Bayern regierenden Geist war die antimarxistische Parole genehm; man übersah gern, daß der Nationalismus Marxismus und Judentum identifizierte, und ließ das übrige Programm der jüngsten Partei

auf sich beruhen ... Der Nationalsozialismus ist keine Partei, sondern ein Gefühl, eine zum Fanatismus aufgepeitschte Leidenschaft, die aus der seelischen und wirtschaftlichen Not und Verwirrung der Zeit entstanden ist. Sein politisches Weltbild ergibt sich nicht aus den Forderungen der realen Politik, sondern aus der Vorstellungswelt der Romantik ...«[305]

Besonders in einem Punkt behaupteten die Nationalsozialisten die Spitzenstellung in den »Vaterländischen Verbänden«: in propagandistischer Hinsicht war da niemand, der Hitler das Wasser reichen konnte. Das publizistische Organ der Partei, der »Völkische Beobachter«, hatte bereits öfter wegen seiner ungehemmten Angriffe auf die Politik der Reichsregierung und auf das Weimarer »System« die Aufmerksamkeit des Reichskommissars für die Überwachung der öffentlichen Ordnung auf sich gezogen; nach der Verhängung des reichsweiten Ausnahmezustands beschimpfte das Blatt Reichskanzler und Reichswehrminister so unflätig, daß Geßler den Kommandeur der in Bayern stationierten 7. Division, General v. Lossow, anwies, den »Völkischen Beobachter« zu verbieten. Da v. Lossow vom Reichswehrminister im Rahmen des Ausnahmezustands zum militärischen Befehlshaber in Bayern ernannt worden war, hatte er den Befehl einfach auszuführen. Statt dessen fragte er bei v. Kahr an, ob dieser mit der Ausführung einverstanden sei. War schon Lossows Anfrage unzulässig, so war Kahrs Antwort erst recht rechtswidrig: Lossow solle dem Befehl aus Berlin keine Folge leisten. Der General war pflichtvergessen genug, nunmehr die Befehlsausführung zu verweigern, noch dazu mit der Begründung, bei einem Verbot des »Völkischen Beobachters« werde zu erwarten sein, »daß neue Spaltungen und Schwierigkeiten in der vaterländischen Bewegung entstehen würden und daß bei einem Teil der an sich auf Erhaltung der Reichseinheit bedachten Verbände Erbitterung gegen die Reichswehr geschaffen und der Reichsgedanke praktisch dadurch geschädigt würde«.[306] Geßler enthob den General v. Lossow seines Kommandos, was Kahr und die bayerische Regierung mit offener Meuterei beantworteten: Kahr setzte v. Lossow als »bayerischen Landeskommandanten« ein und ließ die Truppe mittels einer geeigneten Eidesformel durch die bayerische Regierung »in Pflicht nehmen«. Das war der offenste Verfassungsbruch, den die Reichsgeschichte seit 1871 kannte, der schlichte Hochverrat.

Was konnte die Reichsregierung dagegen tun? Allerdings waren die Voraussetzungen für die Anwendung des Artikels 48 Absatz 1 der Reichsverfassung gegeben, nach dem der Reichspräsident das betreffende Land notfalls mit militärischen Zwangsmitteln zur Raison bringen konnte. Aber die Reichswehr war, wie am Vorabend des Kapp-Putschs, nicht bereit, die Spaltung der Armee zu riskieren; da zudem ein Einmarsch in Bayern den Bürgerkrieg und wahrscheinlich in dessen Gefolge den Zerfall des Reichs bedeutet hätte, waren der Reichsregierung die Hände gebunden.

Die Rettung aus dieser verzweifelten Lage erwuchs aus der Ungeschicklichkeit und Maßlosigkeit der thüringischen und sächsischen Regierungen. Während Zeigner aufgeregte Reden gegen den Ausnahmezustand und die Reichswehr hielt, riefen die kommunistischen Minister, getreu dem Komintern-Drehbuch, offen zum Widerstand gegen die Reichswehr und zum bewaffneten Konflikt

auf. Die KPD-Zentrale glaubte, so die Initialzündung für einen reichsweiten Arbeiteraufstand gegeben zu haben. Die deutschen Arbeiter dachten aber nicht an eine Erhebung, und die Komintern hatte der Reichswehr und der Reichsregierung direkt in die Hände gespielt. Geßler erklärte im Kabinett, die Lage der Reichswehr werde in Mitteldeutschland unerträglich, und man müsse sofort mit Hilfe des Artikels 48 Absatz 1 in Sachsen und Thüringen eingreifen. Der Einmarsch von Reichswehrtruppen in diesen Ländern bot in weitem Umfang auch die Lösung des bayerischen Problems; zum einen erwies sich der Vorwurf Kahrs, Stresemann liefere das Reich einer kommunistischen Diktatur aus, als offensichtlich falsch, und zum anderen mußte der geplante Marsch der »Vaterländischen Verbände« auf Berlin den bayerischen Vaterlandsrettern weniger verlockend erscheinen, wenn sie beim Überschreiten der bayerischen Grenzen nicht auf thüringische »Proletarische Hundertschaften«, sondern auf Reichswehrtruppen stoßen mußten.

Also forderte Stresemann am 27. Oktober den sächsischen Ministerpräsidenten auf, innerhalb von drei Tagen mit seinem Kabinett zu demissionieren, da die Teilnahme kommunistischer Minister an einer Landesregierung mit deren Verfassungspflichten unvereinbar sei. Als nach drei Tagen nichts geschehen war, setzten sich Reichswehrregimenter nach Sachsen in Marsch. Stresemann schickte seinen Parteifreund, den früheren sächsischen Minister Heinze, als mit der vollziehenden Gewalt beauftragten zivilen Reichskommissar nach Dresden, wo er Zeigner mit dem Hinweis auf ein vor der sächsischen Staatskanzlei aufgestelltes Reichswehrbataillon zum Rücktritt überredete. Am 31. Oktober wählte die Mehrheit des sächsischen Landtags einen neuen sozialdemokratischen Ministerpräsidenten,

der ein reines SPD-Kabinett bildete, und Heinze hob die Reichsexekution auf. Ähnliches spielte sich wenige Tage darauf in Thüringen ab. Die sozialdemokratischen Minister im Reichskabinett befanden sich jetzt in einer peinlichen Lage. So sehr sie die Politik ihres Parteifreunds Zeigner in Dresden verurteilten – wie konnten sie dem zusehen, wie ein Linkskabinett mittels Reichsexekution aus dem Amt entfernt wurde, während in Bayern v. Kahr ungeschoren blieb? Die SPD-Reichstagsfraktion faßte den Beschluß, Stresemann zum gleichen Vorgehen gegen Bayern wie gegen Sachsen aufzufordern.

Das lehnte Stresemann in nüchterner Erkenntnis der Machtlage ab; am 2. November 1923 traten daraufhin die drei sozialdemokratischen Reichsminister von ihren Ämtern zurück.

Damit hatte Stresemann seine Reichstagsmajorität verloren, aber er hatte auch etwas gewonnen: die Kernforderungen der bayerischen Rebellen waren gegenstandslos geworden, es gab im Reichskabinett keine »Marxisten« mehr, gegen die sich die bayerische Volksseele zum Kochen bringen ließ. Kahr ließ denn auch notgedrungen seine Verständnisbereitschaft mit Berlin erkennen. Für den Abend des 8. November 1923 berief er im Münchener Bürgerbräukeller eine Versammlung ein. Wollte er Versöhnung mit Stresemann predigen? Wir wissen es nicht, denn seine Rede endete nach wenigen Worten, als einer der Zuhörer, der Führer der NSDAP, Adolf Hitler, eine Pistole zog und in die Decke schoß.

Hitler hatte sich mit Kahr nie gut verstanden; Kahr besaß ganz andere Ziele als Hitler, sie waren monarchistisch, speziell wittelsbachisch, und bayerisch-partikularistisch, während Hitlers noch undeutliche Pläne auf alle Fälle das gesamte Reich betrafen und für einen Monarchen keinen Platz vorsahen. In der Herbstkrise des Jahres 1923 erblickte Hitler die Chance, von Bayern aus mit einem militärischen Unternehmen die Macht in Berlin zu erobern; die Denkfigur war nicht neu, Kemal Atatürks jungtürkische Erhebung von außen gegen die korrupte Hauptstadt lieferte ebenso wie Mussolinis Marsch auf Rom vom vergangenen Jahr die Vorbilder und beschäftigte die Gemüter. Die Vorbereitungen waren weit gediehen; die paramilitärischen Truppeneinheiten der »Vaterländischen Verbände« hatten sich Hitlers Kommando unterstellt, und schwerbewaffnete Einheiten in Stärke mehrerer Regimenter, hauptsächlich von den Freikorpsführern Ehrhardt und Roßbach aufgestellt, hielten sich an der nördlichen bayerischen Grenze auf, um auf ein Signal aus München hin nach Mitteldeutschland einzumarschieren und auf Berlin vorzustoßen. Kahr behagte das alles überhaupt nicht; er hatte Hitler mehrfach gewarnt, er werde keine anderen Putschpläne außer seinen eigenen dulden, und nun fürchtete Hitler, daß ihm die Felle davonschwimmen würden. Er hatte daher für die Nacht vom 10. zum 11. November eine Nachtübung seiner um München liegenden SA-Truppen angesetzt, die bei der Gelegenheit die bayerische Regierung und den Herrn v. Kahr fortfegen sollten, aber Kahrs Rede im Bürgerbräukeller und sein befürchtetes Einlenken gegenüber Stresemann warfen die Pläne Hitlers über den Haufen. Kurz entschlossen alarmierte Hitler alles, was er in München an Anhängern besaß, für die Nacht vom 8. zum 9. November und begab sich zu Kahrs Versammlung, um sie mit einem Theatercoup zu sprengen. Nach dem Pistolenschuß ging v. Kahr in Deckung; Hitler sprang aufs Podium und erklärte, das sei das Signal für die »nationale Revolution« gewesen, die nunmehr in ganz Bayern ausbreche. Seine Worte wurden durch die Anwesenheit zahlreicher bewaffneter Nationalsozialisten unterstrichen, und er log so überzeugend, daß v. Kahr, der Chef der Landespolizei Seißer und der ebenfalls anwesende General v. Lossow glaubten, in ihm bereits den neuen Diktator vor sich zu sehen. Vereint traten sie schließlich vor die Versammlung, und Hitler

proklamierte eine »provisorische deutsche Nationalregierung«, der neben ihm v. Lossow, Seißer sowie der wieder einmal zufällig anwesende Ludendorff angehören sollten.

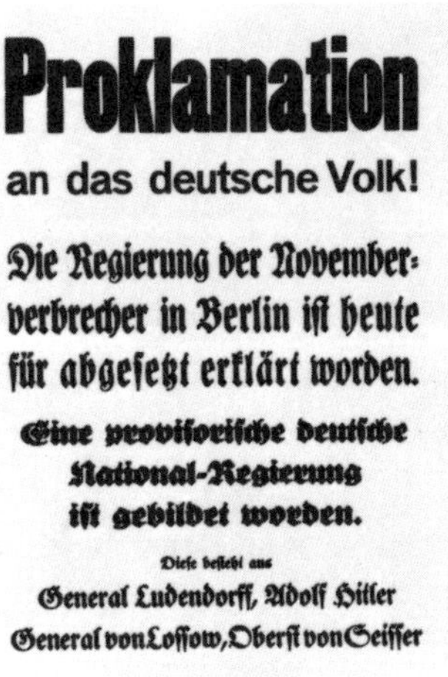

Aber Hitlers Traum zerrann in wenigen Stunden. Kaum hatte v. Kahr die Freiheit wiedergewonnen und gesehen, daß Hitler nur geblufft hatte, da rief er die Reichswehr und die bayerische Landespolizei zum Kampf gegen den Putschisten auf. Die Reichswehrkommandeure wären ohnehin nie gewillt gewesen, sich einem dahergelaufenen Straßenagitator unterzuordnen, ob er sich nun national oder sonstwie nannte. Auch die Reichsregierung in Berlin reagierte umgehend; Stresemann betraute anstelle Geßlers den Chef der Heeresleitung, General v. Seeckt, mit der vollziehenden Gewalt im Reich, um die militärischen Befehlswege so kurz wie möglich zu halten, und weil die bayerische Reichswehrdivision dem Chef der Heeresleitung größeres Vertrauen entgegenbrachte als dem zivilen und liberalen Politiker Geßler. Seeckt erklärte sogleich in einem Aufruf an die Reichswehr, er gedenke jedem Eingriff in die öffentliche Ordnung entgegenzutreten, gleichgültig, von wo er käme; der bayerischen Regierung und ihrem Generalstaatskommissar blieb jetzt gar nichts anderes übrig, als sich mit dem Berliner Kabinett zu arrangieren und von den partikularistischen Maßnahmen der vergangenen Wochen und Monate abzurücken. Lossow und das Offizierskorps der bayerischen Reichswehrdivision verhielten sich einfach, als wäre nichts gewesen, und Seeckt, froh über die wiedergewonnene Einheit der Armee, zog es vor, Vergangenes vergessen sein zu lassen.

Nach der Schwenkung Kahrs und Lossows und nach der verhältnismäßig energischen Stellungnahme aus Berlin war Hitlers Vorhaben aussichtslos geworden. In einem närrisch-heroischen Versuch, das Schicksal zu zwingen, formierte er am Vormittag des 9. November jenen Marsch seiner Anhänger auf die Feldherrnhalle, der am Odeonsplatz in das Feuer der bayerischen Landespolizei lief. Hitler wurde zu Boden gerissen; nach der ersten Salve floh er in die Villa eines Freunds, wo er später verhaftet wurde. Vierzehn Nationalsozialisten wurden erschossen, die ersten Märtyrer der »Bewegung«, um die Hitler später einen gespenstig-theatralischen Pomp entfalten sollte. Hitlers Putschversuch war gescheitert; eine folgenlose Episode, so konnte es scheinen. Die liberale »Frankfurter Zeitung« etwa kommentierte: »Der ›Nationalsozialismus‹ hat – das richtet ihn für alle Zeiten ... – beim ersten Schritt aus der Volksversammlung mit ihren billigen Triumphen in die Wirklichkeit und zur Tat versagt.« Hitler sei eine »typische Nachkriegserscheinung«, die sich im Negativen, in Phrasen erschöpfe.[307] Hitler dagegen dankte später dem Schicksal: »Es hat eine Aktion nicht gelingen lassen, die, wenn sie gelungen wäre, am Ende an der inneren Unreife der Bewegung und ihren damaligen mangelhaften organisatorischen und geistigen Grundlagen hätte scheitern müssen.«[308]

Um die Mitte des November 1923 hatten sich somit die schweren Probleme, die das Reich an den Rand des Abgrunds gebracht hatten, weitgehend in Rauch aufgelöst: der passive Widerstand an der Ruhr war beendet; der rheinische Separatismus hatte sich als nicht lebensfähig erwiesen; die Einheitsfrontregierungen in Mitteldeutschland waren von sozialdemokratischen, verfassungstreuen Kabinetten

abgelöst worden; der bayerische Hochverrat Kahrs und Lossows hatte seine restaurativen Ziele nicht erreichen können, der bayerische Partikularismus war auf lange Zeit hinaus diskreditiert, ein unbeabsichtigtes Ergebnis des gescheiterten Hitler-Putschs, der die monarchistischen Kräfte an der Isar in das Lager der Republik zurückgetrieben hatte. Und die Inflation war durch das »Wunder der Rentenmark« gestoppt; die Notenpresse stand still, die Bevölkerung hatte Vertrauen in das neue Zahlungsmittel gefaßt. Ungelöst war

№ 531 A 224 Morgen-Ausgabe **Berlin** Freitag 9. November 1923

Vossische Zeitung

30 Milliarden Gegründet 1704

Berlinische Zeitung von Staats- und gelehrten Sachen

Die Vossische Zeitung erscheint wöchentlich zwölfmal; Sonntags mit der illustrierten Beilage „Zeitbilder“. Sonstige Beilagen: Finanz- und Handelsblatt mit Kurszettel der Berliner Börse und amerikanischem Funkdienst, Umschau in Technik und Wirtschaft, Literarische Umschau, Recht und Leben, Turnen – Sport – Spiel, Für Reise und Wanderung. | Wöchentlich 75 Milliarden Mark durch Boten. Postbezugspreis und Streifbandsendungen freibleibend. Bei Ausfall der Lieferung wegen höherer Gewalt oder Streik kein Anspruch auf Rückzahlung. Anzeigen: Grundpreis 30 Pfg mal Schlüsselzahl 90 Milliarden. Familienanzeigen 5 Pf. mal halber Schlüsselzahl. Keine Verbindlichkeit für Aufnahme in bestimmte Nummer.

Verlag Ullstein. Chefredakteur Georg Bernhard. Verantw. Redakteur (m. Ausnahme d. Handelst.): Carl Misch, Berlin. Unverlangte Manuskripte werden nur zurückgesandt, wenn Porto beiliegt. **Verlag und Schriftleitung: Berlin SW 68, Kochstr. 22-26** Fernsprech-Zentrale Ullstein Amt Dönhoff 3600 – 3683, für den Fernverkehr Amt Dönhoff 3686 – 3695. Telegramm-Adresse Ullsteinhaus Berlin. Postscheckkonto Berlin 650

Hitler-Umsturz in München.

Hitler ruft sich zum Reichschef aus und proklamiert Kahr zum bayerischen Landesverweser. Knilling und Schweyer verhaftet. / Ludendorff übernimmt Leitung der „deutschen Armee“.

Das neue November-Verbrechen.

In München ist gestern nacht eine Gegenregierung für das Reich ausgerufen und zugleich die noch amtierende verfassungsmäßige bayerische Regierung Knilling von ihrem eigenen Generalstaatskommissar abgesetzt worden. Ueber die Vorgänge liegen uns

Hitler richtete an die Versammelten, unter denen sich zahlreiche Offiziere befanden, die Anfrage, ob sie mit diesen Vorschlägen einverstanden seien, was mit großem Beifall bejaht wurde. Daraufhin wurden die von Hitler genannten Persönlichkeiten in den Saal geführt. Kahr, Ludendorff und Pöhner erklärten sich in kurzen Ansprachen zur Uebernahme ihrer Aemter bereit.

Dann sprach Hitler das Schlußwort. Der Tag, den er seit fünf Jahren ersehnt, sei gekommen; er werde Deutschland wieder zu einem „Reich der Herrlichkeit“ machen.

Marxismus und 2. ihre geistige Fesselung an die nationale Staatsgemeinschaft. Der Marxismus sei eine geistige Bewegung. Er habe sich mit dem Mittel der Massenführung von den kleinsten Anfängen zu einer scheinbar unerschütterlichen Herrschaft über Millionen Deutscher emporgerungen. Der Grund, der den Fehlschlag des Marxismus in der angelsächsischen Welt und seinen Sieg in Deutschland herbeigeführt habe, sei der, daß die bürgerliche Führerschicht in der angelsächsischen Welt sich in der Massenführung den marxistischen Führern überlegen erwies, während die Führerschicht in Deutschland ihnen unterlegen war

nach wie vor manches: vor allem das Reparationsproblem und die Frage, wie man die Franzosen aus dem Ruhrgebiet herausbekommen sollte. Aber daß das Reich überhaupt noch bestand, daß so viele existentielle Gefahren überwunden worden waren, das war in erster Linie unstreitig das Verdienst Stresemanns und seiner Regierung. Die Autorität des Reichskanzlers war so stark, daß General v. Seeckt, als Inhaber der vollziehenden Gewalt unter dem Belagerungszustand nur eine Haarbreite von der ganzen Staatsmacht entfernt, dem Drängen mancher Offiziere und deutschnationaler Politiker widerstand, sich zum Diktator aufzuschwingen. Es zeigte sich hier wie anderenorts und zu anderen Zeiten auch, daß das militärische Instrument, ungeachtet der politischen Präferenzen der Generalität, immer zur Disposition der politischen Gewalt stand, wenn diese ihren Machtanspruch glaubhaft und mit Überzeugung vertrat. Auch in schwersten Krisenzeiten, das erwies sich in den dunklen Herbsttagen des Jahrs 1923, war eine starke republikanische Exekutive möglich; vieles von dem, was gemeinhin den Strukturen der Weimarer Republik zugeschrieben zu werden pflegt, war in Wahrheit eine Frage der Persönlichkeiten.

Aber Stresemann war, bei all seiner Ausstrahlungs- und Überzeugungskraft und trotz seiner Bereitschaft, den Tiger zu reiten, kein Diktator; als sie die Krise ohne Schaden überstanden hatten und der einigende Druck nachzulassen begann, besannen sich die Parteien schnell wieder auf ihre alten Partikularinteressen. Stresemann, der sich wachsender Kritik aus allen Lagern gegenübersah, wagte etwas, was bis 1930 kein Kanzler mehr wagen sollte: er stellte sich seinen Gegnern im Reichstag und verlangte ein Vertrauensvotum. Der

Antrag wurde nach seiner glänzenden, aber wirkungslosen Rede am 23. November 1923 mit 151 gegen 231 Stimmen bei 7 Enthaltungen abgelehnt; Stresemann trat daraufhin umgehend zurück.

Bei seinem Sturz hatten die Stimmen der SPD-Fraktion den Ausschlag gegeben; Ebert ließ die sozialdemokratischen Fraktionsführer zu sich kommen und erklärte ihnen: »Was euch veranlaßte, den Kanzler zu stürzen, ist in sechs Wochen vergessen. Aber die Folge eurer Dummheit werdet ihr noch zehn Jahre lang spüren.«[309]

Heute „Haus Hof Garten"

Morgen-Expreß-Ausgabe

Einzel-Nr. 20 Goldpfg = 200 Mill. M.

Berliner Tageblatt

und Handels-Zeitung

52 Jahrgang. Nr. 542

Sonnabend. 24. November 1923

Sturz des Kabinetts Stresemann.

Mussolinis Wandlung.

Von unserem Korrespondenten Dr. Hans Barth.

Rom, im November.

Im Cinquecento, als es in Rom gar kunterbunt zuging und die Briganten bis vor den Toren der Ewigen streiften, mußte ein neuer Papst gewählt werden. Da aber fast alle Kardinäle nach der Tiara strebten und auch keinen energischen Mann auf dem Throne Petri wollten, so stimmten sie für einen, dessen Gesundheitszustand die Hoffnung auf baldigen Tod gab. So wurde Kardinal Perretti gewählt, der auf Krücken ins Konklave humpelte, aber, kaum gewählt, die Krücken von sich warf und seinen korrupten Wählern die Fäuste zeigte ... An die Geschichte von Sixtus V., Perretti, erinnert ein wenig, was Italien und die Welt an Benito Mussolini erleben. Als Mussolini an der Spitze seines schwarzen Heeres in Rom einzog — freilich nicht als humpeln-

Die entscheidende Abstimmung.

Das Vertrauensvotum mit 230 gegen 155 Stimmen abgelehnt.

Kandidaturen.

Nachdem die Minister vom Leichenbegängnis Havensteins zurückgekehrt waren, wurde im Reichstag mit der namentlichen Abstimmung begonnen. Zuerst wurde über das Vertrauensvotum, das von den drei Koalitionsparteien der Mitte eingebracht worden war, abgestimmt. Es wurde mit erheblicher Mehrheit abgelehnt. Anwesend waren 392 Abgeordnete, für das Vertrauensvotum haben gestimmt 155, dagegen 230, während sieben sich der Stimme

In den letzten Stunden vor der Abstimmung wurde lebhaft über die Bildung eines neuen Ministeriums gesprochen. Die verschiedensten Namen wurden genannt: Der Reichswehrminister Dr. Geßler, der frühere Reichsschatzminister Dr. Albert und der Kölner Oberbürgermeister Dr. Adenauer.

Das Zentrum ließ auf Sondierung hin immer wieder erklären, daß es auf keinen Fall den Reichskanzler stellen werde. Vor allem kommen der jetzige vielgenannte Reichsarbeitsminister Dr. Brauns nicht in Frage, der schon aus seiner Stellung als früherer Geistlicher heraus nicht das Odium auf sich laden möchte, im Falle eines Putsches oder Krawalles auf das Volk schießen lassen zu müssen.

Der Geist von Locarno und die Wirklichkeit Europas

Seit zehn Jahren hatten die Deutschen kein so ruhiges und friedliches Weihnachtsfest mehr gefeiert wie am 25. Dezember 1923. »Das auffallendste Kennzeichen der neuen Lage«, notierte der britische Botschafter an diesem Tag, »ist die erstaunliche Ruhe und Besserung, die unter der Berührung des Zauberstabes der Währungsstabilität eingetreten ist ... Die Lebensmittel in den großen Städten sind plötzlich in Hülle und Fülle vorhanden - Kartoffeln und Getreide werden in großen Mengen auf den Markt gebracht, während die Butter, die man bis jetzt nur in besseren Stadtvierteln bekam, jetzt ... überall erhältlich ist. Die Schlachthäuser haben jetzt reichlich zu tun - Viehladungen treffen von überall ein - und die Polonäsen vor den Schlachterläden und Lebensmittelgeschäften sind verschwunden. Die wirtschaftliche Entspannung hat eine politische Beruhigung mit sich gebracht. Von Diktatur und Putschen wird nicht mehr geredet, und selbst die äußersten Flügelparteien haben für den Augenblick aufgehört, Unruhe zu stiften.«[310]

Ruhe nach dem Sturm auch auf der politischen Bühne; zwar hatte Gustav Stresemann dem rheinischen Zentrumspolitiker Wilhelm Marx als Reichskanzler Platz gemacht, war jedoch als Außenminister wiedergekehrt und sollte diesen Posten bis zu seinem Tod, sechs

Jahre später, behalten; die hektischen Platzwechsel an der Spitze des Auswärtigen Amts hatten damit ihr Ende gefunden, in die Außenpolitik des Reichs kehrten Kontinuität und Sicherheit ein. Das Kabinett Stresemann war dahin, die Ära Stresemann begann. Das ängstliche Reagieren, das Sichdurchwursteln durch die Widrigkeiten des Augenblicks hatten ein Ende; die deutsche Außenpolitik erhielt klares Profil und präzis definierte Ziele.

Das erste große Ziel deutscher Außenpolitik verstand sich fast von selbst: die Revision von Versailles. Aber Stresemann war sich im klaren, daß das nicht in einem Anlauf zu erreichen war, zumal nicht, solange die Hand Frankreichs auf Rhein und Ruhr lag und die dauernde französische Sanktionsdrohung die Gefahr eines Über-Versailles, einer endgültigen Zerschlagung des Reichs, bedeutete. So paradox es scheinen konnte – erst einmal mußte die alte Geschäftsgrundlage, der Versailler Friedensvertrag, wieder hergestellt werden, bevor man an ihre Beseitigung gehen konnte. Das hieß: Deutschland mußte, ungeachtet der in deutschen Augen vertragswidrigen französischen Politik, weiterhin die alliierten Reparationsforderungen zufriedenstellen und zugleich den Abzug der französischen Truppen aus dem Ruhrrevier zu erreichen suchen. Als nächstes mußte die Streichung der alliierten Strafandrohungen erreicht werden, nach denen Deutschland bei jeder Nichterfüllung seiner Verpflichtungen erneut mit Sanktionen belegt werden konnte. Dies war der erste eigentliche Schritt zur Vertragsrevision, dem die Beseitigung der Reparationsforderungen folgen mußte.

Zeichnung von Kelen

Waren diese Ziele, die Revision der Reparations- und Sanktionsbestimmungen, erreicht, so folgte für Stresemann als nächster Schritt die Annullierung der territorialen Bestimmungen des Friedensvertrags. Was Elsaß-Lothringen anging, so gab sich Stresemann keinen Illusionen hin, aber er hoffte, durch zweiseitige Verhandlungen mit Belgien die Rückgabe von Eupen-Malmedy zu erwirken und sich mit Frankreich auf eine Vorverlegung der Volksabstimmung an der Saar zu einigen. Im Osten dagegen strebte er ganz unverholen die Rückgabe Danzigs, des Korridors und Oberschlesiens an. Eine vertragliche Festschreibung der deutschen Ostgrenze kam deshalb für ihn nie in Betracht; Stresemann mühte sich vielmehr, Frankreich und Polen zu entzweien und die Unzufriedenheit der deutschen Minderheit in Polen zu schüren.

Vor allem, um die Frage der deutschen Ostgrenzen offenzuhalten, strebte Stresemann die Mitgliedschaft Deutschlands im Völkerbund an: hier war das geeignete Forum, um die deutschen Gebietsansprüche zu vertreten und die Klagen der in den Nachbarstaaten lebenden Deutschen zur Sache der Völkergemeinschaft zu machen. Den Artikel 19 der Völkerbundssatzung, der Grenzveränderungen mit friedlichen Maßnahmen erlaubte, gedachte er als völkerrechtlichen Hebel für die deutschen Gebietsansprüche zu nutzen.

Daneben ging es Stresemann um die Beseitigung der militärischen Klauseln des Versailler Vertrags. Hier arbeitete er am Abbau der alliierten Militärkontrollen und nutzte darüber hinaus später das Völkerbundsforum, um die militärische Gleichberechtigung Deutschlands zu fordern, ein Verlangen, dessen grundsätzliche Billigkeit zunehmend internationale Anerkennung fand, wenn auch der Weg dorthin lang schien, denn »Gleichberechtigung« wurde

zunächst so verstanden, daß die übrigen europäischen Mächte auf das Maß der deutschen Reichswehr abrüsten sollten; erst zu Beginn der dreißiger Jahre, nachdem eine Abrüstungskonferenz in jahrelangen Debatten ihre Ohnmacht vor aller Welt bewiesen hatte, sollte die Bereitschaft steigen, die Reichswehr dem europäischen Kräftestandard anzupassen.

Alles das waren Pläne und Ziele, die alle deutschen Außenminister vor Stresemann ebenfalls verfolgt hatten, wenn auch nur als Wunschträume und ohne die planerische Energie des DVP-Vorsitzenden. Aber Stresemann wollte mehr: ihm ging es letztlich um die Beseitigung des internationalen Systems der Pariser Vorortverträge von 1919 und um die Rückkehr zu einem europäischen Gleichgewicht, in dem Deutschland wie zur Bismarck-Zeit schon aufgrund seiner hohen Bevölkerungszahl und seiner wirtschaftlichen Überlegenheit die erste Geige spielen sollte. Stresemann, das war Bismarck redivivus, konservativ bis in die Fingerspitzen, der eine an den Grenzen des politisch Möglichen orientierte aufgeklärte Machtpolitik betrieb. Es war derselbe Stresemann, der 1914 Gebiete von Calais bis Petersburg annektieren wollte, der 1919 die Dolchstoßlegende gepredigt und sich der Annahme des Versailler Vertrags wie der Weimarer Reichsverfassung widersetzt hatte, und der nun daranging, mit den westlichen Alliierten den Ausgleich zu suchen – »Entspannungspolitik« zu betreiben, würde man heute sagen –, der mit aller Macht in den Völkerbund drängte, der den Friedensnobelpreis erhalten und der Nachwelt als großer Europäer erscheinen sollte. Doch in Wirklichkeit hat eine Wandlung vom nationalistischen Saulus zum pan-europäischen Paulus nie stattgefunden. Der Stresemann, der Anfang 1924 daranging, das Deutsche Reich in die Völkergemeinschaft zurückzuführen, hat nie andere Interessen als die des nationalen Wohls gesehen. Der Unterschied zwischen ihm und seinen Kritikern und Feinden im Lager der Rechtsparteien war der zwischen Bismarck und den Hochkonservativen seit 1862 – er konnte kühl mit den bestehenden Machtkonstellationen und Möglichkeiten kalkulieren und sich ihnen zur besseren Verfolgung seiner Ziele anpassen, jene konnten es nicht.

Stufe eins: Rückkehr zur Geschäftsgrundlage von Versailles. Dabei kam Stresemann ein Stimmungswandel in Westeuropa zugute. Am 6. Dezember 1923 fanden in Großbritannien Neuwahlen statt, aus denen zum ersten Mal in der Geschichte die Labour-Partei als Sieger hervorging. Auf den konservativen Premierminister Stanley Baldwin folgte der schottische Arbeiterführer Ramsay MacDonald, zwar nicht deutschfreundlicher als sein Vorgänger, aber ebenso an einem gesamteuropäischen Gleichgewicht interessiert und zudem weniger emotional der Entente cordiale mit Frankreich verbunden. Der Regierungswechsel entsprach der in Großbritannien wie in den Dominien wachsenden Skepsis gegen die Friedensverträge, die keinen Frieden gebracht hatten, und der auch aus wirtschaftlichen Gründen zunehmenden Kritik am französischen Vorgehen an Rhein und Ruhr. Auch die Vereinigten Staaten, deren wirtschaftliche Interessen in Europa ebenfalls unter den deutsch-französischen Zwistigkeiten litten, bekundeten Unzufriedenheit. Im Januar 1924 traf in

Berlin ein aus britischen und amerikanischen Bankiers und Wirtschaftsfachleuten gebildeter Sachverständigenrat ein, mit dem Ziel, die wirtschaftliche Lage Deutschlands und dessen Zahlungsfähigkeit zu überprüfen; der Sachverständigenrat stand unter der Leitung des amerikanischen Bankiers Charles G. Dawes. Am 9. April 1924 legte der sogenannte Dawes-Ausschuß der alliierten Reparationskommission ein Gutachten vor.

Der Tenor des Dawes-Gutachtens lautete: Deutschland müsse zahlen, aber es müsse dazu auch imstande sein. Zu diesem Zweck sei die wirtschaftliche Einheit des Reichs wieder herzustellen. Weiter sei ein internationaler Kredit in Höhe von 800 Millionen Goldmark vonnöten, der als Initialzündung für die Gesundung der deutschen Wirtschaftskraft dienen solle. Das schwierigste Problem der Reparationen, nämlich die Umwandlung deutscher Zahlungen in ausländische Währungen, müsse von den deutschen Schultern genommen werden; die Verantwortung dafür sei einem alliierten Reparationsagenten zu übertragen mit der Maßgabe, die Grenzen der deutschen Zahlungsfähigkeit zu wahren. Die jährlichen Zahlungen des Reichs wurden herabgesetzt, beginnend mit einer Milliarde Mark, innerhalb von fünf Jahren auf 2,5 Milliarden pro Jahr steigend; die Frage der Höhe der deutschen Gesamtschuld blieb diesmal ausgeklammert. Allerdings hatte das Reich Garantien zu geben: die Reichsbahn wurde in ein vom Reich unabhängiges Unternehmen umgewandelt, in ihre Leitung wurden Vertreter der Reparationsgläubiger aufgenommen, und sie mußte einen Teil der Reparationsschuld übernehmen. Für einen weiteren Teil mußte die deutsche Industrie mittels einer verzinslichen Hypothek geradestehen, bestimmte Reichseinnahmen wurden verpfändet, und die Reichsbank wurde der Kontrolle eines teilweise aus alliierten Vertretern bestehenden Generalrats unterstellt.

Der Dawes-Plan enthielt für Deutschland schwere Lasten: die Dauer der Zahlungen war nicht festgelegt – die Sachverständigen hatten sich darüber nicht einigen können –, und die vorgesehene Kontrolle aller öffentlichen Haushalte durch den Reparationsagenten, aber auch die alliierte Kontrolle über Reichsbahn und Reichsbank griffen tief in deutsche Souveränitätsrechte ein. Auf der anderen Seite standen aber bedeutende Verbesserungen: die Repara-

Einzelnummer 20 Goldpfg. — 200 Milld. Mk. Nr. 107.

Leipziger Neueste Nachrichten und Handels-Zeitung

vormals Leipziger Nachrichten

Mittwoch, den 16. April 1924.

Deutschland bereit zur Mitarbeit am Dawes-Plan.

Poincaré kündigt die Sabotage der Sachverständigenvorschläge an.

Deutschlands Forderungen: Räumung des Ruhrgebietes, Verminderung der Rheinlandbesatzung. — Schwerwiegende Einwendungen Dr. Schachts und Professor Cassels gegen die Sachverständigenpläne. — Vorläufig nur schriftlichen Bescheid an die Reparationskommission. — Rücktritt des Reichsjustizministers Dr. Emminger. — Die Neubildung der Thüringer Regierung.

Zustimmung des Reichskabinettes auf die Anfrage der Reparationskommission.

Berlin, 15. April. (Drahtmeldung unserer Berliner Schriftleitung). In Uebereinstimmung mit der Stellungnahme der Staats- und Ministerpräsidenten der Länder hat heute das Reichskabinett beschlossen, die Anfrage der Reparationskommission über die Stellung Deutschlands gegenüber dem Sachverständigengutachten bejahend zu beantworten.

Der Dank für die Kontroll-Note.

tionszahlungen waren an der Zahlungsfähigkeit des Reichs orientiert, die Gläubiger waren an der Verantwortung für die deutschen Zahlungen beteiligt, und die wirtschaftliche Trennung des besetzten vom unbesetzten deutschen Gebiet sollte aufgehoben werden - der gesamten französischen Interventionspolitik war damit der Boden entzogen.

Würde Frankreich unter diesen Umständen den Dawes-Plan akzeptieren? Stresemann wußte, daß einseitige politische Aktionen gegen Frankreich keinen dauerhaften Erfolg zeitigen konnten; England und die USA konnten politischen und militärischen Druck auf Paris ausüben, aber solange Hunderttausende französischer Soldaten auf deutschem Boden standen, war die Macht in Europa zu ungleichmäßig verteilt. »Ich kann nicht mit einer Ententemacht allein irgendeinen Sonderfrieden schließen«, erklärte der Außenminister am 6. März 1924 vor dem Reichstag, »es gibt keine französische oder englische Richtung, die meiner Meinung nach jetzt ein deutscher Außenminister einschlagen könnte; es gibt nur den Versuch, innerhalb dieses ganzen Bundes der Entente ein Verständnis dafür zu finden, daß die bisher gegen Deutschland geübte Politik nicht nur Deutschland zugrunde richtet, sondern Europa und die ganze Weltwirtschaft, vielleicht die ganze Weltpolitik. Ich bin viel zu sehr Realpolitiker, als daß ich annähme, daß irgendjemand aus Liebe für uns oder aus Sympathie für Deutschland irgend etwas täte. Nein, dieser Anruf der Sachverständigen ist etwas ganz anderes, das ist ein Appell an die reale Vernunft der Wirtschaftler der Welt, sich nicht selbst zugrunde zu richten dadurch, daß sie Deutschland zugrunde gehen lassen.«[311] Die französische Regierung war in schweren Nöten. Unter wirtschaftlichen Gesichtspunkten hatte sich die Ruhrbesetzung als ein Fiasko erwiesen, die Kosten überstiegen die Gewinne bei weitem. Um ihre Währung zu retten, baten die Franzosen Wall Street um Hilfe. Die amerikanischen Bankiers halfen auch, aber um die Unabhängigkeit der französischen Europapolitik war es geschehen. Aber auch die französische Bevölkerung war das Ruhr-Abenteuer satt; es mehrten sich die Rufe nach einem Ausgleich mit Deutschland, und Stresemann erklärte, »er sehe zum erstenmal einen Silberstreifen am sonst düsteren Horizont«[312]. Der Silberstreifen verbreiterte sich mit dem Sturz Poincarés; bei den französischen Kammerwahlen am 11. Mai 1924 errang eine linke Parteienkoalition, das »Cartel des gauches«, einen erdrutschartigen Sieg, und neuer französischer Ministerpräsident wurde der Radikalsozialist Edouard Herriot, ein sanfter Intellektueller, der sich den neugewählten Abgeordneten in seiner Regierungserklärung als Bewunderer der deutschen Geisteskultur, namentlich Kants und Beethovens, vorstellte.

Auf der Londoner Konferenz im August 1924, die über die Annahme des Dawes-Plans zu entscheiden hatte, befand sich die französische Delegation in der Situation, die bisher die der deutschen gewesen war: sie war weitgehend isoliert. Herriot versuchte, die Ruhrfrage aus der Erörterung auszuklammern, wurde aber von den geschickt verhandelnden Deutschen, neben Reichskanzler Marx und Außenminister Stresemann auch der energische Finanzminister Hans Lu-

ther, ständig überfahren, und der Engländer MacDonald pflichtete den Deutschen noch bei. Herriot stand unter stärkstem innenpolitischem Druck; »ich komme mir vor wie jemand, der eine steile Treppe hinabsteigt und ein kostbares Gut in den Händen trägt – das ist der Friede«, rief er verzweifelt aus. »Wenn mir jemand in den Rücken stößt, komme ich zu Fall. Auf mich kommt es nicht an, aber wenn ich stürze, geht auch jenes kostbare Gut in die Brüche!«[313] Um es Herriots innenpolitischen Gegnern nicht leicht zu machen, stimmten die Deutschen zu, daß die Räumung des Ruhrgebiets von französischen Truppen erst in einem Jahr erfolgen solle; als moralische Geste veranlaßte Herriot daraufhin die sofortige Räumung Dortmunds und Offenburgs. Damit war der Dawes-Plan angenommen; der Vorsitzende der Konferenz, Premierminister MacDonald, rief in seiner Schlußansprache aus: »Dieses Abkommen kann als der erste Friedensvertrag gelten, weil wir es mit dem Gefühl unterzeichneten, daß wir den furchtbaren Kriegsjahren und der Kriegsmentalität den Rükken gewandt haben!«[314]

Auch in der deutschen Innenpolitik hatte sich etwas geändert; das zeigte sich, als die Reichsregierung den Dawes-Plan dem Reichstag zur Zustimmung vorlegte. Es gab Proteste; der deutschnationale Fraktionsvorsitzende Hergt warf Stresemann vor, entscheidende deutsche Rechtspositionen preisgegeben zu haben, aber als es am 29. August 1924 zur Abstimmung kam, votierte fast die Hälfte der DNVP-Fraktion, 48 Abgeordnete, mit der großen Mehrheit des Parlaments für die Annahme der Dawes-Gesetze – Reichspräsident Ebert hatte für den Fall eines Scheiterns der Regierungsvorlage mit der Reichstagsauflösung gedroht, und die DNVP wußte, daß ihr derzeit der Wind ins Gesicht blies.

№ 345 / B 170 Abend-Ausgabe — Berlin — Dienstag, 22. Juli 1924

Vossische Zeitung

10 Pfennig — Mit Kurszettel

Berlinische Zeitung von Staats- und gelehrten Sachen

Schriftleitung: Berlin SW 68, Kochstraße 22-26

Schwierigkeiten in London.

Amerika gegen das Sanktions-Kompromiß.

Die Londoner Presse hat gestern ihrer Genugtuung darüber Ausdruck gegeben, daß die Arbeiten der Konferenz rasch fortschreiten und eine Einigung in den wichtigen Fragen zum Teil erzielt sei, zum Teil unmittelbar bevorstehe. Heute sehen die Dinge ganz anders aus. Die Konferenz ist in Schwierigkeiten und

Reichstag und Dawes-Plan

Der Reichstag, der heute nachmittag zusammentritt, findet auf seiner Tagesordnung zunächst einige Vorlagen von geringem Belang. Die beginnende Tagung kann aber eine der politisch wichtigsten werden und weittragende Entscheidungen bringen.

Für Stresemann war der Dawes-Plan die erste Station auf dem Weg zum Ziel. Seinem Drängen und seinem diplomatischen Geschick war es zu verdanken gewesen, daß der Plan nicht schon frühzeitig an innenpolitischen Widerständen gescheitert war, und daß die Regelung der Reparationsfrage mit einem politischen Erfolg, dem Rückzug Frankreichs aus dem Ruhrgebiet, verbunden war. Sieht man von Rapallo ab, war dies die erste außenpolitische Schlacht seit Kriegsende, in der ein deutscher Außenminister siegreich geblieben war. Die deutsche Außenpolitik hieß von jetzt an Stresemann, wie auch immer die jeweilige Regierungskoalition aus-

sah. Der kluge und geistreiche britische Botschafter d'Abernon, der oft mit dem Reichsaußenminister zusammenkam, vertraute seinem Tagebuch an: »Um auf Stresemann zurückzukommen, so bin ich überzeugt, daß wenn einmal die Geschichte unserer Zeit geschrieben werden wird, er eine überragende politische Rolle eingeräumt bekommt. Wie so viele der besten politischen Köpfe Englands – Disraeli, Peel, Gladstone, Balfour, Lloyd George – hat er in viel stärkerem Maße die Fähigkeit, Mißtrauen zu erregen als Bewunderung und Vertrauen zu erwecken. Niemand liebt ihn wirklich; keine Partei hat volles Vertrauen zu ihm, aber er ist durch seine dialektische Überlegenheit, seine klaren, entscheidenden Ansichten und die Richtigkeit seiner Auffassung unentbehrlich geworden.«[315]

Wenn es auf der Londoner Konferenz einen Verlierer gegeben hatte, so Frankreich; die französische Regierung dachte aber nicht daran, sich mit der veränderten Lage abzufinden. »So gewaltig der Umschwung ist, den uns das Regime Herriot gebracht hat«, meldete der deutsche Botschafter in Paris, Leopold v. Hoesch, nach Berlin, »so glänzend die Erfolge, die sich die Deutsche Regierung im Laufe der letzten Monate zuschreiben darf, so wenig darf man doch vergessen, daß diese Erfolge zu einem erheblichen Teil dadurch errungen worden sind, daß Frankreich durch den moralischen Druck der Welt unter Führung Englands zum Nachgeben bewogen wurde. Man darf ... nicht vergessen, daß zwischen Frankreich und uns das Sécuritéproblem steht und daß ein Mann wie Herriot, bedroht von der Feindschaft und der Tücke der Nationalisten und des Militärs, weniger als irgendein anderer geneigt ist und es auch nicht wagen kann, Konzessionen auf dem Gebiete der Sicherheit Frankreichs ohne schärfsten Zwang zu machen.«[316] Die Regierung Herriot arbeitete daher auf den Abschluß eines britisch-französisch-belgischen Sicherheitspakts hin. Den britischen Botschafter in Berlin, Viscount d'Abernon, beunruhigten diese Pläne, die der traditionellen britischen Gleichgewichtspolitik auf dem Kontinent widersprachen. Anscheinend auf eigene Faust setzte er sich mit Stresemann in Verbindung, um eine derartige Entwicklung zu blockieren. Die Versuchung war groß, diesen Kontakt auszunutzen, um einen Keil zwischen die Alliierten zu treiben, aber Stresemann widerstand ihr; statt dessen nutzte er d'Abernons Informationen, um seinem nächsten politischen Ziel näherzukommen, der Beseitigung der französischen Sanktionsdrohung und der Etablierung eines europäischen Staatensystems mit maßgeblicher deutscher Beteiligung.

Innenpolitische Hemmnisse der deutschen Außenpolitik:

Berliner Tanzkunst
»Wenn wir immer zwei Schritt vor und einen zurück machen, müssen wir nach dem Gesetz der Logik schließlich doch vorwärts kommen.«

Zeichnung von E. Schilling

Am 9. Februar 1925 meldete die französische Tagespresse Sensationelles aus Berlin: der deutsche Außenminister hatte einen Sicherheitspakt zwischen Deutschland, Frankreich und Belgien vorgeschlagen; die Unterzeichner sollten auf jede gewaltsame Revision ihrer Grenzen feierlich verzichten, Großbritannien und Italien als Garantiemächte über die Einhaltung des Pakts wachen. Die Verblüffung am Quai d'Orsay war groß und auch das Mißtrauen, denn daß der Erbfeind bereit sein sollte, den derzeitigen territorialen Besitzstand an der Rheingrenze feierlich festzuschreiben, widersprach allem, was man seit Jahrhunderten von den Deutschen erwartete. So ließ die französische Antwort volle vier Monate auf sich warten.

Auch die britische Regierung verhielt sich zunächst kühl – mittlerweile hatte in Großbritannien wieder ein Kabinettswechsel stattgefunden, und der neue konservative Außenminister Austen Chamberlain galt als frankophil. Aber das deutsche Angebot war nicht einfach vom Tisch zu wischen, seine Vorzüge lagen auf der Hand, und so kam es im Oktober 1925 in einem bis dahin völlig unbekannten kleinen Kurort in der südlichen Schweiz, in Locarno, zu einer Konferenz.

Um den Tisch im Sitzungssaal des kleinen Rathauses saßen die Deutschen, Außenminister Stresemann und Reichskanzler Hans Luther, daneben der englische, der italienische und der belgische Außenminister, an der gegenüberliegenden Seite die eigentlichen Gegenspieler der Deutschen, die französische Delegation: Außenminister Aristide Briand und der Generalsekretär des Quai d'Orsay, Philippe Berthelot. Die Atmosphäre war ganz anders als auf den vorangegangenen Konferenzen; nicht als Angeklagte oder Bittsteller waren die deutschen Minister gekommen, sondern als gleichberechtigte Gesprächspartner. Das Klima war locker und informell, der improvisierte, fast ländliche Rahmen trug dazu bei, und Briands ganz unfeierliche, heiter-ironische Art bremste Chamberlains Neigung zu weitschweifigen Reden ebenso wie Stresemanns Pathos. Alles das trug viel zum Gelingen der Konferenz bei, ausschlaggebend war jedoch die Bereitschaft Briands, die Gelegenheit zu nutzen und die französische Außenpolitik vom ständigen Druck der Sicherheitsfrage zu befreien. Die letzten Gespräche wurden an Bord des Motorboots »Orangenblüte« geführt, das von der deutschen Delegation gechartert worden war; der Schiffsführer hatte von Stresemann die Weisung erhalten, so lange auf dem Lago Maggiore zu kreuzen, bis alle von deutscher Seite gewünschten Themen zufriedenstellend besprochen seien. Als das Motorboot am späten Abend wieder anlegte, soll Briand ausgerufen haben: »Gott sei Dank – ich weiß nicht, was wir noch alles zugestanden hätten, wenn diese Spazierfahrt noch länger fortgesetzt worden wäre!«[317]

Das Ergebnis von Locarno bestand in einem Bündel von Verträgen, dessen Kern der Rheinpakt bildete: darin verzichteten Deutschland einerseits, Frankreich und Belgien andererseits unter der Garantie Englands und Italiens auf eine gewaltsame Änderung ihrer gemeinsamen Grenzen. Darüber hinaus erkannte Deutschland, nunmehr freiwillig, die Entmilitarisierung des Rheinlands an. Um diesen Punkt rankten sich Schiedsverträge, die das Reich mit Frankreich, Belgien, Polen und der Tschechoslowakei abschloß; Grenzstreitigkeiten unterlagen danach künftig einer internationalen Schiedsgerichtsbarkeit. Um das Sicherheitsbedürfnis seiner osteuropäischen Verbündeten zu befriedigen, schloß Frankreich zudem mit Polen und der Tschechoslowakei Beistandsverträge für den Fall eines deutschen Angriffs ab. Die Vertragsunterzeichnung fand in einer Atmosphäre fast bukolischer Heiterkeit statt; nach der Paraphierung applaudierten die anwesenden Staatsmänner sich gegenseitig, die vor dem Rathaus dichtgedrängt wartende Bevölkerung nahm den Applaus auf, die Kirchenglocken läuteten, und als Briand, Stresemann und Chamberlain sich auf dem Balkon zeigten, rief die Menge ohne Unterlaß »Pace, Pace«, ein Wort, wie der Dolmetscher der deutschen Delegation bemerkte, »das wie ein großes Losungs-

»Frohe Fahrt am Locarner See«

Zeichnung von H. Wilke

wort in diesen Schlußtagen über der Konferenz und über Europa zu stehen schien«[318]. Mit diesen Verträgen schien ein neues Europa, das Ende von Versailles in Sicht. »Alles atmet nach Jahren der Er- und Verbitterung in Europa einen neuen Geist«, feierte das »Berliner Tageblatt« die Vertragsunterzeichnung. »Politisch gesehen ist die Entente gestern gestorben. Sie hat aufgehört zu existieren und damit die politischen und psychologischen Einkreisungen des deutschen Volkes. Deutschland ist nunmehr ein Glied der Alliierten geworden.«[319]

In der Tat hat sich das Staatensystem Europas nach Locarno in wichtigen Punkten gewandelt. Stresemann hatte in allen entscheidenden Fragen seinen Standpunkt durchgesetzt: Um den Preis einer definitiven Festlegung der deutschen Grenzen gegen Frankreich und Belgien blieben die Ostgrenzen der Möglichkeit einer Revision mit friedlichen Mitteln offen – »Ich sehe in Locarno die Erhaltung

Plakat der DNVP zu den Reichstagswahlen am 20. Mai 1928
Entwurf: Erwin Reusch

Innenpolitisch bleibt Locarno umstritten. Nach deutschnationaler Auffassung bedeutet der endgültige Verzicht auf Elsaß-Lothringen die dauernde Überlegenheit Frankreichs am Rhein. Stresemanns Außenpolitik stützt sich daher innenpolitisch auf die sozialdemokratische Opposition.

des Rheinlandes und die Möglichkeit der Wiedergewinnung deutschen Landes im Osten«, erklärte er nach der Rückkehr vor dem Reichskabinett[320]. Um die russische Besorgnis wegen der aktiven deutschen Westpolitik zu beschwichtigen – die Furcht vor einer antibolschewistischen Intervention war in der Sowjetunion groß, und tatsächlich hatte Frankreich in Locarno für den Fall eines Konflikts mit Rußland ein Durchmarschrecht durch Deutschland verlangt, war jedoch auf Stresemanns »non possumus absolu« gestoßen –, schloß der Reichsaußenminister am 24. April 1926 in Berlin mit dem sowjetischen Volkskommissar des Äußeren einen deutsch-russischen Freundschaftsvertrag ab. Damit war auch diese außenpolitische Flanke gedeckt – Deutschland war von der Sorge befreit, Rußland könnte hinter seinem Rücken mit den Westmächten vertragliche Abmachungen eingehen, während Rußland nicht mehr zu befürchten hatte, daß das Reich sich von Frankreich für einen antisowjetischen Aufmarsch mißbrauchen lassen würde.

Vor allem in diesem »Rückversicherungsvertrag« wird die bismarckische Komponente in Stresemanns außenpolitischem Kalkül sichtbar, die Furcht vor einer erneuten Entwicklung wie nach Bismarcks Sturz, der Alptraum einer wiederholten Einkreisung des Reichs. Politisch war Deutschland nun in das System der westlichen Staaten eingegliedert, militärisch dagegen hatte es weder für die Partner des Rheinpaktes noch für die Sowjetunion optiert. Das meinte Stresemann, als er in einem viel zitierten und oft mißverstandenen Brief an den deutschen Kronprinzen schrieb, es gelte »zu finassieren und den großen Entscheidungen auszuweichen«[321]. Die Frage der deutsch-polnischen Grenze blieb offen.

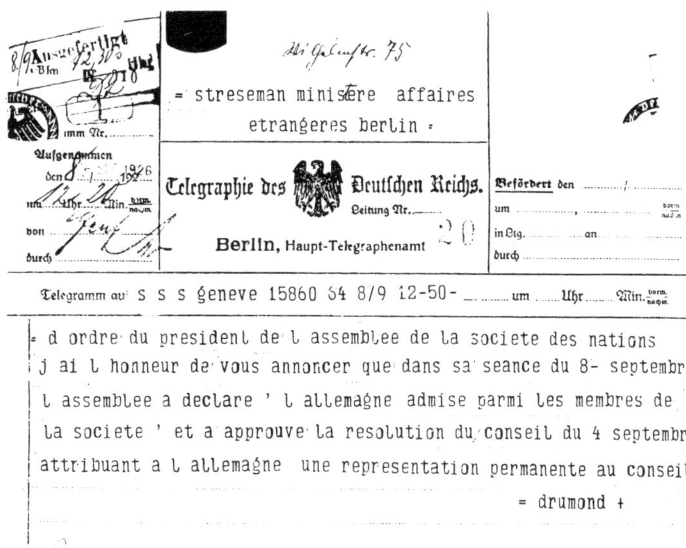
= streseman ministere affaires
etrangeres berlin =

Telegraphie des Deutschen Reichs. Leitung Nr.
Berlin, Haupt-Telegraphenamt

Telegramm aus s s s geneve 15860 64 8/9 12-50-

= d ordre du president de l assemblee de la societe des nations
j ai l honneur de vous annoncer que dans sa seance du 8- septembre
l assemblee a declare ' l allemagne admise parmi les membres de
la societe ' et a approuve la resolution du conseil du 4 septembre
attribuant a l allemagne une representation permanente au conseil
= drumond +

Telegramm des Generalsekretärs des Völkerbunds, Sir Eric Drummond, an Stresemann vom 8. September 1926: »Auf Anordnung des Präsidenten der Völkerbundsversammlung habe ich die Ehre, Ihnen zu eröffnen, daß die Versammlung in ihrer Sitzung vom 8. September Deutschlands Aufnahme unter die Mitglieder des Völkerbunds beschlossen und die Entschließung des Völkerbundsrats vom 4. September gebilligt hat, derzufolge Deutschland ein dauernder Sitz im Völkerbundsrat zugestanden wird.«

Das Inkrafttreten der Locarno-Verträge war an eine Voraussetzung gebunden: den Eintritt Deutschlands in den Völkerbund. Beide Seiten buchten diesen Punkt als Erfolg: die französische, weil Deutschland, wenn seine politische Ohnmacht schon nicht länger aufrechtzuerhalten war, wenigstens im Rahmen des europäischen

Mächtesystems blieb und den Verpflichtungen der Völkerbundssatzung unterworfen war, und die deutsche, weil mit dem Eintritt in den Völkerbund die sichtbarste politische Diskriminierung des Reichs, die außenpolitische Isolation, beseitigt war und Deutschland zugleich wieder als Großmacht in Erscheinung treten konnte, denn es sollte einen ständigen Sitz im Völkerbundsrat einnehmen. Der Beitritt verzögerte sich allerdings, denn Polen und Brasilien erhoben Anspruch auf Gleichrangigkeit und somit auf Sitze im Völkerbundsrat; sie mußten erst aus dem Felde geschlagen werden. Endlich, am 10. September 1926, war es soweit. Eine deutsche Delegation, geführt vom Reichsaußenminister, nahm unter dem rauschenden Beifall der Delegierten wie der Zuschauer Platz im Genfer Reformationssaal, dem provisorischen Tagungsort der Vollversammlung des Völkerbundes. Stresemanns Rede war weniger schwungvoll, als man es von ihm gewohnt war, sie war vorher ausgearbeitet und von diplomatischer Ausgewogenheit; Briand dagegen, der nach ihm sprach, redete aus dem Stegreif: »Das Zeichen des heutigen Tages ist der Friede für Deutschland und für Frankreich. Das will heißen: zu Ende ist die Reihe der schmerzlichen und blutigen Zusammenstöße, von denen alle Blätter der Geschichte künden. Zu Ende ist der Krieg zwischen uns. Vorüber sind die schweren Wolken der Trauer ... Fort mit den Gewehren! Fort mit den Maschinengewehren! Fort mit den Kanonen! Platz für die Versöhnung, für das Schiedsgericht und für den Frieden!« Von minutenlangem Applaus unterbrochen, setzte er, zu Stresemann gewandt, hinzu: »Ihnen aber, meine Herren Vertreter Deutschlands, möchte ich nur noch eines sagen: Was Heldentum und Kraft anbetrifft, brauchen sich unsere Völker keine Beweise mehr zu liefern. Auf den Schlachtfeldern der Geschichte haben beide eine reiche und ruhmvolle Ernte gehalten. Sie können sich von jetzt an um andere Erfolge auf anderen Gebieten bemühen.«[322] Die Delegierten und Zuschauer waren nicht mehr zu halten, sie erhoben sich von den Sitzen und brachten dem französischen Ministerpräsidenten wahre Ovationen dar; ein Vertreter Kanadas stieg auf seinen Stuhl und brachte mit wehendem Taschentuch drei Hurras auf Briand und Stresemann aus, die von den Anwesenden mit der Begeisterung einer Schulklasse aufgenommen wurden.

Welch ein Triumph für Stresemann! Und damit nicht genug; die Wogen der Euphorie schienen für einen Augenblick das gesamte Gebäude von Versailles fortzuschwemmen. Unter höchst geheimnisvollen Umständen verschwanden Stresemann und Briand am 17. September aus ihren Genfer Hotels, um sich, unbelästigt durch bürokratischen Anhang und journalistische Neugierde, in einem Gasthof in dem französischen Jura-Dorf Thoiry zu treffen. Bei der vorzüglichen Gänseleberpastete des Gastwirts Léger überraschte Briand seinen Gesprächspartner mit dem Angebot, alle zwischen Deutschland und Frankreich noch offenen Fragen auf einen Streich zu lösen. Briand schlug vor, die französischen Truppen bis Ende September 1927 aus dem Rheinland zurückzuziehen, die alliierte Militärkontrolle zu beenden und das Saargebiet vorzeitig zu Deutschland zurückkehren zu lassen. Dafür stellte Stresemann eine Abfindungssumme für die zurückgegebenen Saarkohlengruben sowie hohe Goldmark-Kredite zur Stützung der schwachen französischen Währung in Aussicht. »Wenn Thoiry Wirklichkeit wird, sind wir über

den Berg«, meinte Stresemann danach[323]. Das Wort von der »Gesamtlösung« drang an die Öffentlichkeit und weckte große Hoffnungen; der »Geist von Locarno« schien den von Versailles überwunden zu haben, und hochgestimmte Meldungen optimistischer Presseleute aus Genf nährten den Überschwang. Zudem gab es greifbare Fortschritte; noch im selben Monat einigten sich deutsche und französische Schwerindustrielle darauf, ein internationales Stahlkartell zu schaffen, und zwar zu Bedingungen, die den deutschen Erzeugern, die den französischen organisatorisch und technologisch voraus waren, den beherrschenden Marktanteil gewährten. Aber der britische Botschafter in Berlin, Viscount d'Abernon, glaubte nicht an die Tragfähigkeit der Gespräche in Thoiry; seinem Tagebuch vertraute er an: »Es unterliegt keinem Zweifel, daß in der Herzlichkeit des geselligen Zusammenseins sowohl Briand wie Stresemann einander vieles versprachen, was schwer durchzuführen sein wird, und sich über Finanzfragen verbreiteten, in denen ihre Kenntnisse mehr phantasiereich als zutreffend sind.«[324]

Außenpolitik im Dienst der Sekt-Reklame:

Höhere Diplomatie in Thoiry
Briand: »Und was werden unsere Cabinets dazu sagen?«
Stresemann: »Nun, wir sind doch schon mit mehr ›Cabinets‹ fertig geworden!«

Zeichnung von Fr. Heubner

Die Skepsis des Botschafters war angebracht, denn binnen kurzem zerbröckelten die Vereinbarungen von Thoiry ihren Urhebern unter den Fingern. Briand hatte seine Position in der französischen Mitte-Rechts-Regierung überschätzt. Unter dem Druck des Ministerpräsidenten Poincaré und der nationalistischen Minister Barthou und Marin wich er weiter und weiter zurück; schließlich wollte er über Thoiry gar nicht mehr reden und meinte, die Öffentlichkeit scheine zu glauben, er haben den Deutschen die Türme von Nôtre Dame verkaufen wollen. Außerdem gelang es dem Kabinett Poincaré erstaunlich schnell, die französische Währung zu stabilisieren, so daß eine Stützung durch deutsche Kredite kein Thema mehr war. Die Sternstunde von Thoiry war vergangen, zurückgeblieben war Bitterkeit auf beiden Seiten.

Von nun an stagnierte die deutsche Außenpolitik; zwar hatte Stresemann eins seiner Revisionsziele, die Beseitigung der alliierten Militärkontrolle, bis Ende Januar 1927 durchsetzen können, aber andere zum Greifen nah gerückte Ziele, die vorzeitige Räumung des Rheinlands, die Verminderung der Reparationen, die Angleichung der

deutschen an die allgemeine europäische Rüstung, ganz zu schweigen von einer Grenzrevision im Osten, waren wieder weit entfernt. Gewiß, in der internationalen Politik stand Deutschland ganz anders da als noch wenige Jahre zuvor. Namentlich im Rahmen des Völkerbunds gelang es Stresemann, der Weltöffentlichkeit das Bild einer weltweit handlungsfähigen und handlungsbereiten deutschen Außenpolitik zu vermitteln. Das Vorbild Bismarcks, des »ehrlichen Maklers« der europäischen Politik in den siebziger und achtziger Jahren des neunzehnten Jahrhunderts, schwebte Stresemann offensichtlich vor; am Zustandekommen des Briand-Kellogg-Pakts vom 27. August 1928 wirkte er wesentlich mit, eines internationalen Vertragswerks zur Ächtung des Kriegs, an dessen Stelle eine internationale Schiedsgerichtsbarkeit treten sollte. Daß dieser Pakt, an den hohe Erwartungen geknüpft wurden, nie wirkliche Bedeutung erhielt, lag an dem entscheidenden Problem jeder internationalen Rechtsordnung, daß nämlich Rechtsbrecher zur Einhaltung der Regeln kaum gezwungen werden können.

Mittlerweile war deutlich geworden, daß das Provisorium des Dawes-Plans einer Änderung bedurfte. Nicht nur die Reichsregierung drängte darauf, weil sie die jährlichen Höchstsätze der Reparationszahlungen auf die Dauer nicht aufbringen konnte; auch der alliierte Reparationsagent in Berlin, Parker Gilbert, schlug eine endgültige Lösung vor, die wiederum Deutschland den Devisentransfer überlassen sollte. Er kritisierte zugleich die freigiebige Haushaltsführung der öffentlichen Hand aller Abstufungen, vor allem der deutschen Gemeinden, deren Ausgaben zum größten Teil durch ausländische Kredite finanziert wurden. Namentlich die Verschuldung der Stadt Köln unter ihrem Oberbürgermeister Konrad Adenauer, der seine großzügige Infrastrukturpolitik ohne Bedenken durch Anleihen auf dem internationalen Kapitalmarkt finanzierte, wurde zum ceterum censeo des Reparationsagenten. In der Tat wurde die Summe der von Deutschland unter dem Dawes-Plan gezahlten Reparationsgelder weit übertroffen durch die Höhe der hauptsächlich von amerikanischer Seite gewährten Darlehen, die zugleich nach Deutschland hineinströmten. Der ganze unglaubliche Optimismus dieser letzten hochkapitalistischen Episode der Geschichte drückte sich in der Bedenkenlosigkeit aus, mit der das Reich, die Länder und die Gemeinden sich aus vollen Zügen international verschuldeten – an das Erwachen im Fall einer Wirtschaftskrise glaubte und dachte niemand.

Deutschland kann zahlen
»Die alljährlichen Zahlungen sind von Deutschland glatt aufgebracht worden!«

Zeichnung von Koser

Die Verhandlungen der von Januar bis Juni 1929 in Paris stattfindenden Sachverständigenkonferenz erwiesen sich als überaus zäh und schwierig, weil der Versuch einer endgültigen Lösung des Reparationsproblems von der deutschen Seite mit der Forderung nach Herabsetzung der jährlichen Zahlungen, von der alliierten Seite mit der Forderung nach völliger Abdeckung der französischen, belgischen und britischen Kriegsschulden gegenüber Amerika verbunden wurde. Stresemann, bereits schwerkrank, hoffte auf einen neuen Durchbruch, wie er nach dem Dawes-Abkommen möglich gewesen war: »Ich würde mich freuen«, schrieb er am 30. März 1929 an seinen alten Freund, den ehemaligen britischen Botschafter in Berlin, Lord d'Abernon, »wenn die Staatsmänner Europas den Rückweg zu jenem Geist von Locarno fänden, der unzweifelhaft vorhanden war,

als wir diesen Vertrag schlossen ... Wenn die Pariser Verhandlungen zu einem positiven Ergebnis führen und wenn sie zugleich mit der finanziellen Auseinandersetzung die Beseitigung der Besatzung, die Rückgabe des Saargebietes herbeiführen, kann noch einmal eine Wiedergeburt dieses Geistes erfolgen. Wenn es nicht der Fall ist, wird es nichts anderes als eine Episode sein und bleiben.«[325] Angesichts der schwer zu überbrückenden Interessengegensätze in Paris, auch innerhalb der deutschen Delegation, war schließlich das Zustandekommen eines Sachverständigen-Gutachtens, nach dem Vorsitzenden der Konferenz Young-Plan genannt, fast ein Wunder, und wenigstens eine der Hoffnungen Stresemanns erfüllte sich: die vorzeitige Räumung des Rheinlands durch die belgischen und französischen Truppen wurde zugestanden. Dafür stimmte das Reich jährlichen Reparationszahlungen für den Zeitraum von neunundfünfzig Jahren zu, beginnend mit einer Annuität von einer dreiviertel Milliarde Goldmark, die sehr langsam auf etwa zwei Milliarden ansteigen, gegen Ende der Zahlungsepoche aber wieder absinken sollte. Falls die USA ihren Gläubigern einen Schuldenerlaß gewährte, sollte Deutschland zu zwei Dritteln daran beteiligt sein. Die ausländische Kontrolle der deutschen Währung fiel fort, die Reparationskommission und ihre Organe wurden aufgehoben, und die Zahlungen waren fortan durch eine neuzugründende »Bank für Internationalen Zahlungsausgleich« (BIZ) mit Sitz in Basel zu verwalten. Auch die Verpfändung deutscher Reichseinnahmen, namentlich die der Reichsbahn, fiel fort. Allerdings übergab man Deutschland wieder für einen Teil seiner Zahlungen die Verantwortung für den Transfer, doch konnte es bei Schwierigkeiten einen internationalen Sachverständigenausschuß anrufen.

Berlin
Donnerstag, 13. März 1930
Vossische Zeitung
15 Pfennig
Berlinische Zeitung von Staats- und gelehrten Sachen
Mit Kurszettel
Verlag und Schriftleitung: Berlin SW 68, Kochstraße 22-26

Young-Plan endgültig angenommen

Die Schlußabstimmungen im Reichstag

Polenvertrag 236 : 217

Weiter vorwärts!

Der Young-Plan war, alles in allem, ein erheblicher Fortschritt; in einem Gespräch mit Theodor Wolff zog Stresemann optimistische Bilanz: »Deutschlands Belastung ist durch den Young-Plan vermindert worden. Alle Möglichkeiten für die Zukunft bleiben gewahrt. Die Überwachung unserer Wirtschaft und unserer Finanzen verschwindet. Wir sind wieder Herr im eigenen Haus. In einigen Monaten wird das Rheinland frei sein, es bleibt auch keine Kontrolle zurück.«[326] Neue Ziele schienen in Sicht. Auf der Herbsttagung des Völkerbunds 1929 traf sich Stresemann wieder mit Briand, der sich drei Jahre zuvor mit ihm den Friedensnobelpreis geteilt hatte, am Genfer See. Wieder war es Briand, der den Aufbruch zu neuen Ufern predigte: eine »solidarische Gemeinschaft« der Staaten Europas müsse nunmehr hergestellt werden, die »Etats-Unis d'Europe«. Wie jedesmal, wenn Briand in der Öffentlichkeit sprach, bezauberte er. Die Vision eines friedlich vereinten Europas riß seine Zuhörer im Völkerbundsplenum hin. Stresemann wollte gleich antworten, aber ein schwerer Herzanfall hinderte ihn daran. Erst am 9. September erschien er auf der Rednertribüne im Völkerbundspalast. Der britische Historiker George P. Gooch sah ihn das erste Mal und war erschrocken: »Seine Erscheinung war der von Bildern her vertrauten Gestalt weit entfernt. Wir wußten, daß er krank war, aber es war ein Schock, seine zusammengefallene Gestalt und sein aschgraues Gesicht zu sehen. Er konnte unter Aufwendung aller Energie zwar seine große Rede halten, aber er war ein vom Tode Gezeichneter...«[327] Stresemanns letzte große Rede war zwiespältig. Die Zuhörer hörten

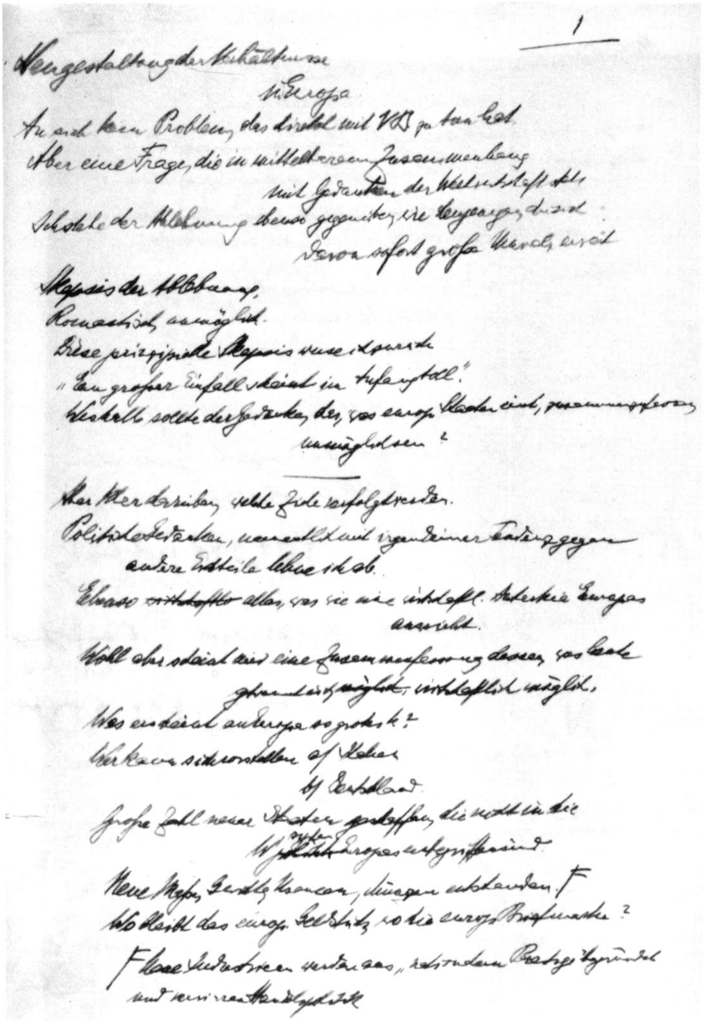

»Neugestaltung der Verhältnisse in Europa. An sich kein Problem, das direkt mit VB zu tun hat. Aber eine Frage, die in unmittelbarem Zusammenhang mit Gedanken der Weltwirtschaft steht. Ich stehe der Ablehnung ebenso gegenüber wie diejenigen, die sich davon sofort große Moral erwarten. Skepsis der Ablehnung. Romantisch, unmöglich. Diese prinzipielle Skepsis weise ich zurück. »Ein großer Einfall scheint im Anfang toll.« Weshalb sollte der Gedanke, das, was europ. Staaten eint, zusammenzufassen, unmöglich sein?
Aber klar darüber, welche Ziele verfolgt werden. Politische Gedanken, namentlich mit irgendeiner Tendenz gegen andere Erdteile lehne ich ab. Ebenso alles, was wie eine wirtschaftliche Autarkie Europas aussieht. Wohl aber scheint mir eine Zusammenfassung dessen, was heute getrennt ist, wirtschaftlich möglich. Was scheint an Europa so grotesk? Wer kann sich vorstellen a) Italien b) Deutschland. Große Zahl neuer Staaten geschaffen, die nicht in die [das] W'system Europas einbegriffen sind. Neue Maße, Gewichte, Usancen, Münzen entstanden. Neue Industrien werden aus »nationalem Prestige« begründet und verwirren Handelspolitik. Wo bleibt das europ. Geldstück, wo die europ. Briefmarke?«

vor allem seine Zustimmung zu Briands grandiosem Gemälde heraus, wenn er die wirtschaftliche Balkanisierung Europas geißelte und die europäische Münze, die europäische Briefmarke forderte. Kaum einer hörte richtig hin, als er mit dem Ruf nach der Schaffung eines europäischen Wirtschaftsraums die klare Ablehnung aller politischen Föderationsideen verband – bis zuletzt war der souveräne Nationalstaat für Stresemann der Anfang und das Ende aller Politik.

Es ist heute müßig, über die Verwirklichungschancen des Briandschen Europa-Plans zu spekulieren; der französische Außenminister hatte wohl ein wenig in das von Nationalismen und wirtschaftlichen Problemen zerrissene Europa hineingeträumt. Der schöne Plan scheiterte aber auch daran, daß Briands entscheidender Partner, Gustav Stresemann, am 3. Oktober 1929 einem Herzanfall erlag. Er ging buchstäblich in den Sielen zugrunde, zermürbt und überarbeitet im dauernden Grabenkrieg, den er zu führen hatte, um sein außenpolitisches Programm innenpolitisch durchzusetzen.

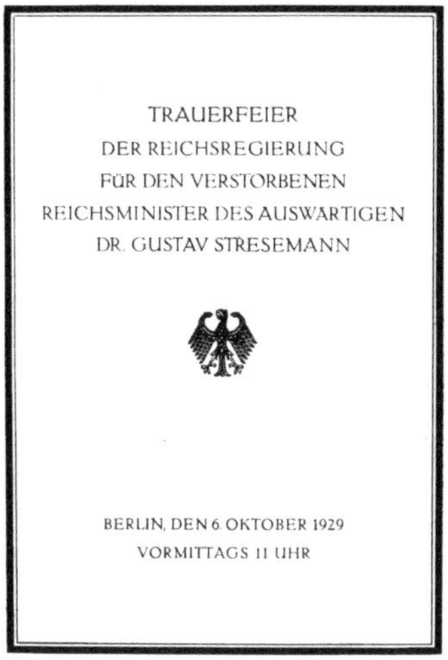
TRAUERFEIER
DER REICHSREGIERUNG
FÜR DEN VERSTORBENEN
REICHSMINISTER DES AUSWÄRTIGEN
DR. GUSTAV STRESEMANN

BERLIN, DEN 6. OKTOBER 1929
VORMITTAGS 11 UHR

Stresemanns Begräbnis am 6. Oktober 1929 war ein Ereignis, in dem die Republik sich noch einmal selbst fand, nicht unähnlich dem Begräbnis Rathenaus sieben Jahre zuvor. Wieder folgten Hunderttausende dem Sarg unter dem schwarz-rot-goldenen Fahnentuch durch ein Ehrenspalier, das nicht die Reichswehr, sondern das »Reichsbanner«, der Kampfbund der schwarz-rot-goldenen Parteien, bildete. »Europa trauert«[328] überschrieb eine Tageszeitung ihren Bericht über Stresemanns Tod, und Harry Graf Kessler, der als Pazifist mit Stresemann zeitlebens gestritten hatte, notierte betroffen: »Die Legende beginnt; Stresemann ist durch seinen plötzlichen Tod eine fast mythische Figur geworden. Keiner von den großen Staatsmännern des neunzehnten Jahrhunderts ... hat eine so einstimmige Weltgeltung und Apotheose erreicht. Er ist der erste, der als wirklich europäischer Staatsmann in Walhalla eingeht. Die ›Times‹ schreibt in ihrem Leitartikel: ›Stresemann did inestimable service to the German Republic; his work for Europe as a whole was almost as great.‹«[329]

Einige der Ziele Stresemanns wurden nach seinem Tode auf dem Weg, den er gewiesen hatte, noch erreicht: die endgültige Räumung des Rheinlands fünf Jahre vor dem festgesetzten Zeitpunkt, die praktische Streichung der Reparationen auf der Konferenz von Lausanne im Juli 1932, die tatsächliche Anerkennung der militärischen Gleichberechtigung des Reichs mit den europäischen Nachbarn im November 1932 in Genf. Was aber nicht erreicht wurde, das war ein neues europäisches Konzert, eine friedliche Balance der europäischen Staaten in einer durch rationale und maßvolle Mittel gelenkten Welt, in der Deutschland eine führende Stellung eingenommen hätte. Dazu bedurfte es eines überlegenen, auch innenpolitisch starken Mannes, der Emotionen und Politik voneinander zu trennen wußte; dazu bedurfte es aber auch einer friedlichen und von einer prosperierenden Wirtschaft getragenen europäischen Gesamtlage. Stresemanns Traum einer vernünftigen Politik der europäischen Kabinette war in einem entscheidenden Punkt von Anbeginn an zum Scheitern verurteilt gewesen: das europäische Konzert, das ihm vorschwebte, war die friedenstiftende Idee einer vordemokratischen Epoche. Aber schon Bismarcks Außenpolitik hatte ihre Grenzen im Nationalismus der Massen gefunden, und Stresemanns Pläne zerschellten an den aufgepeitschten Emotionen der Völker. Er starb zu einer Zeit, in der allen außenpolitischen Erfolgen zum Trotz der Nationalismus in Deutschland wie in ganz Europa wieder Auftrieb erhielt. Das gegenseitige Mißtrauen der Nationen, verstärkt durch den Aufstieg des Nationalsozialismus in Deutschland, überwucherte zunehmend die Ansätze einer vernünftigen Kabinettspolitik, die ein halbes Jahrzehnt zuvor so vielversprechend begonnen hatte.

Stresemanns Locarno-Herbst
»Briand, Briand, gib mir meine Garantien wieder!«

Zeichnung von Karl Arnold

Trügerische Stabilität

Die »Goldenen Zwanziger« begannen Ende 1923 mit einer Bankrotterklärung des Deutschen Reichstags. Schon seiner Aufgabe, dem Reichspräsidenten einen neuen Kanzlerkandidaten als Nachfolger Stresemanns zu präsentieren, war er nur mit großer Mühe nachgekommen; wo inmitten der Inflations-Beendigung und der Haushaltssanierung Kontinuität und Entschlußkraft vonnöten gewesen wären, da leistete sich das Parlament ein wochenlanges Personalkarussell, bis endlich der Zentrumsvorsitzende Wilhelm Marx seufzend die Ehre auf sich nahm und am 30. November 1923 ein Minderheitskabinett in der alten Zusammensetzung aus Zentrums-, DVP- und DDP-Ministern vorstellte.

Marx war der kleinste gemeinsame Nenner in Person, aller Welt Freund und keines Menschen Feind; Botschafter d'Abernon charakterisierte ihn so: »Ein versöhnlicher, tiefreligiöser Reichskanzler mit den besten Absichten der Welt, dabei frei vom Nachteil der glänzenden Gaben, die nur die Feindschaft herausfordern.«[330] Eben das war es, was Marx befähigte, jahrelang im Amt des Reichskanzlers zu überdauern. Aber er war auch zäh und zielbewußt; kaum befand er sich im Amt, da wurde nicht weniger straff und zielgerichtet regiert als zu den besten Zeiten des Kabinetts Stresemann. Das lag daran, daß der Reichstag freiwillig auf seine Gesetzgebungskompetenz verzichtete und dem Kanzler ein Ermächtigungsgesetz zugestand, seine Unfähigkeit zur Krisenbewältigung in aller Form bestätigend: »Die Reichsregierung wird ermächtigt, die Maßnahmen zu treffen, die sie in Hinblick auf die Not von Volk und Reich für erforderlich und dringend erachtet.«[331]

Die Delegation der gesetzgebenden Gewalt vom Parlament auf die Regierung war nichts Neues; seit 1920 hatte der Reichstag bereits viermal auf sein wichtigstes Recht, das der Legislative, verzichtet, das letzte Mal mit dem Reichsermächtigungsgesetz vom 13. Oktober 1923. Aber während bisher stets eine Bürgerkriegssituation außergewöhnliche Maßnahmen der Exekutive verlangt hatte, lag der Fall jetzt ganz anders. Nun ging es darum, mit den Folgen der Herbstkrise von 1923 aufzuräumen und die finanz- und währungspolitischen Beschlüsse zu fassen, die notwendig waren, um die öffentlichen Haushalte zu stabilisieren und das Wirtschaftsleben wieder anzukurbeln. Dazu war eine Unmenge von Gesetzen und Verordnungen vonnöten, und jetzt zeigte sich, wie wenig ernst der deutsche Parlamentarismus sich selbst nahm: man verzichtete einfach auf die Mühen der gesetzgeberischen Arbeit mit ihrem ständigen Zwang zu Kompromissen und schob dies alles frohgemut der Regierung und der Bürokratie zu. Der »Geheimrats-Mussolinismus« regierte die Stunde, die Bürokratie sah sich in die angenehme Lage versetzt, ihre Schubladen-Gesetzentwürfe in das Reichsgesetzblatt zu ergießen, und sie tat dies mit gewohnter Perfektion und Effizienz. Der Reichsetat wurde ausbalanciert, eine vorläufige Goldkreditbank zur Überführung ausländischer Kredite errichtet; die Mark hielt allen Anfechtungen stand und blieb stabil. Die Preise begannen allmählich zu sinken, die Arbeitslosenzahlen gingen zurück, die deutsche Produktion stieg an. Als die Geltungsdauer des Ermächtigungsgesetzes im

Marx und Stresemann
»Herrlich, dieser weite Horizont – so was kann man sich auch nur in den Ferien leisten!«

Zeichnung von Karl Arnold

2. Reichstag
4. 5. 1924

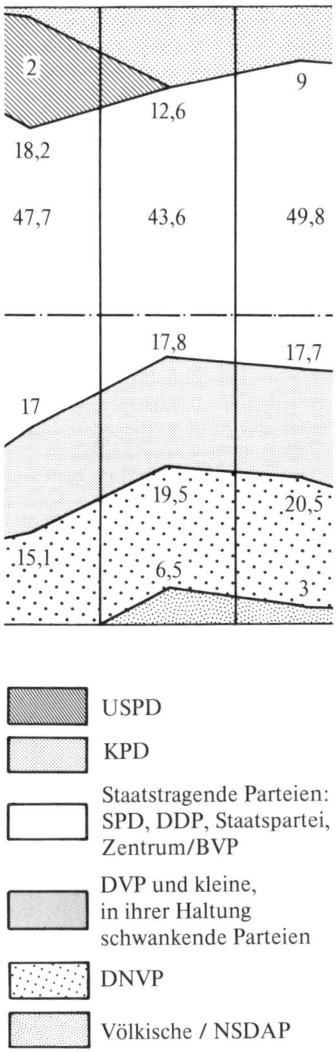

Frühjahr 1924 auslief, waren mehr als siebzig Verordnungen zur Währungs- und Haushaltssanierung ergangen; ihr Erfolg war offensichtlich, und alle Welt hatte sich an diesen bequemen Zustand gewöhnt. Der nach wie vor bestehende militärische Belagerungszustand erleichterte die Übersichtlichkeit der Lage. Aber ausgerechnet General v. Seeckt störte die schöne Ruhe; die Reichswehr war der Verantwortung müde, und Seeckt forderte am 12. Februar 1924 die Aufhebung des Ausnahmezustandes. Als zudem das Ermächtigungsgesetz auslief und der Reichstag, namentlich die SPD, die Änderung einiger Verordnungen im nachhinein verlangte, reagierte das Kabinett Marx diktatorisch und löste im Einvernehmen mit Reichspräsident Ebert das Parlament auf.

Im Frühjahr 1924 bestand also eine Situation wie sechs Jahre danach: ein Minderheitskabinett, von der Tolerierung der Parteien und dem Vertrauen des Reichspräsidenten abhängig; ein Reichstag, der des mühsamen Geschäfts der Herstellung gesetzgebender Mehrheiten überdrüssig war und seine Rechte erleichtert der Exekutive überließ; und die Auflösung des Parlaments, weil es sich doch wenigstens in einigen Fällen und zu spät auf seine verfassungsgemäßen Pflichten und Rechte besonnen hatte. Die Aushöhlung der Verfassung, die Selbstpreisgabe des Parlamentarismus, das Notverordnungsregiment: alles das gab es bereits unter Ebert, Marx und Brüning. Der wesentliche Unterschied bestand allerdings darin, daß 1924 das Ende der Krise in Sicht war und nur noch aufgeräumt zu werden brauchte; 1930 sollte das Desaster erst bevorstehen. Aber der deutsche Parlamentarismus hatte eine Prüfung erlebt und war durchgefallen.

Am 4. Mai 1924 waren Reichstags-Neuwahlen. Dabei verloren die Parteien, die in den vergangenen Monaten und Jahren Minister in die Regierung entsandt hatten; die Sozialdemokratie sank dramatisch zurück, von 171 auf 100 Mandate - die Wähler der einstigen Unabhängigen Sozialdemokratie hatten deren Wendung nicht mitgemacht und waren zur Kommunistischen Partei abgewandert, die von 17 auf 62 Abgeordnete anwuchs. Das Zentrum blieb, wie stets, weitgehend stabil, aber die liberalen Parteien DDP und DVP gaben einen Großteil ihrer Wähler an die Deutschnationalen ab, die mit 106 Abgeordneten die SPD im neuen Reichstag überflügelten und somit dessen Präsidenten stellten. Allerdings überzog die DNVP in ihrer Siegesfreude ihr Konto, indem sie in den anschließenden Koalitionsverhandlungen ein von ihr dominiertes Kabinett unter der Führung des einstigen Großadmirals v. Tirpitz forderte. Tirpitz war der Hauptverantwortliche für die Flottenrüstung vor dem Ersten Weltkrieg gewesen, sein Name stand für den deutschen Griff zur Weltmacht und für den deutsch-englischen Gegensatz; nichts konnte Großbritannien stärker vor den Kopf stoßen als ein Reichskanzler Tirpitz, und das mitten in der entscheidenden Verhandlungsphase über das Dawes-Gutachten, deren Erfolg vom engen deutsch-britischen Zusammenspiel abhing. Keine Frage, die Deutschnationale Volkspartei wollte die Dawes-Verhandlungen torpedieren; Ebert beendete deshalb die Koalitionsgespräche mit der parlamentarischen Rechten und bestätigte das Kabinett Marx in seinem Amt.

»Die Annahme des Sachverständigen-Gutachtens«, das war die einhellige Meinung der Reichsregierung, »sei die historische Aufgabe dieses Kabinetts.«[332]

Es zeigte sich allerdings, daß die innen- und außenpolitische Klimaverbesserung auch an den Deutschnationalen nicht spurlos vorbeigegangen war. Im Gegensatz zur ungehemmten Propaganda der Partei gegen den Dawes-Plan als ein »zweites Versailles« und gegen Stresemann, dem sogar vorgeworfen wurde, seine Frau sei die Schwester Poincarés, war ein Großteil der deutschnationalen Reichstagsabgeordneten sachlichen Erwägungen durchaus zugänglich. Die Honoratioren der DNVP waren meist Männer, die in der preußischen Beamtentradition großgeworden waren und einen ethisch fundierten gemäßigten Konservativismus mit einem Schuß

Plakat der DNVP zu den Reichstagswahlen am 7. Dezember 1924
Entwurf: Hans Schweitzer

Nicht nur die Linksparteien kannten gemäßigte und radikale Flügel. Während die Reichstagsfraktion der DNVP bei der entscheidenden Abstimmung über die Dawes-Plan-Gesetze im Reichstag am 29. August 1924 großenteils mit Ja gestimmt und so deren Annahme ermöglicht hatte, agitierte die deutschnationale Wahlpropaganda vor der darauffolgenden Reichstagswahl mit den alten Dolchstoß-Legenden gegen den Dawes-Plan, als gehe es um ein zweites Versailles. Das hinderte die DNVP nicht daran, einen Monat nach der Wahl in das Reichskabinett einzutreten und Stresemanns Außenpolitik mitzutragen.

3. Reichstag
7. 12. 1924

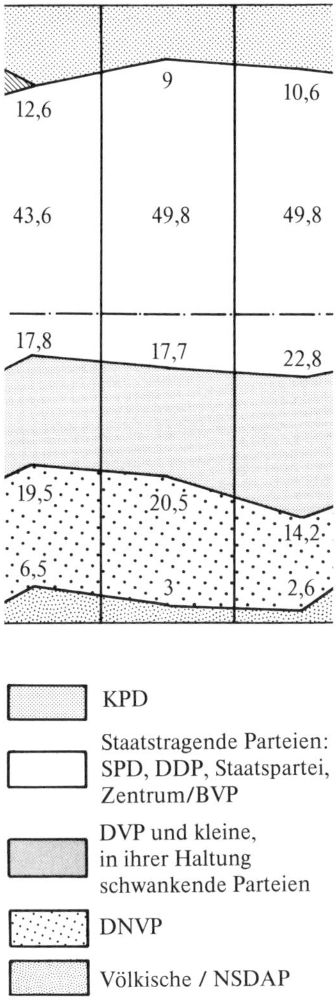

beamtenmäßiger Staatsbezogenheit vereinten, während der weitgehend vom Alldeutschen Verband übernommene Parteiapparat in den Händen radikalerer Kräfte war. Die Gegensätze in dieser Partei brachen anläßlich der Dawes-Beratungen auf. Stresemann nutzte diesen Augenblick sehr geschickt, indem er der DNVP nicht nur erneute Verhandlungen über eine Erweiterung der Regierungskoalition nach rechts anbot, sondern darüber hinaus als Gegenleistung für die Annahme des Dawes-Plans den Auszug der DVP aus der preußischen Regierung. Das eröffnete der DNVP die Aussicht, in Preußen, dem Staat, an dem ihr mehr gelegen war als am Reich, die Regierungsgewalt zu übernehmen und dort eine deutschnationale und agrarfreundliche Administration einzusetzen. Als zudem noch der Reichslandbund, der Interessenverband des ostelbischen Grundbesitzes, in der Hoffnung auf verstärkte Agrarsubventionen auf den Eintritt der DNVP in die Reichsregierung drängte, war die Entscheidung gefallen: die DNVP-Fraktionsführung im Reichstag gab die Abstimmung über die Dawes-Gesetze frei, und bei der Schlußabstimmung am 29. August 1924 votierte fast die Hälfte der anwesenden deutschnationalen Abgeordneten für die Ratifikation und dementierte damit in aller Form den »Kampf gegen die Erfüllungspolitik«, den ihre Partei seit Jahren geführt hatte.

Vor den Eintritt der DNVP in das Reichskabinett hatte allerdings das parlamentarische Gewohnheitsrecht die Koalitionsverhandlungen gesetzt, und wieder zeigte sich die Lähmung des parlamentarischen Betriebs in hellster Beleuchtung. »Es begann ein Hängen und Würgen, bei dem allerdings denen viel übler wurde, die nur zusahen«, schrieb der Kommentator der »Frankfurter Zeitung«;[333] das lag hauptsächlich an der hergebrachten Übung, vor der Regierungsbildung zwischen allen beteiligten Parteien ein detailliertes Regierungsprogramm auszuhandeln und erst nach der Einigung über sämtliche Programmpunkte an die Zusammensetzung des Kabinetts zu gehen. So kam es zu unzähligen Kontroversen; vor allem die Deutschen Demokraten konnten sich mit den deutschnationalen Vorstellungen nicht befreunden, und im November 1924 waren die Verhandlungen so festgefahren, das Parlament hatte sich als dermaßen unbeweglich erwiesen, daß der Reichspräsident abermals den Reichstag auflöste und Neuwahlen ausschrieb.

Für die Deutschnationale Volkspartei, die den Wahlkampf mit der Parole »Für Schwarz-weiß-rot, gegen Schwarz-rot-gold« geführt hatte, war das Ergebnis der Reichstagswahl vom 7. Dezember 1924 eine herbe Enttäuschung. Die wirtschaftliche Konsolidierung hatte nun auch auf die Ebene der politischen Willensbildung durchgeschlagen, und das Lavieren der DNVP zwischen Übermut und Anpassung hatte manchem ihrer Wähler vom Frühjahr zu denken gegeben. Die parlamentarischen Gewichte verschoben sich daher wieder zur Mitte hin; die Kommunistische Partei verlor in großem Ausmaße Wählerstimmen an die Sozialdemokratie, die mit 131 Mandaten wieder zur größten Reichstagsfraktion wurde; die Deutschnationale Volkspartei blieb zwar stabil, doch nur, weil die rechtsradikalen Gruppierungen, die Nationalsozialisten und Deutsch-Völkischen, den größten Teil ihrer Stimmen an die konservative Rechte abgeben mußten. So profitierten die Mittelparteien, namentlich Stresemanns Deutsche Volkspartei, die von 45 auf 51 Abgeordnete

anstieg, und das Zentrum, das jetzt statt 81 Abgeordneten deren 88 besaß. Wenn aber Theodor Wolff im »Berliner Tageblatt« jubelte: »Jetzt geht der Zug nach links«[334], dann war das verfrüht. Die SPD fand nach wie vor die Opposition bequemer als die Regierung, und das Rad der Koalitionsverhandlungen drehte sich ziellos weiter, ohne daß ein tragfähiger Regierungskompromiß in Sicht kam. Stresemann warnte ahnungsvoll in der Kabinettsrunde: »Es gäbe große Kreise im Volke, die mit Freuden und Behagen diesen Wirrwarr und diese ewigen Regierungskrisen verfolgen, weil sie daraus ihren Anhängern den Bankrott des parlamentarisch-demokratischen Systems dartun können...«[335] Schließlich resignierte Marx; Reichspräsident Ebert beauftragte statt seiner den Reichsfinanzminister Hans Luther mit der Kabinettsbildung.

Luther verkörperte in mancher Hinsicht die vorparlamentarische Tradition aus kaiserlichen Zeiten: ein parteiloser Bürokrat, allerdings nicht, wie seine wilhelminischen Vorgänger, aus der preußischen Staatslaufbahn, sondern aus der kommunalen Beamtenschaft hervorgegangen - dieser Unterschied war ebenfalls charakteristisch, denn im Gegensatz zur staatlichen war die städtische Verwaltung bereits um die Jahrhundertwende vom Kommunalfreisinn beherrscht, liberaler und demokratischen Gesichtspunkten aufgeschlossener als die Beamtenschaft in den preußischen Regierungen und Ministerien. Nicht seine politischen, sondern seine sachlichen Fähigkeiten hatten Luther für das Reichskanzleramt empfohlen; als Reichsfinanzminister unter Stresemann und Marx hatte er wesentlichen Anteil an der Beendigung der Inflation gehabt und sich zugleich als energisch gezeigt. Er sei »zeitlebens weder ein Diplomat noch überhaupt im eigentlichen Sinne ein politischer Mensch« gewesen, meinte der mit ihm befreundete hessische Staatspräsident Willy Hellpach[336], und auch andere Beobachter lobten bei Luther nicht so sehr die Befähigung zum Politiker als vielmehr zum vorzüglichen Verwalter - Viscount d'Abernon bewunderte vor allem seine Fähigkeit, »endlose Ziffernreihen ohne Unterlagen herunterzuleiern«[337]. Luther war denn auch der rechte Mann, den Ausweg aus der Regierungskrise zu finden: nicht ein Kabinett der Parteien, sondern ein Kabinett der Fachleute. Jede der vier Parteien Zentrum, DDP, DVP und DNVP entsandte einen Vertrauensmann in die Regierung, die restlichen Ministerposten wurden mit hochstehenden Beamten besetzt. Das solchermaßen konstituierte Kabinett Luther, das sich am 15. Januar 1925 der Öffentlichkeit vorstellte, war die Verkörperung der wirklichen Machtlage in der deutschen Republik: nicht die demokratischen Parteien bestimmten die Regierungspolitik in erster Linie, sondern der Beamtenapparat, der über alle Krisen hinweg die Reichsmaschinerie am Laufen gehalten hatte, während die Parteien sich nur in seltenen Fällen, und dann auch nur für kurze Zeit, ihrer verfassungsgemäßen Verpflichtung zur Bildung regierungsfähiger parlamentarischer Mehrheiten gewachsen gezeigt hatten.

Damit war die innenpolitische Ruhelage der kommenden Jahre hergestellt; bis zu den nächsten Reichstagswahlen von 1928 wurde das Reich durch Bürgerblock-Kabinette, mal mit, mal ohne deutsch-

nationale Beteiligung, aber stets mit einem kräftigen bürokratischen Korsett versehen, regiert; die Sozialdemokraten sorgten zwar gelegentlich aus ihrer Oppositionsstellung heraus für innenpolitischen Wirbel, die Außenpolitik Stresemanns aber unterstützten sie stets zuverlässig. Was auf den ersten Blick als politische Stabilisierung wirkte, war tatsächlich die institutionalisierte Dauerkrise des Parlaments, eingepuppt und reglos nur so lange, wie der internationale Horizont klar und die wirtschaftliche Konjunktur lebhaft blieben.

Und die wirtschaftliche Lage war und blieb labil. Die Erholung des Wirtschaftslebens beschränkte sich auf wenige Bereiche; vor allem die Exportindustrie verzeichnete einen steilen Aufschwung, aber ihre Erfolge wurden großenteils mit Hilfe von Preis- und Kostensenkungen in der Produktion erzielt, so daß die durchschnittliche Lohnhöhe nach anfänglichem Anstieg in den Jahren 1924/25 auf einem bescheidenen Niveau blieb. Auch gelegentliche Einbrüche in die Vollbeschäftigung, wie im Winter 1926/27, als die Arbeitslosenziffer zwei Millionen überstieg, machten die Labilität der wirtschaftlichen Lage Deutschlands sichtbar. Zudem kam die Erholung hauptsächlich der Arbeiterschaft zugute, während der bürgerliche Mittelstand wenig von ihr profitierte. Nicht allein, daß die Vermögenswerte des Besitzbürgertums durch die Inflation und die nachfolgende Währungsstabilisierung mit einem Schlag wie durch eine allgemeine Enteignung beseitigt waren; auch Beamte und Angestellte gehörten zu den Opfern der Stabilisierung, denn im Zuge der notwendigen Haushaltsrestriktionen mußte 1923 und 1924 etwa ein Viertel der gesamten staatlichen Beamten- und Angestelltenschaft entlassen werden, in einigen Zweigen der Reichsverwaltung sogar fast die Hälfte der Beschäftigten. Das löste große Bitterkeit bei denjenigen Beamten aus, die trotz innerer Reserve dem Staat in der Umsturzzeit und danach treu und aufopfernd gedient hatten. Die »Unruhe des Mittelstands« wurde in diesen Jahren ein vielgebrauchter Gemeinplatz, und eine »Reichspartei des deutschen Mittelstands«, die hauptsächlich Beamten- und Hausbesitzerinteressen vertrat, erzielte vorübergehend beachtliche Wahlerfolge, bis sie ihre Wähler an die NSDAP abgeben mußte.

Die »Goldenen Zwanziger« standen also von Anfang an auf schwankendem Boden, aber dennoch gab es Grund zur Hoffnung. »Von heute aus gesehen,« schrieb später Stefan Zweig, »stellt das knappe Jahrzehnt zwischen 1924 und 1933, vom Ende der deutschen Inflation bis zur Machtergreifung Hitlers trotz allem und allem eine Pause dar in der Aufeinanderfolge von Katastrophen, deren Zeuge und Opfer unsere Generation seit 1914 gewesen ist. Nicht, daß es innerhalb dieser Epoche an einzelnen Spannungen, Erregungen und Krisen gefehlt hätte..., aber innerhalb dieses Jahrzehnts schien in Europa Friede gewährleistet, und schon das bedeutete viel. Man hatte Deutschland in allen Ehren in den Völkerbund aufgenommen, mit Anleihen seinen wirtschaftlichen Aufbau ... gefördert ... Die Welt schien sich wieder aufbauen zu wollen. Paris, Wien, Berlin, New York, Rom, die Siegerstädte ebenso wie jene der Besiegten, wurden schöner als je, das Flugzeug beschwingte den Verkehr, Paßvorschriften linderten sich. Die Spannungen zwischen den Währungen hatten aufgehört, man wußte, wieviel man einnahm, wieviel man ausgeben durfte, die Aufmerksamkeit war nicht mehr so fieberhaft auf

die äußerlichen Probleme gerichtet. Man konnte wieder arbeiten, sich innerlich sammeln, an geistige Dinge denken. Man konnte sogar wieder träumen und auf ein geeintes Europa hoffen. Einen Weltaugenblick ... schien es, als sollte unserer schwergeprüften Generation wieder ein normales Leben beschieden sein.«[338]

Ein gewisser Optimismus kam auf, und damit ein Klima relativer Ausgeglichenheit und Stabilität, mehr in den Köpfen der Zeitgenossen als in der politischen und wirtschaftlichen Wirklichkeit. Die allgemeine politische Aufgeregtheit der vergangenen Jahre flaute ab, eine vergleichsweise nüchterne Alltagspolitik trat an ihre Stelle. Die Deutschen, so konnte es scheinen, begannen, sich mit der Demokratie zu arrangieren, und wohlwollende ausländische Beobachter entdeckten sogar einen Anflug von weltbürgerlicher Euphorie, so der amerikanische Botschaftsrat Hugh Wilson: »Es herrschte der weltverbreitete und fast rührende Glaube, daß irgendwie eine bessere internationale Ordnung entstanden sei, daß die übrigen Staaten abrüsten würden, daß, sobald Deutschlands friedfertiger Sinn erkannt wäre, die wirtschaftlichen Fesseln des Vertrags gelöst werden würden. Die Deutschen von damals wollten mit der Welt befreundet sein...«[339]

Das war der Boden, auf dem das Ergebnis der Dezemberwahl von 1924, die Stärkung der demokratischen Mitte, möglich wurde, der Boden, auf dem Stresemann seine Außenpolitik über die Jahre hinweg verfolgen konnte, auf dem selbst die monarchistische Rechte vernunftrepublikanische Anwandlungen verspürte: die Deutschen begannen, sich an die Republik zu gewöhnen. »Die Verfassungsfeiern hatten in diesem Jahr besonderen Schwung«, erinnerte sich der Leiter der Verfassungsabteilung im Reichsinnenministerium, Arnold Brecht, an 1924; sie standen unter der Devise: »Wer die schwarz-rot-goldene Fahne mißachtet, mißachtet den nationalen Gedanken.«[340] Im selben Jahr wurde das »Reichsbanner Schwarz-Rot-Gold« gegründet, eine Wehrorganisation der Parteien der Weimarer Koalition, die Paul Löbe am 5. Juni 1924 von der Reichstagstribüne aus der Öffentlichkeit vorstellte: »Sie werden in wenigen Wochen eine republikanische Organisation ... von opferbereiter deutscher Jugend auf den Füßen stehen sehen, die die Freiheit ihres Volkes verteidigen wollen;«[341] ein halbes Jahr später zählte das Reichsbanner bereits über zwei Millionen Mitglieder, darunter wohl etwa eine halbe Million aktiver – die roten wie die schwarz-weiß-roten Verbände waren damit in kürzester Zeit überflügelt. Selbst das intellektuelle Lager zeigte Spuren zunehmender Wirklichkeitsnähe; die »schlechte Realität der Republik«[342] fand Anhänger selbst bei einstigen Fürsprechern des Alles oder Nichts, so in dem Expressionisten Otto Flake, der in der »Neuen Rundschau« das Jahr 1926 als ein Jahr pries, das man loben sollte, weil es das Bürgertum endlich zu der Einsicht gebracht habe, sich auf den »Boden der Tatsachen« zu stellen, anstatt sich weiterhin chauvinistischen oder expressionistischen Illusionen hinzugeben. Wie auf politischem und sozialem Gebiet sei nun auch in der Kunst die Zeit der »mittleren Lösungen« gekommen.[343] Das waren hoffnungsvolle Anzeichen.

Aber Rückschläge blieben nicht aus; der schwerste war Friedrich Eberts Tod am 28. Februar 1925. Der erste Präsident der Republik hatte nicht nur entscheidenden Anteil an ihrem Entstehen gehabt,

54. Jahrgang   Abend-Ausgabe   Einzel-Nummer 10 Pfennig

Berliner Tageblatt

Nr. 101   und Handels-Zeitung   Sonnabend 28. Februar 1925

Chef-Redakteur Theodor Wolff in Berlin.   Druck und Verlag von Rudolf Mosse in Berlin.

Reichspräsident Friedrich Ebert †

Berlin, 28. Februar.

Amtlich wird gemeldet: Der Reichspräsident ist heute vormittag 10¼ Uhr, ohne das Bewußtsein wieder erlangt zu haben, sanft entschlafen. Am Sterbelager weilten Frau Ebert, ihre Kinder und ihr Schwiegersohn Dr. Jaenicke, sowie Staatssekretär Dr. Meißner.

Friedrich Ebert.

Von

Erich Dombrowski.

Plötzlich hat der Tod einen der besten Männer Deutschlands auf der Höhe des Lebens an die Hand genommen und hat ihn. nicht zuletzt er es gewesen ist, der Deutschland zweimal, als es unmittelbar am Abgrunde war, während der revolutionären Wirren und während der Inflationsperiode, vor dem Absturz und damit auch vor dem Zerfall gerettet hat.

Als der deutsch-französische Krieg sich seinem Ende zuneigte, am vierten Februar 1871, wurde Ebert in Heidelberg geboren. Dort besuchte er, einfacher Leute Kind, die Volksschule und wurde von seinem Vater für das Sattlerhandwerk Der Bann gegen die Sozialdemokratie war aufgehoben. Der junge Ebert, der sich schon als Lehrling mit der sozialistischen Ideenwelt vertraut gemacht hatte, stürzte sich mit Feuereifer auf die Agitation für den Sozialismus. Mit einundzwanzig Jahren übernahm er, frühreif, bereits den Posten eines Redakteurs an der sozialdemokratischen „Bremer Bürgerzeitung". Jahre vergingen. Aus dem Redakteur wurde ein Parteisekretär. Um die Jahrhundertwende wurde er in die

er hatte sie nicht nur repräsentiert, ja in gewisser Hinsicht verkörpert, sondern er hatte ihre politische Wirklichkeit in entscheidenden Punkten geformt. Ebert hatte ohne viel Aufhebens, meist hinter den Kulissen, Regierungen kreiert, wenn die Reichstagsfraktionen sich dazu nicht imstande gezeigt hatten, er hatte ohne das erschwerende Mittel der parlamentarischen Willensbildung Reichskanzler ernannt und gegebenenfalls auch widerspenstigen Parteienvertretern mit der Reichstagsauflösung gedroht, um die parlamentarische Unterstützung von derart zustandegekommenen Reichskabinetten zu erzwingen. Er hatte in Gefahrenmomenten nicht gezögert, von seinen Vollmachten nach Artikel 48 der Reichsverfassung Gebrauch zu machen und auf dem Wege der außerparlamentarischen Ersatz-Gesetzgebung für schnelle und durchgreifende Maßnahmen zu sorgen. Er hatte bereits alle diktatorischen Mittel, die in der Krise der Republik seit 1930 alltäglich werden sollten, ausgiebig ausprobiert – zwischen 1920 und 1925 ist in Deutschland genau die Hälfte der Zeit mit Sondervollmachten des Reichspräsidenten regiert worden, aber im Unterschied zu späteren Zeiten stets zu dem Zweck, die Republik zu stützen und sie zu verteidigen. Daß Ebert hierbei seine Verantwortung für das Überleben des demokratisch-parlamentarischen Staatswesens höher stellte als seine Parteimitgliedschaft, daß er die zunehmende Koalitionsmüdigkeit der SPD scharf kritisierte, daß er bereit war, mit Bürgerblock-Kabinetten zu regieren und gegen die linken Einheitsfrontregierungen Sachsens und Thüringens 1923 sogar die Reichsexekution verhängt hatte, hatte ihn seiner Partei weitgehend entfremdet; auf Parteitagen wurde sein Rücktritt, sogar sein Parteiausschluß verlangt, und er selbst hatte »manchmal das Gefühl, als ob er in der freien Luft schwebe und keinen festen Boden mehr unter den Füßen habe«[344].

Zudem hatte sich seit seinem Amtsantritt eine Flut von Schmähungen über ihn ergossen; nichts, was ihm nicht vorgeworfen wurde, von seiner und seiner Frau Herkunft über Trunksucht und Bestechlichkeit bis hin zu unsittlichem Lebenswandel – nicht weniger als hundertdreiundsiebzig Prozesse hatte er um seine persönliche Ehre

führen müssen. Besonders tief traf ihn die immer wieder auftauchende Behauptung, er habe im Januar 1918 Landesverrat begangen, als er in die Leitung des Berliner Metallarbeiterstreiks eingetreten war. Er hatte damals diesen Schritt getan, um den Streik zu entradikalisieren und zu beenden, bevor in den Straßen Berlins geschossen wurde, aber danach fragten seine Verleumder aus dem nationalistischen Lager nicht. In Magdeburg kam es aus diesem Grund zu einem Beleidigungsprozeß gegen einen deutsch-völkischen Redakteur, der Ebert in besonders infamer Weise angeprangert hatte. Das Urteil vom 23. Dezember 1924 war ein sprechendes Dokument der antirepublikanischen Verbohrtheit eines Teils der Weimarer Justiz: obwohl fast alle Zeugen, auch politische Gegner Eberts, zu seinen Gunsten ausgesagt hatten, kam das Gericht zu dem Beschluß, dem Reichspräsidenten sei zwar im strafrechtlichen Sinne kein Landesverrat anzukreiden, doch seien von politischen und moralischen Standpunkten aus andere Wertungen zulässig. Das hieß: von nun an besaß jeder Esel die gerichtliche Lizenz, den Reichspräsidenten ungestraft als Verräter zu bezeichnen. Alle Solidaritätsbekundungen, selbst aus den Reihen der Deutschnationalen, auch die Proteste namhafter Juristen gegen die offensichtlichen Rechtsfehler des Urteils halfen Ebert nicht über diese tief empfundene Kränkung hinweg. Aus Kummer verschleppte er die Behandlung einer Blinddarmentzündung bis es zu spät war. Sein Tod, kurz vor der Vollendung seines vierundfünfzigsten Lebensjahrs, war fast ein Mord, ein Mord mit Worten und Paragraphen.

Plakat der DNVP zu den Reichstagswahlen vom 7. Dezember 1924
Entwurf: Hermann Keimel

Friedrich Ebert war von der Nationalversammlung in sein Amt gewählt und nie durch Volkswahl bestätigt worden. Die Regierungsparteien, vor allem auch die SPD, fürchteten bei Präsidentschaftswahlen einen Rechtsruck an der Reichsspitze; Ebert litt darunter, und die Rechtsopposition suchte diesen Mangel in ihrer Wahlpropaganda zu nutzen. Anders als später im Fall Hindenburgs dachte die DNVP nicht daran, die überparteiliche Würde des höchsten Staatsamts zu achten.

Jetzt mußte ein neuer Reichspräsident gewählt werden. Der erste Wahlgang brachte wegen der zahlreichen Bewerber erwartungsgemäß keine Entscheidung: der Kandidat der vereinigten Rechten, hauptsächlich der DVP und der DNVP, der frühere Reichsinnenminister Karl Jarres, konnte zwar fast 39 Prozent der Wählerstimmen auf sich vereinigen, doch galt im ersten Wahlgang nur der als gewählt, der eine absolute Mehrheit hinter sich hatte. Der Kandidat der SPD, der preußische Ministerpräsident Otto Braun, errang immerhin 29 Prozent der Stimmen, 3 Prozent mehr als die SPD bei den letzten Reichstagswahlen. Das Zentrum hatte den ehemaligen Reichskanzler Wilhelm Marx aufgestellt, der mit 14 Prozentpunkten recht schwach abschnitt; die übrigen Stimmen verteilten sich auf die Kandidaten Held (BVP), Hellpach (DDP), Ludendorff (Deutsch-Völkisch bzw. NSDAP) sowie auf den Kandidaten der KPD, Ernst Thälmann. Ein zweiter Wahlgang wurde notwendig; hier siegte der Kandidat mit der relativen Mehrheit der Stimmen. Die SPD zog in der Erkenntnis, daß sie alleine ohne Chancen war, ihren Kandidaten zurück und rief ihre Anhänger auf, für Marx zu stimmen; die DDP schloß sich dem an. Auch auf der Rechten erkannte man, daß ein Parteimann wie Jarres über das Wählerpotential von DVP und DNVP hinaus keine erheblichen Stimmengewinne erwarten konnte. Vorübergehend dachte man an Reichswehrminister Geßler, aber der hatte keine Lust zum Repräsentieren. Dann verfiel man auf eine eigentlich sehr naheliegende Lösung: der populärste Mann in Deutschland war nach wie vor und zweifellos der Generalfeldmarschall v. Hindenburg.

1. Wahlgang am 29.3.1925
Abgegebene gültige Stimmen 26,87 Mio

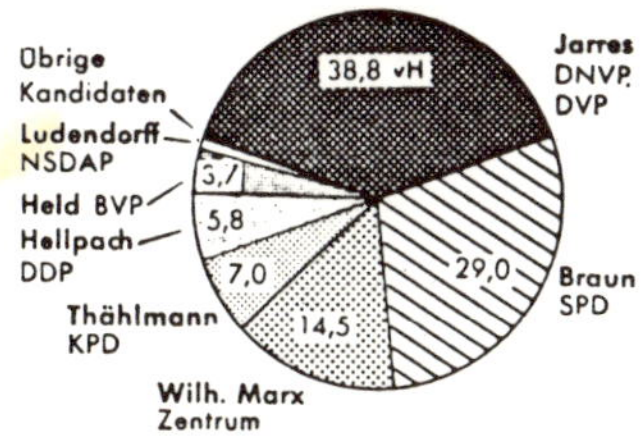

2. Wahlgang am 26.4.1925
Abgegebene gültige Stimmen 30,35 Mio

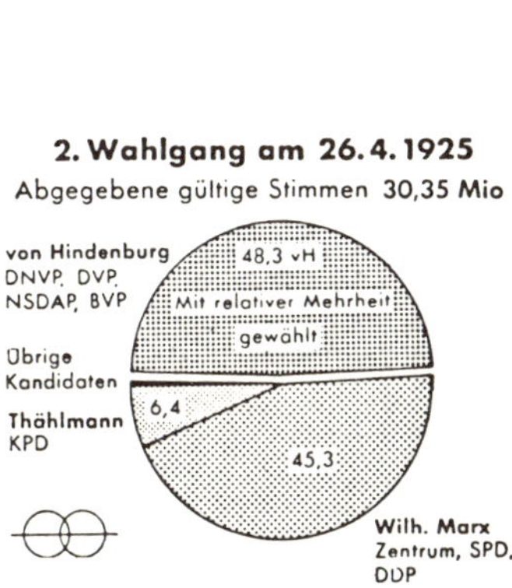

Hindenburgs Beliebtheit war trotz Kriegsniederlage und Republik unangetastet geblieben; er hatte es verstanden, alle Erfolge im Weltkrieg, von der Vertreibung der Russen aus Ostpreußen bis zu den Siegen im Osten 1916 und 1917, an seinen Namen zu heften, und seine Stabschefs, Ludendorff und Groener, hatten sich loyal vor ihn gestellt, wenn es galt, unpopuläre Dinge zu vertreten, vom Scheitern der Märzoffensive 1918 bis zum Waffenstillstandsangebot. Auch nach dem Krieg fiel auf den Hindenburgmythos kein Stäubchen, denn der Generalfeldmarschall lebte zurückgezogen in seiner Villa in Hannover wie Barbarossa im Kyffhäuser, während Ludendorff durch seine Verbindungen mit Kapp und Hitler diskreditiert war, wie in anderer Hinsicht Groener, dessen Eintreten für die Republik ihm seine alten Kameraden entfremdet hatte. Hindenburg war mittlerweile ein achtundsiebzigjähriger Greis, den die Rosen in seinem Garten mehr interessierten als das politische Treiben in der unsympathischen Republik, und als die Sendboten des Wahlkomitees ihn aufsuchten, bedeutete er ihnen, sie solle der Teufel holen, er wolle seine Ruhe haben. Man fuhr schwerere Geschütze auf, Tirpitz wurde abgesandt, und dessen Überredungskunst war Hindenburg nicht gewachsen. Er weigerte sich zwar standhaft, auf Wahlveranstaltungen zu reden, aber das war auch nicht notwendig. Am 26. April 1925 entfielen auf ihn 48,5, auf seinen Gegenkandidaten Marx 45,2 Prozent der Wählerstimmen. Für Hindenburgs Wahlsieg erwies sich zweierlei als ausschlaggebend: zum einen hatte die Schwesterpartei des Zentrums, die Bayerische Volkspartei, ihre Anhänger nicht etwa zur Wahl des Zentrumspolitikers Marx, sondern zur Wahl Hindenburgs aufgerufen, und zum anderen hatte die KPD in ihrer üblichen Verblendung es fertiggebracht, ihren Thälmann auch im zweiten Wahlgang kandidieren zu lassen; die auf ihn entfallenden 6,3 Prozentpunkte hätten Marx ohne weiteres zum Sieg verholfen. So aber siegte Hindenburg mit Hilfe der Bayern und der Kommunisten.

Um sieben Uhr am nächsten Morgen brachte Oskar v. Hindenburg seinem Vater die Erfolgsnachricht; Hindenburg, der nicht nur seinen Mythos, sondern auch seine Anekdoten lebte, erwiderte verdrießlich: »Nun, hast Du mich eine Stunde früher geweckt, um mir das zu erzählen? Das würde doch auch um acht noch wahr sein«, und versank wieder in Schlaf[345]. Die Öffentlichkeit reagierte weniger abgeklärt; während Angehörige der alten Hofgesellschaft Dankgottesdienste abhielten und auf die baldige Rückkehr Wilhelms II. hofften, konnte man in der Morgenausgabe des »Berliner Tageblatts« aus der Feder Theodor Wolffs lesen: »Die Republikaner haben eine Schlacht verloren, der bisher monarchistische Feldmarschall von Hindenburg wird Präsident der deutschen Republik. Landbündler und Offiziersbündler lassen heute Sektpfropfen knallen wie nach der Ermordung Rathenaus, und die in der gesellschaftlichen Rangordnung etwas tiefer stehenden Leserinnen und Leser des ›Lokal-Anzeigers‹ berauschen sich teils an Kaffee und teils an Bier ... Was soll man mit einem Volke anfangen, das aus seinem Unglück nichts lernt und sich immer wieder, auch zum zehnten und zum zwölften Male, von den gleichen Leuten am Halfterbande führen läßt?«[346] Der Leitartikler der Pariser Tageszeitung »Le Temps« zog am gleichen Tag das Fazit: »Deutschland hat die Maske abgeworfen, durch die es an die Aufrichtigkeit seiner demokratischen Gefühle glauben

machen will, und es zeigt sich nun sein altes Gesicht, in dem sich seine kriegerischen Instinkte und seine Herrschsucht ausdrücken. Die ganze Politik der Versöhnung hat damit moralisch Bankrott gemacht.«[347]

Der königlich-preußische Generalfeldmarschall, der Weltkriegsheld als Ersatzkaiser an der Spitze des Reichs – das war eine Konstellation, die innen- wie außenpolitisch die schwersten Sorgen rechtfertigte. Stresemann, obwohl bis auf die Knochen im altmodischen Sinne ein nationaler Mann, hatte sich bis zuletzt gegen Hindenburgs Kandidatur gestemmt, nachdem er schon Geßlers Anwartschaft auf den Posten des Reichspräsidenten aus außenpolitischen Rücksichten hintertrieben hatte; daß Hindenburgs Wahl ein Desaster für die politische Rehabilitation Deutschlands darstellen würde, hatte er jedem erklärt, der es hören wollte. Der Diplomat Harry Graf Kessler, entgegen den üblichen Standpunkten seines Berufs und seiner Herkunft ein überzeugter Pazifist und Liberaler, schrieb am Abend der Wahl besorgt in sein Tagebuch: »Was folgen wird, dürfte eins der dunkelsten Kapitel der deutschen Geschichte sein.«[348]

Am 12. Mai 1925 legte Hindenburg im überfüllten Plenarsaal des Reichstags den Eid auf die Reichsverfassung ab; er habe sie jetzt erst gelesen, hatte er zuvor in vertrautem Kreis erzählt, und er fände sie gar nicht so schlecht. »Eindruck: eine etwas befangene, greisenhafte Generalstimme, die Ungewohntes und Unverstandenes vorlesen muß«, so wiederum Kessler. »Aber auffallend war doch der über Erwarten starke Nachdruck, den die Erklärung auf den *republikanischen* und *demokratischen* Charakter der Verfassung und insbesondere auf die *Volkssouveränität* legte.« Kessler verließ den Reichstag mit widerstreitenden Gefühlen; einer seiner Kollegen sagte ihm beim Hinausgehen: »›Eben haben wir die *Geburt* der deutschen Republik erlebt.‹ In der Tat wird sie mit Hindenburg hoffähig, einschließlich Schwarz-Rot-Gold, das jetzt überall mit Hindenburg zusammen als seine persönliche Standartenfarbe erscheinen wird. Etwas von der Verehrung für ihn wird unvermeidlich darauf abfärben…«[349]

Ausschneiden und sieben Jahre aufheben.

Karikatur aus dem »Tage-Buch«

Das war die große Überraschung: nachdem sich Hindenburg so widerstrebend in den Reichspräsidentenpalais hatte drängen lassen wie einst sein König in das Amt des Deutschen Kaisers, war er entschlossen, dieser Republik ein guter Präsident ohne Wenn und Aber zu sein. Was in der Öffentlichkeit, und was auch von einigen seiner Hintermänner falsch beurteilt worden war, betraf Hindenburgs Einstellung zum Eid. Da war er ganz altpreußisch, und da er nun einmal auf die Reichsverfassung geschworen hatte, hielt er sie hoch wie die preußische Felddienstordnung.

Die ersten fünf Jahre seiner Amtszeit machte er nicht ein einziges Mal Gebrauch von seinem Notverordnungsrecht nach Artikel 48 der Reichsverfassung; er versuchte stets, mit parlamentarischen Mehrheiten zu regieren, solange es erkennbare Mehrheiten gab, und er hat nie willentlich und wissentlich die Reichsverfassung verletzt. Selbst sein fürchterlicher Fehlgriff vom 30. Januar 1933, als er Adolf Hitler zum Reichskanzler ernannte, hatte in seinem Verständnis keinen anderen Zweck als den, nun endlich wieder mit einer Reichstagsmehrheit regieren zu können, die Hitler ihm versprochen hatte. »Ich hatte das Gefühl,« schrieb später der sozialdemokratische Innenminister Preußens, Carl Severing, der zuvor öffentlich vor der Wahl des »Bürgerkriegsmarschalls« gewarnt hatte, »daß er sich wirklich bemühen würde, ohne Scheuklappen des Vorurteils und des Kastengeistes seines Amtes zu walten. Er machte auf meine Kollegen von der Preußenregierung und auf mich einen nicht unsympathischen Eindruck.«[350]

Ein Einwand gegen die Person Hindenburgs als Reichspräsident blieb: er war zeitlebens Militär gewesen und ganz und gar ein Produkt des preußischen Offizierskorps; Politik, Parteiengezänk, das ganze parlamentarische Getriebe, das so sehr an Disziplin, Ordnung und Effizienz zu wünschen übrigließ, alles das war ihm unverständlich; das Ambiente der Republik war eine urbane und zivilistische Welt, der des Gutshofs und der Armee, in der Hindenburg sich zeitlebens bewegt hatte, gänzlich entgegengesetzt. Bei allem guten Willen war er hilflos, er brauchte Berater, die ihn orientierten. Hinzu kam sein hohes Alter und der damit verbundene körperliche Verfall, seine zunehmende geistige Trägheit – die seit etwa 1930 bis zur Vergreisung fortschritt – und damit die zunehmende Abhängigkeit von seiner Umgebung. Und diese Umgebung war keineswegs von der Art, die einem Präsidenten der Republik angestanden hätte, im Gegenteil: da waren alte Kameraden aus der preußischen Armee, die nunmehr dem antirepublikanischen und monarchistischen Soldatenbund »Stahlhelm« und sonstigen »Vaterländischen Verbänden« angehörten; da war die Crème des ostelbischen grundbesitzenden Adels, mit den Hindenburgs vielfach versippt, nicht allein mit einem heftigen Soupçon gegen Weimar versehen, sondern auch massive landwirtschaftliche Interessen, hauptsächlich im Rahmen des Reichslandbundes, vertretend. In diesen Kreisen hatte man gehofft, mit Hilfe des neuen Reichspräsidenten das verhaßte »System« schnell und wirkungsvoll kippen zu können, aber bei Hindenburg biß man einstweilen auf Granit. Sein alter Freund Elard von Oldenburg-Januschau, ein konservativer Politiker, der zu kaiserlichen Zeiten vorgeschlagen hatte, den Reichstag mit einem Leutnant und zehn Mann aufzulösen, war tief enttäuscht; in seinen Memoiren

berichtet er ganz freimütig: »Allgemein kann ich aber sagen, daß mein Versuch der Einflußnahme auf Hindenburg getreu meiner alten Linie auf eine Beseitigung des Parlamentarismus und Herstellung einer Diktatur hinzielte. Diese Versuche waren in den ersten Jahren zum Scheitern verurteilt. Erst später, als die Entwicklung sich selber ihren Weg gesucht hatte, und die Beschlüsse des Reichstages durch Notverordnungen abgelöst waren, war das erste Eis gebrochen. Vor weiteren Schritten scheute sich der Feldmarschall lange...«[351] Auf die Dauer freilich verstärkte sich der Einfluß der alten Kameraden auf den Reichspräsidenten, vor allem, nachdem Hindenburg 1927 Besitzer des Guts Neudeck in Ostpreußen geworden war, wo er sich im konzentrierten Dunst landwirtschaftlicher und konservativer Interessen befand.

Nach der Präsidentenwahl
»Sie können ruhig in Hannover bleiben, Herr Präsident, – wir werden das Kind schon schaukeln!«

Zeichnung von Th. Th. Heine

Starken Einfluß auf den Reichspräsidenten übten vor allem drei Personen aus: da war einmal der Staatssekretär des Büros des Reichspräsidenten, Otto Meißner, durchaus ein Staatsrechtler von Rang, der einen chamäleonartigen Instinkt für kommende Tendenzen besaß und sich ihnen mühelos anpassen konnte. So gelang es ihm, sich als Staatssekretär von Ebert über Hindenburg bis Hitler durchzudienen; für Hindenburg war er wegen seiner intimen Kenntnisse der Verfassung und Regierungstechnik unentbehrlich. Da war weiterhin Hindenburgs Sohn Oskar, ein mäßig begabter Soldat, der nach Aussage ehemaliger Vorgesetzter eigentlich nie mehr als Gefreiter hätte werden dürfen, der aber im Kielwasser seines Vaters bis zum Oberst avanciert war und nun als sein Adjutant offizielle Funktionen erhielt. Der »von der Verfassung nicht vorgesehene Sohn des Reichspräsidenten«, wie Tucholsky ihn nannte, hatte vielfältige Beziehungen in der Reichswehr, aber auch zu wirtschaftlichen Interessengruppen, und er verstand es, diese Interessen seinem Vater einzuflüstern.

Zu den guten Freunden Oskar v. Hindenburgs gehörte auch sein alter Regimentskamerad, der Oberst Kurt v. Schleicher, derzeit Leiter der politisch einflußreichen Wehrmachtsabteilung im Reichswehrministerium und der kommende Mann der Armee. Schon während des Weltkriegs war der Hauptmann v. Schleicher dem Generalfeldmarschall im Großen Hauptquartier aufgefallen; seine Fähigkeit, mit Politikern und Gewerkschaftlern umzugehen und bei parlamentarischen Schwierigkeiten für die OHL die Kastanien aus dem Feuer zu holen, hatte in Hindenburg die Überzeugung geweckt, daß niemand das unwegsame und unbehagliche Gebiet parlamentarischer Politik so gut überblickte und beherrschte wie v. Schleicher. Hindenburg nannte ihn stets »Mein lieber junger Freund« und hatte in sein Urteil grenzenloses Vertrauen.

So war es ein verhältnismäßig enger Kreis um den Reichspräsidenten, die vielgenannte »Kamarilla«, die den alten Herrn im Sinne der Bürokratie, der Reichswehr und der Landwirtschaft beredete und zu lenken versuchte. In parlamentarischen Demokratien sind Personalien dieser Art normalerweise von untergeordnetem Interesse; wenn aber in ihrem Mittelpunkt ein Mann steht, der die verfassungsgemäße Macht besitzt, Regierungen nach Belieben auszuwechseln, die Volksvertretung aufzulösen, den Notstand zu verkünden und Grundrechte zu suspendieren, dann werden die Einflüsse auf diesen Mann im Krisenfall zur Schicksalsfrage. Und die Einflüsse, unter

denen Hindenburg stand, sollten sich später als das Leichengift des Ancien Regime erweisen, an dem die Republik endgültig sterben sollte.

Morgen-Ausgabe
Berlin
Mittwoch, 20. Januar 1926
Vossische Zeitung
15 Pfennig
Berlinische Zeitung von Staats- und gelehrten Sachen
Verlag und Schriftleitung: Berlin SW68, Kochstr. 22-26

Das Kabinett der Mitte gebildet

Unter der Führung Luthers / Ein Appell des Reichspräsidenten / Demokratischer Abgeordneter Dr. Külz Reichsinnenminister / Koch nicht im Reichsministerium

Aber einstweilen war es längst nicht soweit, im Gegenteil. Was die außenpolitische Wirkung der Wahl Hindenburgs anging, so urteilte der britische Botschafter in Berlin leicht überrascht: »Die besten Kenner der Lage sind überzeugt, daß das deutsche Sicherheitsangebot, das am 10. Februar Frankreich unterbreitet wurde, aufrechterhalten wird. Wenn das der Fall ist, wird die Tatsache, daß Hindenburg an der Spitze der Regierung steht, den internationalen Verpflichtungen um so mehr Gewicht geben.«[352] Und in der Tat wurde der Sicherheitspakt, der Vertrag von Locarno, zum fassungslosen Entsetzen seiner alten Freunde von Hindenburg mitgetragen. Damit zeigte der alte Herr wesentlich mehr Flexibilität als die DNVP, deren Minister und Reichstagsabgeordnete dem Druck ihrer Parteibasis nicht standhielten und, sehr gegen ihren Willen, am 25. Oktober 1925 aus der Regierungskoalition ausschieden, um den Ausgleich mit Frankreich nicht mittragen zu müssen. Nun begann wieder das Verhandlungskarussell zwischen den Parteien und damit die bereits zur Tradition gewordene Weihnachtskrise der Reichsregierung. Wieder wurden große Anstrengungen unternommen, einer Großen Koalition in den Sattel zu helfen, wobei sich zur allgemeinen Überraschung wiederum der Reichspräsident an die Spitze der Bemühungen setzte. Aber die SPD war nach wie vor nicht gewillt, die Vorteile ihrer Oppositionsrolle aufzugeben; so trat Reichskanzler Luther am 20. Januar 1926 mit einem Minderheitskabinett aus DDP, Zentrum, DVP und BVP vor den Reichstag.

Das zweite Kabinett Luther stürzte jedoch bald über einem unbegreiflichen Narrenstreich. Am 5. Mai 1926 veröffentlichte der Reichsanzeiger eine »2. Verordnung über die deutschen Flaggen«, die verfügte, daß diejenigen deutschen Auslandsmissionen, die »regelmäßig im Verkehr auf dem Seewege zu erreichen« waren, die Handelsflagge zu hissen hatten. Die Reichshandelsflagge war eine Frucht des »Weimarer Flaggenkompromisses«, schwarz-weiß-rot mit einer aus der Ferne unsichtbaren schwarz-rot-goldenen Gösch. Luther wie Hindenburg hatten gemeint, die Verordnung werde die monarchistischen Kräfte besänftigen und zur inneren Beruhigung beitragen; tatsächlich jedoch brachen die alten Fronten sofort wieder auf, denn wer zugunsten der alten Reichsfarben eingriff, erweckte in der republikanischen Öffentlichkeit den Verdacht, daß er auf die Dauer mehr als nur die Symbole zu verändern beabsichtige. Es kam zu Demonstrationen und Gegendemonstrationen, Putschgerüchte machten die Runde, die Wilhelmstraße wurde vorsichtshalber von Reichswehrpatrouillen bewacht. Mit einem Mal wurde sichtbar, wie dünn die Decke der Normalität war und wie nah der Bürgerkrieg. Der Reichstag sprach Luther am 12. Mai 1926 das Mißtrauen aus, dieser trat zurück und überließ seinen Platz Wilhelm Marx, der das Kabinett in unveränderter Zusammensetzung übernahm. Die Ruhe kehrte wieder ein, man war mit dem Schrecken davongekommen.

Aber das war nicht der einzige Fall, in dem ein vergleichsweise unscheinbarer Anlaß die innenpolitische Stabilität erschütterte. Der

ganze soziale Sprengstoff, der sich seit Jahren angesammelt hatte, wurde aktiviert, als die vermögensrechtliche Auseinandersetzung der Länder mit den früher regierenden Fürstenhäusern auf der Tagesordnung erschien. Es handelte sich um eine unglückliche Hinterlassenschaft aus der Revolutionsära, als das fürstliche Eigentum zwar in der Regel beschlagnahmt, nicht aber, wie in Österreich, einfach enteignet worden war. Mitglieder der ehemals regierenden Fürstenhäuser und deren Nebenlinien waren seitdem immer häufiger vor Gericht gezogen und hatten nach langen Verhandlungen regelmäßig gesiegt, nicht nur wegen der formalen Rechtslage, sondern auch wegen der monarchistischen Einstellung zahlreicher Richter. Die Rechtssprüche erregten in der Öffentlichkeit Entrüstung; Vermögenswerte in Millionenhöhe gingen dem Fiskus verloren, während die Währungs- und Haushaltssanierung auf Kosten der breiteren sozialen Schichten ging. Am 19. Januar 1926 brachten SPD und KPD gemeinsam im Reichstag einen Gesetzentwurf ein, der die entschädigungslose Enteignung der Fürsten zugunsten »a) der Erwerbslosen, b) der Kriegsbeschädigten und Kriegshinterbliebenen, c) der Sozial- und Kleinrentner, d) der bedürftigen Opfer der Inflation, e) der Landarbeiter, Kleinpächter und Kleinbauern« verlangte; das Gesetz sollte im Wege des Volksbegehrens verwirklicht werden[353].

Mit der Gesetzesinitiative durch Volksentscheid hatte der Verfassungsgeber seinerzeit ein plebeszitäres Element eingeführt, als eins der Korrektivmittel des parlamentarischen Systems. Was am grünen Tisch in Weimar als besonders demokratisch empfunden worden war, erwies sich in der Wirklichkeit der ersten Republik vorwiegend als probates Instrument demagogischer Stimmungsmache. In diesem Fall waren die Kommunisten vorgeprescht; die Sozialdemokraten hatten sich spät und zögernd angeschlossen, als erkennbar wurde, daß die kommunistische Initiative auch weit außerhalb der KP-Mitgliedschaft auf Zustimmung stieß: man fürchtete, daß die von der kommunistischen Führung angesprochenen sozialdemokratischen Arbeiter ihrer Partei scharenweise den Rücken kehren könnten, und begab sich widerwillig in die weit geöffneten Arme des feindlichen Bruders. Schließlich rührten die gemeinsamen Aktionen, die groß aufgezogenen Kampagnen an alte und sentimentale Erinnerungen aus Zeiten, als die sozialdemokratische Arbeiterbewegung einig und das Dilemma zwischen Opposition und Regierungsverantwortung nicht existent gewesen war: »Das ganze Proletariat marschierte auf«, schwärmte noch Jahre später der auf dem linken SPD-Flügel angesiedelte Reichstagsabgeordnete Kurt Rosenfeld, »der Boden wurde aufgewühlt und in Arbeit genommen, an den wir sonst nicht herankommen. Es war eine Lust zu leben!«[354]

Vor den Volksentscheid hatten die Verfassungsväter das Volksbegehren gesetzt; es fand vom 4. bis zum 17. März statt und erbrachte rund 12,5 Millionen Eintragungen. Das war knapp ein Drittel der Stimmberechtigten, der Volksentscheid konnte stattfinden, nachdem der Reichstag den Gesetzentwurf als verfassungswidrig und demagogisch zurückgewiesen hatte. Zwar fand der Volksentscheid mit nur etwa 15 anstatt 20 Millionen am 20. Juni 1926 nicht die erforderliche Stimmenzahl, aber die Kommunistische Partei konnte die Kampagne dennoch als großen Erfolg buchen. Nicht nur, daß sie

offenbar aus dem sektiererischen Ghetto ausgebrochen war, sie konnte Massen bewegen und der stärksten Partei der Republik, der Sozialdemokratie, die Handlungsregeln aufzwingen. Was aber darüber hinaus in dem Ergebnis des Volksentscheids sichtbar wurde, war ein weit über das rationalisierungsgeschädigte Fabrikproletariat hinausreichendes Protestpotential; immerhin waren 4 Millionen Stimmen mehr abgegeben worden, als Sozialdemokraten und Kommunisten zusammen bei den letzten Reichstagswahlen hatten erringen können. Offenbar hatten auch zahlreiche »bürgerliche« Wähler ihre Stimmen für das Enteignungsverlangen abgegeben, durch die Inflation enteignete Sparer und Kriegsfolgegeschädigte, verbitterte Beamte und empörte Republikaner. Die »Unruhe des Mittelstands« machte sich hier das erste Mal bemerkbar, noch heterogen und undeutlich, eine Bewegung, die in der Folgezeit nicht in die Bahnen der KPD, wie diese hoffte, einschwenken, sondern ihre neue politische Heimat bei den Nationalsozialisten finden sollte.

Der Block zerfällt
»Det war Pfusch – nu woll'n mal wir Jelernten unser Glück versuchen.«

Zeichnung von Olaf Gulbransson

Die sozialdemokratische Parteiführung verbuchte ihre Beteiligung an dem Volksentscheid unter der Rubrik »Erfahrungen in der Zusammenarbeit mit Kommunisten«. Wie bereits bei früheren Gelegenheiten, im Widerstand gegen den Kapp-Putsch wie bei den Einheitsfrontaktionen nach dem Rathenau-Mord, hatte sich erneut bewiesen, daß die KPD stets skrupelloser und extremer zu agitieren wußte als die Sozialdemokratie, der in der Regel nichts übrig blieb, als ihre Anhängermassen als Staffage abzustellen und sich nach allen Seiten zu kompromittieren. So zeigte man der Kommunistischen Partei, die den Einheitsfront-Kurs über den 20. Juni 1926 hinaus gerne fortgesetzt hätte, die kalte Schulter. Zudem begann die Einsicht zu wachsen, daß die Daueropposition in der Republik für die Partei nicht der Weisheit letzter Schluß sein könnte. Diese Erkenntnis wurde durch die Bildung des vierten Kabinetts Marx befördert, das nach der obligaten Weihnachtskrise am 27. Januar 1927 ins Leben trat und dem auch wieder deutschnationale Minister angehörten. Auch das Reichsinnenministerium, als Verfassungsministerium das republikanische Kernressort, befand sich jetzt in deutschnationalen Händen, und der neue Reichsinnenminister v. Keudell, der als preußischer Landrat seinerzeit für Kapp eingetreten und deshalb als unzuverlässig im republikanischen Sinne entlassen worden war, betrieb sogleich eine unverhohlen republikfeindliche Personalpolitik.

Der Sinneswandel, der dadurch bei der SPD ausgelöst wurde, offenbarte sich auf ihrem Kieler Parteitag im Mai 1927, dessen Motto »Wille zur Macht« die gesamte Parteipolitik seit 1923 dementierte. Rudolf Hilferding, der führende theoretische Kopf der Partei, hielt das Grundsatzreferat über die Aufgaben der Sozialdemokratie in der Republik. Der republikanische Staat, erklärte er, sei nicht mehr eine Gewaltorganisation zur Aufrechterhaltung der kapitalistischen Ausbeuteordnung, sondern ein Vertretungsorgan der Gesamtheit; nur durch den Staat könne die Gesellschaft bewußt handeln, und der Klassenkampf erweise sich daher in der politischen Wirklichkeit als Kampf der Parteien um die Staatsleitung. Als leuchtendes Vorbild verwies er auf das Preußen Otto Brauns und Carl Severings, das, als sozialdemokratische Bastion ausgebaut, der Reaktion in Deutschland die Stirn biete, und dessen Regierung sobald als möglich einer

sozialdemokratisch geführten Reichsregierung zur weiteren Durchsetzung sozialer und wirtschaftlicher Reformen bedürfe. Mancher Sozialist mochte diese weitgetriebene Marx-Exegese nicht akzeptieren, aber die Erfolge sozialdemokratischer Regierungspolitik in Preußen waren vor allem auf dem sich verdüsternden Hintergrund der Reichspolitik so überzeugend, daß der Parteitag sich vom Vorstand zu einer positiven Koalitionsaussage bereden ließ.

4. Reichstag
20. 5. 1928

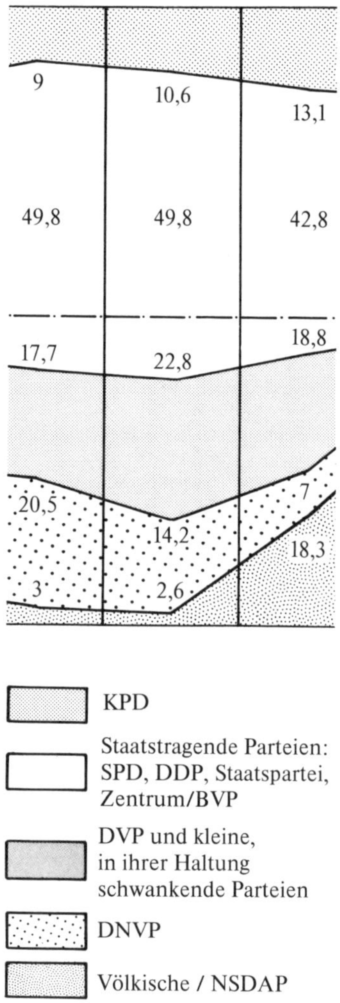

Am 20. Mai 1928 fanden wieder Reichstagswahlen statt. Die Bürgerblock-Koalition hatte sich mittlerweile über den Entwurf eines Reichsschulgesetzes rettungslos zerstritten; während die Zentrumspartei ihren alten Traum zu verwirklichen suchte, die Bekenntnisschule gleichberechtigt neben die Gemeinschaftsschule zu stellen, erwachten in DDP wie DVP die alten liberalen Kulturkampfgelüste, und auch die Sozialdemokratie agitierte heftig gegen den Gesetzentwurf. Schon vor den Wahlen war deutlich geworden, daß die Gemeinsamkeiten der katholisch-liberalen Koalition, die den politischen Kern der Reichsregierungen seit dem Sturz Stresemanns 1923 gebildet hatte, aufgebraucht waren.

Als nach der Schließung der Wahllokale die Stimmen ausgezählt worden waren, herrschte großer Jubel im Büro des sozialdemokratischen Parteivorstands: die Partei hatte ihren Stimmenanteil von 26 auf annähernd 30 Prozent erhöhen können, verfügte jetzt also fast über ein Drittel der Reichstagsmandate. Die Deutschnationale Volkspartei war der große Verlierer, sie war von 20 auf 14 Prozent abgesackt, und auch die kleine nationalsozialistische Fraktion verminderte sich von 14 auf 12 Mandate und sank damit sogar unter die Mindest-Fraktionsstärke. Auf dem anderen Flügel hatte allerdings die Kommunistische Partei von 9 auf 10,5 Prozent zugenommen; die bürgerliche Mitte dagegen, Deutsche Volkspartei und Deutsche Demokraten, hatte jeweils etwa 1,5 Prozent abgeben müssen, und selbst das sonst so stabile Zentrum mußte Federn lassen. Offenbar lag hier ein eindeutiger Fall von Verschleiß in der Regierungsverantwortung vor; verloren hatten im großen und ganzen die Regierungsparteien des vierten Kabinetts Marx, gewonnen hatte die Opposition mit Ausnahme der Nationalsozialisten. Der Leitartikler des liberalen »Berliner Tageblatts« faßte das Ergebnis zusammen: »Die innenpolitische Bedeutung der Wahl liegt in der gründlichen Abkehr des deutschen Volkes von deutschnationaler Demagogie und Zwiespältigkeit in einem neuen starken Bekenntnis zur deutschen Republik, deren Gegner total geschlagen worden sind ... Diesen Sinn der Wahl gilt es auszunutzen durch die schleunige Bildung der Großen Koalition. Jetzt hat die Sozialdemokratische Partei das Wort.«[355]

Ein republikanisches Lehrstück

Das Scheitern politischer Ordnungen ist nur selten von Donner und Blitz revolutionärer Umstürze begleitet; viel häufiger ist das langandauernde politische Siechtum, die unmerkliche Zunahme staatlicher Schwäche, von der man erst hinterher weiß, daß sie das Zeichen der Agonie war. Der Rücktritt des Reichskabinetts Hermann Müller am 27. März 1930 erregte daher auch wenig Aufsehen, er überraschte niemanden und weckte kaum Bedauern, um so weniger, als der Anlaß von kaum überbietbarer Trivialität war.

Schon der Start des Kabinetts war wenig erfolgversprechend. Zwar regte sich am Abend der Reichstagswahl vom 20. Mai 1928 in republikanischen Kreisen einige Hoffnung; der sozialdemokratische Reichstagsabgeordnete Julius Leber sagte im »Lübecker Volksboten« eine »parlamentarisch-republikanische Reformära« voraus, die deutsche Politik werde neue Farben bekommen, das »nur noch dünn flackernde Licht des feudalen Konservativismus« werde endgültig erlöschen[356]. Aber dergleichen schütterer Optimismus verflog sehr schnell; zwar hatte die Sozialdemokratie fast wieder die Zahl ihrer Mandate in der Nationalversammlung erreicht, zwar besaßen die Parteien der Großen Koalition zusammen ein bequemes Polster von mehr als 60 Prozent der Reichstagssitze, aber von der republikanischen Aufbruchsstimmung des Jahrs 1919 war man endlos weit entfernt. Das Verhandlungskarussell zwischen den Fraktionen setzte sich ächzend in Gang, wie es das stets in den letzten Jahren getan hatte; zwar war diesmal der Wählerwille so offensichtlich gewesen, daß eine andere Regierungszusammensetzung als das Bündnis von SPD, Zentrum, DDP und DVP nicht in Frage kam, aber nur Sozialdemokraten und Deutsche Demokraten wollten diese Koalition wirklich und gleich. Die Deutsche Volkspartei wollte ihrer Regierungsbeteiligung nur zustimmen, wenn sie auch wieder in das preußische Staatsministerium einrücken konnte, was der preußische Ministerpräsident Braun entschieden ablehnte, und das Zentrum verlangte mehr Ministerposten, als ihm dem parlamentarischen Proporz zufolge zustanden. Die Fraktionen verhandelten miteinander wie feindliche Staaten um einen Friedensvertrag; von allen Seiten wurden politische Dogmen ins Treffen geführt, Bedingungen formuliert, Mindestprogramme vorgestellt, so daß sich die Gespräche in kürzester Zeit festliefen. Eine zunehmend angeödete Öffentlichkeit verfolgte das kleinkarierte und mühselige Tauziehen und stellte fest, daß alles so war wie immer: die Parteien trugen Glaubenskämpfe aus und hatten anscheinend das Ziel, die Bildung einer handlungsfähigen Regierung, aus den Augen verloren. Es war der DVP-Vorsitzende Stresemann, der schließlich den gordischen Knoten durchhieb; nachdem er seine Fraktion, durchaus nicht ohne Mühen, auf die Große Koalition festgelegt hatte, machte er den pragmatischen Vorschlag: »Ich glaube nach wie vor, daß ein Zusammenwirken von Sozialdemokraten bis Volkspartei notwendig und möglich ist. Dieses Zusammenwirken wird am besten zum Erfolge führen, wenn Persönlichkeiten aus den Fraktionen der Großen Koalition sich über das Programm klarwerden, mit dem sie vor den Reichstag treten, und ihrerseits mit diesem Programm stehen oder fallen. Eine solche Ka-

binettsbildung entspricht auch dem Geiste der deutschen Reichsverfassung, die nur die persönliche Verantwortlichkeit der Reichsminister, aber nicht die Verantwortlichkeit von Fraktionen kennt.«[357]

Stresemanns Auffassung von der Art, wie man parlamentarische Regierungen zustandebringt, war an sich eine platte Selbstverständlichkeit; in keinem der demokratischen Nachbarstaaten Deutschlands ging man anders vor. Aber die politische Kultur in Deutschland war von anderer Art; es bereitete den Fraktionen die größten Schmerzen, über ihre Schatten zu springen und einfach einige Personen ihres Vertrauens in das Kabinett zu delegieren. Besonders die sozialdemokratische Reichstagsfraktion fürchtete um ihren Einfluß auf die Regierungspolitik; sie stützte daher nicht den preußischen Ministerpräsidenten Otto Braun, einen energischen und im Umgang mit heterogenen Koalitionen erfahrenen Politiker, der in der Öffentlichkeit allgemein als künftiger Reichskanzler angesehen wurde, denn Braun war zu unabhängig. Statt dessen nominierte sie ihren Mitvorsitzenden Hermann Müller, der das Amt des Reichskanzlers nach dem Kapp-Putsch bereits einige Monate lang innegehabt hatte. Müller war ein Mann des Apparats, ein alter Kamerad, der nicht nur das Vertrauen der Parteispitzen besaß, sondern auch stets bereit war, seine persönliche Einsicht einem tatsächlichen oder vermeintlichen Gemeinwillen der Partei unterzuordnen, ein tüchtiger, integrer, verläßlicher Bürokrat ohne Ecken und Kanten und ohne einen Funken schöpferischer Begabung. Hindenburg schätzte ihn wegen seiner geschäftsmäßigen Nüchternheit und seines trockenen Humors durchaus; Groener vertraute er später an: »Müller ist der beste Kanzler, den ich bis jetzt erlebt habe; nur schade, daß er ein Sozi ist!«[358]

Unterm Mistelzweig
Als Verlobte empfehlen sich: Gloria Zentrum und Hermann Müller.

Zeichnung von Olaf Gulbransson

Fünf Wochen vergingen, bis Hermann Müller seine Regierung vorstellen konnte: herausgekommen war ein »Kabinett der Persönlichkeiten«. Wie immer, wenn ein Mißerfolg zu bemänteln war, fand man ein besonders wohltönendes Wort. Es handelte sich um ein Kabinett, in dem zwar Politiker aller vier Parteien der Großen Koalition vertreten waren, aber alle vier Parteien hatten erklärt, sich an dieses Kabinett nicht gebunden zu fühlen. So weit war der Zerfall des Parteienstaats schon fortgeschritten. Allerdings hatten sich in der Regierungsrunde tatsächlich Persönlichkeiten zusammengefunden. Die Sozialdemokraten entsandten neben Müller den als führenden Vertrauensmann der Freien Gewerkschaften geltenden Rudolf Wissell als Reichsarbeitsminister, den ehemaligen preußischen Innenminister Carl Severing, der einen Ruf als tatkräftiger Republikaner besaß, als Reichsinnenminister, und Rudolf Hilferding, ihren besten theoretischen Kopf, als Reichsfinanzminister. Nun sind allerdings bedeutende Denker nur selten für praktisch-politisches Handeln bekannt, und Hilferding galt als notorischer Faulpelz. Sein Fraktionskollege Breitscheid sagte von ihm, man hätte ihn zum Arbeitsminister ernennen sollen, dann hätte Hilferding die Arbeit abgeschafft. Für die DVP trat neben Stresemann dessen engster Vertrauter Julius Curtius als Reichswirtschaftsminister in das Kabinett ein, für das Zentrum dessen Fraktionsvorsitzender Theodor v. Guérard, der das Verkehrsressort übernahm. Die Deutschen Demokraten waren durch ihren Vorsitzenden Erich Koch-Weser und den Frak-

tionsvorsitzenden Hermann Dietrich vertreten. Ein Gremium der wichtigsten Parteiführer also – das sah nach Stärke und Entschlußkraft aus. »Man vergißt«, merkte Julius Leber allerdings an, »daß diese nun gefundene Lösung nur möglich wurde durch den allgemeinen Katzenjammer, der nach dem Scheitern aller Verhandlungsmöglichkeiten sämtliche Parteien der Großen Koalition beherrschte. Wie auch alles sei, die Regierungsverhandlungen der lezten Wochen waren nicht sehr erhebend.«[359]

»Ein Kabinett mit eingebauter Dauerkrise«, wie schon bei der Vorstellung der neuen Regierung das »Berliner Tageblatt« befand;[360] Müller hatte wegen der prekären parlamentarischen Absicherung seiner Regierung, entgegen dem Rat Stresemanns, auf ein Vertrauensvotum des Reichstags vorsichtshalber verzichtet und dem Reichstag am 3. Juli 1928 lediglich ein knapp gefaßtes Regierungsprogramm vorgelegt. Der britische Botschaftsrat Harold Nicolson saß auf der Diplomatentribüne, als Hermann Müller dem Reichstag sein Kabinett präsentierte, und war von dem Schauspiel, das sich da bot, degoutiert: »Der ganze Reichstag ist das Verrückteste, Ordinärste und Lauteste, was ich je gesehen habe. Der Sitzungssaal selber gleicht dem schlimmsten Typ von Bahnhof. Das Ganze ist schlecht von oben bis unten. Die Rede war langweilig, und für mich war das einzige Interessante, daß ich diesen Mann vor genau neun Jahren gesehen habe: im Spiegelsaal von Versailles, wo er den Friedensvertrag unterschrieb. Die Deutschnationalen unterbrachen ihn mit dem Ruf ›Versailles-Müller!‹ Der Arme. Ich hörte wieder das Stampfen seiner Füße auf dem Parkett des Vorsaales, als man ihn wie einen Verbrecher zur Urteilsverkündung hereinführte...«[361] Von Aufbruchsstimmung keine Spur; ein Flair von Tristesse und Langeweile lag über alledem. Wer da noch glaubte, wenigstens die nach Mandaten stärkste Kraft der Regierung, die SPD, stehe vorbehaltlos hinter dem Reichskanzler, sah sich bereits wenig später eines Besseren belehrt.

In politischen Gefährdungslagen geschieht es häufig, daß eigentlich geringfügige Differenzen eine ganz unangemessene Bedeutung erlangen. So war es auch im Fall des Panzerkreuzers A. Es handelte sich um den geplanten Ersatzbau für ein schrottreifes Linienschiff der Reichsmarine, dessen Bau durch die Bestimmungen des Versailler Vertrags gedeckt war. Schon 1927 hatte das damalige Bürgerblock-Kabinett den Bau beschlossen und eine erste Baurate in den Reichshaushalt eingestellt, die dann bei der Etatberatung im Reichsrat an den preußischen Gegenstimmen scheiterte. Das Gegenargument war hauptsächlich fiskalischer Natur: das erste Mal seit vier Jahren wies der Haushalt einen hohen Fehlbetrag auf, und die Baurate für den Panzerkreuzer war der einzige größere Posten, der entbehrlich schien. Überdies äußerten die preußischen Reichsrats-Bevollmächtigten Zweifel an der Notwendigkeit, jedes Schiff, das der Versailler Vertrag zuließ, auch zu bauen, zumal die Argumente der Marineleitung wenig überzeugend klangen. Der Einspruch des Reichsrats bedeutete, daß der Reichstag im Herbst 1928 noch einmal über den strittigen Posten beschließen mußte.

Das war kurz vor den Reichstagswahlen. Im Verlauf des Wahl-

kampfs wurde jedoch das bisher rein sachproblematische Thema des Panzerkreuzerbaus von der kommunistischen Wahlagitation aufgegriffen, und die Sozialdemokratie, in der Furcht, nach links Stimmen zu verlieren, schloß sich der kommunistischen Agitation an: »Kinderspeisung statt Panzerkreuzer« hieß die Parole. Das war reine Demagogie, denn jeder Verantwortliche in den Parteien wußte, daß durch die Streichung des Panzerkreuzers keine Haushaltsmittel für andere Zwecke frei wurden, sondern daß sich so lediglich die Kreditverschuldung der öffentlichen Hand verringerte, was einer unabweisbaren Forderung des alliierten Reparationsagenten entsprach. So aber hatte sich die Sozialdemokratie energisch und in aller Öffentlichkeit mit großem moralischen Pathos gegen den Panzerkreuzer festgelegt, und um so fassungsloser war die Partei, als am 10. August 1928 das Reichskabinett mit den Stimmen der sozialdemokratischen Regierungsmitglieder beschloß, das Schiff dennoch bauen zu lassen.

Der Grund für diese Entscheidung steht mit letzter Sicherheit nicht fest. Die Begründung des Kabinettsbeschlusses verweist darauf, daß der Reichswehrminister zugesagt habe, andere notwendige Ersatzbauten für die Marine zu streichen, so daß insgesamt über mehrere Jahre hinweg ein Mehrbetrag durch den Bau des Panzerkreuzers A nicht entstünde. Aber Männer wie Müller oder Severing waren keine politischen Kinder; sie wußten genau, daß hier eine politische, keine fiskalische Frage zu entscheiden war. Ausschlaggebend war anscheinend, daß der Reichskanzler das Auseinanderfallen seines Kabinetts fürchtete, falls die der sozialdemokratischen Partei angehörigen Minister gegen die übrigen Kabinettsmitglieder und gegen den ausdrücklichen Wunsch des Reichspräsidenten votierten.

Die Rettung der Großen Koalition mußte Müller mit Ärger in seiner Partei bezahlen. In der Reichstagsfraktion, die von Müller erst im nachhinein unterrichtet wurde, schlug die Empörung hohe Wellen, und auf der Fraktionssitzung am 18. August 1928 bereitete sie den sozialdemokratischen Reichsministern ein Scherbengericht, das seinesgleichen suchte. »Unmöglich war natürlich die Regie, die um so geschickter sein mußte, nachdem 6 Jahre Abstinenzpolitik uns noch zu mancher unpopulären Handlung im Reich zwingen werden«, schrieb nach der Sitzung die preußische Landtagsabgeordnete Toni Jensen, die als Parteiausschuß-Mitglied teilgenommen hatte. »Hermann Müller hat sich eben in diesen Jahren die Fraktionsführung zu leicht gemacht. Er war auch in seinen Ausführungen wurschtig und gleichgültig, wenn Ihr wollt, gut, dann treten wir aus der Regierung aus; immer negativ, immer im Rückzug, kein Angriff, keine Verteidigung unserer Position. Hilferding war völlig passiv, während Severing herzerfrischend lebendig und offen war und den radikalen Kindern dort Unterricht in den Grundbegriffen der Politik gab. Aber erschütternd in dieser Reichstagsfraktion ist der Mangel an Solidarität, dieses Mißtrauen gegen *die* Leute, zu denen man doch das Vertrauen hatte, sie in die Regierung zu schicken. Kein Fraktionsvorsitzender fühlte die Verpflichtung, für die Minister einzutreten…«[362]

Am 31. Oktober 1928, nach dem Wiederzusammentritt des Reichstags, stellte die SPD-Fraktion den Antrag, den Bau des Panzerkreuzers A einzustellen, und wie um öffentlich ganz deutlich zu

Genosse Hermann Müller im Spiel der Wellen
»Antrag abgelehnt - Wähler beruhigt - Ministersessel gerettet!«

Zeichnung von Karl Arnold

machen, wie die Machtverhältnisse zwischen Reichstagsfraktion und Reichsregierung verteilt waren, wurde dem Reichskanzler und seinen Ministerkollegen auch die letzte Demütigung nicht erspart. Die Fraktionsführung beschloß Fraktionszwang, die Minister beugten sich und stimmten am 16. November von ihren Abgeordnetensitzen aus gegen ihren eigenen Regierungsbeschluß - was gleichwohl nichts an der Ablehnung des sozialdemokratischen Streichungsantrags durch die Reichstagsmehrheit und am Bau des Panzerkreuzers änderte.

»Ein groteskes Schauspiel«, befand das »Berliner Tageblatt«,[363] und die »Frankfurter Zeitung« sekundierte: »Der Reichskanzler hat die Wahl, ob in seinem Herzen die Trauer über die parlamentarische Niederlage seiner Partei oder die Freude über die gerettete Existenz seiner Regierung größer ist. Durch die Vorgänge, über die wir in den letzten Tagen mit Widerstreben zu berichten hatten, ist das Ansehen des Parlaments tief heruntergebracht worden. Man hat alle Ursache, sich das stark zu Bewußtsein zu bringen, und wenn es in der blamablen Lage einen kleinen Trost gibt, so ist es vielleicht die Beobachtung, daß ein weitverbreiteter Katzenjammer herrscht, und das von rechtswegen...«[364]

Der Katzenjammer war in der Tat groß: die konstitutionelle Schwäche der Reichsregierung, ihre Abhängigkeit von den Parlamentsfraktionen und die daraus folgende Labilität der politischen Verhältnisse war vor allen Augen offensichtlich geworden. Der öffentliche Unmut zwang zum Zusammenrücken; die vier Parteien der Großen Koalition verstanden sich jetzt endlich dazu, die Basis der Reichsregierung durch formelle Koalitionsabsprachen abzusichern, aber die Regierungsautorität blieb schwer angeschlagen. Was ihr einstweiliges Überleben sicherte, waren allein die erneuten Reparationsverhandlungen, die in den Young-Plan münden sollten, denn nur ein intaktes Kabinett war außenpolitisch handlungs- und verhandlungsfähig. Aber es bereitete Müller endlose Mühe, sein Kabinett zusammenzuhalten; Anfang Februar 1929 trat die Zentrumspartei, bisher die treueste Stütze sämtlicher Reichsregierungen seit Bestehen der Republik, mit großem Eklat aus der Regierung aus, weil die Deutsche Volkspartei sich dem Verlangen v. Guérards nach zwei zusätzlichen Ministerposten für das Zentrum widersetzte. Wieder sah sich Stresemann in der Rolle des Feuerwehrmanns der Großen Koalition, doch sein Einsatz wurde immer schwieriger; seine eigene Partei, die DVP, folgte seinem Wort nicht mehr so widerstandslos wie vor Jahren. Auf einer Sitzung des Zentralvorstands der Partei am 26. Februar 1929 erlitt er eine demütigende Niederlage; Pfiffe und Gelächter wurden laut, als er für die Fortsetzung der Koalition und für die Berücksichtigung der Zentrumswünsche plädierte. Stresemann, der sich inmitten der heikelsten Verhandlungsphase um den Young-Plan befand, mußte mit seinem Austritt aus der Partei drohen, um den endgültigen Zerfall der Regierungskoalition zu verhindern. So traten am 11. April drei Zentrumsminister in das Kabinett ein; eine feste Bindung der Reichsregierung an die sie tragenden Fraktionen bestand jedoch nicht, sondern lediglich die Hoffnung Hermann Müllers, »durch fortgesetzte engste Fühlungnahme die Erreichung der politischen Ziele zu gewährleisten«[365]

Es war ein Winter der Mißhelligkeiten; gleich im Anschluß an die Panzerkreuzer-Debatte kam es in der Eisenindustrie des Ruhrgebiets zu ausgedehnten Lohnstreitigkeiten, in deren Verlauf etwa eine Viertelmillion Arbeiter ausgesperrt worden war. In solchen Fällen gab es das bewährte Instrument der staatlichen Zwangsschlichtung, und Reichsinnenminister Severing bediente sich seiner energisch und unparteiisch. Sein Schiedsspruch berücksichtigte die beginnende Absatzflaute der Stahlindustrie ebenso wie die Arbeitnehmerforderungen, soweit ein Mittelweg hier möglich war; aber die Wirtschaftslage war bereits erkennbar angespannt, die Verteilungsspielräume waren enger geworden, und so waren beide Tarifparteien gleichermaßen unzufrieden. Von »Bitterkeit und Enttäuschung« sprachen die Arbeitgeber, und die sozialdemokratische »Leipziger Volkszeitung« schrieb vom »Severing-Skandal«[366]. Die Regierung hatte sich zwischen die Stühle gesetzt, und die kabinettsinternen Streitigkeiten zwischen den Parteien der Arbeiterschaft und der Industrie, zwischen SPD und DVP, nahmen an Schärfe zu.

Im Laufe des Winters vermehrten sich die Krisenzeichen; im Februar 1929 zählte die Reichsanstalt für Arbeitslosenversicherung fast zweieinhalb Millionen Unterstützungsempfänger und forderte erhebliche zusätzliche Mittel aus dem Reichshaushalt an. Gleichzeitig stockte der Zufluß ausländischer Kredite, sanken die Steuererträge. Im April mußte der Reichsfinanzminister, um die laufenden Verpflichtungen zu erfüllen, bei den deutschen Großbanken einen hohen Kredit aufnehmen. Das Vertrauen in die Solidität der deutschen Währungsverhältnisse schwand, ausländische Anleger zogen ihre Guthaben aus Deutschland ab, und nur mit englischer Unterstützung gelang es der Reichsbank, den Kurs der Reichsmark zu halten. Am 1. Mai 1929 wurde auf den Straßen Berlins zum ersten Mal seit dem Ende des Bürgerkriegs wieder geschossen: im Scheunenviertel, im Wedding und in Neukölln kam es zu schweren Zusammenstößen zwischen bewaffneten kommunistischen Demonstranten und Polizisten; Barrikaden wuchsen aus dem Straßenpflaster, Panzerwagen wurden eingesetzt, der Polizeipräsident verhängte den Ausnahmezustand über mehrere Stadtbezirke. Nach dreitätigen Kämpfen zählte man neunzehn Tote und sechsunddreißig Schwerverletzte. Ein kommunistischer Generalstreikaufruf blieb zwar ohne Echo, aber dafür knallte es bald auch anderswo. Vor dem Landratsamt in Itzehoe, im Autoschuppen des Schulrats von Hohenwestedt, vor dem Landesfinanzamt in Oldenburg, vor dem Wohnhaus des Landrats des Kreises Süd-Tondern und vor anderen amtlichen Gebäuden Norddeutschlands explodierten Bomben, für die sich eine »Landvolkbewegung« als verantwortlich bekannte, ein Bündnis schleswig-holsteinischer Bauern, denen die zunehmende Schuldenlast über die Köpfe gewachsen war, die deshalb in den Steuerstreik traten und ihrem Unmut handfest Ausdruck verliehen. Auf ländlichen Viehmärkten kam es zu Tumulten, es gab Verhaftungen und Zuchthausstrafen. Nicht nur die Arbeiterschaft, auch die Landbevölkerung spürte frühzeitig die aufziehende große Wirtschaftskrise, und der Schuldige war leicht ausgemacht: da war die Regierung des Kanzlers Hermann Müller, des Mannes, der einst den Friedensvertrag unterschrieben hatte und sich nun anschickte, erneut ein alliiertes Reparationsprogramm zu unterschreiben. Und auch

Entwurf: Olaf Gulbransson, 1931

Hans Falladas Roman der schleswig-holsteinischen Landvolkbewegung von 1931, ein »politisches Lehrbuch der fauna germanica«, gehört zum Genre der Dokumentationsliteratur, die in jenen Jahren im Gefolge der »Neuen Sachlichkeit« blüht. Die Mischung von Reportage und Kolportage ist bei aller Spannung von hoher Authentizität.

der aggressive Haß auf das Weimarer »System«, in den vergangenen Jahren ein wenig zurückgedrängt, machte sich neuerdings wieder zunehmend Luft, etwa so: »Spuk in Berlin. Spät nachmittags auf dem Kurfürstendamm. Bars, Amüsierkneipen, Kokotten in Seide und Pelz, Negermusik aus drei Dutzend Kaffeehäusern ... Die Nacht fällt ein. Hier aber wird es heller. Der Trubel wächst, Licht unzähliger Scheinwerferlampen macht die Augen, die Gesichter grell, maskenhaft, unheimlich. Alle Männer sehen aus, als könnte jeder sein: Minister, Schieber, Taschendieb, Börsianer, Bankier ... Man sieht sich, kneift die Augen zusammen, denkt an den Begriff der ›weißen Weste‹ und lächelt süffisant ›Na ja‹ ... Das ist das Gesicht des Staates von Weimar, den sich die Arbeiterschaft als Staat der ›sozialen Demokratie‹ zu gestalten dachte.«[367] Eine Mischung aus spießbürgerlicher Selbstgerechtigkeit, Puritanismus und Chauvinismus, ein provinzieller Haß verband sich in solchen Tiraden mit der herkömmlichen Republikfeindschaft, ein emotionales Amalgam, das im verarmten Mittelstand, bei entlassenen Beamten und pleite gegangenen Ladenbesitzern nicht weniger wirkte als bei stellungslosen Arbeitern und vor dem Bankrott stehenden Bauern. Reichsinnenminister Severing veröffentlichte Ende 1929 eine umfangreiche Blütenlese von dergleichen Ergüssen aus rechten wie linken Ecken und bemerkte dazu, es vergehe kaum ein Tag, »an dem nicht irgendwo in Deutschland, meist an mehreren Stellen, auf politisch Andersdenkende geschossen, eingeschlagen oder eingestochen wird. Der Zustand staatsbürgerlicher Sicherheit hat einen beklagenswerten Tiefpunkt erreicht und sinkt täglich mehr. Die Ursache dieser betrübenden Erscheinung ist die hemmungslose Verhetzung durch Wort und Schrift, die von den Gegnern der Republik auf der äußersten Linken und auf der äußersten Rechten getrieben wird...«[368]

Während die Verhandlungen der Reparationsgläubiger mit Deutschland in Den Haag langsam der endgültigen Festlegung des Young-Plans näherkamen, tobte in Deutschland der Kampf um das Reparationsabkommen, als stehe ein neues Versailles bevor. Die Spitzenverbände der deutschen Landwirtschaft ebenso wie der Langnam-Verein, ein Organ der rheinisch-westfälischen Schwerindustrie, hatten bereits im Frühsommer den Young-Plan kategorisch verurteilt; auf den Straßen agitierte der »Stahlhelm«, die Wehrorganisation der konservativen Rechten, mit Flugblättern, in denen zu lesen stand, die deutsche Außenpolitik in ihrer »geschichtswidrigen Unnatürlichkeit« habe durch die Annahme weiterer Reparationszahlungen eine vernichtende und zwangsläufige Niederlage erlitten: »Das bestehende parlamentarische System verschleiert durch unehrliche Kompromisse die wahren Ursachen unseres Niedergangs, es führt die Massen des Volkes irre und macht eine starke verantwortungsbewußte Staatsführung unmöglich.«[369] Ein Volksbegehren gegen den Young-Plan wurde angekurbelt; Gegenstand der Abstimmung war der Entwurf eines »Freiheitsgesetzes«, das ganz einfach alle Leistungen aus dem Versailler Vertrag abschaffte und Mitgliedern der Reichsregierung und dem Reichspräsidenten für den Fall, daß sie den Young-Plan unterschrieben, mit Zuchthausstrafen drohte. Damit waren die demagogischen Mittel, mit denen

Plakat zum Volkbegehren »Young-Plan«, 1929
Entwurf: Herbert Rothgängel

die Bevölkerung gegen die Republik aufzubringen war, denn doch überzogen; der Volksentscheid scheiterte, nur knapp 14 Prozent der Wahlberechtigten stimmten am 22. Dezember 1929 für das »Freiheitsgesetz«, während 50 Prozent für einen Erfolg notwendig gewesen wären.

Die Kampagne gegen den Young-Plan ließ eine unheilvolle Entwicklung erkennen: Sie war nicht nur vom »Stahlhelm« und der Deutschnationalen Volkspartei, sondern auch von Adolf Hitlers Nationalsozialistischer Partei getragen worden. Das war neu, denn bisher hatten die Nationalsozialisten zu den Monarchisten Abstand gehalten. Der Zusammenschluß zu einer »nationalen Einheitsfront« stärkte die Kräfte der rechten Republikgegner und führte zudem zu einem Klärungsprozeß im Lager der Deutschnationalen. Die zeitweilige Annäherung an den Weimarer Staat hatte der Deutschnationalen Volkspartei nicht gutgetan, wie das Wahlergebnis vom 20. Mai 1928 gezeigt hatte; auf ihrem Parteitag am 21. Oktober 1928 hatte sie

daher anstelle ihres bisherigen gemäßigt konservativen Vorsitzenden Graf Westarp den Geheimrat Alfred Hugenberg gewählt, Besitzer eines Presse- und Filmimperiums und dem Alldeutschen Verband nahestehend, Verfechter einer chauvinistischen Außenpolitik und des kompromißlosen Kampfs gegen das »System« von Weimar: »Es ist mit der Partei wie mit dem Volke, das in demokratischen Formeln und Floskeln erstickt«, erklärte er in seiner Antrittsrede. »Es wird einmal der Tag kommen, wo dieses Volk sich aufrafft, um all diesen Plunder von sich zu schütteln. Aber vorher müssen wir als Partei all den Plunder von uns schütteln, der durch das heutige System auch über uns geworfen wird. Wir müssen uns frei machen von diesem System der Ausschüsse, der Kommissionen, der Verzehrung aller Kräfte in Rede und Gegenrede!«[370] Eine so unverblümte Kampfansage an den Parlamentarismus hatte man bisher von einem führenden konservativen Politiker nicht gehört; dies, das Zusammenrücken mit der NSDAP und die Agitation gegen den Young-Plan, die sich auch gegen Reichspräsident v. Hindenburg richtete, spaltete die Partei. Es kam zu einer Reihe spektakulärer Austritte und neuer Parteigründungen durch konservative und christlich-soziale Deutschnationale, die entschlossen waren, ihre Vorstellungen im Rahmen der Reichsverfassung, nicht gegen sie zu verfolgen. Aber bei den nächsten Wahlen erwiesen sich diese Konkurrenzunternehmen, der Christlich-Soziale Volksdienst, die Christlich-Nationale Bauern- und Landvolkpartei, die Volkskonservative Reichsvereinigung, die Konservative Volkspartei, als Totgeburten; sie wurden von den Wählern kaum wahrgenommen. Es zeigte sich, was in der Parteigeschichte als Regel gelten kann: daß bei Parteispaltungen die Mitglieder und Wähler stets dort bleiben, wo die Organisation, die Zeitungen und die Kasse sind. So blieb die Deutschnationale Volkspartei unter der Führung Alfred Hugenbergs trotz des Austritts von mehr als der Hälfte ihrer Reichstagsabgeordneten eine politische Macht im parlamentarischen Getriebe der Republik.

Aber nicht nur die Rechtsopposition änderte ihr Gesicht; auch in den Regierungsparteien gärte es. Ende 1928 machte der Parteivorsitzende des Zentrums, der Gewerkschaftler Adam Stegerwald, dem Prälaten Ludwig Kaas in diesem Amte Platz, der sogleich den Koalitionspartner SPD als »Gegner auf wichtigen Gebieten« bezeichnete und im Laufe des kommenden Jahres Kontakte zur DNVP aufnahm, um nach Gemeinsamkeiten in den Auffassungen zu suchen. Auch die Wahl des als rechtsstehend angesehenen Finanzexperten der Zentrums-Reichstagsfraktion Heinrich Brüning zu deren Vorsitzendem im Dezember 1929 wies darauf hin, daß sich die Bindungen zwischen der Zentrumspartei und den Mitte-Links-Kräften der Republik zu lockern begannen. Die Deutsche Volkspartei blieb von dem allgemeinen Wandel nicht ausgenommen. Gustav Stresemann war zum Schluß ein Einzelgänger in seiner eigenen Partei, nur mit großer Mühe und unter Hinweis auf die außenpolitischen Folgen seines Sturzes konnte er sich halten. Sein Tod am 3. Oktober 1929 machte dem bisherigen Fraktionsvorsitzenden Ernst Scholz den Weg zum Parteivorsitz frei: der längst angebahnte Wandel von der liberalen Volkspartei zur »antimarxistischen« Wirtschaftspartei vollzog sich jetzt auch im Äußeren, und Scholz sparte in seiner Antrittsrede als Parteivorsitzender am 10. Dezember 1929 nicht mit Angrif-

fen auf den Koalitionspartner SPD und rief unter brausendem Beifall der Parteitagsdelegierten aus, die Deutsche Volkspartei gedenke sich nicht länger zum »Schrittmacher sozialistischer Wirtschaftsforderungen« machen zu lassen.

Schließlich war auch nicht mehr zu übersehen, daß die Sozialdemokratie die Last der Regierung nur noch schwer ertrug. Die zunehmende Verschlechterung der wirtschaftlichen Lage stärkte die Tendenzen in der Partei, sich mehr auf die Interessen der Arbeiterschaft zu konzentrieren, schon, um der wachsenden Konkurrenz durch die Kommunisten entgegenzuwirken. »Man kann eine hohe Belohnung aussetzen für den Nachweis eines einzigen seit Eintritt der Partei in das Reichskabinett erfolgten Regierungs- oder Parlamentsbeschlusses, der als Abschlagszahlung auf sozialdemokratische Forderungen gewertet werden könnte, und der ohne Beteiligung an der Reichsregierung nicht erfolgt wäre«, schrieb der SPD-Abgeordnete Kurt Rosenfeld. »Die Befürchtung wäre unbegründet, daß solche Auslobung in Anspruch genommen wird. Jetzt gilt es, aus dieser Tatsache die richtigen Konsequenzen zu ziehen, rechtzeitig, bevor weitere Belastungen der Partei eingetreten sind. Und solche drohen bereits! Man sieht schon die ›Silberstreifen‹ neuer, die Arbeiterschaft schädigender Kompromisse am Horizont ... Im Interesse der Partei, im Interesse des Proletariats: *Heraus aus der Reichsregierung!*«[371] Solche Wortmeldungen mehrten sich und kündigten den Rückzug der stärksten Partei der Republik aus den Institutionen politischer Macht an; gewichtige Teile der Sozialdemokratie sträubten sich mehr und mehr, einer Regierungspraxis zuzustimmen, die die Anhängerschaft nicht verstand. Das böse Wort vom »Kompromiß mit dem Klassenfeind« machte die Runde, und Hermann Müller sah sich weithin von den Führungsgremien seiner Partei alleingelassen, die nach den Worten des SPD-Abgeordneten Julius Leber, »ohne sich allzutiefen Gedanken hinzugeben, in die bequemen Wasser lieber alter Oppositionsherrlichkeit zurücksegelte«[372].

Der Öffentlichkeit präsentierte sich diese Koalition als Trauerspiel, entscheidungsschwach und zerstritten, ob das Eingreifen in Arbeitskämpfe den Anlaß bot oder die Steuerpolitik, der Reichswehretat, die Sozialpolitik, die Finanzreform: eine einzige Reihe unerfreulicher Streitereien, Rücktritte, Krisen. Wo die beginnende große Wirtschaftsdepression eine entscheidungsstarke, von einem gemeinsamen politischen Willen getragene Exekutive erforderte, erschien die Reichsregierung gelähmt und von den Partikularinteressen der nur scheinbar hinter ihr stehenden Koalitionsparteien bis zur Lächerlichkeit abhängig. Der liberale Publizist Leopold Schwarzschild, ein glühender Anhänger der jungen Demokratie in Deutschland, erfand im »Tage-Buch« das häßliche Wort vom »Müllerismus«, um ein System zu brandmarken, das, wie er Anfang 1930 schrieb, so großen Widerwillen im Lande erregt habe, daß die Weimarer Verfassung derzeit auf keinen anderen Garantien ruhe als auf dem Eid des Reichspräsidenten. Es bezeichnet die allgemeine Stimmung, daß Schwarzschild die großen außenpolitischen Leistungen der Regierung Müller, das Zustandekommen des deutsch-polnischen Liquidationsabkommens und des Young-Plans, schlicht übersah, als er die Rechnung aufmachte: nichts auf der Haben-Seite, dagegen die drängende Parlaments-, Wahl-, Verwaltungsreform nicht durchge-

LEOPOLD SCHWARZSCHILD

JAHRGANG. 1930. HEFT 40 • HERAUSGEBER

TAGEBUCHVERLAG G.M.B.H. • BERLIN SW 48

DAS TAGE BUCH

Berlin, den 4. Oktober 1930

INHALT:

Tagebuch der Zeit . . . 1575
Leopold Schwarzschild: Es nennt sich Sanierung . . . 1580
Dr. Franz A. Medicus: Wahlreform . . . 1588
L. S.: Kurze Antwort . . . 1590
Hermann Wendel: Der Teufel Nicolson . . . 1591
Ludwig Marcuse: Kultur-Bolschewismus . . . 1596
Stephan Ehrenzweig: Der Fall Granowski . . . 1600
Theodor Kramer: Slawisch . . . 1602
Maximilian Quenel: Die verspätete Revolution . . . 1603
Selbstanzeige von Kurt Lamprecht . . . 1606
Tagebuch der Kunst . . . 1607
Glossen . . . 1611

Einzelverkaufspreis 60 Pfennig

ERSCHEINT SONNABENDS •

führt, das von der Verfassung geforderte Ausführungsgesetz zum Artikel 48 nicht verabschiedet, steigendes Finanzdefizit, planlose Subventionierung einer dauerkranken Landwirtschaft, beängstigend ansteigende Arbeitslosenziffern[373]. In der »Frankfurter Zeitung« sekundierte Heinrich Simon unter der Überschrift »Wir unzufriedenen Republikaner«: »Die Zeit überholt die Parteien. Das Schiff ist zu stark beschwert. Der Gang wird schaukelnd und langsam: die Passagiere drohen, zu einer anderen, moderneren Linie überzulaufen.«[374]

Wenn von einer »moderneren Linie« die Rede war, konnte sich mancher angesprochen fühlen. Da waren die radikalen Parteien, aber zumindest im Parlament waren sie keine ernstzunehmenden Gegner; von den 491 Reichstagssitzen nahmen die Kommunisten 54, die Nationalsozialisten ganze 12 ein. Auch die Deutschnationale Volkspartei stellte kein parlamentarisches Problem dar, sie befand sich in einer tiefen inneren Krise, und das Ergebnis des Volksentscheids gegen den Young-Plan hatte ihren Optimismus stark gedämpft. Die gefährlichsten Gegner fanden sich nicht im Reichstag, sie agitierten auch nicht auf der Straße; sie saßen in Vorstandsetagen industrieller, namentlich schwerindustrieller Großbetriebe, in den Herrenhäusern ostelbischer Rittergüter, in den höchsten Kommandostellen der Reichswehr. Ihre Interessen waren unterschiedlich. Über die Industrie gingen die ersten Wellen der Weltwirtschaftskrise hinweg, die Umsätze sanken, die sozialen Kosten stiegen mit wachsender Arbeitslosigkeit – da lag es nahe, mit Hilfe der DVP Druck auf die Reichsregierung und namentlich auf die SPD auszuüben, um die »übertriebene Ausweitung der Sozialversicherung«, die »Überspannung des Fürsorgeprinzips« zurückzuschneiden. Die Landwirtschaft, besonders der ostelbische Großgrundbesitz, befand sich in einer strukturell bedingten Dauerkrise, und sie war seit Kaisers Zeiten daran gewöhnt, sich mit Staatshilfen, auch gegen alle wirtschaftliche Vernunft, über Wasser zu halten. Jetzt war es vor allem der Reichspräsident, der den klagenden Ostelbiern als einer der Ihren ein offenes Ohr lieh und fand, daß das Kabinett Müller sich um die Nöte der Landwirtschaft zu wenig kümmere. Und was die Reichswehr betraf, so war sie mit den »Sozen« in der Regierung unzufrieden. Der Fall des Panzerkreuzers A hatte die herkömmliche gegenseitige Abneigung zwischen SPD und Reichswehr vertieft, und in der Bendlerstraße konnte man sich sehr wohl eine Reichsregierung vorstellen, die eher als das bestehende Kabinett bereit war, die Aufrüstungswünsche der Armee zu decken und zu vertreten.

Bereits im Herbst 1929 ging General v. Schleicher daran, einen schon lange gehegten Plan zu verwirklichen. Er schlug dem Reichspräsidenten die Ablösung des Kabinetts Müller durch eine rechtsgerichtete, von den Parteien unabhängige Regierung vor, und er stieß damit auf dankbares Interesse. Hindenburg hatte jahrelang entgegen den Forderungen seiner gesamten Umgebung an der parlamentarischen Verantwortlichkeit der Reichsregierungen festgehalten; nun fand er selbst, daß es so nicht weitergehen könne. Im Laufe des Winters sprach er öfter mit General v. Schleicher, mit den Vorsitzenden der Zentrums- und der DVP-Fraktion, Brüning und Scholz,

und mit den aus der radikalisierten DNVP ausgetretenen konservativen Reichstagsabgeordneten. Das Fazit dieser Gespräche faßte Hindenburgs Staatssekretär so zusammen: das angestrebte »Hindenburg-Kabinett« müsse »antiparlamentarisch, also ohne Koalitionsverhandlungen und Vereinbarungen«, sein und zudem »antimarxistisch« - es sei »schon um der Wirtschaft und Finanzen willen durchaus erforderlich, zum mindesten auf einige Zeit hinaus den sozialdemokratischen Einfluß auszuschalten«[375].

An diese Vorbereitungen, die nicht geheim blieben, knüpft sich bis heute eine zählebige republikanische Legende: die Dolchstoßabsichten reaktionärer und industrieller Kreise hätten die Große Koalition zugrunde gerichtet und den Untergang der Republik bewirkt. Tatsächlich jedoch spielten die Vorgänge um Hindenburg bei Hermann Müllers Rücktritt keine Rolle; gestürzt wurde er vielmehr von seiner eigenen Partei.

Der Konflikt, der die Reichsregierung schließlich auseinandertreiben sollte, war finanzpolitischer Art. Angesichts eines Haushalts-Defizits von über 1,5 Milliarden Reichsmark war die Sanierung der Reichsfinanzen ein Problem ersten Ranges, und damit verbunden eine Reform der Arbeitslosenversicherung. Die Zahl der Erwerbslosen war von 1,8 Millionen im Januar 1929 auf 2,8 Millionen im Januar 1930 gestiegen, und damit auch der Finanzbedarf der Reichsanstalt für Arbeitsvermittlung und Arbeitslosenversicherung. Seit Bismarcks Zeiten hatten Arbeitgeber und Arbeitnehmer die Beiträge zur Arbeitslosenversicherung zu gleichen Teilen getragen. Um jetzt das Loch in der Arbeitslosenversicherung zu stopfen, gab es mehrere Möglichkeiten. Die Volkspartei forderte unter dem Druck ihres industriellen Flügels einen Abbau der Versicherungsleistungen, damit der Beitrag nicht erhöht werden mußte. Reichsarbeitsminister Wissell, der Vertreter der Freien Gewerkschaften im Kabinett, trat für eine gemäßigte Beitragserhöhung ein, stieß damit aber bereits in seiner eigenen Partei auf starken Widerspruch, weil das eine unzumutbare zusätzliche Belastung der Arbeitnehmer bedeute. Die Verhandlungen zogen sich, zäh und unendlich schwierig, monatelang hin; das erbitterte Tauziehen machte jedermann deutlich, wie unbeweglich die Parteien mittlerweile unter dem Einfluß der Interessengruppen geworden waren, wie gering das Interesse am Koalitionsfrieden noch war. Am 12. März 1930 verabschiedete der Reichstag die Gesetze zum Young-Plan - damit war auch die letzte Gemeinsamkeit, der Wunsch der vier Koalitionsparteien nach einer endgültigen Regelung der Reparationsfrage, verbraucht. Nun konzentrierte sich alles auf die Reform der Arbeitslosenversicherung, und prinzipiell war man sich auch mittlerweile darin einig geworden, daß eine Anhebung der Beiträge notwendig sei, doch während die Volkspartei sich auf die bisherige Beitragshöhe von 3,5 Prozent festgelegt hatte, hielten die Sozialdemokraten eine Erhöhung auf mindestens 4 Prozent für notwendig.

Die dramatischen Ereignisse, die sich im Laufe des 27. März 1930 in der Reichskanzlei und in den Fraktionsräumen des Reichstagsgebäudes abspielten, sind weitgehend bekannt. Es fehlte an diesem Tag keineswegs an Versuchen, einen Ausweg aus dem Dissens zu finden, und gerade Brüning, Hindenburgs Kanzlerkandidat, präsentierte einen Kompromißentwurf, der die derzeitige Beitragshöhe

beibehielt, aber ihre Erhöhung für die Zukunft in Aussicht stellte. Jetzt mußte sich erweisen, was stärker war: die Partikularinteressen der jeweiligen Parteien-Clientèle – im Falle der Deutschen Volkspartei die Industrie mit ihren Forderungen, in dem der Sozialdemokratie die Freien Gewerkschaften mit ihren sozialpolitischen Argumenten – oder aber die Bereitschaft, in der gegenwärtigen, ständig sich verschärfenden Krise das Regierungsbündnis fortzusetzen. Die Mittelparteien der Koalition, Zentrum und DDP, einigten sich schnell auf Brünings Kompromißvorschlag. Die DVP sträubte sich zunächst und verlangte einen sichtbaren Abbau der Sozialleistungen, ließ sich aber schließlich von ihrem Fraktionsvorsitzenden Scholz umstimmen, der die »vaterländische Verantwortung« der Partei für den Bestand der Reichsregierung beschwor.

Auch die meisten sozialdemokratischen Kabinettsmitglieder plädierten in ihrer Fraktion für die Annahme des Vermittlungsvorschlags. Dagegen sprach Reichsarbeitsminister Wissell, unterstützt von den führenden Gewerkschaftlern der Fraktion. Ihre Argumente waren ehrenwert: Die Arbeitslosenversicherung sei der Schlußstein des sozialen Gewölbes, werde sie angetastet, dann breche alles zusammen, was seit November 1918 an sozialen Errungenschaften erobert worden sei. In der Abstimmung votierten die Fraktionslinken, die ohnehin schon immer gegen die Koalitionspolitik gewesen waren, gemeinsam mit dem starken Block der Gewerkschaftler gegen die Annahme des Kompromisses, und der Fraktionsvorstand schloß sich ihnen an, weil er eine Abspaltung der Gewerkschaften von der Partei für eine größere Gefahr hielt als das Scheitern des Kabinetts.

Hermann Müller hatte bis zuletzt für den Bestand seines Kabinetts argumentiert. Auch nach dem Votum seiner Fraktion gab es noch Alternativen; Müller hätte zumindest, wie Stresemann im November 1923, den offenen Kampf im Reichstag suchen können – wäre er gestürzt, hätte die Verantwortung eindeutig bei der Deutschen Volkspartei gelegen. Oder er hätte dem Beispiel seines britischen Kollegen, des Labour-Premiers Ramsay MacDonald, folgen können, der in einer vergleichbaren Situation, anstatt sich dem Diktat seiner Fraktion zu fügen, nicht dem Kabinett, sondern seiner Partei den Rücken kehrte und die Krise mit einer rechtsgerichteten Koalitionsregierung überwand. Aber jeder Gedanke an kämpferische Selbstbehauptung lag Hermann Müller fern. Er war von den Mühen und Fehlschlägen seiner Regierungszeit ermattet. Zudem quälte ihn eine bösartige Gallenblasen-Erkrankung, an der er in Jahresfrist sterben sollte. Nichts war leichter, als dem Willen der Fraktion zu folgen, wie er es stets getan hatte; er begab sich zum Reichspräsidenten und reichte seine Demission ein. Die SPD hatte sich selbst aus der Regierung entlassen. »Es gibt ein Maß von Einsichtslosigkeit, das zur Schuld wird«, glossierte tags darauf die liberale »Frankfurter Zeitung«. »Diese Schuld einer wirklich unerlaubt großen Einsichtslosigkeit hat gestern die Mehrheit der sozialdemokratischen Reichstagsfraktion auf sich geladen. Denn auch wenn man, wie wir, durchaus in Rechnung stellt, was der Sozialdemokratie in den ganzen eindreiviertel Jahren des Bestandes der Großen Koalition das Zusammenarbeiten mit der Deutschen Volkspartei wirklich nicht leicht gemacht hat, wenn man die Intransigenz der Deutschen

Volkspartei jetzt bei der Frage in der Arbeitslosenversicherung als dem letzten Streitobjekt schon in Anbetracht der Kleinheit dieses Objektes nichts weniger als großartig findet - so bleibt unabweisbar, daß gerade darum die sozialdemokratische Fraktion dem gestern schließlich gefundenen Kompromiß hätte zustimmen müssen, um Größeres, Wichtigeres zu bewahren ... Die Sozialdemokratie hat mit der Sprengung der Koalition gestern das Spiel ihrer Gegner gespielt.«[376]

Morgenausgabe

Nr. 147 A 74 47. Jahrgang

Freitag 28. März 1930

Groß-Berlin 10 Pf. Auswärts 15 Pf.

Vorwärts

Berliner Volksblatt

Zentralorgan der Sozialdemokratischen Partei Deutschlands

Redaktion und Verlag: Berlin SW 68, Lindenstraße 3

Vorwärts-Verlag G. m. b. H.

Rücktritt der Reichsregierung.

Ueber die Arbeitslosenfrage gestürzt.

Die Sozialdemokratische Reichstagsfraktion beschloß gestern in der Frage der Arbeitslosenversicherung unter Ablehnung der neuen Kompromißvorschläge an der Regierungsvorlage festzuhalten. Reichsfinanzminister Moldenhauer erklärte, die Regierungsvorlage nicht mehr vertreten zu können und verursachte damit die Gesamtdemission des Kabinetts.

In der gestrigen Kabinettssitzung beschloß das Reichskabinett, dem Herrn Reichspräsidenten die Demission der Reichsregierung zu unterbreiten.

Der Reichskanzler begab sich darauf zum Reichspräsidenten, um ihm den Rücktritt der Reichsregierung anzuzeigen. Der Reichspräsident nahm den Rücktritt entgegen und beauftragte die

kam auch im Laufe der Debatte zum Ausdruck —, daß der Reichsarbeitsminister, Gen. Wissell, die Kompromißformel für unannehmbar hielt. Auf demselben Standpunkt wie er stand auch der Bundesvorstand des ADGB., dessen durch den Gen. Hermann Müller-Lichtenberg abgegebene Erklärung sehr starken Eindruck machte. In der Debatte wurde auch an ein Wort erinnert, das auf dem Magdeburger Parteitag gefallen war und dort allgemeinen Beifall gefunden hatte,

Das Kabinett tritt zusammen.

Kurz nach 5 Uhr nachmittags hatte die sozialdemokratische Reichstagsfraktion ihren Beschluß gefaßt. Unmittelbar danach trat das Kabinett zusammen. Der Reichskanzler vertrat den Standpunkt, daß das Kabinett nun, nachdem die Einigung der Parteien gescheitert sei, mit seinen ursprünglichen Vorlagen, die vom Reichsrat bereits genehmigt sind,

Die stille Resignation, mit der die Große Koalition auseinanderging, machte es dem Reichspräsidenten und seinen Beratern leicht, einen neuen Weg einzuschlagen. Das Versagen der Parteien war so offensichtlich, daß man es Hindenburg kaum verdenken konnte, wenn er nach außerparlamentarischen Lösungen suchte; selbst untadelige Demokraten hatten genug von der »Krisenmacherei«, wie der Publizist Heinrich Simon, der gerade aus Sorge um die gefährdete Demokratie »Schluß mit der Fraktionswirtschaft« forderte: »Wir könnten sonst eines schönen Tages erleben, daß zwar dieser republikanische Apparat noch vorhanden ist, daß er aber leer läuft, weil die Mehrheit des Volkes ihr Staatsgefühl aus einer anderen Fabrik bezieht.«[377]

Die zweitbeste Lösung

Zeichnung von F. Dolbin

In den letzten Kriegstagen des November 1918 befand sich die Maschinengewehr-Scharfschützenabteilung 12, eine der Obersten Heeresleitung unmittelbar unterstellte Elitetruppe, auf dem Marsch von der Westfront in Richtung Aachen; sie bildete die Spitze der Gruppe Winterfeld, die aufgestellt worden war, um in der Heimat die Revolution niederzuwerfen. Der Führer der Abteilung erkannte schnell, daß seine Befehle illusorisch waren; die Revolution hatte bereits in Berlin die Oberhand gewonnen, die Gruppe Winterfeld wurde zwei Tage nach ihrer Aufstellung wieder aufgelöst, und was da auf Befehl der neuen Berliner Regierung geschah, nahm sich in den Augen des Frontoffiziers wie Sabotage und Verrat aus. Von den Parlamentariern in Berlin sei ja nichts anderes zu erwarten gewesen: »Die im militärpflichtigen Alter stehenden Abgeordneten wurden in Deutschland, im Gegensatz zu den alliierten Ländern, gleich reklamiert oder nicht an der Front verwendet. Von 397 Mitgliedern des Reichstages fielen im Kriege zwei...«[378] Der Soldat, der da verbittert über Niederlage, Revolution und Parlamentarismus philosophierte, hieß Heinrich Brüning.

Das Frontsoldaten-Erlebnis, die Schützengraben-Perspektive hatten Brüning nicht weniger geprägt als sein streng katholisches, westfälisches Elternhaus; seine Neigung zur Askese wie zum Autoritären dürfte hier wie dort ihre Wurzeln gehabt haben. Dabei war er das ganze Gegenteil einer Karrierenatur; sein zehn Jahre dauerndes, merkwürdig zielloses Studium hätte sich noch länger gedehnt, wenn nicht der Kriegsbeginn ihn zur überstürzten Promotion und zum Eintritt in die Armee als Reserveoffizier gezwungen hätte. Auch nach der Demobilisierung führte Brüning ein unauffälliges Leben, zunächst in der katholischen Jugendbewegung, seit Ende 1919 als Referent des preußischen Volkswohlfahrts-Ministers Adam Stegerwald, der ihn bald zum Geschäftsführer des katholischen Deutschen Gewerkschaftsbundes machte. Seit 1924 Mitglied der Zentrumsfraktion des Reichstags, machte sich Brüning schnell als Finanz- und Steuerfachmann unentbehrlich, ohne daß sein Name weit über die Fraktionsgrenzen hinausdrang. Parteifreunde fanden es schwer, ihn in der Erinnerung recht zu fassen: »Seine Tätigkeit vollzog sich meist nicht in den Ausschüssen, sondern in kleinen Konventikeln, denn er scheute die Öffentlichkeit. Man sah ihn mit der Mappe in der Hand, bald hier, bald dort erscheinend und ebenso rasch wieder verschwindend, ein Mann des Schreibtischs, ein grüblerischer Konstrukteur und überspitzter Taktiker, der wie der Fuchs mit dem Schwanze gerne seine Spuren verwischte.«[379] Er galt als rätselhaft, schwer durchschaubar, oft auch als hochmütig, aber seine fachlichen Qualitäten waren unbestritten: »Der Mann mit dem hageren, blassen Gelehrtengesicht, dem man nicht ansah, was ihn bewegte, mit der randlosen Brille und dem schmallippigen Mund, sprach nicht häufig«, so ein Beamter des Finanzministeriums, »seine Antwort auf Fragen konnte gelegentlich wohl auch ein Um- oder Ausweg sein, aber wenn er bedachtsam zu reden begann, hatte jedes Wort Gewicht.«[380] Sein Einfluß stieg unmerklich; seine Tätigkeit in den christlichen Gewerkschaften, seine Protektion durch Stegerwald, seine fachliche

Tüchtigkeit, nicht zuletzt auch sein Engagement bei dem Bestreben, aus den christlichen Gewerkschaften ein sozial-konservatives Gegengewicht gegen die sozialdemokratischen Freien Gewerkschaften zu schaffen, alles das trug dazu bei, daß die Zentrumsfraktion im Dezember 1929 Heinrich Brüning zu ihrem Vorsitzenden wählte.

Weshalb richteten sich nun die Blicke des Generals v. Schleicher bei der Suche nach einer autoritären Alternative zu Reichskanzler Müller gerade auf Brüning? Die Wahl eines Zentrumspolitikers lag aus demjenigen Grunde nahe, den der Kölner Oberbürgermeister Konrad Adenauer am 19. März 1930 in einem Schreiben an den Zentrumsvorsitzenden, Prälat Kaas, nannte: »Die Zerfahrenheit des Reichstages, die vollständige innerliche Unsicherheit der Sozialdemokratischen Partei und der Deutschen Volkspartei werden m.E. der Zentrumspartei im deutschen Interesse eine erhöhte Bedeutung geben und besonders wichtige Aufgaben zuweisen.«[381] Die Zentrumspartei war seit 1919 an allen Reichsregierungen beteiligt gewesen, sie hatte stets das Scharnier zwischen der Linken und der Rechten gebildet, und in gewissem Sinne war sie so zur eigentlichen Staatspartei der Republik geworden, ohne im Auf und Ab der Jahre je größere Einbußen an Wählern erlitten zu haben. Die Kabinette kamen und gingen, aber der Einfluß des Zentrums blieb nahezu unverändert. Jetzt, in der Krise des Parteienstaats, war die Stunde der einzigen stabilen Partei, des Zentrums, gekommen.

Aber in den Augen des drahtziehenden Chefs der Wehrmachtsabteilung besaß Brüning auch persönliche Meriten. Er war der Finanzexperte seiner Fraktion, verfügte also über sachliche Fähigkeiten und Kenntnisse, die bei der zunehmenden wirtschaftlichen und finanziellen Misere des Reichs von Nutzen waren. Zudem war Brüning Frontoffizier gewesen. Er gehörte einer jüngeren Generation an als die Gründer der Republik; Friedrich Ebert und Otto Braun, Constantin Fehrenbach und Wilhelm Marx hatten Söhne im Feld verloren, Heinrich Brüning hatte selbst im Feld gestanden. Er kannte die Sprache der Militärs und galt als ein zuverlässiger, konservativer Mann, dessen wiederholte Bekundungen zum alten Preußen, zur preußischen Geschichte und zu den monarchischen Traditionen ihn in den Augen des Reichswehrministeriums empfahlen. Schließlich war da auch die Freundschaft Brünings mit einem Offizierskameraden aus dem Schützengraben, einem Oberst a.D. v. Willisen, der seinerseits mit Schleicher wie mit Reichswehrminister Groener befreundet war und Brüning wärmstens empfahl. So kam es, daß Schleicher bei seinen Gesprächen mit Hindenburg immer häufiger den Namen Brüning einfließen ließ. »Ihr Mann, Ihr Werk, ich gratuliere«, sagte der Chefredakteur des »Berliner Tageblatts«, Theodor Wolff, am Tag nach Brünings Ernennung zu Schleicher, was dieser lachend derart bestritt, daß »diese vergnügt heuchlerische Ableugnung die Wahrheit noch unterstrich«, wie Wolff sich später erinnerte[382].

So war es für Eingeweihte keine Frage, welcher Art das Kabinett war, das nach einer Rekordzeit von zwei Tagen nach dem Rücktritt des alten fertig dastand. Die Namen der Regierungsmannschaft waren den Zeitungslesern durchaus vertraut; vom Kabinett Müller verblieben Reichsaußenminister Curtius, Nachfolger Stresemanns und dessen Programm verpflichtet, aber doch bereits ein weißer

Rabe in der Volkspartei. Auch der DVP-Finanzminister Moldenhauer, der bereits Ende 1929 Hilferding abgelöst hatte, war im Reichskabinett weiterhin präsent, wie auch Reichspostminister Schätzel (BVP) und Groener als parteiloser Reichswehrminister. Die Zentrumsminister Wirth, Stegerwald, v. Guérard sowie der DDP-Statthalter Hermann Dietrich wechselten lediglich ihre Ressorts, wobei Dietrich zum Vizekanzler avancierte. Es waren also eigentlich nur die sozialdemokratischen Minister ausgeschieden; an ihre Stelle traten zwei Vertrauensmänner des Reichspräsidenten, zwei ehemalige Deutschnationale, die der Hugenberg-Partei wegen deren antirepublikanischer Demagogie den Rücken gekehrt hatten: Martin Schiele, einst Präsident des Reichslandbundes, der Reichsernährungsminister wurde, und Gottfried Reinhold Treviranus, wie Brüning Offizier des Weltkriegs, dessen forsch-naives Auftreten ihm den Beinamen »der Seekadett« eingetragen hatte, und der nun Reichskommissar für die Osthilfe wurde. Reichsjustizminister schließlich wurde der Marburger Juraprofessor Viktor Bredt, ein alter Parlamentarier, mit dem die Wirtschaftspartei das erste und das letzte Mal in einer Reichsregierung vertreten war. Das sah nach außen wie ein Versprechen der Kontinuität aus, und es sollte auch so aussehen. Tatsächlich jedoch hatten diesmal die Reichstagsfraktionen keinen Einfluß auf die Kabinettsbildung nehmen können; mit Brüning, Schiele, Groener und Treviranus war der Wille Hindenburgs in der Kabinettsrunde stets präsent, und es war ein offenes Geheimnis, daß die Tage Moldenhauers als Minister gezählt waren und daß Brüning beabsichtigte, Curtius beiseite zu drängen, um die Außen- und Reparationspolitik selbst zu übernehmen.

Der Reichskanzler und die Parteien – ein Paris-Urteil
»Am liebsten würde ich ja den Reichsapfel nach § 48 selber essen!«

Zeichnung von Karl Arnold

Der neue Reichskanzler war erklärtermaßen angetreten, um die zerrütteten öffentlichen Finanzen unter den erschwerenden Bedingungen der Wirtschaftskrise zu sanieren. Mit welchen Mitteln er dies notfalls zu tun gedachte, darüber ließ er bereits in seiner Regierungserklärung vom 1. April 1930 keinen Zweifel. Sein Kabinett sei an keine Koalition gebunden, entsprechend dem vom »Herrn Reichspräsidenten erteilten Auftrage«; die politischen Kräfte des Reichstages seien zwar nicht unberücksichtigt geblieben, was Brüning aber schon jetzt als den »letzten Versuch« bezeichnete, »die Lösung mit diesem Reichstag durchzuführen«. Die Regierung scheue »angesichts der ernsten Lage nicht vor außergewöhnlichen Mitteln zurück«; sie sei »gewillt und in der Lage, alle verfassungsmäßigen Mittel hierfür einzusetzen«[383]. Das verstand jedermann zutreffend als die Drohung, den Reichstag aufzulösen und mit der Notverordnungs-Ermächtigung des Reichspräsidenten nach Artikel 48 der Reichsverfassung zu regieren, falls sich keine tragfähige parlamentarische Mehrheit für die Ordnung des Haushalts fand. Brüning erhielt den Beifall seiner eigenen Fraktion, den der DVP, der Wirtschaftspartei sowie, wenn auch nicht ohne Vorbehalte, den der DDP. Breitscheid dagegen wies für die SPD die vorzeitige Anzeige künftiger Anwendung des Artikels 48 als »glatten Verfassungsbruch« zurück, und seiner Fraktion fiel nichts Besseres ein, als es den Kommunisten gleichzutun und die neue Regierung mit einem Mißtrauensvotum zu begrüßen, das freilich nur die Zustimmung von KPD und NSDAP fand, während die zusammengeschmolzene DNVP-Fraktion diesmal noch das Regierungslager stärkte, um dann in den nächsten Tagen in heftigen Streitigkeiten auseinanderzufallen.

Spätestens jetzt war deutlich, daß die deutsche Demokratie an einem Wendepunkt angelangt war. »Die Zeit für Experimente und halbe Maßnahmen ist vorbei«, konstatierte die »Deutsche Allgemeine Zeitung«. »Eine tiefe Sehnsucht nach Leitung und Autorität geht durch das Volk ... Es muß endlich gut regiert, es muß endlich überhaupt regiert werden.«[384] Daß das parlamentarische System abgewirtschaftet habe, war die allgemeine Meinung. Längst war das Mißtrauen gegen die Parteien, gegen den Parlamentarismus überhaupt aus den Reihen der antidemokratischen Kräfte in das Lager der Republikaner übergeschwappt. Schon 1928 hatte Stresemann von der Krise des Parteienstaats gesprochen, die mehr als eine Vertrauenskrise sei: »Wir müssen verlangen, daß der Parteigeist seine Grenze findet an den Lebensnotwendigkeiten der deutschen Entwicklung, daß das Parlament den Zwang nicht nur zur formalen, sondern zur tatsächlichen Mehrheitsbildung in sich findet oder, wenn das an den Parteien selbst in dieser Situation scheitert, ... verantwortungsbewußte Persönlichkeiten den Mut finden, zu regieren, das heißt, die Führung zu übernehmen.«[385] Der Liberale Ernst Müller-Meiningen, fraglos ein Republikaner und Demokrat, machte seiner Verbitterung in schärferen Worten Luft: »Staat nennt sich heute etwas, was sich als Volksstaat ausgibt, was aber nichts anderes ist als die jeweiligen an der Macht sitzenden Parteien und ihre Führer... Eine ungeheure Gleichgültigkeit, Müdigkeit, ja ein wahrer Ekel vor dem ganzen politischen Treiben – eine ungeheure Gefahr für die demokratische Republik – hat die weitesten Kreise erfaßt und den politischen Sinn, den der Krieg geweckt hatte, zunächst erstickt: Jeder wahren Führung bar, wußte das Volk nicht mehr wohin und wo hinaus...«[386] Ein Meinungsklima breitete sich aus, in dem Autorität, Führerschaft, klare Verhältnisse, entschiedenes Durchgreifen die populären Forderungen waren; wer da noch für die Beibehaltung liberaldemokratischer Formen, für parlamentarische Entscheidungsfindung und für den Parteienstaat plädierte, begab sich ins Abseits. Alle Welt war auf der Suche nach Führerpersönlichkeiten; Nationalsozialisten und Völkische hatten den »Führergedanken« ideologisch verankert, aber sie besaßen darauf durchaus keinen Monopolanspruch. Daß die KPD den nationalsozialistischen Führerkult mit nur geringen Abweichungen übernahm und ihren Vorsitzenden Thälmann mit byzantinischem Brimborium umgab, mag auch auf das Beispiel Stalins zurückzuführen sein. Aber auch die Parteien der Mitte verspürten den Drang zum Führertum; die Wahl des Prälaten Kaas zum Vorsitzenden der Zentrumspartei am 9. Dezember 1928 wurde in der Partei als »Sieg des Führergedankens« bejubelt[387], und die Reichstagsfraktion der brav-bürgerlichen »Reichspartei des deutschen Mittelstandes« teilte dem Reichstagspräsidium am 21. März 1929 mit, ihr Vorsitzender, der Bäckermeister Drewitz, sei von Stund an Fraktions-»Führer«.

Was hier zum Vorschein kam, war ein althergebrachtes Stück politischer Kultur aus vorrevolutionären Zeiten; wenn der namhafteste sozialdemokratische Staatsrechtler der Weimarer Epoche, Hans Kelsen, die Demokratie geradezu durch ihre »Führerlosigkeit« definierte[388], dann war der Umkehrschluß erlaubt, daß die Demokratie in Deutschland nach wie vor ein schwaches Pflänzchen war. Auf der anderen Seite jedoch entstand dieses Bedürfnis nach Autorität und

Plakat des Zentrums (?), nach 1931
Entwurf: E. Mehrmann

Der Gernegroß
Mussolini: »Wenn ich den italienischen Stiefel erst richtig angezogen habe, werde ich gründlich in die Weltgeschichte - eintreten.«

Die Fehleinschätzung des italienischen Faschismus geht mit dem verbreiteten Unverständnis für die Wurzeln und Triebkräfte des deutschen Nationalsozialismus einher. Mussolini ist für den sozialdemokratischen Karikaturisten ein Gernegroß, für Theodor Wolff ein »autoritärer Demokrat«, für die »Weltbühne« ein »Kraftkerl«.

fester Führung ja keineswegs ohne Ursache; charismatische Politiker, die die Massen an ihre Person und damit zugleich an die Republik zu binden verstanden und so ein tiefverwurzeltes Bedürfnis befriedigt hätten, waren schlechterdings nirgendwo zu entdecken. Statt dessen herrschte der Typ des farblosen Honoratioren oder Parteibeamten vor, der brav und aufopferungsvoll seine Pflicht tat und dabei von dem Glauben erfüllt war, daß es auf der Welt vernünftig zugehe, und daß die Demokratie daher naturnotwendig siegen müsse. Und was die Parteien anging, so war ihr Versagen, ihre Unfähigkeit zum mehrheitsbildenden Kompromiß, mit den Händen zu greifen. Mit parlamentarischen Bekenntnissen waren keine Wählerstimmen mehr zu gewinnen; selbst untadelige Demokraten konnten jetzt ins Stolpern geraten wie Theodor Wolff, als Mitbegründer der DDP und Jude faschistischer Neigungen gewiß unverdächtig, der im Mai 1930 Italien besuchte, tief beeindruckt heimkehrte und mit leuchtenden Augen zu berichten wußte, Mussolini habe sich ihm als »démocrate comme vous, démocrate autoritaire« vorgestellt[389].

Und war nicht entschlossene Machtausübung, »autoritäre Demokratie«, jetzt notwendiger denn je? Die Arbeitslosigkeit hatte zwar im Winter 1929/30 den Höhepunkt des vergangenen Winters nicht erheblich überschritten, aber daß in wirtschaftlicher Hinsicht Beunruhigendes vor sich ging, war mittlerweile ganz offensichtlich. Im Konjunkturbericht der Handelskammer Essen konnte man beispielsweise über das erste Vierteljahr 1930 lesen: »Der Konjunkturrückgang, der, von vorübergehenden Unterbrechungen abgesehen, dem vergangenen Jahre das Gepräge gab, hat sich im ersten Viertel des neuen Jahres weiter fortgesetzt, ohne daß bisher eine durchgreifende Entspannung der Lage eingetreten wäre. Das Urteil über die gegenwärtige Wirtschaftslage ist ebenso einheitlich, wie die Symptome eindeutig sind: endgültiger Eintritt in den Zustand einer schweren Depression... An die Stelle der Auswirkungen der außerordentlichen Kälte, die im vorigen Winter die wirtschaftliche Tätigkeit lahmlegte, sind gegenwärtig die Wirkungen des Kapitalmangels und der Finanzierungsnöte getreten... Das Bild der ausgeprägten Depression, das der Arbeitsmarkt bietet, findet mehr und mehr auch in dem eingeschränkten Produktionsumfang seinen Ausdruck...«[390]

Als Brüning dem Reichstag »außergewöhnliche Mittel« in Aussicht stellte, falls die Fraktionen nicht bereit sein sollten, die Dekkungsvorlage der Regierung für den zerrütteten Haushalt mitzutragen, war dieses also keineswegs Machtmißbrauch, wie ihm sozialdemokratische Redner vorwarfen. Es war vielmehr die Antwort auf eine Notsituation, die von den Parteien wie von der Wirtschaftslage hervorgerufen worden war. Einige Wochen lang schien es, als habe die unverblümte Drohung Wirkung gezeigt; einige erste Sanierungsmaßnahmen fanden schwache Reichstagsmehrheiten. Als aber im Juli die Reichsregierung die sprunghaft ansteigenden Kosten der Arbeitslosenversicherung durch drastische Steuererhöhungen und durch Leistungseinschränkungen für die Arbeitslosen auszugleichen suchte, war die Geduld der SPD erschöpft. Sie bot zwar Verhandlungen über Abänderungen der Regierungsvorlage an, aber Brüning lehnte brüsk ab. Damit war der Konflikt eröffnet, und er entwickelte sich fast automatisch weiter: am 16. Juli lehnte die SPD zusammen mit Kommunisten, Nationalsozialisten und dem Hugen-

berg-Flügel der Deutschnationalen die Deckungsvorlage ab; noch am gleichen Abend wurde sie als Notverordnung nach Artikel 48, vom Reichspräsidenten unterschrieben, in Kraft gesetzt. Zwei Tage darauf hob der Reichstag auf sozialdemokratischen Antrag hin die Notverordnung mit knapper Mehrheit auf; der SPD-Sprecher Landsberg wandte sich beschwörend an die Regierung: »Glaubt die Reichsregierung wirklich, den Stein der Weisen zu besitzen? Kann sie sich dafür stark machen, daß es nur auf dem Wege geht, den sie eingeschlagen?«[391] Reichsfinanzminister Dietrich erwiderte mit einem klaren Ja: »Entscheidend ist heute nicht, wie wir zum Ziele kommen, sondern entscheidend ist heute, daß wir zum Ziele kommen. Entscheidend ist, daß wir den Notwendigkeiten, die der Staat von uns verlangt, gerecht werden... Es muß Schluß gemacht werden mit der Interessenpolitik, die ein Arbeiten unmöglich macht, damit Staatspolitik gemacht werden kann. Die Frage ist jetzt nachgerade die, ob wir Deutschen ein Haufen von Interessenten oder ein Staatsvolk sind.«[392] Der Reichskanzler entnahm daraufhin seiner Mappe eine Verordnung des Reichspräsidenten und verlas deren Text: »Nachdem der Reichstag heute beschlossen hat, zu verlangen, daß meine auf Grund des Artikels 48 der Reichsverfassung erlassenen

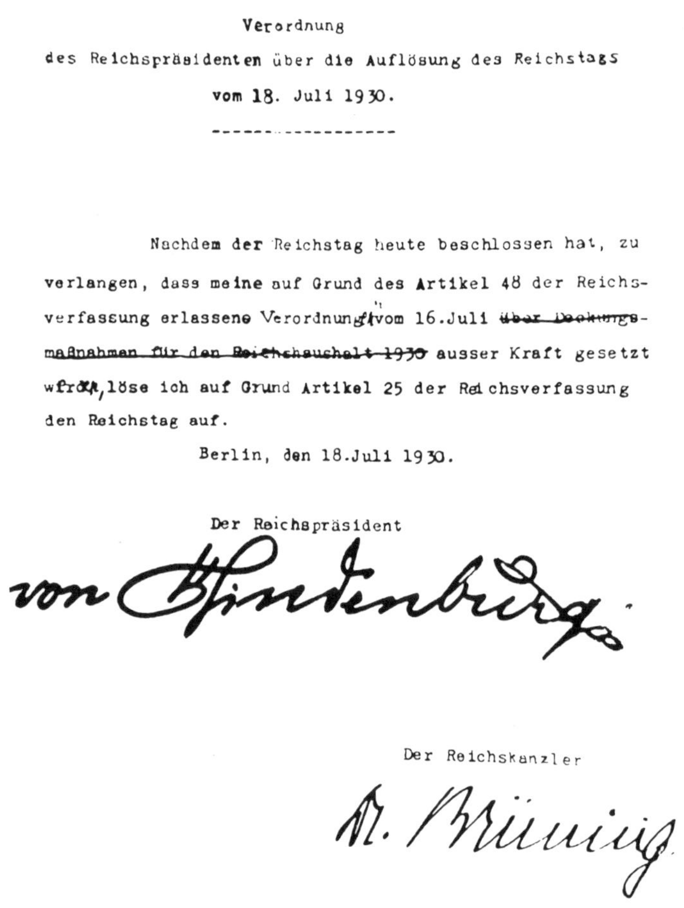

Verordnung
des Reichspräsidenten über die Auflösung des Reichstags
vom 18. Juli 1930.

Nachdem der Reichstag heute beschlossen hat, zu verlangen, dass meine auf Grund des Artikel 48 der Reichsverfassung erlassene Verordnungen vom 16.Juli ~~über Deckungsmaßnahmen für den Reichshaushalt 1930~~ ausser Kraft gesetzt werden, löse ich auf Grund Artikel 25 der Reichsverfassung den Reichstag auf.

Berlin, den 18.Juli 1930.

Der Reichspräsident
von Hindenburg

Der Reichskanzler
Dr. Brüning

Verordnungen vom 16. Juli außer Kraft gesetzt werden, löse ich auf Grund von Artikel 25 den Reichstag auf.«[393] Während die Kommunisten die »Internationale« sangen und »Nieder mit Hindenburg« schrien, herrschte bei den übrigen Parteien eisiges, betretenes Schweigen. Nach den tagelangen vergeblichen, oft chaotischen Ausschußverhandlungen war alles auf dieses Ende zugelaufen, aber mancher hatte noch auf Wunder gehofft. »Die Stimmung konnte nicht schlechter sein«, so der Berichterstatter der »Frankfurter Zeitung«. »Wird das deutsche Volk verstehen, um was es sich handelte, wird es die Haltung der Parteien billigen?... Niemand weiß die Antwort.«[394] Acht Tage später wurden die auf Verlangen des Reichstags aufgehobenen Notverordnungen in erweiterter und verschärfter Fassung wieder in Kraft gesetzt, ohne daß diesmal ein Parlament bestand, das dagegen hätte vorgehen können.

Nichts von alledem widersprach dem Buchstaben der Reichsverfassung, und dennoch hatte sich ein tiefgreifender Wandel vollzogen. Als die Weimarer Nationalversammlung 1919 eine der freiheitlichsten Verfassungen der Welt konzipiert hatte, war sie von unbegrenztem Zutrauen in die demokratische Reife der Wähler und in die Weisheit des angelsächsischen Verfassungsprinzips der »checks and balances« durchdrungen gewesen. So hatte man ein Gleichgewichtssystem erdacht, in dem Parlament und Staatsoberhaupt die zwei Seiten der Waage bildeten; die starke Stellung des Reichspräsidenten und der Exekutive unterlag direkt oder indirekt jederzeit der Kontrolle durch das Parlament. Nichts spricht gegen die Annahme, daß diese Konstruktion vorzüglich hätte funktionieren können, wenn sich die optimistischen Annahmen der Verfassungväter bewahrheitet hätten und das Wahlvolk von den Vorzügen der parlamentarischen Demokratie, die Parteien von der ordnungsstiftenden Kraft des parlamentarischen Kompromisses überzeugt gewesen wären. Unglücklicherweise war aber beides nicht der Fall; je größer die politischen und wirtschaftlichen Krisen waren, desto breiter wurde das anti-parlamentarische Meinungsklima, desto schmaler die parlamentarische Basis der verfassungskonformen Parteien, und um so geringer wurde deren Fähigkeit, handlungsfähige Regierungen zu bilden und dringend erforderliche Gesetze zu beschließen.

Das war die Situation, vor der Brüning stand, und jetzt zeigte sich, daß die Verfassungsväter doch nicht so idealistisch in die Republik hineingeträumt hatten, wie es den Anschein haben konnte: indem die parlamentarische Waagschale in die Höhe schnellte, während die Fassade der Weimarer Schönwetter-Verfassung zu bröckeln begann, enthüllte sich ein harter Kern, eine Reserve-Verfassung. Der Reichspräsident besaß alle Möglichkeiten, bei Ausfall des Parlaments dessen Funktionen zu übernehmen: er konnte Reichskanzler und Minister ernennen und entlassen, er konnte mit Hilfe des Artikels 48 als Ersatz-Gesetzgeber einspringen, er konnte alle Funktionen des Staatswesens aufrechterhalten. Aber das Parlament besaß dabei jederzeit die Chance, in seine verfassungsgemäßen Aufgaben erneut einzutreten, und Reichspräsident v. Hindenburg war durchaus bereit, einer parlamentarisch gebildeten Regierung das Ruder zu überlassen, vorausgesetzt, sie hatte eine stabile Mehrheit hinter sich. Gewiß, von einer parlamentarischen Demokratie konnte einstweilen keine Rede mehr sein, sondern von einer nur mehr halbparla-

mentarischen Notverordnungs-Diktatur, aber unter den gegebenen Bedingungen waren auch sehr viel schlechtere Möglichkeiten denkbar – und sie wurden auch gedacht: die Militärdiktatur, die Restitution der Monarchie, der autoritäre Ständestaat, die faschistische Diktatur nach italienischem Vorbild. Alles in allem war nach dem Versagen des Parlaments der Weg, den Hindenburg und Brüning einschlugen, die zweitbeste Lösung.

Allerdings besaß nun die Exekutive keinen demokratischen Kontrolleur mehr; alles hing jetzt von den Absichten und den Fähigkeiten Hindenburgs und Brünings ab. Die Absichten Hindenburgs waren eindeutig: ihm kam es nach dem alten militärischen Grundsatz, daß eine falsche Entscheidung besser sei als gar keine, auf eine handlungsbereite Regierung an, die, ohne auf hemmende Partikularinteressen achten zu müssen, den Staat durch die Krise steuerte und dabei den Interessen der Freunde des Reichspräsidenten, der ostelbischen Großgrundbesitzer und der Militärs, erhöhte Aufmerksamkeit widmete. Die Regierung sollte freilich nach Möglichkeit volkstümlich sein; wenn sie sich auf eine parlamentarische Mehrheit stützen konnte, um so besser.

Brünings Absichten dagegen waren nicht so leicht zu verstehen. Gewiß war er dem Reichspräsidenten in tiefer Ehrfurcht verbunden, aber er war eine viel zu autonome Natur, um zum einfachen Befehlsempfänger zu taugen. Auf der anderen Seite aber war er auch nicht der Mann, der bereit gewesen wäre, einer interessierten Öffentlichkeit Rechenschaft über seine Pläne abzulegen; im Gegenteil, er war in allen Lebenslagen verschlossen wie eine Auster, sprach nur das Notwendigste und dies leise, in steter Furcht, belauscht zu werden. Wie wenig man über Brünings Absichten wirklich wußte, sollte sich erst vierzig Jahre später zeigen, als seine Memoiren erschienen und alle Welt baß erstaunt war: so hatte man Brüning nicht gekannt. Was sich da der Nachwelt enthüllte, war ein großer, weit in die Zukunft reichender Plan, eine umfassende Transformation des weithin gescheiterten Weimar-Deutschlands in ein konservativ angelegtes, teils an englischen, teils an Bismarckschen Vorbildern orientiertes Verfassungsmodell.

Als Finanzpolitiker war Brüning der Zusammenhang zwischen Wirtschaftskrise, Haushaltsdefizit und Reparationspolitik klar. Sein erstes außenpolitisches Ziel war die Streichung der Reparationen, sein innenpolitisches die Überwindung der Wirtschaftskrise und damit der politischen Radikalisierung. Schon das waren Vorhaben, die einen klaren, auf das Wesentliche gerichteten Blick und einen langen Atem erforderten, sehr viel mehr, als alle bisherigen Reichskanzler aufgebracht hatten. Dabei hatte Brüning durchaus nicht die Absicht, auf die Dauer mit Hilfe des Artikels 48 zu regieren; vielmehr hoffte er die Basis seiner Mitte-Rechts-Regierung so weit nach rechts zu erweitern, daß er mit Hilfe der Deutschnationalen die notwendige parlamentarische Mehrheit für ein Ermächtigungsgesetz nach dem Muster Stresemanns und Marx' erhielt. Mit parlamentarisch bewilligten Sondervollmachten wäre er unabhängiger vom Reichspräsidenten gewesen und hätte dennoch die Distanz zu den Parteien behalten, die ihm wichtig war; sein antiparlamentarisches Ressentiment hatte er seit den Kriegstagen beibehalten.

Aber alles das diente nur dazu, eine Ausgangsbasis zu schaffen,

Die Verfassung des Deutschen Reichs.

Artikel 48.

Wenn ein Land die ihm nach der Reichsverfassung oder den Reichsgesetzen obliegenden Pflichten nicht erfüllt, kann der Reichspräsident es dazu mit Hilfe der bewaffneten Macht anhalten[1]).

Der Reichspräsident kann, wenn im Deutschen Reiche die öffentliche Sicherheit und Ordnung erheblich gestört oder gefährdet wird, die zur Wiederherstellung der öffentlichen Sicherheit und Ordnung nötigen Maßnahmen treffen, erforderlichenfalls mit Hilfe der bewaffneten Macht einschreiten. Zu diesem Zwecke darf er vorübergehend die in den Artikeln 114, 115, 117, 118, 123, 124 und 153 festgesetzten Grundrechte ganz oder zum Teil außer Kraft setzen[2]).

Von allen gemäß Abs. 1 oder Abs. 2 dieses Artikels getroffenen Maßnahmen hat der Reichspräsident unverzüglich dem Reichstag Kenntnis zu geben. Die Maßnahmen sind auf Verlangen des Reichstags außer Kraft zu setzen[3]).

Bei Gefahr im Verzuge kann die Landesregierung für ihr Gebiet einstweilige Maßnahmen der in Abs. 2 bezeichneten Art treffen. Die Maßnahmen sind auf Verlangen des Reichspräsidenten oder des Reichstags außer Kraft zu setzen.

Das Nähere bestimmt ein Reichsgesetz[4]).

von der aus Brüning sein nächstes Ziel in Angriff zu nehmen gedachte: die Verschmelzung der Reichsspitze mit der preußischen Staatsregierung im Sinne der Verfassungsordnung Bismarcks. Aber auch dieser Schritt hatte nur einem höchsten Ziel zu dienen; hören wir Brüning selbst: »Stets betrachtete ich mich als Treuhänder des Reichspräsidenten; *ihn wollte ich als Staatsoberhaupt erhalten mit dem Ziel, die friedliche Wiedereinführung der Monarchie zu ermöglichen.* Das war der Angelpunkt meiner ganzen Politik.«[395] Die Krone, so stellte Brüning sich die Wiedereinführung der Monarchie vor, sollte mit Zustimmung von je zwei Dritteln des Reichstags und des Reichsrates auf einen der Söhne des Hohenzollern-Kronprinzen übertragen werden, Hindenburg sollte einstweilen als Reichsverweser die Regentschaft führen.

Das waren atemberaubende, ja abenteuerliche Perspektiven, und wenn Brüning der charismatische Führer gewesen wäre, nach dem alles rief, und als den seine eigene Partei ihn gerne sehen wollte, dann hätte er mit diesem konservativ-monarchistischen Programm vielleicht dem anderen Führer, dessen Pläne noch viel abenteuerlicher waren, Paroli bieten können; aber Brüning war nicht der Mann, an dem sich die Phantasie der Massen entzündete. Er war ein asketischer Träumer, ein zaudernder Einzelgänger, ein integrer Kabinettspolitiker mit einem unstillbaren Drang zum Aristokratischen, einer Vorliebe für komplizierte und hintergründige Schachzüge und einer unbeeinflußbaren Egozentrik. Was auf der Straße geschah, wußte er wohl, aber er verstand es nicht. Wäre ihm klar gewesen, was in den Menschen vor sich ging, dann hätte er sich wohl gehütet, den Reichstag aufzulösen und damit Neuwahlen herbeizuführen.

Einen Wahlkampf wie diesen hatte man noch nicht erlebt. »Wer nach einigen Wochen Abwesenheit wieder deutschen Boden betritt«, beschrieb der Publizist Leopold Schwarzschild die Lage, »empfindet kontrastverschärft, wie unheimlich die Situation des Landes ist. Was an objektiven Mißhelligkeiten zu verzeichnen ist, melden auch dem fernen Leser die Zeitungen. Die Stimmung aber, die dir wie ein Pesthauch aus jedem Gespräch, ausnahmslos aus jedem, entgegenschlägt, sechzigmillionenfache Mischung aus Besorgtheit, Unruhe, Müdigkeit, Ratlosigkeit, Widerwillen, Erbitterung und Hysterie – diese Stimmung, unbeschrieben und schwer beschreibbar, ist ein Übel für sich… Das ist die leicht zu kennzeichnende Lage: ein Wirtschaftskollaps, der zugleich auch die schleichende politische Morbidität ins akute Stadium brachte. Es ist die Lage, die zunächst zum Artikel 48 und zur Reichstagsauflösung führte, die Lage, aus der die Stimmung wuchs. Die Stimmung aber, die zur Ursache einer neuen Lage werden kann? Wenn das Wort ›labil‹ je Berechtigung hatte, dann hier. Zu allem bereit, zu nichts entschlossen! Ein brennender Durst nach Veränderung, aber weithin kein Schimmer, wie sie beschaffen sein soll…«[396]

Dem Wähler mußte die politische Landschaft grauverhangen, die wirtschaftliche Lage miserabler denn je erscheinen. Noch nie war der sommerliche Rückgang der Arbeitslosenzahlen so gering; lagen sie im Februar bei 3,3 Millionen, so waren sie bis August nur auf 2,8 Millionen gesunken – das ließ Schlimmes für die Zukunft befürchten. Und es waren nicht allein Arbeiter, die unter der Rezession zu leiden hatten, obwohl schon das folgenreich genug gewesen wäre –

keine Schicht, kein Berufsstand, der nicht betroffen war. Hausbesitzer meldeten scharenweise Konkurs an, weil die Mieter nicht imstande waren, Miete zu bezahlen; die schlechte Absatzlage führte zu Massenentlassungen von Angestellten der Wirtschaft, aber auch der Behörden, denn die Gemeinden standen am Rand des Bankrotts, und dem Staat ging es nicht viel besser. Selbst die oberen Zehntausend bekamen die Krise zu spüren: »Die Königsallee in Berlin-Grunewald«, schrieb der Kolumnist »Rumpelstilzchen« in der »Täglichen Rundschau«, »ist etwa das, was in Hamburg der Harvestehuder Weg ist; da stehen also die Palazzi der Leute mit Patrizier-Einkommen. Wenn man da sonst ... abends entlang ging, war jedes dritte oder vierte Haus hell erleuchtet. Aha: Große Gesellschaft! Der erste Fliederduft mischte sich mit dem des getrüffelten Fasans. Heute liegt alles im Dunkeln – und jedes dritte oder vierte Haus steht zum Verkauf, auch wenn natürlich kein Schildchen mit dem Angebot die Gegend verschandelt, sondern nur die Makler Bescheid wissen...«[397]

Plakat der SPD zu den Reichstagswahlen 1930
Entwurf: Karl Geiss

Der »brennende Durst nach Veränderung«, den Leopold Schwarzschild als gemeinsamen Nenner der Massenstimmung ausmachte, hatte also seine Gründe, aber entgegen der Meinung des Publizisten gab es sehr wohl Kräfte mit präzisen Vorstellungen darüber, wie diese Veränderung auszusehen hätte. Diese Kräfte waren allerdings nicht in der republikanischen Mitte angesiedelt; während der SPD nichts Besseres einfiel, als die Beseitigung des Notverordnungs-Kurses zu fordern, während die übrigen Parteien von der Deutschen Demokratischen Partei über das Zentrum und die Wirtschaftspartei bis zur Deutschen Volkspartei so taten, als seien die sozialpolitischen Forderungen von Sozialdemokratie und Gewerkschaften an allem schuld, waren es allein die Radikalen, die auf die Radikalität der Bevölkerungsstimmung Antworten hatten. Die KPD verkündete den Kampf »gegen Steuern und Zölle, gegen die Verteuerung der Mieten und Gemeindetarife, gegen Lohnabbau und Erwerbslosigkeit und alle Versuche, die Lasten des Young-Planes auf die werktätige Bevölkerung in Stadt und Land abzuwälzen.«[398] Aber die KPD mochte alles und jedes bekämpfen, sie mochte sich sogar den nationalistischen Zeittendenzen soweit anpassen, daß sie allen Ernstes erklärte: »Nur wir Kommunisten kämpfen sowohl gegen den Young-Plan als auch gegen den Versailler Raubfrieden«[399] – ihre Clientèle war auf Teile der Arbeiterschaft beschränkt. Ganz andere Wirkung machte das Auftreten der NSDAP, die einen massenpsychologisch bis ins letzte berechneten Wahlkampf führte, die in Massenversammlungen, in Straßendemonstrationen, in öffentlichen Redeschlachten eine Präsenz wie keine andere Partei bewies, und deren Wahlaussage jenseits aller konkreten wirtschaftlichen und politischen Sorgen die tiefsten Tiefen der deutschen Seele berührte: »Die nationalsozialistische Bewegung wird mit ihrem Sieg den alten Klassen- und Kastengeist überwinden. Sie wird aus Standeswahn und Klassenirrsinn wieder ein Volk erstehen lassen. Sie wird dieses Volk zu eiserner Entschlossenheit erziehen. Sie wird die Demokratie überwinden und die Autorität der Persönlichkeit in ihre Rechte setzen.«[400]

Das kam an; Hitler, der noch nie vor so gefüllten Sälen und auf dermaßen gewaltigen Kundgebungen hatte reden können, rechnete

5. Reichstag
14.9.1930

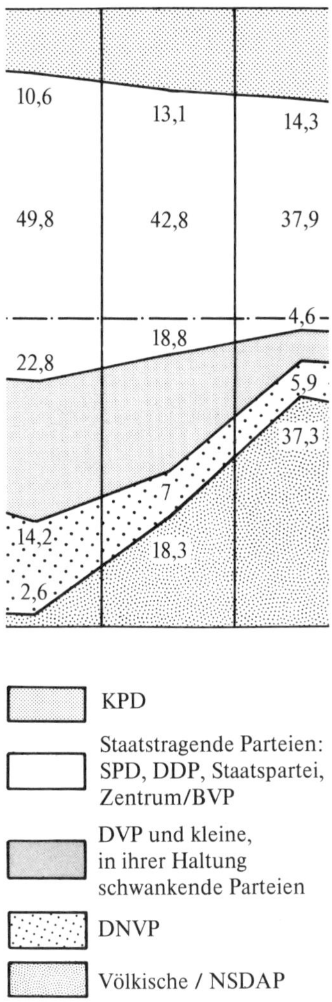

optimistisch mit 50, vielleicht sogar 60 bis 80 Reichstagsmandaten anstelle der 12, die die NSDAP derzeit besaß. Brüning fuhr am Morgen des Wahltags, am 14. September 1930, durch Niederschlesien; ihn beschlichen bange Ahnungen, als er vor sämtlichen Wahllokalen, an denen er vorbeikam, SA-Trupps stehen sah, die »eine vollkommene Kontrolle ausübten«[401]. Brünings Ahnungen trogen nicht – »ein ganz fürchterliches Ergebnis«, notierte am Abend sein Staatssekretär[402], »ein Bergrutsch, stärker, als irgendjemand ihn voraussah«, konstatierte tags darauf die »Frankfurter Zeitung«[403].

Das Ergebnis der »Erbitterungs-Wahlen«[404]: bei der außergewöhnlich hohen Wahlbeteiligung von 82 Prozent hatte die NSDAP nicht weniger als 18,3 Prozent der Stimmen erhalten, ihre Mandatszahl war damit von 12 auf 107 gestiegen – ein in der Geschichte des Parlamentarismus einmaliger Aufschwung, der hauptsächlich auf Kosten der bürgerlichen Parteien ging, die insgesamt, das Zentrum ungerechnet, von ihren 42 Prozent im Jahr 1928 auf 29 Prozent zurücksanken; nur Brünings Zentrumspartei hatte sich bei 12 Prozent gehalten. Auf der Linken entsprach dem, wenn auch bei weitem nicht so spektakulär, ein Anstieg der kommunistischen Wählerstimmen von 10,6 auf 13,1 Prozent, während die Sozialdemokratie von 29 auf 24 Prozentpunkte zurückgehen mußte.

Was daraus folgte, war Sache eines simplen Rechenexempels: die prinzipiell und ausgesprochen antidemokratischen und antiparlamentarischen Parteien, NSDAP, DNVP und KPD, hatten nunmehr mit zusammen 255 von 577 Reichstagsmandaten eine Art von Sperrminorität inne; verfassungsändernde Gesetze, aber auch das von Brüning gewünschte Ermächtigungsgesetz waren nicht mehr möglich, denn dazu hätte es einer Zweidrittelmehrheit bedurft. Wesentlicher war aber, daß dennoch der Reichstag weiterhin seine wichtigsten Aufgaben erfüllen konnte, denn rein rechnerisch besaßen die übrigen, im großen und ganzen verfassungstreuen Parteien gemeinsam eine sichere Mehrheit. Aber trotzdem hatte der 14. September 1930 eine tiefe Wandlung gebracht. Der grundlegende politische Kampf war bisher um die Frage »Republik oder Monarchie« gegangen. Von jetzt an ging es um Verfassungsstaat oder Nationalsozialismus.

Aufstieg einer Glaubensbewegung

Was da am 14. September 1930 massenhaft in den Reichstag gespült wurde, hatte Anfang 1919 als ein winziger und obskurer Verein das Licht der Welt erblickt: die »Deutsche Arbeiterpartei«, Gründung eines Schlossers der Königlich Bayerischen Staatseisenbahnen mit Namen Anton Drexler. Es war eigentlich nicht viel mehr als ein politischer Stammtisch, ein mediokrer Debattierklub mit etwa fünfundzwanzig Mitgliedern, meist Arbeitern und Handwerkern, denen es um die Schmach der Niederlage, um die wirtschaftliche Not der Zeit, gegen die Reichen, die Proletarier, die Juden, gegen Demokratie und Revolution ging. »Die DAP«, hieß es in den von Drexler ausgearbeiteten Richtlinien, »ist eine aus allen geistig und körperlich

schaffenden Volksgenossen zusammengesetzte Organisation, die nur von deutschen Führern geleitet sein darf, welche alle eigennützigen Ziele zur Seite stellen, und nationale Notwendigkeiten als höchsten Programmsatz gelten lassen.«[405] Im Hintergrund des Zirkels stand ein geheimnisumwitterter Bund, die »Thule-Gesellschaft«, eine freimaurerisch organisierte völkisch-antisemitische, auf der Grundlage »arischen Bluts« sich verstehende Sekte, der einige hundert Mitglieder aus der besten Münchener Gesellschaft angehörten, und die in Drexlers Gründung die Gelegenheit fand, ihre radikal nationalistischen Ideen in der Arbeiterschaft zu verbreiten. So kam die DAP zu einigen Geldmitteln, aber ihr Anhang blieb einstweilen bescheiden, und man wäre früher oder später wieder auseinandergelaufen, wenn nicht Bürgerkrieg und Räterepublik gewesen wären.

Vereinigungen wie die »Deutsche Arbeiterpartei« gab es nicht nur in München, sie waren überall aus dem Boden geschossen, aber im Unterschied zum übrigen Deutschland gab es in München eine richtige Revolution. Die bayerische Mißstimmung über die zunehmende Vorherrschaft der »Preußen« während des Weltkrieges, aber auch die Wut der bayerischen Bauern über die im Rahmen der Kriegsernährungs-Wirtschaft von Berlin aus festgesetzten Höchstpreise für Agrarprodukte führten dazu, daß im November 1918 der linke Flügel der bayerischen Sozialdemokratie unter Kurt Eisner die Macht in München übernahm. Ein Literat, fast ein Komödiant, der Revolutionskundgebungen im Stil der Französischen Revolution inszenierte, und der dennoch einiges politisches Format besaß. Am 21. Februar 1919 wurde Eisner durch Pistolenschüsse von einem Grafen Arco auf offener Straße ermordet; die Erregung über diese Tat führte zu einer weiteren Radikalisierung der bayerischen Politik, die provisorische Regierung unter sozialdemokratischer Führung stand unter dem Druck eines Revolutionären Zentralrats, in dem linke Sozialisten, Rätedemokraten, Kommunisten und literarische Schwärmer den Ton angaben. Im Laufe des März kam zudem die Kunde von der Errichtung einer Rätediktatur in Ungarn nach bolschewistischem Muster, und am 6. April putschte der Zentralrat und rief eine Räterepublik aus. »Ein Karneval, aber ein blutiger«, so ein Beobachter[406]: eine Revolution im Geiste Schwabings.

Anarchisten, radikale Bauernbündler, linke Sozialisten gaben den Ton an, durchweg Literaten, Chansondichter, Hochstapler und auch Psychopathen, deren Kundgebungen ebenso närrisch wie radikal klangen, die die Bürokratie auflösten, eine Rote Armee aufstellten, das Bündnis mit Sowjetrußland und Sowjetungarn verkündeten und den Segen des Papstes für das bayerische Volk einholten. Dieser Karnevalstaat war nicht nur seltsam, sondern auch furchterregend; daß die Insassen eines in der Nähe Münchens gelegenen russischen Kriegsgefangenenlagers freigelassen und der Roten Armee eingegliedert wurden, legte die Furcht der entwaffneten und eingeschüchterten Münchener Bürger vor russischen Zuständen nahe. Am 14. April übernahmen dann wirkliche Kommunisten die Macht, und der neue revolutionäre Vollzugsausschuß machte Ernst mit seiner Ankündigung, die Diktatur des Proletariats zu installieren. Während München von aus Norddeutschland herangeführten Reichswehrtruppen eingeschlossen wurde, spielten sich in der Stadt Szenen ab,

die an Paris unter der Herrschaft der Sansculotten erinnerten. Beschlagnahme-Kommissionen zogen durch Banken, Geschäftshäuser und bürgerliche Privatwohnungen und plünderten die Barbestände, um die Rote Armee zu finanzieren; bei Dachau und Freising kam es zu Kämpfen, bei denen die Revolutionstruppen sich ganz achtbar schlugen. Auf den Straßen fanden Massenverhaftungen statt, das Denunziationswesen blühte, die Keller des Luitpold-Gymnasiums füllten sich mit Gefangenen.

Am 1. Mai 1919 begann der Sturm der Reichswehr- und Freikorpstruppen auf München; im Luitpold-Gymnasium wurden nicht nur Gefangene gefunden, sondern auch zehn im letzten Moment erschossene Geiseln, sechs davon Mitglieder der »Thule-Gesellschaft«. Jetzt tobte statt des roten der weiße Terror, Schuldige und Unschuldige wurden von erbitterten Regierungssoldaten standrechtlich umgebracht. Die Münchener Revolution forderte etwa sechshundert Tote, dreiviertel von ihnen »Rote«.

Proletarier aller Länder vereinigt Euch!

An alle gegen die Räterepublik kämpfenden Truppen!

Soldaten!

Die Münchener Proletarier und Soldaten haben sich erhoben und die Regierungsgewalt in tapferem Kampfe gegen die Kapitalisten an sich gerissen.

Nun schicken Euch, unsere Brüder, der Oberst Epp und die Verräter der Arbeiterklasse Hoffmann und Schneppenhorst gegen uns. Kameraden! Was wollt Ihr von den freien Arbeitern und Soldaten Münchens! Wollt Ihr, daß Ihr für immer in der Geschichte als Würger und Henker der Münchener Arbeiter und revolutionären Soldaten gebrandmarkt werdet?

Nein, Soldaten, Ihr gehört zu uns! Die ganze Garnison München steht hinter der Münchener Arbeiter- und Soldatenrepublik! Kommt zu uns und schart Euch um unser rotes Banner, das Banner der Freiheit! Eure Führer lügen über uns, um Euch in einen aussichtslosen ehrlosen Kampf zu treiben und mit Eurer Hilfe sich den Geldsack zu sichern!

Schlagt Eure Offiziere tot und kommt zu uns! Auch Ihr habt nichts zu verlieren als Eure Ketten!

Darum nochmals: Weigert Euch, für die Kapitalisten und die Offiziere zu kämpfen, gebt die Gewehre an uns ab und kommt als Brüder zu uns!

Es lebe die Revolution!

Es lebe die Bayerische Arbeiter- Bauern- und Soldaten-Räterepublik!

Es lebe die Weltrevolution! Es lebe die Rote Armee!

München, den 16. April 1919.

Der Vollzugsrat der Betriebs- und Soldatenräte Münchens.

Flugblatt der kommunistischen Räteregierung

Die Erleichterung der Münchener Bevölkerung war groß, trotz aller Übergriffe der Befreier. Thomas Mann notierte, »daß standrechtlich nicht übel ›aufgeräumt‹ werde, was gewiß nicht zu beklagen ... Ich bin voller Einverständnis und finde, daß es sich unter der Militärdiktatur bedeutend freier atmet, als unter der Herrschaft der Crapule.«[407] Als die Trümmer der Revolution beseitigt waren, kam darunter ein stockreaktionäres Bayern zum Vorschein, »das meinte, seit dem blutigen Mummenschanz der Räterepublik über alles Be-

scheid zu wissen, was Republik, Sozialismus und Freiheitstraum hieß«[408].

Eine »Deutsche Arbeiterpartei« mußte, schon ihres Namens wegen, einigen Verdacht bei den Ordnungsmächten hervorrufen, und so wurde von der zuständigen Reichswehr-Dienststelle ein Beobachter zu einer ihrer Sitzungen gesandt, um Nachricht über den Charakter dieses Vereins einzuholen. Der V-Mann war nicht besonders beeindruckt, las aber anschließend eine Broschüre Drexlers, die ihn so begeisterte, daß er spontan um Aufnahme in die DAP nachsuchte. Sein Aufnahmeantrag wurde während der nächsten Sitzung beraten, aber der Neuankömmling war entsetzt: »Fürchterlich, fürchterlich. Das war ja eine Vereinsmeierei allerärgster Art und Weise. In diesen Klub also sollte ich eintreten? ... Außer einigen Leitsätzen war nichts vorhanden, kein Programm, kein Flugblatt, überhaupt nichts Gedrucktes, keine Mitgliedskarten, ja nicht einmal ein armseliger Stempel, nur ersichtlich guter Glaube und guter Wille.« Immerhin gab es auch erfreuliche Gesichtspunkte: »Diese lächerliche kleine Schöpfung mit ihren paar Mitgliedern schien mir den einen Vorzug zu besitzen, noch nicht zu einer ›Organisation‹ erstarrt zu sein ... Hier konnte man noch arbeiten, und je kleiner die Bewegung war, um so eher war sie noch in die richtige Form zu bringen ... Je länger ich nachzudenken versuchte, um so mehr wuchs in mir die Überzeugung, daß gerade aus einer solchen kleinen Bewegung heraus dereinst die Erhebung der Nation vorbereitet werden konnte.«[409] Der Reichswehragent erhielt die Mitgliedsnummer 555 – nicht 7, wie er später behauptete – und unterschrieb: Adolf Hitler.

Alle Welt kennt Hitlers Biographie: 1889 als viertes Kind eines österreichischen Zollbeamten geboren, vorzeitiger Abgang von der Realschule, jahrelange elende, wenn auch durch eine elterliche Rente erträgliche Bohème-Existenz als Maler und Hilfsarbeiter in Linz, Wien und München, bei Kriegsbeginn Eintritt in ein bayerisches Infanterie-Regiment, Westfront, Meldegänger beim Regimentsstab, Gefreiter, Eisernes Kreuz 1. Klasse, Herbst 1918 im Lazarett Pasewalk bei Stettin, wo er angesichts der Revolution beschloß, »Politiker zu werden«; Propaganda- und Vertrauensmann der Nachrichtenabteilung des Reichswehr-Gruppenkommandos 4 (Bayern), nach dem Urteil eines seiner Kameraden »ein geborener Volksredner, der durch seinen Fanatismus und sein populäres Auftreten in einer Versammlung die Zuhörer unbedingt zur Aufmerksamkeit und zum Mitdenken zwingt«[410].

Mit Hitlers Beitritt zur »Deutschen Arbeiterpartei« änderte sich deren Gesicht gründlich. Hatten ihre Vortragsveranstaltungen bis jetzt höchstens zwei Dutzend Zuhörer angezogen, so zwang der neuerliche Zustrom bald zur Übersiedlung in größere Säle: Hitler sorgte für Organisation, Hitler drängte an die Öffentlichkeit, Hitler redete, und Hitlers Ruf als Redner wuchs. Zu den Arbeitern und Handwerkern, die bisher den Kern der »DAP« ausgemacht hatten, kamen Soldaten hinzu, aktive und soeben entlassene, und Angehörige freier Berufe, auch Beamte – alle enttäuscht von der Gegenwart, in wirtschaftlicher Not, ressentimentgeladen und auf der Suche nach neuer Hoffnung. Was Hitler ihnen zu sagen hatte, war eigentlich

Programm

der

National-Sozialistischen Deutschen Arbeiter-Partei

Das Programm der Nationalsozialistischen Deutschen Arbeiterpartei ist ein Zeitprogramm. Die Führer lehnen es ab, nach Erreichung der im Programm aufgestellten Ziele neue aufzustellen nur zu dem Zweck, um durch künstlich gesteigerte Unzufriedenheit der Massen das Fortbestehen der Partei zu ermöglichen.

1 Wir fordern den **Zusammenschluß aller Deutschen** auf Grund des Selbstbestimmungsrechtes der Völker zu einem Groß-Deutschland.

2 Wir fordern die **Gleichberechtigung des deutschen Volkes** gegenüber den anderen Nationen, Aufhebung der Friedensverträge von Versailles und St. Germain.

3 Wir fordern Land und Boden (Kolonien) zur **Ernährung unseres Volkes** und Ansiedlung unseres Bevölkerungsüberschusses.

4 **Staatsbürger** kann nur sein, wer **Volksgenosse** ist. Volksgenosse kann nur sein, wer deutschen Blutes ist, ohne Rücksicht auf Konfession. Kein Jude kann daher Volksgenosse sein.

5 **Wer nicht Staatsbürger ist,** soll **nur als Gast** in Deutschland leben können und muß unter Fremden-Gesetzgebung stehen.

6 Das Recht, über **Führung** und Gesetze **des Staates** zu bestimmen, darf **nur** dem Staatsbürger zustehen. Daher fordern wir, daß jedes öffentliche Amt, gleichgültig welcher Art, gleich, ob im Reich, Land oder Gemeinde, nur durch Staatsbürger bekleidet werden darf.

Wir bekämpfen die korrumpierende Parlamentswirtschaft einer Stellenbesetzung nur nach Parteigesichtspunkten ohne Rücksicht auf **Charakter** und **Fähigkeiten.**

7 Wir fordern, daß sich der Staat verpflichtet, **in erster Linie** für die **Erwerbs- und Lebensmöglichkeit der Staatsbürger** zu sorgen. Wenn es nicht möglich ist, die **Gesamtbevölkerung des Staates zu ernähren,** so sind die Angehörigen fremder **Nationen (Nichtstaatsbürger)** aus dem Reiche **auszuweisen.**

8 Jede **weitere Einwanderung Nichtdeutscher** ist **zu verhindern.** Wir fordern, daß alle Nichtdeutschen, die seit 2. August 1914 in Deutschland eingewandert sind, sofort zum Verlassen des Reiches gezwungen werden.

9 Alle Staatsbürger müssen gleiche Rechte und Pflichten besitzen.

10 Erste Pflicht jedes Staatsbürgers muß sein, geistig oder körperlich zu schaffen. Die Tätigkeit des einzelnen darf nicht gegen die Interessen der Allgemeinheit verstoßen, sondern muß im Rahmen des Gesamten zum Nutzen aller erfolgen.

Daher fordern wir:

11 **Abschaffung des arbeits- und mühelosen Einkommens. Brechung der Zinsknechtschaft.**

12 Im Hinblick auf die ungeheueren Opfer an Gut und Blut, die jeder Krieg vom Volke fordert, **muß die persönliche Bereicherung durch den** Krieg als Verbrechen am **Volke** bezeichnet werden. Wir fordern daher restlose Einziehung aller Kriegsgewinne.

13 Wir fordern die Verstaatlichung aller (bisher) bereits vergesellschafteten Betriebe (Trusts).

14 Wir fordern Gewinnbeteiligung an Großbetrieben.

15 Wir fordern einen **großzügigen Ausbau der Altersversorgung.**

16 Wir fordern die Schaffung eines **gesunden Mittelstandes** und seine Erhaltung, sofortige Kommunalisierung der Großwarenhäuser und ihre Vermietung zu billigen Preisen an kleine Gewerbetreibende, schärfste Berücksichtigung aller kleinen Gewerbetreibenden bei Lieferung an den Staat, die Länder und Gemeinden.

17 Wir fordern eine unseren nationalen Bedürfnissen angepaßte Bodenreform, Schaffung eines Gesetzes zur unentgeltlichen Enteignung von Boden für gemeinnützige Zwecke, Abschaffung des Bodenzinses und **Verhinderung jeder Bodenspekulation.**

18 Wir fordern den rücksichtslosen **Kampf gegen** diejenigen, die durch ihre Tätigkeit das Gemeininteresse schädigen. **Gemeine Volksverbrecher,** Wucherer, Schieber usw. sind mit dem **Tode** zu bestrafen, ohne Rücksichtnahme auf Konfession und Rasse.

nichts anderes als das, was man an jedem Stammtisch, an jeder Straßenecke, in unzähligen anderen Zirkeln und Vortragsveranstaltungen hören konnte: daß das Elend der Kriegsniederlage und der wirtschaftlichen Not Schuld der Entente und der Kapitalisten, vor allem aber der hinter alledem stehenden Juden sei; daß der gegenwärtige Staat ein Judenstaat sei, der radikal überwunden werden und einer neuen Volksgemeinschaft auf der Grundlage eines wahren Deutschtums und eines wahren Sozialismus weichen müsse. Was die Hörer aber tatsächlich anzog, das war die Art, wie Hitler sprach, seine Ausstrahlung als Redner und seine Begabung für Dramatik und Inszenierung. Daß sich die DAP, die im Februar 1920 nach sudetendeutschen und österreichischen Vorbildern in »Nationalsozialistische Deutsche Arbeiterpartei« (NSDAP) umbenannt wurde, auch ein Programm gab, das der Finanztheoretiker Gottfried

Feder ausgearbeitet hatte, war daneben bedeutungslos; eine ordentliche Partei brauchte eben ein ordentliches Programm, und so entstand ein kurioses Gemisch von Federschen Theoremen (»Brechung der Zinsknechtschaft«), antisemitischen Formeln (»Kein Jude kann Volksgenosse sein«) und sozialistisch klingenden Gemeinplätzen (»Gemeinnutz geht vor Eigennutz«). Hitler sah zeitlebens in diesem Programm lediglich eine Fessel und hielt Feder für einen Narren; die Politik war für ihn das Wort, und das Wort war seine Erwiderung auf die Wünsche seiner Zuhörer, nicht ein lebloses Stück Papier.

Es konnte nicht ausbleiben, daß zwischen den Gründern der alten »DAP« und dem neuen Chefpropagandisten schwere Konflikte auftraten; einige kehrten der Partei den Rücken, andere drängte Hitler beiseite mit der Unterstützung einer ihm ergebenen Riege von neuen Mitgliedern, darunter der Journalist und Dramatiker Dietrich Eckart, der baltendeutsche Emigrant Alfred Rosenberg, der Reichswehr-Hauptmann Ernst Röhm, der Student Hermann Esser. Am 29. Juli 1921 übernahm Hitler schließlich den Vorsitz; er erhielt sogleich diktatorische Vollmacht im Rahmen der Partei und wurde schon hier und da als »unser Führer« gefeiert. Zu der Zeit beherrschte die NSDAP bereits die politische Szenerie Münchens, erste Ortsgruppen außerhalb der bayerischen Hauptstadt wurden gegründet, ein eigener Wehrverband entstand, die »Turn- und Sportabteilung«, Vorläufer der späteren SA, und eine eigene Zeitung, den »Völkischen Beobachter«, hatte man auch schon. Nichts bringt so viel Erfolg wie der Erfolg; wo Hitlers Rednergabe und sein Propagandatalent nicht ausreichten, da sorgten die rauhen Freikorpsleute, die die Reihen der SA zu füllen begannen, für Schlagzeilen. In der Tradition bayerischer Bierkeller-Prügeleien wurden gegnerische wie eigene Versammlungen brachial umfunktioniert; Demonstrationsmärsche pflegten sich früher oder später in deftige Straßenkrawalle aufzulösen, denn sozialdemokratische und kommunistische Trupps waren immer gerne bereit, sich von den Nationalsozialisten provozieren zu lassen.

Ende 1922 erregte das Auftreten der NSDAP bereits derartiges Aufsehen, daß sie in Preußen, Mecklenburg-Schwerin, Thüringen, Baden und in den Hansestädten verboten wurde; in Bayern dagegen blieb sie nach wie vor geduldet, vom Münchener Polizeipräsidenten sogar protegiert, und er war es auch, der auf eine besorgte Anfrage der Bezirksregierung Pfalz am 2. Dezember 1922 in wohlwollendstem Tone Auskunft gab: »Es besteht kein Zweifel, daß der nationalsozialistische Gedanke – vielleicht gerade deswegen, weil die Partei in ihrer Werbetätigkeit die nationale Idee besonders hoch hält – heute bereits in allen Kreisen und Schichten der Bevölkerung festen Fuß gefaßt hat und die Partei als ernster politischer Machtfaktor angesehen werden muß.«[411] 1923 war die NSDAP die führende Kraft der »Arbeitsgemeinschaft der Vaterländischen Kampfverbände« Bayerns, der die Nachfolgeorganisationen der alten, 1921 auf Ententewunsch hin aufgelösten Einwohnerwehren und mehrere Freikorps angehörten. »Diese sogenannten Kampfverbände«, so formulierte es die »München-Augsburger Abendzeitung«, »erblicken ihre Hauptaufgabe nicht so sehr in der Stützung der Regierung, als darin, die Regierung zu einer nationalen Politik beschleunigten Tempos zu

Erste Ausgabe Preis 10 Pfennig

München-Augsburger Abendzeitung

Das Urteil im Hitlerprozeß

München, den 1. April 1924, 10 Uhr 05 Min.

Unter großer Spannung einer zahlreichen Zuhörerschaft wurde heute vormittag im Saale der Infanterieschule durch Landgerichtsdirektor Neithardt das Urteil im Hitlerprozeß verkündet.

Freigesprochen wurde: General Ludendorff unter Ueberbürdung der Kosten auf die Staatskasse.

Die übrigen Angeklagten wurden zu Festungshaft verurteilt und zwar wie folgt:

Adolf Hitler 5 Jahre Festung
Oberstleutnant Kriebel 5 Jahre
Dr. Weber 5 Jahre
Oberstlandesgerichtsrat Pöhner 5 Jahre
Oberamtmann Dr. Frick 1 Jahr 3 Monate
Hauptmann a. D. Röhm 1 Jahr 3 Monate
Oberleutnant Wagner 1 Jahr 3 Monate
Oberleutnant Brückner 1 Jahr 3 Monate
Oberleutnant Pernet 1 Jahr 3 Monate

Die Haftanordnung gegen Frick, Röhm und Brückner wird aufgehoben.
Das Gericht erläßt weiter Beschluß: Den Verurteilten Brückner, Röhm, Pernet, Wagner und Frick wird für den Strafrest mit sofortiger Wirksamkeit Bewährungsfrist bis 1. April 1928 bewilligt.
Den Verurteilten Hitler, Pöhner, Kriebel und Weber wird nach Verbüßung eines weiteren Strafteiles von je 6 Monaten Festungshaft Bewährungsfrist für den Strafrest in Aussicht gestellt.
Die Verurteilung und Freisprechung erfolgte mit vier Stimmen.

Die Begründung des Urteils erscheint in einer zweiten Ausgabe gegen Mittag.

treiben«[412], mit anderen Worten: unter Hitlers Führung hatte sich eine Bürgerkriegsarmee gesammelt, die nur auf das Signal zum Losschlagen wartete. Hitler gab das Signal am Abend des 8. November 1923 mit seinem theatralischen Coup im Bürgerbräukeller; wenige Stunden später war der Putsch zusammengebrochen; Hitler und seine Mitverschwörer wurden festgenommen. Die Richter, von tiefer Bewunderung für Hitlers Tat und seine Absichten erfüllt, verurteilten ihn zu fünf Jahren Festungshaft.

Jetzt erwies sich, daß die NSDAP nichts war ohne ihren Führer. Während Hitler in der Festung Landsberg seine künftige Parteibibel »Mein Kampf« schrieb, brachen unter den Nationalsozialisten Diadochenkämpfe aus. Die Partei spaltete sich, Mitglieder traten massenhaft aus, bei den Reichstagswahlen vom 7. Dezember 1924 votierten kaum 3 Prozent der Wähler nationalsozialistisch, und als Hitler nach nur dreivierteljähriger Haft, von wohlwollenden Richtern auf Bewährung entlassen, die Szene wieder betrat, fand er nur noch Trümmer vor. Hitlers Sendungsglaube war dadurch keineswegs beeinträchtigt; der von ihm erdachte Mythos des »Führers« hatte ihn selbst längst gefangen und hielt ihn fest. Die Monate in Festungshaft hatten ihm ausreichend Gelegenheit gelassen, sich Gedanken über die künftige Strategie zu machen. Schluß mit dem Putschismus, Schluß mit Gewaltabenteuern; bot nicht die Verfassungsordnung des Staats genügend Möglichkeiten, legal zur Macht zu kommen? Von nun an sollte es keine parlamentarischere Partei geben als die nationalsozialistische. Deshalb machte sich Hitler zunächst daran, die Partei neu zu gründen. Sämtliche Frondeure wurden entfernt, andere alte Anhänger, denen der neue Kurs der Legalität nicht zusagte, oder die sich, wie Ludendorff, Hitler nicht unterzuordnen bereit waren, gingen von selbst. Für die Partei war das eine Roßkur; Ende 1925 besaß sie nur noch 27117 Mitglieder im ganzen Reich, weniger, als sie vor dem November-Putsch allein in München besessen hatte.

Es begann eine lange Durststrecke. In den Jahren der Stabilisierung, bis etwa 1929, blieb die NSDAP für die Öffentlichkeit eine unbedeutende, wenn auch lautstarke Splitterpartei, deren parlamentarische Rolle allenfalls von statistischem Interesse war. Die linksrepublikanische »Weltbühne« stellte im März 1925 tiefbefriedigt das »Ende der völkischen Bewegung« fest: »Wie es eigentlich kam, daß die völkische Bewegung in Deutschland so schnell und lautlos zusammenbrach, ist nur zu verstehen, wenn man weiß, daß die ganze Bewegung, der zur Zeit ihrer höchsten Blüte, Anfang November 1923, immerhin einige Millionen Menschen folgten, in Wirklichkeit nur von etwa zehn Männern gemacht worden war, die ihrem Charakter, ihren Fähigkeiten, ihrer Abstammung und Erziehung nach zu verschieden waren, um länger als ein paar Monate hindurch – und auch die nur mit Ach und Krach – gemeinsam zu führen ... Der Patient ist verstorben. Die trauernden Hinterbliebenen liegen sich wegen des Testaments in den Haaren. Sie werden sich nimmer einigen.«[413] Um diese Zeit suchte Hitler den österreichischen Generalkonsul in München auf, um seine Entlassung aus der österreichischen Staatsbürgerschaft zu beantragen – er befürchtete, bei künftigen Kollisionen mit der Staatsgewalt als Ausländer abgeschoben zu werden. Der Generalkonsul hörte sich Hitler an und befand: Ein

Spinner. Nach Wien berichtete er über seinen Gesprächspartner, er sei ein »Phantast, der ihm gemachten Einwendungen sofort ausweicht, und daß er sich in gewisse Ideen verrannt hat, von denen er nicht abzubringen ist. Sein Ideal wäre ein Deutschland, das als Volk etwa so organisiert ist wie eine Armee.«[414]

Man könnte die Geschichte Hitlers und des Nationalsozialismus als eine Geschichte ihrer Unterschätzung schreiben; abfällig-mitleidige Urteile dieser Art finden sich zuhauf. Aber während von links bis rechts alles in den trügerischen Sommer der Republik hineinträumte, befaßte sich die NSDAP mit ihrer inneren Festigung. Sie weitete ihre Organisation über ganz Deutschland aus, was um so leichter fiel, als 1924 mit der Aufhebung des Ausnahmezustands auch die Parteiverbote in Norddeutschland fielen und die NSDAP in Preußen wieder legal auftreten konnte. Ein zweites Schwergewicht neben München bildete sich in Berlin, wo Joseph Goebbels seit 1926 als Gauleiter demagogisch wirkungsvolle Arbeit leistete, wenngleich in der Reichshauptstadt und in den übrigen Großstädten vorerst nur mit bescheidenem Erfolg. Von Lenin und Mussolini hatte Hitler gelernt, daß die Schlagkraft einer Partei nicht von der Masse, sondern von der Radikalität ihrer Mitglieder abhängt, daß unter Umständen eine verhältnismäßig kleine Gruppe entschlossener und von einem gemeinsamen Willen geleiteter Menschen sogar eine größere Durchschlagskraft besitzt als eine aus vorwiegend zahlenden Mitgliedern bestehende Massenpartei. Die NSDAP formierte sich in diesen Jahren zu einem straff durchorganisierten, im Laufe der Zeit zunehmend differenzierten Apparat, dem neben einer der Münchener Zentrale untergeordneten Ämterbürokratie zahlreiche Parteigliederung wie Hitler-Jugend, NS-Frauenschaft, NS-Betriebszellen-Organisation, NS-Lehrerbund und ähnliche Organisationen angehörten. Sie wiederholte damit eine Entwicklung, die andere Parteien, insbesondere die Sozialdemokratie, bereits früher durchgemacht hatten. Ihr Einfluß wurde nicht nur in alle Verästelungen der Gesellschaft getragen, sondern sie bot ihren Mitgliedern auch eine alle Lebensbereiche umfassende Heimat, indem sie sie fest einband und zugleich eine umfassende Kontrolle über sie ausübte: Ein Staat im Staate, ein Gegenstaat.

Manches war hier allerdings anders als in klassischen Parteiorganisationen. Da existierte zum Beispiel eine Parteiarmee, die Sturmabteilungen der SA, die im Gegensatz zur bürokratischen Parteiorganisation den Bewegungscharakter der NSDAP betonte. Sie bildete die Speerspitze der Partei, nach militärischem Muster aufgestellt und einheitlich mit Braunhemd, Hakenkreuz-Armbinde, Rangabzeichen, Koppeln, Schulterriemen und Schaftstiefeln uniformiert. Die SA war in der Regel unbewaffnet, denn sie sollte nach Hitlers Willen keinen Wehrverband darstellen, sondern ein propagandistisches Mittel in der Hand der Parteiführung sein, wenn die Nationalsozialisten in Auseinandersetzungen standen: beim Schutz eigener Veranstaltungen, beim Sprengen gegnerischer, als Kern und Vorhut von Demonstrationszügen. Die Straßendemonstrationen der SA erwiesen sich als besonders wirkungsvolles Propagandamittel; »der Anblick einer starken Zahl innerlich und äußerlich gleichmäßiger, disziplinierter Männer«, verkündete der zeitweilige oberste SA-Führer Franz Pfeffer v. Salomon, »deren restloser Kampfwille unzwei-

Gestern noch auf stolzen Rossen…
»Zwölf Mark kost' dees Büachl? A bißl teier, Herr Nachber… Zündhölzeln ha'm S'koane??«

Zeichnung von E. Schilling

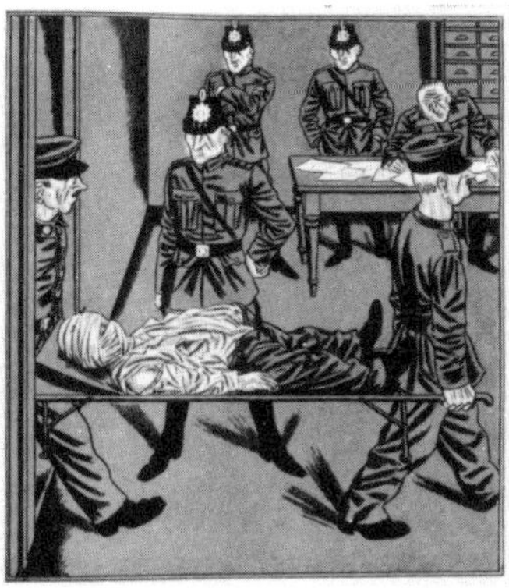

Berlin am Sonntag
»Ist der Mann unters Auto gekommen?« – »Nein, unter die Nationalsozialisten!«

Zeichnung von E. Schilling

deutig zu sehen oder zu ahnen ist, macht auf jeden Deutschen den tiefsten Eindruck und spricht zu seinem Herzen eine überzeugendere und mitreißendere Sprache, als Schrift und Rede und Logik je vermag. Ruhiges Gefaßtsein und Selbstverständlichkeit unterstreicht den Eindruck der Kraft – der Kraft der marschierenden Kolonnen.«[415] Daß die SA sich als »die kämpfende Bewegung« verstand und stets großen Wert darauf legte, sich von der Politischen Organisation (PO – in SA-Kreisen sprach man von P-Null) abzugrenzen, machte sie allerdings auch zu einem innerparteilichen Machtfaktor, der schwer zu disziplinieren war. Vor allem die norddeutsche SA, die mit besonderer Inbrunst an der Verkündung eines »nationalen« Sozialismus hing und ihren revolutionären Auftrag sehr ernst nahm, erwies sich öfter als aufsässig; namentlich die Berliner SA, die nicht von ungefähr einen beträchtlichen Anteil an ehemaligen Mitgliedern des kommunistischen Rotfrontkämpfer-Bunds besaß, ließ sich nur unwillig von München aus führen und versuchte einige Male den Aufstand, wurde aber stets von Hitlers übermächtiger Autorität zur Raison gebracht.

In der NSDAP sammelte sich so viel an politischem und ideologischem Sprengstoff an, sie war sozial und programmatisch derart heterogen, daß sie aus sich heraus nicht lebensfähig gewesen wäre. Was sie zusammenhielt, war ausschließlich die Autorität Hitlers, des Parteivorsitzenden, des Führers. Sein unbestrittenes Charisma war es, das die Partei auch über ihre Konsolidierungs- und Organisationsphase hinaus eine geballte revolutionäre Kraft, eine »Bewegung«, bleiben ließ; auf ihn war sie vollständig ausgerichtet. Zwar ließ das von seiner Autorität als Organisationsgrundsatz abgeleitete »Führerprinzip« in der NSDAP Dutzende und Hunderte kleinerer Führer entstehen, die sich oft bis aufs Messer gegenseitig befehdeten, eher Condottieri als disziplingewohnte Unterführer, doch ein Wort Hitlers genügte, jeden Streit und Widerspruch zu ersticken. Hitler war eigentlich ein Sektengründer; er setzte auf den Glauben seiner Anhänger, er allein war Künder der Wahrheit. »Was Fleiß und Wissen und Schulweisheiten nicht zu lösen verstehen«, so konnte sein Berliner Paladin Joseph Goebbels ohne jedes Gefühl für Lächerlichkeit verkünden, »das kündet Gott durch den Mund derer, die er auserwählt hat ... Wenn Hitler spricht, dann bricht vor der magischen Wirkung seines Wortes aller Widerstand zusammen ... Über seiner mitreißenden menschlichen Gestalt sehen wir in diesem Mann die Gnade des Schicksals wirksam sein und klammern uns mit all unseren Hoffnungen an seine Idee und damit verbunden an jene schöpferische Kraft, die ihn und uns alle vorwärtstreibt.«[416]

Dabei war das, was Hitler zu sagen hatte, eine krude Mischung aus allen massenwirksamen Ideen und Ideologien, die im geistigen Klima der Nachkriegszeit vagabundierten. Das Schlagwort vom »nationalen Sozialismus«, bereits in der Vorkriegszeit als Bindemittel völkischer Organisationen im Kampf gegen die Sozialdemokratie entstanden, war auf die Arbeiterschaft gezielt, ein Appell an den »Geist von 1914«, an die Bereitschaft der Arbeiter, internationalistische und klassenkämpferische Theorien zugunsten der älteren Utopie von der einheitstiftenden Kraft der Nation aufzugeben, und daneben ein Lockmittel, gezielt auf sozialromantische Kräfte in Mittelstand und Oberschicht. Das Leitbild der »Volksgemeinschaft«,

ursprünglich ein Erzeugnis der katholisch-romantischen Ständestaatslehre, schien die Lösung der wirtschaftlichen und sozialen Schwierigkeiten der modernen Industriegesellschaft zu verheißen. Die Rassendoktrin diente als Vehikel eines aggressiven weltpolitischen Sendungsbewußtseins, eine Übersteigerung des plakativen Nationalismus, der an die Tradition eines deutschen Sonderbewußtseins im Herzen Europas und an den Traum vom großdeutschen Einheitsreich anknüpfte. Beide ideologischen Elemente, Nation und Rasse, bauten aufeinander auf - zunächst galt es die »Befreiung der Nation« von den Fesseln von Versailles zu erreichen, eine überaus populäre Forderung, die später zur Ausdehnung nach Osten führen sollte, zur Eroberung von »Lebensraum« für die vorgeblich überlegene germanische Rasse, als deren Kern die Deutschen sich zu verstehen hatten.

Diese Idee der Überlegenheit war es wohl in erster Linie, die den durch Kriegsniederlage und Wirtschaftskrisen gebeutelten und gedemütigten Deutschen so überaus einleuchtete. Wenn man in dem eklektizistischen Theorien-Gemisch, das Hitler seinen Zuhörern und Lesern anbot, nach in der deutschen Geschichte wurzelnden langwirkenden Konstanten sucht, so wird man hier am ehesten fündig. Man entdeckt Gründe hierfür bereits im neunzehnten Jahrhundert, in einer Zeit, in der ganz Europa unter der Idee des modernen Nationalstaats stand, und in der die Deutschen überlang auf die nationale Einigung warten mußten. Im Laufe dieses zwei Generationen währenden Wartens staute sich eine Flut von kollektiven Wünschen, Gefühlen und Ansprüchen, die sich dann nach der Reichsgründung in einem unbändigen Drang nach Bestätigung des lange unterdrückten Selbstwertgefühls, eines »Wir-sind-besser-und-stärker-als-die-anderen« Bahn brach. Die »deutsche Sendung«, der Glaube an die rassische und kulturelle Überlegenheit der Deutschen gehörte fortan zu den Axiomen bürgerlichen Selbstverständnisses. Das Medium der nationalen Selbstverwirklichung durch Einheit im Inneren und »Drang zur Sonne« nach außen war nach allen Erfahrungen und Erwartungen des deutschen Bürgertums der Kampf. Die überaus populäre Begründung war leicht bei der Hand, sie bildete den Ausfluß der Spätaufklärung des neunzehnten Jahrhunderts und lief in einem Begriff zusammen: »Sozialdarwinismus«. Das Gesetz der Natur, diese Vorstellung liegt dem zugrunde, sei der Kampf aller gegen alle, Friede sei eine Illusion des Schwachen, bestenfalls Atempause im immerwährenden Kampf der Völker um ihr Dasein, und überleben werde nur der durch Kraft und Moral Überlegene.

Daß der Mensch nicht auf Frieden angelegt sei, galt durch alle gesellschaftlichen und politischen Gruppierungen hindurch als ausgemacht, ob dieser Grundsatz nun in der marxistischen Vorstellung des Klassenkampfs, der völkisch-nationalistischen Idee des ewigen Antagonismus der Nationen oder der neu aufkommenden Ideologie des Kampfs zwischen den Rassen lag. Es war eine Epoche, in der humanitäre oder naturrechtliche Ideale gegenüber der scheinbar naturgesetzlich begründeten Verführungskraft der antiliberalen, antiindividualistischen Ideen an Boden verloren, in der die Behauptung des Eigenwerts der Nation über den des Einzelnen triumphierte. Der Historiker Treitschke konnte mit großer Wirkung postulie-

ren, das Individuum solle sich »für eine höhere Gemeinschaft, deren Glied es ist«, opfern; nur als Glied der Nation besitze es seinen Wert. Mehr noch, der Krieg als Erneuerer allen Lebens wurde entdeckt, am schärfsten artikuliert von Friedrich Nietzsche, der selbst zwar ein scharfer Kritiker des wilhelminischen Reichs und seines Bürgertums war, dessen Schlagworte vom »Willen zur Macht«, vom Herrenmenschen und Übermenschen, von der blonden Bestie und vom Sieg der starken über die schwachen Völker sich aber jedem Mißbrauch anboten. Seine heroische Elitephilosophie zündete spät, aber wirksam; er war der Prophet der Jugendbewegung, sein »Zarathustra« befand sich im Marschgepäck der Kriegsfreiwilligen von 1914, seine Begriffe verbanden sich mit einer anti-intellektualistischen Lebensphilosophie und dem »Fronterlebnis«, der als Überwindung aller sozialen Gegensätze erlebten Kameradschaft im Schützengraben der Westfront.

Im Schützengraben hatte auch Hitler gesessen; er wußte aus allen diesen Ideen ein explosives Gemisch herzustellen, in dem die Kriegsgeneration sich wiedererkannte: der Antisemitismus als Umorientierung der in Bürgertum und Arbeiterschaft weitverbreiteten Wut über Kriegsverdiener, Währungsspekulanten und Nahrungsmittelschieber, die Geschäftemacher mit der Not der Soldaten und Arbeiter; die Übertragung der Metaphern des Kriegs auf die Politik, die geistige Mobilmachung der Massen für den Bürgerkrieg; die Verherrlichung der Tat, deren Vorrang vor der Vernunft den irrationalen Grundcharakter des Nationalsozialismus und seine Durchschlagskraft im Kampf gegen die matten, kaum halb geglaubten Programme und Grundsätze der konservativen, liberalen und sozialdemokratischen Parteien begründete.

Aber auf Aussagen und Theorien kam es bei Hitlers Auftritten als Redner nur in zweiter Linie an. Vor allem war es die Wirkung von Hitler selbst, dem es gelang, wie ein Brennspiegel die Wünsche und Sehnsüchte großer Bevölkerungsteile einzufangen, sie in faszinierender und suggestiver Weise zu benennen und auf die Bevölkerung zurückzuwerfen. Das war es ja, was den Erfolg des Nationalsozialismus ausmachte: daß es ihm gelang, die Menschen, die Wähler, zu faszinieren, indem er ihre Wünsche, Ängste und Vorurteile aus einer vorbewußten, irrationalen Tiefe des kollektiven Bewußtseins ans Licht hob und zu formulieren verstand. Darin zeigte sich diese Partei moderner als alle Konkurrenten. Die meisten übrigen Parteien der Weimarer Zeit waren in ihrer ideologischen und programmatischen Ausrichtung und in ihrer Entstehungsgeschichte Erben eines Zeitalters des Rationalismus, das geglaubt hatte, es genüge, die Menschen mit Programmen bekanntzumachen, um sie zu überzeugen. Daß Menschen nicht in erster Linie rationale Wesen sind, sondern es durch Anstrengung und Selbstüberwindung erst werden müssen, war ihnen unbekannt. Hitler dagegen wußte das und rechnete mit dem Gefühlsdefizit, das die etablierten Parteien unbeachtet ließen: »Die Triebkraft zu den gewaltigsten Umwälzungen auf dieser Erde«, schrieb er, »lag zu allen Zeiten weniger in einer die Masse beherrschenden wissenschaftlichen Erkenntnis als in einem sie beseelenden Fanatismus und manchmal in einer sie vorwärtsjagenden Hysterie. Wer die breite Masse gewinnen will, muß den Schlüssel kennen, der das Tor zu ihrem Herzen öffnet. Er heißt nicht Objektivität, also Schwäche, sondern Wille und Kraft.«[417]

Die Macht der Reklame

Den Korn-Kaffee, kurz KK genannt, wollte niemand mehr trinken. Da beauftragte der Fabrikant den bekannten Propagandisten Alois Hierlinger, für die KK-Werke seine bewährte Trommel zu rühren.

Dem Trommler Alois gelang es bald, einem Teil der Bevölkerung einzupauken, daß der KK alle Kaffeearten der Welt übertrifft.

Die Zahl der KK-Anhänger stieg von Tag zu Tag. Alois bildete eine KK-Propaganda-Truppe mit Ober- und Unterführern, gab ihnen Trommeln und Standarten.

Die verächtliche Ablehnung aller Vernunfterwägungen und pragmatischen Grundsätze machte einen beträchtlichen Teil des emotionalen Appells aus, der in Hitlers rethorischen Auftritten steckte. Das konnte sich, nach der Schilderung eines skeptischen Zuhörers, so anhören: »Er sagte ganz ruhig: ›Man hat mir entgegengehalten, man könne nicht mit Spazierstöcken gegen Tanks anrennen …‹ und dann sagte er mit verstärkter Stimme: ›Ich aber sage euch …‹ und dann mit äußerster Leidenschaft: ›Wer nicht den Mut hat, mit Spazierstöcken gegen Tanks anzurennen, der wird überhaupt nichts erreichen!!‹ – und das gab eine wahnsinnige, eine stürmische Begeisterung.«[418] Es fällt dem Leser im nachhinein oft schwer, die Wirkung zu verstehen, die solche offenbar unsinnigen Reden auf die Menschen hatten; es waren verzweifelte, gehetzte, von Dämonen verfolgte, nach Wundern und Erregungen hungernde Menschen, die Hitler zuhörten, und programmatische Unstimmigkeiten, logische Fehler, inhaltliche Widersprüche waren ihnen gleichgültig. Hitler forderte von ihnen den Glauben und bot dafür Geborgenheit in einer neuen, schützenden und umhegenden Gemeinschaft: das war es, was seine Anhänger suchten und fanden.

Diese KK-Truppen bearbeiteten das Land nach allen Himmelsrichtungen, und als der Generaltrommler Alois in einer Monstre-Versammlung verkündete, daß der KK auch hochprozentig Alkohol enthalte, –

da war das alte System der Schnapsbrenner, Weinbauern und Bierbrauer geschlagen, –

und die Riesenzahl der Anhänger (auch Menge oder Masse genannt) trank sogar während der Starkbiersaison Korn-Kaffee und war tatsächlich berauscht.

Zeichnung von Karl Arnold

Es lag teils an dem Charakter des Nationalsozialismus als einer Glaubensbewegung, teils an seiner diffusen Programmatik, die jedermann etwas gab, daß diese Partei sehr viel mehr als jede andere Partei der Weimarer Zeit eine Volkspartei war. Die etablierten Parteien besaßen durchweg eine traditionelle, feste Clientèle und waren wenig an der Ausweitung ihrer sozialen Basis interessiert. Die NSDAP dagegen zog Mitglieder und Wähler aus allen Schichten und Berufen an, wenn auch mit unterschiedlichem Erfolg. Am Vorabend der Reichstagswahl vom 14. September 1930 betrug der Anteil der Arbeiter an der Parteimitgliedschaft 26,3 Prozent, gegenüber einem Arbeiteranteil von 46,3 Prozent an sämtlichen Erwerbstätigen des Reichs; für die Angestellten in Behörden und Wirtschaft lauteten die entsprechenden Prozentzahlen 24:12,5, für die Beamten 7,7:4,6, für die selbständigen nichtbäuerlichen Berufe 18,9:9,6, für die Bauern einschließlich der mithelfenden Familienangehörigen 13,2:20,7, für die sonstigen Gruppen 9,9:6,6. Es waren also alle sozialen Schichten in erheblichem Ausmaß in der Partei vertreten; allerdings waren die Arbeiter und Bauern unter-, die Mitglieder mittelständischer Berufe dagegen überrepräsentiert. Man hat deswegen auch von einer »Mittelstandspartei« gesprochen, oft auch den »kleinbürgerlichen« Charakter der NSDAP betont, und in der Tat waren es vorwiegend Angehörige der Mittelschichten, »Bürger« im ungenauen sozialen Sinn, die der Partei zuströmten. Da waren die Angehörigen der freien Berufe wie Ärzte, Rechtsanwälte, kleine Unternehmer, die ihr Vermögen in Kriegs- und Nachkriegszeit in Reichsanleihen, oft mehr aus patriotischen Gründen denn aus solchen des Gelderwerbs, festgelegt hatten, und denen die Inflation alles genommen hatte; da waren Beamte und Angestellte, die in der Nachkriegszeit massenweise auf die Straße gesetzt worden waren, weil der Staat sparen mußte; da waren die Kriegsfreiwilligen von 1914 und später, meist aus mittelständischen Familien kommend, die in glühendem Idealismus von der Schulbank in den Krieg gezogen waren, und die nun ihre Ideale

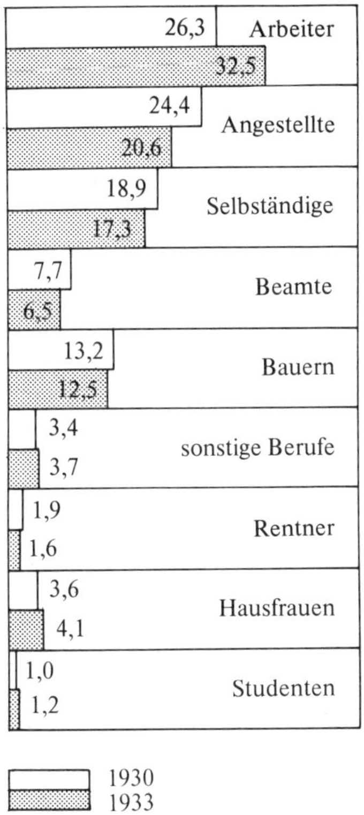

Sozialstruktur der NSDAP-Mitglieder 1930–1933 (in Prozent)

in der aus der Niederlage entstandenen Republik nicht wiedererkennen konnten.

Was sie alle miteinander verband, das war ein nach dem Krieg weitverbreitetes Gefühl von Unsicherheit und Furcht. Die Lebensangst, die die Mentalität der Epoche prägte, hatte es schon früher gegeben, im Zeitalter der Industrialisierung, als die alten Bindungen an religiöse, ständische, politische Autoritäten lockerer wurden und zerbrachen, ohne daß sich andere Gewißheiten fugenlos ergaben. Das neunzehnte Jahrhundert war ein Zeitalter der gesellschaftlichen Umwälzung, der politischen Revolution, der Umwertung aller Werte, und das erklärt großenteils den Sog, den die Idee des Nationalstaats mit ihrem neuen, einheitsstiftenden Mythos auf die Deutschen ausübte. Und in der Tat hatte der deutsche Nationalstaat von 1871 eine Generation lang die Erwartungen, die die Menschen an ihn gerichtet hatten, erfüllt – über alle Klassenschranken und Interessengegensätze hinweg bot doch der Stolz auf die Leistungen des Deutschen Reichs ein einigendes Band, und im Ernstfall, bei Ausbruch des Ersten Weltkriegs, zeigte sich die Nation in der Tat ganz in sich geeint, und der Kaiser brauchte keine Parteien, nur noch Deutsche zu kennen.

Wie tief war der Rückschlag in Niederlage und Schande, in Revolution und Bürgerkrieg! Alle Ängste von einst waren wieder da, sie waren sogar drängender, verzweiflungsvoller, denn die große Utopie von der neuen Einheit der Deutschen lag jetzt nicht mehr in der Zukunft, sondern in der Vergangenheit. Und siegreich war nicht nur jene »Welt von Feinden«, gegen die man jahrelang und unter ungeheuren Opfern gekämpft hatte; siegreich, so mußte es den Bürgern 1919 erscheinen, waren die Mächte des Umsturzes, der Zerstörung, der »Niedertrampelung unserer nationalen Ehre«, wie Gustav Stresemann schrieb[419]. Und was noch tiefer ging: Die Revolution war nicht nur Zusammenbruch und morastiges Ende, sie besaß vielmehr ihr eigenes Pathos, ihren eigenen Glauben, ihren eigenen Sinn. Nicht die Nation war der Mythos, der jetzt Massen auf die Straßen trieb, der Matrosen und Arbeiter mächtiger werden ließ als tausendjährige Kronen, sondern die Klasse. Was unter dem Banner des Marxismus möglich war, das hatte eine faszinierte und entsetzte Nation am russischen Beispiel studieren können. Das blutige Schauspiel von Petersburg und Jekaterinenburg mobilisierte nicht nur die archetypischen Schrecken Europas, die die Jakobinerherrschaft und der große Terror von 1793 ausgelöst hatten; es ging nicht mehr nur um den Krieg der Hütten gegen die Paläste, sondern, wie Lenin es programmatisch verkündete, und wovon der Fortgang der bolschewistischen Revolution hinreichendes Zeugnis ablegte, um die »Vernichtung des Bürgertums als Klasse«[420].

Die deutsche Gesellschaft verstand sich zutiefst als eine bürgerliche Gesellschaft; das hatte mit den tatsächlich bestehenden Barrieren zwischen den sozialen Schichten wenig zu tun, sondern beruhte auf einem Selbstverständnis, das alle Bereiche von Politik, Gesellschaft und Kultur umfaßte, das seit seiner Entstehungszeit irgendwann um die Wende vom achtzehnten zum neunzehnten Jahrhundert in die Tiefen der kollektiven Mentalität abgesunken war und von dort aus die politische Kultur der Deutschen bestimmte. Selbst die klassenbewußte deutsche Sozialdemokratie hatte nie eine größe-

Plakat der NSDAP, 1924.
Entwurf: M.E.

Die Figur des jüdischen Kapitalisten als Kriegs- und Inflationsgewinnler ist die genial konzipierte Zusammenballung aller Massenängste der Zeit. Die motivische Ähnlichkeit dieses Plakats mit der berühmten Heartfield-Photomontage »Der Sinn des Hitler-Grußes« (S. 345) ist kein Zufall: Kommunisten wie Nationalsozialisten können die Katastrophen des zwanzigsten Jahrhunderts nur mit Verschwörungs-Theorien begründen, und die Einfachheit des Drahtzieher-Motivs ist von hoher propagandistischer Wirksamkeit.

re Sehnsucht gekannt als die, von der Nation im Rahmen bürgerlicher Kultur als gleichberechtigt anerkannt zu sein; »Proletarier« war ein in Festreden und auf Parteitagen hochgehaltener Begriff, für den einzelnen Arbeiter verband sich damit in aller Regel der Gedanke an »Lumpenproletarier«, an besitz- und gesinnungslosen gesellschaftlichen Bodensatz, mit dem man um alles in der Welt nichts zu tun haben mochte.

Das war es, was die latenten Ängste der Menschen weit über das eigentliche Bürgertum hinaus mobilisierte: Daß da eine revolutionäre, optimistische, sinnstiftende, erfolgreiche Idee am Werke war, die alles bedrohte, was man im direkten wie übertragenen Sinn besaß. Jenes ungelenk formulierte Programm, das Anton Drexler am 5. Januar 1919 im Hinterzimmer einer Münchener Bierkneipe vorgestellt hatte, enthielt einen Passus, der alle diese Ängste wie in einem Brennspiegel zusammenfaßte: »Die gelernten und ansässigen Arbeiter haben ein Recht, zu dem Mittelstand gerechnet zu werden«, hieß es da, und: »Zu einem freien Glück bei guter Arbeit, vollem Kochtopf und vorwärts kommenden Kindern ist unser Streben.«[421]

In dem großen Faß der bürgerlichen Mitte, aus dem Adolf seither seine Anhänger holte, ist nichts mehr drin...

So ist es auch zu erklären, daß die NSDAP sehr viel mehr als nur eine Partei des Mittelstands war; ihr Arbeiteranteil war der mit Abstand höchste in den nichtmarxistischen Parteien, und er wuchs ständig, von 26,3 Prozent 1930 auf 31,5 Prozent 1933. Hierbei handelte es sich in erster Linie um solche Arbeiter, die nicht bereits in zweiter oder dritter Generation in der Industrie tätig waren; dieser Kern der klassenbewußten Arbeiterschaft war fest von den herkömmlichen Arbeiterparteien und Gewerkschaften integriert und von der NSDAP kaum ansprechbar. Der typische nationalsozialistische Arbeiter arbeitete entweder auf dem Land oder, namentlich im sächsisch-thüringischen Gebiet, in der Heimproduktion, vor allem im Textilgewerbe, oder er war vom Land in die Stadt gekommen und gehörte hier zum Heer der Ungelernten. Auch bei Arbeitern des öffentlichen Dienstes, bei Post und Eisenbahn, Wasser, Gas und Elektrizität ist oft eine Neigung zum Nationalsozialismus spürbar gewesen, daneben bei unselbständigen Handwerkern und Arbeitern in kleinen Betrieben.

Und schließlich waren da die Bauern, eigentlich die natürlichen Adressaten einer Agitation, in der Blut und Boden, Volkstum und Ursprünglichkeit feststehende Begriffe waren. Aber bei den Bauern hatte die NSDAP Schwierigkeiten, zum einen, weil sie die eher ländlich-romantisch veranlagten Gemüter der Städter ansprach, zum anderen, weil die sozialistischen Bestandteile ihres Programms bäuerliches Mißtrauen erweckten; namentlich Punkt 17, der die unentgeltliche Enteignung von Grund und Boden für gemeinnützige Zwecke forderte, stieß auf den Widerstand von Grundbesitzern, und Hitler mußte im April 1928, erst kurz vor den Reichstagswahlen, gewissermaßen ex cathedra diesen Passus als gegen den unrechtmäßig erworbenen Besitz »jüdischer Grundspekulationsgesellschaften« uminterpretieren, bevor seiner Partei Erfolge namentlich in norddeutsch-protestantischen bäuerlichen Gebieten zufallen konnten.

Aber gerade die Grenzen, die die nationalsozialistische Agitation bei Arbeitern und Bauern fand, zeigen deutlich, daß der Erfolg Hitlers eben nicht in erster Linie auf wirtschaftlichen und sozialen Interessen, sondern auf der Angst und der Glaubensbereitschaft der Menschen beruhte. Der Nationalsozialismus scheiterte nämlich überall dort, wo sich ältere sinngebende und gemeinschaftsstiftende Mythen und Glaubensgemeinschaften gehalten hatten: Weitgehend immun erwies sich der Kern der sozialdemokratisch und gewerkschaftlich organisierten Arbeiterschaft, denn hier existierte ein bereits seit Generationen überliefertes festes Gehäuse aus Werten, Begriffen und Institutionen, die Solidarität, Schutz und Gemeinschaft verhießen, während die Kommunistische Partei offenbar lediglich oberflächlich wirkende Anreize bieten konnte – die Wähler- und Mitgliederfluktuation war hier ungeheuer, es gab Jahre, in denen die Partei ihren Bestand nahezu vollständig auswechselte, und was abwanderte, fand sich fast unweigerlich bei den Nationalsozialisten wieder.

Und in noch stärkerem Maße leistete der Katholizismus Widerstand; hier zeigte es sich, trotz der süddeutsch-österreichischen Herkunft des Nationalsozialismus, trotz seiner Anknüpfung an ältere austrokatholische Elemente und der katholischen Herkunft des

Großteils der führenden NS-Funktionäre, daß die Sinnkrise des neunzehnten und zwanzigsten Jahrhunderts, von der der Nationalsozialismus profitierte, ein weitgehend protestantisches Phänomen war. So wie sich einst die katholischen Gebiete Deutschlands gleichermaßen dem aufkommenden Liberalismus, dem Sozialismus und auch dem Konservativismus in seiner preußisch-protestantischen Spielart verschlossen hatten, so widerstanden Bürger, Arbeiter, vor allem auch Bauern des katholischen Westens, Südwestens und Südens mühelos dem anbrandenden Nationalsozialismus. Hier wie so oft in der Geschichte Europas erwies sich die Geschichtsmächtigkeit von Reformation und Gegenreformation bis in die Gegenwart hinein viel stärker als die späteren Umwälzungen, entscheidender selbst als die sozialen und politischen Folgen der industriellen Revolution. An der Volksfrömmigkeit der katholisch gebliebenen Landschaften Deutschlands glitt Hitlers Appell fast spurlos ab; die Wahltableaus bis hin zu den Reichstagswahlen vom 5. März 1933 belegen das mit aller Deutlichkeit.

Aber auch im protestantischen Bürgertum, namentlich in alten Bildungs- und Besitzbürgerschichten, gab es Widerstand, der sich hauptsächlich aus bourgeoiser Verachtung des proletenhaften Auftretens der NSDAP speiste; Hitler und sein Anhang waren nicht gesellschaftsfähig, und die sozialistischen Komponenten im nationalsozialistischen Glaubensbekenntnis nährten zudem den Verdacht der Besitzenden, hier werde eine sozialrevolutionäre Politik lediglich national verbrämt. Wo bürgerliches Selbstbewußtsein noch intakt war, da dachte und wählte man auch noch »bürgerlich«, liberal, nationalliberal oder konservativ und amüsierte sich über den Emporkömmling, dessen Grammatik zu wünschen übrigließ, und der Wein mit Zucker trank. In solchen Kreisen fühlte man sich überlegen und glaubte, daß die besseren Argumente und die höhere Einsicht schon genügen würden, um dem Radikalismus der NSDAP die Spitze abzubrechen und eventuell ihre »wertvollen Elemente« den eigenen Zielen dienstbar zu machen.

Die »wertvollen Elemente« waren niemand anders als die eigenen Söhne und Töchter, die nicht daran dachten, die überlegene Distanz ihrer Eltern beizubehalten, und die mit Begeisterung in das nationalsozialistische Lager strömten. Die klassischen bürgerlichen Parteien besaßen praktisch keinen jugendlichen Anhang, sie waren und blieben Sache würdevoller Honoratioren, die ihnen nahestehenden Jugendorganisationen litten an chronischer Auszehrung. Der Abfall der Jugend von den etablierten Parteien war das bedenklichste Anzeichen für den Schwund republikanischer Substanz, und das traf nicht nur für das Bürgertum zu. Die SPD war einst eine junge Partei gewesen – 1907 waren etwa drei Viertel ihrer Mitglieder jünger als vierzig Jahre gewesen, 1930 waren es nur noch 44 Prozent. Wohin deren Jugend ging, war nicht schwer zu ermitteln: die Mitglieder der Kommunistischen Partei waren zu 64 Prozent jünger als vierzig Jahre. Die Väter Sozialdemokraten, die Söhne Kommunisten: das war, grosso modo, die Tendenz, und nicht zufällig war der älteste Reichstagsabgeordnete der Sozialdemokrat Wilhelm Bock, der bereits am Gründungskongreß der Partei 1869 in Eisenach teilgenommen hatte, während der jüngste Abgeordnete ein Kommunist war, der siebenundzwanzigjährige Konrad Blenkle.

Auf der »bürgerlichen« Seite dasselbe Bild: »Ich wollte einen anderen Weg gehen als den konservativen, den mir die Familientradition vorschrieb«, erinnerte sich später eine Tochter aus »gutem Haus«. »Im Mund meiner Eltern hatte das Wort ›sozial‹ oder ›sozialistisch‹ einen verächtlichen Klang ... Es ist merkwürdig: Die ›sozialistische‹ Tendenz, die im Namen dieser ›Bewegung‹ zum Ausdruck kam, zog mich an, weil sie mich in der Opposition gegen mein konservatives Elternhaus stärkte. Im Gegensatz dazu wurde die nationale Tendenz mir bedeutsam, gerade weil sie dem Geist entsprach, der mich dort seit früher Kindheit durchdrungen hatte ...«[422] Der Sog einer verschworenen Gemeinschaft wirkte da, ein romantischer Wille zur Selbstaufopferung für Ziele, die die Elterngeneration nicht zu weisen wußte. Unsere Zeugin als Kind, angesichts eines nationalsozialistischen Fackelzugs: »Das Hämmern der Schritte, die düstere Feierlichkeit roter und schwarzer Fahnen, zuckender Widerschein der Fackeln auf den Gesichtern und Lieder, deren Melodien aufpeitschend und sentimental zugleich klangen. Stundenlang marschierten die Kolonnen vorüber, unter ihnen immer wieder Gruppen von Jungen und Mädchen, die kaum älter waren als wir. In ihren Gesichtern und in ihrer Haltung lag ein Ernst, der mich beschämte. Was war ich, die ich nur am Straßenrand stehen und zusehen durfte, mit diesem Kältegefühl im Rücken, das von der Reserviertheit der Eltern ausgestrahlt wurde? ... Und ich brannte doch darauf, mich in diesen Strom zu werfen, in ihm unterzugehen und mitgetragen zu werden.«[423] Was eine ältere Generation, in den Gleisen der spätbürgerlichen Aufklärung befangen, dem Nationalsozialismus vorwarf, das Irrationale, das Unreife, das Eklektizistische, gerade das sprach die Jugend an. Und darüber hinaus, mit den Worten eines zeitgenössischen Beobachters: »Wille zur bewußten Führung, Disziplin, Einordnung und Ablehnung aller belastenden Problematik, Liebe zum Unbedingten – gegen den ›blutlosen Liberalismus‹, der mit seinem Relativismus ›die Glut der Herzen ausgelöscht hat‹ –, Wunsch nach klaren, einfachen Parolen. Es geht bis zum völligen Verzicht auf selbständiges Denken. Im Grunde will man die Entscheidung abgenommen bekommen ... Was man will, ist unmittelbarer Einsatz und direkte Bewährung, ganz Hingabe. Man könnte dafür wieder einen Sturm von ›Langemarck‹ vollbringen und ebenso eine gegnerische Versammlung sprengen.«[424]

Plakat der NSDAP zu den Reichstagswahlen am 25. Mai 1928
Entwurf: H. Busch

Das durch die nationalsozialistische Propaganda stilisierte und vereinnahmte »Kriegserlebnis« zielt auf die Opferbereitschaft einer Jugend, die selbst den Schützengraben nie kennengelernt hat.

Die NSDAP war eine Volkspartei, eine Jugendbewegung, ein fast religiöses Phänomen, vor allem eine Krisenerscheinung – in einer Krise allerdings, die wesentlich tiefer reichte als der Einbruch der wirtschaftlichen Konjunktur, die vor allem ein Sinn-, eine Wertekrise war. Das Defizit der Deutschen an Identifikation und Übereinstimmung, das weder der trocken-rationalistische demokratische Parlamentarismus noch die alten, ganz im vergangenen Jahrhundert verwurzelten Parteien zu beseitigen vermochten, konnte in den Jahren der relativen Prosperität von einem allgemeinen, wenn auch blassen Zukunftsoptimismus übertönt werden. Jetzt, in der beginnenden großen Wirtschaftskrise, zeigte sich zweierlei: Zum einen rissen die bei negativem wirtschaftlichen Wachstum zwangsläufig ausbrechenden Verteilungskämpfe zwischen den wirtschaftlichen Interessenten

die in den vergangenen Jahren überdeckten weltanschaulichen und politischen Klüfte wieder auf, die die deutsche Gesellschaft seit Jahrzehnten durchzogen; und zum anderen trat verschärfend hinzu, daß der Staat, der in preußisch-deutscher Tradition alle wesentlichen sozialen und wirtschaftlichen Zuständigkeiten an sich gezogen hatte, im Moment, da alle Probleme gleichzeitig aufgipfelten, zur Lösung nicht mehr imstande war und in die Knie zu brechen drohte. Das war die klassische Bürgerkriegssituation, die nur deswegen vorläufig nicht vollends in die Katastrophe führte, weil das diktatorische Notverordnungs-Instrumentarium, das die Verfassung dem Reichspräsidenten zur Verfügung stellte, den Kollaps der staatlichen Gewalt verhinderte. Aber die innenpolitische Pazifizierung mit Hilfe des Artikels 48 löste die Probleme nicht; der Bürgerkrieg war bereits die geistige Wirklichkeit der Republik, und hier lag die große Chance derjenigen Kraft, die am skrupellosesten und lautesten der größtmöglichen Zahl von Bürgern die meisten ihrer Wünsche zu erfüllen versprach und mit dem Aufbruch in die Utopie des »Dritten Reichs«, nicht umsonst ein Begriff aus mittelalterlichen chiliastischen Visionen, die Befreiung aus allem Elend der Gegenwart verhieß, dem materiellen, vor allem aber dem geistigen.

Viele Beobachter und nachträgliche Interpreten haben das nicht verstanden; wer von dem Appell des Nationalsozialismus, von dem Rausch und von der Hoffnung nicht erreicht wurde, stand fassungslos vor dieser Erscheinung, die in der geschichtlichen Erfahrung der Deutschen nicht ihresgleichen hatte, und die sämtlichen geschichtsphilosophischen Prophezeiungen widersprach. Am hilflosesten war die demokratische wie auch die kommunistische Linke, denn eine revolutionäre Massenbewegung, die sich nicht auf die erlösende Kraft des Proletariats stützte, hatten die Propheten des wissenschaftlichen Sozialismus nicht vorausgesehen. In den sozialdemokratischen Zeitschriften der beginnenden dreißiger Jahre finden sich sehr wirklichkeitsnahe Analysen des Nationalsozialismus, die bereits recht präzise Angaben über die sozialen und geistigen Grundlagen einer Bewegung enthalten, die meist als »reaktionäre Revolution« begriffen wurde.[425] Aber wer las schon die »Neuen Blätter für den Sozialismus« oder »Die Gesellschaft«? Geschichtsmächtig wurden dagegen die grobschlächtigen Versuche aus vorwiegend kommunistischer Richtung, das alles als eine einzige, ungeheure Verschwörung zu verstehen. Der »Faschismus an der Macht«, verkündete das XIII. Plenum des Exekutivkomitees der Kommunistischen Internationale im Dezember 1933 ex cathedra, sei ganz einfach »die offene, terroristische Diktatur der reaktionärsten, chauvinistischsten, am meisten imperialistischen Elemente des Finanzkapitals«[426]. Damit befand man sich wieder auf dem vertrauten Boden des Historischen Materialismus, und seitdem sind ganze Bibliotheken über die Manipulation und Finanzierung der Nationalsozialistischen Partei durch »eine Mehrheitsgruppe deutscher Industrieller, Bankiers und Großagrarier«[427] vollgeschrieben worden.

Diese Agententheorie ist aber mittlerweile obsolet geworden. Gewiß, es gab einige Industrielle wie Emil Kirdorf, Vorsitzender des Elektromontan-Konzerns Siemens-Rheinelbe-Schuckert, oder Fritz Thyssen, Vorsitzender der Vereinigten Stahlwerke, und Unternehmen wie den 1931 in Konkurs gegangenen Nordwolle-Konzern der

»Der Sinn des Hitlergrußes«
Fotomontage von John Heartfield, 1932

Eine antimarxistische, aber revolutionäre Massenbewegung ist in Marx' und Lenins Drehbuch der Weltgeschichte nicht vorgesehen. Für die orthodoxe Linke bleibt deshalb das Phänomen des Nationalsozialismus unerklärbar: die Konspiration zwischen »Monopolkapital« und Hitler ist eine Schimäre.

Brüder Lahusen, die bereitwillig an die Nationalsozialisten zahlten. Die allermeisten Industriellen und Bankiers setzten jedoch bis Anfang 1933 auf die ihnen am nächsten stehende Partei, die Deutsche Volkspartei, oder auf andere bürgerliche Parteien, während es Hitler trotz all seiner Bemühungen bis zum Vorabend seiner »Machtergreifung« nicht gelang, namhafte Industriekreise davon zu überzeugen, daß er kein Sozialist sei. Gerade hier zeigte sich aber die politische Impotenz des großen Geldes in hellster Beleuchtung, denn worauf die Industrie auch immer in ihrem durchaus vorhandenen Bestreben setzte, der arbeitnehmerfreundlichen Sozialverfassung von Weimar ein Ende zu bereiten, ob auf die Deutsche Volkspartei, auf Reichskanzler Brüning, dann mit erhöhtem Einsatz auf den späteren Kanzler v. Papen - nichts glückte.

Tatsächlich finanzierte die NSDAP sich in allererster Linie selbst. Sie war die einzige Partei, die für ihre Veranstaltungen Eintrittsgeld verlangte; bei den Hunderttausenden, die in die Festsäle, Sportpaläste, Fußballarenen strömten und dafür bereitwillig pro Kopf 1 Mark, Soldaten und Kinder die Hälfte, bezahlten, kam schon einiges zusammen. Die NSDAP konnte es sich leisten, die Glaubensbereitschaft der Menschen finanziell beträchtlich auszubeuten und ihre gewaltigen Propagandakampagnen auf diese Weise sich selbst tragen zu lassen; so wurden beispielsweise Hitler-Reden auf Zehntausende von Schallplatten gepreßt und überall im Reich in kürzester Zeit verkauft. Dennoch gehörte chronische Geldknappheit zu den ständigen Problemen der Parteiführung, aber mit ihrem Erfolg hatte das nichts zu tun. Nicht Gruppen, die Geld brachten, waren für Hitler in erster Linie interessant, sondern solche, die große, geschlossene Wählermengen lieferten. Wähler können aber nicht gekauft, sie müssen überzeugt werden. Hitlers Kapital steckte nicht in den Börsen der Industriemagnaten, sondern in den Köpfen der Menschen.

»Hundert Meter vor dem Ziel«

Der Schock der Septemberwahlen von 1930 fuhr den verantwortlichen Politikern im In- und Ausland tief in die Knochen. Wie stets, wenn die politische Routine der Republik gestört war, erschienen die Gespenster des Bürgerkriegs und verbreiteten Furcht und Untergangsstimmung. »Noch Wochen danach«, beobachtete Julius Leber in der Reichstagsfraktion der Sozialdemokraten, »liefen die unentwegtesten Pazifisten händeringend durch die Hallen des Reichstages, jedermann fragend, ob man sich wohl auf die Reichswehr verlassen könne, und wie sie sich im Falle eines Putsches verhalten würde. Gerade solche Fraktionskollegen, deren Antimilitarismus sonst keine Grenzen kannte, setzten jetzt ihre letzte schwache Hoffnung auf die Reichswehr ...«[428] Daß sich in Deutschland mit dem Einzug von 107 Nationalsozialisten in das Parlament etwas fundamental verändert hatte, spürten aber nicht nur die Deutschen. »Das Wahlresultat«, meldete Außenminister Curtius aus Genf, »konsternierte den ganzen Völkerbund. Briand fühlte sich persönlich betroffen. Er hatte eine Wirtschaftsdelegation mit nach Genf gebracht, um

mit uns über ein die üblichen Handelsbeziehungen ... übersteigendes wirtschaftliches Zusammengehen auf der ganzen Linie zu verhandeln. Nach der Wahl schickte er diese Delegation nach Paris zurück und erklärte mir rundheraus, daß er nunmehr außerstande wäre, über die vorbereiteten Pläne zu verhandeln. Frankreich müsse in Zukunft größte Zurückhaltung in der Zusammenarbeit mit Deutschland beobachten ...«[429] Aus Paris berichtete der deutsche Geschäftsträger von starker Nervosität in französischen Bankkreisen, die zur Kündigung kurzfristiger französischer Kredite in Deutschland in beträchtlicher Höhe geführt habe[430]; die Devisenkassen der deutschen Banken leerten sich über Nacht.

Die Lage dramatisierte sich dermaßen, daß wieder alles möglich schien. Der Reichsverband der Deutschen Industrie, der bislang den autoritären Gehversuchen Brünings betontes Wohlwollen entgegengebracht hatte, ließ jetzt verlauten, der einzige Ausweg aus der Krise sei die Rückkehr zur parlamentarischen Mehrheitsbildung, um die Maßnahmen der Reichsregierung demokratisch vertrauenerweckend abzustützen, und zwar nicht nach rechts, sondern nach links[431], und selbst die Reichswehrführung drängte Brüning, sich mit der Sozialdemokratie zu arrangieren.

Und dafür bestanden durchaus Anknüpfungsmöglichkeiten. Der starke Mann der Sozialdemokratischen Partei, der preußische Ministerpräsident Otto Braun, erklärte dem Berliner Korrespondenten von »United Press« klipp und klar und ohne Rücksicht auf die Empfindlichkeiten seiner Parteifreunde, nun sei die Zeit für eine »big coalition of sensible groups«, eine Große Koalition der Vernünftigen, um dem Anhang Hitlers den Weg zur Macht zu verlegen. Auch die Sozialistische Internationale bedrängte die deutschen Sozialdemokraten, mit Rücksicht auf das französische Mißtrauen und auf den Frieden in Europa über ihren Schatten zu springen und ein Bündnis mit Brüning einzugehen. Die Presse berichtete über den bevorstehenden Eintritt Otto Brauns in das Reichskabinett als Vizekanzler, womit nicht allein die SPD mit Brüning, sondern auch Preußen mit dem Reich verkoppelt gewesen wäre. Doch entgegen Brauns Hoffnungen erwies sich die Große Koalition der Unvernünftigen als stärker. Am 26. September erklärte die kleine, aber für eine parlamentarische Mehrheitsbildung unentbehrliche Wirtschaftspartei, eine Koalition mit der Sozialdemokratie werde sie unter keinen Umständen eingehen. Auch die sozialdemokratische Parteiführung widerstand mühelos allen Ermunterungsversuchen, fand, daß jede Form von Aktivität, ob Regierungsbeteiligung oder außerparlamentarische Opposition, in der gegenwärtigen Lage zu riskant sei, oder hörte einfach nicht hin. Schließlich begab sich Brüning zu Hindenburg, um ihm nahezulegen, die Parteien, wie einst im Oktober 1918, zur Macht zu befehlen, aber der Reichspräsident hatte einen schlechten Tag, verstand nicht richtig oder wollte nicht verstehen: Eine Aufnahme Brauns in die Reichsregierung, brummte er, komme gar nicht in Frage - das bedeute doch, daß Preußen im Reich aufgehe, und Preußen müsse bestehen bleiben. So verstrich eine späte Sternstunde der Demokratie, und es blieb beim alten.

Der erste Zusammentritt des Reichstags näherte sich und damit eine Klippe: Was, wenn die Parlamentsmehrheit die bisherigen Notverordnungen annullierte und dem Kanzler das Mißtrauen aussprach? Für diesen Fall plante der Reichspräsident, den Reichstag wiederum aufzulösen, eine Perspektive, die niemanden mit Ausnahme der Nationalsozialisten erfreute. »In diesem Augenblick«, so Brüning in seinen Erinnerungen, »zeigten sich die Qualitäten des preußischen Ministerpräsidenten. Er entschloß sich, öffentlich in der SPD den Kampf aufzunehmen für eine bedingungslose Mitarbeit an dem Reformprogramm der Reichsregierung.«[432] Niemand wußte besser als Otto Braun, was auf dem Spiel stand. Preußen war die einzige Machtbasis, die die Sozialdemokratie noch besaß; hier regierte nach wie vor eine Weimarer Koalition mit sicherer Rückendeckung im Landtag, doch das konnte sich von einem Tag auf den andern ändern, wenn das preußische Zentrum seine Regierungsbeteiligung löste und statt dessen ein Bündnis mit den preußischen Deutschnationalen einging, mit allen Folgen, die dies für die Verwaltung, die Polizei, die Bildungs- und Kulturpolitik von drei Fünfteln des Reiches gehabt hätte. So begab sich Braun am 3. Oktober 1930 in die sozialdemokratische Reichstagsfraktion und erklärte den Abgeordneten die Lage aus preußischer Sicht. Auch eine drohende erneute Reichstagsauflösung schreckte die Sozialdemokraten, und so beschloß die Fraktion, Brüning und seine Politik im Reichstag zu stützen. Die sozialdemokratische Tolerierungspolitik, die Brüning anderthalb Jahre lang den Rücken freihalten sollte, war geboren.

»Der 27. März 1930«, so Julius Leber, »rächte sich furchtbar. Aus der Furcht vor der Verantwortung hatte damals die Sozialdemokratie Einfluß und Macht von sich geworfen. Jetzt mußte sie Verantwortung über Verantwortung auf sich nehmen, ohne dafür im geringsten Macht oder Einfluß einzutauschen. Das war das schlimmste, was ihr passieren konnte. Viele Anhänger verstanden ihre Partei nicht mehr, denn sie sahen die Schuld der Mutlosigkeit und der Halbheit nicht, sie sahen nicht das innere Versagen der Parteiführung in den letzten Jahren. Die Parteiführung aber stand verzweifelt vor dem aufziehenden Gewittersturm des Faschismus ...«[433] Eine vernünftige Alternative war auch nirgendwo zu erblicken: Ohne parlamentarische Unterstützung würde Brüning oder ein vom Reichspräsidenten ernanntes Beamtenkabinett mit Hilfe des Artikels 48 eine beliebige Politik betreiben, oder aber Hindenburg würde eine Reichsregierung ernennen, die die Deutschnationalen Hugenbergs und die Nationalsozialisten umfaßte. Da war die Tolerierung Brünings das geringste Übel: man wußte, woran man war, bewahrte sich ein Restchen Einfluß und behielt die Stellung in Preußen, dem »Bollwerk der Republik«. Befriedigt meldete der bayerische Gesandte in Berlin, Ritter v. Preger, am Tag vor der Reichstagseröffnung nach München, »daß die Angst um Preußen und die Befürchtung, daß anderenfalls eine legale Diktatur unvermeidlich sein würde, die letzten Endes den antidemokratischen Parteien zugute kommen müsse, die Sozialdemokratie zu einem Dulden der Regierung veranlassen würde«, und fügte boshaft hinzu: »In der Tat sind die heutigen Auslassungen des ›Vorwärts‹ und anderer sozialdemokratischer Organe auf diesen stoisch-elegischen Ton gestimmt, und es mag danach angenommen werden, daß die Reichsregierung nicht mit Unrecht ihren Bestand als vorläufig gesichert ansprechen kann.«[434]

Aber Brüning wäre nicht Brüning gewesen, hätte er sich mit der parlamentarischen Absicherung nach links begnügt. Selbst die leiseste Ahnung einer Abhängigkeit von der Sozialdemokratie schmerzte ihn, und außerdem reizte ihn die innenpolitische Taktik Bismarcks, die Parteien gegeneinander auszuspielen, um alle Karten für künftige Eventualitäten in der Hand zu behalten. Die Kommunisten stellten zwar eine nicht unbeträchtliche Gruppe im Reichstag dar, aber sie kamen als Gesprächspartner nicht in Betracht. Doch wie stand es mit den Nationalsozialisten? Die NSDAP war eine schwer zu berechnende Größe, als parteipolitische Erscheinung zu neuartig, als daß sie im Rahmen des herkömmlichen Parteiensystems ohne weiteres einzuordnen gewesen wäre. Vertraut waren dagegen die beiden Hauptbestandteile ihres Namens - zum einen war sie national, was ihre Agitation unüberhörbar betonte und im allgemeinen Klima des Revisionstraums von Versailles eher positiv verbucht wurde; in der Reichskanzlei wie in der Reichswehr galt es als ausgemacht, daß die Parteianhängerschaft von »Idealismus und patriotischer Begeisterung« bestimmt sei, und den »nationalen Teil« des NS-Programms könne »wohl jeder unterschreiben«, wie das Fazit einer Besprechung im Reichswehrministerium lautete[435].

Auf der anderen Seite jedoch war die NSDAP auch »sozial«, und hier setzten die eigentlichen Bedenken ein: »Bei dem sozialen Teil des Programms ist irgendwelcher Optimismus durchaus fehl am Ort«, hieß es im selben Zusammenhang - die sozialistischen Forderungen der Hitler-Partei »sind doch ernst gemeint, und ihr Kern ist kaum etwas anderes als ›reiner Kommunismus‹«[436]. Damit war der Standort der Partei im Denken der konservativen Militärs, Bürokraten und auch Brünings fest eingekreist: sozialistische Revolutionäre, aber mit nationalen Anliegen, und das ließ hoffen. Die Reichsregierung müsse sich davor hüten, meinte Brüning in engem Kreise, »dieselben falschen Methoden anzuwenden, welche in der Vorkriegszeit gegen die Sozialdemokraten angewendet worden seien«[437] - damals hatte man die revolutionäre SPD mit aller Gewalt von Staat, Armee und Gesellschaft ferngehalten. Die NSDAP dagegen müsse man vorsichtig an den Staat heranführen, ihr feindosierte Verantwortung überlassen, Ministersessel in Preußen, vielleicht sogar ein nebensächliches Ministeramt in der Reichsregierung, um sie zu domestizieren, ihr die revolutionären Zähne zu ziehen und ihren nationalistischen Impetus den eigenen politischen Zielsetzungen fruchtbar zu machen.

Die politische Drehscheibe
Die Anziehungskraft des Zentrums ist groß, aber die Gegenwirkung der Zentrifugalkraft ist auch nicht zu unterschätzen.

Zeichnung von Th. Th. Heine

Brüning traf sich also Anfang Oktober 1930 mit Hitler. Das Ergebnis entsprach nicht seinen Erwartungen; während er dem Führer der NSDAP in vertraulichem Ton, gewissermaßen von Frontsoldat zu Frontsoldat, ein gegenseitiges Stillhalteabkommen vorschlug, hielt ihm Hitler eine langatmige Programmrede. Man schied, wie Brüning notierte, »eher freundlich«, aber er war irritiert[438]. Für Brüning, der viel zu mißtrauisch war, um auf das Urteil anderer zu hören, gab der eigene persönliche Eindruck den Ausschlag, und mit Hitler, das spürte er instinktiv, war nicht zu handeln. Die Karte Hitler blieb zwar im Spiel, wurde aber zur eventuellen späteren Verwendung zurückgesteckt.

Mit dem 13. Oktober kam die Reichstagseröffnung und zugleich die Erkenntnis, daß ein neuer Wind im Plenarsaal des Wallot-Baus wehte. Die 107 nationalsozialistischen Abgeordneten beeindruckten die Weltpresse, indem sie geschlossen in braunen SA-Uniformen in den Reichstag einzogen, während ihre Anhängerschaft draußen demonstrierte, und anschließend, von der Polizei abgedrängt, in der Leipziger Straße die Schaufenster jüdischer Geschäfte einschlug. Im Parlament bekundete die NS-Fraktion ihr gestiegenes Selbstvertrauen mit der Einbringung von Anträgen auf sofortige Aufhebung des Versailler Vertrags, der entschädigungslosen Enteignung sämtlicher »Bank- und Börsenfürsten« sowie der Ostjuden und sonstiger »Fremdstämmiger«, Verstaatlichung sämtlicher Großbanken und ähnlicher Klamaukresolutionen mehr. Es war nicht zuletzt der rabaukenhafte Übermut der braunen Neuparlamentarier, der auch den letzten sozialdemokratischen Abgeordneten davon überzeugte, daß Brüning doch das kleinere Übel darstellte. Am 18. Oktober lehnte der Reichstag mit einer Mehrheit von 318 zu 236 Stimmen sämtliche zwölf von den Rechtsparteien und den Kommunisten eingebrachten Mißtrauensanträge gegen Brüning ab; gegen den Kanzler stimmten die Fraktionen der Nationalsozialisten, der Deutschnationalen, der Landvolkpartei sowie der Kommunisten. Mit gleicher Stimmenmehrheit beschloß das Parlament darüber hinaus, die Notverordnungen der Reichsregierung zur Haushaltssicherung nicht im Plenum zu diskutieren, sondern an die Ausschüsse zu überweisen. Schließlich vertagte man sich um die längstmögliche Zeit, bis Anfang Dezember. Tief erleichtert verließ der Kanzler den Reichstag, der sich von nun an kein einziges Mal mehr gegen den Willen der Regierung versammeln sollte. Der allmähliche Verfassungswandel hatte damit ein Stadium erreicht, das es Brüning erlauben sollte, seine Rezepte zur Krisenüberwindung in die Praxis umzusetzen.

Die Medizin, von der der Reichskanzler die Gesundung der Lage der Nation erhoffte, hieß: Deflationspolitik. Das bedeutete: scharfe Einschränkung der Staatsausgaben, um den durch ständig schwächer werdende Steuereinnahmen bei zunehmenden Sozialausgaben schwer belasteten Haushalt auszugleichen, und zudem die Senkung von Löhnen und Preisen. Auf diese Weise sollten die Kosten der Gütererzeugung den schneller gesunkenen Produktpreisen angepaßt werden. Durch Preis- und Kostensenkung, so hoffte Brüning, werde die Exportfähigkeit der deutschen Wirtschaft gestärkt, die Ausfuhren würden wieder zunehmen, was dann zwei erfreuliche Folgen zeitigen werde: zum einen würde das für die Zahlung der Reparationen notwendige Devisenpolster wieder zur Verfügung stehen, und die Exportindustrie wäre in der Lage, in ihrem Bereich wieder Arbeitsplätze zu schaffen. Und zudem besaß die Deflationspolitik einen wichtigen außenpolitischen Aspekt: Brüning plante mit ihrer Hilfe die endgültige Beseitigung der Reparationslasten. Aufgrund strikten Haushaltsausgleichs sollten die Alliierten Vertrauen fassen in die deutsche Bereitschaft, den Young-Plan gänzlich zu erfüllen, und dabei sollte ganz deutlich werden, daß trotz dieser unübersehbaren Bereitschaft, trotz der schweren Lasten, die sich das deutsche Volk aufbürdete, die Erfüllung der alliierten Reparationsforderungen unmöglich sei. Das war im Grunde dieselbe Politik, die schon Reichskanzler Wirth 1921/22 betrieben hatte, aber im Gegensatz zu

Wirth redete Brüning nicht über seine Ziele, um die Alliierten nicht mißtrauisch zu machen.

Ein kompliziertes Spiel; Außenpolitik bedeutete in der Ära Brüning Wirtschafts- und Finanzpolitik, ja man kann sagen, daß Brünings Wirtschaftspolitik seinen außenpolitischen Zielen völlig untergeordnet war und praktisch deren Funktion darstellte. Einer der engsten Vertrauten des Kanzlers, der Staatssekretär im Reichsfinanzministerium Hans Schäffer, beschrieb diesen Zusammenhang so: »Brüning war entschlossen, die Reparationsfrage noch während der Krise einer endgültigen Lösung zuzuführen. Er hielt es für unmöglich, in einer Zeit wiederaufsteigender Konjunktur, wo man sich auf der Gläubigerseite und übrigens kaum weniger in den Kreisen der deutschen Wirtschaft über die Aussichten deutscher Zukunftswirtschaft unbegrenzten Illusionen hingegeben hätte, eine Aufhebung oder wenigstens eine Herabsetzung der Reparationszahlungen zu erlangen. Um aber in der Krise die Gläubigermächte davon zu überzeugen, daß die Lage Deutschlands nicht die Folge einer fehlerhaften deutschen Wirtschafts- und Finanzpolitik war, sondern eine Folge seiner übermäßigen Belastung und der Weltwirtschaftskrise, war es notwendig, eine Politik zu betreiben, die mit den bei den Gläubigern damals herrschenden Anschauungen« - gemeint ist der Glaube an ausgeglichene Haushaltsverhältnisse als Voraussetzung gesunder Finanzen - »einigermaßen in Übereinstimmung stand.«[439]

Brünings Reparationspolitik besaß im übrigen auch ihre Rechtfertigung darin, daß der Young-Plan, von dessen Annahme man sich ein Jahr zuvor noch eine Besserung der Wirtschafts- und Finanzsituation versprochen hatte, unter den Bedingungen der Wirtschaftskrise nicht funktionierte. Da er zudem das Stichwort für die permanente Agitation sowohl der Nationalisten wie der Kommunisten gegen die Außenpolitik der Reichsregierung darstellte, war es auch ein Gebot der innenpolitischen Selbsterhaltung, wenn Brüning daranging, die deutsche Zahlungsunfähigkeit zu demonstrieren - ein ständiger Tanz über dem Abgrund, denn jede offene Stellungnahme gegen den Young-Plan konnte von den Gläubigerländern als Vertragsbruch ausgelegt werden, während jede Verteidigung des Young-Plans den deutschen Unterhändlern bei Revisionsverhandlungen als Beweis dafür entgegengehalten werden konnte, daß der Young-Plan so schlecht nicht sein könne. Dieses taktische Dilemma bestärkte Brüning darin, über seine politischen Pläne und Absichten zu schweigen. Daß die Öffentlichkeit ihn nicht verstand, nahm er in Kauf.

Dabei wären vertrauenerweckende Signale der Reichsleitung an die verhungernde und verzweifelnde Bevölkerung am Platze gewesen. Jetzt erst, im Winter 1930/31, dämmerte einigen Wirtschaftsfachleuten, daß die wirtschaftliche Talfahrt doch etwas ganz anderes war als das, was man in der Baisse von 1925/26 erlebt hatte. Bisher war man davon ausgegangen, daß die Wirtschaft sich wie gewohnt nach einem Konjunkturtief von selbst erholen und alsbald um so lebhafter wachsen werde. Aber die Wachstumsimpulse blieben in diesem zweiten Krisenwinter aus. Die Arbeitslosigkeit erlebte neue und erschreckende Höhepunkte; bis zum Jahresultimo erreichte sie die Fünf-Millionen-Grenze; nach einer Statistik des Internationalen

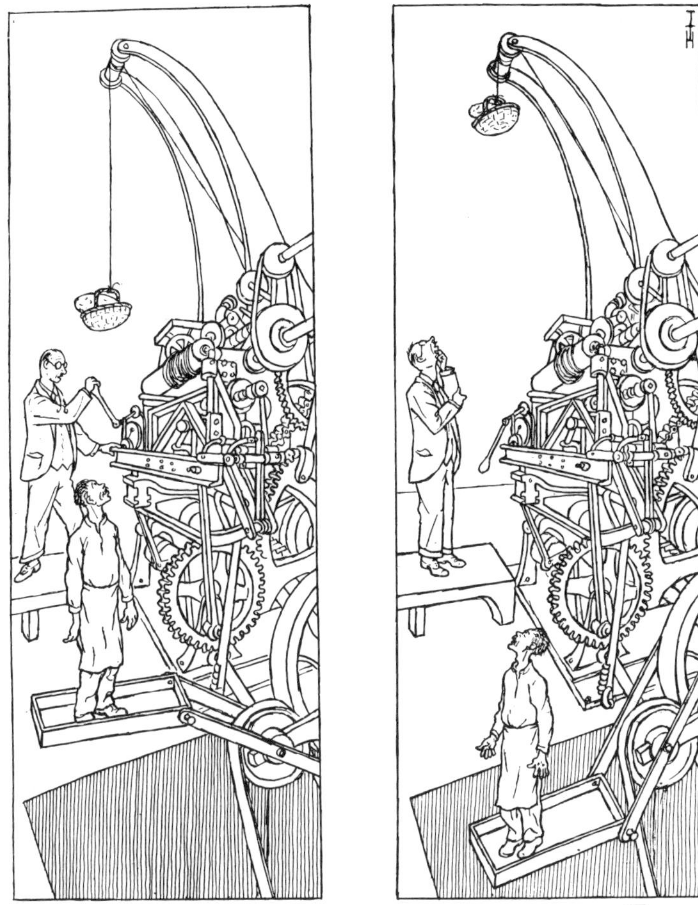

Wirtschaftsprogramm

Zeichnung von Th. Th. Heine

»Der Zweck dieser genial erdachten Maschinerie ist der, niedrigere Löhne und noch niedrigere Preise zu erzielen.«

»Die Lohnsenkung hat glänzend funktioniert, aber bei der Preissenkung scheint ein kleiner Konstruktionsfehler unterlaufen zu sein!«

Arbeitsamts in Genf lag Deutschland damit an der Spitze sämtlicher erfaßter Länder der Erde. Zwar sanken die Preise, aber weitaus stärker wirkte im öffentlichen Bewußtsein der Rückgang der Löhne und Gehälter, der vor allem die Beamten traf, deren Gehälter 1931 dreimal um insgesamt 23 Prozent gekürzt wurden. Zugleich suchte die Regierung das sinkende Steuereinkommen durch die Erhöhung bereits bestehender Steuern, etwa auf Einkommen, Umsatz, Zucker- und Bierverbrauch, aufzufangen, um dann, als das wenig half, eine Anzahl neuer Steuern einzuführen, darunter recht seltsame wie Sonderbelastungen für Mineralwasser, Warenhäuser und Junggesellen.

So stieg mit zunehmenden wirtschaftlichen Schwierigkeiten die Unbeliebtheit der Reichsregierung. Brüning war kaltblütig genug, dies in sein politisches Kalkül einzubeziehen. Geradezu modellhaft wurde dieser Zusammenhang von Wirtschaftsnotverordnungen, steigender Mißstimmung und Außenpolitik bei Brünings entschei-

dendem Schritt zur Beseitigung der finanziellen Lasten aus dem Versailler Vertrag sichtbar: Am 3. Juni 1931, vor Brünings Besuch bei dem britischen Premierminister in Chequers, wo er durch Absprachen mit der englischen Regierung und dem Gouverneur der Bank of England die britische Rückendeckung für seinen Plan einer Gesamtlösung des Reparationsproblems zu erlangen suchte, tagte das Reichskabinett, um die zweite Notverordnung zur Sicherung von Wirtschaft und Finanzen zu beschließen. Die Notverordnung bestimmte die weitere Kürzung staatlicher Beamten- und Angestelltengehälter, Herabsetzung der Renten für Invalide und Kriegsbeschädigte, Senkung der Unterstützungssätze für Arbeitslose bis zu 14 Prozent, Heraufsetzung der Altersgrenze für Unterstützungsempfänger von sechzehn auf einundzwanzig Jahre, Streichung der Arbeitslosenunterstützung für verheiratete Frauen, Kürzung der Kinderzuschläge sowie Erhebung einer Krisensteuer von 4 bis 5 Prozent auf sämtliche Einkommen. »Dann«, fährt Brüning in seinen Erinnerungen an diese Sitzung und die anschließenden Ereignisse fort, »wurde ein Aufruf der Reichsregierung zur Verkündung der Notverordnung entworfen, der am Tage meiner Ankunft in England veröffentlicht werden und einen Satz enthalten sollte, daß dieses nunmehr das letzte Opfer des deutschen Volkes für die Erfüllung der Reparationsleistungen sein solle. Es könne dieser und auch keiner anderen Reichsregierung zugemutet werden, dem deutschen Volke neue Opfer ohne Erleichterung der Reparationslasten aufzuerlegen.

Am Abend fuhr ich mit Curtius nach Bremerhaven. Eine tobende Volksmenge hatte sich zur Begrüßung am Dampfer eingefunden. Die begleitenden ausländischen Journalisten meldeten diesen für sie deprimierenden Eindruck, *für mich nicht unwillkommen,* in die Welt.«[440]

Julius Curtius

Zeichnung von F. Dolbin

Tatsächlich war der Eindruck dieser Demonstration in Großbritannien erheblich, Brüning erzielte den gewünschten Erfolg; aber dazu trug bei, daß die Krisenschraube im Begriff war, sich ein weiteres Mal zu drehen. Zur weltweiten Depression trat eine Kredit- und Währungskrise, die in Wien ihren Ausgang nahm. Dazu beigetragen hatte eine gezielte französische Aktion; als Antwort auf Pläne einer deutsch-österreichischen Zollunion, die von den Franzosen nicht zu Unrecht als verschleiertes Vorspiel einer eventuellen späteren politischen Union zwischen Deutschland und Österreich betrachtet wurde, zogen die französischen Einlieger ihre kurzfristigen Gelder von der Wiener Creditanstalt zurück, die daraufhin illiquide wurde und im Mai 1931 ihre Zahlungen einstellen mußte. Der Bankrott der Wiener Creditanstalt, eine der größten europäischen Banken, löste einen Run in- und ausländischer Gläubiger auf die deutschen Banken aus, deren Zahlungsfähigkeit ohnehin durch den Abzug amerikanischer Darlehen auf sehr schwankendem Boden stand. Die Gefahr eines Zusammenbruchs sämtlicher deutscher Banken zeichnete sich ab, Deutschland stand am Rande des Staatsbankrotts.

Auf die Weltwirtschaft hätte das empfindliche Auswirkungen gehabt; US-Präsident Herbert Hoover ahnte »Schlimmes von den wirtschaftlichen Wirkungen ..., die von dieser Lage auf die Vereinigten Staaten ausgehen könnten«. Abgesehen davon bewegte ihn noch etwas anderes: »Die Vereinigten Staaten hätten ein starkes Interesse daran, liberal eingestellte Kreise in Deutschland, Öster-

Hoover bannt die Gefahr
»Völker Europas, wahrt eure heiligsten Güter und stundet lieber ein Jahr lang die Schulden!«

Zeichnung von Karl Arnold

reich und Osteuropa zu unterstützen, die sich bemühten, ihre demokratischen Staatsordnungen gegen die sie bedrohenden politischen Kräfte zu schützen. Diese demokratischen Regierungen waren die Grundpfeiler jeder Hoffnung für einen dauerhaften Frieden in Europa.«[441] Um die Liquidität der deutschen Banken zu stützen, verkündete Präsident Hoover am 20. Juni 1931 eine einjährige Unterbrechung der deutschen Reparationszahlungen, eine Möglichkeit, die durch den Young-Plan gegeben war. Aber in solchen Fällen ist äußerste Schnelligkeit vonnöten; das Moratorium kam zu spät, mehrere deutsche Großunternehmen machten wegen Zahlungsunfähigkeit Bankrott, und in ihrer Folge am 11. Juni 1931 auch eine der größten deutschen Banken, die Darmstädter- und Nationalbank (Danat-Bank). Zwei Tage später mußten die Schalter aller deutschen Kreditinstitute geschlossen werden, um den Gläubigeransturm abzuwehren. Um den endgültigen Zusammenbruch des deutschen Bankwesens zu verhindern, mußte die Reichsregierung in die Bresche springen und mit den Geld- und Kreditreserven der Reichsbank Bürgschaft leisten. Dafür übernahm sie die Kontrolle der Banken. Von nun an durften nur noch Gelder für Löhne, Sozialleistungen und Steuern ausgezahlt werden. »Zur bleibenden Erinnerung an den Juli 1931« dichtete Erich Kästner:

»Auf einer kleinen Bank vor einer großen Bank

Worauf mag die Gabe des Fleißes,
die der Deutsche besitzt, beruhn?
Deutsch sein heißt (der Deutsche weiß es)
Dinge um ihrer selbst willen tun.

Wenn er spart, dann nicht deswegen,
daß er später was davon hat.
Nein, ach nein! Geld hinterlegen
findet ohne Absicht statt.

Uns erfreut das bloße Sparen.
Geld persönlich macht nicht froh.
Regelmäßig nach paar Jahren
klaut ihr's uns ja sowieso.
...

Heiter stehn wir vor den Banken.
Armut ist der Mühe Lohn.
Bitte, bitte, nichts zu danken!
Keine Angst, wir gehen schon.

Und empfindet keine Reue!
Leider wurdet ihr ertappt.
Doch wir halten euch die Treue.
Und dann sparen wir aufs neue,
bis es wieder mal so klappt.«[442]

Aber nicht nur die Guthaben der Sparer waren gesperrt; es gab auch keine Investitionskredite mehr, Landwirtschaft und Industrie lebten

nur noch vom Bestand, Produktion und Umsatz gingen weiter zurück, die industrielle Kapazität war im Durchschnitt nur noch zu 40 Prozent ausgelastet. Mitten im Sommer stieg die Arbeitslosenquote an und kletterte über die Vier-Millionen-Grenze.

»Es ist noch rapider gegangen, als selbst der erbarmungsloseste Pessimismus voraussehen konnte«, schrieb Leopold Schwarzschild in seinem »Tage-Buch«. »Aber es ist gegangen, wie es gehen mußte. Wenn ein Haus morsch und faulig geworden ist, läßt sich nicht mit Bestimmtheit voraussagen, an welchem Tag der Zusammenbruch kommen, an welcher Ecke er beginnen wird. Das hängt ganz und gar von Zufälligkeiten ab. Zufällig war in Deutschland der Danat-Fall, zufällig war die Art der Erscheinungen, die ihm folgten. Ebensogut hätte der Kollaps an irgendein anderes Ereignis anknüpfen, in irgendwelchen anderen Formen sich vollziehen können ... Jetzt ist es soweit! Geld und Kredit, ›das Schmieröl der Wirtschaft‹, rinnen wie aus einem lecken Motor dahin. Die Aggregate der Maschine reiben sich kreischend aneinander, einige funktionieren überhaupt nicht mehr, das System droht im kleinen wie im großen auseinanderzufallen, und weder wissen wir, was morgen noch gekauft, produziert, gearbeitet und gelohnt werden kann; noch wissen wir, wie auch nur der Austausch zwischen Stadt und Land, die nackte Versorgung mit Lebensmitteln, sich vollziehen soll. Chaos des Endstadiums der Deflation, konträr im Anlaß, aber nicht viel anders in der Wirkung als das Chaos des Endstadiums der Inflation! Maschinen, Hände, Naturschätze warten, - und es ist ›kein Geld da‹, sie zusammenzubringen. Begreift man, was es heißt, daß ein elendes technisches Hilfsmittel ein Volk von 65 Millionen Menschen in Verzweiflung, Not und Aufruhr stürzen soll?«[443]

Brünings Rezept schien jedoch zu funktionieren: die Lage der Deutschen mußte erst verzweifelt sein, bevor sich in der Reparationsfrage etwas bewegte. Das Hoover-Moratorium war insofern ein erster Erfolg gewesen. Auch Brünings Gespräche in Chequers zeitigten einen Hoffnungsschimmer; es gelang dem Kanzler mit britischer und amerikanischer Unterstützung, gegen zähen französischen Widerstand ein neues Sachverständigengutachten über die Lage der deutschen Finanzen erstellen zu lassen. Ein Ausschuß der Bank für Internationalen Zahlungsausgleich veröffentlichte am 19. August 1931 einen von dem Engländer Lord Layton ausgearbeiteten Bericht, in dem mit aller Klarheit festgestellt war, daß ohne eine Verdoppelung der deutschen Ausfuhr, die für die Empfängerländer eine weitere Verschlechterung ihrer eigenen wirtschaftlichen und marktpolitischen Lage bedeuten würde, die Fortsetzung der deutschen Reparationszahlungen zum Bankrott des Reiches führen müsse; auf der anderen Seite seien auch kurzfristige Finanzspritzen auf längere Sicht nutzlos: »Wir möchten betonen, daß, wenn man weiter den Pelion auf den Ossa türmt und die alljährlichen Verpflichtungen zu der Schuld hinzukommen, die Last ständig zunehmen muß, und wenn ein großer Teil der Schuld kurzfristig aufgenommen ist, Deutschland in steigendem Maße Krisen der Art ausgesetzt sein wird, wie es sie gegenwärtig durchmacht.«[444]

Mit dem Layton-Bericht wurde nun endlich im Zuge einer Serie

Notgemeinschaft
»Seien Sie sich Ihrer Verantwortung bewußt, Mister Brüning. Ich folge Ihnen in zwei Monaten Abstand, also manövrieren Sie geschickt!«

Zeichnung von Th. Th. Heine

Die Weltwirtschafts-Krise führt zum Ende der Reparationen. Erst auf dem Tiefpunkt der Weltkonjunktur erkennen die alliierten Staatsmänner, hier der britische Premier MacDonald, die unaufhebbare gegenseitige Abhängigkeit aller industriellen Volkswirtschaften.

internationaler Konferenzen der Weg frei zur Einsetzung eines beratenden Ausschusses der Bank für Internationalen Zahlungsausgleich unter dem Vorsitz des Italieners Alberto Beneduce, dessen Bericht vom 23. Dezember 1931 nun auch die Undurchführbarkeit des Young-Plans anerkannte; einige Tage darauf erging aus London eine Einladung an alle Reparationsgläubiger und -schuldner zu einer Konferenz in Lausanne, die auf der Grundlage des Beneduce-Berichts zu einer abschließenden Regelung der Reparationszahlungen kommen sollte. In kleinem Kreise machte Brüning kein Hehl aus seiner Meinung, daß nunmehr deren Ende gekommen sei. Durch eine Indiskretion des britischen Botschafters in Berlin, Sir Horace Rumbold, wurde Brünings Hoffnung in der Öffentlichkeit bekannt und machte Sensation; Sir Horaces französischer Kollege, André François-Poncet, witterte Unrat: »Das also ist der Grund der Verständigungspolitik! Deutschland verfolgt einen eigennützigen Zweck. Die Verständigung soll das Mittel sein, sich den Verpflichtungen zu entziehen. Das ist ein heuchlerischer Kunstgriff...«[445] Die

französische Presse tobte; Ministerpräsident Laval wurde am 13. Januar gestürzt. Er bildete zwar ein neues Kabinett, erklärte jedoch in energischem Ton, Frankreich werde seine Reparationsansprüche voll aufrechterhalten. Unter diesen Umständen wurde die Konferenz in Lausanne, die am 18. Januar eröffnet werden sollte, auf den Juni vertagt. Aber ein Ende des Tunnels war immerhin sichtbar geworden.

Und auch ein anderes außenpolitisches Ziel Brünings näherte sich seiner Verwirklichung. Am 2. Februar 1932 begann in Genf eine Abrüstungskonferenz, die größte Konferenz der Zwischenkriegszeit, an der vierundsechzig Staaten teilnahmen. Die deutsche Delegation ging mit ihrer alten Forderung nach Genf: Da die Präambel zu den militärischen Bestimmungen des Versailler Vertrags die deutschen Rüstungsbeschränkungen lediglich als »Einleitung einer allgemeinen Rüstungsbeschränkung aller Nationen« begründete, seien entweder die übrigen Staaten verpflichtet, auf den deutschen Stand abzurüsten, oder Deutschland müsse es erlaubt sein, mit dem Rüstungsstand seiner europäischen Nachbarn gleichzuziehen. In Genf fand man die alten starren Fronten aufgeweicht. In zähen Verhandlungen gelang es Brüning, die Zustimmung der britischen, amerikanischen und italienischen Delegierten für einen Kompromiß zu erhalten: Als Gegenleistung für das Versprechen Deutschlands, seine Bewaffnung fünf Jahre lang oder bis zu einer zweiten Abrüstungskonferenz nicht zu verstärken, sollte ihm gestattet werden, die zwölfjährige Dienstzeit der Reichswehr auf fünf Jahre zu reduzieren und darüber hinaus eine Miliz von jährlich 100000 Mann aufzustellen; die waffentechnischen Beschränkungen aus dem Versailler Vertrag sollten aufgehoben werden.

Deutschland, Frankreich und die Abrüstung
»Vor allen Dingen Sicherheit!«

Zeichnung von Karl Arnold

Kaum ein Bestandteil des Versailler Vertrags hatte in Deutschland so geschmerzt wie die militärischen Einschränkungen; General Schleicher hatte seinerzeit Brüning nicht zuletzt deshalb »erfunden«, weil er sich von ihm eine politische Offensive zur Wiederherstellung der deutschen »Wehrhoheit« erhofft hatte. Dieses Ziel, wie auch die Beseitigung der Reparationen, rückte jetzt zum Greifen nah. Die Revision des Versailler Vertrags war in Fluß gekommen; Brünings Außenpolitik, darin mit Stresemanns Leistungen vergleichbar, hatte eine Situation geschaffen, die Deutschland, Europa und der Welt die Hoffnung ließ, daß in geduldiger Weiterverfolgung des beschrittenen Weges die Spannungen der internationalen Politik abgebaut und der Gedanke des Völkerbundes als Instrument eines dauerhaft befriedeten europäischen Staatensystems die Zukunft bestimmen werde.

Aber Brünings Außenpolitik wurde von seiner Innenpolitik eingeholt. Um in Genf die endgültige Beseitigung der militärischen Bestimmungen des Versailler Vertrags beschließen zu können, war die Zustimmung des französischen Ministerpräsidenten Tardieu notwendig. Der wollte aber nicht, erklärte sich zunächst krank und ließ dann durch Mittelsmänner ausstreuen, seine Anwesenheit in Genf sei ganz nutzlos: er wisse mit Sicherheit, daß Brünings Unterschrift nichts mehr wert sei – dessen Sturz sei nur noch Sache weniger Tage. Und so kam es auch.

Brünings Sturz

Hundert Meter vor dem Ziel sei er gestürzt worden, sagte Brüning später, und er schuf damit eine bescheidene Legende. Richtig: Das Ende der Reparationen war in Sicht, und die deutsche Gleichberechtigung in Rüstungsfragen war nicht mehr fern. Aber Brüning dachte wie ein Kabinettspolitiker der Metternich-Ära: Politik war für ihn Außenpolitik, das Spiel kluger und schweigsamer Männer, ein aristokratisches Metier; das Innere dagegen, Wirtschaft, Finanzen, Polizei, regelte sich entweder von selbst oder war Sache der Verwaltung. Gewiß, da gab es Interessen, da gab es Parteien, da gab es ein Parlament; aber Brüning war zutiefst davon überzeugt, daß die Bewältigung der großen ökonomischen und finanziellen Probleme die Überwindung des Parteienstaats, gedacht als ein heterogenes, unfunktionelles Gewirr gegeneinanderwirkender Partikular- und Parteiinteressen, zugunsten einer bürokratisch-sachlich orientierten Staatsautorität mit dem uneigennützigen Blick aufs Ganze voraussetzte. Worauf er deshalb hinsteuerte, das war die Überordnung eines bürokratischen Regelmechanismus in Gestalt eines Kabinetts kompetenter Wirtschafts-und Finanzsachverständiger unter seiner Leitung *über* den demokratischen Kontrolleur, das politische, das »unsachliche« Parlament. Ganz abschaffen ließ sich der Reichstag nicht, davor stand die Verfassung, die Brüning sehr wohl respektierte; außerdem bot die in der Furcht vor Neuwahlen und Radikalisierung fügsam gewordene Reichstagsmehrheit ein gewisses Gegengewicht zum Reichspräsidenten, dessen Vertrauen sonst Brünings einziger Halt war. Aber das Parlament sollte *zu*stimmen, nicht *be*stimmen; daher wechselte Brüning im Laufe der Zeit immer mehr parteigebundene Minister gegen hohe Beamte und Fachleute aus, bis schließlich die Zahl der Bürokraten in seinem Kabinett der der Parlamentarier die Waage hielt – dabei waren es vor allem die politisch ausschlaggebenden Ressorts, Innen-, Reichswehr-, Wirtschafts-, Justizministerium, die in die Hände von Fachleuten gelangten; die Leitung des Auswärtigen Amts übernahm Brüning selbst.

Dem Reichstag gegenüber verfolgte der Kanzler die ebenso einfache wie erfolgreiche Taktik, ihn mit Hilfe von Beschlüssen des Ältestenrats so oft wie möglich nach Hause zu schicken. Stand der Erlaß einer neuen Notverordnung bevor, wurden die Parteien sorgfältig bearbeitet und mit Schreckensnachrichten versorgt, um ihnen die Lust am parlamentarischen Widerstand zu nehmen. Eine Notverordnung folgte der anderen, sorgfältig vorbereitet, aufeinander abgestimmt und sich gegenseitig ergänzend, von ständig zunehmendem Umfang, so daß sie schließlich eher an Gesetzbücher als an Gesetze erinnerten und kaum in allen Auswirkungen durchdacht werden konnten, bevor die nächste Notverordnung heranrollte. Der Reichstag wurde schon durch die pure Masse der Gesetzesmaterie, die nur noch für beamtete Fachleute durchschaubar war, stillgelegt, und der Reichsrat, die Ländervertretung, stets erst zum letztmöglichen Termin unterrichtet. Nur die preußische Regierung wurde eingehender vorbereitet und an Verhandlungen beteiligt, so daß sich auf diesem Kanal auch die Sozialdemokratie noch einen schmalen Rest von Einfluß sicherte. Die größten Tage des deutschen Beamten-

tums brachen an; Brüning regierte in dem sicheren Gefühl, die politischen Kräfte der deutschen Innenpolitik im Griff zu haben.

Aber die gesellschaftliche Wirklichkeit in der Massendemokratie war nicht parlamentarisch zu kanalisieren; Wirklichkeit in der Ära Brüning sah beispielsweise so aus: »Wer jetzt durch die Wohnstraßen des Berliner Westens schlendert, durch diese sauberen, ruhigen, gepflegten Straßen, erlebt auf Schritt und Tritt, daß ein, meist alter, Mensch auf ihn zukommt, Mann oder Frau, vielmehr Herr oder Dame - denn sie sind nicht anders gekleidet als wir selbst -, und um Geld bittet. Manche kommen lächelnd auf einen zu, so als wollten sie einen guten Bekannten begrüßen; andere betteln stumpf und ausdruckslos; noch keiner hat, vorläufig, den weinerlichen Jammerton des berufsmäßigen Bettlers ... Am schlimmsten sind die, die gar nichts reden. Solange es hell ist, sitzen sie verloren auf den Bänken der breiten Straße; später streichen sie die Zäune der Restaurants entlang, bleiben stehen, stieren den Essenden an, ohne zu reden, ohne zu betteln, ohne sich zu regen.«[446]

Oder so: »Heute morgen gegen 10 Uhr erschienen vor dem überfüllten Brikettlager der Grube ›Alwine‹ in der Nähe von Halle hunderte von erwerbslosen Männern und Frauen mit Handwagen, Fahrrädern und Säcken und forderten von dem erschrockenen Betriebsleiter kostenlose Herausgabe von Kohlen. Sie erklärten dabei, in ihren Wohnungen zu frieren, weil sie sich keine Kohlen kaufen könnten, während hier auf dem Grubenhof die guten Briketts verwitterten und zu Grus zerfallen.

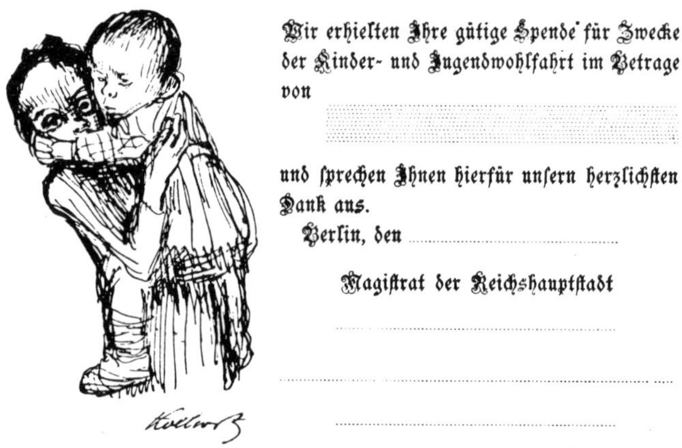

Wir erhielten Ihre gütige Spende für Zwecke der Kinder- und Jugendwohlfahrt im Betrage von

und sprechen Ihnen hierfür unsern herzlichsten Dank aus.

Berlin, den ....

Magistrat der Reichshauptstadt

Künstler wie Käthe Kollwitz arbeiten für die Wohlfahrtsanstrengungen des Staats und der Verbände.

Unter dem Druck der immer mehr anwachsenden Menge gab der Betriebsführer nach, und kurze Zeit darauf bewegte sich ein langer Zug von beladenen Kohlenwagen, Fahrrädern mit Säcken usw. nach Halle zurück. Die zuletzt gekommenen Erwerbslosen wurden von dem inzwischen herbeigerufenen Überfallkommando der Polizei mit leeren Wagen aus dem Kohlenhof abgedrängt.

Die zurückkommenden Erwerbslosen bewegten sich mit ihren Handwagen usw. in verschiedenen Zügen durch die Straßen der Stadt, wobei es zum Gesang von Kampfliedern, zu ›Hunger‹- und ›Nieder‹-Rufen und zu Rufen gegen die ... Regierung kam. Diese Züge erregten in der Stadt ungeheures Aufsehen.«[447]

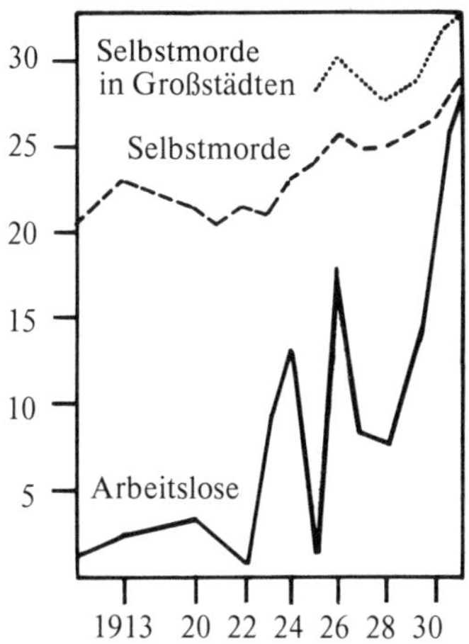

Arbeitsnot (Arbeitslose in Prozent aller Gewerkschaftsmitglieder) und Selbstmorde (auf 100000 Einwohner)

Das Elend in Zahlen: Lag der Prozentsatz der Arbeitslosen an der Gesamtzahl der Arbeitnehmer im Jahresdurchschnitt 1930 noch bei 15,7, so stieg er 1931 auf 23,9 und 1932 auf 30,8. Im Februar 1932 war ein Höchststand von 6,128 Millionen eingetragenen Arbeitslosen erreicht; die tatsächliche Zahl der Erwerbslosen wurde um etwa 600.000 höher geschätzt. Das ganze Ausmaß der Arbeitslosigkeit wird aber erst deutlich, wenn man sich vor Augen hält, daß diese Zahlen nicht nur Arbeitnehmer, sondern auch deren Familien betrafen: Im Herbst 1932 lebten 36 Prozent des deutschen Volkes, also 23,3 Millionen Menschen, nur von öffentlichen Mitteln. Auch die Auswirkungen waren statistisch erfaßbar, beispielsweise so: 1932 betrug die Selbstmordquote, berechnet auf eine Million Einwohner, in Großbritannien 85, in den USA 133, in Frankreich 155, in Deutschland dagegen 260; das war mit Abstand der Weltrekord. Die »Vossische Zeitung« berichtete etwa in ihrer Abendausgabe vom 12. Dezember 1931 über den gemeinsamen Selbstmord eines Ehepaares – er war arbeitsloser Ingenieur –, über den Fall eines Kaufmanns und Kapitäns a. D., der seine Frau, seinen von der Schule heimkehrenden Sohn und zuletzt sich selbst erschoß – die Notiz endet lakonisch: »Der Grund zur Tat ist in wirtschaftlicher Notlage zu suchen« –, und schließlich folgendes: »Wegen Ausbleiben der Weihnachtseinkäufe haben in Berlin innerhalb weniger Tage fünf Berliner Geschäftsleute Selbstmord verübt. Der Käuferstreik wirkt sich in Erwartung allgemeiner Preissenkungen in Berlin nahezu katastrophal aus.«

Massenelend durch Massenarbeitslosigkeit, durch sinkende Löhne und sinkende Sozialleistungen, das war für den Mann auf der Straße die grelle Wirklichkeit; das kunstvolle Gespinst politischer Maßnahmen des »Hungerkanzlers« Brüning blieb aus dieser Perspektive kaum wahrnehmbar und gänzlich unverständlich. Wirklich war der Preis, den jeder einzelne für die große Politik zu zahlen hatte, und da war es auch ganz unerheblich, ob eine andere Politik möglich, ob im Sog der großen Weltwirtschaftskrise die Misere der Menschen überhaupt noch politisch abzuwenden gewesen wäre. Was die Menschen brauchten und was Brüning ihnen nicht gab, waren Sinn und Hoffnung; alles hatte der Staat in der Krise an sich gezogen, seine Allzuständigkeit erstreckte sich auf Wirtschaft und Gesellschaft gleichermaßen, nur für einen Bereich war er nicht kompetent: für den der Mythen, der Legenden, des Glaubens. Was hätte er auch bieten können? Die Ideen der Staatsverfassung, von Friedrich Ebert bei der Eröffnung der Nationalversammlung in Weimar einst emphatisch gefeiert, wirkten heute leer und obsolet; »wenn man einmal die Frage aufwirft, Potsdam oder Weimar«, seufzte ein sozialdemokratischer Parteifunktionär in kleinem Kreise, »muß man momentan sagen, Potsdam nein, Weimar aber auch nicht. Es ist doch augenblicklich alles zerschlagen.«[448] Die Funktionalität preußischer Staatsideologie, die den schleichenden Verfassungswandel der Brüning-Ära zunehmend prägte, war von vornherein nicht geeignet, Massen zu begeistern; die politischen Ziele Brünings, die Restauration der Hohenzollernmonarchie und die Revision von Versailles, hätten durchaus, propagandistisch geschickt unter das Volk gebracht, einiges an emotionalem Sprengstoff von den Straßen räumen können, aber der Kanzler mochte und konnte über seine Ziele nicht öffentlich reden.

Hinzu kam, daß die verfassungstragenden Parteien unter der Last der parlamentarischen Tolerierung Brünings fast zerbrachen. »Die Nationalsozialisten ahnen kaum etwas davon«, schrieb bitter Rudolf Olden im liberalen »Berliner Tageblatt«, »wie weit verbreitet in der Mitte und bei der Linken die Sehnsucht ist, endlich einmal möge die Opposition die Regierung tragen, endlich einmal möge nicht die Ungunst der Zeit zermürbend und zerstörend immer dieselben staatserhaltenden Parteien belasten, endlich einmal werde den glücklichen Nichts-als-Agitatoren die bittere Pflicht der Geschäftsführung auferlegt sein, endlich einmal würden ihre Träumereien mit der Realität zusammenstoßen.«[449] Die Deutsche Staatspartei, Nachfolgerin der einstigen Deutschen Demokratischen Partei, die in der Weimarer Nationalversammlung mit 75 Abgeordneten eine parlamentarische Macht dargestellt und die Reichsverfassung entscheidend mitformuliert hatte, verfügte jetzt im Reichstag über nur noch 14 Mandate, war damit also unter die Mindestfraktionsstärke abgesunken, wenn sie auch in Gestalt ihres Parteivorsitzenden Hermann Dietrich den Reichsvizekanzler stellte. Die Sozialdemokraten litten schwer unter ihrer tatenlosen Tolerierung Brünings; im September 1931 zählte der »Vorwärts« nicht weniger als siebzehn Gruppierungen und Kleinstparteien auf, die sich aus Unmut über den Kurs der Partei von ihrem linken Rand abgeschuppt hatten, und einen Monat später etablierte sich eine »Sozialistische Arbeiter-Partei Deutschlands«, der sechs Mitglieder der SPD-Reichstagsfraktion angehörten, eine Neuauflage der alten USPD, die allerdings die Stabilität der Sozialdemokratie nicht ernsthaft gefährdete.

Lediglich das Zentrum war von der Ungunst der Lage wenig berührt. Mitglieder wie Wähler blieben dem »Zentrumsturm« treu; der Abmarsch zu den extremen Parteien vollzog sich weitgehend in den protestantischen Gebieten des Reichs, während das katholische Sozialmilieu in Schlesien, im Rheinland wie in Süddeutschland weitgehend intakt blieb. Zudem war die Partei nach wie vor fast überall im Reich und in den Ländern an der Macht beteiligt, und Brüning wurde geradezu als ihr Führer angesehen, so wenig er sich dazu auch eignen mochte. Allerdings war die Zentrumspartei von den Parteien der Weimarer Koalition auch am ehesten geneigt, die Nationalsozialisten als mögliche politische Partner in Betracht zu ziehen – dabei war vor allem der alte Pragmatismus der Zentrumsführung am Werk, wonach die Funktionsfähigkeit des Staatsganzen, die Vermeidung von Krise und Umsturz wichtiger war als demokratisch-liberale Prinzipien, die ohnehin den christlich-ständestaatlichen Ordnungskonzeptionen der katholischen Staatslehre widerstanden. Viel Wunschdenken war hier im Spiel – man glaubte, die wilden Revolutionäre von rechts zähmen zu können, und man war auch davon überzeugt, daß die Verfassung die dauernde Ausschaltung einer starken politischen Kraft nicht gestatte. Schließlich war man bisher mit allen Gefährdungen fertiggeworden, mit Bismarck ebenso wie mit dem Machtanspruch von Liberalismus und Sozialdemokratie, und so war die Zentrumsführung auch jetzt optimistisch.

Aber für die Öffentlichkeit waren die verfassungstragenden Kräfte und Parteien bereits fast unsichtbar; die grellen Töne und Farben der politischen Ekstase beherrschten in den beginnenden dreißiger Jahren das Straßenbild. Allein schon die Jugendlichkeit der extre-

Plakat des Zentrums zu den Reichstagswahlen 1932

men Parteien garantierte ihre Überlegenheit. Nicht nur, daß der Jugend die Zunkunft gehörte, wie die nationalsozialistische, wie die kommunistische Propaganda den Menschen einhämmerte – »ihre rein körperliche Energie und Rauflust«, so später ein NS-Funktionär, »verliehen der Partei eine Stoßkraft, der vor allem die bürgerlichen Parteien je länger, je weniger etwas Gleichwertiges entgegenzusetzen hatten«[450]. Was auf der Strecke blieb, war die politische Zivilisation, das gehegte Milieu bürgerlicher Liberalität. Parlamente, darin waren sich die linken mit den rechten Extremisten einig, waren bestenfalls dazu da, der Propaganda eine größtmögliche Verbreitung und Durchschlagskraft zu verleihen. Gelang dies nicht – und in der Ära Brüning sank das öffentliche Interesse an den parlamentarischen Vorgängen rapide –, dann zog, wie am 10. Februar 1931, die NSDAP-Fraktion, gefolgt von den Deutschnationalen, aus dem Parlament mit großem Getöse aus und verkündete, man werde dorthin

nur zurückkehren, um »eine besonders tückische Maßnahme der volksfeindlichen Mehrheit des Reichstags zu vereiteln«.

Politik fand zunehmend auf der Straße statt. Die Städte dröhnten von Demonstrationsmärschen, Kampfappellen, Straßenschlägereien, Saalschlachten, Krawallen – vor allem die Wochenenden waren gefürchtet, denn es blieb nicht beim Radau. 1931 zählte die preußische Polizei rund dreihundert Todesopfer des zunehmenden Straßenterrors, meist Angehörige der nationalsozialistischen SA und des kommunistischen Rotfrontkämpfer-Bundes, aber auch Reichsbanner-Leute, Polizisten, manchmal auch unbeteiligte Passanten. Eine Versicherungsgesellschaft umwarb das Publikum mit dem Argument, in wenigen Monaten sei der offene Bürgerkrieg da: »Heute sind die Prämien noch erschwinglich, sogar verhältnismäßig billig – bricht aber der Sturm los, so ist es selbstverständlich, daß die Prämien emporspringen werden!«[451] Zeichen der Auflösung aller politischen Vernunft, das Gefühl, am Vorabend großer Katastrophen zu stehen, breiteten sich aus. Nichts schien mehr sicher, alles möglich. Graf Kessler notierte »ganz sonderbare Nachrichten«, so die »Mitteilung, daß unter Führung und auf Kosten des Kapp-Putschisten Ehrhardt kommunistische Stoßtrupps, die sich als ›Schwarze Reichswehr‹ getarnt haben, im Laufe des Frühjahrs in Schlesien auf dem Lande militärisch ausgebildet werden sollen; wobei Ehrhardt der Täuschung unterläge, daß er rechtsradikale junge Leute ausbilden lasse ... Auf kommunistischer Seite soll man für den August einen Hitler-Putsch und als Gegenbewegung und Abwehr einen bewaffneten Arbeiteraufstand ... erwarten.«[452] Dergleichen wurde geglaubt und trug zur allgemeinen Untergangsstimmung und messianischen Erwartung bei.

Deutschlands Autarkie
Welch Fortschritt seit 1914! Die Deutschen haben sich jetzt beim Kriegführen vom Ausland vollständig unabhängig gemacht.

Zeichnung von E. Schilling

Der Bürgerkrieg war längst da; während Brüning in olympischer Distanz große Politik betrieb, marschierten die gegnerischen Heere auf. Am 11. Oktober 1931 traf sich in Bad Harzburg alles, was an rechter Republikfeindlichkeit aufzubieten war: Nationalsozialisten und Deutschnationale, Vertreter der mittlerweile ungehemmt in radikale Fahrwasser abgeschwommenen Deutschen Volkspartei, der Wirtschaftspartei und des Reichslandbundes; daneben Prominenz aus Adel und Wirtschaft, pensionierte Generäle der Republik wie v. Lüttwitz und v. Seeckt. Nationalsozialistische Sturmabteilungen marschierten vorbei, gefolgt von Stahlhelmkolonnen. »Hier ist die Mehrheit des deutschen Volkes«, rief Alfred Hugenberg vor Hunderttausenden aus. »Sie ruft den Pächtern der Ämter und Pfründen, den Machtgenießern und politischen Bonzen, den Inhabern und Ausbeutern absterbender Organisationen, sie ruft den regierenden Parteien zu: Es ist eine neue Welt im Aufstieg! Wir wollen Euch nicht mehr!«[453] Niemand fand es komisch, daß gerade Hugenberg, Vorsitzender einer konservativen, vorrevolutionären, wenn nicht vorindustriellen Werten verpflichteten Partei, für sich die heraufsteigende neue Welt reklamierte. Der wirkliche Revolutionär in der Runde erschien zu spät, verließ die Tribüne, bevor der Stahlhelm vorbeiparadierte, und zeigte sich überhaupt unnahbar: Hitler dachte nicht daran, sich von dem alldeutschen Geheimrat die Führung der »Nationalen Front« aus der Hand nehmen zu lassen. Hinter den Kulissen

Hitler und Hugenberg im Wahlboxring »Als Champion haben Sie ausgespielt und als Sekundant sind Sie mir zu ungeschickt – aber Sie dürfen in der zweiten Reihe sitzen, wenn ich ihre Mannen k.o. schlage!«

Zeichnung von Walter Herzberg

gab es bissiges Gezänk, aber der Öffentlichkeit hatte sich die Harzburger Front als imponierende Machtballung vorgestellt und der Regierung Brüning den Fehdehandschuh ins Gesicht geworfen.

Die jedoch fühlte sich keineswegs besonders beunruhigt; »die Regierung«, resümierte Brüning noch in seinen Memoiren, »konnte die Tagung der Harzburger Front ... im allgemeinen ignorieren«[454]. Dafür raffte sich die demokratische Linke noch einmal zu einer Machtdemonstration auf: als Antwort auf das Harzburger Treffen und auf das Bekanntwerden der »Boxheimer Dokumente«, eines schreckenerregenden Geheimprogramms für den Fall der nationalsozialistischen Machtübernahme, konstituierte sich am 16. Dezember 1931 die »Eiserne Front«, ein Bündnis der Sozialdemokratie mit den ihr nahestehenden Organisationen, dem Reichsbanner Schwarz-Rot-Gold, dem Allgemeinen Deutschen Gewerkschaftsbund, dem Arbeiterturn- und Sportbund, der Sozialistischen Arbeiterjugend und ähnlichen Gruppierungen. Wilde Hoffnungen klammerten sich an diese neue Organisation; bei der Nachricht von der Gründung der »Eisernen Front«, so erzählt der Chefredakteur des sozialdemokratischen »Vorwärts« von einer Parteiversammlung in Braunschweig, »brach ein Beifallssturm los, wie ich ihn selten gehört habe. In ihrer seelischen Bedrücktheit schrien die Menschen danach, daß etwas geschehen sollte. Und nun war – so meinten sie – etwas geschehen.«[455] Die Euphorie der beteiligten Republikaner wurde allerdings bald gedämpft; von fast allen nichtsozialistischen Gruppen und Parteien erhielt die »Eiserne Front« eine demonstrative Abfuhr. So blieb sie eine rote statt einer schwarz-rot-goldenen Wehrorganisation; der Zerfall der Weimarer Koalition war auch in dieser Krisenzeit nicht mehr aufzuhalten. Aber neben den kommunistischen und nationalsozialistischen Aufmärschen hielten sich die Sozialdemokraten sehr achtbar; ihr Widerstandszeichen, die drei Pfeile, konkurrierte allenthalben mit Hakenkreuz und Sowjetstern, und »Kampfdemonstrationen« der »Eisernen Front« gaben an Wucht und sorgfältig choreographiertem Pomp den Veranstaltungen der Republikfeinde in nichts nach. Das sah hoffnungsvoll aus und stärkte die Moral der Republikaner, aber die dahinterstehende Perspektive war wenig ermutigend. Der amerikanische Journalist Knickerbocker unternahm eine Rundfrage bei den Bürgerkriegsparteien:

Plakat, 1932

»Ich stellte einem deutschen Kommunisten die Frage: ›Was werdet ihr tun, wenn Hitler die Regierung ergriffen hat?‹ ... Wir glauben, wenn Hitler an der Macht ist, wird er das Land so rasch herunterwirtschaften, daß wir im nächsten Herbst ans Ruder kommen können.‹ ›Aber dann wird Hitler alle Gewehre haben.‹ ›Ja, Hitler wird die Gewehre haben.‹

Ich fragte einen Sozialdemokraten: ›Was werdet ihr tun, um Hitler nicht zur Herrschaft kommen zu lassen?‹ ›Was können wir tun‹, gab er zurück, ›wenn Hitler die Mehrheit hat?‹

Ich fragte einen Nationalsozialisten: ›Was werdet ihr tun, wenn ihr die Macht in den Händen habt?‹ Er hätte eine lange Erörterung des Parteiprogramms beginnen können, aber er antwortete lediglich: ›Festhalten.‹«[456]

Aber einstweilen war Hitler so weit von der Macht entfernt wie nur jemals; während seine Anhänger auf den Straßen randalierten, wurde ihr Führer am 10. Oktober 1931 erstmals Hindenburg vorgestellt,

der ihn aber mit äußerster Kühle behandelte; aus seiner Umgebung sickerte später durch, er sei bestenfalls bereit, den »böhmischen Gefreiten« zum Postminister zu machen, gewiß nicht zum Regierungschef.

Das hieß nun nicht, daß Hindenburgs Begeisterung für Brüning die letzten Monate ungebrochen überdauert hätte. Er mochte nicht einsehen, weshalb der Kanzler sich nach wie vor mit den Sozialdemokraten abgab, anstatt seine Haltetaue nach links zu kappen und dafür zu sorgen, daß in Preußen eine ebenfalls konservativ und etatistisch ausgerichtete Regierung gebildet wurde, was Reichswehr, Reichslandbund und die vaterländischen Verbände, aus deren Umkreis Hindenburgs alte Freunde kamen, seit Jahr und Tag forderten. Im Herbst 1931 versuchte Hindenburg Brüning dazu zu bringen, ein Kabinett zu bilden, das sich auf den rechten Reichstagsflügel stützte. Brüning erwiderte, »daß der gesamte Grundzug meiner Politik schon stets rein konservativ im guten Sinne gewesen sei. Mir würde nichts lieber sein, als mit konservativen Männern zu arbeiten.« Aber er müsse im Parlament Mehrheiten dafür haben, und die seien zur Zeit nicht vorhanden.[457] Hindenburg bestand diesmal nicht auf seinem Ersuchen, aber er kam immer wieder darauf zurück, und Brüning merkte bald, daß der Reichspräsident unter Einflüssen stand, die er, Brüning, nicht kontrollieren konnte.

Die Abhängigkeit von Hindenburg war Brünings Schwäche, Abhängigkeit nicht nur in politischer, sondern auch in sentimentaler Hinsicht. Die Amtszeit des Reichspräsidenten lief im März 1932 aus. Niemand wußte besser als Brüning, wie es um den alten Herrn stand. Schon 1929, ein halbes Jahr vor seiner Ernennung zum Reichskanzler, als er Hindenburg das erste Mal vorgestellt worden war, hatte er den Eindruck gehabt: »Hindenburg sah erschreckend alt aus ... Die Müdigkeit und die Unbeholfenheit in seinem ganzen Auftreten erschütterten mich.«[458] Im Juli 1930 geschah nach Brünings Erinnerung folgendes: »Als Treviranus und ich ihn nach seiner Ankunft am Bahnhof Friedrichstraße abholten, erkannte er uns nicht. Sein Sohn mußte ihm zweimal sagen: Hier ist der Herr Reichskanzler mit dem Minister Treviranus. Aber auch dann ging es nicht völlig in sein Bewußtsein ein, wer wir waren. Über Nacht war er greisenhaft geworden. Das eröffnete düstere Ausblicke für die Zukunft.«[459] Nach 5 Uhr nachmittags war Hindenburgs Aufnahmefähigkeit nur noch sehr gering. Einmal suchte er, einen Vortrag des Kanzlers zusammengefaßt niederzuschreiben, es stimmte aber alles nicht. Er verbesserte es, aber es wurde nur noch schlimmer. Schließlich war kein Sinn mehr darin. »Dann gab ich die Hoffnung auf«, so wiederum Brüning. »Ich hatte unsagbares Mitleid mit ihm.«[460]

Man sollte meinen, daß unter solchen Umständen Brüning alles Erdenkliche getan hätte, Hindenburgs Neuwahl zu verhindern und einen Kandidaten zu kreieren, der die nach wie vor bestehende rechnerische Mehrheit von SPD bis DVP hätte hinter sich bringen können. Aber Brüning war in einer Weise auf Hindenburg fixiert, die sich einer schlüssigen Begründung widersetzt. »Es war für mich eine selbstverständliche Pflicht der Loyalität, alles durchzusetzen, um Hindenburg zur Wiederwahl zu verhelfen und die 1932 zu erwarten-

den Erfolge vor der Geschichte mit seinem Namen zu verknüpfen«, schrieb er.[461]

Zunächst versuchte Brüning, die Unterstützung Hitlers und Hugenbergs für einen abenteuerlichen Plan zu erhalten: Es sollte sich eine Zweidrittel-Mehrheit des Reichstags dafür finden, die Verfassung so zu ändern, daß Hindenburg vom Reichstag auf Lebenszeit wiedergewählt wurde. Die Freude der Nationalsozialisten über diese Idee war groß; sie ließen den Kanzler abblitzen und veröffentlichten den Inhalt des vertraulich geführten Gesprächs unter der Schlagzeile: »Brüning intrigriert gegen die Reichsverfassung«. »Nun laufen sie in der Wilhelmstraße wie die aufgescheuchten Hühner durcheinander«, notierte Goebbels schadenfroh. »Brünings Stellung ist stark gefährdet. Tausend Kräfte und Nebenkräfte schalten sich ein ...«[462] In der Tat zeigte sich Hindenburg widerspenstig. Er wollte gerne wiedergewählt werden, aber mit den Stimmen der Rechten, nicht der Linken, denn das, sagte er Brüning, würden ihm seine alten Freunde nicht verzeihen. Und wirklich sorgten die »alten Freunde« dafür, daß Hindenburg einen Denkzettel erhielt: Gerade diejenigen Kreise, die er sich nahestehend glaubte, erklärten sich gegen seine Wiederwahl und stellten eigene Kandidaten auf. Der »Stahlhelm«, dessen Ehrenvorsitzender der Reichspräsient war, nominierte seinen zweiten Vor-

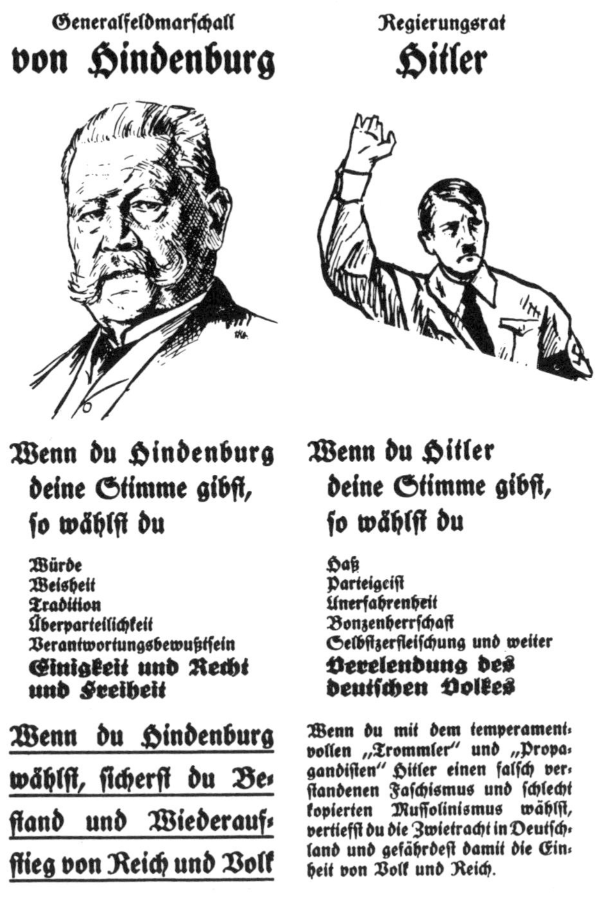

sitzenden Theodor Duesterberg; die DNVP, die zunächst sogar mit den Nationalsozialisten über eine gemeinsame Kandidatur gegen Hindenburg verhandelt hatte, stellte sich hinter Duesterberg. Die NSDAP nominierte Hitler, die KPD selbstredend Thälmann. So war Hindenburg gezwungen, sich gerade auf diejenigen Kräfte zu stützen, von denen er sich mit aller Macht hatte absetzen wollen: auf die Parteien der Weimarer Koalition, zu denen noch ein paar versprengte konservative Häuflein hinzukamen.

1. Wahlgang am 13.3.1932
Abgegebene gültige Stimmen 37,65 Mio

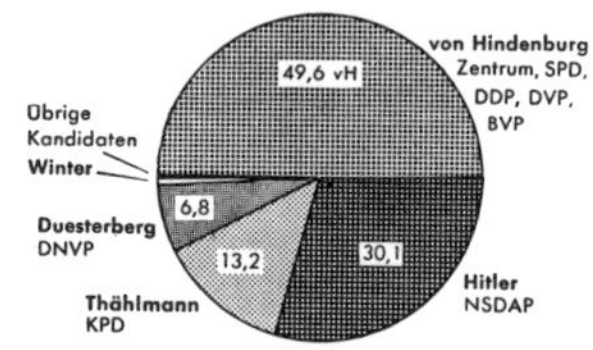

2. Wahlgang am 10.4.1932
Abgegebene gültige Stimmen 36,49 Mio

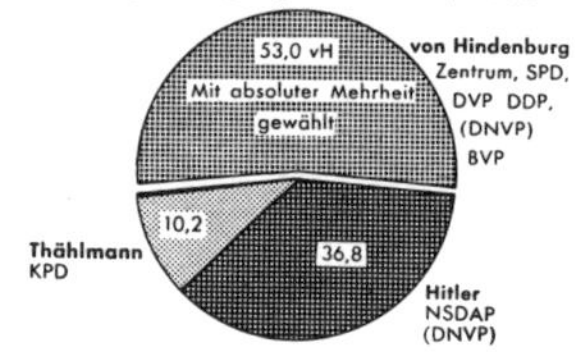

Brüning rührte die Werbetrommel für Hindenburg mit Inbrunst, nutzte seine Verbindungen zu den Spitzen der deutschen Wirtschaftsverbände, um deren finanzielle Unterstützung für Hindenburg zu erhalten. So flossen die Industriellengelder, die aus Anlaß der Reichspräsidentenwahl 1932 gezahlt wurden, zu mehr als 90 Prozent in die Kassen des »Sahm-Ausschusses«, des vom Berliner Oberbürgermeister geleiteten Wahlkampfkomitees Hindenburgs. Für Hindenburg trommelte alles, was im republikanischen Spektrum Rang und Namen hatte. Auf Kundgebungen für ihn sprach der bayerische Ministerpräsident Held ebenso wie der preußische Ministerpräsident Braun, sonst unversöhnliche Gegner. Braun tat ein übriges und beschwor die Anhängerschaft der Sozialdemokratie, die sieben Jahre zuvor für ihn als Reichspräsidenten gestimmt hatte, sie müsse nunmehr Hindenburg wählen: »Ich habe den Reichspräsidenten«, schrieb Braun im »Vorwärts«, »kennengelernt als einen Mann, auf dessen Wort man bauen kann, als einen Menschen reinen Wollens und abgeklärten Urteils. Weil dem so ist, trete ich für ihn ein. Ich wähle Hindenburg und appelliere an die Millionen Wähler: Tut desgleichen, schlagt Hitler, wählt Hindenburg!«[463] Nichts beleuchtet die politischen Zwangslagen der Zeit heller als dieser Aufruf: Der Sozialdemokrat, der für den königlich-preußischen Generalfeldmarschall wirbt, um Schlimmeres zu verhüten.

Am 13. März 1932 wurden für Hindenburg 49,6 Prozent der abgegebenen Stimmen gezählt; zur absoluten Mehrheit fehlten nur 350.000 Stimmen. Das sagte nichts über die Anhängerschaft der Parteien aus, die Hindenburg unterstützt hatten, sondern viel über den Glanz, den der Hindenburg-Mythos im Volk noch besaß. Einen Ersatzkaiser wählte man nicht ab. Aber Hitler hatte immerhin 30 Prozent der Stimmen erhalten, also fast ein Drittel; damit hatten die Nationalsozialisten ihren Stimmenanteil seit dem September 1930 noch einmal um 12 Prozent steigern können. Der zweite Wahlgang, an dem sich nur noch Hindenburg, Hitler und der unvermeidliche Thälmann beteiligten, brachte dann am 10. April 1932 für Hindenburg den endgültigen Sieg; mit 53 Prozent der Stimmen siegte er über Hitler, der 36,8 Prozent der Stimmen auf sich hatte vereinigen können. Zieht man in Betracht, daß Duesterberg, der Kandidat der DNVP und des Stahlhelms im ersten Wahlgang, sich diesmal ausdrücklich zu Hindenburg bekannt hatte, so war Hindenburgs Abschneiden verhältnismäßig bescheiden, und er war sich dessen bewußt. Reichswehr- und Reichsinnenminister Groener, Hindenburgs letzter Generalquartiermeister im Weltkrieg, spürte in diesen Tagen, daß der Reichspräsident sich selbst ihm, der unbeirrbar hinter Brünings Politik stand, entfremdet hatte: »Es ist möglich«, schrieb er kurz nach der Reichspräsidentenwahl einem Freund, »daß Hindenburg den Kanzler und mich eines Tages hinauswirft, indem

er unter den Daumenschrauben seiner alten Standesgenossen (Boykott gesellschaftlicher Art, was besonders der Sohn fürchtet) die Forderung stellt, daß eine neue Regierung gebildet werden müsse ...«[464] Mit Brünings Zentrumspartei und der Sozialdemokratie wollte der Reichspräsident jetzt weniger denn je zu tun haben.

Zum Mißmut Hindenburgs kam der Abfall Schleichers. In den Augen der Reichswehrführung hatte die Reichsregierung in zweierlei Hinsicht versagt: in der Preußenfrage und in der Behandlung der Nationalsozialisten. Was Preußen betraf, so war die schwarz-rot-goldene Regierung Otto Brauns der Reichswehr stets ein Ärgernis gewesen, denn die preußische Regierung hatte die geheimen Rüstungs- und Grenzschutzmaßnahmen der Reichswehr mit wachem Mißtrauen beobachtet - daß sich die für den Verteidigungsfall geplanten Mobilmachungsvorbereitungen in den preußischen Ostprovinzen auf den deutschnationalen »Stahlhelm« stützten, während das republikanische »Reichsbanner« als national unzuverlässig links liegengelassen wurde, hatte der preußische Innenminister des öfteren angeprangert. Hier, so fand Schleicher, müsse eine Regierung her, die in jeder Hinsicht der Konstellation auf Reichsebene glich - konservativ, wehrfreudig, eine Stütze der Landwirtschaft; Brüning dagegen wußte, daß die Tolerierung durch die SPD nur mit dem Verbleiben der Weimarer Koalition in Preußen zu erkaufen war, und lehnte daher das Ansinnen ab, die preußischen Zentrumsminister aus der Regierung zurückzuziehen. Und in engem Zusammenhang damit stand der Ärger wegen der Behandlung der Nationalsozialisten. Die preußische Regierung, seit längerem über die zunehmende Hoffähigkeit Hitlers und seines Anhanges besorgt, ließ am 17. März 1932 sämtliche nationalsozialistischen Parteigeschäftsstellen polizeilich durchsuchen; das Material, das bei der Gelegenheit gefunden wurde, enthielt handfeste Hinweise auf Mobilmachungs- und Putschpläne der SA. Die Reichsregierung zögerte, daraufhin gegen die Partei vorzugehen; bei einem Treffen der süddeutschen Ministerpräsidenten am 20. März mußte Groener sich sagen lassen, die Regierung sei »vor lauter Taktik schlapp«[465]. Jetzt verstärkte die preußische Regierung ihren Druck; Ministerpräsident Braun forderte Brüning in öffentlichen Reden dazu auf, die SA zu verbieten, anderenfalls Preußen von sich aus die Initiative ergreifen werde. Die Presse nahm sich der Sache an, und am 13. April 1932 erging eine Verordnung des Reichspräsidenten, die alle nationalsozialistischen Wehrverbände im ganzen Reich verbot.

Brüning und Groener hatten sehr gegen ihren Willen gehandelt, aber das vom preußischen Innenministerium gegen die NSDAP gesammelte Material war überzeugend gewesen, und Schleicher, der Drahtzieher im Reichswehrministerium mit den ausgezeichneten Verbindungen zum Reichspräsidentenpalais, sah seine Felle davonschwimmen. Seine Politik war es gewesen, die SA in die von ihm projektierte Miliz aufzunehmen, sie so zu integrieren und von der Reichswehr beaufsichtigen zu lassen. Das setzte eine wohlwollende Einstellung Hitlers gegenüber den Plänen der Reichswehr voraus, aber nach dem SA-Verbot konnte davon keine Rede mehr sein. Vor die Entscheidung gestellt, loyal zur Regierung Brüning zu

stehen oder der NS-Führung erneute Avancen zu machen, zögerte Schleicher nicht. Brüning mußte fort, ein Arrangement mit Hitler war nur bei seinem Sturz möglich; von nun an intrigierte Schleicher hinter dem Rücken des Kanzlers gegen diesen und gegen seinen eigenen militärischen und politischen Ziehvater, den Reichswehr- und Reichsinnenminister Groener. »Der Führer«, notierte Goebbels am 8. Mai 1932, »hat eine entscheidende Unterredung mit General Schleicher; einige Herren aus der nächsten Umgebung des Reichspräsidenten sind dabei. Alles geht gut. Der Führer hat überzeugend zu ihnen geredet. Brüning soll in den nächsten Tagen schon fallen. Der Reichspräsident wird ihm sein Vertrauen entziehen.«[466] Das Geschäft zwischen Schleicher und Hitler: Die NSDAP werde eine nationale Präsidialregierung tolerieren, der Brüning und Groener nicht angehören sollen; dafür werde das SA-Verbot fallen, der Reichstag werde aufgelöst und neu gewählt, die Partei werde ihre Propaganda voll entfalten können.

Gegen den Einfluß Schleichers und dessen Freundes Oskar v. Hindenburg auf den Reichspräsidenten war Brüning machtlos. Und das waren nicht seine einzigen Gegner. Die »alten Freunde« Hindenburgs, die ostelbischen adligen Grundbesitzer, waren zum Angriff auf Brüning angetreten, und ihre Waffe hieß: Osthilfe.

Seit langen Jahren befand sich der ostelbische Großgrundbesitz in einer chronischen, weil strukturell bedingten Dauerkrise. Das lag an den ungünstigen Produktionsbedingungen, denn Klima und schlechte Böden verminderten die landwirtschaftlichen Erträge; die marktferne Lage der östlichen agrarischen Überschußgebiete und die damit verbundenen hohen Transportkosten führten ohnehin zur Verteuerung der Produkte. Hinzu kam eine weit überdurchschnittliche Verschuldung der ostelbischen Güter, eine Folge der seit Jahrzehnten aufgenommenen hohen Kredite. In der Wirtschafts- und Finanzkrise wurden immer mehr Landwirte zahlungsunfähig, wenn Kredite zurückgefordert wurden, und die Konkurse häuften sich.

Auffallenderweise traf dies nicht etwa in erster Linie die kleinen und mittleren Bauern, sondern den ostelbischen Großgrundbesitz. Vor 1918 hatten die ostdeutschen Agrarmagnaten den politischen Einfluß besessen, der es ihnen ermöglichte, die Schwächen und Strukturfehler ihrer wirtschaftlichen Basis durch Schutzzölle und staatliche Subventionen auszugleichen, statt durch Modernisierung und Rationalisierung der landwirtschaftlichen Betriebe. Die ostelbische Gutswirtschaft ging deshalb technisch und betriebswirtschaftlich geschwächt in die Weimarer Jahre, in denen der politische Einfluß des Junkertums erstmals weitgehend zurückgedrängt war. So brachen in wirtschaftlichen Krisenzeiten in erster Linie die Güter der altadligen Familien zusammen.

Diese Familien hatten sich seit jeher als die eigentlichen politischen Stützen des preußischen Staats gesehen, der ihnen dafür das Geschäft der Landwirtschaft erleichtert hatte; nunmehr waren ihre Standes- und Interessenorganisationen auf der Suche nach neuen Einflußmöglichkeiten. Eine solche bot sich in Gestalt des Reichspräsidenten v. Hindenburg, der sich 1927 das Gut Neudeck in Ostpreußen von agrarischen und industriellen Interessenverbänden

Plakat der KPD zu den Reichstagswahlen 1932

Plakat der NSDAP, 1933

Die Propagandaparolen der extremistischen Parteien nähern sich einander an. In ihren Fernzielen sind sie einander entgegengesetzt, im Nahziel dagegen einig: Die Vernichtung der liberal-demokratisch verfaßten Republik. Die Ikonographie des kommunistischen und des nationalsozialistischen Plakats ist ein und dieselbe: Das verhaßte »System« erscheint als Runde schwatzender Honoratioren, der Faustschlag des Arbeiters als angemessenes Gegenargument.

hatte schenken lassen. Es wäre ungerecht zu behaupten, daß Hindenburg hauptsächlich in seiner neuen Eigenschaft als grundbesitzender Landedelmann an der besonderen Stützung ostpreußischer Güter interessiert gewesen wäre; vor allem war er nach wie vor seiner eigenen Legende verpflichtet, der des Siegers von Tannenberg und des Retters Ostpreußens. Aber in Neudeck, wo er sich immer häufiger aufhielt, befand er sich im Dunstkreis konzentrierter agrarischer Interessen. Gutsnachbar war Elard von Oldenburg-Januschau, deutschnationaler Reichstagsabgeordneter, derselbe, der einst gemeint hatte, der Kaiser müsse jederzeit imstande sein, den Reichstag durch einen Leutnant und zehn Mann schließen zu lassen, und der mit Hindenburg auf dem Duzfuß stand. Zugang zum Reichspräsidenten besaß die Crème des ostpreußischen Adels, die Dohnas, die Eulenburgs, die Mirbachs, die Cramons. Damit war für ausreichenden Einfluß auf den alten Herrn gesorgt, um dessen ostpreußisches Engagement in die rechte Richtung zu lenken. Den allgemeinen Kurs umschrieb ein Mitglied dieses Kreises, der nach dem Kapp-Putsch als republikanisch unzuverlässig entlassene ehemalige Regierungspräsident von Gumbinnen, Magnus Freiherr v. Braun: »Hindenburg hatte die Schlacht von Tannenberg nach seiner Ansicht nicht gewonnen, um nun die Struktur der ganzen Provinz aufzubrechen und zuzusehen, wie die alten konservativen Elemente, die durch Jahrhunderte in der Armee gedient und geblutet hatten, von ihren Sitzen gejagt wurden.«[467]

Und das, davon waren die Interessenwahrer des ostelbischen Großgrundbesitzes überzeugt, stand jetzt, 1932, unmittelbar bevor. Dabei hatte sich die Sache gut angelassen. Bei Brünings Amtsantritt hatte der Reichspräsident dem neuen Kanzler eine Weisung mit auf den Weg gegeben: Die erste Aufgabe der Regierung sei die Sanierung der agrarischen Verhältnisse im Osten. Aus dieser Weisung erwuchs die Osthilfe, ein gemeinsames Programm der Reichsregierung und der preußischen Regierung mit dem Ziel, die ostelbischen Güter zu entschulden, das hieß: ihre kurzfristigen Schulden in langfristige, niedrig verzinsliche Schulden umzuwandeln, wobei die Kosten der Zinsdifferenz zu Lasten des Reichs- und des preußischen Staatshaushalts gingen. Das war eine rein politische Aktion, bei der in Kauf genommen wurde, daß die Ursachen der Verschuldungshöhe nicht beseitigt wurden, und die im übrigen in völligem und der Öffentlichkeit schwer verständlichem Gegensatz zur Deflationspolitik Brünings stand. Die preußische Regierung, die beobachtete, daß die von der Reichsregierung ernannten Osthilfekommissare einseitig im Interesse des Großgrundbesitzes eingriffen, wobei Durchstechereien nicht ausblieben, zog sich bereits nach einem Jahr aus dem kostspieligen Programm zurück. Auch Brüning sah im Laufe des Winters 1931/32, daß die Reichskasse den volkswirtschaftlich völlig sinnlosen Geldabfluß in die großen Güter nicht mehr verkraften konnte. Der deswegen von Brüning ernannte Reichskommissar für die Osthilfe, der pommersche Gutsbesitzer Hans Schlange-Schöningen, handelte aber ganz anders, als seine Standesgenossen von ihm erwarteten: Er entwarf einen Plan, nach dem nur noch diejenigen Güter entschuldet werden sollten, die die Substanz besaßen, sich anschließend wieder aus eigener Kraft in die Höhe zu arbeiten. Nicht mehr entschuldungsfähige Güter sollten dagegen in der Höhe des

gegenwärtigen Buchwerts den Eigentümern zwangsweise abgekauft, parzelliert und durch Arbeitslose, Landarbeiter und Kleinbauern aufgesiedelt werden.

Das war die einzige vernünftige Konzeption, um aus der ostelbischen Agrarmisere herauszukommen, aber sie stieß sich mit den politischen Verhältnissen. Im Palais des Reichspräsidenten häuften sich die Proteste seiner Freunde; da war von Sozialisierung der Landwirtschaft, Wehrlosmachung des deutschen Ostens und Agrarbolschewismus die Rede. Das waren einfache Schlagworte, die Hindenburg viel besser verstand als die verwickelten wirtschaftlichen und finanziellen Argumente, die ihm sein Reichskanzler vortrug. Mit Brüning, dieser Gedanke setzte sich im Laufe des Mai 1932 im Kopf des alten Herrn fest, ging es nicht mehr weiter; Schleicher, Meißner, Sohn Oskar, die »alten Freunde«, alle bestärkten ihn darin.

So wurde Brüning von jenen Traditionen eingeholt und verschlungen, die er für die seinen gehalten hatte. Er hatte nach dem monarchisch-konstitutionellen Rezept Bismarcks regieren wollen; aber schon Bismarck war mit der innenpolitischen Dynamik moderner Massenbewegungen und wirtschaftlicher Interessen nicht mehr fertiggeworden – wieviel weniger konnte das Rezept altpreußischer Regierungstechnik in der Massendemokratie des zwanzigsten Jahrhunderts glücken. Und zudem hatte sich Brüning zu sehr auf die eine Person verlassen, auf die unter den Umständen des halbparlamentarischen Notverordnungs-Regimes alles ankam, auf den Reichspräsidenten v. Hindenburg. In dessen Person war letztlich alle Macht im Staat versammelt, und sie stand dem zu Gebote, der im Entscheidungsfall Einfluß auf den alten Herrn besaß. Und da war Brüning, der katholische Westfale, eben doch ein Außenseiter; er selbst wußte, daß Hindenburg bei einem Zusammensein mit alten Freunden bemerkt hatte, für ihn als preußischen Protestanten sei es unerträglich, daß seine Erfolge vor der Geschichte mit dem Namen eines katholischen Zentrumsmanns verknüpft sein sollten. Brünings blinde Loyalität gegenüber dem Reichspräsidenten hinderte ihn aber, sich den richtigen Vers auf diese Mitteilung zu machen.

In kurzer Zeit brach alles unter Brüning ein. Am 24. April 1932 hatte die preußische Landtagswahl das parteipolitische Tableau im größten deutschen Einzelstaat tiefgreifend verändert; die Parteien der Weimarer Koalition besaßen nunmehr nur noch ein Mandat mehr als die Nationalsozialisten, die allerdings ihrerseits nicht genügend Bundesgenossen hatten, um die preußische Regierung zu bilden. Die Regierung Braun trat daher zurück und regierte fortan geschäftsführend weiter, ein Zustand, der bereits in vielen deutschen Ländern herrschte; als im sächsischen Landtag die KPD-Fraktion einen Mißtrauensantrag gegen Ministerpräsident Schieck einbrachte, erhob sich dieser und erklärte, die Herren machten sich unnötige Mühe, er sei bereits seit Jahr und Tag gestürzt und habe nur noch keinen Nachfolger gefunden. So war die Lage jetzt auch in Preußen, und dem Bündnis auf Gegenseitigkeit, das Brüning mit der SPD abgeschlossen hatte, war damit der Boden entzogen. Der Reichstag konnte für den Kanzler kein Rettungsanker mehr sein.

61. Jahrgang
Abend-Ausgabe
Einzelnummer 10 Pfennig
Berliner Tageblatt
und Handels-Zeitung
Nr. 198
Montag, 25. April 1932

Keine Mehrheit der Rechten

Der Ansturm der nationalen Opposition in Preussen, Bayern, Württemberg und Hamburg abgeschlagen. – Nationalsozialisten unter den Stimmzahlen vom 10. April.

Eroberung Preussens gescheitert.

Aber auch die bisherige Koalition in der Minderheit.

Fest bleiben!

Dr. WOLFGANG BRETHOLZ

Eine Woche nach Ministerpräsident Brauns Rücktritt, am 23. Mai

1932, ließ Hindenburg Brüning zu sich kommen. Im Vorraum des Reichspräsidentenpalais sah Brüning einen Generalsmantel hängen, wohl den Schleichers. Folgen wir weiter seiner Erzählung:

»Die Miene des Reichspräsidenten beobachtend wußte ich nun, daß es endgültig aus war. Der Reichspräsident ließ mich reden. Ich setzte ihm auseinander, daß es mein Bestreben gewesen sei, die schrankenlose und planlos ausgeübte Macht des Parlaments soweit einzuschränken, daß es einer Regierung, die ohne Herausforderung des Parlaments entschlossen und planvoll auftrete, keine Schwierigkeiten mehr mache. Die Regierung sei dadurch absolut überparteilich geworden. Sie habe die außenpolitischen Arbeiten so vollziehen können, daß die Erfolge nun greifbar seien. Das sei aber nur durch große Geduld und vorübergehende Unpopularität möglich gewesen. Wenn erst die Erfolge sichtbar wären, würde diese Unpopularität schwinden.« Hindenburg setzte daraufhin seine Brille auf, griff nach einem bereitliegenden Bogen Papier und las vor: Die Regierung erhalte, da sie unpopulär sei, von ihm nicht mehr die Erlaubnis, neue Notverordnungen zu erlassen; auch Personalveränderungen werde der Reichspräsident nicht mehr zustimmen. »Ich erklärte: ›Ich werde morgen das Kabinett zusammenrufen und die Gesamtdemission des Kabinetts beschließen lassen.‹

Der Reichspräsident: ›Ich ersuche darum, daß es möglichst schnell geschieht.‹

Mich fassend antwortete ich ruhig, ich selbst sehe es als Staatsnotwendigkeit an, daß möglichst schnell ein neues Kabinett gebildet würde. ›Ich kann morgen früh alsbald die Demission überbringen.‹

Der Reichspräsident: ›Tun Sie das.‹

Schweigen.«[468]

Schon zwei Tage später, am 1. Juni 1932, stand ein neuer Reichskanzler bereit: Franz von Papen.

Zeichnung von Rudolf Großmann

Intrigen und Bürgerkrieg

Kein Mensch kannte Papen. »Obschon sein Auftritt sich im Schatten Hindenburgs vollzieht«, so die »Frankfurter Zeitung«, »muß dieser präsumtive Chef eines Kabinetts der ›nationalen Konzentration‹ erlauben, daß man sich in Deutschland zunächst einmal bei seinem Anblick die Augen reibt.«[469] Wer war Papen? Westfälisches Gutsbesitzermilieu, preußisches Kadettenkorps, königliches Pagenkorps, Berufsoffizier; als Militärattaché in Washington 1915 wegen Spionage ausgewiesen, nachdem ihm in einer U-Bahn geheime Unterlagen abhandengekommen waren; dann Dienst an der Westfront und in der Türkei, 1919 als Major im Generalstab aus dem Militärdienst ausgeschieden, weil er »auf die Fahne des Königs von Preußen geschworen« hatte[470]. Pächter eines westfälischen Guts, Mitglied des konservativ-agrarischen »Westfälischen Bauernvereins« und der Zentrumspartei – die Deutschnationalen hätten ihm mehr gelegen, aber sie waren ihm zu protestantisch. Mehrheitsaktionär und Aufsichtsratsvorsitzender des Zentrumsorgans »Germania«, seit 1924 Hinterbänkler der Zentrumsfraktion im preußischen

Landtag, wo er gelegentlich durch erfolglose Versuche, seine Partei aus der Koalition mit der SPD zu lösen, von sich reden gemacht hatte.

Das war natürlich keine ausreichende Empfehlung für Papens Eignung zum Reichskanzler; etwas anderes spielte da eine Rolle: der neue Kandidat paßte genau in die derzeitigen Pläne Schleichers. Ein halbes Jahr zuvor hatte Papen in einer vielbeachteten Rede Brüning den Rat erteilt, sich endgültig der parlamentarischen Bindungen zu entledigen und »eine Diktatur auf nationaler Grundlage« zu installieren, bei »Heranziehung und sinnvoller Eingliederung der nationalen Rechten und der Nationalsozialisten«[471]. Genau das war es, was Schleicher vorschwebte: Die Nationalsozialisten zu »bourgeoisieren«, sie mit angemessener, aber kontrollierter Verantwortung zu belasten, und dies unter der diktatorischen Gewalt des Reichspräsidenten. Außerdem kam Papens Rolle als Quertreiber in der preußischen Regierungskoalition einem weiteren langgehegten Wunsch Schleichers entgegen, denn dessen Reichswehr-Konzept einer autoritären, an der Spitze des Reichs konzentrierten und wehrfreudigen Staatsmacht ohne einseitige parteipolitische Akzente war bisher an der unbequemen Gegenmacht im preußischen Staatsministerium gescheitert; daß der Hauptwiderstand gegen die Nationalsozialisten aus Preußen kam, machte in Schleichers Augen die Beseitigung des Dualismus der beiden Berliner Regierungen um so dringlicher.

Und schließlich, und das spielte eine große Rolle in dieser Zeit, in der nur noch ein kleiner Kreis von Personen die deutsche Politik bestimmte, waren Schleicher und Papen alte Freunde, hatten einst im selben Generalstabskurs gesessen. Daß auch der Sohn des Reichspräsidenten denselben Kurs besucht und in demselben Regiment gedient hatte, erleichterte den Zugang Papens zu Hindenburg, der Papen schnell zu schätzen wußte und ihn gerne mit »Fränzchen« anredete. Persönlich war Papen ein blasser Charakter, ein Mann, der die gesellschaftlichen Formen blendend zu handhaben wußte und gut zu Pferde saß, der aber sonst über keine bekannten politischen Gaben verfügte – in den Augen seiner Freunde »ein anständiger Kerl, nicht sehr klug«[472]. Schleicher war sich über die Grenzen Papens im klaren, aber ihm ging es um anderes. Als besorgte Mitglieder des Pommerschen Landbundes bei Schleicher anriefen und ihm bedeuteten: »Der Papen ist doch kein Kopf«, antwortete Schleicher vergnügt: »Das soll er ja auch nicht sein. Aber er ist ein Hut.« Der Kopf war natürlich Schleicher selbst.

Das neue Reichskabinett verkörperte in seiner Zusammensetzung durchweg diejenigen Elemente, die jetzt den Reichspräsidenten umgaben: die ostelbischen Junker, die preußischen Konservativen, die politisierenden Militärs – die Kamarilla als Institution. Reichswehrminister und damit Inhaber der eigentlichen Macht im Entscheidungsfall war der General v. Schleicher; er war es auch, der Papen nach dessen entscheidender Unterredung mit Hindenburg die Ministerliste präsentierte, als läge das ganz selbstverständlich im Belieben der Reichswehr. Reichsinnenminister wurde Wilhelm Freiherr v. Gayl, ein Deutschnationaler und Funktionär einer agrari-

schen Interessenorganisation, als Bevollmächtigter Ostpreußens zum Reichsrat seit langem erbitterter Gegner der schwarz-roten Preußenregierung. Das Reichsernährungsministerium erhielt der bisherige Direktor der Raiffeisenorganisation Magnus Freiherr v. Braun, Reichstagsabgeordneter der DNVP und seit langer Zeit mit Hindenburg befreundet. Ähnlich nahm sich der Rest der Kabinettsliste aus; nur Reichswirtschaftsminister Warmbold und Reichsjustizminister Gürtner, als bayerischer Justizminister Hitlers Förderer in dessen Münchener Jahren, waren nicht adlig. Bei der Vorstellung des Kabinetts hatte v. Braun den Eindruck, daß Hindenburg sich in dieserUmgebung »wohl und zufrieden« fühlte, und befand: »Es ließ sich wirklich nicht leugnen, daß das Milieu, aus dem die meisten von uns stammten, recht homogen war.«[473]

Das Deutsche Reich, eins der höchstindustrialisierten Länder der Welt, Brennpunkt der kulturellen Avantgarde jener Zeit, wegen seiner Modernität bewundert und beneidet, wurde fortan von einem Kabinett regiert, das der Metternich-Ära entsprungen schien. Und auch der geistige Zuschnitt der neuen Machthaber war danach. Schon seit Jahren hatten v. Papen, v. Gayl, v. Braun und v. Schleicher, angeödet von den Bräuchen der neuen parlamentarischen Demokratie und erschrocken ob der Zumutungen des modernen Massenzeitalters, sich im aristokratischen »Herrenklub« in der Berliner Motzstraße 22 eingefunden, einem Treffpunkt von Junkern, Agrariern, Schwerindustriellen und Finanziers. Es war eine eigentümliche Runde, keineswegs schlankweg reaktionär, schon gar nicht monarchistisch, aber doch fest von der Unhaltbarkeit liberal-demokratischer Verfassungsprinzipien überzeugt. Im Mittelpunkt dieses Kreises stand der Münchener Rechtsanwalt Edgar J. Jung, dessen Buch »Die Herrschaft der Minderwertigen« in neukonservativen Zirkeln tiefen Eindruck gemacht hatte, und der jetzt Papens Sekretär wurde. Die Demokratie, predigte Jung, bedeute die Herrschaft des Geldes und der Massen. Eine »konservative Revolution« müsse herbei, eine »Wiederinmachtsetzung aller jener elementaren Gesetze und Werte, ohne die der Mensch den Zusammenhang mit der Natur und mit Gott verliert und keine neue Ordnung aufbauen kann«. An die Stelle der »sozialen Gesinnung« solle der »gerechte Einbau in eine gestufte Gesellschaft« treten, an die Stelle der »mechanischen Wahl« das »organische Führerwachstum«.

Aus diesen Ideen, vermischt mit der Lehre des österreichischen Neuromantikers Othmar Spann vom »wahren Ständestaat«, wurde im Kreise des Herrenklubs die konservative Utopie des »Neuen Staats« erdacht, und es bezeichnet die politische Naivität Papens zur Genüge, daß er, kaum zum Reichskanzler ernannt, im Radio den »Neuen Staat« zur offiziellen Regierungspolitik erhob. »Ein kaum glaubliches Dokument«, entsetzte sich ein liberaler Hörer bei Papens erster Rundfunkrede, »ein miserabel stilisierter Extrakt finsterster Reaktion, gegen das die Erklärungen der kaiserlichen Regierungen wie hellste Aufklärung wirken würden. Die Sozialversicherung soll abgebaut, der ›Kulturbolschewismus‹ bekämpft, das deutsche Volk durch Rechristianisierung (lies Muckertum) für den außenpolitischen Kampf gestählt und auf den Grundlagen des extremen Rechts-Junkertums ›konzentriert‹ werden; alle anderen Richtungen und Parteien, Sozialdemokratie, liberales Bürgertum, Zentrum, wer-

den als nicht ›national‹ und moralisch zersetzend angeprangert. Ein Regierungsdokument solch politischer Dummheit und Ungeschicklichkeit, so finsterer Reaktion ist seit der Regierung Polignac 1830 nicht veröffentlicht worden.«[474]

Die neue Regierung hatte etwas traumhaft Groteskes an sich; ein Beobachter fühlte das wohl, wenn er Papen als »eine Figur aus ›Alice in Wonderland‹« empfand[475]. Für alle republikanischen Kräfte war die pure Existenz dieses Kabinetts, von den Umständen seiner Entstehung und von seinen Absichten ganz abgesehen, eine kaum noch zu steigernde Provokation. Nirgendwo war der Abscheu vor Papen größer als in seiner eigenen Partei, dem Zentrum, wo man ihm die Nachfolge des gestürzten Partei-Idols Brüning so bitter verübelte, daß Papen einem Parteiausschluß nur durch seinen freiwilligen Austritt zuvorkam. Die Zentrumspartei war dermaßen über Papen aufgebracht, daß sie fortan ihn und nicht etwa die Nationalsozialisten für den Hauptgegner hielt; die Bündnisgespräche, die in den nächsten Wochen und Monaten zwischen Nationalsozialisten und Zentrumsunterhändler stattfanden, sollten in erster Linie dem Kampf gegen Papen dienen. Die SPD erklärte dem »Kabinett der nationalen Konzentration« am ersten Tag seines Bestehens das »konzentrierte Mißtrauen der Arbeiterklasse«, und dieses Mißtrauen erwies sich nur zu bald als gerechtfertigt.

Ein neuer Rütlischwur der Parteien
»Wir wollen einig kämpfen gegen Papen – doch trotzdem treu uns hassen allezeit!«

Zeichnung von E. Schilling

Das »Kabinett der Barone« hatte nichts Eiligeres zu tun, als die Versprechen einzulösen, die Schleicher Hitler um den Preis der Tolerierung der neuen Regierung durch die Nationalsozialisten gegeben hatte: Am 4. Juni 1932 wurde der Reichstag aufgelöst, wurden Neuwahlen für den 31. Juli ausgeschrieben, am 16. Juni fiel das SA-Verbot. Was man in der Wilhelmstraße darüber hinaus plante, notierte Reichsinnenminister v. Gayl bei einer der ersten Kabinettssitzungen: »Die junge, immer weitere Kreise erfassende Bewegung Adolf Hitlers mußte, um die in ihr lebendigen nationalen Kräfte dem Wiederaufbau des Volkes nutzbar zu machen, von den ihr unter Brüning und Severing angelegten Fesseln befreit und zum erfolgreichen Kampf gegen den internationalen Kommunismus gestützt werden. Zweitens war, um die Bahn für die erste Aufgabe frei zu machen und dabei das Reich gegen die schwarz-rote Preußenregierung durchzusetzen, der Gegensatz Reich/Preußen durch Beseitigung der Preußenregierung ein für allemal aus der Welt zu schaffen. Erst, wenn diese beiden Aufgaben gelöst waren, konnte an einen folgerichtigen Aufbau gegangen werden.«[476]

Die Ansicht des Reichsinnenministers, die preußische Regierung habe dem »Kampf gegen den internationalen Kommunismus« bisher im Wege gestanden, hätte in kommunistischen Kreisen schallende Heiterkeit ausgelöst – nicht umsonst galt der Hauptkampf der KPD, laut eigener Aussage, »dem Polizeisozialismus als dem gegenwärtig aktivsten Faktor der Faschisierung«[477], also der sozialdemokratischen Führung der preußischen Polizei. Aber die preußische Regierung hatte bisher an kommunistischen und nationalsozialistischen Straßenterror das gleiche Maß angelegt – das war es, was dem Freiherrn v. Gayl nicht gefiel. Er und seine Gesinnungsfreunde zogen das Bündnis mit der »jungen, immer weitere Kreise erfassenden Bewegung Adolf Hitlers« demjenigen mit dem »schwarz-roten Novembersystem« vor – die folgenschwerste politische Fehlein-

schätzung, die der preußische Konservativismus in seiner an Mißgriffen reichen Geschichte begehen sollte.

Bemerkenswert auch die Prioritätenliste der Reichsregierung: Nicht der Haushalt, nicht die Wirtschaftslage, nicht das Arbeitslosenproblem, sondern die Beseitigung der preußischen Regierung stand allem voran. Zunächst allerdings mußte das Vorhaben abgeblasen werden, denn Papen mußte auf internationalem Parkett gute Figur machen. Vom 16. Juni bis zum 9. Juli tagte in Lausanne die Reparationskonferenz, deren Zustandekommen der unermüdlichen und aufopferungsvollen Arbeit Brünings zu verdanken war. Papen agierte gar nicht ungeschickt; als sprachgewandter Gesellschaftslöwe bewegte er sich auf dem diplomatischen Parkett mit mehr Selbstvertrauen als auf dem morastigen Boden der Innenpolitik. Die Verhandlungen waren schwierig, es gab Krisen und Unterbrechungen, aber von Anfang an war allen Beteiligten klar, daß die internationale Wirtschaft nur gesunden konnte, wenn man bereit war, die finanziellen Forderungen von Versailles zu beerdigen. Schließlich einigte man sich auf einen Kompromiß: Um das Gesicht zu wahren, gewährten die alliierten Gläubigerstaaten eine weitere Aussetzung der deutschen Reparationszahlungen um drei Jahre und verlangten anschließend eine einmalige Zahlung von 3 Milliarden Goldmark, was Papen leichten Herzens und ohne die Absicht, auch nur einen Pfennig zu zahlen, unterschrieb. Frohgelaunt ob seines leichtverdienten Triumphs traf er am 10. Juli wieder in Berlin ein, aber der erwartete Beifall blieb aus. Außenpolitik war kein Thema mehr, mit dem innenpolitische Erfolge zu erzielen waren – die Sensationen waren mittlerweile dem Bürger hautnah gerückt, sie fanden täglich auf den Straßen statt und übertönten alles, was von weither, von Genf oder Lausanne, in den Zeitungen zu lesen war. Die Aufhebung des SA-Verbots, die Auflösung des Reichstags hatten einen als Wahlkampf drapierten Bürgerkrieg zur Folge, der alles Vergangene in den Schatten stellte. An Wochenenden ging man nach Möglichkeit nicht auf die Straße – dort herrschten dann die Uniformen, hauptsächlich die der SA und der Polizei, daneben auch die von Reichsbanner und einem weiteren halben Dutzend Parteiarmeen. Der kommunistische Rotfrontkämpfer-Bund war weiterhin verboten, was die Erbitterung der KPD-Anhängerschaft aber nur anstachelte. Man demonstrierte, krakeelte, schlug, stach und schoß: »Eine Tag für Tag und Sonntag für Sonntag fortlaufende Bartholomäusnacht.«[478] Von Mitte Juni bis zum 20. Juli 1932 forderte der Straßenterror allein in Preußen 99 Tote und 1125 Verletzte.

Und die Parlamente boten ein Bild, das sich dem der Straße zunehmend anglich. Am 17. Juni kam es im bayerischen Landtag zu Tumulten und Schlägereien, als die nationalsozialistischen Abgeordneten in SA-Uniformen erschienen und vom Landtagspräsidenten aus dem Saal verwiesen wurden; die NS-Abgeordneten mußten schließlich von Polizisten abgeführt werden. Schon am 25. Mai hatte eine Sitzung des preußischen Landtags auf eine Provokation durch den kommunistischen Fraktionsvorsitzenden Pieck hin mit einer regelrechten Saalschlacht zwischen der NS- und der KPD-Fraktion geendet, bei der die Nationalsozialisten aufgrund ihrer numerischen Überlegenheit das Feld behauptet hatten. Ihr Stolz war groß: »8 Schwerverletzte aus verschiedenen Parteien«, freute sich Goebbels.

»Das war ein warnendes Beispiel. So allein kann man sich Respekt verschaffen.«[479] Szenen dieser Art verstärkten in der Öffentlichkeit den Eindruck, daß der Parlamentarismus endgültig tot sei, daß die Rettung aus ganz anderer Richtung kommen müsse – und daß der »Neue Staat« Papenscher Provenienz diese Rettung nicht bringen konnte, war offensichtlich. An der Reichsspitze war man indigniert über den nationalsozialistischen Verbündeten, der offenbar nicht im geringsten daran dachte, sich die von den Herrenklub-Politikern ersonnenen Zaumzügel anlegen zu lassen. »Wir müssen so schnell wie möglich von ihnen Abstand gewinnen«, so Goebbels, »sonst geraten wir in den Strudel ihres Unterganges mit hinein.«[480] Aber die Gefahr, fand Papen unbeirrt, kam von Preußen, von den »Marxisten«, von Sozialdemokraten und Kommunisten, deren Differenzen aus seiner Sicht unerheblich schienen; und da kam ein Gerücht zur rechten Zeit, das dem Reichswehrministerium durch einen Beamten des preußischen Innenministeriums zugetragen worden war: Der preußische Innenminister habe ein geheimes Bündnis mit der KPD gegen die Nationalsozialisten geschlossen. Noch am selben Tag faßte das Reichskabinett den Beschluß, dem Reichspräsidenten den Text einer Verordnung nach Artikel 48 zur Unterschrift vorzulegen, nach der die preußische Regierung ihrer Ämter entsetzt und statt dessen ein Reichskommissar für Preußen ernannt werden sollte; die Begründung: Ministerpräsident Braun und seine Minister hätten ihre Pflichten gegen das Reich verletzt. Aus dem Kabinetts-

Schleicher und Papen als Reichsreformatoren
Neues Preußisches Wappen für Großdeutschland
»Geduld! Eines Tages bringen wir das unvermeidliche Volk doch unter die Krone!«

Zeichnung von Karl Arnold

protokoll geht deutlich hervor, daß sich sämtliche Kabinettsmitglieder darüber im klaren waren, für dieses Vorgehen keine gesetzliche Grundlage zu besitzen.

So weit war es mit der Regierung des Deutschen Reichs gekommen: Aufgrund eines unkontrollierten, durch Zwischenträger verbreiteten Gerüchts (das sich wenig später als unwahr erwies), plante man den Staatsstreich gegen die einzige innenpolitische Kraft, die, wenn auch nur noch mühsam, bereit und imstande war, dem Morden auf den Straßen ein Ende zu bereiten. Das alles geschah in einer mißtrauensgeschwängerten Atmosphäre; die Barone in den Ministersesseln hatten bald erfaßt, daß sie nur die Kulissen zu bewegen hatten, hinter denen Schleicher die Drähte zog. »Er war«, so Innenminister v. Gayl, »in Berlin über alles unterrichtet, was vorging. Er kannte die verborgensten Pläne der anderen Minister, ehe sie greifbare äußere Formen angenommen hatten, und förderte oder durchkreuzte sie, je nachdem sie in sein Spiel paßten. Er spielte dann einen Minister gegen den anderen aus. Seine besondere Vertrauensstellung zu Hindenburg und Papen gestattete ihm, auch bei diesen rechtzeitig Minen zu legen, wenn ihm irgendetwas nicht in seinen Kram paßte. Was ihn im innersten Herzen dabei leitete, ist schwer zu sagen ...«[481]

Jedermann witterte Intrigen und Verschwörungen, und das nicht ohne Grund. Schon Brüning hatte als Reichskanzler seltsame Erlebnisse gehabt: ein zweiter Apparat an der Wand, der geheimnisvoll knackte, wenn Brüning telephonierte, eine Geheimnummer, die gleichwohl Fremden bekannt zu sein schien, Tritte auf dem Dachboden über der Bibliothek der Reichskanzlei, in der der Kanzler geheime Besprechungen abhielt, ein in der Kaminmauerung fehlender Stein, dahinter seltsame Drähte, Männer, die sich an seinem Schreibtisch zu schaffen machten, und immer war Brüning davon überzeugt gewesen, daß das Reichswehrministerium hinter der Sache stecke. Seinen Nachfolgern ging es nicht anders; der Reichsinnenminister hielt Hindenburg unter vier Augen Vortrag, dessen Wortlaut er noch am gleichen Abend in einer Zeitung wiederfand; im preußischen Innenministerium wußte man stets in kürzester Zeit, was »das Reich« vorhatte. Freiherr v. Gayl engagierte zur Abwehr der Indiskretionen sogar einen Detektiv, »der unter der Tarnung als Monteur auftrat und sich dauernd an den Lichtleitungen und Heizungen in der räumlichen Umgebung des Ministers zu schaffen machte. Natürlich sah ihn jeder schmunzelnd als das, was er wirklich war. Es stellte sich aber schließlich mit ziemlicher Sicherheit heraus, daß gerade er es war, der die Verbindung zur roten Preußenregierung unterirdisch darstellte, und daß durch ihn die Nachrichten hinübergingen ...«[482].

Die Macht an der Staatsspitze zerfiel allmählich; unter dem Etikett der »autoritären Regierung« verbarg sich ein stiller Kampf um Einfluß und Macht, die Fäulnis des Weimarer Staats hatte sich bis nach oben hin durchgefressen. Den Entwurf für die Notverordnung, mit der die preußische Regierung entmachtet werden sollte, ließ der Reichsinnenminister außerhalb des Dienstgebäudes heimlich von einer Verwandten schreiben, vernichtete die für die Durchschrift

verwendeten Kohlepapiere eigenhändig und trug die Reinschrift immer am Leib; eine Durchschrift hatte für alle Fälle ein ihm persönlich ergebener Ministerialdirektor bei sich. »Nur so gelang es, die Geheimhaltung zu gewährleisten. Bis zur Vorlage beim Reichspräsidenten hatten nur sechs Augen den Inhalt der Verordnung gesehen.«[483]

Daß der Reichskommissar für Preußen bevorstand, pfiffen nun allerdings die Spatzen von den Dächern; die Berliner Hauptstadtpresse erging sich in ausführlichen Erörterungen über diese Aussicht, äußerte aber überwiegend Vertrauen in den Reichspräsidenten, der für einen Verfassungsbruch nicht zu haben sein werde. Auch in der sozialdemokratischen Partei zerbrach man sich den Kopf, was zu tun sei, während die preußische Regierung in ahnungsvoller

Das Ende der preußischen Geschichte

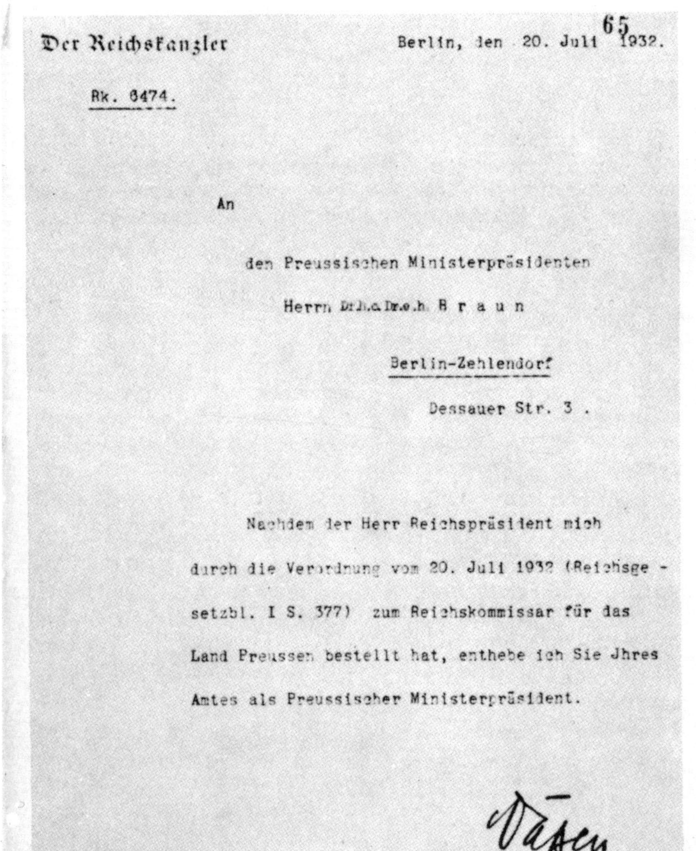

Der Reichskanzler   Berlin, den 20. Juli 1932.   65

Rk. 6474.

An

den Preussischen Ministerpräsidenten

Herrn Dr.h.c.Dr.e.h. B r a u n

Berlin-Zehlendorf

Dessauer Str. 3 .

Nachdem der Herr Reichspräsident mich durch die Verordnung vom 20. Juli 1932 (Reichsgesetzbl. I S. 377) zum Reichskommissar für das Land Preussen bestellt hat, enthebe ich Sie Jhres Amtes als Preussischer Ministerpräsident.

Papen

K618087

Ungewißheit verharrte. Das Stichwort gab der preußische Innenminister Carl Severing, der am 16. Juli in der Runde des SPD-Parteivorstands zur Lage sprach; sie sei hoffnungslos, meinte er, die Reichsregierung sitze am längeren Hebel, die preußische Regierung sei ohnehin nur noch geschäftsführend im Amt und daher ohne demokratisches Mandat. Man einigte sich darauf, »bei allem, was kommen möge, die Rechtsgrundlage der Verfassung nicht zu verlassen«[484].

Aber Hindenburg unterschrieb die Verordnung; Papen und Gayl hatten ihn in Neudeck aufgesucht und das Gespenst einer Konspiration zwischen Kommunisten und preußischen Ministern derart farbig ausgemalt, daß dem Reichspräsidenten die verfassungsgemäß geforderte Gefahr im Verzuge gegeben zu sein schien. Der gewünschte Anlaß bot sich mit dem »Altonaer Blutsonntag« vom 17. Juli 1932, als eine blutige Straßenschlacht, an der SA, Kommunisten und Polizei beteiligt waren, siebzehn Tote und mehr als hundert Verletzte forderte. Am Morgen des 20. Juli 1932 wurden der preußische Innenminister Severing und sein Kollege, der dem Zentrum angehörende Volkswohlfahrts-Minister Hirtsiefer, in die Reichskanzlei gerufen, wo ihnen Papen in allerhöflichster Form davon Kenntnis gab, daß sie sich als entlassen zu betrachten hätten; er selbst habe das Reichskommissariat für Preußen übernommen.

Das war keine verfassungsgemäße Reichsexekution wie 1923 gegen Sachsen und Thüringen, das war ein Staatsstreich. Severing erklärte, er werde nur der Gewalt weichen, aber darauf hatte Papen nur gewartet. Im Nebenzimmer lag bereits eine zweite, von Hindenburg unterzeichnete Notverordnung bereit, mit der für Berlin und die Provinz Brandenburg der Ausnahmezustand verhängt und die vollziehende Gewalt in diesem Gebiet auf den Militärbefehlshaber General v. Rundstedt übertragen wurde. Das hieß: Von jetzt an konnte jeder Widerstand gegen die Reichsregierung mit militärischen Mitteln und unter Anwendung des Standrechts gebrochen werden. Seit Tagen hatte die Reichswehr Verstärkungen in den Raum Berlin verlegt; ein Kampf der preußischen Schutzpolizei gegen die Putschisten war damit von vornherein aussichtslos, abgesehen davon, daß ein Kampf gegen Reichswehr, Reichsregierung und Reichspräsident für eine nur noch geschäftsführend im Amt befindliche Preußenregierung den wenigsten Polizisten eingeleuchtet hätte.

Natürlich hätten Sozialdemokratie und Gewerkschaften das klassische Machtmittel der Arbeiterbewegung, den Generalstreik, in die Waagschale werfen können, aber verfügten sie über dieses Mittel überhaupt? Der damalige Syndikus des Deutschen Metallarbeiter-Verbands, Ernst Fraenkel, erfuhr während einer Betriebsratssitzung der Junkers-Werke in Dessau von Papens Coup und versuchte, die Belegschaftsvertreter dieses gewerkschaftlich hochorganisierten Betriebs zum Streik zu animieren. Die Diskussion ergab, daß keiner der Funktionäre glaubte, die Arbeiter auf die Straße bringen zu können: Dort standen für jeden streikenden Arbeiter zwei Arbeitslose bereit, zu fast jedem Lohn dessen Arbeitsplatz einzunehmen. Fraenkel mußte feststellen, »daß die Betriebsvertretung in ihrer überwiegenden Mehrzahl erleichtert aufgeatmet hat, als sie erfuhr, daß die Verbandsleitung einen spontanen Streik nicht billigen werde«, und fuhr nach Berlin zurück »in der felsenfesten Überzeugung, daß es nicht zu einem Generalstreik kommen werde. Wenn es nicht gelingen konnte, die Arbeiterschaft von Junkers zu einem spontanen Streik zu veranlassen, war dies in keinem anderen Großbetrieb in Deutschland möglich.«[485] Gewiß gab es Reichsbannereinheiten, die an diesem Tag auf ihren Einsatz warteten und verbittert ihre Mitgliedsbücher zerrissen, als sie nicht gerufen wurden, aber die Entscheidung von Gewerkschaftsleitung und SPD-Vorstand, auf den Generalstreik zu

verzichten, entsprang der nüchternen Einschätzung bestehender Machtverhältnisse und der Müdigkeit der Anhängerschaft, inmitten der Wirtschaftskrise Arbeitsplätze für eine Sache zu riskieren, an die man nur noch halb glaubte. Selbst die »roten« Berliner Arbeiterviertel boten am 20. Juli ein Bild, das sich von dem üblicher Tage nicht unterschied; »daß etwas historisch Entscheidendes geschehen war«, so ein Beobachter, »kam den Berlinern überhaupt nicht zum Bewußtsein.«[486]

Aufruf der Gewerkschaften.

Die neuesten politischen Vorgänge haben die deutschen Arbeiter, Angestellten und Beamten in große Erregung versetzt. Sie müssen trotzdem ihre Besonnenheit bewahren. Noch ist die Lage in Preußen nicht endgültig entschieden. Der Staatsgerichtshof ist angerufen.

Die entscheidende Antwort wird das deutsche Volk, insbesondere die deutsche Arbeitnehmerschaft, am 31. Juli geben!

Es ist die Pflicht aller gewerkschaftlichen Organisationen und aller Volksschichten, die auf dem Boden der Verfassung und des Rechtes stehen, mit allen zur Verfügung stehenden Mitteln dafür zu sorgen, daß diese Reichstagswahl stattfindet. Weder der Terror der Straße noch irgendeine verfassungswidrige Diktatur darf verhindern, daß am 31. Juli das Volk von seinem höchsten Recht Gebrauch macht. Die vorbildliche Disziplin der deutschen Arbeiter, Angestellten und Beamten ist auch in diesen schweren Tagen unter allen Umständen aufrechtzuerhalten.

Wir lassen uns die Stunde des Handelns von Gegnern der Gewerkschaften nicht vorschreiben!

Berlin, 20. Juli 1932.

ADGB. — Afa-Bund — Gesamtverband der christlichen Gewerkschaften Gesamtverband deutscher Verkehrs- und Staatsbediensteter — Gewerkschaftsring deutscher Arbeiter und Angestellten — Allgemeiner Deutscher Beamtenbund — Deutscher Beamtenbund

Verantwortlich für Inhalt und Verlag: Karl Meitmann, Hamburg.
Druck: Hamburger Buchdruckerei und Verlagsanstalt Auer & Co. in Hamburg.

Das war das niederdrückende Ende des preußischen Staats, von zweifacher Ironie: die alten Gegner Preußens im neunzehnten Jahrhundert, die Sozialdemokraten, die Zentrumskatholiken, die Linksliberalen, hatten dieses Staatswesen über den Zusammenbruch nach dem Weltkrieg hinweggerettet und ihm einen Abglanz seiner alten Macht und Stellung bewahrt; aus der »deutschen Sendung« Preußens war eine demokratische Sendung geworden. Und zerstört, mediatisiert, dem Reich endgültig einverleibt wurde dieser Staat von jenen altpreußischen, konservativen, agrarischen Mächten, die jahrhundertelang seine Oberschicht gebildet und sich noch sechzig Jah-

6. Reichstag
31. 7. 1932

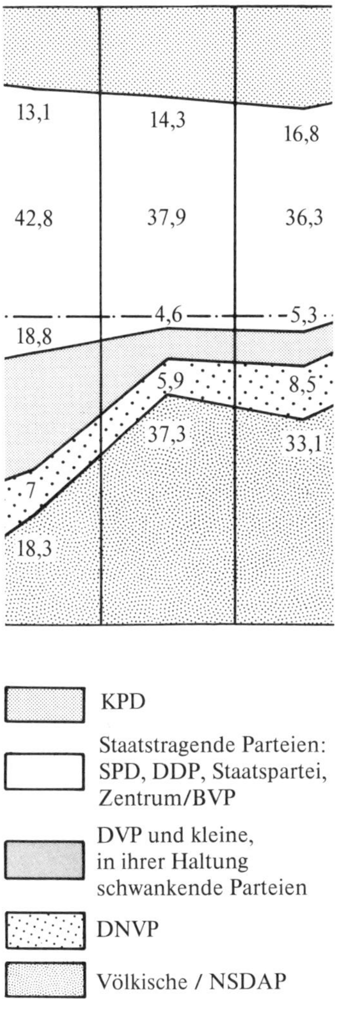

re zuvor verzweifelt gegen das Aufgehen Preußens im deutschen Nationalstaat gestemmt hatten. Die abgesetzte Regierung Braun ging vor Gericht und erhielt sogar Recht, wenn auch nur zur Hälfte: »In einer Zeit schwerer Störung und Gefährdung der öffentlichen Ordnung«, urteilten die Richter des Staatsgerichtshofs in Leipzig am 25. Oktober 1932, habe das Reich durchaus die preußische Exekutivgewalt übernehmen dürfen; die Absetzung der preußischen Minister sei aber nicht rechtens gewesen. So amtierten seitdem zwei preußische Regierungen in Berlin: das Reichskommissariat, das die Macht, und die preußische Hoheitsregierung Braun, die das Recht besaß – eine Tragikomödie, die aber der Öffentlichkeit kaum noch zu Bewußtsein kam.

Der Preußen-Putsch war auch deshalb schnell vergessen, weil bald darauf, am 31. Juli 1932, Reichstagswahlen stattfanden. Ihr Ergebnis war ganz nach den Umständen der Zeit, der wirtschaftlichen Misere, der Massenarbeitslosigkeit, der politischen Ungewißheit, der dauernden Aufgeregtheit der Menschen unter dem unaufhörlichen Trommelfeuer aufputschender Demagogie von allen Seiten: Bei einer Wahlbeteiligung von 84 Prozent, der höchsten Beteiligung, die es bisher bei einer Reichstagswahl gegeben hatte, konnte die NSDAP ihren Stimmenanteil von 1930 annähernd verdoppeln, von 18,3 auf 37,3 Prozent; mit 230 Abgeordneten stellten sie die mit Abstand größte Fraktion im Reichstag. Die SPD als zweitstärkste Fraktion war von 24,5 auf 21,6 Prozent abgebröckelt und verfügte nurmehr über 133 Mandate. Sie hatte vor allem stark nach links verloren; die KPD verbesserte sich von 13,1 auf 14,4 Prozent und stellte jetzt 89 Abgeordnete. Gut gehalten hatte sich, wie in der Regel, das Zentrum und dessen bayerische Schwesterpartei, die BVP, die sich sogar leicht verbessern konnten, von 14,8 auf 15,7 Prozent, und die nun 97 statt bisher 87 Abgeordnete entsandten; offenbar hatten traditionelle Zentrumswähler vorwiegend im Ruhrgebiet, die in den vergangenen Jahren sozialdemokratisch oder kommunistisch votiert hatten, sich nach dem erzwungenen Rücktritt Brünings wieder ihrer alten Partei angeschlossen. Ein Blick auf die Wahlergebnisse der bürgerlichen Parteien zeigt auch, woher die NSDAP in erster Linie ihre neuen Wähler bekommen hatte: Hatten sie noch 1930 zusammen 29,3 Prozent aller Stimmen erobern können, so ergaben sich jetzt nur noch ganze 11 Prozent, aufgeteilt über die gesamte Palette von der DNVP über die DVP, die Wirtschaftspartei, die DDP und eine Reihe von Splittergruppen.

Das Wahlergebnis war für jedermann ein Desaster. Auf der Strekke geblieben waren in erster Linie die kümmerlichen Überreste des parlamentarischen Geistes, denn die beiden konsequent antiparlamentarischen Parteien NSDAP und KPD besaßen gemeinsam eine absolute Mehrheit und konnten alles niederstimmen; aber diese Mehrheit war nur negativ, denn zu positiven Entschlüssen, etwa in Richtung auf eine Regierungsbildung, waren beide zusammen naturgemäß nicht fähig. Eine Niederlage hatte die SPD eingesteckt, deren Kalkül getrogen hatte, die Empörung über den Papen-Putsch werde sich für sie im Wahlergebnis ausmünzen. Eine schwere Enttäuschung war das Ergebnis für das Gespann Papen-Schleicher;

eine kräftige NSDAP, der man dieselbe Rolle zugedacht hatte, wie sie die SPD unter Brüning gespielt hatte, war der Reichsregierung zwar willkommen, aber dieser Erdrutsch machte die Nationalsozialisten zu einer Kraft, die offenbar nicht mehr als Werkzeug für die Interessen des Papen-Kabinetts und die dahinterstehenden Reichswehr-, Industriellen- und Gutsbesitzerkreise zu gebrauchen war. Über Nacht bekamen die Zauberlehrlinge Angst vor den Geistern, die sie gerufen hatten; bereits zwei Tage nach der Wahl vereinbarten Papen und Schleicher miteinander, man wolle die Nationalsozialisten an die Regierung binden, indem man ihnen das Reichsernährungsministerium und das Auswärtige Amt anbot, ohne ihnen aber erheblichen Einfluß einzuräumen.

Da kannten sie aber die NSDAP schlecht. Auch deren Führung war über das Wahlergebnis enttäuscht, das ihr den parlamentarischen Weg zur Macht versperrte; Goebbels notierte: »Wir müssen wachsam sein wie Schießhunde. Auf niemanden vertrauen als nur auf die eigene Kraft ... Dabei dürfen wir in unseren Forderungen nicht zu bescheiden sein. Entweder schärfste Opposition oder die Macht. Tolerierung macht tot. Die SPD ist ein warnendes Beispiel.«[487] Am 13. August erschien Hitler in Anwesenheit Papens beim Reichspräsidenten. Hindenburg wußte nach intensiver Bearbeitung durch Papen und Schleicher, was er zu sagen hatte; außerdem mochte er Hitler nicht, was das Gespräch erleichterte. Der Reichspräsident erklärte kurz, er sei bereit, die Nationalsozialisten an der Reichsregierung zu beteiligen und ihnen einige Ministerposten einzuräumen; Hitler erwiderte, »bei der Bedeutung der nationalsozialistischen Bewegung müsse er die Führung einer Regierung und die Staatsführung im vollen Umfang für sich und seine Partei verlangen«. Hindenburg »erklärte hierauf mit Bestimmtheit, auf diese Forderung müsse er mit einem klaren, bestimmten ›Nein‹ antworten. Er könne es vor Gott, seinem Gewissen und dem Vaterlande nicht verantworten, einer Partei die gesamte Regierungsgewalt zu übertragen, noch dazu einer Partei, die einseitig gegen Andersdenkende eingestellt wäre«. Hitler bemerkte, dann bliebe ihm nichts übrig als die Opposition. Soweit das Protokoll dieses Gesprächs.[488] Nicht im Protokoll aufgenommen wurde die Verabschiedung: Hitler versicherte etwas nervös, er habe nicht die Absicht zu putschen; der schwerhörige Reichspräsident verstand nur »putschen«, drohte mit dem Finger und sagte: »Herr Hitler, ich schieße!« Hitler verließ das Palais des Reichspräsidenten verwirrt und wütend.

Hitler: »Mit der Regierung v. Papen habe ich nicht das mindeste zu tun.«

Endlich hatten sich die Fronten geklärt. Anstelle der ganzen Macht hatte sich Hitler das Mißtrauen des Reichspräsidenten und die Feindschaft Papens eingehandelt. Andererseits hatte die NSDAP nie die Absicht gehabt, für Papen den Kopf hinzuhalten. Goebbels schrieb: »Die Reaktion ist auf der ganzen Linie im Vormarsch begriffen. Dieser Klüngel muß beiseite gefegt werden. Die vornehmen Herren haben nichts getan, um den Marxismus zu Boden zu werfen. Jetzt, wo der Kampf entschieden ist, machen sie sich auf den Plätzen breit, die wir erobert haben.«[489] Bei der Reichswehr dagegen herrschte Erleichterung. Der Chef der Heeresleitung, General v. Hammerstein, meinte, er könne jetzt wieder ruhig schlafen, da er nun der Truppe eventuell wieder befehlen könne, auf die Nazis zu schießen. Seit dem 13. August herrsche in der Armee große Wut

auf Hitler; insofern habe die bisherige Regierungspolitik doch ihr Gutes gehabt.

Mit dem Schießen hatte es noch seine gute Weile, aber irgend etwas, das war Papen klar, mußte geschehen, denn der Bürgerkrieg tobte mittlerweile völlig entfesselt. Während bis Ende Juli die Schuld an den politisch motivierten Mordtaten verhältnismäßig gleichmäßig auf die extreme Rechte und Linke verteilt gewesen war, lag seit Anfang August die Verantwortung ganz überwiegend bei fanatisierten SA-Leuten, die die Machtübernahme nach den Reichstagswahlen für sicher gehalten hatten und ihrer Enttäuschung nun in einer vorweggenommenen permanenten »Nacht der langen Messer« Luft machten. Die Zeitungsmeldungen einiger Tage: Am 1. August 1932 Attentate auf den Regierungspräsidenten in Königsberg und auf einen Stadtverordneten, der dabei ums Leben kam; zwei Kommunisten und zwei Sozialdemokraten schwer verletzt, Brandbomben gegen drei Zeitungsredaktionen geworfen. 2. August: Bombenanschläge an zehn verschiedenen Orten Schleswig-Holsteins, Revolveranschlag in Marienburg, Handgranaten auf das Volkshaus in Liegnitz, Revolverschüsse auf das Landratsamt in Goldberg. 3. August: Gemeindevorsteher in Norgau erschossen, Bombenanschlag auf die Synagoge in Kiel, ein Nationalsozialist in Berlin-Kreuzberg erschossen; »Mordseuche« überschreibt die »Deutsche Allgemeine Zeitung« an diesem Tag ihren Aufmacher, und so geht es Tag für Tag weiter; am 9. August beispielsweise werden über zwanzig Handgranaten-, Bomben- und Pistolenattentate gemeldet, in Schlesien zwei Tote, im Kreis Löbschütz ein Reichsbannermann ermordet aufgefunden, in Reichenbach in Schlesien ein SS-Mann von der eigenen Handgranate zerfetzt. Binnen zwei Wochen seit der Reichstagswahl waren bereits mehr als fünfzig Menschen bei politischen Anschlägen ums Leben gekommen.

Endlich raffte sich die Reichsregierung dazu auf, eine Notverordnung zu erlassen, die politische Morde mit der Todesstrafe bedrohte. Die neue Verordnung war kaum zwei Stunden alt, da geschah in Potempa in Oberschlesien ein besonders brutales Verbrechen: Neun uniformierte SA-Leute drangen in die Wohnung eines kommunistischen Bergmanns ein und trampelten ihn vor den Augen seiner Mutter buchstäblich zu Tode. Ein Sondergericht verhängte fünf Todesurteile; Hitler zögerte nicht, den Mördern ein Telegramm zu schicken, in dem es hieß: »Meine Kameraden! Angesichts dieses ungeheuerlichen Bluturteils fühle ich mich mit Euch in unbegrenzter Treue verbunden. Eure Freiheit ist von diesem Augenblick an eine Frage unserer Ehre, der Kampf gegen eine Regierung, unter der dies möglich war, unsere Pflicht.«[490] Goebbels hielt das Urteil in seinem Tagebuch für »so ungeheuerlich, daß man es kaum glauben kann«; schließlich sei doch nur ein polnischer Insurgent niedergeknallt worden. Und: »Die Lage ist sehr ernst, und sie wird unerträglich, wenn man das Beuthener Urteil vollstreckt ... Was will Papen machen?«[491] Das wußte Papen wohl selbst nicht recht, denn er bekam vor seiner Courage schnell Angst; am 25. August wurden die Mörder zu Zuchthaus begnadigt.

Einer wirklichen Kraftprobe war Papen ausgewichen; Hitlers Pre-

stige war wieder einmal gestärkt. Aber für Papen gab es jetzt keinen Weg mehr zurück; er war auf den Kurs gegen Hitler festgelegt und mußte daran festhalten, wenn er nicht von Hindenburg fallengelassen werden wollte. Die größte Gefahr bestand jetzt für ihn darin, daß ihn der neugewählte Reichstag durch ein Mißtrauensvotum stürzte, was um so wahrscheinlicher war, als Papen nun zwischen allen parteipolitischen Stühlen saß; nur noch die Deutschnationalen und die meisten DVP-Abgeordneten standen hinter ihm. Auch Hindenburg sah die Gefahr, daß der Reichstag ihm nicht »Fränzchen«, sondern Hitler als nächsten Reichskanzler präsentieren werde, und gab daher, wenn auch sehr widerstrebend, seinem Kanzler die Vollmacht, den Reichstag aufzulösen, wenn er am 12. September 1932 zum ersten Mal zusammentrat.

Die Ereignisse waren nicht ohne groteske Komik; folgen wir der Schilderung eines Kabinettsmitglieds, des Reichsernährungsministers v. Braun: »Die Auflösung am 12. September war eine Generalprobe für künftige Theatervorstellungen. Das Kabinett versammelte sich im Reichstag. Staatssekretär Planck glaubte das Auflösungsde-

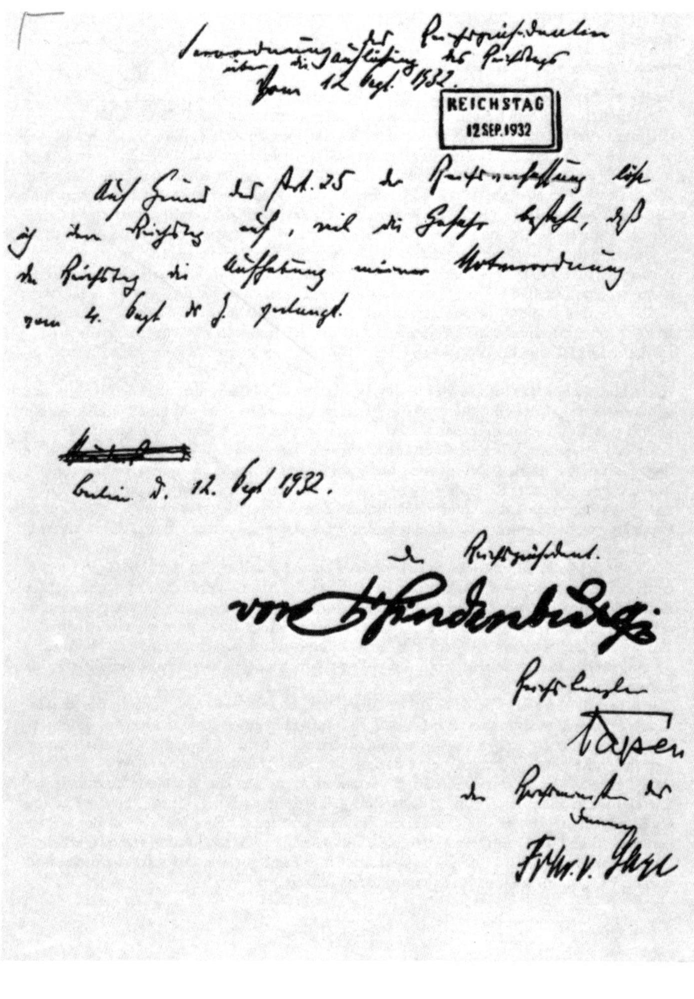
Verordnung des Reichspräsidenten über die Auflösung des Reichstags vom 12. Sept. 1932.

REICHSTAG 12 SEP. 1932

Auf Grund des Art. 25 der Reichsverfassung löse ich den Reichstag auf, weil die Gefahr besteht, daß der Reichstag die Aufhebung meiner Notverordnung vom 4. Sept. d. J. verlangt.

Berlin, d. 12. Sept 1932.

Der Reichspräsident.
von Hindenburg

Reichskanzler
Papen

Der Reichsminister des Innern
Frhr. v. Gayl

Verordnung des Reichspräsidenten über die Auflösung des Reichstages vom 12. September 1932. Der flüchtig hingeschmierte Text illustriert die Hast der vom Mißtrauensvotum des Reichstags bedrohten Regierung.

kret des Reichspräsidenten in seiner Mappe zu haben – doch siehe da, es war im Safe in der Wilhelmstraße geblieben. Der Reichspräsident hielt gerade seinen kleinen Nachmittagsschlaf. Nur wenige Minuten, und der Vorhang sollte aufgehen. Meißner eilte ins Reichspräsidentenpalais und kam zurück mit der Urkunde, als eben der Reichstagspräsident Hermann Göring die Sitzung eröffnete. Wir hatten Tantalusqualen ausgestanden. Aber die Vorstellung war nicht minder aufregend: Papens Meldung zum Wort übersieht Göring absichtlich, weil er den von den Kommunisten eingebrachten Mißtrauensantrag erst zur Abstimmung bringen und damit Papen erledigen will, ehe dieser seine Auflösungsrede los wird... Papen erhält das Wort nicht und legt einfach die Urkunde auf den Präsidententisch, wendet sich dann zur Tür, von den Kabinettsmitgliedern gefolgt. Göring liest nach erfolgter Abstimmung über den Mißtrauensantrag, der mit überwältigender Mehrheit durchgeht« – mit 512 gegen 42 Stimmen bei 5 Enthaltungen – »die Auflösungsurkunde vor. Er meint, das Auflösungsdekret sei wertlos, da von einem bereits gestürzten Kanzler überreicht. Es half ihm nichts. Der Reichstag blieb aufgelöst.«[492] Papens parlamentarische Niederlage war beispiellos, aber die Reichstagsauflösung hatte ihn noch einmal gerettet, wenn auch mit einer Auflösungsbegründung, die die Grenze des Verfassungsbruchs streifte: »Weil die Gefahr besteht, daß der Reichstag die Aufhebung meiner Notverordnung vom 4. September d. J. verlangt.«[493] Eben das war aber ein unbestreitbares Recht des Reichstags.

Die genannte Notverordnung vom 4. September 1932 war in der Tat ein Stein des Anstoßes für fast alle Reichstagsparteien gewesen. Es handelte sich um ein weitgefaßtes Wirtschaftsprogramm, gegen das von allen Seiten Proteste laut wurden – von Sozialdemokraten und Gewerkschaften, weil darin eine weitere Auflösung des Tarifrechts und scharfe Eingriffe in die Sozialpolitik vorgesehen waren, seitens der Wirtschaft, weil sie »uferlose« Arbeitsbeschaffungspläne befürchtete. Aber gerade diese Pläne waren es, die das Wirtschaftsprogramm Papens zu einem Lichtblick in der düsteren Gesamtlage machten. Die Regierung Papen verkündete ein – allerdings bereits unter Brüning ausgearbeitetes – Beschäftigungsprogramm und setzte, in scharfem Gegensatz zu Brünings Deflationspolitik, Mittel zur Arbeitsbeschaffung in den Reichshaushalt ein. Darüber hinaus waren Maßnahmen zur mittelbaren Arbeitsbeschaffung geplant: Durch Ausgabe von Steuergutscheinen und Mehrbeschäftigungsprämien sollten die Unternehmer zur Ausweitung ihrer Produktion und ihrer Investitionen verlockt werden. Das war gegenüber der Wirtschaftspolitik der vergangenen Jahre geradezu revolutionär, der erste Schritt zu einer modernen, antizyklischen Konjunkturpolitik, wie sie bisher nur von Außenseitern und von den Gewerkschaften gefordert worden war. Angesichts der immer noch vergleichsweise geringen Mittel, mit deren Hilfe die Wirtschaft angekurbelt werden sollte, waren Erfolge bestenfalls vom Frühjahr 1933 an zu erwarten, aber die Idee war im Grundsatz gut; der amerikanische Journalist Knickerbocker behauptete sogar: »Deutschland hat einen Plan. Von sämtlichen Plänen zur Bekämpfung der Krise in allen Ländern Europas ist der deutsche Entwurf der genialste. Wenn die Regierung ebenso glücklich wie erfinderisch ist, kann der deutsche Plan zur

klassischen Lösung für Wirtschaftsdepressionen werden ...«[494] Gewiß hatte der Fortfall der Reparationen hier günstig gewirkt und Bedingungen geschaffen, die Brüning nicht gehabt hatte; aber noch etwas anderes hatte sich geändert: Im Oktober 1932 konstatierte das Institut für Konjunkturforschung zum ersten Mal Anzeichen einer Besserung der Wirtschaftslage. Die Arbeitslosigkeit stieg zwar wieder an, aber saisonal bedingt und geringer als zur gleichen Zeit im Vorjahr. Knickerbocker interviewte Gregor Straßer, den Organisationsleiter der NSDAP und derzeit noch engen Mitarbeiter Hitlers, und hatte den Eindruck, »daß die Nationalisten Angst davor haben, der Papen-Plan könnte zu einem Erfolg führen. Denn wenn er Erfolg hat, wenn in diesem Winter ein bis zwei Millionen Erwerbslose Arbeit finden und die Wirtschaft sich erholt, ist der Abstieg der Nationalsozialisten die unvermeidliche Folge.«[495]

Plakat der SPD zu den Reichstagswahlen am 6. November 1932

Die Symbole des Bürgerkriegs im Wahlkampf: Die drei Pfeile der sozialdemokratischen Eisernen Front, das Hakenkreuz der Nationalsozialisten, Hammer und Sichel der Kommunisten sowie die Krone der Monarchisten.

Aber vorerst mußte Papen die Welle der politischen Ereignisse abreiten, und der Seegang vor den Reichstagswahlen vom 6. November 1932 war hoch. Die politischen Gewalttaten überschlugen sich, überschattet durch eine Reihe von Streiks, die nur dazu dienten, die öffentliche Stimmung weiter anzuheizen. Anfang November 1932 kam es in Berlin zu einem Streik der Verkehrsbetriebe; es ging vordergründig um Lohnvereinbarungen. Bei einer Urabstimmung wurde die für den Streik erforderliche Dreiviertelmehrheit nicht erreicht, was aber die kommunistische »Revolutionäre Gewerkschafts-Opposition« nicht daran hinderte, den Streik auszurufen, dem sich noch am selben Tag, dem 2. November, die »Nationalsozialistische Betriebszellen-Organisation« anschloß. Unter kommunistischem Vorsitz wurde eine paritätisch von Kommunisten und Nationalsozialisten zusammengesetzte Streikleitung gebildet, die mit großer Härte agitierte. SA und Rotfrontkämpfer-Bund arbeiteten Hand in Hand, schlugen sozialdemokratische Gewerkschaftler, die gemäß dem Abstimmungsergebnis zur Arbeitsaufnahme aufriefen, in aller Öffentlichkeit zusammen, gossen Zement in die Straßenbahnschienen, rissen Oberleitungen herunter, griffen Polizisten an, die arbeitswillige Straßenbahner schützten. Die Studentenschaft der Berliner Universität, begeistert über das seltsame Klassenbündnis, beteiligte sich an den Auseinandersetzungen und Schlägereien und rühmte sich der studentischen Heldentaten. Ein kommunistischer Arbeiter, zwei nationalsozialistische Studenten und zwei Polizisten wurden getötet, es gab mehr als hundert Schwerverletzte, ehe sich eine so große Mehrheit der Betriebsangehörigen gegen den Streik stellte, daß er am 7. November abgebrochen werden mußte.

Die Wähler standen ganz unter dem Eindruck dieses Streiks, als sie am 6. November zur Wahlurne gingen. In bürgerlichen Kreisen rührten sich alte Ängste angesichts des rot-braunen Bündnisses und die Befürchtung, daß Hitler eben doch ein halber Bolschewik sei. Und so mußte die NSDAP zur allgemeinen Überraschung recht erhebliche Verluste hinnehmen. Ihr Stimmenanteil ging von 37,3 auf 33,1 Prozent zurück – das hieß, daß zwei Millionen Wähler sich einer anderen Partei zugewandt hatten. Vor allem in den industriellen Ballungsgebieten verlor die Partei Hitlers überdurchschnittlich; die bürgerlich-konservativen Wähler rückten hier zu einem guten Teil zur

7. Reichstag
6.11.1932

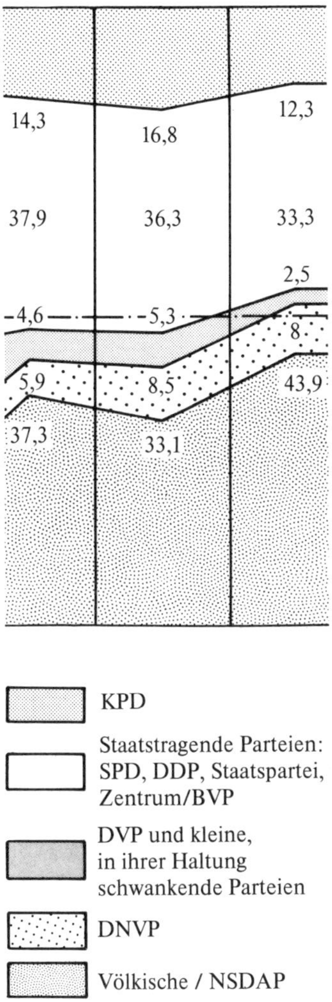

Mitte zusammen, zur DNVP und zur DVP. Auch in den norddeutsch-protestantischen Agrargebieten besannen sich viele Wähler auf ihre Parteien, vor allem auf die DNVP. In Berlin, Sachsen und dem Ruhrgebiet gaben die Nationalsozialisten auch Stimmen an die Kommunisten ab, die überdies der immer farbloser und ohnmächtiger wirkenden SPD weitere Wähler abjagen und ihren Stimmenanteil von 14,3 auf 16,9 Prozent steigern konnten. Relative Gewinner waren also die KPD sowie, ein Lichtblick für Papen, DNVP und DVP, die als einzige Parteien den Regierungskurs mehr oder weniger stützten. Goebbels notierte »eine sehr gedrückte Stimmung« in der NSDAP.[496]

Eigentlich hätte Papen jetzt freie Bahn gehabt, ohne lästige Parteien seine reaktionäre Theorie vom »Neuen Staat« und sein zukunftsträchtigeres wirtschaftspolitisches Konzept weiter zu verfolgen, aber jetzt machte Hindenburg nicht mehr mit. Der alte Herr hatte im Juni und dann wieder im September nur sehr ungerne seine Unterschrift für die Auflösung des Reichstags hergegeben; die Verfassung, die er beschworen hatte, mochte er nicht aufgeben, und daß Reichsregierungen in der Regel mit dem Reichstag zusammenzuarbeiten hatten, war ihm völlig klar. Außerdem beunruhigte ihn, wie schon im Falle Brünings, die zunehmende öffentliche Mißstimmung gegen »seinen Kanzler«, und deshalb bedeutete er Papen, mit einer erneuten Reichstagsauflösung sei es vorerst nichts; er solle mit den Parteien verhandeln. Papen blieb nichts anderes übrig, aber er holte sich Körbe, wohin er sich auch wandte. Die SPD lehnte die Entsendung einer Delegation in die Reichskanzlei rundweg ab und ließ wissen, mit Papen werde sie nicht einmal sprechen. Das Zentrum grollte dem Renegaten, der Brüning die Erfolge gestohlen hatte, und verweigerte ebenfalls die Zusammenarbeit. Die Nationalsozialisten erklärten den Kampf gegen Papen zur Forderung der Stunde. Einzig DNVP, DVP und BVP bekannten sich in allgemeinen Wendungen zur Politik der Reichsregierung – das waren ganze 13,4 Prozent der Reichstagsmandate. Es half nichts: Am 17. November trat Papen zurück und amtierte geschäftsführend weiter; der Reichspräsident, das war sein Kalkül, werde schon sehen, daß parlamentarische Mehrheiten nicht zu finden seien, und ihn erneut ernennen.

Aber Hindenburg ließ sich diesmal die Entscheidungen nicht aus der Hand nehmen. Jetzt verhandelte er selbst mit den Parteien, und damit kam erneut Hitlers Chance. Eine Schlappe wie die vom 13. August wollte der Führer der NSDAP diesmal vermeiden. Hitler zog alle Register; der Reichspräsident wurde von alten Freunden besucht, die ein warmes Wort für ihn einlegten, und sein Wirtschaftsbeauftragter, Wilhelm Keppler, reiste durch die Industriegebiete und ermunterte alles, was in Wirtschafts- und Finanzkreisen Rang und Namen hatte, sich in eine Liste einzuschreiben, die Hindenburg als Beweis dafür präsentiert werden sollte, daß die deutsche Wirtschaft hinter Hitler stünde. Das Ergebnis war allerdings enttäuschend: Auf der Liste standen schließlich nur zwanzig Unterschriften, und unter den Unterzeichnern fanden sich nur wenige Prominente – der ehemalige Reichsbankpräsident Schacht, der Industrielle Fritz Thyssen, der Kölner Bankier Freiherr v. Schröder, der Hamburger Reeder Woermann, daneben eine Reihe von Namen aus der Landwirtschaft. Hindenburg war davon um so weniger beeindruckt,

als er kurz zuvor eine Bittschrift erhalten hatte, Papen erneut zum Reichskanzler zu ernennen, unterschrieben von nicht weniger als 339 Persönlichkeiten aus Industrie und Bankgewerbe, darunter fast alle großen Namen mit Ausnahme der soeben erwähnten. Die deutsche Industrie wollte im November 1932 Papen, nicht Hitler; wäre es nach ihr gegangen, dann wäre Hitler still in der Versenkung verschwunden, und Papens antisozialer »Neuer Staat« hätte triumphiert.

Am 19. November 1932 war Hitler bei Hindenburg gemeldet. Der Reichspräsident legte ihm, wie zuvor den Führern der anderen Parteien, knapp und klar seine Bedingungen dar: Er sei bereit, Hitler zum Reichskanzler zu ernennen, falls dieser eine parlamentarische Regierung zu präsentieren imstande sei. Hitler versprach, die Lage zu überdenken, aber er mußte feststellen, daß er unter diesen Bedingungen so weit von der Macht entfernt war wie nur je: Das Zentrum wäre möglicherweise bereit gewesen, sich mit der NSDAP zu arrangieren, getreu seiner alten Auffassung, alles sei besser als eine Regierung, an der das Zentrum nicht beteiligt war. Doch nun zeigte die DNVP, die Papen stützte, Hitler die kalte Schulter, und auch sonst waren Bundesgenossen nirgendwo zu erblicken. Am 21. November erschien Hitler wieder im Reichspräsidenten-Palais und forderte ein Präsidialkabinett wie das Brünings und Papens, mit Notverordnungsermächtigung des Reichspräsidenten und unter seiner, Hitlers, Kanzlerschaft. Hindenburg dagegen beharrte auf seinem Wunsch nach einer parlamentarischen Regierung und ließ anschließend an Hitler schreiben: »Der Herr Reichspräsident muß ... befürchten, daß ein von Ihnen geführtes Präsidialkabinett sich zwangsläufig zu einer Parteidiktatur mit allen ihren Folgen für eine außerordentliche Verschärfung der Gegensätze im deutschen Volk entwickeln würde, die herbeigeführt zu haben er vor seinem Eid und seinem Gewissen nicht verantworten könnte.«[497] Betrübt notierte Goebbels: »Die Revolution steht wieder vor verschlossenen Türen.«[498]

Nachdem alle Verhandlungen gescheitert waren, fiel Hindenburg nichts Besseres ein, als Papen zu fragen, ob er sein eigener Nachfolger werden wollte. Aber Papen war doch nicht ganz der Leichtfuß, für den ihn alle Welt hielt. Ihm war völlig klar, daß Hitler mit seinen Anhängermassen den längeren Atem besaß als ein Reichskanzler Papen mit nichts als dem Vertrauen Hindenburgs, das, wie mittlerweile jedermann wußte, unberechenbar war. So sagte er zu, »unter der Voraussetzung, daß der Herr Reichspräsident ihm für den mit Sicherheit zu erwartenden Konflikt mit dem Reichstag zusichere, alle präsidialen Maßnahmen zu ergreifen, um Deutschland vor einem Schaden zu bewahren«[499] – was im Klartext hieß: Papen wollte versuchen, eine nationalsozialistische Machtergreifung auf parlamentarischem Wege durch diktatorische Aktionen zu verhindern. Ihm schwebten durchgreifende Maßnahmen vor, von der völligen Ausschaltung des Reichstags über ein Verbot sämtlicher Parteien bis zu weitgehenden Verfassungsänderungen. Eine autoritäre Diktatur wollte Papen, bei Beseitigung aller politischen und gesellschaftlichen Kräfte mit Ausnahme derer, die ihn stützten: Der alten preußischen Führungsschicht, der Landwirtschaft, der Industrie und der Reichswehr.

Plakat der NSDAP zu den Reichstagswahlen am 6. November 1932

In Papens Rechnung war nur ein, allerdings entscheidender Fehler: Die Reichswehr stützte ihn gar nicht. Schleicher hatte sich entschlossen, Papen ebenso wie einst Brüning fallenzulassen; beide hatten als seine Marionetten tanzen sollen, und beide hatten eigene Schritte geprobt. Papens Diktaturpläne gingen dem General v. Schleicher entschieden zu weit. Er war zweifellos alles andere als ein Demokrat, aber er hatte einen wacheren Sinn für das gegenwärtige Zeitalter als seine von rückwärts gewandten Träumen benebelten Kabinettskollegen. Politik, das wußte Schleicher im Gegensatz zu Papen, konnte in der Ära der Massen auf die Dauer nicht ohne Massenunterstützung betrieben werden; daß nun schon seit längerem die Politik des Reichs Sache einiger weniger einsamer Figuren, nachgerade gänzlich abgekoppelt von dem Staatsvolk und dessen Bedürfnissen, betrieben wurde, konnte nicht mehr lange gutgehen. Und dann war da noch etwas, das Schleicher irritierte: Die alte Angst der Militärs aus den Anfangsjahren der Republik, als die Reichswehr als Polizeiverstärkung im Bürgerkrieg gekämpft hatte – das hatte in der Reichswehrführung eine geradezu traumatische Abneigung gegen den militärischen Einsatz im eigenen Land hervorgerufen, und Papens Diktaturpläne mochten in den offenen Bürgerkrieg führen.

Daher war der Reichswehrminister gerüstet, als am 1. Dezember 1932 das Reichskabinett tagte, um das Angebot Hindenburgs an Papen und dessen Absichten zu überdenken. Schleicher hatte einen Oberstleutnant Ott mitgebracht, der der Ministerrunde die Ergebnisse eines militärischen Planspiels unterbreitete, mit dem Folgen und Möglichkeiten eines militärischen Ausnahmezustands im ganzen Reich, wie Papen ihn plante, durchgeprüft worden waren. Oberstleutnant Ott teilte den Versammelten in dürren Worten mit, »daß die Ordnungskräfte des Reiches und der Länder in keiner Weise ausreichten, um die verfassungsmäßige Ordnung gegen Nationalsozialisten und Kommunisten aufrechtzuerhalten und die Grenzen zu schützen. Es sei daher die Pflicht des Reichswehrministers, die Zuflucht der Reichsregierung zum militärischen Ausnahmezustand zu verhindern.«[500] Bei ruhiger Betrachtung hätte den Ministern eigentlich auffallen müssen, daß die Planspiel-Lage vom schlechtestmöglichen Fall ausgegangen war: daß alle Parteien und deren paramilitärische Verbände in offenem Aufruhr gegen die Regierung stünden, in ganz Deutschland ein Generalstreik herrschte, und Polen die Gelegenheit nütze, einen Angriff gegen Ostpreußen zu führen. Das war aber eine ganz unwahrscheinliche Konstellation: Was von der Bereitschaft der Arbeiterschaft zum Generalstreik zu halten war, hatte man ja soeben nach dem Putsch in Preußen gesehen. Im übrigen hätte sich die Reichswehr bei Ausbruch eines nationalsozialistisch-kommunistischen Aufstands der Unterstützung von »Reichsbanner« und Gewerkschaften versichern können, die für einen solchen Fall eindeutige Zusagen gegeben hatten, und die preußische Polizei, die von Ott als unzuverlässig ausgeklammert worden war, hätte ohne Frage auf der Seite der Reichswehr gestanden. Für einen polnischen Angriff schließlich lagen nicht die geringsten Anhaltspunkte vor, und außerdem bestand für einen solchen Fall ein geheimes Hilfsabkommen zwischen der Reichswehr und der Roten Armee. Kurz: Wie so oft bei Fachgutachten war das Interesse des Auftraggebers, hier des Reichswehrministers, sorgfältig berück-

sichtigt worden, und die Wirkung war die, die Schleicher errechnet hatte: Die Minister stellten sich durchweg gegen Papens Pläne, und als Papen anschließend Hindenburg aufsuchte, um dennoch erneut die Kanzlerschaft anzunehmen, mußte er hören: »Sie werden mich, lieber Papen, für einen Schuft halten, wenn ich jetzt meine Meinung ändere. Aber ich bin zu alt geworden, um am Ende meines Lebens noch die Verantwortung für einen Bürgerkrieg zu übernehmen. Dann müssen wir in Gottes Namen Herrn von Schleicher sein Glück versuchen lassen.«[501]

Papens Sturz war keineswegs Schleichers Glück. Der General wollte durchaus nicht Kanzler werden; seine Sache war es, im Hintergrund die Drähte zu ziehen und die Figuren einzusetzen. Er liebte die Macht, aber er genoß sie nicht gerne in aller Öffentlichkeit. Aber es half nichts; Hindenburg wollte Schleicher, und der General parierte dem Generalfeldmarschall. Vielleicht erinnerte er sich an die Sätze, die ihm ein paar Tage zuvor sein alter Gönner Groener, den er noch vor Brünings Rücktritt abgehalftert hatte, an ihn geschrieben hatte: »Wer hat denn jetzt noch Vertrauen zu Ihnen, fast niemand, man hält Sie für ungewöhnlich klug, gewandt, gerissen und erwartet von Ihnen, daß Sie Kanzler werden wegen Ihrer Klugheit und Gerissenheit. Meinen vollen Segen haben Sie. Aber arbeiten Sie nicht mit Forschheit, sondern mit Weisheit, keine leichte Kavallerie mehr ... Die Reitpeitschenmanieren müssen aufhören. Das kann auch Hitler, dazu braucht man Sie nicht.«[502]

Republikanischer Winter

Am 7. Dezember kam es im Reichstag zu einer Saalschlacht. Ein kommunistischer Zuhörer störte die Debatte durch Zwischenrufe; nationalsozialistische Abgeordnete versuchten, seiner habhaft zu werden, was ihre kommunistischen Kollegen auf den Plan rief. Zur Linken strömte die kommunistische, zur Rechten die NS-Fraktion aus dem Plenarsaal hinaus; man traf sich in der Wandelhalle. Es gab heftige Wortwechsel, die bereits abflauten, als plötzlich ein Spucknapf im hohen Bogen durch die Luft flog. Das war das Signal für eine Massenschlägerei, bei der Aschenbecher, Pultdeckel und aus der Wand gerissene Telephonapparate als Waffen eingesetzt wurden. Die Glasscheiben der Verbindungstüren gingen zu Bruch, ein Kronleuchter stürzte ab. »Schließlich«, berichtete die Presse, »wurden die Kommunisten von den Nationalsozialisten bis in den Wandelgang zurückgedrängt, in dem diese sich gewöhnlich aufhalten. Im Verlaufe des Handgemenges erlitten mehrere Abgeordnete blutige Verletzungen.«[503]

Das war das letzte, was das deutsche Volk in diesem Jahr von seinen parlamentarischen Vertretern hörte; zwei Tage darauf vertagte sich das Hohe Haus auf unbestimmte Zeit, nachdem es ein mit großer Mehrheit zustandegekommenes Gesetzgebungswerk verabschiedet hatte: Man einigte sich auf eine allgemeine Amnestie – die Sozialdemokraten konzedierten Kommunisten und Nationalsozialisten Straffreiheit für politische Verbrechen (Morde ausgenommen),

dafür erhielten sie eine Amnestierung für den Verrat militärischer Geheimnisse: Pazifisten wie Ossietzky konnten jetzt gemeinsam mit den rauhen Kämpfern von SA und Rotfrontkämpfer-Bund die Gefängnisse verlassen. Eine historische Tat: Die letzte erfolgreiche Gesetzesinitiative des Parlaments der ersten deutschen Republik.

Man kann das sozialdemokratische Verhalten in der Amnestiefrage tadeln, aber schädlich war es kaum – die Helden des Bürgerkriegs waren müde; seit den Novemberwahlen war es auf den Straßen merklich ruhiger geworden, der Eklat im Reichstag fiel da aus dem Rahmen. Und auch die Bevölkerung war der Bürgerkriegshelden müde. Die NSDAP mußte bei den Landtags- und Kommunalwahlen, die den Reichstagswahlen vom 6. November folgten, eine Schlappe nach der anderen einstecken, die schwerste bei den Gemeindewahlen in Thüringen am 4. Dezember, bei denen sie 40 Prozent ihrer Wähler vom Sommer verlor. Die SA sorgte nicht mehr für Krawalle, sie belästigte jetzt die Straßenpassanten mit Sammelbüchsen. »Schwere Depressionen« konstatierte Goebbels am 8. Dezember; »die Geldsorgen machen jede zielbewußte Arbeit unmöglich.«[504] Und zwei Tage darauf: »Die Finanzlage des Gaus Berlin ist trostlos. Wir müssen ganz rigorose Sparmaßnahmen durchführen und den Gau unter eine selbstgewählte Zwangsverwaltung stellen.«[505] Und kurz vor Weihnachten: »Wir müssen die Gehälter im Gau abbauen, da wir sonst finanziell nicht durchkommen ... Und das gerade jetzt vor Weihnachten. Es wäre ungerecht vom Schicksal, wenn es diese Bewegung nicht an die Macht ließe.«[506] Hitler unterschrieb Schuldschein auf Schuldschein, wohl wissend, daß nur die »Machtergreifung« ihn vor dem Gerichtsvollzieher bewahren konnte, aber nachdem sich Hindenburg geweigert hatte, ihn mit der Regierungsbildung zu betrauen, waren seine politischen Aussichten trübe und wurden von Wahl zu Wahl trüber.

Hausse
Die Börse versucht mal wieder, Kurse steigen zu lassen, aber der Boden der Wirtschaft ist noch ziemlich unsicher.

Zeichnung von Wilhelm Schulz

Dies um so mehr, als sich ein Ende der wirtschaftlichen Talfahrt ankündigte. Zwar standen um die Jahreswende 1932/33 mit 5 773 000 Arbeitslosen etwa 100 000 mehr auf den Straßen als zwölf Monate zuvor, aber noch im Sommer hatte der Abstand der Arbeitslosenzahl zum Vergleichsmonat des Vorjahrs bei 1,5 Millionen Arbeitslosen gelegen und war seitdem dauernd gesunken; es war nur noch eine Frage von Wochen, bis die Arbeitslosenkurve die des Vorjahrs unterbot, und alles sprach dafür, daß sie im Frühjahr weitaus niedriger liegen würde. Aus allen Bereichen der Wirtschaft kamen zuversichtliche Signale, und der Jahresbericht der New Yorker Chase Manhatten Bank für 1932 sprach zum ersten Mal seit drei Jahren von einer Besserung der deutschen Wirtschaftslage, die über das saisonübliche Ausmaß hinausgegangen sei. »Zum ersten Male wieder nach langer Zeit«, hieß es auch im Bericht der Handelskammer Essen vom Herbst 1932, »trägt der vorliegende Jahreswirtschaftsbericht eine freundlichere Grundfärbung. Auf jeden Fall will es scheinen, als ob die rückläufige Konjunktur im großen und ganzen abgestoppt sei.«[507]

Die voraussichtlichen politischen Folgen lagen auf der Hand und erklärten die Depression, die die nationalsozialistische Partei durchzog. »Das Jahr 1932«, meinte der Nationalökonom Gustav Stolper in der Weihnachtsnummer des »Deutschen Volkswirt«, »hat Hitlers Glück und Ende gebracht. Am 31. Juli hatte sein Aufstieg den Höhe-

punkt erreicht, am 13. August begann der Niedergang, als der Reichspräsident von Hindenburg Hitler den Stuhl, den er ihm nicht zum Sitzen anbot, vor die Tür stellte. Seitdem ist das Hitlertum in einem Zusammenbruch, dessen Ausmaß und Tempo nur mit dem seines eigenen Aufstiegs vergleichbar ist.«[508] Die satirische Zeitschrift »Simplizissimus« sekundierte auf der Frontseite ihrer Neujahrsausgabe 1933: »Eins nur läßt sich sicher sagen, und das freut uns rundherum: Hitler geht es an den Kragen. Dieses ›Führers‹ Zeit ist um.«

So waren also die Startbedingungen für den Kanzler-General v. Schleicher gar nicht schlecht, aber es war auch jedermann klar, daß er Erfolg haben mußte, wenn nicht irgend etwas vollkommen anderes folgen sollte. »Dieses Kabinett ist ein Ende und ein Anfang zugleich«, resümierte am 4. Dezember die »Tägliche Rundschau«, Schleichers publizistisches Organ. »Die ältere Generation hat heute in Gestalt des Generals ihren stärksten und letzten Vertreter herausgestellt, sie hat nun keine Reserven mehr. Es geht von nun ab nicht mehr so weiter wie bisher: Auftakt, Krise, Sturz, und danach wieder eine Auswahl unter den zwei Dutzend Namen, die man in Deutschland seit zwei Jahrzehnten zur Genüge kennt ... Das letzte Pferd ist aus dem Stall herausgeholt worden, und dieser Stall ist bereits leer ...«[509] So wurde Schleicher selbst von der liberalen Presse einigermaßen hoffnungsvoll begrüßt; das »Berliner Tageblatt« erwartete nicht weniger als einen »Wendepunkt der deutschen Politik«[510].

Germanias Weihnachtsbescherung
»Und hier, mein liebes Kind, das schönste Weihnachtsgeschenk: ein lebendiger General! Hoffentlich gefällt er dir. Ein Umtausch kommt zunächst nicht in Betracht!«

Zeichnung von Th. Th. Heine

Nicht, daß Schleicher sich irgendwelcher persönlicher Sympathien erfreuen konnte. Schon sein Äußeres wirkte wenig einnehmend: »Kahl, mit rasiertem Schädel, von auffallender Blässe, fahl, gleicht sein Ausdruck einer Maske, in der zwei stechende Augen funkeln«, beschrieb ihn der französische Botschafter François-Poncet, der sich gleichwohl gut mit Schleicher verstand; »in seinem gedunsenen Gesicht treten seine Züge nicht deutlich hervor, und seine schmalen Lippen sind kaum sichtbar. All dies spricht nicht zu seinen Gunsten. Aber etwas ist für ihn charakteristisch: die schönen Hände ...«[511] Auch seine Umgangsformen machten Schleicher keine Freunde; den schnoddrig-forschen Kadettenton legte er sein Lebtag nicht ab, wie etwa beim Essen, das der Industrielle Otto Wolff gab, von dem man sagte, daß er Beamte, die ihm unbequem zu werden drohten, bestach oder in seine Dienste nahm. Nach der Suppe schaute Schleicher unter den Teller und fragte sehr vernehmlich: »Wo ist die Million, Herr Wolff?«[512] Alle Welt kannte den General und mißtraute ihm, aber er besaß, was man von einem preußischen General erwartete: Er hatte, wie es schien, Fortüne, und er hatte einen strategischen Plan. Was das erstere anging, so war da nicht nur die Hoffnung auf konjunkturellen Aufschwung, sondern auch außenpolitischer Erfolg: Die Genfer Abrüstungskonferenz, die seit dem 5. Dezember wieder tagte, erkannte Deutschlands militärische Gleichberechtigung feierlich an und zog damit einen Strich unter eines der Hauptkapitel aus dem Versailler Vertrag. Der moralische Rückhalt für Schleicher wuchs dadurch und damit auch die Chancen für Schleichers Plan.

Die Operation des Kanzler-Generals besaß einen Manöverna-

men: Querfront. Dahinter stand die Verlegenheit der Armee, nunmehr als ultima ratio des Staatswesens unvermittelt die Hebel der Macht bedienen zu müssen. Wie schon früher, wie in der Novemberrevolution und dann wieder im Herbst 1923, wollte man die politische Verantwortung nicht alleine tragen und suchte Verbündete. Daß die Parteien des Reichstags längst politisch handlungsunfähig geworden waren, wußte Schleicher so gut, daß er Gespräche mit ihnen gar nicht erst aufnahm. Statt dessen setzte er auf das Bündnis mit den gewerkschaftlichen Kräften quer durch das gesamte Parteienspektrum mit Ausnahme der Kommunisten. Das war eine abenteuerliche Idee, einmalig in der europäischen Geschichte, und Schleichers Kabinettskollegen, die er bis auf v. Gayl von der vergangenen Regierung übernommen hatte, waren äußerst befremdet: »Bei Generalen, die ans Regieren kommen«, bemerkte Reichsernährungsminister v. Braun spitz, »besteht stets die Gefahr, daß sie, da ihnen ja selbstverständlich der Ruf des Reaktionärs vorausgeht, sich möglichst links gebärden.«[513] Aber Schleicher war alles andere als ein Opportunist; als Emissär der Obersten Heeresleitung hatte er schon im Ersten Weltkrieg eine Entdeckung gemacht, die ihn damals tief beeindruckt und die er in mehreren Denkschriften zur Verblüffung seiner Vorgesetzten niedergelegt hatte: Die teilweise unglaublichen Kriegsgewinne von Unternehmern und deren oft hemmungslose Begeisterung für die unsinnige Kriegszielpropaganda der »Vaterlandspartei« stach scharf von der nüchternen, sachbezogenen und dabei durch und durch vaterlandstreuen Haltung der Arbeitervertreter ab, die er kennengelernt hatte. Der Garde-Major v. Schleicher entdeckte damals, daß ihm die Verständigung mit Gewerkschaftlern viel besser gelang als mit Industriellen und Agrarmagnaten.

Er war nicht der einzige gewesen, dem der Weltkrieg zu derart standesfremden Erkenntnissen verholfen hatte. Das Bündnis von Militär und Arbeiterschaft, das Schlagwort vom »Preußischen Sozialismus« besaßen im Offizierskorps der Reichswehr einigen Anklang, da sie einen Rückgriff auf alte Ideale des Preußentums zu gestatten schienen, das vor allem als uneigennütziger Dienst am Staatsganzen auf der Grundlage gemeinsamer Besitzlosigkeit verstanden wurde. Von Ferne winkten da sozialromantische Vorstellungen eines frühen preußischen Konservativismus, der im ausufernden Industriebürgertum und dessen liberalen Staatsideen den eigentlichen Feind gesehen hatte, und auch Ideen Ferdinand Lassalles und dessen Glaube an das Bündnis zwischen preußischem Staat und dem Proletariat lagen nicht weit. Auf die Ebene des Programmatischen und der Begriffe wurde dergleichen von der Zeitschrift »Die Tat« gehoben, die mit 30000 Exemplaren im Monat von einem großen Kreis sozialkonservativ gestimmter Intellektueller und Militärs gelesen wurde; weniger bekannt war, daß diese Publikation wie auch die »Tägliche Rundschau« seit Jahr und Tag von Schleicher aus dem Geheimfonds des Reichswehrministeriums finanziert wurde. Der Kapitalismus wie die Parteiendemokratie seien durch die große Wirtschaftskrise unheilbar diskreditiert, lautete das Credo Hans Zehrers, des »Tat«-Herausgebers und Vertrauten Schleichers; Staatssozialismus müsse her und »demokratische Diktatur«. Das hieß, wie Zehrer nicht müde wurde zu wiederholen: Die Einheit von Macht und Volkswille müsse wieder hergestellt werden – die Macht war natürlich die Reichswehr,

der Volkswille wurde in seiner reinsten Form vom arbeitenden Volk und dessen gewerkschaftlichen Vertretern aller weltanschaulichen Richtungen repräsentiert.

Die Denkfigur, die hinter diesen Ideen stand, war die des »Dritten Wegs«, der für das geistig-politische Klima Weimar-Deutschlands so ungemein bezeichnende Glaube an die mögliche Aufhebung der in der Wirklichkeit herrschenden Antagonismen in einer höheren, harmonischen Ordnung. Wo der demokratische Kompromiß, der Ausgleich zwischen den bestehenden Gegensätzen nicht möglich schien, da wucherten von links bis rechts die Utopien des »Dritten Wegs«, von der Räte-Bewegung der Anfangsjahre bis hin zum »Tat«-Kreis. Immer ging es um die Überwindung der Alternative von Kapitalismus und Kommunismus, mal revolutionär, mal konservativ, mit besonderer Inbrunst auch konservativ-revolutionär - im Reich der Ideen verschwammen die Unterschiede, der Weg war nichts, das Ziel war alles. Auf dem Felde blieb stets der eben so öde wie ausweglos erscheinende Parlamentarismus und der »prinzipienlose« Liberalismus. Auch Reichskanzler v. Schleicher war nicht der grundsatzlose Machiavellist und Zyniker, für den ihn die Öffentlichkeit hielt - er war im Grunde ein Ideologe, mehr noch, er war ein politischer Romantiker. Aber war nicht die politische Lage um die Jahreswende 1932/33 so verfahren, daß nur noch eine große und gestaltende Idee aus der Sackgasse helfen konnte? Und war nicht Schleichers Plan eines Bündnisses von Reichswehr und Arbeiterschaft viel wirklichkeitsnäher als Papens reaktionäres Konzept vom »Neuen Staat« ohne neue Gesellschaft? Jedenfalls hatte Schleicher einen Plan, und er hatte eine Chance.

Schleichers Chance hieß Gregor Straßer. Straßer war Reichsorganisationsleiter der NSDAP, einer der mächtigsten Männer der Partei Hitlers. Sein radikalerer Bruder Otto Straßer war schon 1930 von Hitler aus der Partei gedrängt worden, weil für ihn Hitlers Liebeswerben um die Großindustrie zum Signal für eine leidenschaftliche Auflehnung geworden war. Otto Straßer hatte daraufhin die »Schwarze Front« gegründet, eine Gruppe enttäuschter sozialrevolutionärer Nationalsozialisten, die offen gegen den verbürgerlichten Kurs der NSDAP auftrat, eine kleine Sekte, aber von Hitler gefürchtet. Gregor Straßer dagegen war in der Partei geblieben und in höchste Ränge aufgestiegen, aber im Gegensatz zu Hitler, der häufig taktische Kurswechsel vornahm, blieb er stets Sprecher der in der Partei verbreiteten »antikapitalistischen Sehnsucht«, wie er sagte; für ihn besaß der sozialistische Teil des Parteinamens ernste Bedeutung. Das war Schleichers Anknüpfungspunkt, um so mehr, als Straßer sich in den letzten Monaten Hitlers Anspruch auf die alleinige Macht im Staat offen entgegengestellt und das Motto »Alles oder Nichts« bekämpft hatte. Straßer war nicht der einzige Paladin des »Führers«, dem Zweifel an dessen Selbstherrlichkeit gekommen waren; die Unsicherheit der NSDAP war seit dem Sommer, als selbst der überwältigende Reichstagswahlsieg nicht die »Machtergreifung« hatte befördern können, ständig gewachsen, und damit auch die Kompromißbereitschaft im Führerkorps der Partei. Selbst Hermann Göring war nach Papens Rücktritt bei Schleicher erschienen und hatte ihn mit

Tränen in den Augen angefleht, ihn in das künftige Reichskabinett aufzunehmen – wenn die ganze Macht schon fern schien wie eh und je, dann war mancher »alte Kämpfer« durchaus bereit, ein bißchen Macht dem Nichts vorzuziehen. Schleicher war voller Hoffnung, die NSDAP spalten zu können, indem er Straßer notfalls gegen Hitlers Willen zum Reichsvizekanzler und preußischen Ministerpräsidenten machte, und Straßer war auch gewillt, auf das Angebot einzugehen.

Am 8. Dezember spitzte sich die Lage dramatisch zu; Straßer konferierte mit Freunden und Anhängern im Hotel »Excelsior«, während Hitler im »Kaiserhof« saß und auf Straßers Ernennung zum Vizekanzler wartete. Das wäre Verrat gewesen, Abfall und Revolte. Die ganze Nacht vom 8. zum 9. Dezember über hagelte es im »Kaiserhof« Katastrophenmeldungen aus den Gauen, die Parteispaltung schien immer gewisser. Am frühen Morgen erschien Schleichers Blatt, die »Tägliche Rundschau«: Straßer habe seinen Rücktritt von allen Parteiämtern erklärt, aber nur, um Hitlers Stelle in der Partei einzunehmen. Hitler war tief erschüttert: »Wenn die Partei einmal zerfällt, dann mache ich in drei Minuten mit der Pistole Schluß.«[514]

Der Gang der Weltgeschichte hing in diesem Moment an den Nerven Gregor Straßers. Straßer versagte. Seine Berater redeten ihm zu wie einem kranken Hund, aber der letzte Schritt, der offene Aufstand gegen Hitler, war ihm nicht möglich. Er brach zusammen und verließ sang- und klanglos Berlin. In wenigen Tagen war sein Machtapparat innerhalb der Partei zerschlagen, Hitler selbst übernahm Straßers Parteiämter. »Straßer ist nun vollkommen isoliert«, frohlockte Goebbels am 9. Dezember. »Ein toter Mann.«[515]

Schleichers kühne Kombination hatte sich also schnell als ein Windei erwiesen, aber er war noch längst nicht am Ende. Er hoffte noch immer auf Straßer; Mitte Dezember erklärte er vor den versammelten Gruppen- und Wehrkreiskommandeuren des Heeres nach den stichwortartigen Notizen eines der Anwesenden: »Anzustreben bleibt: Mitarbeit der Nazi unter Straßer unter Messias-Segen Hitlers ... Wenn nicht, dann ist Kampf da ... Kein Kampf mit Mückenstichen! Sondern Bestimmungen und Maßnahmen, wie Nazi sie auch exerzieren würden. Also keine Lockerung der Zügel und Nachsicht, sondern auf Hauen und Stechen ...«[516] Für diesen Fall hatte er eine weitere Karte im Ärmel: Die Querverbindung zwischen den gewerkschaftlichen Flügeln der übrigen Parteien, vom Deutschnationalen Handlungsgehilfenverband über die liberalen Hirsch-Dunckerschen Gewerkvereine und die katholischen Christlichen Gewerkschaften bis hin zum sozialdemokratischen Allgemeinen Deutschen Gewerkschaftsbund. Wirklich von Bedeutung war hier allein das Bündnis mit dem ADGB, und dessen Bundesvorsitzender Theodor Leipart war auch keineswegs abgeneigt, mit Schleicher ins nähere Benehmen zu treten.

Auch hier wieder: Welch eine Chance! Ein Bündnis zwischen der Reichswehr und der sozialdemokratischen Arbeiterschaft – was wären dagegen Hitlers Partei, was die übrigen organisierten Interessen gewesen? Und Schleicher gab sich alle Mühe, zu beweisen, daß er es ernst meine. Er kündigte die Beseitigung des sozialpolitischen Teils der Wirtschaftsnotverordnung vom 4. September 1932 an, der der SPD als Hauptargument für politische Agitation gedient hatte;

Arbeitgeber konnten jetzt nicht mehr mit der Begründung, neue Arbeitsplätze schaffen zu wollen, die Tariflöhne ihrer Arbeiter kürzen. In seiner Regierungserklärung, die er am 15. Dezember über Rundfunk verlas, stellte sich Schleicher als »sozialer General« vor »weder ein Anhänger des Kapitalismus noch des Sozialismus«; er erklärte, seiner Regierung gehe es nur um eines: »Arbeit schaffen!«[517] Reichsbank und Reichsregierung stellten beachtliche Mittel

Der Chef auf Tour
»Karte genügt, komme sofort!«

Zeichnung von Karl Arnold

zur Arbeitsförderung bereit, die den Ländern und Gemeinden unter bestimmten Bedingungen zur Verfügung gestellt werden sollten; unter anderem mußten die Arbeiten den öffentlichen Bedürfnissen dienen, es sollten möglichst wenig Maschinen eingesetzt werden, die Höchstarbeitszeit durfte vierzig Stunden nicht überschreiten, damit möglichst viele Kräfte beschäftigt werden konnten. Das Kabinett beschloß eine Winterhilfe, um Bedürftigen verbilligte Kohle und Nahrungsmittel zu verschaffen; ein Notwerk der deutschen Jugend sollte Schulentlassenen Ausbildungs- und Arbeitsmöglichkeiten bringen. Und die Osthilfe, über die Brüning gestürzt war, sollte völlig umgekrempelt werden; die entschuldeten Güter sollten als Gegen-

leistung Siedlungsland für arbeitslose Städte und Landarbeiter abgeben.

Das alles waren sehr beachtliche Ansätze, zum Teil wie dem Forderungskatalog der sozialdemokratischen Reichstagsfraktion entnommen. Führende sozialdemokratische Gewerkschaftler, der ADGB-Vorsitzende Theodor Leipart und sein Vertreter Fritz Tarnow, gingen bei Schleicher ein und aus; der General bot ihnen Kabinettsposten an und war bereit, ihnen Einfluß auf die Sozial- und Wirtschaftspolitik einzuräumen, und Leipart erklärte in Presseinterviews, er denke nicht daran, dem Kanzler seine Vergangenheit zum Vorwurf zu machen, da er jetzt offenbar bereit sei, die Sorgen der Arbeiterschaft ernstzunehmen. Und auch das »Reichsbanner«, die Wehrorganisation der »Eisernen Front«, näherte sich Schleicher, der ihm bei der Vorbereitung einer künftigen deutschen Milizorganisation unter Reichswehrkommando eine wichtige Rolle zugesagt hatte. »So hatte bisher kein Reichswehrgeneral gesprochen«, erinnerte sich später der sozialdemokratische Reichstagsabgeordnete Wilhelm Hoegner. »Vielleicht, ja sogar wahrscheinlich war die neue Politik, die er einleiten wollte, wegen der vielen Widerstände nicht durchführbar. Aber der Versuch, die nationalsozialistische Partei in einen Hitler-Flügel und eine Straßer-Richtung zu spalten und der Sozialdemokratie oder doch den Gewerkschaften Einfluß auf die geistige Haltung der Reichswehr zu verschaffen, durfte nicht von vornherein abgelehnt werden. Dazu gehörte freilich der Bruch mit den Formeln der Theoretiker, politischer Wagemut und schöpferische politische Phantasie.«[518]

Adolf, mach dir keine Sorgen, bist erledigt Montag morgen

Schlagt Hitler den Gendarmen, samt Hauptmann Röhm, den Warmen!

Handzettel, 1932

Politischer Wagemut und schöpferische Phantasie waren nun Eigenschaften, die nirgendwo so mangelten wie in der Parteizentrale der SPD. Die Jahre seit 1930 waren für die deutsche Sozialdemokratie eine einzige Kette von Katastrophen gewesen, und die SPD-Führung hatte aus all den Niederlagen und Demütigungen den psychologisch begreiflichen, politisch dagegen verhängnisvollen Schluß gezogen, daß nur schärfste Opposition die Partei über Wasser halten könne. »Die einzige politische Leistung, die der Fraktionsvorstand in diesen Monaten noch von sich gab«, so der Reichstagsabgeordnete Julius Leber, »waren die sofortigen Mißtrauensanträge, mit denen er jede neue Regierung begrüßte.«[519] Die SPD war wie versteinert, sie verharrte in scheinbar sicherer Tatenlosigkeit, in der Hoffnung, sich in der Opposition gesundzuwachsen: »Kapital aufsammeln und alles vermeiden, was den Verdacht erregen könnte, daß wir geneigt sind, dem Teufel den kleinen Finger zu reichen« – das war der einzige strategische Gedanke, den der Parteivorsitzende Otto Wels seinen Freunden in diesen Monaten anzubieten hatte[520]. Der Teufel war natürlich der General v. Schleicher, der sich in den Augen führender Sozialdemokraten höchstens graduell von Hitler unterschied. Man überschätzte damit keineswegs Schleicher, aber man unterschätzte Hitler. Für das phantasielose, an konkreten Tatbeständen haftende Urteil sozialdemokratischer Funktionäre spielten Erfahrungen, historische Parallelen die entscheidende Rolle: Da war einmal das Sozialistengesetz, in der Erinnerung der Partei eine heroische Kampfzeit, die man gleichwohl glänzend überstanden hatte, und da

war die Parallele zu Mussolinis Italien, wo es noch jahrelang ein Parlament und demokratische Parteien gegeben hatte. Die Parteien hatten zwar unter Mussolini nichts zu sagen gehabt, aber hatten sie Ende 1932 in Deutschland etwas zu sagen?

Schlimmer, so meinte man im Parteivorstand der SPD, könne es also kaum noch kommen; wozu dann Schleicher die Hand reichen und damit den letzten Kredit bei der eigenen Parteilinken verspielen, zumal die Wähler, wie man am 6. November gesehen hatte, ohnehin die KPD immer attraktiver fanden? Für die Politik der Sozialdemokratie war daher das Diktum von Otto Wels maßgebend: »Vor den Nationalsozialisten brauchen wir uns nicht zu fürchten. Wir haben als Gewerkschafter und Sozialdemokraten mit Schleicher nichts zu tun, laßt es die anderen machen.«[521]

Der SPD-Parteivorstand pfiff also alle Kräfte der »Eisernen Front« zurück. Die »Reichsbanner«-Führung gehorchte, wenn auch zögernd und gegen die eigene bessere Einsicht. Die Bundesführung des Allgemeinen Deutschen Gewerkschaftsbundes dagegen machte Anstalten, wider den Stachel zu löcken; in seinem Neujahrsgruß an die Gewerkschaft verkündete Theodor Leipart: »Heute versucht die Regierung Schleicher, einen Teil unserer Forderungen zu erfüllen. Den Sozialismus wird diese Regierung nicht verwirklichen. Das wissen wir wohl ... Aber können wir in dieser Situation die Aufforderung der Regierung ablehnen, an der Durchführung der Arbeitsbeschaffung mitzuarbeiten? ... Die Verantwortung für die Arbeiterschaft, die auf uns lastet, ist zu groß, als daß wir es ablehnen können, mit diesem oder jenem zu verhandeln, der uns auf Grund seiner Vergangenheit nicht angenehm ist.«[522] Anfang Januar traf Leipart mit dem Parteivorstandsmitglied Breitscheid zusammen; wir wissen nicht, was Breitscheid zu sagen hatte, aber Leipart gab auf und ließ Schleicher wissen, daß mit der Regierungsbeteiligung sozialdemokratischer Gewerkschaftler nicht zu rechnen sei.

Immer noch war nicht alles verloren. Der preußische Ministerpräsident Otto Braun suchte Schleicher am 6. Januar 1933 auf und bot ihm an, seinen ganzen Einfluß in der SPD geltend zu machen, wenn Schleicher das Reichskommissariat in Preußen aufgebe und den

Abend-Ausgabe

Vorwärts

BERLINER VOLKSBLATT

Zentralorgan der Sozialdemokratischen Partei Deutschlands

Hitler beim Herrenklub

In flagranti ertappt

Otto Braun bei Schleicher

Protest gegen Reichskommissar — Das Reich muß das Urteil des Staatsgerichtshofes respektieren

Reichstag auf längere Sicht auflöse: »Wir schieben die Wahlen bis weit in das Frühjahr hinaus und führen einen einheitlichen nachdrücklichen Kampf gegen die Machtansprüche der Nationalsozialisten. Diese haben bei der Novemberwahl bereits zwei Millionen Stimmen verloren, haben ihren Höhepunkt überschritten und befinden sich im Rückgange. Wir brauchen nur noch nachzustoßen, um ihnen bei Frühjahrswahlen eine vernichtende Niederlage zu berei-

ten.«[523] Das war das erste und letzte Bündnisangebot, das Schleicher erhielt, aber er wand sich; er wies auf ein Hindernis hin: Würde der Reichspräsident ihm die Vollmacht zur Reichstagsauflösung geben? Das war in der Tat fraglich, aber der Versuch konnte und mußte unternommen werden. Doch Schleicher glaubte immer noch, zumindest mit Straßer rechnen zu können; er wußte wohl auch, daß Brauns Ruf in der Sozialdemokratie seit dem Preußen-Putsch nicht mehr so strahlend war wie zuvor, und die sozialdemokratische Ablehnung einer Zusammenarbeit mit der Regierung war unmißverständlich gewesen. So riskierte es Schleicher, Brauns Angebot auszuschlagen. Es war die letzte Chance, die die Republik besaß.

Straßer hatte sich mittlerweile von seinem Nervenzusammenbruch erholt und plante, in der Hoffnung auf seinen alten Anhang in der NSDAP, sein politisches Comeback. Am 4. Januar hatte Schleicher ihn Hindenburg vorgestellt, der ganz angetan war von Straßer und gegen dessen Ernennung zum Vizekanzler nichts einzuwenden hatte. Am 16. Januar jedoch mußte selbst Schleicher einsehen, daß die Karte Straßer nicht mehr stach; auf einer Gauleitertagung nahm Hitler eine vehemente Abrechnung mit dem ehemals zweiten Mann der Partei vor, und keiner der früheren Freunde Straßers widersprach. »Seine Aktien werden nicht mehr gefragt«, freute sich Goebbels[524]; Straßer resignierte und sah sich nach einer Beschäftigung in seinem alten Beruf als Apotheker um, und Schleicher mußte erkennen, daß er jetzt an demselben Punkt angekommen war, an dem sein Vorgänger Papen am 1. Dezember 1932 gestanden hatte. Er hatte keine Freunde gewinnen können, sich aber eine ansehnliche Anzahl von neuen Feinden geschaffen. Am 26. Januar 1933 forderte Schleicher von Hindenburg die Vollmachten, hinter denen er selbst zwei Monate zuvor die Gespenster des Bürgerkriegs gesehen hatte. Aber Hindenburg sagte nein. Schleicher hatte ihm eine regierungsfähige Mehrheit versprochen, er hatte sein Versprechen nicht gehalten – wie konnte ihm der Reichspräsident nach diesem Bankrott die Vollmacht zur Reichstagsauflösung geben? »Mein lieber junger Freund«, sagte er, »ich werde bald da oben sein. Von da aus kann ich mir ja ansehen, ob ich recht gehandelt habe oder nicht.«[525] Hindenburg hatte dabei kein schlechtes Gewissen, denn mittlerweile hatte sich Franz v. Papen, den der alte Herr nach wie vor in sein Herz geschlossen hatte, bei ihm gemeldet und dieselbe Lösung vorgeschlagen, die Schleicher am 1. Dezember vorgetragen hatte: Es gehe auch ohne Verfassungsbruch, ohne Bürgerkrieg, ohne Blutvergießen. Er empfehle, die Bewegung Adolf Hitlers der deutschen Politik fruchtbar zu machen und Hitler zum Reichskanzler zu ernennen. Wer noch Papens Pläne vor zwei Monaten im Gedächtnis hatte, mit der NSDAP kurzen Prozeß zu machen, sie zu verbieten und notfalls niederkartätschen zu lassen, der mochte seinen Ohren nicht trauen. Was war mittlerweile geschehen?

Mit seiner Politik der »Querfront« war Schleicher Risiken eingegangen, die er offenbar nicht kalkuliert hatte. Da war die Wirtschaft, deren maßgebliche Vertreter von Schleichers Bemühungen um die

Gewerkschaften schockiert waren; sie hatten in Papen den Mann ihres Vertrauens gesehen, und Papen war von Schleicher gestürzt worden, der sich selbst als »sozialen General« bezeichnete und dem auch Taten folgen ließ. Ein Sozialist in Uniform - das schreckte die deutschen Unternehmer. Um ihn loszuwerden, wandten sie sich seit Mitte Dezember 1932 der einzigen für sie sichtbaren Alternative zu, und die hieß nach wie vor Papen, nicht Hitler.

Für Papen war sein Abgang kein Abschied gewesen. Er war tief gekränkt über seinen plötzlichen Sturz und voller Haß auf seinen Nachfolger, aber beim Reichspräsidenten besaß er nach wie vor eine fast allmächtige Flüsterrolle; mit keinem seiner Reichskanzler, pflegte Hindenburg zu sagen, habe er sich so gut verstanden wie mit »Fränzchen«. Wie Papen die Lage beurteilte, ergibt sich auch daraus, daß er sein Dienstappartement in der Reichskanzlei weiter bewohnte, von dem aus ein Gartenweg zum benachbarten Sitz des Reichspräsidenten führte.

Während Schleicher sich in aller Öffentlichkeit abmühte und blamierte, intrigierte hinter seinem Rücken die Hausgemeinschaft der Wilhelmstraße 72 und 74, Papen, Oskar v. Hindenburg und Staatssekretär Meißner, die den alten Herrn unaufhörlich beschwatzte und bearbeitete. Aber Papen redivivus war keine Lösung für Hindenburg; wollte Papen wieder an die Macht kommen, so mußte er versuchen, Verbündete zu finden.

An diesem Punkt betritt der Kölner Bankier Kurt Freiherr v. Schröder die Szene. Schröder war nicht, wie man gelegentlich lesen kann, eine Art Agent der Großindustrie; seine Rolle bestand lediglich darin, daß er sowohl Papen als auch den wirtschaftspolitischen Berater Hitlers, Wilhelm Keppler, kannte und daher als Vermittler zwischen beiden Seiten diente. Für den 4. Januar 1933 wurde ein Treffen zwischen Papen und Hitler in dem Kölner Haus des Bankiers verabredet. Schleichers Bundesgenosse Hans Zehrer bekam Wind von dem Treffen. Er teilte Schleicher seine Beobachtungen mit, aber Schleicher lachte nur; von »Fränzchen«, das wußte er, war zwar nicht viel zu erwarten, aber ein Bündnis Papen-Hitler schien ihm zu absurd. In der Tat war es nicht jäh entflammte Sympathie, die Papen und Hitler zusammenführte, sondern der brennende Machthunger, der in beiden die Bereitschaft hatte wachsen lassen, den jeweils anderen für den Preis der Regierungsgewalt gewissermaßen wie eine Kröte zu schlucken. Hitler begann das Gespräch mit einem vorwurfsvollen Monolog, aber Papen beschwichtigte ihn, indem er alle Schuld der Vergangenheit dem derzeitigen Reichskanzler zuschob und ein Angebot folgen ließ: Er sei bereit, Hitler als Reichskanzler zu akzeptieren, vorausgesetzt, er selbst könne mitregieren, und Hugenbergs DNVP werde in die Regierung aufgenommen. Der Reichspräsident, teilte Papen zudem mit, sei nicht gewillt, Schleicher die Vollmacht zur Parlamentsauflösung zu geben; das Ende der derzeitigen Regierung sei abzusehen. Hitler war darüber so erfreut, daß er großzügig Papen als künftigen Vizekanzler akzeptierte; auch DNVP-Minister störten ihn nicht. Man trennte sich als Verbündete und in dem sicheren Gefühl, den anderen für seine Ziele engagiert zu haben.

Das Gespräch wurde schnell publik, denn Zehrer hatte Photographen nach Köln geschickt; Schleicher glaubte die Nachricht erst, als ihm die Photos vorgelegt wurden, und er, der so viele Freunde und

Vertraute hintergangen hatte, war jetzt tief getroffen und redete von Treuebruch und Verrat. Aber es erwies sich als Fehler, die Nachricht von dem Kölner Treffen zu veröffentlichen, denn für die Industrie war das ein Zeichen, daß Hitler jetzt, als Partner Papens, kreditwürdig sei. Von nun an flossen die Gelder reichlich in die Kassen der Nationalsozialisten, und Goebbels konnte aufatmend feststellen, die Partei stehe wieder hoch im Kurs. Zudem gelang es der NSDAP, den seit Monaten anhaltenden Eindruck zu verwischen, die Partei sei beim Wähler abgeschrieben. Am 15. Januar 1933 fanden im Zwergstaat Lippe Landtagswahlen statt, und die NSDAP konzentrierte ihren gesamten Propagandaapparat auf die kaum 100 000 Wahlberechtigten, »gewissermaßen Beschießung eines Dorfes mit schwerster Artillerie«, wie Friedrich Meinecke kommentierte[526]. Es gelang ihr, Stimmen zu gewinnen und die regierende SPD zu verdrängen – mit kühler Überlegung betrachtet kein bedeutendes Ereignis, ein reiner Glücksfall, aber kühle Köpfe waren zu dieser Zeit in Deutschland selten. Alle Welt zeigte sich tief beeindruckt, und das Propaganda-Genie Goebbels triumphierte: »Die Situation der Partei hat sich über Nacht grundlegend geändert ... Das Kabinett Schleicher ist von allen Vernünftigen bereits aufgegeben!«[527]

Aber nichts war gewonnen, solange Hindenburg nicht gewonnen war. Um seine Unterschrift drehte sich jetzt alles. Das Problem bestand darin, daß der greise Reichspräsident nach intensiver Bearbeitung durch seine Umgebung zwar nichts mehr gegen eine Koalition zwischen Papen, Hitler und Hugenberg einzuwenden hatte, daß er aber keinen anderen Reichskanzler als Papen wünschte – seine tiefe Abneigung gegen den »böhmischen Gefreiten« Hitler hatte sich um nichts verringert. Papen dagegen war sich darüber im klaren,

HEUTE: NS.-BILDFUNK

Der Angriff

Das deutsche Abendblatt in Berlin

Nummer 13 · Montag, den 16. Januar · 7. Jahrgang 1933

Einzelpreis 10 Pf. · Auswärts 15 Pf.

Hitlersieg!
Das Volksurteil von Lippe

Das ist die Quittung für Ihre Politik, Herr, von Schleicher!

(Näheres siehe auch Seite 2.)

Signal Lippe!
Von Dr. Joseph Goebbels

Der Sieg

Die Lügner

Die Geschlagenen

Dramatische Flucht
Spanische Monarchisten in Lissabon
(Telegraphische Meldung.)

daß auf dem Marsch zurück zur Macht Hitlers Kanzlerschaft nicht zu umgehen war. Hier trat nun ein neuer Verbündeter auf den Plan: der Reichslandbund.

Es ist viel von den Interessengruppen gesprochen worden, die Hitlers Weg zur Macht geebnet hätten, und in der Regel denkt man dabei an den Einfluß industrieller Verbände. Nun waren in der Tat große Teile der Schwerindustrie, in geringerem Maß auch der verarbeitenden und exportierenden Industrie, als Reaktion auf Schleichers Reichskanzlerschaft zur Unterstützung der NSDAP umgeschwenkt. Aber die Industrie besaß das eine nicht, worauf jetzt alles ankam: Sie hatte keinen Zugang zu Hindenburg. Ganz anders die landwirtschaftlichen Interessengruppen. Namentlich in den ostelbischen Grundbesitzern sah Hindenburg seinesgleichen; ihre Interessen waren gewiß nicht in einem grob materiellen Sinne die seinen, aber ihre Denkweise, ihre Erziehung, ihre Urteile und Vorurteile teilte er durchaus. Welche Folgen diese Zugehörigkeit haben konnte, hatte schon Brünings Sturz gezeigt. Auch jetzt fanden sich wieder häufiger alte Freunde und Bekannte aus Ostelbien im Reichspräsidenten-Palais ein und führten bittere Klage über Reichskanzler v. Schleicher, der gegen die verzweifelte Lage des Großgrundbesitzes nichts tue und sogar angekündigt habe, die Gutsbesitzer zur Landabgabe für Siedlungszwecke zu zwingen - wieder tauchte das böse Wort vom Agrarbolschewismus auf, das erfahrungsgemäß auf Hindenburg Eindruck machte.

Am 11. Januar 1933 hatte eine Besprechung Hindenburgs mit dem Vorstand des Reichslandbundes, bei der Schleicher hinzugezogen worden war, mit einem Streit zwischen Hindenburg und seinem

Ausgabe Gross-Berlin

Preis 10 Pfennig

Tägliche Rundschau

Unabhängige Zeitung für sachliche Politik, christliche Kultur und deutsches Volkstum

Herausgeber Hans Zehrer

52. Jahrgang Nummer 11

Berlin, Freitag, 13. Januar 1933

Agrarpolitik vor der Entscheidung!

Abbruch der Beziehungen zwischen Regierung und Landbund — Eingreifen der Industrie — Notwendige Schutzmassnahmen für die Landwirtschaft

Der Konflikt

Reichskanzler geendet, und Schleicher machte erneut einen Fehler: Er begann in der »Täglichen Rundschau« eine Kampagne gegen den Mißbrauch, der von landwirtschaftlichen Interessenvertretern mit der Osthilfe betrieben wurde. Er hoffte, auf diese Weise den Reichslandbund in der Öffentlichkeit und in den Augen Hindenburgs zu diskreditieren, erreichte aber das Gegenteil: Alles, was landwirtschaftliche Interessen vertrat, schloß sich mit Papen und Hitler gegen Schleicher zusammen. Nun waren es nicht mehr nur Papen und Sohn Oskar, die Hindenburg die Kombination Hitler-Papen schmackhaft zu machen suchten, sondern auch Hindenburgs alte Freunde, die Gutsnachbarn, die Regimentskameraden, die adligen

Verwandten. Hindenburg mußte es scheinen, als stehe er mit seinem abschätzigen Urteil über Hitler völlig allein; selbst aus dem holländischen Doorn, wo der von Hindenburg hochverehrte Wilhelm II. domizilierte, kamen aufmunternde Briefe. Kronprinz Wilhelm und zahlreiche Angehörige ehemals regierender Häuser drangen in den Reichspräsidenten, doch endlich mit den Halbheiten Schluß zu machen und Hitler an die Macht zu lassen.

Und die Reichswehr? Hindenburg legte den größten Wert auf deren Lagebeurteilungen, aber mit Schleicher mochte er nicht mehr reden. Statt dessen empfing er einen weiteren alten Freund, den Befehlshaber im Wehrkreis Ostpreußen, Generalleutnant v. Blomberg. Blomberg zögerte nicht, ihm die Vorzüge einer nationalen Front aus Stahlhelm, Deutschnationalen und Nationalsozialisten unter Hitlers starker Führung in leuchtenden Farben auszumalen, und das gab Hindenburg doch zu denken. Wenn selbst die Reichswehr bereit war, ihre alte und grundsätzliche Gegnerschaft gegen die Führung der Reichsgeschäfte durch Nationalsozialisten aufzugeben, was sprach dann eigentlich noch gegen diese Lösung? Was Hindenburg nicht wußte, war, daß Blomberg und dessen Stabschef v. Reichenau nicht nur mit Schleicher persönlich verfeindet, sondern daß sie auch die einzigen Reichswehrgeneräle waren, die bereits vom Nationalsozialismus gewonnen waren, und daß Staatssekretär Meißner das Gespräch gerade mit Blomberg gezielt herbeigeführt hatte.

Vossische Zeitung
Berlinische Zeitung von Staats- und gelehrten Sachen / Begründet 1704
Berlin
10 Pf · Nr 48 SONNABEND, 28. JANUAR 1933 ABEND-AUSGABE

Schleicher zurückgetreten
Verhandlungs-Auftrag an Papen
Gesamtdemission des Kabinetts nach Verweigerung des Auflösungsdekrets

In einem Vortrag beim Reichspräsidenten, der nur eine Viertelstunde dauerte, hat Reichskanzler von Schleicher heute die Vollmacht zur Auflösung des Reichstages erbeten. Der Reichspräsident hat diese Vollmacht verweigert. Der Kanzler hat daraufhin die vorher vom Kabinett für diesen Fall beschlossene Gesamtdemission über-

So standen die Dinge, als am 28. Januar 1933 Papen wieder beim Reichspräsidenten erschien, um ihm noch einmal den friedlichen, den einfachen, den verfassungsgemäßen Weg einer Mehrheitsbildung mit Hilfe der Nationalsozialisten vor Augen zu führen. Gleich darauf erschien Schleicher, um ein letztes Mal die Order für die Suspendierung des Reichstags und die Diktaturermächtigung zu fordern. Hindenburg lehnte auch jetzt ab. Schleicher hatte sein Demissionsschreiben gleich mitgebracht und überreichte es. Hindenburg verabschiedete ihn kurz angebunden: »Ich danke Ihnen, Herr General, für alles, was Sie für das Vaterland getan haben. Nun wollen wir mal sehen, wie mit Gottes Hilfe der Hase weiterläuft.«[528]

Was war jetzt einfacher und naheliegender, als den treuen Papen mit Sondierungen zu beauftragen. Hindenburg mochte Hitler zwar nach wie vor nicht; noch am Vortag hatte er dem General v. d. Bussche-Ippenburg, der ihn vor einem Kabinett Hitler gewarnt hatte, ganz entrüstet erwidert: »Sie werden mir doch nicht zutrauen, daß ich diesen österreichischen Gefreiten zum Reichskanzler berufe.«[529] Doch Hindenburg war ein alter, müder Mann, der oft kaum mehr verstand, was um ihn herum geschah – und in dem vor allem ein Gedanke lebte: auf keinen Fall ein Verfassungsbruch! Verfassungsbruch wäre gewesen, was Schleicher vorzuschlagen gehabt hatte, und Schleicher mußte gehen; Verfassungsbruch war auch gewesen, was Papen früher vorgehabt hatte, und deshalb kam eine Neuauflage des Kabinetts Papen nicht in Frage. So schickte Hindenburg Papen zu Hitler, um nachfragen zu lassen, was der denn vorzuschlagen habe. Papen kam bald zurück und berichtete: Hitler habe seine Forderungen sehr gemäßigt; er wolle jetzt nur noch die Reichskanzlerschaft für sich und für die NSDAP das Reichsinnenministerium so-

wie das Reichskommissariat für Preußen. Hindenburg, erfreut über diese unerwartete Bescheidenheit, diktierte nun seinerseits Bedingungen: Vom Reichskommissariat könne keine Rede sein, und das Reichswehrministerium dürfe unter keinen Umständen in nationalsozialistische Hände fallen, an dessen Spitze gehöre ein zuverlässiger General. Bei diesen Worten dachte Hindenburg vielleicht noch an Schleicher, aber Staatssekretär Meißner flüsterte den Namen Blomberg, was Hindenburg sogleich aufnahm.

Am nächsten Tag, Sonntag, dem 29. Januar, kamen erneut tröstliche Mitteilungen aus dem Hotel »Kaiserhof«. Hitler verzichtete jetzt sogar zugunsten Papens auf das Reichskommissariat für Preußen, und gegen Blomberg hatte er nicht die geringsten Einwände; aber er hatte neue Wünsche: Er wollte die Auflösung des Reichstags und baldige Neuwahlen, die letzten, wie er in verborgenem Doppelsinn mitteilen ließ. Auf Hindenburg wirkte das alles beruhigend - sein Favorit Papen war demnach nicht nur als Vizekanzler vorgesehen, sondern besaß als Reichskommissar für Preußen sogar die Verfügungsgewalt über die preußische Polizei; die Reichswehr sollte in bewährten Händen bleiben, der Zugang der Deutschnationalen gab der Sache einen konservativen Anstrich, und die verlangten Reichstagsneuwahlen - auch von einem Ermächtigungsgesetz war schon die Rede - bewiesen eigentlich nur, daß Hitler parlamentarisch und ganz im Rahmen der Verfassung zu regieren beabsichtigte. Die Last der Verantwortung für das Notverordnungsregime, des dauernden Balancierakts am Rande des Verfassungsbruchs, war damit von Hindenburgs Schultern genommen. Dennoch, er zögerte.

Den letzten Stoß erhielt der Reichspräsident am späten Nachmittag des 29. Januar, als ein nationalsozialistischer Emissär auftauchte und Unerhörtes berichtete: Schleicher wolle seine Entmachtung nicht kampflos hinnehmen; er habe die Potsdamer Garnison alarmiert und wolle morgen auf Berlin marschieren, Papen, Hitler und Hindenburg festnehmen und eine Militärdiktatur errichten. Nichts von alledem war wahr; Schleicher hatte wohl am Vormittag mit den in Berlin anwesenden Reichswehrkommandeuren und General v. Hammerstein, dem Chef der Heeresleitung, über die Lage beraten, war aber zu dem Schluß gelangt, daß ein Kabinett Hitler unvermeidlich sei. »Einer der Generale«, berichtete später ein Mitglied der Runde, »warf den Gedanken auf: ›Eigentlich müsse man gegen Hindenburg vorgehen.‹ Dieser Gedanke wurde aber nach kurzer, ruhiger Überlegung als unmöglich verworfen. Es schien allen beteiligten Generalen ausgeschlossen, die Reichswehr in irgendeiner Form gegen ihren Oberbefehlshaber einzusetzen ...«[530] Schleicher, in der Annahme, auch in einer künftigen Reichsregierung als Reichswehrminister zu bleiben, begab sich nach Hause und damit aus dem Spiel.

Hitler hatte von dieser Besprechung Wind bekommen; sei es nun aus wirklicher Furcht vor einem Militärputsch, sei es aus dem Wunsch, erneut vor dem Reichspräsidenten als Wohlmeinender dazustehen, jedenfalls sorgte er dafür, daß sich wilde Gerüchte über einen Anmarsch der Potsdamer Garnison in Berlin verbreiteten und die Wilhelmstraße erreichten. Auf Hindenburg, der seinem einstigen Liebling Schleicher jetzt alles zutraute, wirkte die Nachricht mächtig und gab schließlich den Ausschlag. Jetzt erst, nach langem und respektablem Widerstand, war er bereit, Hitler zum Reichskanzler zu ernennen.

Vossische Zeitung

Berlin

MONTAG, 30. JANUAR 1933 ABEND-AUSGABE

Kabinett Hitler-Papen-Hugenberg

Regierung der Harzburger Front ohne Verständigung mit dem Zentrum ernannt

Am Morgen des 30. Januar 1933 trafen sich die von Hitler und Papen als Minister in Aussicht genommenen Herren in der Dienstwohnung Papens in der Reichskanzlei. Einige der Anwesenden hatten bereits Ministerposten im alten Reichskabinett innegehabt und wußten zunächst nicht einmal, ob sie in ein Kabinett Hitler oder ein Kabinett v. Papen eintreten sollten: der parteilose Außenminister Freiherr v. Neurath, ein Karrierediplomat alter Schule, der ebenfalls parteilose Reichsfinanzminister v. Schwerin-Krosigk, auch ein alter Beamter, sodann der deutschnationale Justizminister Gürtner aus Bayern, weiterhin der parteilose Post- und Verkehrsminister Freiherr Eltz von Rübenach. Papen selbst war, wie vereinbart, als Reichsvizekanzler und Reichskommissar für Preußen vorgesehen, der Vorsitzende der Deutschnationalen Volkspartei, Alfred Hugenberg, sollte als Reichswirtschafts- und Reichsernährungsminister in das Kabinett eintreten. Die konservative Schattierung wurde durch den Bundesführer des »Stahlhelm«, Franz Seldte, verstärkt, dem das Reichsarbeitsministerium zugedacht war. Die beiden einzigen Nationalsozialisten in dieser Runde, der designierte Reichskanzler Adolf Hitler und der zukünftige Reichsinnenminister Wilhelm Frick, bildeten offenkundig eine Minderheit. Etwas verspätet traf noch der für das Reichswehrministerium in Aussicht genommene General v. Blomberg ein, und die Gesellschaft begab sich zum Reichspräsidialamt.

Es war eine fast gespenstische Reprise der Szene, die sich annähernd fünfzehn Jahre zuvor an der gleichen Stelle abgespielt hatte: Damals waren die Mitglieder des Rats der Volksbeauftragten auf der Flucht vor Aufständischen durch die Gärten des Regierungsviertels geschlichen; jetzt eilte das künftige Kabinett des »Dritten Reichs« im Laufschritt auf verborgenen Pfaden durch die Ministergärten, in dauernder Furcht vor den Soldaten der Potsdamer Garnison, die man immer noch im Anmarsch glaubte.

Man sammelte sich im Zimmer Meißners, und auf einmal hing die Existenz der neuen Regierung wieder am seidenen Faden: Erst jetzt hörte Hugenberg von Hitlers Verlangen, Neuwahlen auszuschreiben, und er lehnte entschieden ab – bei Neuwahlen konnte er nur verlieren. Hitler, der mit solchem Widerstand nicht mehr gerechnet hatte, trat auf Hugenberg zu, blickte ihm tief in die Augen und sagte: »Herr Geheimrat, ich gebe hier mein feierliches Ehrenwort, daß ich mich von keinem der hier Anwesenden jemals trennen werde, mögen die Wahlen ausfallen, wie sie wollen.«[531] Hugenberg blieb bei seinem Nein; zwei Jahre Zusammenarbeit in der Harzburger Front hatten ihn gelehrt, was von Hitlers Ehrenwörtern zu halten war. Eine wilde Debatte hob an. Papen, um sein Ziel aufs höchste besorgt, beschwor Hugenberg: »Sie können doch nicht an dem feierlichen Ehrenwort eines deutschen Mannes zweifeln!«[532] Hugenberg aber blieb hartnäckig, er wandte sich bereits dem Ausgang zu, und fast wäre das erste Kabinett Hitler noch vor seiner Ernennung geplatzt, wäre nicht Meißner mit der Uhr in der Hand in den Raum gestürzt: Die Herren hätten sich um eine Viertelstunde verspätet, man könne den Reichspräsidenten nicht länger warten lassen. Mehr gezogen als freiwillig folgte Hugenberg den anderen, Hitler hatte gewonnen. »Stolz, triumphierend, als Sieger vorweg«, schildert ein Zuschauer die Szene, »so schritt Hitler, seine Handlanger im Gänse-

marsch hinterher, die Treppe hinauf, wo auf der ersten Etage der alte Herr das neue Kabinett schon erwartete. Das Schicksal nahm seinen Lauf ...«[533]

Die Öffentlichkeit ahnte von alledem nichts. Auf den Straßen war alles ruhig. Am Vormittag tagte der sozialdemokratische Parteivorstand mit Mitgliedern der Reichstagsfraktion und des ADGB im Reichstag; man wußte, daß Hitler plante, mit Hugenberg und Papen gemeinsam eine Regierung zu bilden, aber alle Anwesenden waren sich einig, daß Hindenburg Hitler nicht ernennen werde. Man rechnete mit einem Beamtenkabinett, allenfalls mit einem zweiten Kabinett Papen; der preußische Ministerpräsident Otto Braun, seit dem Papen-Putsch nur noch ein Schatten des einstigen »Roten Zaren von Preußen«, erklärte im Brustton der Überzeugung: »Ihm scheine doch, daß die ostelbische Herrenklasse, die sehr maßgebenden Einfluß hätte, den Malergesellen nicht an die Macht lassen wolle.«[534] Man formulierte einen Aufruf: die deutsche Sozialdemokratie werde jede Regierung vorbehaltlos unterstützen, die die gegenwärtige Anarchie im Lande beende und rechtsstaatliche, verfassungsgemäße Zustände herbeiführe. Der »Vorwärts«-Chefredakteur Friedrich

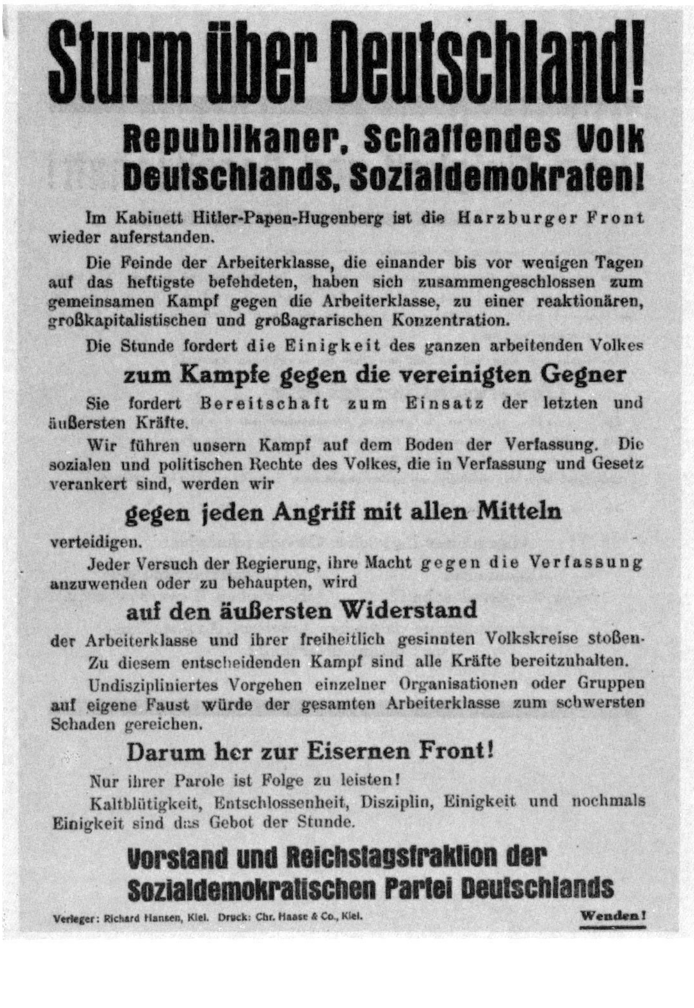

Sturm über Deutschland!

Republikaner, Schaffendes Volk Deutschlands, Sozialdemokraten!

Im Kabinett Hitler-Papen-Hugenberg ist die Harzburger Front wieder auferstanden.

Die Feinde der Arbeiterklasse, die einander bis vor wenigen Tagen auf das heftigste befehdeten, haben sich zusammengeschlossen zum gemeinsamen Kampf gegen die Arbeiterklasse, zu einer reaktionären, großkapitalistischen und großagrarischen Konzentration.

Die Stunde fordert die Einigkeit des ganzen arbeitenden Volkes

zum Kampfe gegen die vereinigten Gegner

Sie fordert Bereitschaft zum Einsatz der letzten und äußersten Kräfte.

Wir führen unsern Kampf auf dem Boden der Verfassung. Die sozialen und politischen Rechte des Volkes, die in Verfassung und Gesetz verankert sind, werden wir

gegen jeden Angriff mit allen Mitteln

verteidigen.

Jeder Versuch der Regierung, ihre Macht gegen die Verfassung anzuwenden oder zu behaupten, wird

auf den äußersten Widerstand

der Arbeiterklasse und ihrer freiheitlich gesinnten Volkskreise stoßen.

Zu diesem entscheidenden Kampf sind alle Kräfte bereitzuhalten.

Undiszipliniertes Vorgehen einzelner Organisationen oder Gruppen auf eigene Faust würde der gesamten Arbeiterklasse zum schwersten Schaden gereichen.

Darum her zur Eisernen Front!

Nur ihrer Parole ist Folge zu leisten!

Kaltblütigkeit, Entschlossenheit, Disziplin, Einigkeit und nochmals Einigkeit sind das Gebot der Stunde.

Vorstand und Reichstagsfraktion der Sozialdemokratischen Partei Deutschlands

Verleger: Richard Hansen, Kiel. Druck: Chr. Haase & Co., Kiel. Wenden!

SPD und Eiserne Front bemänteln ihre Ratlosigkeit angesichts der Ernennung Hitlers zum Reichskanzler mit entschlossen klingenden Abwarteparolen. »Bereit sein ist alles«, erklärt Rudolf Breitscheid auf der Parteiausschuß-Sitzung am 31. Januar 1933, und das bleibt auch alles.

8. Reichstag
5.3.1933

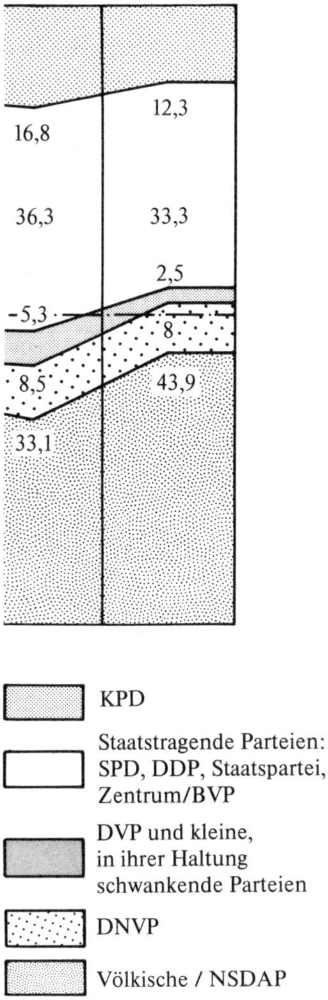

Stampfer eilte zum nächsten Telephon, um den Text des Aufrufs an seine Redaktion durchzugeben. »In dem Augenblick aber, in dem ich nach dem Hörer griff, gab es draußen auf dem Gang ein wildes Rennen und Rufen. Hitler war ernannt!«[535]

Niemand zweifelte am Abend dieses Tags daran, daß Weimar tot war, aber von der Zukunft herrschten unterschiedliche Vorstellungen. Leidenschaftliche Erregung fand sich nur in den Gliederungen der nationalsozialistischen Partei, die diesen Tag feierten wie die Wiederkehr des Messias. Otto Dietrich, Hitlers Reichspressechef, schwärmte: »Was sich an diesem Abend des 30. Januar in Berlin und im Reiche, überall, wo deutsche Zunge klingt, abspielte, das kann man mit Worten nicht wiedergeben. Es ist tief und unauslöschlich eingegraben in die Herzen aller, die diese jubelnde Erlösung aus vierzehnjähriger seelischer Bedrückung mit erlebten und mitempfanden. Hitlers Glaube hat Berge versetzt. Von der Reichskanzlei blickten wir herab (!) auf dieses Feuermeer, auf diese einzigartige Symphonie der Begeisterung. In tiefer Ergriffenheit standen Hindenburg und Hitler.«[536] Einem in den nächsten Tagen in den Straßen Berlins umlaufenden Witz zufolge soll Hindenburg allerdings, durch die Anstrengungen des Tages mitgenommen, sich angesichts des Zugs der Braunhemden Meißner zugewandt und gesagt haben: »Ich habe nicht gewußt, Ludendorff, daß wir so viele russische Gefangene haben.«[537]

Auf jeden Fall verhielt sich die Öffentlichkeit weniger bewegt, als es die schnell anlaufende Propagandamaschinerie des neuen Regimes wahrhaben wollte; der englische Botschafter in Berlin meldete nach London: »Insgesamt hat die Presse die Ernennung des Herrn Hitler zum Kanzler mit beinahe philosophischer Ruhe hingenommen«, und fügte hinzu, daß »die Bevölkerung gleichmütig darauf reagierte.«[538] Die Überreste der einstigen parlamentarischen Kräfte dachten auch nicht daran, sich angesichts der Gefahr zusammenzuschließen; lediglich der KPD-Führung war vollkommen klar, daß sie Schonung nicht zu erwarten hatte, und bereitete die Weiterarbeit in der Illegalität vor. Die Zentrumspartei unternahm noch längere Zeit alle möglichen Versuche, um auf den Zug aufzuspringen und als Koalitionspartner Hitlers akzeptiert zu werden. Als schließlich klar war, daß Hitler nicht daran dachte, nie daran gedacht hatte, mit den »Prälaten« zusammenzugehen, zerfiel der »Zentrumsturm«, die eigentliche Regierungspartei der Republik, in inneren Streitereien.

In der Sozialdemokratie wucherten die Illusionen. Man dachte an das Sozialistengesetz und daran, wie einst listige Arbeiter plumpe preußische Schutzleute an der Nase herumgeführt hatten, während die Reichstagsfraktion unangetastet geblieben und von Wahl zu Wahl erstarkt war; schlimmer, so glaubte man, könne es kaum kommen. Und als es dann viel schlimmer kam, als sozialdemokratische Funktionäre auf offener Straße umgebracht wurden, in »wilden« Konzentrationslagern der SA verschwanden, verprügelt und gefoltert wurden, da herrschte Ratlosigkeit; vorübergehend erwog man, den Parteivorstand nach München zu verlegen, als ob die Macht Hitlers so weit nicht reichte. Einmal allerdings, in ihrem mutigen Nein zu Hitlers Ermächtigungsgesetz in der Reichstagsdebatte vom

23. März 1933, bäumte sich die Partei aus der Lethargie auf, die sie wie die übrigen Parteien erfaßt hatte. Aber gegen die Brutalität, mit der das neue Regime gegen Sozialdemokraten und Gewerkschaften vorging, gab es keine Gegenwehr. Im Mai 1933 beschloß die Mehrheit des Parteivorstands, ins Exil nach Prag zu gehen; ein kleinerer Teil unter der Führung des einstigen Reichstagspräsidenten Paul Löbe glaubte, sich und die SPD durch Wohlverhalten retten zu können. Es half nichts; am 22. Juni 1933 wurde die Partei als »landesverräterisch« verboten, ihre im Lande gebliebenen Repräsentanten festgenommen, einige noch am selben Tag umgebracht; den übrigen standen lange und schwere Jahre in Gefängnissen und Konzentrationslagern bevor, nur wenige überlebten.

Den konservativen Helfern Hitlers schien die Zukunft am 30. Januar 1933 erfreulich. Nicht jedermann in ihrem Lager teilte allerdings diese Einschätzung, am wenigsten der einstige Kampfgefährte Hitlers, Erich Ludendorff, der seinem früheren Chef an der Spitze der Obersten Heeresleitung, dem Reichspräsidenten v. Hindenburg,

Antreten zum letzten freien und gleichen Bürgerrecht!
Die neueste Reichstagswahl findet gleich nach Aschermittwoch statt, jedoch ist ein kleines Maskenzeichen sehr erwünscht.

Zeichnung von Karl Arnold

Plakat der NSDAP zu den Reichstagswahlen am 5. März 1933
Entwurf: Bauer

schrieb: »Sie haben durch die Ernennung Hitlers zum Reichskanzler unser heiliges deutsches Vaterland einem der größten Demagogen aller Zeiten ausgeliefert. Ich prophezeie Ihnen feierlich, daß dieser unselige Mann unser Reich in den Abgrund stürzen und unsere Nation in unfaßbares Elend bringen wird. Kommende Geschlechter werden Sie wegen dieser Handlung in Ihrem Grabe verfluchen.«[539]

Papen und Hugenberg dagegen und mit ihnen Hindenburg waren zufrieden und hielten sich für geniale Taktiker. War nicht auch dieses Kabinett letztlich vom Vertrauen des Reichspräsidenten abhängig? Hatte nicht Hindenburg als Oberbefehlshaber der Reichswehr im Notfall die ausschlaggebenden Machtmittel in seiner Hand? War es nicht Papen, der das Vertrauen des Reichspräsidenten besaß, und ohne dessen Anwesenheit Hitler nicht einmal Vortrag bei Hindenburg halten konnte? Waren nicht die wichtigsten und meisten Ministerien unabhängig von den Nationalsozialisten? Und war nicht selbst Fricks Macht als Reichsinnenminister beschränkt, da ja Papen als Reichskommissar für Preußen über Polizei und Verwaltung gebot? Besaß man nicht alle erdenklichen Sicherheiten und Garantien dafür, daß Hitler nicht aus dem Bündnis ausbrach? Man glaubte Hitler »eingerahmt«; einem Bekannten, der vor Hitler warnte, erwiderte Papen: »Sie irren sich, wir haben ihn uns engagiert«[540], und einem anderen versicherte er: »Was wollen Sie denn? Ich habe das Vertrauen Hindenburgs. In zwei Monaten haben wir Hitler in die Ecke gedrückt, daß er quietscht.«[541]

Hitler sah die Dinge in einem anderen Licht. Er wußte, was er wollte, seine Partner wußten es nicht. Schon, daß Hugenberg in der Frage der Reichstagsauflösung und der Neuwahlen nachgab, brach eine Bresche in die Front der »Einrahmer«, und dergleichen Kapitulationen wiederholten sich von Kabinettssitzung zu Kabinettssitzung. Papen und Hugenberg beurteilten die Lage nach den Maßstäben des staatsfrommen Konservativen, Hitler nach denen des Revolutionärs. Ihm genügte das Reichsinnenministerium, zumal der stellvertretende Reichskommissar, der für das preußische Innenministerium zuständig war, sein Vertrauter Hermann Göring war. Damit befand sich die Polizeigewalt in Deutschland in Wirklichkeit in den Händen der NSDAP, und die Reichswehr war unter dem NS-Sympathisanten v. Blomberg neutralisiert. Mehr brauchte Hitler nicht, um über die Köpfe seiner Gegenspieler hinweg zu handeln. Goebbels notierte am Abend des 30. Januar 1933: »Die große Entscheidung ist gefallen. Deutschland steht vor seiner historischen Wende ... Nun aber wird ausgeräuchert. In ein bis zwei Monaten haben wir Ruhe und Ordnung in Deutschland wiederhergestellt. Das neue Reich ist entstanden. Es wurde mit Blut geweiht... Wir sind am Ziel. Die deutsche Revolution beginnt!«[542] Und kaum drei Monate später: »Im Kabinett ist die Autorität des Führers nun ganz durchgesetzt. Abgestimmt wird nicht mehr. Der Führer entscheidet. Alles das geht viel schneller, als wir zu hoffen gewagt hatten.«[543]

III. Die Kritik

Weimars Schicksal beunruhigt bis heute. Noch ist die Ahnung nicht widerlegt, daß Bonn vielleicht doch Weimar sei, daß Weimar möglicherweise überhaupt eine Chiffre für die Gefährdung der liberalen Demokratien im zwanzigsten Jahrhundert darstelle. Nach wie vor gilt Karl Dietrich Erdmanns Diktum aus dem Jahr 1955, nach dem alle Forschung zur Geschichte der Weimarer Republik »mit Notwendigkeit - ausgesprochen oder unausgesprochen - unter der Frage nach den Ursachen ihres Zusammenbruchs« stehe[544].

Deshalb ist das Interesse an Weimar politisch, nicht antiquarisch; die erste deutsche Republik ist die große Negativfolie, auf der sich die Existenz der zweiten spiegelt. Auch für die Besiegten, für die Weimarer Demokraten, blieb Weimar stets lebendig; bis an ihr Lebensende haben sie im nachhinein zu verstehen und gleichzeitig zu entschuldigen versucht, was ihnen widerfahren war. Die Betroffenen neigen zu schlichten Formeln; namentlich die frühe Auseinandersetzung mit dem selbst Erlebten und Erlittenen ist von dem Versuch bestimmt, den Blick von der eigenen Verantwortung, von der Frage nach Schuld und Versagen fortzulenken zu den überpersönlichen Mächten, gegen die kein Ankommen war. Für Sozialdemokraten wie Otto Braun oder Friedrich Stampfer lautete die Antwort auf die Frage nach ihrem Scheitern lapidar: »Versailles und Moskau«.[545] Kommunisten zogen es vor, an eine Konspiration von Industriemagnaten, Börsenfürsten, Junkern und Militärs zu glauben, eine These, wie sie heute noch beispielsweise von dem maßgeblichen DDR-Historiker Wolfgang Ruge vertreten wird. Aus dieser Perspektive ist Weimar eine »Republik auf Zeit«, deren Verlauf und Untergang bereits von Beginn an von interessierten Gruppen vorgeplant ist[546]. Allerdings zeigt sich bei der jüngeren Historikergeneration in der DDR die Tendenz, die alten Kampfbegriffe und Pauschalurteile wenn nicht über Bord zu werfen, so doch zu versachlichen und zu differenzieren.

Für angloamerikanische Historiker, die namentlich während des Zweiten Weltkriegs das Bedürfnis nach einer handlichen, die eigenen Kriegsziele legitimierenden Interpretation der jüngsten deutschen Geschichte befriedigten, waren längerfristige Aspekte von besonderem Interesse. William Shirer etwa belegte, wie viele seiner Kollegen in der Tradition der Oxford-Historiographie des Ersten Weltkriegs, die Kontinuität des undemokratischen deutschen Volkscharakters seit Luthers Zeiten[547]; andere sahen alles Unheil in Preußentum und Armee[548]. Emigrierte deutsche Wissenschaftler mühten sich um weniger parteigebundene Analysen, ohne doch der Versuchung der allzuschlichten Antworten immer zu widerstehen. Arthur Rosenberg sah das Scheitern bereits in der unterlassenen sozialen Revolution der Anfangsjahre angelegt[549], während Ferdinand Hermens alles Übel als Folge des Verhältniswahlrechts verstehen wollte[550]. Eine Ausnahme bildete Arnold Brecht insofern, als er zum ersten Mal eine systematische Untersuchung der Verfassungswirklichkeit von Weimar unternahm; aber sein Werk, dessen klare und konzise Gedankenführung bis heute die Lektüre lohnt, beschränkt den Blick ausschließlich auf das Funktionieren der Ver-

fassung und benennt hier wiederum das Verhältniswahlrecht, in Verbindung mit unzureichenden Machtbeschränkungen des Reichspräsidenten, als den Kern des Problems[551].

Keine dieser Antworten war ganz abwegig, manche erwies sich in der Folgezeit sogar als recht fruchtbar. Was noch lange fehlte, war der Versuch, alle diese Antworten miteinander zu verbinden, sie abzuwägen und zusammen mit zusätzlichen Gesichtspunkten zu differenzieren. Erst zehn Jahre nach Kriegsende erschien die umfassende Arbeit Karl Dietrich Brachers über die »Auflösung der Weimarer Republik«[552]. Obwohl das Buch vor der Erschließung der großen Masse des Aktenmaterials konzipiert wurde und seit seinem Erscheinen eine Fülle neuer Aspekte, Methoden und theoretischer Ansätze aufgetaucht ist, kann es bis heute für sich in Anspruch nehmen, von keiner moderneren Arbeit abgelöst worden zu sein: ein klassisches Werk der Zeitgeschichte. Bracher konstatiert ein weitgefächertes Ursachenbündel, das für den Auflösungsprozeß der Demokratie namhaft zu machen sei: der deutsche Eigenweg seit der Französischen Revolution, eine besondere Veranlagung der Deutschen zur Unterordnung unter staatliche Autoritäten und zur Ablehnung demokratischer Eigenverantwortlichkeit als Bürger; zudem der Kompromißcharakter der Revolution von 1918, durch den wesentliche Merkmale des alten monarchischen Obrigkeitsstaats neben denen des neuen demokratischen Volksstaats bestehen blieben, und daraus folgend die Kompromißfähigkeit der Verfassung, die das Scheitern des Parlamentarismus durch die Einbettung der starken präsidialen Komponente zwar einerseits aufhob, andererseits aber zusätzlich herbeiführte. Weiterhin die konstitutive Schwäche der Parteien, die allesamt der Tendenz zur dogmatischen Erstarrung nachgaben, die Radikalisierung und Militarisierung des öffentlichen Lebens, die ideologische Schwäche des Weimarer Staatswesens, das keine Affekte zu seinen Gunsten zu mobilisieren imstande war, und darüber hinaus Belastungen der Sozialstruktur – Stichwort: Krise des Mittelstands –, die Probleme der Bürokratie, der Justiz und der Reichswehr, nicht zuletzt auch die wirtschaftspolitische Machtstruktur: insgesamt ein breites Spektrum kurz-, mittel- und langfristiger Belastungsmomente, auf deren Hintergrund sich schließlich das Drama des demokratischen Machtverlustes abspielte.

Zur begeisterten Zustimmung namhafter Rezensenten zu diesem großen Wurf gesellte sich Kritik. Was die Frage der Strukturdefekte der Weimarer Demokratie angeht, so erwies sich insbesondere die Beurteilung des Übergangs von den parlamentarischen zu den präsidialen Reichskabinetten im Jahr 1930 als kontrovers und zugleich als besonders fruchtbar für die weitere Diskussion. Namentlich Werner Conze zweifelte Brachers Auffassung an, nach der die Notverordnungsdiktatur Brünings und die nachfolgende Entwicklung als Durchbruch der alten obrigkeitsstaatlichen Strömung der deutschen Geschichte zu werten sei, die lediglich 1918 durch die Revolution blockiert worden war, und daß insofern die Geschichte der Präsidialkabinette »seit 1930 schon in einem durchaus präzisen Sinne Vorgeschichte des ›Dritten Reiches‹, Ausgangspunkt und Ermögli-

chung der Diktatur Hitlers«[553] gewesen sei. Conze beharrte demgegenüber auf einer von der Verfassungswirklichkeit Weimars unmittelbar abgeleiteten Perspektive: das Funktionieren der Republik als parlamentarische Demokratie sei ausschließlich durch die formell extrakonstitutionellen Parteien gewährleistet gewesen, die jedoch ihrer Aufgabe aus spezifischen Gründen der deutschen Parteiengeschichte seit dem neunzehnten Jahrhundert nicht gerecht zu werden vermochten, weil ihr Charakter als Oppositions- und Weltanschauungsparteien den staatspolitischen Kompromiß auf die Dauer nicht zuließ. Die Aktivierung der präsidialen Komponente der Reichsverfassung sei nicht als zwingende Vorentscheidung zugunsten der nationalsozialistischen Diktatur zu sehen, sondern als Chance für das Überleben der Republik durch einen Verfassungswandel in Richtung auf englische Vorbilder hin. Dieser Wandel sei dann allerdings durch die Wirtschaftskrise, den Aufstieg Hitlers und vor allem durch die Rolle Hindenburgs und seiner Umgebung abgeblockt und konterkariert worden.[554]

Diese Kontroverse, die freilich im Unterschied zu anderen Kontroversen der Geschichtswissenschaft auf einer breiten Grundlage gemeinsamer Überzeugungen und rein sachbezogen ausgetragen wurde, erweist sich bis in die Gegenwart hinein als lebendig und fruchtbar, die von beiden Seiten vorgebrachten Argumente sind unverbraucht.[555] Die Anstöße für weitere Untersuchungen, die sich aus dieser Diskussion ergaben, waren vielfältig, zumal sich mit der Freigabe der deutschen Aktenbestände aus der Weimarer Zeit, die 1945 von den Alliierten beschlagnahmt worden waren, eine bis heute nicht ausgeschöpfte Fülle an Quellenmaterial anbot. Die beiden wichtigsten Aktenbestände, die der Reichskanzlei und des Auswärtigen Amts, werden mittlerweile durch breit angelegte Editionen erschlossen, von denen der größte Teil bereits erschienen ist.[556] Allerdings steht alle Geschichtsschreibung zur Weimarer Zeit unter dem Handikap, daß große Teile der amtlichen Aktenbestände im Krieg vernichtet wurden und der Rest auf die beiden deutschen Staaten aufgeteilt ist. Dasselbe gilt auch für die nichtamtlichen Quellen, vor allem für die Nachlässe der Handelnden und Beobachtenden der Vorkriegszeit, so daß über manches nie endgültige Klarheit geschaffen werden kann.[557]

Zu den wichtigsten Folgen der Bracher/Conze-Kontroverse gehört das 1960 von Erich Matthias und Rudolf Morsey herausgegebene Sammelwerk »Das Ende der Parteien 1933«[558], das seitdem neben dem Werk Brachers zu den Standardarbeiten zur Geschichte Weimars zählt. Die von Thomas Nipperdey in seiner HZ-Rezension geäußerte Hoffnung, das Werk werde die Vorstufe zu einer umfassenden Geschichte der Parteien und Verbände der Weimarer Zeit bilden, erfüllte sich jedoch nicht. Bis heute gibt es nicht einmal Darstellungen und Analysen einzelner Parteien über den gesamten Zeitraum von 1918 bis 1933 hinweg, die strengen Maßstäben genügten. Statt dessen eine kaum noch übersehbare Anzahl hochgelehrter und hochspezialisierter Detailstudien, so daß die Frage nach Wesen und Stellenwert des Parteienstaats und nach seinem Versagen auch heute, ein Vierteljahrhundert nachdem sie formuliert wurde, noch

nicht hinreichend behandelt und beantwortet ist. Nichts anderes gilt für den verfassungsgeschichtlichen Aspekt des Problems; auch hier eine Fülle gelegentlich vorzüglicher Einzelanalysen, obwohl ganz entscheidende Themen wie das des Notstandsartikels 48 unverständlicherweise weitgehend unbearbeitet sind – und kein Versuch, alle Ansätze zu einem Ganzen zusammenzufassen.

Andere Fragen wurden erst später aufgeworfen. Versailles und die außenpolitischen Folgen, der ganze Themenkreis der Weimarer Außenpolitik kann erst seit Anfang der siebziger Jahre, im Takt der britischen, französischen und amerikanischen Aktenfreigaben, auf breiterer Grundlage wissenschaftlich erschlossen werden; bisher liegt nur die veraltete Arbeit Ludwig Zimmermanns vor[559], jedoch sind in näherer Zukunft übergreifende Gesamtdarstellungen zu erwarten. Eine dringend notwendige Analyse der Auswirkungen außenpolitischer Rahmenbedingungen auf das politische Denken, die politische Kultur der Deutschen, die im Rahmen unserer Frage nach dem Scheitern Weimars hohe Bedeutung besäße, fehlt vollkommen; hier mangelt es noch an geschichtswissenschaftlichem Problembewußtsein, aber auch an einigen methodologischen Voraussetzungen, die ihrerseits noch zu erarbeiten wären. Ebenso ist der Komplex der Reparationen in diesem Zusammenhang nur selten kompetent erörtert worden; auch hier fehlt die umfassende Gesamtdarstellung, die nicht nur Klarheit über die tatsächliche Rolle des Reparationsproblems in der deutschen, französischen, englischen und amerikanischen Politik, sondern auch über deren Problematik im weltwirtschaftlichen System der zwanziger und beginnenden dreißiger Jahre brächte.

Was die soziale und ökonomische Seite unserer Frage nach den Gründen des Scheiterns angeht, so ist hier die Untersuchungslage heterogen und noch keineswegs zufriedenstellend. Zwar gibt es einige Gesamtdarstellungen zur Wirtschaftsgeschichte der Weimarer Zeit[560], und auch die Veröffentlichung der Ergebnisse des wegweisenden Bochumer Symposiums von 1973 zum gesellschaftlichen und industriellen System der zwanziger Jahre hat uns in zahlreichen Detailfragen weitergebracht[561], doch sind hier noch zahlreiche Streitfragen offen, wie die für die Beurteilung Brünings zentrale Wertung des Zusammenhangs von wirtschaftlicher Entwicklung und wirtschaftspolitischem Staatsinterventionismus, oder die Frage nach dem Verhältnis der für die deutsche Wirtschaftskrise der dreißiger Jahre maßgeblichen exogenen zu den endogenen Faktoren, um nur zwei Stichwörter aus einer ganzen Fülle zu nennen. Was den sozialgeschichtlichen Bereich angeht, so ist noch vieles ungeklärt; es bestehen nach wie vor erhebliche methodische Probleme bei der Beschreibung und der Analyse des halb metaphysischen Wesens »Gesellschaft«, es fehlt aber auch noch teilweise an elementarer Grundlagenforschung, wie etwa eine statistisch abgesicherte Bevölkerungsgeschichte, die eine grundlegende Voraussetzung dafür wäre, daß unsere sozial-, aber auch partei- und verbandsgeschichtlichen Untersuchungen über die reine Elitenforschung hinauskämen. Und in den Bereichen des politischen Denkens, der politischen Kultur sind wir kaum über das Anfangsstadium der Medienauswertung und der traditionellen Ideengeschichte hinausgekommen. Die so wichtige Frage nach den Wechselwirkungen zwischen Elite und Ba-

sis, nach den Einwirkungen aktueller politischer und wirtschaftlicher Krisen auf das Bevölkerungsbewußtsein, nach kurz- und langfristigen Entstehungsbedingungen, Veränderungen und Wirkungen von Mentalitäten überhaupt - dieser äußerst wesentliche Komplex ist bislang, soweit überhaupt, vorwiegend in essayistischer Form behandelt. Hier eröffnet sich ein weites Feld für zukünftige Grundlagen- und Projektforschung bis hinein in theoretische und methodologische Bereiche.

Die breiteste und folgenreichste Debatte über die Weimarer Republik entzündete sich seit der zweiten Hälfte der sechziger Jahre an dem Streit um die Bewertung der Anfangsphase der Weimarer Republik. Die Frage, ob nicht das Scheitern der Novemberrevolution im rätedemokratischen oder im sozialistischen Sinn den späteren Untergang der Republik bereits vorprogrammiert habe, war schon von Arthur Rosenberg aufgeworfen und mit einem entschiedenen Ja beantwortet worden.[562] In offenkundigem Zusammenhang mit aktuellen innenpolitischen Fragen der ausgehenden Adenauer-Ära wurde Rosenbergs Behauptung wieder aufgenommen und in vielfältigen Variationen diskutiert. Es gibt wohl keinen Bereich der Geschichte und der Vorgeschichte der Weimarer Republik, der so intensiv untersucht ist wie die Zeit zwischen November 1918 und März 1920, und der Streit um die Frage nach den Chancen eines »dritten Wegs«, nach den Versäumnissen wegen der Beibehaltung alter Besitzverhältnisse im großindustriellen und großagrarischen Bereich und nach den verfehlten Möglichkeiten einer durchgreifenden Demokratisierung von Verwaltung, Justiz und Wehrmacht ist bis heute nicht beendet, um so weniger, als hier auch politische und weltanschauliche Glaubenssätze aufeinandertreffen. Dennoch sind auch hier viele Fragen offen, denn die allgemeine Konzentration auf das schmale Feld der sozialistischen Revolutionäre und Gruppierungen hat bis heute den Blick auf die übrigen gesellschaftlichen und politischen Kräfte verstellt. Eine Geschichte des Bürgertums in der Revolutionsära, die die enormen und einmaligen Stimmengewinne der »bürgerlichen« Deutschen Demokratischen Partei bei den Wahlen zur Nationalversammlung erklären könnte, ist ebenso ein Desiderat wie eine Untersuchung der alten Führungsschicht, deren sang- und klangloses Abtreten seit Anfang November 1918 einstweilen schwer verständlich bleibt.[563]

Die Geschichte der Weimarer Republik ist also nicht mehr als ein Flickenteppich, und das, obwohl eine vorzügliche englische Bibliographie allein für die Zeit zwischen 1945 und 1975 über viereinhalbtausend Titel zu diesem Thema meldet[564]. Unsere Frage nach den Ursachen und Gründen des Scheiterns kann deshalb nur von einem unvollkommenen Wissensstand ausgehen. Sie steht überdies unter dem großen Vorbehalt aller Geschichtsschreibung, der prinzipiellen Standortgebundenheit aller wissenschaftlichen Fragestellung wie allen Urteilens, die um so schärfer hervortritt, je weiter der Gegenstand unseres Interesses in die Gegenwart hineinreicht. Als in der ersten Hälfte der fünfziger Jahre die deutsche Wiederbewaffnung die Gemüter erregte, galt als das große Thema der Weimarer Zeit die Reichswehr; in den sechziger Jahren, im Zusammenhang mit der

Notstandsdebatte, traten die außerordentlichen Rechte des Reichspräsidenten in den Vordergrund des wissenschaftlichen Interesses, der Bewegung der außerparlamentarischen Opposition und der Studentenrevolte seit 1968 folgte eine Schwemme von Literatur über die revolutionären Anfänge der ersten Republik, und derzeit scheint sich der Blick der Historiker nicht ohne Anlaß vor allem auf die Probleme der demokratischen Institutionen in Zeiten langandauernder wirtschaftlicher Krisen zu richten[565]. Die Perspektive, unter der wir die Vergangenheit betrachten, ist also unvermeidlicherweise in der Gegenwart verankert und von ihr mitgeformt; deshalb hat jede Epoche ihre eigene Geschichte, und die Historiker werden nie arbeitslos. Solcherart sind unsere Beschränkungen, wenn wir den Versuch unternehmen, aus der Geschichte Weimars jene Tatbestände herauszufiltern, zu sammeln und miteinander in Beziehung zu setzen, die zusammen das Scheitern der Republik verursacht haben.

Da ist zunächst der Bereich der außenpolitischen Rahmenbedingungen zu untersuchen. Was wir im Eingangskapitel dieses Buchs das Problem der deutschen Mittellage genannt haben, gehört zweifellos zu den langwirkenden, wenn auch nicht präzise dingfest zu machenden Ursachen der Labilität Weimars, nicht wegen der geopolitischen Einflüsse – der Ost-West-Konflikt seit der russischen Oktoberrevolution hat das Deutsche Reich sogar stabilisiert –, aber wegen der damit eng verknüpften geistigen Dispositionen, die westlichen Denkmustern und so auch den ideologischen Voraussetzungen der parlamentarischen Demokratie ungünstig waren.

Genaueres läßt sich dagegen über die Auswirkungen der kurzfristigen außenpolitischen Belastungen sagen. Was die meistgenannte Ursache des Untergangs, den Versailler Vertrag, angeht, so werden dessen materielle Auswirkungen wohl in der Regel überschätzt. So umstritten das Reparationsproblem auch nach wie vor ist, so muß doch festgehalten werden, daß die deutschen Zahlungen entgegen zeitgenössischen Annahmen weder den Verlauf der Inflation zwischen 1918 und 1923 noch den der Wirtschaftskrise seit 1929 entscheidend bestimmt haben, auch wenn die Möglichkeit besteht, daß sie prozyklisch wirkten und damit einen gewissen Verstärkungseffekt besaßen. Auch die materielle Seite der territorialen Bestimmungen des Versailler Vertrags dürfte in unserem Zusammenhang vernachlässigt werden.

Anders steht es freilich mit den psychologischen Folgewirkungen der Reparationen und der Territorialbestimmungen, die zusammen mit der Kriegsschuldfrage und der militärischen Diskriminierung den Versailles-Revisionismus begründeten – der aber ambivalente Züge trägt. Gewiß verstärkte das Versailles-Syndrom den emotionalen Appell des Nationalsozialismus und hemmte zudem die außenpolitische Handlungsfreiheit des Reichs. Auf der anderen Seite dagegen zog sich die Gegnerschaft gegen Versailles fast ausnahmslos durch alle gesellschaftlichen Kräfte und politischen Parteien hindurch und wirkte so als emotional wirksames Integrationsmittel – das einzige, das die Republik von Weimar überhaupt besaß.

Von durchschlagenderer Wirkung als Versailles erwies sich die Geburt der Republik aus der Kriegsniederlage und der innere Zusam-

menhang der Entstehung der Weimarer Demokratie mit Waffenstillstand, Friedensvertragsunterzeichnung und den weiteren Demütigungen durch die Entente; die Behauptung, Republik und Demokratie seien nur andere Worte für Feigheit und Verrat an Volk und Nation, konnte daher zum festen Bestand rechtsextremistischer Agitation werden. Und zudem verhinderte die feindselige Haltung eines Teils der Siegermächte und das Schwanken der übrigen die Möglichkeit, erlittene Niederlagen durch spektakuläre außenpolitische Erfolge wettzumachen und so der gedemütigten Nation zu größerem Selbstbewußtsein zu verhelfen. Gewiß gab es Erfolge in der Außenpolitik, aber sie kamen zu spät und befriedigten die an der Vorkriegsstellung Deutschlands orientierte Erwartungshaltung der meisten Deutschen nicht. So blieb den parlamentarisch-demokratischen Kräften, die mit der Unterzeichnung von Waffenstillstand und Friedensvertrag die Sündenbockrolle übernommen hatten, keine Möglichkeit, aus dieser Rolle auszubrechen. In einem vorwiegend sozialpsychologischen Sinn sind also die außenpolitischen Bedingungen im großen und ganzen schädlich für das Überleben Weimars gewesen.

Im Rahmen der wirtschaftsgeschichtlichen Fragestellungen konzentriert sich das Interesse vorwiegend auf die Bereiche: Ausbleiben der Sozialisierung von Banken, Schlüsselindustrien und agrarischem Großbesitz in der Revolutionsphase, sodann auf Inflation und Wirtschaftskrise und schließlich Einflüsse der Interessengruppen auf staatliche Entscheidungen. Was die Sozialisierungsfrage angeht, so ist die apodiktische These Arthur Rosenbergs bis heute wirksam geblieben, die Republik sei bereits an der unvollendeten Revolution gestorben. In diesem Zusammenhang sind seit den sechziger Jahren die Räte geradezu neu entdeckt und als tatsächliche oder potentielle Träger eines »dritten Wegs« zwischen parlamentarischer Demokratie klassisch-westlichen Stils und der Sowjetdiktatur beschrieben worden.[566] Alle diese Interpretationsansätze sind sich darin einig, daß die Räte in ihrer großen Mehrzahl zumindest ursprünglich sozialdemokratisch orientiert gewesen seien, und daß der SPD-Führung das Versäumnis anzulasten sei, sich nicht an die Spitze der Rätebewegung gesetzt und sie zum Mittel einer grundlegenden Umwälzung der politischen, wirtschaftlichen und gesellschaftlichen Strukturen gemacht zu haben. Auf der Grundlage einer von Räten kontrollierten Gemeinwirtschaft hätte sich eine soziale Republik gebildet, mit der die Arbeiterschaft versöhnt gewesen wäre; die Republik hätte ihre Republikaner gefunden, ihre dauerhafte Stabilität wäre gesichert gewesen.

Die Kritik an dieser Interpretation setzte zunächst von politologischer Seite aus ein; es wurden begründete Zweifel an der Funktionsfähigkeit eines rätedemokratischen Modells in einer modernen arbeitsteiligen und hochspezialisierten Industriegesellschaft geäußert und der utopische Charakter dieser Idee unterstrichen.[567] Auch von geschichtswissenschaftlicher Seite wird die revisionistische Revolutions-Interpretation neuerdings, wenn auch in unterschiedlicher Intensität, differenziert und kritisiert: die »Rätebewegung« habe es in Wirklichkeit nie gegeben, denn dazu sei das Räte-

phänomen zu zersplittert und zu disparat gewesen; die Tendenz, den Räten ein »demokratisches« Potential zuzuschreiben, verharmlose ihren in Teilbereichen offensichtlichen diktatorischen Impetus; und die Annahme, eine tiefgreifende politische, gesellschaftliche und wirtschaftliche Umwälzung unter den äußerst erschwerten Umständen des Nachkriegs und des Friedensvertrags sei machbar, ihre Probleme seien beherrschbar gewesen, sei naiv.[568] Zudem ist es durchaus fraglich, ob denn in den Revolutionsmonaten tatsächlich die Arbeiterschaft in erster Linie von der Sozialisierungsfrage bewegt gewesen ist, und wie denn die Sozialisierung bei der eindeutig nichtsozialistischen Mehrheit in der Nationalversammlung hätte durchgeführt werden sollen. Gewiß hätte man die Nationalversammlung nicht einzuberufen brauchen und die Sozialisierung gewaltsam durchführen können. Aber abgesehen davon, daß dies den offenen Bürgerkrieg bedeutet hätte, wäre dann eben die parlamentarische Demokratie, die durch das Ausbleiben der Sozialisierung angeblich zerstört worden ist, gar nicht erst entstanden. Im ganzen steckt also die These von der unvollendeten Revolution voller Widersprüche, sie ist für unseren Zweck nutzlos.

Ob die Inflation 1918 bis 1923 und die Wirtschaftskrise seit 1929 tatsächlich zu den ersten Gründen des Scheiterns gehören, bleibt umstritten. Gewiß hat die Inflation die Verarmung eines großen Teils des Mittelstands bewirkt und darüber hinaus weitreichende psychologische Auswirkungen auf die wirtschafts- und finanzpolitischen Maßnahmen der Reichsregierung in der Wirtschaftskrise gehabt. Es steht auch außer Zweifel, daß die Wirtschaftskrise ihrerseits zum weitgehenden Zusammenbruch des Sozialstaats führte, damit auch die Radikalisierung der Politik förderte und die demokratisch-parlamentarische Republik diskreditierte. Das Fazit Knut Borchardts: »Die Situation war bei ausbleibendem raschen Wachstum nicht mehr dauerhaft regierbar«[569] scheint aber übermäßig deterministisch begründet, wenn es auch eine gewisse Wahrscheinlichkeit enthält. Die Wirtschaftskrise war jedoch nicht auf Deutschland beschränkt, ihre wirtschaftlichen und sozialen Auswirkungen trafen Frankreich, Großbritannien, die USA mit nicht geringerer Wucht. In diesen Staaten zeigten sich zwar politische Auswirkungen, ohne aber das politische System entscheidend zu gefährden. Hier fehlen allerdings noch vergleichende Studien; es scheint nicht ausgeschlossen, daß die lange staatswirtschaftliche und sozialstaatliche Tradition Deutschlands im Gegensatz zu den angelsächsischen Ländern dazu führt, daß in der langdauernden Krise der Staat in Deutschland wesentlich stärker belastet und damit gefährdeter ist. Es ist aber anzunehmen, daß durch die Wirtschaftskrise, wie zuvor bereits durch die Inflation, lediglich bereits bestehende Schwächetendenzen verstärkt, längst vorhandene Bruchstellen zusätzlich belastet und langfristig angelegte Entwicklungen beschleunigt wurden.

Was schließlich den Einfluß wirtschaftlicher Interessengruppen auf politische Entscheidungen angeht, so wird man ihm vor allem im parlamentarischen Raum einen bedeutenden Stellenwert beimessen müssen. Der Einfluß industrieller und agrarischer Interessen auf die bürgerlichen Parteien, gewerkschaftlicher Interessen auf die Sozialdemokratie verstärkte deren staatsbürgerliche Intransigenz und spielte namentlich beim Rücktritt des letzten parlamentarisch gebil-

deten Reichskabinetts im März 1930 eine ausschlaggebende Rolle. Daß der Reichspräsident unter massiver Einwirkung aus dem agrarischen Lager stand, hatte ebenfalls weitreichende Folgen, wenn auch daran festzuhalten ist, daß sich die ausschlaggebende Tätigkeit Hindenburgs in den letzten Jahren der Republik und damit auch der Einfluß seiner Ratgeber auf die Politik erst aus dem Versagen der Parteien und des parlamentarischen Systems ergab. Die vielbeschworene Rolle schwerindustrieller und großfinanzieller Kreise beim Aufstieg des Nationalsozialismus darf dagegen vermutlich im Lichte der jüngeren Forschung als weniger bedeutend angesehen werden.[570]

Bei der sozialgeschichtlichen Seite unseres Problems befinden wir uns auf besonders schwankendem Boden. Was sich hier zuungunsten der ersten deutschen Demokratie auswirkte, war vorwiegend in langfristigen, seit Beginn der Industrialisierung herrschenden Tendenzen begründet. Zu den einschlägigen Stichworten gehören die althergebrachten autoritären Strukturen des gesellschaftlichen Systems und seiner Teilsysteme, wie sie beispielsweise Ralf Dahrendorf geortet hat[571]; eine differenziertere Variation zielt auf eine typische Anomie der deutschen Sozialstruktur durch die Überlagerung industrieller durch vorindustrielle Elemente ab[572]. Im teilweisen Zusammenhang damit wird auch häufig das Fehlen politisch bewußter bürgerlicher Eliten genannt, ein alter liberaler Topos, der allerdings jüngst unter kritischen Beschuß geraten ist[573]. Mangels vertrauenerweckender wissenschaftlicher Methoden, mit deren Hilfe dergleichen gesamtgesellschaftliche Entwicklungen über lange Zeiträume hinweg zu verfolgen und zu beschreiben wären, haben aber alle derartigen Erklärungsversuche überwiegend essayistischen Charakter und verdienen Mißtrauen.

Für den Zeitraum der Weimarer Republik stehen zwei Phänomene im Brennpunkt des wissenschaftlichen Interesses: Da ist die »Radikalisierung des Mittelstands« und die Distanz der Arbeiterschaft zum Weimarer Staat. Auf beide Aspekte sind wir in diesem Buch bereits eingegangen, sie brauchen hier nicht zusätzlich vertieft zu werden; es sei aber auf den Kern des Problems unter dem Gesichtspunkt des Scheiterns von Weimar hingewiesen: Arbeiterschaft, alter und neuer Mittelstand bildeten zusammen eine breite Bevölkerungsmehrheit, nach Theodor Geiger ungefähr 85 Prozent[574] der Gesamtbevölkerung, die der Republik, wenn auch aus unterschiedlichen Gründen, ohne Wohlwollen gegenüberstanden. Gewiß wird man hier bedeutende Abstriche bei der Kernwählerschaft von SPD und Zentrum machen müssen, aber man wird auch zu berücksichtigen haben, daß zu den wichtigsten Gründen der Sozialdemokratie für ihren häufigen Drang in die Opposition die Abneigung der Parteimitglieder und -wähler gegen die Koalitionspolitik gehörte, die ja doch bei den gegebenen Mehrheitsverhältnissen ein konstitutives Merkmal der parlamentarischen Demokratie darstellte. Mit dem Schlagwort »Republik ohne Republikaner« dürfte wohl ein Tatbestand umschrieben sein, der neben dem Versagen der Parteien, mit dem er unmittelbar zusammenhing, zu den schwersten Belastungen der ersten deutschen Demokratie gehörte.

Diese Überlegung führt zwanglos zum Kapitel »Parteiensystem und Parlamentarismus«. Über die Parteien ist bereits das Notwendige gesagt; die Vorwürfe laufen in einem Punkt zusammen: Die Parteien haben im einzelnen wie gemeinsam versagt, indem sie ihrer Kardinalaufgabe in der parlamentarischen Demokratie, der Bildung stabiler parlamentarischer Mehrheiten, in Zeiten der Krise nicht nachkamen. Damit haben sie das Scheitern der Weimarer Republik entscheidend mitverursacht, um so mehr, als eine verfassungskonforme Opposition, die die Weimarer Koalition hätte ablösen können, nicht bestand. Daß nicht ein wie auch immer begründeter Bezug auf das staatliche Ganze, sondern eine bis zur Monomanie gesteigerte Selbstbezogenheit, der bekannte »Parteienpatriotismus«, das Bild der deutschen Parteienlandschaft bestimmte, hatte zur Folge, daß gerade die tragenden Kräfte der Republik, die Parteien von der SPD über DDP und Zentrum bis zu DVP sich in weitem Maße systemwidrig verhielten. Die rechnerische Möglichkeit, parlamentarische Mehrheiten unter Ausschluß von NSDAP und KPD zu bilden, bestand bis zum Ende der Republik, und bei allem, was Reichspräsident v. Hindenburg angelastet werden kann, darf doch angenommen werden, daß er, auch und gerade am 30. Januar 1933, sehr gerne eine auf die parlamentarische Mehrheit gestützte Reichsregierung ernannt hätte, in der die Nationalsozialisten nicht vertreten gewesen wären. Daß im Weimarer Parteienstaat die Parteien dem Reichspräsidenten seit 1930 diese Möglichkeit nicht angeboten haben, läßt die Vermutung zu, daß in diesem Punkt der wichtigste Grund für das Scheitern der Weimarer Republik zu suchen ist.

Wendet man sich der formalen Verfassungsordnung zu, so bieten sich hier die Stichworte insofern besonders leicht an, als sie seit dem Entstehen des Bonner Grundgesetzes bis heute in der deutschen Verfassungsdiskussion geradezu kanonischen Rang erhalten haben. Da ist einmal der mangelnde normative Charakter der Weimarer Reichsverfassung, durch den die außerkonstitutionelle Ausweitung des Handlungsspielraums der Exekutive in der Endphase der Republik begünstigt wurde. Vor allem aber wurde so der Einsatz für die bestehende Verfassungsordnung schwierig, denn die Abwehrbereitschaft gegen Verfassungsfeinde stand unter keinem höheren Schutz als die Normen der Verfassungsfeinde selbst – so war es beispielsweise möglich, die nationalistische SA und das republikanische Reichsbanner mit gleichem Maß zu messen. Daß das schwache Selbstbewußtsein der Republikaner durch eine normativ verankerte Verfassungsordnung gestützt worden wäre, ist anzunehmen. Die Probleme, die sich durch den Föderalismus ergaben, waren vor allem unter den Gesichtspunkten des Dualismus Preußen/Reich und des Finanzausgleichs störend, aber sekundär; sie konnten durch Verfassungsänderung aus dem Weg geräumt werden. Daß es trotz weitgehender Vorarbeiten und mehrfacher Anläufe nicht dazu kam, war kein Problem der Verfassung, sondern der Kompromißunfähigkeit der Parteien und Länderregierungen. Die präsidiale Komponente der Verfassung dagegen war zweifellos äußerst folgenreich, vor allem in Verbindung mit ihrem plebiszitären Charakter, der dem Reichspräsidenten die gleiche demokratische Legitimation verlieh, wie sie der Reichstag besaß. Aber mußte die Macht des Reichspräsidenten unter allen Umständen zerstörerisch wirken? Wenn die The-

se vom Versagen der Parteien zutrifft, dann bot die präsidiale Reserveverfassung immerhin die nächstbeste Lösung, und sie konnte ebensogut zur Bekämpfung des politischen Extremismus und zur Rettung der Republik dienen - das geschah in den Krisen der Anfangsjahre bis 1924 -, wie sie schließlich deren Untergang mitbewirkte. Auch hier also Ambivalenz - der Artikel 48 war lediglich ein Instrument, dessen Anwendung der persönlichen Disposition des Reichspräsidenten und seiner Ratgeber unterlag.

Umstritten ist auch die Beurteilung des Verhältniswahlrechts. Sicherlich ist die Bedeutung der Parteienzersplitterung in der Literatur häufig überschätzt worden, wenn auch daran festzuhalten ist, daß die Fülle des Parteienangebots die Wähler der unangenehmen, aber pädagogisch wünschenswerten Notwendigkeit enthob, sich für eine von wenigen großen Parteien zu entscheiden und damit nicht zwischen richtig oder falsch, sondern zwischen besser und schlechter zu wählen. Stichhaltig scheint aber das Argument, ein Mehrheitswahlrecht, wie es beispielsweise bis 1918 für den Reichstag bestanden hat, würde die Möglichkeit geboten haben, Extremisten durch örtliche Stichwahlabsprachen der demokratischen Parteien niederzustimmen und am Einzug in das Parlament zu hindern. Ein solches Mehrheitswahlrecht hätte der Weimarer Koalition wahrscheinlich bis 1932 eine stabile Reichstagsmehrheit gesichert und die nationalsozialistische, aber auch die kommunistische Fraktion bei weitem nicht so stark anschwellen lassen, wie dies tatsächlich geschah. Die Folgen für die politische Stabilität der Republik liegen auf der Hand, die psychologischen Auswirkungen sind vorstellbar.

Überschätzt wird dagegen in der Literatur in der Regel die Rolle der staatlichen Machtinstrumente beim Scheitern Weimars, des Militärs, der Bürokratie und der Justiz. Es steht außer Frage, daß man in diesen Bereichen engagierte Demokraten mit der Laterne suchen mußte. Es gab sie durchaus, namentlich in den Verwaltungen Preußens, Hessens, Württembergs und Badens, überall dort, wo Länderregierungen auf der Grundlage der schwarz-rot-goldenen Koalition über längere Zeit hinweg regiert und dabei, nicht zuletzt unter den Gesichtspunkten der Ämterpatronage, eine gezielte Personalpolitik betrieben haben.[575] Aber selbst in diesen Ländern konnten nur die oberen Beamtenränge, und die nicht einmal vollständig, mit demokratisch gesinnten Personen besetzt werden, während die Justiz sich aus besonderen standestypischen rechtlichen Gründen von allen demokratischen Erneuerungsbestrebungen fernhalten konnte. Auf der Ebene des Reichs ist es überhaupt nie zu einer gezielten Demokratisierung des Beamtenapparats gekommen, und die Reichswehr bildete eine exklusive Gesellschaft und war für ihren Mannschafts- und Offiziersersatz eigenverantwortlich. War das aber ein Zustand, der den Bestand der Weimarer Demokratie erheblich erschütterte? Diese Auffassung war lange Zeit fast Allgemeingut, wird aber mit guten Gründen neuerdings bestritten oder jedenfalls relativiert[576]. Bei genauerem Hinsehen erweist sich nämlich, daß die Bürokratie, ungeachtet der politischen Präferenzen der Beamten, regelmäßig zur Verfügung dessen stand, der die staatliche Macht innehatte und seinen Machtanspruch auch unmißver-

ständlich vertrat. Während des Kapp-Putschs 1920 etwa zeigte sich das Bild einer weit überwiegend republiktreuen Bürokratie; die Absprungtendenzen hoher preußischer Beamter am Vorabend des Papen-Putschs 1932 sind dagegen vor dem Hintergrund der Resignation der republikanischen preußischen Staatsspitze zu sehen.

Auch die fraglos unheilvolle Rolle der Reichswehrführung in den letzten Jahren von Weimar war eine Folge des Verzichts der politischen Führung auf effektive Kontrolle des militärischen Apparats; wie sich die Reichswehrführung wenig später dem entschlossenen Machtanspruch Hitlers unterwarf, ist ja bekannt. Und was die republikferne Rechtsprechung eines Großteils der Justiz angeht, so wirkte sie systemzerstörend lediglich indirekt, nämlich durch ihre psychologischen Auswirkungen auf die Parteien der Linken, auf die Arbeiterschaft und die linke Publizistik.

Damit sind wir bei der letzten Station unserer tour d'horizont, im Bereich des politischen Denkens, der Ideologien und der institutionellen Kultur. Wenn es auch äußerst schwierig ist, den Einfluß von Ideen auf das politische und gesellschaftliche System im einzelnen zu bestimmen, so liegt doch die Vermutung nahe, daß die Haltung der Parteien und Verbände, und daß darüber hinaus das Problem der nicht-demokratischen Bevölkerungsmehrheit eine Frage der Mentalitäten, und in deren bewußt formuliertem Bereich infolgedessen des politischen Denkens war. Allerdings genügt der klassische Maßstab Kurt Sontheimers nicht mehr, nach dem »anti-demokratisches Denken« für die Labilität der Republik verantwortlich zu machen sei[577]. Wir hoffen deutlich gemacht zu haben, daß auch Gruppierungen und Einzelne, die für sich »demokratisches« und »republikanisches« Bewußtsein in Anspruch nahmen, zu utopischen oder jedenfalls der bestehenden politischen Wirklichkeit weit entrückten Wunschvorstellungen neigten, die letztlich Weimar nicht minder schädigten als die Ideologien der offenen Republik- und Verfassungsgegner. Hier sind tief in langen Zeiträumen angelegte Denktraditionen und Mentalitätsstrukturen aufzusuchen, für deren Erforschung noch fast alles zu tun ist. Umgekehrt gilt, daß es die Republik und die sie tragenden Kräfte nicht vermochten, Symbole zu entwikkeln, die die Ideen der liberalen parlamentarischen Demokratie im Denken der Bevölkerung emotional entzündet und gestützt hätten. Daß die Weimarer Demokraten als Erben der spätbürgerlichen Aufklärung des neunzehnten Jahrhunderts geglaubt haben, die gefährdete Demokratie könne, ja müsse sogar ohne sinngebende expressive Symbole, ohne den Appell an die Gefühle bestehen, dürfte einen schwer im einzelnen zu bestimmenden, aber doch wesentlichen Grund ihrer Schwäche ausgemacht haben.

Im engen Zusammenhang mit diesen Gegebenheiten steht die fast allgemeine tiefe Entfremdung der kulturellen, pädagogischen, wissenschaftlichen, kirchlichen und publizistischen Eliten und Meinungsträger vom Weimarer Staat[578]. Daß Geistliche, Gymnasial- und Hochschullehrer allzuoft gegen die Republik und für konservativ-reaktionäre oder völkisch-nationalistische Alternativen predigten, gehört zweifellos zu den wichtigsten Gründen für das Weiterbestehen und die Verstärkung antidemokratischen Denkens in der

Bevölkerungsmehrheit; daß Intellektuelle, Literaten und Journalisten in ihrer Mehrzahl zur Weimarer Demokratie ein zwischen desinteressierter Distanz und höhnischer Verachtung sich bewegendes Verhältnis besaßen, war zwar an sich noch nicht gefährlich - andere Demokratien, beispielsweise die Dritte Republik in Frankreich, hatten keine bessere Presse -, verstärkte aber das im allgemeinen ademokratische Meinungsklima und bei dem unterentwickelten Selbstbewußtsein der wenigen engagierten Demokraten den Eindruck einer allgemeinen Labilität.

Woran ist also Weimar gescheitert? Die Antwort ist nicht mit letzter wissenschaftlicher Präzision zu geben, aber einiges läßt sich doch ausmachen: die wichtigsten Gründe liegen auf dem Feld der Mentalitäten, der Einstellungen und des Denkens. In der Mitte des Ursachenbündels finden sich eine Bevölkerungsmehrheit, die das politische System von Weimar auf die Dauer nicht zu akzeptieren bereit war, sowie Parteien und Verbände, die sich den Anforderungen des Parlamentarismus nicht gewachsen zeigten. Die Ursachen für diese Defekte dürften überwiegend in langfristigen, aus den besonderen Bedingungen der preußisch-deutschen Geschichte zu erklärenden Zusammenhängen zu suchen sein, verstärkt durch die Entstehungsbedingungen des Weimarer Staatswesens und seiner außenpolitischen Belastungen. Die Übertragung dieser ungünstigen Gruppenmentalitäten auf das Weimarer Regierungssystem wurde durch den Wahlrechtsmodus erheblich begünstigt; andere Merkmale der formalen Verfassungsordnung, wie ihr mangelnder normativer Charakter oder der Föderalismus, wirkten nur in zweiter Linie destabilisierend, während das starke präsidiale Moment daneben auch stabilisierende Komponenten enthielt, die allerdings letzten Endes nicht zum Zuge kamen. Die antirepublikanischen Tendenzen in Armee, Bürokratie und Justiz waren grundsätzlich beherrschbar, eine Frage des Machtbewußtseins von Parteien und Regierung. Die gesellschaftlichen und wirtschaftlichen Rahmenbedingungen waren hauptsächlich langfristig wirksam, indem sie auf die Mentalitäten von Bevölkerung und einzelnen Gruppen einwirkten; aktuelle ökonomische Krisen verstärkten die destablisierenden Momente, verursachten sie aber nicht.

Lapidar läßt sich also schließen: Bevölkerung, Gruppen, Parteien und einzelne Veranwortliche haben das Experiment Weimar scheitern lassen, weil sie falsch dachten und deshalb falsch handelten. Auch auf dem Umweg über die Strukturanalyse gelangt man so zu dem Schluß, daß Weimar nicht schicksalhaft oder bedingt durch anonyme Sachzwänge scheitern mußte - die Chance der Gruppen wie der Einzelnen, sich für Weimar zu entscheiden und dem Gesetz der parlamentarischen Demokratie zu gehorchen, nach dem man angetreten war, hat immer bestanden.

Verzeichnis der Abkürzungen

Abs.	Absatz
ADAP	Akten zur deutschen auswärtigen Politik
AdB	Allgemeiner deutscher Beamtenbund
ADGB	Allgemeiner Deutscher Gewerkschafts-Bund
AfA-Bund	Allgemeiner freier Angestellten-Bund
Anm.	Anmerkung
Art.	Artikel
Bd.	Band
BIZ	Bank für Internationalen Zahlungsausgleich
BVP	Bayerische Volkspartei
DAZ	Deutsche Allgemeine Zeitung
DDP	Deutsche Demokratische Partei
ders.	derselbe
DNVP	Deutschnationale Volkspartei
DVFP	Deutschvölkische Freiheitspartei
DVP	Deutsche Volkspartei
Ebd.	Ebenda
FVP	Freisinnige Volkspartei
GenLt	Generalleutnant
GenMaj	Generalmajor
H.	Heft
Hrsg.	Herausgeber
HZ	Historische Zeitschrift
Jg.	Jahrgang
KPD	Kommunistische Partei Deutschlands
MdL	Mitglied des Landtags
MdR	Mitglied des Reichstags
MSPD	Mehrheits-Sozialdemokratische Partei Deutschlands
Nr.	Nummer
NSDAP	Nationalsozialistische Partei Deutschlands
O.C.	Organisation Consul
OHL	Oberste Heeresleitung
RdI	Reichsverband der deutschen Industrie
RGBl	Reichsgesetzblatt
S.	Seite
SA	Sturmabteilungen
SPD	Sozialdemokratische Partei Deutschlands
SS	Schutzstaffeln
USPD	Unabhängige Sozialdemokratische Partei Deutschlands
VfZ	Vierteljahrshefte für Zeitgeschichte
WTB	Wolffs Telegraphen-Bureau
zit.	zitiert

Anmerkungen

1 Verhandlungen der verfassunggebenden deutschen Nationalversammlung, Bd. 327, S. 1086.
2 Originalzitat in: Gitta Steinmeyer: Die Grundlagen der französischen Deutschlandpolitik 1917–1919, Stuttgart 1979, S. 115.
3 Nach ebd., S. 116.
4 »Eh! bien ... nous faisons nous-mêmes l'unité allemande!«, in: Raymond Poincaré: Au service de la France, Bd. 11, Paris 1974, S. 388.
5 Ludwig Dehio: Gleichgewicht oder Hegemonie? Betrachtungen über ein Grundproblem der neueren Staatengeschichte, Krefeld 1948, S. 189.
6 Sir Stratford Canning an Lord Palmerstone, 3.4.1848, Auszug aus dem Original in: Michael Stürmer: Die Geburt eines Dilemmas. Nationalstaat und Massendemokratie im Mächtesystem 1848, in: Merkur, 1981, H. 1, S. 5.
7 Zit. nach: Gerhard A. Ritter (Hrsg.): Das Deutsche Kaiserreich 1871–1914, Göttingen [3]1977, S. 181.
8 Hintze an Reichskanzler, 12.11.18, in: Politisches Archiv des Auswärtigen Amts Bonn, Wk 30.
9 Lloyd George an Austen Chamberlain, 24.3.22, Originalzitat in: Gottfried Niedhart: Deutschland in der britischen Appeasement-Politik 1919–1933, in: Michael Stürmer (Hrsg.): Die Weimarer Republik. Belagerte Civitas, Königstein 1980, S. 119.
10 Vortragsnotizen des Oberst v. Mittelberger zur Orientierung des Herrn Reichswehrministers über die militärische Zusammenarbeit mit Rußland, 23.1.28, in: Bundesarchiv Koblenz, Nachlaß Pünder/116.
11 J. W. Stalin: Werke, Bd. 7, Berlin 1952, S. 11f.
12 Kabinettssitzung vom 5.5.19, in: Akten der Reichskanzlei, hrsg. v. Karl Dietrich Erdmann/Wolfgang Mommsen/Hans Booms, Boppard 1968ff. (künftig zit.: Akten der Reichskanzlei): Das Kabinett Scheidemann, bearb. v. Hagen Schulze, Boppard 1971, S. 259.
13 Zit. nach: Horst G. Linke: Deutsch-sowjetische Beziehungen bis Rapallo, Köln 1970, S. 28.
14 Aufzeichnung Adenauers anläßlich der Konferenz von Locarno 1925, nach: Paul Weymar: Konrad Adenauer, München 1955, S. 129f.
15 Henri Hauser: Les méthodes allemandes d'expansion économique, Paris 1915, S. 1f.
16 Ebd., S. 5.
17 Jeremy Bentham: Manual of Political Economy, in: The Works of Jeremy Bentham, Bd. 3, London 1840, S. 35.
18 Friedrich Naumann: Neudeutsche Wirtschaftspolitik (1906), in: Werke, hrsg. v. Theodor Schieder, Bd. 3, Köln/Opladen 1966, S. 104f.
19 Der Reichsfinanzminister vor dem Reichskabinett, 26.4.19, in: Akten der Reichskanzlei. Das Kabinett Scheidemann, S. 235.
20 Aufzeichnung vom 11.8.22, in: Viscount d'Abernon: Ein Botschafter der Zeitwende, Bd. II, Leipzig o.D., S. 102.
21 Zit. nach: Joachim v. Kürenberg: 14 Jahre – 14 Köpfe, Berlin 1933, S. 128f.
22 Der Weg des neuen Deutschland. Stresemanns Rede vor dem Nobelpreis-Komitee, 29.6.27, in: Gustav Stresemann: Vermächtnis. Der Nachlaß in drei Bänden, hrsg. v. Henry Bernhard, Bd. 3, Berlin 1933, S. 463.

23 Deutschland unter dem Dawes-Plan. Der Bericht des Generalagenten vom 22. Dezember 1928, Berlin 1929, S. 53.
24 Schriftliche Mitteilung von Hans Staudinger, 1927–1932 Staatssekretär im Preußischen Handelsministerium, an den Verf., 23.8.73.
25 Zit. nach: Friedrich Rück: 1919–1939. Friede ohne Sicherheit, Stockholm 1945, S. 260.
26 José Ortega y Gasset: Der Aufstand der Massen, Berlin 1930, S. 7.
27 Resolution der Parteikonferenz der KPD über das 12. Plenum des Exekutivkomitees der Komintern und die Aufgaben der KPD, 17.10.32, in: Ernst Thälmann: Im Kampf gegen die faschistische Diktatur, Berlin 1932, S. 45.
28 Erich Fromm: Arbeiter und Angestellte am Vorabend des Dritten Reiches. Eine sozialpsychologische Untersuchung, Stuttgart 1980, S. 122f.
29 Ortega, Aufstand, S. 140.
30 Friedrich Hitze: Geburtenrückgang und Sozialreform, in: Ehe und Volksvermehrung, Jg. 3, Mönchengladbach 1922, S. 27.
31 Karoline Bauer: Aus meinem Bühnenleben, hrsg. v. Karl v. Hollander, Weimar 1917, S. 72f.
32 In: Karl Marx/Friedrich Engels: Werke, hrsg. vom Institut für Marxismus-Leninismus der SED, Bd. 21, S. 26.
33 Fromm, Arbeiter und Angestellte, S. 248ff.
34 Max Weber: Die Verhältnisse der Landarbeiter im ostelbischen Deutschland, Leipzig 1892, S. 796.
35 Nach: Wolfgang Zapf: Wandlungen der deutschen Elite. Ein Zirkulationsmodell deutscher Führungsgruppen 1919–1961, München 1965, S. 45.
36 Marx/Engels, Werke, Bd. 21, S. 369.
37 Carl Schmitt: Staatsgefüge und Zusammenbruch des Zweiten Reiches, Hamburg 1934, S. 46.
38 Reichslandbund, 7 (1927), S. 183.
39 Der Pommersche Landbund, 7 (1925), Nr. 2, S. 18.
40 Verhandlungen des Reichstags. Stenographische Berichte und Anlagen, 4. Legislaturperiode, IV. Session, 1881, Bd. 3, S. 228.
41 Correspondenzblatt der Generalkommission der Gewerkschaften Deutschlands, 4.1.19, S. 2ff.
42 Ursachen und Folgen vom deutschen Zusammenbruch 1918 bis 1945 bis zur staatlichen Neuordnung Deutschlands in der Gegenwart. Eine Urkunden- und Dokumentensammlung zur Zeitgeschichte, hrsg. und bearb. v. Herbert Michaelis und Ernst Schraepler, Berlin 1958ff. (künftig zit.: Ursachen und Folgen) VI, S. 164ff.
43 Berliner Tageblatt, Nr. 419, 5.9.26.
44 Vorwärts, Nr. 418, 5.9.26.
45 Ernst Troeltsch: Spectator-Briefe, Tübingen 1924, S. 114.
46 Rudolf Olden: Hindenburg oder der Geist der preußischen Armee, Nürnberg 1948, S. 188.
47 Nach: Karl Dietrich Bracher: Die Auflösung der Weimarer Republik, ^{5}Villingen 1971, S. 39.
48 Das Deutsche Manifest. Ergebnis einer Aussprache zwischen nationalistischen Gruppen, Berlin 1920.
49 Volkswirt Nüse: Der völkische Neuaufbau Deutschlands, Göttingen ^{2}1923, S. 71.
50 Gottlieb Christian Abt: Parteien, in: Das Staats-Lexikon, hrsg. v. Carl v. Rottek/Carl Welcker, Bd. 10, Altona 1848, S. 496.
51 Das Tagebuch der Baronin Spitzemberg, hrsg. v. Rudolf Vierhaus, Göttingen ^{2}1961, Aufz. v. 12.12.09, S. 515.
52 Hermann Pachnicke: Führende Männer im alten und im neuen Reich, Berlin 1930, S. 63.

53 Friedrich Naumann: Demokratie und Kaisertum, Berlin-Schöneberg [3]1904, S. 170.
54 Verhandlungen der verfassunggebenden deutschen Nationalversammlung, Bd. 326, S. 1.
55 Max Weber: Parlament und Regierung im neugeordneten Deutschland (1918), in: ders.: Gesammelte Politische Schriften, hrsg. v. Johannes Winckelmann, Tübingen [2]1958, S. 383.
56 Vorwärts, Nr. 597, 19.12.24.
57 Troeltsch, Spectator-Briefe, S. 69.
58 Stresemann an Theodor Boehm, 3.2.19, in: Politisches Archiv des Auswärtigen Amts Bonn, Nachlaß Stresemann/202.
59 Verhandlungen der verfassunggebenden deutschen Nationalversammlung, Bd. 326, S. 290.
60 In: Ursachen und Folgen, II, S. 431.
61 Heinrich v. Sybel: Das neue deutsche Reich, in: Vorträge und Aufsätze, Berlin [2]1875, S. 322.
62 Ebd.
63 Paul Laband: Das Staatsrecht des Deutschen Reichs, Bd. I, Tübingen 1876, S. 87f.
64 Verhandlungen der verfassunggebenden deutschen Nationalversammlung, Bd. 326, S. 289.
65 Karl Marx: Der 18. Brumaire des Louis Bonaparte, in: Marx/Engels: Ausgewählte Schriften, Bd. I, Berlin 1966, S. 239.
66 Fritz Poetzsch-Heffter: Vom Staatsleben unter der Weimarer Verfassung, III. Teil, in: Jahrbuch des öffentlichen Rechts 21 (1933/34), S. 127.
67 Ders.: Vom Staatsleben unter der Weimarer Verfassung, I. Teil, in: Jahrbuch des öffentlichen Rechts 19 (1925), S. 134.
68 Carl Schmitt: Der Hüter der Verfassung, Tübingen 1931.
69 Ernst Friesenhahn: Zur Legitimation und zum Scheitern der Weimarer Reichsverfassung, in: Karl Dietrich Erdmann/Hagen Schulze (Hrsg.): Weimar. Selbstpreisgabe einer Demokratie. Eine Bilanz heute, Düsseldorf 1980, S. 82.
70 Verhandlungen der verfassunggebenden deutschen Nationalversammlung, Bd. 329, S. 2195.
71 Ebd., S. 2194.
72 Hans Kelsen: Vom Wesen und Wert der Demokratie, Tübingen [2]1929, S. 101.
73 Jahrbuch des öffentlichen Rechts 21 (1933/34), S. 4f.
74 Richard Scheringer: Das große Los. Unter Soldaten, Bauern und Rebellen, Hamburg 1959, S. 236.
75 Troeltsch, Spectator-Briefe, S. 37.
76 Protokoll über die Verhandlungen des Parteitages der Sozialdemokratischen Partei Deutschlands, abgehalten zu Weimar 1919, Berlin 1919, S. 145.
77 Reinhart Koselleck: Staat und Gesellschaft in Preußen 1815–1848, in: Hans-Ulrich Wehler (Hrsg.): Moderne deutsche Sozialgeschichte, Köln [5]1976, S. 63.
78 Ernst v. Bülow-Cummerow: Preußen, seine Verfassung, seine Verwaltung, sein Verhältnis zu Deutschland, Berlin [3]1842, S. 187.
79 Max Weber: Deutschlands künftige Staatsform, in: ders.: Gesammelte Politische Schriften, S. 439.
80 Magnus Frhr. v. Braun: Geleitwort, in: Rudolf Klatt: Ostpreußen unter dem Reichskommissariat 1919–1920, Heidelberg 1958.
81 Ders.: Von Ostpreußen nach Texas, Stollhamm 1955, S. 175.
82 Ebd., S. 174.
83 Otto Braun: Von Weimar zu Hitler, 2. Aufl. New York 1940, S. 43f.
84 Ebd., S. 48.

85 Johannes Fischart (= Erich Dombrowski): Das alte und das neue System, 2. Folge, Berlin 1920, S. 160.
86 Nach: Rudolf Morsey: Staatsfeinde im öffentlichen Dienst (1929–1932), in: K. König u.a. (Hrsg.): Öffentlicher Dienst. Festschrift für C. H. Uhle, Köln 1977, S. 130.
87 Zit. nach: Francis L. Carsten: Reichswehr und Politik 1918–1933, Köln/Berlin 1964, S. 11.
88 Albrecht Graf v. Roon: Denkwürdigkeiten, Bd. I, Berlin 1892, S. 325.
89 Zit. nach: Hans Rothfels: Zehn Jahre danach, in: Vierteljahrshefte für Zeitgeschichte, 3 (1955), S. 229.
90 Hans v. Seeckt: Heer im Staat (1928), in: ders.: Gedanken eines Soldaten, Leipzig 1935, S. 23.
91 Friedrich v. Rabenau: Seeckt. Aus seinem Leben 1918–1936, Leipzig 1940, S. 118f.
92 Hilmar Ritter v. Mittelberger: Erinnerungen, in: Bundesarchiv-Militärarchiv Freiburg.
93 Joachim v. Stülpnagel: 75 Jahre meines Lebens, zit. nach Carsten, Reichswehr und Politik, S. 116.
94 A (= Adolf Stein, Redakteur der »Täglichen Rundschau«): Sieben-Tage-Buch. Kapp-Regierung und Generalstreik, Berlin 1920, S. 6.
95 In: Thilo Vogelsang: Reichswehr, Staat und NSDAP, Stuttgart 1962, S. 410.
96 Ebd., S. 412.
97 Julius Leber: Ein Mann geht seinen Weg, Schriften, Reden und Briefe, Berlin/Frankfurt 1952, S. 148.
98 Aufzeichnung vom 15.11.22, in: Harry Graf Kessler: Tagebücher 1918–1937, Frankfurt 1961, S. 347.
99 So der Theaterkritiker Alfred Kerr, nach: Bruno Walter: Thema und Variationen. Erinnerungen und Gedanken, Frankfurt 1950, S. 349.
100 Aufzeichnung vom 4.1.19, in: Kessler, Tagebücher, S. 91.
101 Friedrich Nietzsche: Vom Nutzen und Nachteil der Historie für das Leben, in: Werke in drei Bänden, hrsg. v. Friedrich Schlechta, Bd. I, München [6]1969, S. 387f.
102 Kurt Tucholsky: Unser Militär! (1919), in: Ausgewählte Werke in zwei Bänden, Bd. I, Hamburg 1965, S. 322f.
103 Karl Otten: Für Martinet, in: Kurt Pinthus (Hrsg.): Menschheitsdämmerung. Ein Dokument des Expressionismus, Neuausgabe Hamburg 1959, S. 242.
104 Pinthus, Menschheitsdämmerung, S. 357.
105 Das Tage-Buch, 21.9.29, zit. nach: Kurt Sontheimer: Antidemokratisches Denken in der Weimarer Republik, München 1962, S. 128.
106 Ernst Jünger: Vorwort, in: Friedrich Georg Jünger: Aufmarsch des Nationalismus, Leipzig 1926, S. XI.
107 Ernst v. Salomon (Hrsg.): Das Buch vom deutschen Freikorpskämpfer, Berlin 1938, S. 11.
108 Siehe Anm. 106, S. XII.
109 Kurt Hotzel: Deutscher Aufstand. Die Revolution des Nachkriegs, Stuttgart 1934, S. 2.
110 Thomas Mann: Betrachtungen eines Unpolitischen, in: ders.: Politische Schriften und Reden in sechs Bänden, Bd. I, Frankfurt 1960, S. 262.
111 Ders.: Von deutscher Republik, in: ebd., Bd. II, S. 107.
112 Max Weber: Wissenschaft als Beruf, in: Gesammelte Aufsätze zur Wissenschaftslehre, hrsg. v. Johannes Winkelmann, Tübingen [4]1973, S. 613.
113 Hermann Hesse/Thomas Mann: Briefwechsel, Frankfurt 1968, S. 13.
114 Karl Dietrich Erdmann: Die Geschichte der Weimarer Republik als Problem der Wissenschaft, in: Vierteljahrshefte für Zeitgeschichte, 1 (1955), S. 18.

115 Kurt Tucholsky: Gesammelte Werke, Bd. I, Reinbek 1960, S. 377f.
116 Jonas Lesser: Von deutscher Jugend, Berlin 1932, S. 47; zit. nach Sontheimer, Antidemokratisches Denken, S. 186f.
117 Max Weber: Politik als Beruf, in: Gesammelte Politische Schriften, S. 537.
118 Georg Wilhelm Friedrich Hegel: Philosophie des Rechts, § 205.
119 Friedrich Meinecke: Das Ende der monarchischen Welt (1922), in: Politische Schriften und Reden, hrsg. v. Georg Kotowski, Darmstadt [4]1979, S. 349.
120 Oswald Spengler: Neubau des deutschen Reiches, München 1924, S. 12, 15.
121 Aufzeichnung vom 2.10.30, in: Kessler, Tagebücher, S. 643.
122 Bruno E. Werner: Die zwanziger Jahre, München 1962, S. 83.
123 Kurt Tucholsky: Wir Negativen (1919), in: Gesammelte Werke, I, S. 372ff.
124 Heinz Pol: Thälmann macht Revolution, in: Die Weltbühne, 24 (1928), 2. Halbjahr, S. 312.
125 Kurt Hiller: Mussolini und unsereins, in: Die Weltbühne, 22 (1926), 1. Halbjahr, S. 45ff.
126 Ignaz Wrobel (= K. Tucholsky): Die Ebert-Legende, in: ebd., S. 52ff.
127 Max Hildebert Boehm: Ruf der Jungen, Berlin 1920, S. 52.
128 Spengler, Neubau, S. 102f.
129 Moeller van den Bruck: Das Dritte Reich, Hamburg [3]1931, S. 304ff.
130 Nach: Ernst v. Salomon: Der Fragebogen, Hamburg 1951, S. 221.
131 W.T.B.-Meldung vom 1.6.17, nach: Kriegs-Rundschau, hrsg. v. d. Täglichen Rundschau, Bd. 4, Berlin 1918, S. 1611.
132 Albrecht v. Thaer: Generalstabsdienst an der Front und in der O.H.L., Göttingen 1958, S. 130.
133 August Skalweit: Die deutsche Kriegsernährungswirtschaft, Berlin 1927, S. 3.
134 Tagebuch des Matrosen Richard Stumpf, 31.7.17, in: Das Werk des Untersuchungsausschusses der Verfassunggebenden Deutschen Nationalversammlung und des Deutschen Reichstags, (künftig zit.: Untersuchungsausschuß) 4. Reihe, Bd. 10/II, Berlin 1928, S. 250f.
135 Protokoll der Sitzung des Parteiausschusses, 26.6.17, S. 39, faksimiliert in: Protokolle der Sitzung des Parteiausschusses der SPD 1912–1921, hrsg. v. Dieter Dowe, Bd. I, Berlin/Bonn 1980, S. 547.
136 Conrad Haußmann: Schlaglichter. Reichstagsbriefe und Aufzeichnungen, Frankfurt/M. 1924, S. 97.
137 Nach: Ursachen und Folgen, I, S. 434f.
138 Quellen zur Geschichte des Parlamentarismus und der politischen Parteien, Düsseldorf 1959ff. (künftig zit. als: Quellen), 1. Reihe 1/1, S. 6.
139 Untersuchungsausschuß, 4. Reihe, Bd. 8/II, S. 388f.
140 Nach: Georg Michaelis: Für Staat und Volk, Berlin 1922, S. 324.
141 Thaer, Generalstabsdienst, S. 235.
142 Wilhelm Groener: Lebenserinnerungen, Göttingen 1957, S. 449, 466.
143 Quellen, 1. Reihe, Bd. 1/II, S. 783ff.
144 Quellen, 1. Reihe, Bd. 2, S. 30.
145 Philipp Scheidemann: Der Zusammenbruch, Berlin 1921, S. 176.
146 Übers. aus: Hans Peter Hanssen: Diary of a Dying Empire, Bloomington 1955, S. 316.
147 Quellen, 1. Reihe, Bd. 2, S. 65.
148 Fischart, Das alte und das neue System, Bd. I, Berlin 1919, S. 246.
149 Thaer, Generalstabsdienst, S. 200.
150 Vorgeschichte des Waffenstillstands, hrsg. v. d. Reichskanzlei, Berlin 1919, S. 165.
151 Kuno Graf v. Westarp: Das Ende der Monarchie am 9. November 1918, hrsg. v. W. Conze, Stollhamm/Berlin 1952, S. 46.

152 Berliner Tageblatt, Nr. 576, 9.11.18.
153 Walther Rathenau: Kritik der dreifachen Revolution, Berlin 1919, S. 9.
154 Aufzeichnung Karl Liebknechts über die Vorbereitung des 9. November, in: Illustrierte Geschichte der deutschen Revolution, Berlin 1929, S. 203.
155 Otto Braun: Die Bolschewiki und wir, in: Vorwärts, Nr. 46, 15.2.18.
156 Philipp Scheidemann: Memoiren eines Sozialdemokraten, Bd. 2, Dresden 1928, S. 267.
157 Troeltsch, Spectator-Briefe, S. 15.
158 Quellen, 1. Reihe, Bd. 6/I, S. 3ff.; das Scheidemann-Zitat, das sich naturgemäß in den amtlichen Aufzeichnungen nicht findet, nach: Scheidemann, Memoiren, II, S. 306.
159 Votum Bismarcks, 13.2.1889, in: Gesammelte Werke (Friedrichsruher Ausgabe), Bd. VI c, S. 407.
160 Max Weber: Politik als Beruf, in: ders.: Gesammelte Politische Schriften, S. 548.
161 Scheidemann, Memoiren, II, S. 313.
162 Ebd., S. 313f.
163 Zit. nach: Susanne Miller: Die Bürde der Macht. Die deutsche Sozialdemokratie 1918–1920, Düsseldorf 1978, S. 121.
164 Dorothea Groener-Geyer: General Groener. Soldat und Staatsmann, Frankfurt 1955, S. 117.
165 Groener, Lebenserinnerungen, S. 467.
166 Tagebuchaufzeichnung vom 21.2.19, in: Bundesarchiv Koblenz, Nachlaß Erich Koch-Weser/16.
167 Troeltsch, Spectator-Briefe, S. 24.
168 Nach: Darstellungen aus den Nachkriegskämpfen deutscher Truppen und Freikorps, hrsg. v. d. Kriegsgeschichtlichen Forschungsanstalt des Heeres, Bd. VI: Die Wirren in der Reichshauptstadt und im nördlichen Deutschland 1918–1920, Berlin 1940, S. 10f.
169 Die Rote Fahne, Nr. 2., 10.9.18.
170 In: Leber, Ein Mann, S. 204f.
171 Scheidemann, Memoiren, II, S. 335.
172 Richard Müller: Vom Kaiserreich zur Republik, Bd. 2: Die Novemberrevolution, Wien 1924, S. 56.
173 Abgedruckt in: Quellen, 1. Reihe, Bd. 6/I, S. CLXXIV.
174 Arthur Rosenberg: Die Geschichte der deutschen Republik, Karlsbad 1935; Neuaufl. Frankfurt 1961 unter dem Titel: Geschichte der Weimarer Republik, S. 44.
175 Scheidemann, Memoiren, II, S. 344.
176 Deutscher Reichsanzeiger, Nr. 7, 8.1.19.
177 Kessler, Tagebücher, S. 101.
178 Nach: Miller, Bürde, S. 235.
179 Helmut Franke: Staat im Staate. Aufzeichnungen eines Militaristen, Magdeburg 1924, S. 26.
180 Vorwärts, Nr. 40/41, 23.1.19; die USPD besaß tatsächlich nur 22 Mandate.
181 Albert Grzesinski: Im Kampf um die deutsche Republik, maschinenschr. Manuskript, S. 34f., in: Bundesarchiv Koblenz, Kleine Erwerbungen 144.
182 In: Marianne Weber: Max Weber. Ein Lebensbild, Tübingen 1926, S. 649.
183 Troeltsch, Spectator-Briefe, S. 37.
184 Otto Braun auf einer Kundgebung am 1.12.18, in: Berliner Tageblatt, Nr. 615, 2.12.18.
185 Matthias Erzberger: Erlebnisse im Weltkrieg, Stuttgart/Berlin 1920, S. 327.

186 Ursachen und Folgen, II, S. 468.
187 Nach: Peter Krüger: Deutschland und die Reparationen 1918/19, Stuttgart 1973, S. 52.
188 Protokoll der Kabinettssitzung vom 21.3.19, in: Akten der Reichskanzlei. Das Kabinett Scheidemann, S. 83.
189 Richtlinien für die deutschen Friedensunterhändler vom 21.4.19, in: ebd., S. 193.
190 Bericht Walter Loebs über seine Unterredung mit Oberst Conger am 8. und 9.3.19, in: ebd., S. 28.
191 Herbert Hoover: Memoiren, Bd. I: Jahre der Abenteuer, Mainz 1951, S. 413f.
192 Michael Freund: Deutsche Geschichte, Gütersloh 1960, S. 537.
193 Frankfurter Zeitung, Nr. 106, 8.5.19.
194 Verhandlungen der verfassunggebenden Nationalversammlung, Bd. 327, S. 1084.
195 Materialien, betr. die Friedensverhandlungen, hrsg. v. Auswärtigen Amt, Bd. IX, Berlin 1919, S. 32.
196 Akten der Reichskanzlei. Das Kabinett Scheidemann, S. 419.
197 In: Bundesarchiv Koblenz, R 43 I/1830.
198 In: Erzberger, Erlebnisse, S. 373.
199 Lagevortrag Groeners, 19.5.19, in: Bundesarchiv-Militärarchiv Freiburg, N 42/12.
200 In: Akten der Reichskanzlei. Das Kabinett Scheidemann, S. 481.
201 Thaer, Generalstabsdienst, S. 319.
202 Nach: Gustav Noske: Von Kiel bis Kapp, Berlin 1920, S. 169.
203 Deutsche Kolonialpolitik in Dokumenten, hrsg. v. Ernst Gerhard Jacob, Leipzig 1938, S. 558.
204 Erzberger, Erlebnisse, S. 374.
205 Thomas Mann: Tagebücher 1918–1921, hrsg. v. Peter de Mendelssohn, Frankfurt 1979, S. 235f.
206 Zit. nach: Ernst Schulin (Hrsg.): Gespräche mit Rathenau, München 1980, S. 244.
207 Ernst Troeltsch: Der Entente-Frieden und die deutsche Kultur, zit. nach: Jürgen C. Heß: »Das ganze Deutschland soll es sein«, Stuttgart 1978, S. 97.
208 Friedrich Naumann: Kriegschronik, in: Die Hilfe 25 (1919), S. 242.
209 Verhandlungen der verfassunggebenden deutschen Nationalversammlung, Bd. 329, S. 1543f.
210 A: Friedrich der Vorläufige, die Zietz und die Anderen, Berlin 1919, S. 234.
211 Ursachen und Folgen, III, S. 203.
212 Ebd., S. 221.
213 A, Friedrich der Vorläufige, S. 30f.
214 Moritz Julius Bonn: So macht man Geschichte, München 1953, S. 239f.
215 Ursachen und Folgen, IV, S. 7f.
216 Friedrich Meinecke: Die deutsche November-Revolution. Ursachen und Tatsachen, in: Handbuch des deutschen Staatsrechts, hrsg. v. G. Anschütz/R. Thoma, Bd. I, Tübingen 1929, S. 111.
217 Zit. nach: Georg Franz-Willing: Die Hitler-Bewegung, Berlin 1962, S. 220.
218 A: Zwischen Staatsmännern, Reichstagsabgeordneten und Vorbestraften, Berlin 1922, S. 132.
219 Troeltsch, Spectator-Briefe, S. 48.
220 Leber, Ein Mann, S. 191.
221 Zit. nach: Walter Laqueur: Weimar. Die Kultur der Republik, Frankfurt/Berlin/Wien 1976, S. 15.

222 Gustav Stresemann: Weimar und die Politik, in: Deutsche Stimmen 31 (1919), S. 129f.
223 Friedrich Meinecke: Zeichen des politischen Fortschritts in Deutschland, in: Neue Freie Presse (Wien), Nr. 20 754, 11.6.22.
224 Nach: Ursachen und Folgen, III, S. 227.
225 Kessler, Tagebücher, S. 191.
226 Arnold Brecht: Aus nächster Nähe, Stuttgart 1967, S. 285.
227 Karl Helfferich: Fort mit Erzberger! (= Flugschriften des »Tag« 8), Berlin 1919.
228 Troeltsch, Spectator-Briefe, S. 72.
229 A: Gerichtstage über Erzberger, Berlin 1919, S. 6f.
230 Ebd., S. 5.
231 Ebd., S. 73.
232 Franke, Staat im Staate, S. 66.
233 Troeltsch, Spectator-Briefe, S. 118.
234 Walther Frhr. v. Lüttwitz: Im Kampf gegen die Novemberrevolution, Leipzig 1921, S. 118.
235 Braun, Von Weimar, S. 87f.
236 Fritz Kern: Das Kapp'sche Abenteuer. Sonderdruck aus »Die Grenzboten«, 1920, H. 11–13, Leipzig/Berlin 1920, S. 24.
237 Brief Eugen Schiffers an den Historiker Harold Gordon, in: Harold Gordon: Die Reichswehr und die Weimarer Republik 1919–1926, Frankfurt 1959, S. 121.
238 Kurt Heinig an Hans Reinowski, 8.1.42, in: Institut für Zeitgeschichte München, ED 203/3.
239 Nach: Hans Spethmann: Die Rote Armee an Ruhr und Rhein, Berlin 1930, S. 22.
240 Brecht, Aus nächster Nähe, S. 304.
241 Troeltsch, Spectator-Briefe, S. 86.
242 Ebd., S. 141.
243 Aufzeichnungen vom 8.6.20, in: Thomas Mann, Tagebücher 1918–1921, S. 444.
244 Rheinische Zeitung, Nr. 139, 22.6.20, zit. nach: Miller, Bürde, S. 420.
245 Bundesarchiv Koblenz, Nachlaß Erich Koch-Weser/27.
246 Friedrich Stampfer: Die vierzehn Jahre der ersten deutschen Republik, Karlsbad 1936, S. 177.
247 Schriftliche Mitteilung von Herbert Weichmann, Brauns einstigem persönlichen Referenten, an den Verf., 17.5.76.
248 Überschrift eines Interviews Brauns mit dem Pariser »Petit Journal«, ohne Datum, dt. Übersetzung in: Geheimes Staatsarchiv Berlin, Nachlaß Braun D/33.
249 Arnold Köttgen: Die Entwicklung des öffentlichen Rechts in Preußen vom 1. März 1926 bis zum 1. Mai 1930, in: Jahrbuch des öffentlichen Rechts 18 (1930), S. 3f.
250 Adolf Bartels auf der gemeinsamen Sitzung des Parteivorstands, des Parteiausschusses und der Reichstagsfraktion der SPD, 13.6.20, Protokoll S. 15.
251 David Lloyd George: Die Wahrheit über die Reparationen und Kriegsschulden, Berlin 1932, S. 40f.
252 d'Abernon, Botschafter, I, S. 193.
253 A, Zwischen Staatsmännern, S. 62.
254 Kessler, Tagebücher, S. 294.
255 Heinrich Köhler: Lebenserinnerungen, hrsg. v. Josef Becker, Stuttgart 1964, S. 171.
256 Kessler, Tagebücher, S. 325.
257 Lloyd George, Die Wahrheit, S. 81.
258 d'Abernon, Botschafter, I, S. 241.

259 Heinrich Gerland, stellv. Vors. d. Parteiausschusses der DDP, auf der gemeinsamen Sitzung des DDP-Vorstands, 13.10.21, in: Quellen, 1. Reihe, Bd. 5, S. 202.
260 Wipert v. Blücher: Deutschlands Weg nach Rapallo, Wiesbaden 1951, S. 149.
261 Mann, Tagebücher 1918–1921, S. 178.
262 Ernst v. Salomon: Die Geächteten, 7. Aufl. Berlin 1930, S. 107.
263 Troeltsch, Spectator-Briefe, S. 270.
264 d'Abernon, Botschafter, I, S. 352f.
265 Nach: Edgar Stern-Rubarth: Graf Brockdorff-Rantzau, Berlin 1929, S. 123.
266 Verhandlungen des Reichstags, Bd. 355, S. 7710.
267 Braun, Von Weimar, S. 118.
268 Carl Schmitt: Theorie des Partisanen, Berlin 1963, S. 17.
269 Friedrich Wilhelm Heinz: Die Nation greift an, Berlin 1933, S. 5.
270 v. Salomon, Fragebogen, S. 130.
271 Karl Helfferich: Deutschland in den Ketten des Ultimatums. Deutschnationale Flugschriften 107, Berlin 1921.
272 Zit. nach: Werner Liebe: Die Deutschnationale Volkspartei 1918–1924, Düsseldorf 1956, S. 159.
273 Zit. nach: Gotthard Jasper: Der Schutz der Republik, Tübingen 1963, S. 57.
274 Nach ebd.
275 Stampfer, Vierzehn Jahre, S. 265.
276 Telephonat des bayerischen Gesandten aus Berlin, 11.7.22 vorm., in: Geheimes Staatsarchiv München, MA 103 160.
277 Verhandlungen des Reichstags, Bd. 356, S. 8058.
278 Verhandlungen des Reichstags, Bd. 328, S. 8580ff.
279 Sitzung des bayerischen Ministerrats, 1.7.22, in: Geheimes Staatsarchiv München, MA 99 517.
280 Zit. nach: Akten der Reichskanzlei: Das Kabinett Cuno, bearb. v. K.-H. Harbeck, Boppard 1969, S. XX.
281 Kessler, Tagebücher, S. 345.
282 Braun, Von Weimar, S. 121.
283 d'Abernon, Botschafter, II, S. 188.
284 Nach: Schulthess' Europäischer Geschichtskalender, Jg. 1923, S. 300.
285 Akten der Reichskanzlei. Das Kabinett Cuno, S. 123.
286 d'Abernon, Botschafter, II, S. 241.
287 Stresemann, Vermächtnis, I, S. 65.
288 Otto Geßler: Reichswehrpolitik in der Weimarer Zeit, Stuttgart 1958, S. 250.
289 Zit. nach: Hans Meier-Welcker: Seeckt, Frankfurt 1967, S. 369.
290 Carl. E. Schorske: German Social Democracy, 1905–1917, Cambridge 1955, S. 124.
291 Stresemann, Vermächtnis, I, S. 376.
292 Stresemann, Vermächtnis, I, S. 106f.
293 Verhandlungen des Reichstags, Bd. 361, S. 11 933f.
294 Braun, Von Weimar, S. 127.
295 Halbmonatsbericht des Regierungspräsidenten von Oberbayern, 6.9.23, in: Ernst Deuerlein (Hrsg.): Der Hitler-Putsch, Stuttgart 1962, S. 161f.
296 Halbmonatsbericht des Regierungspräsidenten von Schwaben und Neuburg, 8.9.23, in: ebd., S. 165.
297 Brecht, Aus nächster Nähe, S. 403.
298 Karl Holl/Adolf Wild (Hrsg.): Ein Demokrat kommentiert Weimar, Bremen 1973, S. 91f.
299 Bericht des französischen Oberdelegierten für den Bezirk Wiesbaden

an Oberkommissar Tirard, 16.4.23, nach: Ursachen und Folgen, V, S. 300f.
300 Zit. nach: Akten der Reichskanzlei. Die Kabinette Stresemann, I, S. 13, Anm. 10.
301 Korrespondenz der Bayerischen Volkspartei, zit. nach: Stresemann, Vermächtnis, I, S. 133.
302 Erklärung der Zentrale der KPD, 5.10.23, in: Ursachen und Folgen, V, S. 482.
303 Regierungserklärung Zeigners, in: ebd., S. 484f.
304 So die Erklärung der thüringischen Landesregierung vom 17.10.23, in: ebd., S. 487.
305 Berliner Tageblatt, Nr. 50, 30.1.23.
306 Wehrkreiskommando VII an Reichswehrministerium, 6.10.23, in: Deuerlein, Hitler-Putsch, S. 197f.
307 Frankfurter Zeitung, Nr. 837, 10.11.23.
308 Rede Hitlers vor alten Kämpfern der Bewegung in München, 8.11.35, nach: Ursachen und Folgen, V, S. 442.
309 Tagebuchnotiz Stresemanns, 23.11.23, in: Stresemann, Vermächtnis, I, S. 245.
310 d'Abernon, Botschafter, II, S. 329f.
311 Verhandlungen des Reichstags, Bd. 361, S. 12 634.
312 Auf einer DVP-Versammlung in Elberfeld, 17.2.24., in: Stresemann, Vermächtnis, I, S. 300.
313 Paul Schmidt: Statist auf diplomatischer Bühne, Bonn 1949, S. 64.
314 In: Schulthess' Europäischer Geschichtskalender, Jg. 1924, S. 433.
315 d'Abernon, Botschafter, III, S. 181.
316 Botschafter Hoesch an das Auswärtige Amt, 6.11.24, in: Politisches Archiv des Auswärtigen Amts Bonn, Pol. Abt. II a, Frankreich, Politik 2, Bd. 11.
317 Frankfurter Zeitung, Nr. 495, 19.10.25.
318 Schmidt, Statist, S. 90.
319 Berliner Tageblatt, Nr. 493, 17.10.25.
320 Kabinettssitzung, 19.10.25, in: Akten der Reichskanzlei. Die Kabinette Luther I und II, bearb. v. Karl-Heinz Minuth, Boppard 1977, S. 783.
321 Stresemann, Vermächtnis, II, S. 555.
322 Wolfgang Stresemann: Rede über Briand und Stresemann, in: Rotarier 1974/75, S. 13.
324 d'Abernon, Botschafter, III, S. 310.
325 Politisches Archiv des Auswärtigen Amts Bonn, Nachlaß Stresemann, Bd. 302.
326 Stresemann, Vermächtnis, III, S. 565f.
327 Geleitwort G. P. Goochs zu Felix Hirsch: Gustav Stresemann. Patriot und Europäer, Göttingen 1964, S. 11.
328 Vossische Zeitung, Nr. 467, 3.10.29.
329 Kessler, Tagebücher, S. 595f.
330 d'Abernon, Botschafter, III, S. 62.
331 Reichs-Ermächtigungsgesetz vom 8.12.23, RGBl. 1923 I, S. 1179.
332 So Reichswehrminister Geßler auf der Ministerbesprechung am 31.5.24, in: Akten der Reichskanzlei. Die Kabinette Marx I und II, Bd. II, bearb. v. Günter Abramowski, Boppard 1973, S. 1233.
333 Frankfurter Zeitung, Nr. 902, 1.12.24.
334 Berliner Tageblatt, Nr. 582, 5.12.24.
335 Niederschrift Staatssekretär Meißners über die Ministerbesprechung vom 19.12.24, in: Akten der Reichskanzlei. Die Kabinette Marx I und II, Bd. II, S. 1233.
336 Willy Hellpach: Wirken in Wirren, Bd. II, Hamburg 1949, S. 328.
337 d'Abernon, Botschafter, III, S. 152.

338 Stefan Zweig: Die Welt von gestern. Erinnerungen eines Europäers, Wien 1952, S. 289.
339 Zit. nach: Nikolaus v. Preradovich: Zum Bewußtsein der Zeitgenossen 1924–1929, in: Zeitgeist im Wandel, Bd. II, hrsg. v. Hans Joachim Schoeps, Stuttgart 1968, S. 119.
340 Brecht, Aus nächster Nähe, S. 446.
341 Verhandlungen des Reichstags, Bd. 381, S. 126 C.
342 Kurt Hiller: Die Fahne, in: Neue Bücherschau, 4 (1926), S. 97.
343 Otto Flake: Rückblick, in: Die Neue Rundschau, 38 (1927), S. 1.
344 Aufzeichnung Eugen Schiffers über ein Gespräch mit Ebert, ohne Datum, in: Geheimes Staatsarchiv Berlin, Nachlaß Schiffer 2/217.
345 Nach: John W. Wheeler-Bennett: Der hölzerne Titan, Tübingen 1969, S. 277.
346 Berliner Tageblatt, Nr. 197, 27.4.25.
347 Nach: Schulthess' Europäischer Geschichtskalender, Jg. 1925, S. 60.
348 Kessler, Tagebücher, S. 439.
349 Ebd., S. 441f.
350 Carl Severing: Mein Lebensweg, Bd. II, Köln 1950, S. 56.
351 Elard von Oldenburg-Januschau: Erinnerungen, Leipzig 1936, S. 218f.
352 d'Abernon, Botschafter, III, S. 193.
353 Verhandlungen des Reichstags, Bd. 377, Nr. 5778, S. 6723f.
354 Protokoll des SPD-Parteitags in Kiel 1927, Berlin 1927, S. 62.
355 Berliner Tageblatt, Nr. 237, 21.5.28.
356 Leber, Ein Mann, S. 218.
357 Telegramm Stresemanns an Hermann Müller, 23.6.28, in: Stresemann, Vermächtnis, III, S. 298f.
358 Groener-Geyer, General Groener, S. 216.
359 Leber, Ein Mann, S. 567.
360 Berliner Tageblatt, Nr. 294, 26.6.28.
361 Harold Nicolson: Tagebücher und Briefe, Bd. I, Frankfurt 1969, S. 12.
362 Toni Jensen an Albert Grzesinski, 20.8.28, in: Internationales Institut für Sozialgeschichte Amsterdam, Nachlaß Grzesinski/77.
363 Berliner Tageblatt, Nr. 630, 16.11.28.
364 Frankfurter Zeitung, Nr. 863, 17.11.28.
365 Akten der Reichskanzlei. Das Kabinett Müller II, bearb. v. Martin Vogt, Bd. I, Boppard 1970, S. 543.
366 Nach: Severing, Lebensweg, II, S. 176.
367 Landvolk (Itzehoe), Nr. 102, 27.7.29.
368 Nach: Gotthard Jasper: Zur innenpolitischen Lage in Deutschland im Herbst 1929, in: VfZ 8 (1960), S. 280ff.
369 Flugblatt in: Geheimes Staatsarchiv Berlin, Zeitgeschichtliche Sammlung.
370 Zit. nach: Fr.Frhr. Hiller v. Gaertringen: Die Deutschnationale Volkspartei, in: Erich Matthias/Rudolf Morsey (Hrsg.): Das Ende der Parteien 1933, Düsseldorf 1960, S. 547.
371 Kurt Rosenfeld: Heraus aus der Reichsregierung, in: Der Klassenkampf 3 (1929), S. 323ff.
372 Leber, Ein Mann, S. 234.
373 Leopold Schwarzschild: Rückschau, in: Das Tage-Buch, H. 1, 4.1.30, S. 1f.
374 Frankfurter Zeitung, Nr. 1, 1.1.30.
375 Niederschrift des Grafen Westarp über eine Unterredung mit Hindenburg, 12.1.30, in: HZ 178 (1954), S. 79f.
376 Frankfurter Zeitung, Nr. 235, 28.3.30.
377 Siehe Anm. 372.
378 Heinrich Brüning: Memoiren 1918–1934, Stuttgart 1970, S. 39.
379 Heinrich Köhler: Lebenserinnerungen des Politikers und Staatsmannes 1878–1949, hrsg. v. J. Becker, Stuttgart 1964, S. 226.

380 Lutz Graf Schwerin von Krosigk: Es geschah in Deutschland, Tübingen/Stuttgart 1951, S. 131.
381 Nach: Rudolf Morsey: Neue Quellen zur Vorgeschichte der Reichskanzlerschaft Brünings, in: Staat, Wirtschaft und Politik in der Weimarer Republik. Festschrift für Heinrich Brüning, hrsg. v. F. A. Hermens/ Th. Schieder, Berlin 1967, S. 219f.
382 Theodor Wolff: Der Marsch durch zwei Jahrzehnte, Amsterdam 1936, S. 113.
383 Verhandlungen des Reichstags, Bd. 427, S. 4728ff.
384 Deutsche Allgemeine Zeitung, Nr. 155, 1.4.30.
385 Stresemann vor dem Zentralverband der Deutschen Volkspartei, 26.2.28, in: Stresemann, Vermächtnis, III, S. 433.
386 Ernst Müller-Meiningen: Bolschewismus, Faschismus oder Freistaat, München 1931, S. 95.
387 Nach: Rudolf Morsey: Die Deutsche Zentrumspartei, in: Matthias/ Morsey, Ende der Parteien, S. 286.
388 Hans Kelsen: Sozialismus und Staat, 3. Aufl. Wien 1965, S. 129f.
389 Ernst Feder: Heute sprach ich mit... Tagebücher eines Berliner Publizisten 1926–1933, Stuttgart 1971, S. 259f.
390 Zit. nach: Wilhelm Treue (Hrsg.): Deutschland in der Weltwirtschaftskrise in Augenzeugenberichten, Düsseldorf 1967, S. 91f.
391 Verhandlungen des Reichstags, Bd. 428, S. 6501.
392 Ebd., S. 6513f.
393 RGBl 1930, I, Nr. 30.
394 Frankfurter Zeitung, Nr. 530, 19.7.30.
395 Brüning, Memoiren, S. 378, Hervorhebung wie im Original.
396 Leopold Schwarzschild: Wahlepistel I, 23.8.30, abgdr. in: ders.: Die letzten Jahre vor Hitler. Aus dem »Tagebuch« 1929–1933, hrsg. v. Valerie Schwarzschild, Hamburg 1966, S. 58f.
397 Rumpelstilzchen: Piept es? Berlin 1930, S. 290.
398 Proklamation des ZK der KPD, 28.8.30, in: Siegfried Vietzke/Heinz Wohlgemuth: Deutschland und die deutsche Arbeiterbewegung in der Zeit der Weimarer Republik 1919–1933, Berlin (-Ost) 1966, S. 500.
399 Ebd.
400 Manifest der NSDAP, 10.9.30, nach: Ursachen und Folgen, VII, S. 372.
401 Brüning, Memoiren, S. 186.
402 Hermann Pünder: Politik in der Reichskanzlei. Aufzeichnungen aus den Jahren 1929–1932, Stuttgart 1961, S. 59.
403 Frankfurter Zeitung, Nr. 688, 15.9.30.
404 Ebd.
405 Richtlinien der Deutschen Arbeiterpartei, 5.1.19, in: Ursachen und Folgen, III, S. 212.
406 Aufzeichnung vom 15.4.19, in: Kessler, Tagebücher, S. 178.
407 Aufzeichnung vom 5.5.19, in: Mann, Tagebücher 1918–1921, S. 227.
408 Freund, Deutsche Geschichte, S. 529.
409 Adolf Hitler: Mein Kampf, 424.–428. Aufl. München 1939, S. 241, 243.
410 Nach: Ernst Deuerlein: Hitlers Eintritt in die Politik und die Reichswehr, in: Vierteljahrshefte für Zeitgeschichte 7 (1959), S. 201f.
411 Zit. nach: Ernst Deuerlein (Hrsg.): Der Aufstieg der NSDAP in Augenzeugenberichten, Düsseldorf 1968, S. 160.
412 München-Augsburger Abendzeitung, 13.5.23.
413 Heinz Pol: Ende der völkischen Bewegung, in: Die Weltbühne, 17.3.25.
414 Zit. nach: Deuerlein, Aufstieg, S. 251f.
415 SA-Befehl Nr. 15, 19.2.27, in: Heinrich Bennecke: Hitler und die SA, München/Wien 1962, S. 243.
416 Joseph Goebbels: Wenn Hitler spricht. 19.11.28, in: ders.: Der Angriff. Aufsätze aus der Kampfzeit, München 1935, S. 217f.

417 Hitler, Mein Kampf, S. 371.
418 v. Salomon, Fragebogen, S. 402.
419 Gustav Stresemann: Zum Jahrestag der Revolution, in: Deutsche Stimmen, 5.11.19.
420 Zit. nach: David Shub: Lenin, Wiesbaden 1957, S. 379.
421 Siehe Anm. 405.
422 Melitta Maschmann: Fazit. Mein Weg in der Hitler-Jugend, Neuaufl. München 1979, S. 8f.
423 Ebd.
424 Sigmund Neumann: Die Parteien der Weimarer Republik, Berlin 1932, Neuaufl. Stuttgart 1965, S. 81.
425 Günter Keiser: Der Nationalsozialismus, eine reaktionäre Revolution, in: Neue Blätter für den Sozialismus, 2 (1931), S. 270ff.
426 Zit. nach: Theo Pirker: Komintern und Faschismus 1920–1940, Stuttgart 1965, S. 187.
427 Eberhard Czichon: Wer verhalf Hitler zur Macht? Zum Anteil der deutschen Industrie an der Zerstörung der Weimarer Republik, Köln 1967, S. 54; zur Auseinandersetzung siehe Henry A. Turner jr.: Faschismus und Kapitalismus in Deutschland, Göttingen 1972.
428 Leber, Ein Mann, S. 234.
429 Julius Curtius: Sechs Jahre Minister der deutschen Republik, Heidelberg 1948, S. 170.
430 Botschaftsrat Rieth an Auswärtiges Amt, 19.9.30, in: ADAP, Serie B, Bd. 15, S. 540.
431 Geheimrat Kastl in der Vorstandssitzung des RDI, 19.9.30, in: Quellen, 3. Reihe, Bd. 4/I, S. 393ff.
432 Brüning, Memoiren, S. 198.
433 Leber, Ein Mann, S. 238.
434 Der bayerische Gesandte in Berlin an das bayerische Staatsministerium des Äußeren, 11.11.30, in: Geheimes Staatsarchiv München, Bayer. Ges. Berlin 1107.
435 Aufzeichnung des GenMaj Liebmann über eine Besprechung im Reichswehrministerium, 25.10.30, in: Quellen, 3. Reihe, Bd. 3, S. 165f.
436 Ebd.
437 Ministerbesprechung, 19.12.30, in: Bundesarchiv Koblenz, R 43 I/1447.
438 Brüning, Memoiren, S. 192ff.
439 Hans Schäffer an Hans Staudinger, 12.7.52, in: Nachlaß Staudinger, New York.
440 Brüning, Memoiren, S. 278, Hervorhebung von mir.
441 Herbert Hoover: Memoiren, Bd. III: Die große Wirtschaftskrise 1929–1941, Mainz 1954, S. 69.
442 In: Erich Kästner: Gesang zwischen den Stühlen, Berlin 1960, S. 33f.
443 Leopold Schwarzschild: Der Kollaps, 18.7.31., nach: ders.: Die letzten Jahre vor Hitler. »Tagebuch« 1929–1933, S. 114f.
444 In: Schulthess' Europäischer Geschichtskalender, Jg. 1931, S. 510.
445 André François-Poncet: Als Botschafter in Berlin 1931–1938, Mainz 1947, S. 33.
446 Vossische Zeitung, Nr. 436, 16.9.31.
447 Der Kämpfer, 17./18.12.32, nach: Treue, Deutschland in der Weltwirtschaftskrise, S. 346.
448 Georg Dietrich auf der Sitzung des SPD-Parteiausschusses, 10.11.32, in: Hagen Schulze (Hrsg.): Anpassung oder Widerstand? Aus den Akten des Parteivorstands der deutschen Sozialdemokratie 1932/33, Bonn – Bad Godesberg 1975, S. 43.
449 Berliner Tageblatt, Nr. 491, 17.10.31.
450 Albert Krebs: Tendenzen und Gestalten der NSDAP. Erinnerungen an die Frühzeit der Partei, Stuttgart 1948, S. 42f.

451 Zit. nach: Severing, Lebensweg, II, S. 287.
452 Aufzeichnung vom 23.3.32, in: Kessler, Tagebücher, S. 657.
453 Nach: Ursachen und Folgen, VIII, S. 364.
454 Brüning, Memoiren, S. 430.
455 Friedrich Stampfer: Erfahrungen und Erkenntnisse, Aufzeichnungen aus meinem Leben, Köln 1957, S. 258.
456 Hubert Renfro Knickerbocker: Deutschland so oder so? Berlin 1932, S. 33ff.
457 Brüning, Memoiren, S. 386.
458 Ebd., S. 148.
459 Ebd., S. 183.
460 Ebd., S. 422f.
461 Ebd., S. 376.
462 Aufzeichnungen vom 10.1.32, in: Joseph Goebbels: Vom Kaiserhof zur Reichskanzlei, Berlin 1934, S. 23.
463 Vorwärts, Nr. 117, 10.3.32.
464 Groener an GenMaj a.D. v. Gleich, 25.4.32, in: Quellen, 3. Reihe, Bd. 4/II, S. 1408.
465 Groener an Schleicher, 23.3.32, in: Bundesarchiv-Militärarchiv Freiburg, Nachlaß Schleicher N 42/66.
466 Goebbels, Vom Kaiserhof, S. 93.
467 v. Braun, Von Ostpreußen, S. 218.
468 Brüning, Memoiren, S. 598f.
469 Frankfurter Zeitung, Nr. 406, 2.6.32.
470 Franz v. Papen: Der Wahrheit eine Gasse, München 1952, S. 112.
471 Deutsche Allgemeine Zeitung, Nr. 457/458, 6.10.31.
472 Aufzeichnung vom 9.6.32, in: Kessler, Tagebücher, S. 670.
473 v. Braun, Von Ostpreußen, S. 228.
474 Aufzeichnung vom 4.6.32, in: Kessler, Tagebücher, S. 670.
475 Aufzeichnung vom 11.6.32, in: Ebd., S. 671.
476 Frhr. v. Gayl: Franz v. Papen. Unveröffentlichtes Manuskript, in: Nachlaß Michael Freund, in Privathand.
477 Beschluß des Plenums des ZK der KPD, 12.2.32, in: Handbuch für den Preußischen Landtag, Berlin 1932, S. 214.
478 Aufzeichnung vom 12.7.32, in: Kessler, Tagebücher, S. 676.
479 Aufzeichnung vom 28.5.32, in: Goebbels, Vom Kaiserhof, S. 101.
480 Aufzeichnung vom 23.6.32, in: Ebd., S. 116.
481 Siehe Anm. 476.
482 Ebd.
483 Ebd.
484 Severing, Lebensweg, II, S. 347.
485 Ernst Fraenkel an Karl Dietrich Erdmann, 31.1.73, abgedr. in: Bruno Gebhardt, Handbuch der Deutschen Geschichte, 9. Auflage, Bd. 4: Karl-Dietrich Erdmann: Die Zeit der Weltkriege, Stuttgart 1976, S. 326, Anm. 8.
486 Francis L. Carsten: Reichswehr und Politik, Köln/Berlin 1964, S. 423, Anm. 21.
487 Aufzeichnung vom 1.8.32, in: Goebbels, Vom Kaiserhof, S. 137.
488 Aufzeichnung Staatssekretär Meißners, 13.8.32, in: Thilo Vogelsang: Reichswehr, Staat und NSDAP, Stuttgart 1962, S. 479f.
489 Der Angriff, 16.8.32.
490 Nach: Ursachen und Folgen, VIII, S. 645.
491 Aufzeichnung vom 23.8.32, in: Goebbels, Vom Kaiserhof, S. 148.
492 v. Braun, Von Ostpreußen, S. 254f.
493 RGBl 1932 I, S. 441.
494 Hubert Renfro Knickerbocker: Kommt Europa hoch?, Berlin 1932, S. 188.

495 Vossische Zeitung, Nr. 449, 18.9.32.
496 Aufzeichnung vom 7.11.32, in: Goebbels, Vom Kaiserhof, S. 197.
497 Staatssekretär Meißner an Hitler, 24.11.32, in: Ursachen und Folgen, VIII, S. 694.
498 Aufzeichnung vom 24.11.32, in: Goebbels, Vom Kaiserhof, S. 210.
499 Aktennotiz Meißners über Besprechungen beim Reichspräsidenten am 1. und 2.12.32, in: Ursachen und Folgen, VIII, S. 702.
500 Zit. nach: Carsten, Reichswehr und Politik, S. 433.
501 Papen, Wahrheit, S. 250.
502 Groener an Schleicher, 27.11.32, in: Groener-Geyer, General Groener, S. 330ff.
503 Berliner Tageblatt, Nr. 581, 8.12.32.
504 Aufzeichnung vom 8.12.32, in: Goebbels, Vom Kaiserhof, S. 218.
505 Aufzeichnung vom 10.12.32, in: Ebd., S. 223.
506 Aufzeichnung vom 22.12.32, in: Ebd., S. 228.
507 Zit. nach: Treue, Deutschland in der Weltwirtschaftskrise, S. 328.
508 Nach: Toni Stolper: Ein Leben in Brennpunkten unserer Zeit. Gustav Stolper 1888–1947, Tübingen 1960, S. 307.
509 Tägliche Rundschau, Nr. 286, 4.12.32.
510 Theodorf Wolff im Berliner Tageblatt, Nr. 575, 4.12.32.
511 François-Poncet, Botschafter, S. 49.
512 Lutz Graf Schwerin von Krosigk: Memoiren, Stuttgart 1977, S. 152.
513 v. Braun, Von Ostpreußen, S. 261.
514 Aufzeichnungen vom 8.12.32, in: Goebbels, Vom Kaiserhof, S. 220.
515 Aufzeichnung vom 9.12.32, in: Ebd., S. 222.
516 Notizen des GenLt Liebmann von der Gruppen- und Wehrkreisbefehlshaber-Tagung, 13.–15.12.32, in: Thilo Vogelsang: Neue Dokumente zur Geschichte der Reichswehr 1930–1932, in: Vierteljahrshefte für Zeitgeschichte 2 (1954), S. 428.
517 Text in: Cuno Horkenbach: Das Deutsche Reich von 1918 bis heute, Bd. III, Berlin 1933, S. 420f.
518 Wilhelm Hoegner: Flucht vor Hitler, München 1977, S. 44.
519 Leber, Ein Mann, S. 242.
520 Protokoll der Parteiausschußsitzung, 10.11.32, in: Schulze, Anpassung, S. 92.
521 Ebd.
522 Nach: Horkenbach, III, S. 425.
523 Braun, Von Weimar, S. 437.
524 Aufzeichnung vom 16.1.33, in: Goebbels, Vom Kaiserhof, S. 243.
525 Nach: Hans Rudolf Berndorff: General zwischen Ost und West, Hamburg 1952, S. 260.
526 Friedrich Meinecke: Volksgemeinschaft – nicht Volkszerreißung, in: ders.: Politische Schriften und Reden, hrsg. v. Georg Kotowski, Darmstadt ^{4}1979, S. 480.
527 Aufzeichnung vom 16.1.33, in: Goebbels, Vom Kaiserhof, S. 243.
528 So Schleichers Bericht gegenüber Brüning, in: Brüning, Memoiren, S. 645.
529 Nach: Karl Dietrich Bracher: Die Auflösung der Weimarer Republik, Villingen ^{5}1971, S. 626.
530 Aktenvermerk des Chefs des Heerespersonalamts v. d. Bussche-Ippenburg, 7.4.51, in: Institut für Zeitgeschichte München, Zeugenschrifttum/117.
531 Theodor Duesterberg: Der Stahlhelm und Hitler, Wolfenbüttel/Hannover 1949, S. 42.
532 Ebd.
533 Ebd., S. 43.
534 Protokoll der Sitzung des SPD-Parteivorstands, 30.1.33, in: Schulze, Anpassung, S. 135.

535 Stampfer, Erfahrungen und Erkenntnisse, S. 260.
536 Otto Dietrich: Mit Hitler in die Macht, München 1934, S. 182.
537 Nach: Andreas Dorpalen: Hindenburg in der Geschichte der Weimarer Republik, Berlin/Frankfurt 1966, S. 420.
538 Sir Horace Rumbold an Sir John Simon, 1.2.33, in: Documents on British Foreign Policy, Serie 2, Bd. IV, S. 401, 404.
539 Ludendorff an Hindenburg, 1.2.33, in: Ursachen und Folgen, VIII, S. 766.
540 Schwerin v. Krosigk, Es geschah in Deutschland, S. 147.
541 Ewald v. Kleist-Schmenzien: Die letzte Möglichkeit. Zur Ernennung Hitlers zum Reichskanzler, in: Politische Studien, X (1959), S. 92.
542 Aufzeichnung vom 30.1.33, in: Goebbels, Vom Kaiserhof, S. 254.
543 Aufzeichnung vom 22.4.33, in: Ebd., S. 302.
544 Karl Dietrich Erdmann: Die Geschichte der Weimarer Republik als Problem der Wissenschaft, in: Vierteljahrshefte für Zeitgeschichte 3 (1955), S. 5.
545 Braun, Von Weimar, S. 5; Friedrich Stampfer, Vierzehn Jahre.
546 Wolfgang Ruge: Weimar. Republik auf Zeit, Berlin (-Ost) 1969.
547 William L. Shirer: The Rise and Fall of the Third Reich, London 1960; siehe auch: ders.: Zur deutschen Kritik an ›Aufstieg und Fall des Dritten Reiches‹, in: Blätter für Deutsche und Internationale Politik 7 (1961), S. 707f.
548 Sefton Delmer: Weimar Germany. Democracy on Trial, London 1972.
549 Rosenberg, Geschichte der deutschen Republik.
550 Ferdinand A. Hermens: Mehrheitswahlrecht und Verhältniswahlrecht, Berlin 1949.
551 Arnold Brecht: Prelude to Silence, dt.: Vorspiel zum Schweigen. Das Ende der deutschen Republik, Wien 1948.
552 Bracher, Auflösung.
553 Karl Dietrich Bracher: Parteienstaat, Präsidialregime, Notstand, in: Gotthard Jasper (Hrsg.): Von Weimar zu Hitler 1930–1933, Köln/Berlin 1968, S. 69f., Anm. 2.
554 Werner Conze: Rezension von K. D. Brachers »Auflösung der Weimarer Republik«, in: HZ 183 (1957), S. 378ff.
555 Siehe den jüngsten Schlagabtausch zum gleichen Thema durch Josef Becker: Heinrich Brüning und das Scheitern der konservativen Alternative in der Weimarer Republik, in: Aus Politik und Zeitgeschichte, B 22/1980, S. 3ff., sowie Udo Wengst: Heinrich Brüning und die »konservative Alternative«. Kritische Anmerkungen zu neuen Thesen über die Endphase der Weimarer Republik, in: Aus Politik und Zeitgeschichte, B 50/1980, S. 19ff., sowie die Erwiderung Beckers im selben Heft, S. 27ff.
556 Akten der Reichskanzlei; Akten zur deutschen auswärtigen Politik 1918–1945, Serie B: 1925–1933, Göttingen 1966ff.; das Erscheinen der Serie A für den Zeitraum 1918–1925 wird derzeit erst vorbereitet.
557 Zu den wichtigsten Wegweisern zu den Quellen gehören: Das Bundesarchiv und seine Bestände, Boppard ^{3}1977; Archivbestände zur Wirtschafts- und Sozialgeschichte der Weimarer Republik, hrsg. v. Thomas Trumpp/Renate Köhne, Boppard 1979; Wolfgang Mommsen: Die Nachlässe in den deutschen Archiven, Boppard 1971; Ludwig Deneke: Die Nachlässe in den Bibliotheken der Bundesrepublik Deutschland, Boppard 1969.
558 Matthias/Morsey, Ende der Parteien.
559 Ludwig Zimmermann: Deutsche Außenpolitik in der Ära der Weimarer Republik, Göttingen 1958.
560 Wolfram Fischer: Deutsche Wirtschaftspolitik 1918–1945, Opladen ^{3}1968; Karl Hardach: Wirtschaftsgeschichte Deutschlands im 20. Jahr-

hundert, Göttingen 1976; Dietmar Petzina: Die deutsche Wirtschaft in der Zwischenkriegszeit, Wiesbaden 1977.

561 Hans Mommsen/Dietmar Petzina/Bernd Weisbrod (Hrsg.): Industrielles System und politische Entwicklung in der Weimarer Republik, Düsseldorf 1974.

562 Siehe Anm. 549.

563 Georg P. Meyer: Bibliographie zur deutschen Revolution 1918/19, Göttingen 1977.

564 Peter D. Stachura: The Weimar Era and Hitler 1918–1933. A Critical Bibliography, Oxford 1977.

565 Siehe Karl Dietrich Erdmann/Hagen Schulze: Weimar. Selbstpreisgabe einer Demokratie. Eine Bilanz heute, Düsseldorf 1980.

566 Siehe u.a. Erich Matthias: Quellen, 1. Reihe, Bd. 6/I, S. XVff.; Eberhard Kolb: Die Arbeiterräte in der deutschen Innenpolitik 1918–19, Düsseldorf 1962; Peter v. Oertzen: Betriebsräte in der Novemberrevolution, Düsseldorf 1963; Reinhard Rürup: Probleme der Revolution in Deutschland 1918/19, Wiesbaden 1968.

567 Siehe die Beiträge zu: Probleme der Demokratie heute. Sonderheft 2 der Politischen Vierteljahrsschrift, Opladen 1971; Paul Kevenhörster: Das Rätesystem als Instrument zur Kontrolle politischer und wirtschaftlicher Macht, Opladen 1974.

568 Wolfgang J. Mommsen: Die deutsche Revolution 1918–1920, in: Geschichte und Gesellschaft 4 (1978), S. 362ff.; Eckard Jesse/Henning Köhler: Die deutsche Revolution 1918/19 im Wandel der historischen Forschung, in: Aus Politik und Zeitgeschichte B 45/1978, S. 3ff.; Hans Hürten: Die Novemberrevolution – Fragen an die Forschung, in: Geschichte in Wissenschaft und Unterricht 30 (1979), S. 158ff.; Heinrich A. Winkler: Die Sozialdemokratie und die Revolution 1918/19, Berlin/Bonn 1979.

569 Knut Borchardt: Wirtschaftliche Ursachen des Scheiterns der Weimarer Republik, in: Erdmann/Schulze, Weimar. S. 238.

570 Siehe Henry A. Turner, jr.: Faschismus und Kapitalismus in Deutschland, Göttingen 1972; Reinhard Neebe: Großindustrie, Staat und NSDAP 1930–33. Paul Silverberg und der Reichsverband der deutschen Industrie in der Krise der Weimarer Republik, Göttingen 1981.

571 Ralf Dahrendorf: Gesellschaft und Demokratie in Deutschland, München 1965.

572 Talcott Parsons: Democracy and Social Structure in Pre-Nazi-Germany, in: ders.: Essay in Sociological Theory, Glencoe/Ill. 1954.

573 David Blackbourn/Geoff Eley: Mythen deutscher Geschichtsschreibung, Frankfurt/Berlin/Wien 1980.

574 Theodor Geiger: Die soziale Schichtung des deutschen Volkes. Soziographischer Versuch auf statistischer Grundlage, Stuttgart 1932.

575 Siehe Wolfgang Runge: Politik und Beamtentum im Parteienstaat, Stuttgart 1965.

576 Siehe insbesondere Rudolf Morsey: Beamtenschaft und Verwaltung zwischen Republik und »Neuem Staat«, in: Erdmann/Schulze, Weimar, S. 151ff.

577 Kurt Sontheimer: Antidemokratisches Denken in der Weimarer Republik, München 1962.

578 Siehe Peter Gay: Die Republik der Außenseiter. Geist und Kultur in der Weimarer Zeit, Frankfurt 1970; Laqueur, Die Kultur der Republik; Kurt Töpner: Gelehrte Politiker und politisierende Gelehrte, Göttingen 1970; Bernd Faulenbach: Ideologie des deutschen Weges, München 1980.

Verzeichnis der zitierten Literatur

Bibliographien und Archivinventare

Das Bundesarchiv und seine Bestände, Boppard [3]1977

Georg P. Meyer: Bibliographie zur deutschen Revolution 1918/19, Göttingen 1977

Thomas Trumpp/Renate Köhne: Archivbestände zur Wirtschafts- und Sozialgeschichte der Weimarer Republik, Boppard 1979

Peter D. Stachura: The Weimar Era and Hitler 1918–1933. A Critical Bibliography, Oxford 1977

Gedruckte Quellen und Jahrbücher

Akten zur deutschen auswärtigen Politik 1918–1945 (ADAP). Aus dem Archiv des Auswärtigen Amts, Serie B: 1925–1933, Bd. Iff., Göttingen 1966ff.

Akten der Reichskanzlei. Weimarer Republik, hrsg. v. Karl Dietrich Erdmann/Wolfgang Mommsen/Hans Booms:
- Hagen Schulze (Bearb.): Das Kabinett Scheidemann, Boppard 1971
- Martin Vogt (Bearb.): Das Kabinett Müller I, Boppard 1971
- Ingrid Schulze-Bidlingmaier (Bearb.): Die Kabinette Wirth I u. II, 2 Bde., Boppard 1973
- Karl-Heinz Harbeck (Bearb.): Das Kabinett Cuno, Boppard 1968
- Günter Abramowski (Bearb.): Die Kabinette Marx I u. II, 2 Bde., Boppard 1973
- Karl-Heinz Minuth (Bearb.): Die Kabinette Luther I u. II, 2 Bde., Boppard 1977
- Martin Vogt (Bearb.): Das Kabinett Müller II, 2 Bde., Boppard 1970

Ernst Deuerlein (Hrsg.): Der Aufstieg der NSDAP in Augenzeugenberichten, Düsseldorf 1968

Ernst Deuerlein (Hrsg.): Der Hitler-Putsch, Stuttgart 1962

Ernst Deuerlein: Hitlers Eintritt in die Politik und die Reichswehr, in: Vierteljahrshefte für Zeitgeschichte 7 (1959), S. 177ff.

Deutschland unter dem Dawes-Plan. Der Bericht des Generalagenten vom 22. Dezember 1928, Berlin 1929

Documents on British Foreign Policy, ed. by E.L. Woodward/R. Butler, Second Series, London 1946ff.

Handbuch für den Preußischen Landtag, Berlin 1932

Cuno Horkenbach: Das deutsche Reich von 1918 bis heute, 4 Bde., Berlin 1930ff.

Gotthard Jasper: Zur innenpolitischen Lage in Deutschland im Herbst 1929, in: Vierteljahrshefte für Zeitgeschichte 8 (1960), S. 280ff.

Ernst Gerhard Jacob (Hrsg.): Deutsche Kolonialpolitik in Dokumenten, Leipzig 1938

Kriegs-Rundschau. Zeitgenössische Zusammenstellung der für den Weltkrieg wichtigen Ereignisse, Urkunden, Kundgebungen, Schlacht- und Zeitberichte, hrsg. v. d. »Täglichen Rundschau«, 5 Bde., Berlin 1915–1920

Materialien, betreffend die Friedensverhandlungen, Teil I–IX, 2 Beihefte, hrsg. v. Auswärtigen Amt, Charlottenburg 1919

Rudolf Morsey: Neue Quellen zur Vorgeschichte der Reichskanzlerschaft Brünings, in: Staat, Wirtschaft und Politik in der Weimarer Republik. Festschrift für Heinrich Brüning, hrsg. v. F.A. Hermens/Th. Schieder, Berlin 1967, S. 207ff.

Protokolle der Sitzung des Parteiausschusses der SPD 1912–1921, hrsg. v. Dieter Dowe, 2 Bde., Berlin/Bonn 1980

Protokoll über die Verhandlungen des Parteitages der Sozialdemokratischen Partei Deutschlands, abgehalten zu Weimar 1919, Berlin 1919

Protokoll über die Verhandlungen des Parteitages der Sozialdemokratischen Partei Deutschlands, abgehalten zu Kiel 1927, Berlin 1927

Quellen zur Geschichte des Parlamentarismus und der politischen Parteien

1. Reihe, Bd. I: Der Interfraktionelle Ausschuß 1917/18, bearb. v. Erich Matthias/Rudolf Morsey, Düsseldorf 1959

1. Reihe, Bd. II: Die Regierung des Prinzen Max von Baden, bearb. v. Erich Matthias/Rudolf Morsey, Düsseldorf 1962

1. Reihe, Bd. VI: Die Regierung der Volksbeauftragten 1918/19, bearb. v. Susanne Miller/Heinrich Potthoff, Düsseldorf 1969

2. Reihe, Bd. IV: Das Krisenjahr 1923. Militär und Innenpolitik 1922–1924, bearb. v. Heinz Hürten, Düsseldorf 1980

3. Reihe, Bd. V: Linksliberalismus in der Weimarer Republik, bearb. v. Lothar Albertin, Düsseldorf 1980

Gerhard A. Ritter (Hrsg.): Das Deutsche Kaiserreich 1871–1914, Göttingen [3]1977

Ernst Schulin (Hrsg.): Gespräche mit Rathenau, München 1980

Schulthess' europäischer Geschichtskalender. Neue Folge, 1914ff., München 1919ff.

Hagen Schulze (Hrsg.): Anpassung oder Widerstand? Aus den Akten des Parteivorstands der deutschen Sozialdemokratie 1932/33, Bonn-Bad Godesberg 1975

Das Staats-Lexikon, hrsg. v. Carl v. Rottek/Carl Welcker, 15 Bde., Altona 1848

Wilhelm Treue (Hrsg.): Deutschland in der Weltwirtschaftskrise in Augenzeugenberichten, Düsseldorf 1967

Ursachen und Folgen vom deutschen Zusammenbruch 1918 bis 1945 bis zur staatlichen Neuordnung Deutschlands in der Gegenwart. Eine Urkunden- und Dokumentensammlung zur Zeitgeschichte, hrsg. und bearb. v. Herbert Michaelis und Ernst Schraepler, 26 Bde., Berlin 1958ff.

Verhandlungen der verfassunggebenden deutschen Nationalversammlung, Berlin 1919ff.

Verhandlungen des Reichstags. Stenographische Berichte und Anlagen, Berlin 1920ff.

Thilo Vogelsang: Neue Dokumente zur Geschichte der Reichswehr 1930–1932, in: Vierteljahreshefte für Zeitgeschichte 2 (1954), S. 397ff.

Vorgeschichte des Waffenstillstands. Amtliche Urkunden, hrsg. im Auftrage des Reichsministeriums von der Reichskanzlei, Berlin 1919

Das Werk des Untersuchungsausschusses der Verfassunggebenden Deutschen Nationalversammlung und des Deutschen Reichstags 1919–1930, Reihe 1–4, Berlin 1919ff.

Kuno Graf v. Westarp: Das Ende der Monarchie am 9. November 1918, hrsg. v. W. Conze, Stollhamm/Berlin 1952

Memoiren, Tagebücher, Briefe und zeitgenössische Publizistik

A (= Adolf Stein, Redakteur der »Täglichen Rundschau«): Friedrich der Vorläufige, die Zietz und die Anderen, Berlin 1919

A: Gerichtstage über Erzberger, Berlin 1919

A: Sieben-Tage-Buch. Kapp-Regierung und Generalstreik, Berlin 1920

A: Zwischen Staatsmännern, Reichstagsabgeordneten und Vorbestraften, Berlin 1922

Viscount d'Abernon: Ein Botschafter der Zeitwende, 3 Bde., Leipzig o. D. (um 1930)

Karoline Bauer: Aus meinem Bühnenleben, hrsg. v. Karl v. Hollander, Weimar 1917

Jeremy Bentham: The Works of Jeremy Bentham, 12 Bde., London 1840

Otto v. Bismarck: Gesammelte Werke (Friedrichsruher Ausgabe), 15 Bde., Berlin 1924–1935

Wipert v. Blücher: Deutschlands Weg nach Rapallo, Wiesbaden 1951

Max Hildebert Boehm: Ruf der Jungen, Berlin 1920

Moritz Julius Bonn: So macht man Geschichte, München 1953

Magnus Frhr. v. Braun: Von Ostpreußen bis Texas, Stollhamm 1955

Otto Braun: Von Weimar zu Hitler, 2. Aufl., New York 1940

Arnold Brecht: Aus nächster Nähe. Lebenserinnerungen 1884–1927, Stuttgart 1966

Heinrich Brüning: Memoiren 1918–1934, Stuttgart 1970

Julius Curtius: Sechs Jahre Minister der deutschen Republik, Heidelberg 1948

Otto Dietrich: Mit Hitler in die Macht, München 1934

Theodor Duesterberg: Der Stahlhelm und Hitler, Wolfenbüttel/Hannover 1949

Matthias Erzberger: Erlebnisse im Weltkrieg, Stuttgart/Berlin 1920

Ernst Feder: Heute sprach ich mit ... Tagebücher eines Berliner Publizisten 1926–1933, Stuttgart 1971

Johannes Fischart (= Erich Dombrowski): Das alte und das neue System, 4 Bde., Berlin 1919–1925

Otto Flake: Rückblick, in: Die Neue Rundschau, 38 (1927), S. 1ff.

André François-Poncet: Als Botschafter in Berlin 1931–1938, Mainz 1947

Helmut Franke: Staat im Staate. Aufzeichnungen eines Militaristen, Magdeburg 1924

Otto Geßler: Reichswehrpolitik in der Weimarer Zeit, Stuttgart 1958

Joseph Goebbels: Vom Kaiserhof zur Reichskanzlei, Berlin 1934

Joseph Goebbels: Der Angriff. Aufsätze aus der Kampfzeit. München 1935

Wilhelm Groener: Lebenserinnerungen, Göttingen 1957

Hans Peter Hanssen: Diary of a Dying Empire, Bloomington 1955

Conrad Haußmann: Schlaglichter. Reichstagsbriefe und Aufzeichnungen, Frankfurt/M. 1924

Georg Wilhelm Friedrich Hegel: Sämtliche Werke, 20 Bde., Stuttgart 1949ff.

Friedrich Wilhelm Heinz: Die Nation greift an, Berlin 1933

Karl Helfferich: Fort mit Erzberger! (= Flugschriften des »Tag« 8), Berlin 1919

Karl Helfferich: Deutschland in den Ketten des Ultimatums (Deutschnationale Flugschriften 107) Berlin 1921

Willy Hellpach: Wirken in Wirren. Lebenserinnerungen, 2 Bde., Hamburg 1948/49

Hermann Hesse/Thomas Mann: Briefwechsel, Frankfurt 1968

Kurt Hiller: Die Fahne, in: Neue Bücherschau 4 (1926), S. 38ff.

Kurt Hiller: Mussolini und unsereins, in: Die Weltbühne, 22 (1926), 1. Halbjahr, S. 45ff.

Adolf Hitler: Mein Kampf, 424.–428. Aufl., München 1939

Wilhelm Hoegner: Flucht vor Hitler, München 1977

Karl Holl/Adolf Wild (Hrsg.): Ein Demokrat kommentiert Weimar. Die Berichte Hellmuth von Gerlachs an die Carnegie-Friedensstiftung in New York 1922–1930, Bremen 1973

Herbert Hoover: Memoiren, 3 Bde., Mainz 1951–1952

Kurt Hotzel: Deutscher Aufstand. Die Revolution des Nachkriegs, Stuttgart 1934

Friedrich Georg Jünger: Aufmarsch des Nationalismus, Leipzig 1926

Erich Kästner: Gesang zwischen den Stühlen, Berlin 1960

Fritz Kern: Das Kapp'sche Abenteuer. Sonderdruck aus »Die Grenzboten«, 1920, H. 11–13, Leipzig/Berlin 1920

Harry Graf Kessler: Tagebücher 1918–1937, Frankfurt 1961

Ewald v. Kleist-Schmenzien: Die letzte Möglichkeit. Zur Ernennung Hitlers zum Reichskanzler, in: Politische Studien X (1959), S. 89ff.

Hubert Renfro Knickerbocker: Deutschland so oder so? Berlin 1932

Hubert Renfro Knickerbocker: Kommt Europa hoch?, Berlin 1932

Heinrich Köhler: Lebenserinnerungen des Politikers und Staatsmannes 1878–1949, hrsg. v. J. Bekker, Stuttgart 1964

Albert Krebs: Tendenzen und Gestalten der NSDAP. Erinnerungen an die Frühzeit der Partei, Stuttgart 1948

Joachim v. Kürenberg: 14 Jahre – 14 Köpfe, Berlin 1933

Julius Leber: Ein Mann geht seinen Weg. Schriften, Reden und Briefe, Berlin/Frankfurt 1952

David Lloyd George: Die Wahrheit über die Reparationen und Kriegsschulden, Berlin 1932

Walter Frhr. v. Lüttwitz: Im Kampf gegen die Novemberrevolution, Leipzig 1921

Das Deutsche Manifest. Ergebnis einer Aussprache zwischen nationalistischen Gruppen, Berlin 1920

Thomas Mann: Politische Schriften und Reden in sechs Bänden, Frankfurt 1960

Thomas Mann: Tagebücher 1918–1921, hrsg. v. Peter de Mendelssohn, Frankfurt 1979

Karl Marx/Friedrich Engels: Werke, hrsg. vom Institut für Marxismus-Leninismus beim ZK der SED, Berlin (Ost) 1958ff.

Melitta Maschmann: Fazit. Mein Weg in der Hitler-Jugend, Neuaufl. München 1979

Friedrich Meinecke: Die deutsche November-Revolution. Ursachen und Tatsachen, in: Handbuch des deutschen Staatsrechts, hrsg. v. G. Anschütz/R. Thoma, I, Tübingen 1929, S. 281ff.

Friedrich Meinecke: Politische Schriften und Reden, hrsg. v. Georg Kotowski, Darmstadt [4]1979

Georg Michaelis: Für Staat und Volk, Berlin 1922

Arthur Moeller van den Bruck: Das Dritte Reich, Hamburg 1931

Richard Müller: Vom Kaiserreich zur Republik, Wien 1924

Ernst Müller-Meiningen: Bolschewismus, Faschismus oder Freistaat, München 1931

Friedrich Naumann: Demokratie und Kaisertum, Berlin-Schöneberg [3]1904

Friedrich Naumann: Kriegschronik, in: Die Hilfe 25 (1919), S. 3ff.

Friedrich Naumann: Werke, hrsg. v. Theodor Schieder, 5 Bde., Köln/Opladen 1964ff.

Harold Nicolson: Tagebücher und Briefe. Bd. I: 1930–1941, Frankfurt 1969

Friedrich Nietzsche: Werke in drei Bänden, hrsg. v. Friedrich Schlechta, München [6]1969

Gustav Noske: Von Kiel bis Kapp, Berlin 1920

Volkswirt Nüse: Der völkische Neuaufbau Deutschlands, Göttingen [2]1923

Elard von Oldenburg-Januschau: Erinnerungen, Leipzig 1936

José Ortega y Gasset: Der Aufstand der Massen, Berlin 1930

Hermann Pachnicke: Führende Männer im alten und neuen Reich, Berlin 1930

Franz v. Papen: Der Wahrheit eine Gasse, München 1952

Kurt Pinthus (Hrsg.): Menschheitsdämmerung. Ein Dokument des Expressionismus, Neuausgabe Hamburg 1959

Raymond Poincaré: Au service de la France, 11 Bde., Paris 1926ff.

Heinz Pol: Ende der völkischen Bewegung, in: Die Weltbühne 21 (1925), S. 386–387

Heinz Pol: Thälmann macht Revolution, in: Die Weltbühne, 24 (1928), 2. Halbjahr, S. 310ff.

Hermann Pünder: Politik in der Reichskanzlei. Aufzeichnungen aus den Jahren 1929–1932, Stuttgart 1961

Walther Rathenau: Kritik der dreifachen Revolution, Berlin 1919

Albrecht Graf von Roon: Denkwürdigkeiten, 3 Bde., Berlin 1892

Kurt Rosenfeld: Heraus aus der Reichsregierung, in: Der Klassenkampf 3 (1929), S. 323ff.

Rumpelstilzchen (= Adolf Stein): Piept es?, Berlin 1930

Ernst v. Salomon: Die Geächteten, Berlin [7]1930

Ernst v. Salomon (Hrsg.): Das Buch vom deutschen Freikorpskämpfer, Berlin 1938

Ernst v. Salomon: Der Fragebogen, Hamburg 1951

Philipp Scheidemann: Der Zusammenbruch, Berlin 1921

Philipp Scheidemann: Memoiren eines Sozialdemokraten, 2 Bde., Dresden 1928

Richard Scheringer: Das große Los. Unter Soldaten, Bauern und Rebellen, Hamburg 1959

Paul Schmidt: Statist auf diplomatischer Bühne, Bonn 1949

Leopold Schwarzschild: Rückschau, in: Das Tage-Buch, H. 1, 4.1.30, S. 1f.

Leopold Schwarzschild: Die letzten Jahre vor Hitler. Aus dem »Tagebuch« 1929–1933, hrsg. v. Valerie Schwarzschild, Hamburg 1966

Lutz Graf Schwerin von Krosigk: Es geschah in Deutschland, Tübingen/Stuttgart 1951

Lutz Graf Schwerin von Krosigk: Memoiren, Stuttgart 1977

Hans v. Seeckt: Gedanken eines Soldaten, Leipzig 1940

Carl Severing: Mein Lebensweg, 2 Bde., Köln 1950

Oswald Spengler: Neubau des deutschen Reiches, München 1924

Das Tagebuch der Baronin Spitzemberg, hrsg. v. Rudolf Vierhaus, Göttingen [2]1961

J. W. Stalin: Werke, Berlin 1950ff.

Friedrich Stampfer: Die vierzehn Jahre der ersten deutschen Republik, Karlsbad 1934

Friedrich Stampfer: Erfahrungen und Erkenntnisse. Aufzeichnungen aus meinem Leben, Köln 1957

Toni Stolper: Ein Leben in Brennpunkten unserer Zeit. Gustav Stolper 1888–1947, Tübingen 1960

Gustav Stresemann: Weimar und die Politik, in: Deutsche Stimmen 31 (1919)

Gustav Stresemann: Vermächtnis. Der Nachlaß in drei Bänden, hrsg. v. Henry Bernhard, Berlin 1932–1933

Ernst Thälmann: Im Kampf gegen die faschistische Diktatur, Berlin 1932

Albrecht v. Thaer: Generalstabsdienst an der Front und in der O.H.L., Göttingen 1958

Ernst Troeltsch: Spectator-Briefe, Tübingen 1924

Kurt Tucholsky: Ausgewählte Werke in zwei Bänden, Hamburg 1965

Kurt Tucholsky: Gesammelte Werke in 10 Bänden, hrsg. v. Fritz J. Raddatz, Reinbek b. Hamburg 1976

Bruno Walter: Thema und Variationen. Erinnerungen und Gedanken, Frankfurt 1950

Marianne Weber: Max Weber. Ein Lebensbild, Tübingen 1926

Max Weber: Die Verhältnisse der Landarbeiter im ostelbischen Deutschland, Leipzig 1892

Max Weber: Wissenschaft als Beruf, in: Gesammelte Aufsätze zur Wissenschaftslehre, hrsg. v. Johannes Winckelmann, Tübingen 4 1973, S. 582ff.

Max Weber: Parlament und Regierung im neugeordneten Deutschland (1918), in: ders.: Gesammelte Politische Schriften, hrsg. v. Johannes Winckelmann, Tübingen 1958, S. 294ff.

Max Weber: Politik als Beruf (1919), in: ders.: Gesammelte Politische Schriften, hrsg. v. Johannes Winckelmann, Tübingen 1958, S. 493ff.

Theodor Wolff: Der Marsch durch zwei Jahrzehnte, Amsterdam 1936

Ignaz Wrobel (= Kurt Tucholsky): Die Ebert-Legende, in: Die Weltbühne, 22 (1926), 1. Halbjahr, S. 52ff.

Stefan Zweig: Die Welt von gestern. Erinnerungen eines Europäers, Wien 1952

Darstellungen

Gottlieb Christian Abt: Parteien, in: Das Staats-Lexikon, hrsg. v. Carl v. Rottek/Carl Welcker, 10. Bd., Altona 1848

Josef Becker: Heinrich Brüning und das Scheitern der konservativen Alternative in der Weimarer Republik, in: Aus Politik und Zeitgeschichte, B 22/1980, S. 3ff.

Heinrich Bennecke: Hitler und die SA, München/Wien 1962

Hans-Rudolf Berndorff: General zwischen Ost und West, Hamburg 1952

David Blackbourn/Geoff Eley: Mythen deutscher Geschichtsschreibung, Frankfurt/Berlin/Wien 1980

Knut Borchardt: Wirtschaftliche Ursachen des Scheiterns der Weimarer Republik, in Karl Dietrich Erdmann/Hagen Schulze: Weimar. Selbstpreisgâbe einer Demokratie, Düsseldorf 1980, S. 211ff.

Karl-Dietrich Bracher: Die Auflösung der Weimarer Republik. Eine Studie zum Problem des Machtverfalls in der Demokratie, Villingen 1955

Karl-Dietrich Bracher: Parteienstaat, Präsidialregime, Notstand, in: Gotthard Jasper (Hrsg.): Von Weimar zu Hitler 1930–1933, S. 58ff.

Arnold Brecht: Vorspiel zum Schweigen. Das Ende der deutschen Republik, Wien 1948

Ernst v. Bülow-Cummerow: Preußen, seine Verfassung, seine Verwaltung, sein Verhältnis zu Deutschland, Berlin 3 1842

Francis L. Carsten: Reichswehr und Politik 1918–1933, Köln/Berlin 1964

Eberhard Czichon: Wer verhalf Hitler zur Macht? Zum Anteil der deutschen Industrie an der Zerstörung der Weimarer Republik, Köln 1967

Ralf Dahrendorf: Gesellschaft und Demokratie in Deutschland, München 1965

Darstellungen aus den Nachkriegskämpfen deutscher Truppen und Freikorps, hrsg. v. d. Kriegsgeschichtlichen Forschungsanstalt des Heeres, 8 Bde., Berlin 1936ff.

Ludwig Dehio: Gleichgewicht oder Hegemonie? Betrachtungen über ein Grundproblem der neueren Staatengeschichte, Krefeld 1948

Sefton Delmer: Weimar Germany. Democracy on Trial, London 1972

Andreas Dorpalen: Hindenburg in der Geschichte der Weimarer Republik, Berlin/Frankfurt 1966

Karl Dietrich Erdmann: Die Geschichte der Weimarer Republik als Problem der Wissenschaft, in: Vierteljahreshefte für Zeitgeschichte, 3 (1955), S. 1ff.

Karl Dietrich Erdmann: Die Zeit der Weltkriege (= Bruno Gebhardt: Handbuch der deutschen Geschichte, 9. Auflage, Bd. 4), Stuttgart 1976

Kärl Dietrich Erdmann/Hagen Schulze (Hrsg.): Weimar. Selbstpreisgabe einer Demokratie. Eine Bilanz heute, Düsseldorf 1980

Bernd Faulenbach: Ideologie des deutschen Weges, München 1980

Wolfram Fischer: Deutsche Wirtschaftspolitik 1918–1945, Opladen 3 1968

Georg Franz-Willing: Die Hitler-Bewegung, Berlin 1962

Michael Freund: Deutsche Geschichte, Gütersloh 1960

Ernst Friesenhahn: Zur Legitimation und zum Scheitern der Weimarer Reichsverfassung, in: Karl Dietrich Erdmann/Hagen Schulze (Hrsg.): Weimar. Selbstpreisgabe einer Demokratie. Eine Bilanz heute, Düsseldorf 1980, S. 81

Erich Fromm: Arbeiter und Angestellte am Vorabend des Dritten Reiches. Eine sozialpsychologische Untersuchung, Stuttgart 1980

Peter Gay: Die Republik der Außenseiter. Geist und Kultur in der Weimarer Zeit, Frankfurt 1970

Theodor Geiger: Die soziale Schichtung des deutschen Volkes. Soziographischer Versuch auf statistischer Grundlage, Stuttgart 1932

Illustrierte Geschichte der deutschen Revolution, Berlin 1929

Harold Gordon: Die Reichswehr und die Weimarer Republik 1919–1926, Frankfurt 1959

Dorothea Groener-Geyer: General Groener. Soldat und Staatsmann, Frankfurt 1955

Karl Hardach: Wirtschaftsgeschichte Deutschlands im 20. Jahrhundert, Göttingen 1976

Henri Hauser: Les méthodes allemandes d'expansion économique, Paris 1915

Ferdinand A. Hermens: Mehrheitswahlrecht und Verhältniswahlrecht, Berlin 1949

F. A. Hermens/Th. Schieder (Hrsg.): Staat, Wirtschaft und Politik in der Weimarer Republik. Festschrift für Heinrich Brüning, Berlin 1967

Jürgen C. Heß: »Das ganze Deutschland soll es sein«. Demokratischer Nationalismus in der Weimarer Republik am Beispiel der Deutschen Demokratischen Partei, Stuttgart 1978

Fr. Frhr. Hiller v. Gaertringen: Die Deutschnationale Volkspartei, in: Erich Matthias/Rudolf Morsey (Hrsg.): Das Ende der Parteien 1933, Düsseldorf 1960, S. 543ff.

Felix Hirsch: Gustav Stresemann, Patriot und Europäer, Göttingen 1964

Hans Hürten: Die November-

revolution - Fragen an die Forschung, in: Geschichte in Wissenschaft und Unterricht 30 (1979), S. 158ff.

Gotthard Jasper: Der Schutz der Republik, Tübingen 1963

Eckard Jesse/Henning Köhler: Die deutsche Revolution 1918/19 im Wandel der historischen Forschung, in: Aus Politik und Zeitgeschichte B 45/1978, S. 3ff.

Hans Kelsen: Vom Wesen und Wert der Demokratie, Tübingen [2]1929

Hans Kelsen: Sozialismus und Staat, Wien [3]1965

Paul Kevenhörster: Das Rätesystem als Instrument zur Kontrolle politischer und wirtschaftlicher Macht, Opladen 1974

Rudolf Klatt: Ostpreußen unter dem Reichskommissariat 1919-1920, Heidelberg 1958

Arnold Köttgen: Die Entwicklung des öffentlichen Rechts in Preußen vom 1. März 1926 bis zum 1. Mai 1930, in: Jahrbuch des öffentlichen Rechts 18 (1930), S. 1ff.

Eberhard Kolb: Die Arbeiterräte in der deutschen Innenpolitik 1918/1919, Düsseldorf 1962

Reinhart Koselleck: Staat und Gesellschaft in Preußen 1815-1848, in: Hans-Ulrich Wehler (Hrsg.): Moderne deutsche Sozialgeschichte, Köln [5]1976, S. 55ff.

Peter Krüger: Deutschland und die Reparationen 1918/19, Stuttgart 1973

Walter Laqueur: Weimar. Die Kultur der Republik, Frankfurt/Berlin/Wien 1976

Werner Liebe: Die Deutschnationale Volkspartei 1918-1924, Düsseldorf 1956

Horst G. Linke: Deutsch-sowjetische Beziehungen bis Rapallo, Köln 1970

Erich Matthias/Rudolf Morsey (Hrsg.): Das Ende der Parteien 1933, Düsseldorf 1960

Hans Meier-Welcker: Seeckt, Frankfurt 1967

Susanne Miller: Die Bürde der Macht. Die deutsche Sozialdemokratie 1918-1920, Düsseldorf 1978

Hans Mommsen/ Dietmar Petzina/Bernd Weisbrod (Hrsg.): Industrielles System und politische Entwicklung in der Weimarer Republik, Düsseldorf 1974

Wolfgang J. Mommsen: Die deutsche Revolution 1918-1920, in: Geschichte und Gesellschaft 4 (1978), S. 362ff.

Rudolf Morsey: Die Deutsche Zentrumspartei, in: E. Matthias/R. Morsey: Das Ende der Parteien 1933, Düsseldorf 1960, S. 281ff.

Rudolf Morsey: Staatsfeinde im öffentlichen Dienst (1929-1932), in: K. König u.a. (Hrsg.): Öffentlicher Dienst. Festschrift für C. H. Uhle, Köln 1977, S. 111ff.

Rudolf Morsey: Beamtenschaft und Verwaltung zwischen Republik und »Neuem Staat«, in: Karl Dietrich Erdmann/Hagen Schulze: Weimar. Selbstpreisgabe einer Demokratie, Düsseldorf 1980, S. 151ff.

Reinhard Neebe: Großindustrie, Staat und NSDAP 1930-33. Paul Silverberg und der Reichsverband der deutschen Industrie in der Krise der Weimarer Republik, Göttingen 1981

Sigmund Neumann: Die Parteien der Weimarer Republik, Berlin 1932, Neuaufl. Stuttgart 1965

Gottfried Niedhart: Deutschland in der britischen Appeasement-Politik 1919-1933, in: Michael Stürmer (Hrsg.): Die Weimarer Republik, Königstein 1980, S. 113ff.

Peter v. Oertzen: Betriebsräte in der Novemberrevolution, Düsseldorf 1963

Rudolf Olden: Hindenburg oder der Geist der preußischen Armee, Nürnberg 1948

Talcott Parsons: Democracy and Social Structure in Pre-Nazi Germany, in: ders.: Essays in Sociological Theory, Glencoe/Ill. 1954

Dietmar Petzina: Die deutsche Wirtschaft in der Zwischenkriegszeit, Wiesbaden 1977

Fritz Poetzsch-Heffter: Vom Staatsleben unter der Weimarer Verfassung, I. Teil, in: Jahrbuch des öffentlichen Rechts 19 (1925), S. 1ff.

Fritz Poetzsch-Heffter: Vom Staatsleben unter der Weimarer Verfassung, III. Teil, in: Jahrbuch des öffentlichen Rechts 21 (1933/34), S. 1ff.

Nicholas v. Preradovich: Zum Bewußtsein der Zeitgenossen 1924-1929, in: Zeitgeist im Wandel, Bd. II, hrsg. v. Hans Joachim Schoeps, Stuttgart 1968, S. 107ff.

Friedrich v. Rabenau: Seeckt. Aus seinem Leben 1918-1936, Leipzig 1940

Arthur Rosenberg: Die Geschichte der deutschen Republik, Karlsbad 1935; Neuaufl. Frankfurt 1961 unter dem Titel: Geschichte der Weimarer Republik

Hans Rothfels: Zehn Jahre danach, in: Vierteljahreshefte für Zeitgeschichte, 3 (1955), S. 227ff.

Friedrich Rück: 1919-1939. Friede ohne Sicherheit, Stockholm 1945

Reinhard Rürup: Probleme der Revolution in Deutschland 1918/19, Wiesbaden 1968

Wolfgang Ruge: Weimar - Republik auf Zeit, Berlin (Ost) 1969

Wolfgang Runge: Politik und Beamtentum im Parteienstaat. Die Demokratisierung der politischen Beamten in Preußen zwischen 1918 und 1933, Stuttgart 1965

Carl Schmitt: Der Hüter der Verfassung, Tübingen 1931

Carl Schmitt: Staatsgefüge und Zusammenbruch des zweiten Reiches, Hamburg 1934

Carl Schmitt: Theorie des Partisanen, Berlin 1963

Carl E. Schorske: German Social Democracy, 1905-1917, Cambridge 1955

William L. Shirer: The Rise and Fall of the Third Reich, London 1960

David Shub: Lenin, Wiesbaden 1957

August Skalweit: Die deutsche Kriegsernährungswirtschaft, Berlin 1927

Kurt Sontheimer: Antidemokratisches Denken in der Weimarer Republik, München 1962

Hans Spethmann: Die Rote Armee an Ruhr und Rhein, Berlin 1930

Gitta Steinmeyer: Die Grundlagen der französischen Deutschlandpolitik 1917-1919, Stuttgart 1979

Edgar Stern-Rubarth: Graf Brockdorff-Rantzau, Berlin 1929

Wolfgang Stresemann: Rede über

Briand und Stresemann, in: Rotarier 1974/75, S. 12ff.

Michael Stürmer (Hrsg.): Die Weimarer Republik. Belagerte Civitas, Königstein 1980

Michael Stürmer: Die Geburt eines Dilemmas. Nationalstaat und Massendemokratie im Mächtesystem 1848, in: Merkur, 1981, H. 1, S. 3ff.

Kurt Töpner: Gelehrte Politiker und politisierende Gelehrte, Göttingen 1970

Henry A. Turner, jr.: Faschismus und Kapitalismus in Deutschland, Göttingen 1972

Siegfried Vietzke/Heinz Wohlgemuth: Deutschland und die deutsche Arbeiterbewegung in der Zeit der Weimarer Republik 1919–1933, Berlin (Ost) 1966

Thilo Vogelsang: Reichswehr, Staat und NSDAP, Stuttgart 1962

Udo Wengst: Heinrich Brüning und die »konservative Alternative«. Kritische Anmerkungen zu neuen Thesen über die Endphase der Weimarer Republik, in: Aus Politik und Zeitgeschichte, B 50/1980, S. 19ff.

Bruno E. Werner: Die zwanziger Jahre, München 1962

Paul Weymar: Konrad Adenauer, München 1955

John W. Wheeler-Bennett: Der hölzerne Titan, Tübingen 1969

Heinrich A. Winkler: Die Sozialdemokratie und die Revolution 1918/19, Berlin/Bonn 1979

Wolfgang Zapf: Wandlungen der deutschen Elite. Ein Zirkulationsmodell deutscher Führungsgruppen 1919–1961, München 1965

Ludwig Zimmermann: Deutsche Außenpolitik in der Ära der Weimarer Republik, Göttingen 1958

Register

Abbildungsnachweis

Anschläge. Politische Plakate in Deutschland 1900–1970, hrsg. von Friedrich Arnold, Ebenhausen b. München 1972: 48, 55, 80, 98, 145, 164, 167, 220, 226, 251, 279, 289, 311, 327, 341, 362, 370; – Karlheinz Dederke: Reich und Republik, Deutschland 1917–33, Suttgart 1969: 39; – Sefton Delmer: Weimar Germany. Democracy on Trial, London 1972: 38; – Deutsches Literaturarchiv Marbach 128; – Deutsches Museum München 32; – Deutschlands Köpfe der Gegenwart über Deutschlands Zukunft, Berlin 1928: 112, 225, 291; – Das Ende der Parteien 1933, hrsg. von Erich Matthias / Rudolf Marsey, Düsseldorf 1960: 342, 363, 383; – Feldgrau. Zeitschrift für neuzeitliche Wehrgeschichte… 15. 1967–19. 1971: 181; – Fragen an die deutsche Geschichte, hrsg. vom Deutschen Bundestag, Berlin [5]1980: 19, 269, 318, 323, 345; – Michael Freund: Deutsche Geschichte, Gütersloh 1960: 37, 50, 151, 312; – Geschichte in Quellen: Weltkriege und Revolutionen 1914–1945, 3. Aufl., München 1979: 385; – Georg Haschke / Norbert Tönnies: Friedrich Ebert, Preetz (Holstein) / Hamburg 1961: 160; – F.-W. Henning: Das industrialisierte Deutschland 1914 bis 1972, Paderborn 1974: 43, 44, 45; – Historische Kommission Berlin 60; – Karl Hubbuch 1891–1979, Ausstellungskatalog des Badischen Kunstvereins Karlsruhe, hrsg. von Wolfgang Goettl u.a., München 1981: 132; – Rolf Italiaander: Besiegeltes Leben, Goslar 1949: 123; – Der wahre Jakob. Ein halbes Jahrhundert in Faksimiles, hrsg. von Hans J. Schütz, Berlin / Bonn-Bad Godesberg 1977: 142, 207, 249, 291, 322; – Drei Jahrzehnte deutscher Geschichte 1918–1948, 2. Aufl., Berlin 1961: 36, 92, 93, 194, 296, 367; – E. Könnemann u.a.: Aktionseinheit contra Kapp-Putsch, Berlin (Ost) 1972: 158; – Kunstbibliothek Berlin 39, 47, 110; – Walter Laqueur: Weimar. Die Kultur der Republik, Frankfurt / Berlin 1976: 124, 136; – Landesarchiv Berlin 74, 130, 141, 166, 185, 217, 244, 261, 332, 359, 366; – Richard Müller: Die Novemberrevolution, Wien 1925: 175; – W. F. von Oertzen: Die deutschen Freikorps, München 1936: 180, 213, 262, 330; – Franz v. Papen: Vom Scheitern einer Demokratie, Mainz 1968: 372; – Dietmar Petzina, Werner Abelshauser, Anselm Faust: Sozialgeschichtliches Arbeitsbuch, Bd. III: Materialien zur Statistik des Deutschen Reiches 1914–1945, München 1978: 66, 195; – Andreas Pfeiffer: Benedikt Fred Dolbin. Kopfstenogramme für die Berliner Presse 1926–33, Ausstellungskatalog Heilbronn 1979: 24, 318; – Politisches Archiv des AA Bonn 197; – Politische Plakate der Weimarer Republik 1918–1933, hrsg. vom Hessischen Landesmuseum Darmstadt, Darmstadt 1980: 29, 57, 64, 73, 77, 81, 83, 84, 96, 99, 170, 174, 182, 184, 188, 199, 212, 240, 295, 297, 321, 344, 370, 389; – Hellmut Rademacher: Das deutsche Plakat von den Anfängen bis zur Gegenwart, o.O. u. o.J. [Dresden 1965]: 107, 243; – Ernst von Reventlow: Der Weg zum Neuen Deutschland, 3. Aufl., Essen 1933: 334; – Theodor Schieder: Staatensystem als Vormacht der Welt 1848–1918 (= Propyläen Geschichte Europas, Bd. 5), Frankfurt / Berlin / Wien 1977: 18, 144; – Kleine Schriften der Gesellschaft für Bildende Kunst in Mainz, 33. Bd. – Max Liebermann als Zeichner, Mainz 1970: 238; – Ernst Schulin: Walther Rathenau, Göttingen / Zürich / Frankfurt/M. o.J. [1979]: 239; – Gerhard Schultze-Pfaelzer: Von Spa nach Weimar. Die Geschichte der deutschen Zeitenwende, Leipzig / Zürich o.J. [1929]: 94, 95, 169; – Walter Schultzendorff: Proletarier und Prätorianer, Köln 1966: 172; – Hagen Schulze 35, 97, 138, 179; – Hans von Seeckt. Aus seinem Leben 1918–1936, hrsg. von Friedrich von Rabenau, Leipzig 1940: 113; – Severin & Siedler Verlag 26, 40, 49, 51, 182, 288, 290, 303, 340, 360, 382; – Simplizissimus 23. 1918/19: 34, 150, 155, 204; 24. 1919/20: 36, 125, 210; 25. 1920/21: 72, 108, 137, 215, 221, 224; 26. 1921/22: 54, 102, 227, 231; 27. 1922/23: 203, 235, 245; 28: 1923/24: 258, 264; 29. 1924/25: 115, 277; 30. 1925/26: 299, 335; 31. 1926/27: 64, 282, 288; 32.

1927/28: 302, 336; 33. 1928/29: 63, 85, 106, 121, 286, 305, 397; 35. 1930/31: 100, 320; 36. 1931/32: 349, 352, 354, 356, 357; 37. 1932/33: 67, 76, 103, 338, 339, 363, 372, 375, 377, 392, 393, 397, 409; - Staatsbibliothek Preuß. Kulturbesitz Berlin 131; - Edgar Stein-Rubarth: Graf Brockdorff-Rantzau. Wanderer zwischen zwei Welten, Berlin o. J. [1929]: 192; - Willy Stiewe: Der Krieg nach dem Kriege, Berlin o. J. [um 1925]: 189; - Gustav Stresemann - Reichstagsreden, hrsg. von Gerhard Zwoch, Bonn 1972: 272; - Gustav Stresemann: Vermächtnis. Der Nachlaß in drei Bänden, hrsg. von Henry Bernhard u.a., Berlin 1932-33: 30, 160, 255, 256, 280, 285; - Das Tage-Buch 4. 1923: 28, 211; 6. 1925: 131, 229, 298, 306; 8. 1927: 353; 9. 1928: 119; 11. 1930: 314; - Ulk 48. 1919: 148, 224; 54. 1925: 279; 56. 1927: 23, 117; 58. 1929: 25, 283; - Veit Valentin: Geschichte der Deutschen, Köln 1979: 21; - Die Verfassung des Deutschen Reiches, eingel. v. A. Arndt, Berlin / Leipzig 1919: 325; - Volker Wehrmann: Heinrich Drake 1881-1970. Sein Leben in Bildern und Dokumenten, Detmold 1981: 402; - Weimar. Selbstpreisgabe einer Demokratie. Eine Bilanz heute, hrsg. von Karl Dietrich Erdmann / Hagen Schulze, Düsseldorf 1980: 42; - Weimarer Republik, hrsg. vom Kunstamt Kreuzberg und dem Institut für Theaterwissenschaft der Universität Köln, Berlin 1977: 127, 134, 159, 163, 218, 410; - Die Weimarer Republik. Ihre Geschichte in Texten, Bildern und Dokumenten, hrsg. von F. A. Krummacher u. a., München / Wien / Basel 1965: 274, 307, 379; - Widerstand 1933-1945, Ausstellungskatalog Bonn 1980: 364, 381, 387, 398, 407; - John Willet: Explosion der Mitte. Kunst und Politik 1917-1933, München 1978: 125, 309; - Irmgard Wirth: Berliner Pressezeichner der zwanziger Jahre, Berlin 1977: 112; - Walter Zechlin: Pressechef bei Ebert, Hindenburg und Kopf. Erlebnisse eines Pressechefs und Diplomaten, Hannover 1956: 114, 286; - Zeitaufnahme 2, hrsg. von S. Großmann, Braunschweig 1979: 87; - Zeitaufnahme 3, hrsg. von S. Großmann, Braunschweig 1981: 45, 78, 89, 176; - Christian Zentner: Der große Bildatlas zur Weltgeschichte, München 1982: 16.

Vierte,
durchgesehene Auflage

Der Siedler Verlag ist ein gemeinsames Unternehmen
der Verlagsgruppe Bertelsmann und von Wolf Jobst Siedler.

Redaktion: Ditta Ahmadi · Layout: Hildegard Morian
Satz: Bongé + Partner, Berlin
Reproduktionen: Rembert Faesser, Selchow
Druck: Karl Gerike, Berlin
Buchbinder: Lüderitz & Bauer, Berlin
 · Printed in Germany 1993
ISBN 3-88680-050-4
ISBN für das Gesamtwerk »Die Deutschen und ihre Nation«
3-88680-056-3

Die wichtigsten Minister in den Regierungen der Weimarer Republik

Tage	Beginn	Reichskanzler	Vizekanzler	Äußeres	Inneres
130	13. 2. 1919	Scheidemann (SPD)	Schiffer (DDP) ab 30. 4. 1919 Dernburg (DDP)	Graf Brockdorff- Rantzau (parteilos)	Preuß (DDP)
277	21. 6. 1919	Bauer (SPD)	Erzberger (Zentrum) ab 2. 10. 1919 Schiffer (DDP)	H. Müller (SPD)	David (SPD) ab 5. 10. 1919 Koch (DDP)
72	27. 3. 1920	H. Müller (SPD)	Koch (DDP)	Köster (SPD)	Koch (DDP)
317	21. 6. 1920	Fehrenbach (Zentrum)	Heinze (DVP)	Simons (parteilos)	Koch (DDP)
165	10. 5. 1921	Wirth (Zentrum)	Bauer (SPD)	Rosen (parteilos)	Gradnauer (SPD)
384	26. 10. 1921	Wirth (Zentrum)	Bauer (SPD)	Wirth (Zentrum) 21. 1.–24. 6. 1922 Rathenau (DDP)	Köster (SPD)
263	22. 11. 1922	Cuno (parteilos)	–	von Rosenberg (parteilos)	Oeser (DDP)
51	13. 8. 1923	Stresemann (DVP)	Schmidt (SPD)	Stresemann (DVP)	Sollmann (SPD)
48	6. 10. 1923	Stresemann (DVP)	–	Stresemann (DVP)	Sollmann (SPD) ab 11. 11. 1923 Jarres (DVP)
177	30. 11. 1923	Marx (Zentrum)	Jarres (DVP)	Stresemann (DVP)	Jarres (DVP)
195	3. 6. 1924	Marx (Zentrum)	Jarres (DVP)	Stresemann (DVP)	Jarres (DVP)
223	15. 1. 1925	Luther (parteilos)	–	Stresemann (DVP)	Schiele (DNVP) ab 26. 10. 1925 Geßler (DDP)
112	20. 1. 1926	Luther (parteilos)	–	Stresemann (DVP)	Külz (DDP)
214	16. 5. 1926	Marx (Zentrum)	–	Stresemann (DVP)	Külz (DDP)
499	29. 1. 1927	Marx (Zentrum)	Hergt (DNVP)	Stresemann (DVP)	von Keudell (DNVP)
636	28. 6. 1928	H. Müller (SPD)	–	Stresemann (DVP) ab 4. 10. 1929 Curtius (DVP)	Severing (SPD)
556	30. 3. 1930	Brüning (Zentrum)	Dietrich (DDP)	Curtius (DVP)	Wirth (Zentrum)
233	9. 10. 1931	Brüning (Zentrum)	Dietrich (DDP)	Brüning (Zentrum)	Groener (parteilos)
170	1. 6. 1932	von Papen (parteilos)	–	Frhr. v. Neurath (parteilos)	Frhr. v. Gayl (DNVP)
55	3. 12. 1932	von Schleicher (parteilos)	–	Frhr. v. Neurath (parteilos)	Bracht (parteilos)
	30. 1. 1933	Hitler (NSDAP)	von Papen (parteilos)	Frhr. v. Neurath (parteilos)	Frick (NSDAP)